심소 김천흥 선생님의
우리춤 이야기

글 / 김천흥
엮음 / 하루미·최숙희·최해리

민속원

心韶 金千興 先生 近影

책머리에

누구에게나 세월은 주어졌고 그 세월 속에 누구나 살아간다. 본인에게 주어진 세월이 96세의 고령을 넘고 있음을 깨닫게 된다. 무악계舞樂界에 투신한지도 어느덧 82년을 넘고 있다. 이 책을 발간하는 소회所懷를 쓰고 있자니 지난 여든 두해 간의 일들이 주마등같이 스쳐간다.

내가 많이 배우지 못했으니 아는 것이 적고, 아는 것이 적으니 만들어 쓸 수가 없다. 그런데다 필재筆才마저 없어서 나에 대한 글은 고사하고 다른 사람에 대한 글을 쓴 것이 많지 않다.

건강이 전과 같지 않다 보니, 간혹 책을 발간하거나 또 발표회나 공연을 하는 사람들이 축사나 인사말을 써 달라고 부탁을 해오면 쓸 수가 없으니까 사양을 하고, 거절하느라고 진땀을 뺀 적이 허다하다. 오죽하면 웃으면서 "써 갖고 오면 내 사진은 주마"고 까지 하겠는가.

돌이켜보니 먼저 감사할 일들이 떠오른다.

이제껏 건강을 유지할 수 있도록 해주신 하나님의 은혜가 감사하고, 2002년 내 '무악인생80주년기념공연'에 맞추어 출간했던 『정재무도홀기 창사보』 1, 2권 중 1권이 한국문화예술진흥원 주관의 우수도서로 선정되었으니 자못 국악계와 궁중무용계에 도움이 되었나보다 하고 감사한 생각이 들게 된다.

무엇보다도 6·25동란과 수많은 이사 등을 통해 소실된 자료들은 차차하고라도, 부족한 글들을 귀하게 여겨주고 모아 정리해 준 나의 사랑하는 자녀들의 노고가 가장 컸음에 이 자리를 빌어 감사하고 싶다.

1980년부터는 제자 하루미에 의해 나에 대한 자료가 꾸준히 수집·정리가 되었고, 그 결과 '무악인생80주년기념공연' 프로그램 책자에 나에 대한 모든 자료들(연보략/ 수상목록/ 신문잡지 등 기사목록/ 주요TV방송·영상기록 및 라디오방송자료목록/ 재임기간을 중심으로 무형문화재예술단·양금연구회·정농악회·대악회 공연연보)이 목록화 되어 흐뭇하다.

여러 해 전부터 80여 년간의 무악舞樂생활 중 틈틈이 내가 집필해 왔던 전통춤과 관련한 수필, 학술보고서, 대담, 연재 등을 한 권의 책으로 묶는 작업을 하면 어떻겠냐는 제자들의 제안이 들어왔다. 하루미에 의해 이미 자료수집이 준비되어왔던 터라 최숙희와 최해리가 이를 묶어 단행본으로 발간해야겠다는 제의를 해왔을 때 선뜻 응하게 되어 이렇게 『심소 김천흥 선생님의 우리춤 이야기』라는 책자로 발간하게 된 것이다.

이번에 책자를 만들면서 무악계에 투신한 후 내 나름대로 작성했던 것이 어느덧 단행본 한 권으로 묶기에는 방대한 분량이 되었기에 새삼 나 역시 놀라웠다.

내 기억이 정확치 않아 연대미상의 원고초고 자료들과 궁중무용에 대한 반복되는 강습·강의 내용의 글들은 대표적인 것으로만 선정했다. 그 외 축사, 무보 초고 등 기타 소장되어 있는 것은 차후 또 한번의 자료정리가 필요하지 않나 생각해서 생략했다.

이 책은 2부로 나누어 엮었는데, 제1부에서는 1954년부터 2004년까지 발표한 수필과 단편글, 학술보고서와 강연 자료, 인터뷰와 대담 내용을 '우리춤에 대한 想·筆·談'이라 하여 글의 내용과 발표 일자에 따라 나누어 묶었다. 제2부에서는 『무용한국』에 1984년부터 1995년까지 연재했던 '궁중무용의 유형별 고찰'을 재손질하여 실었다. 그리고 부록으로 신진연구가 김영희가 쓴 나의 작업에 대한 글, 하루미가 정리한 내 연보략, 논저목록을 덧붙였다.

바쁜 중에도 여러 날의 밤샘작업으로 방대한 자료를 정리하여 찬수하고 이를 한 권의 책으로 모양새 있게 엮어준 하루미, 최숙희, 최해리의 노고에 심심한 사의를 표하는 바이다. 그리고 원고정리로 애써준 심숙경, 임지희, 김진정, 송정아, 김경희, 한유진, 교정작업에 동참해 준 윤영옥, 이순림, 나성자, 그 외 많은 제자들 모두에게 너무나 고마울 뿐이다.

마지막으로 많은 사람들이 이 책을 볼 수 있도록 책 제작비 일부를 지원해 준 서울문화재단에 고마움을 표하며, 아울러 1995년 『심소김천흥무악70년』 회고록 발간을 비롯하여 때때마다 미흡한 내용을 좋은 책으로 사심없이 제작해 주시는 민속원 홍기원 사장님과 홍종화 부장님, 그리고 홍월림 외 직원들의 헌신적인 도움에 나의 고맙고 감사하는 마음을 전한다.

전통춤 관련 문헌자료가 턱없이 부족하여 재현 공연과 춤역사 연구에 많은 어려움을 겪는 후학들을 위해 용기를 낸 만큼 미약하나마 부디 이 책이 한국춤 연구의 가치로운 자료로써 널리 읽혀지기를 바란다.

2004년 12월 30일
우면산 기슭에서 김천흥

차례

책머리에 · 5

제1부 우리춤에 대한 想·筆·談 · 13
우리춤에 대한 想·수필 / 단편글 · 13
민족무용의 현재와 장래__14
민족무용을 위한 바른 태도__18
나의 제언__20
무용은 행동에서 안다__24
처용무·학무 해설__31
한국무용의 연혁__33
궁중무용의 계승자들__36
궁중무, 그 주역들__41
신무용 이전의 사람들__46
한성준 옹을 생각함__52
궁중무의 계보 Ⅰ__58
궁중무의 계보 Ⅱ__65
가장 잊혀지지 않는 무대__71
나의 걸어온 길__73
한번 발을 들여놓은 이상__80
축사의식으로서의 처용무__81
전통무용 재창조의 방법과 문제점__86
무용개관-정재__91
전통무용에 관하여__94
지방색채가 두드러진 춤과 노래__96
아우 김천흥이 전하는 형님 김천룡 이야기__102

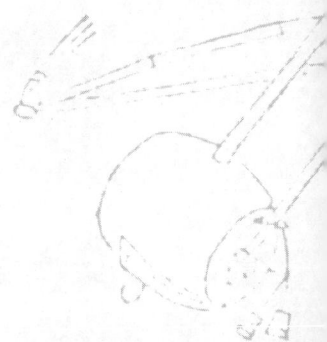

차례

궁중무용에 대하여__108
나의 무악 70년__110
국악을 민족의 학문으로 정립한 성경린 선생__115
정재에도 애정을 보이신 금하 하규일 선생__118
국립국악원의 초창기__120
무용인생 80년__123

우리춤에 대한 筆·학술보고서 / 강연 자료·127

고전무용법__128
오광대놀이__139
무용개설__146
궁중무__152
가면무용__159
전통무용__166
한국전통무용__173
무용__178
살푸리와 중국의 건무__189
무용교육 제도에 관한 소고小考__197
춘앵전__205
궁중무도사를 통한 춘앵전 고찰__213
서울 六百年史—무용__217
처용연구__239
한국전통무용사__250
궁중아악과 기악·가무에 대하여__315
무형문화재의 공연예술에 대한 문헌화작업의 결실__336
『무형문화재 조사보고서』정오표__339

9

차례

우리춤에 대한 談·구술 / 인터뷰 / 대담·347

흥이 발효醱酵해서 멋이 돼__348
곰삭아 우러나는 몸짓으로__360
그대로 전승시키는 것도 중요해__365
이야기 보따리 ①__370
이야기 보따리 ②__373
듣고싶었던 얘기 ③__376
듣고싶었던 얘기 ④__379
듣고싶었던 얘기 ⑤__381
듣고싶었던 얘기 ⑥__383
듣고싶었던 얘기 ⑦__386
11월 문화인물 김창하가 남긴 것__390
우리춤과 소리를 직접 몸으로 실천하며, 세기를 완벽하게 살고 있는 산증인__409
춤추는 예술혼에 압축된 한 세기__426

제2부 궁중무용의 유형별 고찰 ①~㉔·431

처용무__432
선유락·무애무·사선무·검무__441
무고·동동(아박무)·향발무·학무__452
수연장·헌선도·포구락·오양선·연화대·곡파__464
성택·수명명__483
수보록·근천정__498
하황은·하성명__510
금척·육화대__521
봉래의__535
문덕곡__543
춘앵전__553

차례

선유락·무산향__559
경풍도·고구려무·만수무__565
심향춘·초무·첨수무·가인전목단__570
헌천화·박접무__576
보상무·향령무__580
첩승무__587
최화무__593
제수창__600
장생보연지무__607
연백복지무__618
항장무__626
사자무__634
망선문__644

부록·653

김천흥 선생의 예술활동을 돌아보며 / 김영희__654
心韶 金千興 先生 年譜略__670
心韶 金千興의 家系__755
논저목록__756

우리춤에 대한 想·筆·談 1부

우리춤에 대한 想·수필 / 단편글

민족무용의 현재와 장래
민족무용을 위한 바른 태도
나의 제언
무용은 행동에서 안다
처용무·학무 해설
한국무용의 연혁
궁중무용의 계승자들
궁중무, 그 주역들
신무용 이전의 사람들
한성준 옹을 생각함
궁중무의 계보 Ⅰ
궁중무의 계보 Ⅱ
가장 잊혀지지 않는 무대
나의 걸어온 길
한번 발을 들여놓은 이상
축사의식으로서의 처용무
전통무용 재창조의 방법과 문제점
무용개관—정재
전통무용에 관하여
지방색채가 두드러진 춤과 노래
아우 김천흥이 전하는 형님 김천룡 이야기
궁중무용에 대하여
나의 무악 70년
국악을 민족의 학문으로 정립한 성경린 선생
정재에도 애정을 보이신 금하 하규일 선생
국립국악원의 초창기
무용인생 80년

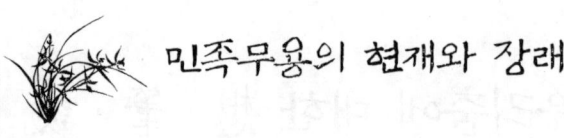

민족무용의 현재와 장래

　겨울을 얻고 상想을 다듬어 조용히 글을 쓸 수 없이 그저 분망奔忙하기만 한 것도 이유理由요, 내 한낱 춤을 가르치는 사람이요, 글이 또 한 손방인데 서투른 붓을 잡기는 하였으나 도무지 글이 영글어지지 못했을 것을 누구보다도 내가 잘 알기에 그저 민망하다. 글 속에 조금 피침한 소리가 있기로 이것은 누구에게 외치는 것이 아니라 도리어 스스로 저에 일깨는 말일 것이매 지나치게 꾸지람 말기를 먼저 당부한다.

　내 또한 민족무용民族舞踊의 한 역군役軍으로 자질역량資質力量에 부족한 것이 많은 것을 자인自認하는 바이다. 민족무용을 그르칠 사람도 민족무용을 빛낼 사람도 우리 민족무용에 종사하는 사람의 쌍견雙肩에 짊어진 무거운 책무責務라고 생각한다.

　그러매 이것은 서로 반성하여 민족무용을 발전시키자는 나의 미의微意를 요량하고 보아야 옳을 것이다.

　민족무용이 오늘같이 떠올린 때도 없을 것이다.

　해방 이후 무엇이 기를 펴고 흥왕興旺했는가하면 우리의 고유한 민족무용이다. 바로 그것이라고 믿어도 무슨 지나는 말은 아닐 것이다. 광복의 기쁨은 그대로 춤추어 다할 듯이 학생도 여염閻閻도 민족무용에 덤비어 활기를 띠웠다. 그러나 주요한 것은 민족무용이 정당히 계승繼承되고 있는가의 문제며 그보다도 해명이 앞서야 할 것이다.

바로 말해서 타령打令이요 굿거리요 염불念佛에 벌이는 지체肢體의 율동律動이 민족무용이 아닌 것은 말할 것도 없다.

천안삼거리天安三巨里요 노들강변江邊이요 밀양密陽아리랑에 깡충거리는 어린이의 재롱이 또한 민족무용이라고 말하지 못할 것도 자명할 것이다.

우후죽순처럼 민족무용 연구소는 족출簇出하고 있고 신민족무용新民族舞踊은 오늘도 한없이 창조되고 있다. 이것을 경하慶賀하지 않으면 경하할 것이 없지 않으냐. 그러나 아니다. 민족무용은 올바로 지향하지 못하고 답답하게 저미低迷하고 있는 것이 너무도 역력歷歷하다.

뿌리 없는 나무, 샘이 없는 물이 없듯이 유구悠久하고 찬란한 민족무용의 유산遺産에서만 출발하여야 하는 것이 민족무용일 것이다.

이것을 모르고 이것을 무시하고 민족무용이란 존재할 수 없다. 그런데 어떠한가? 지난날의 민족무용에 대하여 진정 얼마만한 비판과 검토가 행하여 졌는가?

고려와 이조의 찬란하던 50여 종이나 되는 궁중정재宮中呈才(呈才란 예전 宮中에서 아뢰는 舞踊), 향토무용鄕土舞踊으론 황해도 봉산탈춤, 경기도 양주탈춤, 각 지방에 산재한 농악무農樂舞, 한때 화류사회花柳社會에서 성행하던 승무僧舞, 진주晋州와 선천宣川 등지의 검무劍舞 등이 모든 민족무용을 탐색·연구하므로서 우리민족이 요구하는 진실한 무용을 창안할 수 있을 것이다.

춤이 시세時勢가 좋다하여 너무 모르는 사장師匠이 참람히 등장하고 있는 것이 민족무용계이다.

이것의 숙청肅淸과 정화淨化없이 민족무용의 향상은 힘들 것이다.

또 하나 섣부른 신무용新舞踊이야 얼마동안 없기로 대수냐. 그런데 공연히 초조하고 되지도 못한 신무용이 횡행橫行하고 있다. 질색 할 노릇이다. 앞서도 말했지만 먼저 우리의 고전을 정칙正則으로 이수履修하여야 할 것이다.

염수斂手, 개수開袖, 족도足蹈, 이수고저以袖高低 등 무용 술어述語는 모르더라도 하나하나의 무용은 그대로 규범이 있을 일이다.

보법步法에 있어서도 또한 그렇다. 전체는 감히 들추기도 우습고 기본이 되는 개개個個의 동작이 벌써 질서가 없는 것이 대부분의 현상이다. 이것을 누가 바로 잡느냐? 민족무용은 이 민족의 상징이요, 정신이요, 이상이다. 민족무용이 건전하고 순수하고 화려하여야만 민족은 구원될터인데 민족무용은 이미 병들고 있다고 진단診斷되는 것이다.

학원學園에서도 민족무용이 애중愛重되고 혹은 정과正科, 수의과隨意科로 민족무용을 교수敎授하는 시간이 있게 된 것은 반가운 일이다. 요要는 누가 그에 당當하느냐가 걱정이다.

좋은 선생은 적고 모자라는 선생이 많을 때에 오는 손실損失, 민족무용의 거성巨星이 실實로 무용발표회 때만의 허장성세虛張聲勢가 아니기를 바라는 것을 무용가 본인들은 아는지 모르는지 궁금하다.

작금昨今의 민족무용계의 빈곤貧困은 무용예술가협회의 제1회발표회가 웅변雄辯으로 말하고 있지 않은가. 양무洋舞에는 이렇다는 논의論議된 가작佳作도 있었으나 민족무용은 문제될 작품 하나 없었다는 것은 무엇을 말하는가. 승무僧舞와 바라춤이 민족무용이 아니랄 사람은 없다. 그러나 세대는 벌써 그것들로 미봉되는 것이라 가볍게 보아선 잘못이다. 그밖에 누구누구의 개인발표회를 일독一瞥하여도 좋다. 그것은 모두 반주가 한국음악이라는 점, 의상이 호화찬란하고 겨우 옛춤인 사위를 사용하였다는 것을 별로 하고 내용적인 정신을 찾을 것이 과연 있는가?

너무나 부정적인 면만을 들추어 안되었으니 이번에는 민족무용의 긍정적인 면을 보기로 하자. 어디에도 견주지 못할, 대중의 춤을 추겠다는 왕성한 의욕을 먼저 찬양한다. 유행인 양무洋舞에 쏠리지 않고 내넋의 모습을 보려는 아름다운 저들 마음에 두말없이 감동한다.

이런 슬기롭고 여무진 겨레에게 바른길로 그리고 지성至誠으로 일깨우는 스승이 백百에 하나 천千에 하나 있기는 분명 있는 것이 소중하다. 민족무용계의 현황은 활발한 듯 심히 무실無實하다는 것은 서상敍上한 바와 같다.

다음 이 무용의 장래를 조금 전망하면 누가 무어라든 졸렬拙劣한 선생은 도태淘汰가 될 것이다. 지금은 호기好奇에 새로운 사치奢侈한 것이 팔리더라도 시일이 지나면 소박하고 단순하고 평화로운 본래의 민족무용의 대도大道에 환원還元하고 합류合流할 것이다. 앞으로는 민족무용의 고전古典이 반드시 발굴될 것이다. 얼마 전까지 아악부雅樂部가 전하는 무목舞目의 가짓수는 무려 50여 종을 산산하던 것이다. 이것들은 오랜 세월을 두고 깎고 다듬은 그지없이 우아優雅・단려端麗한 춤들이다.

이것이 듯날리는 날 비로소 우리는 좋은 무용을 가진 민족이라고 소리쳐 자랑해도 좋을 것이다. 학원學園에서는 저속低俗하고 선정적煽情的인 민속무용을 지양止揚하고 우미優美한 고전에 치중하기를 간절히 당부하고 싶다.

나는 『민족무용기본도보民族舞踊基本圖譜』를 인쇄에 회부廻附 중인데 다른 분들에게서도 민족무용 향상에 관한 좋은 자료와 도움이 될 많은 저술이 있기를 대망待望한다.

『대학신문』, 1954년 11월 6일

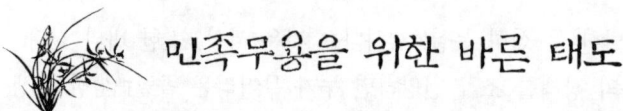
민족무용을 위한 바른 태도

 인류가 있으면 문화가 없을 수 없으며 나라와 민족이 있는 한 그 나라 민족의 고유한 문화가 있는 것은 당연한 사실이다. 우리나라도 사천 년의 유구한 역사와 아울러 찬란한 문화를 가진 민족이다. 이 민족문화 중에 하나인 민족무용民族舞踊은 어떠한 길을 걸어 왔는가 돌이켜보자.
 지금부터 이십여 년 전만 하여도 무용을 알아보려고 하는 일반인도 없었지만 간혹 알고 배우려는 사람이 있다면 이는 가정의 반대와 사회의 비난으로 부득이 단념하게끔 되었다.
 당연히 우리 민족의 투호鬪護 배양培養한 민족무용이 그 자신이 배척하고 사회에서 도외시하면 더욱이 민족 전체까지 말살시키려는 왜정시절倭政時節이라 문화나 예술은 더 말할 여지가 없었다.
 민족, 국가, 사회에서 버림을 당한 민족무용의 발전과 향상이란 도저히 있을 수 없던 것이다. 이런 중에도 천우신조天佑神助로 궁중무용은 구왕궁아악부舊王宮雅樂部에 보존保存되었고 향토무용鄕土舞踊은 황해도, 경기도 양주楊洲 등지에 남아있으며, 민속무용은 일부 화류항花柳巷과 각 지방농촌에 산재하여 근근히 명맥을 이어올 수 있었던 것은 큰 기적이다.
 8·15해방으로 국권이 회복됨과 동시에 민족문화 역시 보조를 맞추어

갱생更生하기 시작하였으며 그 후 어언 십 년여에 우리 민족무용계는 운니雲泥의 차로 통전通展을 보였으니 그간 남한 각지에서 우후죽순처럼 일어난 무용연구소는 과거에 있었던 민족예술을 찾으려는 무용인의 의욕意慾의 발로發露인 것이다.

현재는 학원으로 또는 가정으로 침투되어 활발히 움직이고 있으니 이것은 민족문화를 위하여 헌심獻心으로 경하慶賀할 일이다.

우리 무용 예술인들은 현재 입장에 만족감을 가지지 말고 조선祖先이 고이 전해주신 민족예술을 몸소 받들어 이것을 탐구探求, 사색思索하여 발양發揚시키는 것은 물론이고 다시금 후손에게 전승傳承하는 대중大衆에 진실한 역군役軍이 되며 그 중임重任을 다하기에 노력하지 않아서는 아니 되겠다.

『예술시보』, 1958년 1월 15일

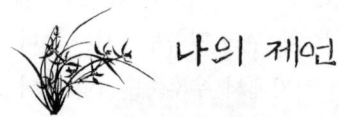

나의 제언
－민속무용을 각 학교의 정과로－

첫째, 우리 고전무용古典舞踊에 있어서는 무엇보다도 날로 묻혀져 가고 잊혀져 가는 우리의 민속적民俗的, 향토적鄕土的 무용의 부활復活이 시급하고도 중요 과제이겠습니다.

그런 의미에서 지난 여름에 문총文總 주최로 행한 전국민속예술경연대회全國民俗藝術競演大會는 큰 의의意義를 가진 것이라 하겠습니다. 우리는 그 대회를 통하여 잃어버릴 뻔했던 고유예술을 많이 재발견했으며 그 가치를 재인식하였던 것입니다.

우리 고전무용에 종사하는 인사들은 앞으로 더욱 각지방各地方에 숨어 있는 이러한 향토무용을 탐색探索해 내야 하겠습니다. 그냥 내버려두었다가는 오래지 않아 망각되어 버릴 우려가 있는 자료資料들을 수집하고 그 '테크닉'을 기록해 두어야 할 것입니다. 사진으로 찍어두고 도서圖書로 꾸며 놓고 하여 우선 그 보존비망保存備忘에 힘쓰는 것이 급선무急先務라고 생각합니다.

둘째, 뜻있는 분들이 이미 수차회합數次會合을 가졌으며 앞으로 더욱 구체적인 대책을 수립樹立하고자 합니다. 지금 어떤 단체를 구성構成하겠느냐 하는 것은 말할 수 없으나 민속예술 전반의 진흥을 일으키고 나아가서는 전 세계에 널리 우리의 민속예술의 소개와 민속 공예품工藝品의 수출운 동까지도 활발히 전개해 보고자 합니다만 아무튼 적극적인 동향이 있어야 하겠습니다.

셋째, 조건만 허락한다면 국제면은 활발할수록 좋다고 생각합니다.

외국 것을 받아들이자면 동남아시아 제국, 특히 태국泰國의 고전무용 같은 것을 초청하고 싶군요. 그곳의 무용은 우리 고전무용과 흡사한 것이 있어서 참고가 많이 될 것 같아요. 우리 것도 되도록 해외에 많이 소개하고 싶은데 그러자면 앞에서 말한 바와 같이 우선 그 정리가 긴급하다고 봅니다. 내어놓아서 부끄럽지 않도록 해야 하지 않습니까?

넷째, 다른 분야보다도 우리 분야에 있어서는 더욱이 정부 당국이나 일반 사회의 인식을 요망하고 싶습니다.

민속예술은 현재 자칫한다면 소멸消滅할 단계에 놓여 있는 것입니다.

이야말로 무형문화재無形文化財 중에서도 가장 존귀尊貴한 문화재임을 모두가 인식치 못하고 있음은 실로 통탄할 일이라 하겠습니다. 그 실례實例로서 이 분야에 대한 당국의 대책이란 태무殆無합니다. 사회의 관심도 거의 냉담한 현상입니다.

그러면서도 학교의 음악발표회나 문예文藝발표회가 있을 때마다 양념격으로 고전무용을 몇 개씩 삽입挿入하여 출연시키곤 합니다. 그렇게 할 것이 아니라 중·고등학교에 아주 정과목正科目으로서 고전무용을 설정設定하고 민속예술을 정과목으로 이수履修하도록 당국서에 조처措處해 두어야 할 것입니다.

일부에서는 말하되 고전무용은 템포가 느리고 같은 동작動作이 중복됨으로서 도저히 현대적 예능과藝能科로서의 설정 가치가 없다고들 합니다만 이 점을 얼마든지 시정是正하며 신경지新境地를 개척할 수 있는 것이라 믿습니다. 결코 비관할 것은 못된다고 보겠습니다.

다섯째, 위에서도 이야기한 바와 같이 고전무용계는 아직은 황무지荒蕪地나 다름이 없습니다.

그러므로 이 세계의 신인新人이라고 할 만한 분이 없는 것이 당연하지 않겠습니까? 현재 개인에게 사사하여 배우고 있는 학생들이 적지 않은 수효임으로 그들 중에서 앞으로 기대할만한 신인이 나올 것이라고 믿습니다. 그러한 신인이 나오더라도 곧 실현되기는 어렵겠고 아무래도 몇십 년 후일 것입니다. 아무튼 이 분야에 있어서는 유지有志의 인사들의 각별한 노력이 필요한 동시에 당국과 일반의 깊은 이해와 원조가 긴급히 바래어지는 것입니다.

앙케이트

1. 국악과 더불어 몇 해를 고락苦樂하셨습니까?
2. 국악의 당면부흥책當面復興策
3. 기대되는 신인(국악인)
4. 귀하가 하시고자 하는 일
5. 국악과 더불어 가장 즐거웠던 것과 가장 슬프셨던 일(선착순)
6. 관계기관에 국악에 관한 부탁

김천흥金千興
1. 삼십칠년간 종사
2. · 국악인의 보호육성保護育成
   · 현존한 국악기관의 일층강화一層強化
   · 각 대학에 국악과를 신설하고 국악지도자 양성
   · 각 중·고등학교에 국악을 필수과목으로 편입
3. 국립국악원 국악사양성소 학생들
4. 우선 민속무용과 향토무용을 도보圖譜 또는 사진화寫眞化하여 보존하고자 한다.

5. 없음
6. 우리 민족만이 가지고 있는 국악의 성쇠盛衰에 대한 문제는 온누리가 다같이 관심을 가지고 연구할 것은 물론이고 한걸음 더 나아가서 당사자인 국악인들은 민족문화를 발양發揚하는 역군役軍임을 자성自省해서 그 긍지를 잃지 말고 만난萬難을 배제排除하며 일로一路 매진邁進해야 할 것이다. 정부에서도 시급한 기한 내로 기획 있는 방안과 적극성 있는 시책으로 보존 발전시키는데 과감한 실천이 있기를 학수고대鶴首苦待 한다.

『국악계』 제2호, 1959년 7월 1일

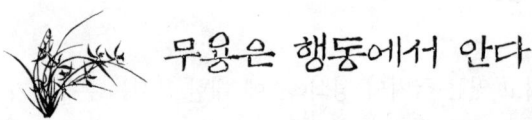
무용은 행동에서 안다

요즈음 여성들의 입에서는 무용에 대한 취미가 논의되고 있는데 내가 논하려는 것은 우리 인간들이 일상 생활하는데 있어서 천 가지 만 가지 사물에 부딪쳐 보고, 듣고 사고할 때에 자기가 알고 있는 일에 부딪칠 때는 속히 처리할 수가 있으나 만약 모르는 일에 당할 때는 주저하고 일은 착수하지를 못하고 또 착수했다가도 곧 싫증을 내고 일을 중지해버리는 것이 통례일 것이다.

무용에 있어서도 세계적으로 유명한 무용가가 무대에서 무용을 훌륭하게 잘 추었다고 하자. 이 무용을 보고 감흥을 느끼고 무용에 대한 지식이 있고 감상력이 풍부한 관상이 있다면 얼마나 환호했을 것인가? 그러나 전혀 무용에 대해 모르는 관객이 보았다면 이와 같이 싱겁고 무취미한 것은 또 없었을 것이다. 비단 이것만 아니라 인간이 살아가는 과정에는 알고 모르는 분수령分水嶺은 하늘과 땅의 차이가 생기는 것이다.

내가 절실히 말하고 싶은 것은 우리는 인간생활에 필요한 모든 조건을 배워서 알아야 한다는 것이다. 어찌 자신이 모르며 남의 잘하고 못하는 것을 비판할 수 있으며 판가름을 할 수가 있는 것일까?

그래서 무용에 있어서도 먼저 배우라고 권하고 싶고 배워 알고 난 후에

취미 운운하고 예술성, 비예술성을 논하는 것이 가장 타당하다고 하겠다.
그러면 무용을 먼저 알아야 한다는 뜻에서 무용 전반에 걸치어 설명이 필요하나 다음 기회로 미루고 우선 여기에서는 한국무용의 개요를 설명하기로 한다.
우리나라 민족무용의 종류는 다음 다섯 가지로 분류할 수 있다.
① 고전무용古典舞踊(宮廷舞踊)
② 향토무용鄕土舞踊
③ 민속무용民俗舞踊
④ 의식무용儀式舞踊
⑤ 신작무용新作舞踊
이상의 5종을 종별로 상세하면 다음과 같다.

1. 고전무용古典舞踊

고전무용은 궁정무용이라 하여도 틀린 말은 아니다. 무용의 발생 연원에도 있겠지만 이천여 년의 장구한 시일을 궁중에 매어 있어서 군주정치가 계속하는 동안은 궁중의 향연이나 왕후장상王侯將相들의 완상용玩賞用이 되었을 뿐 민간대중과 전혀 관련을 끊어 현재까지 내려왔기 때문이다.
고전무용의 특징을 보면,
① 춤의 내용을 성가聲歌로서 설명하는 것.
② 춤의 의상衣裳 형태를 철학에 의거한 것.
③ 춤의 동작 즉 가락이 단조롭고 평이하며 수가 적은 것.
④ 장단拍子이 매우 유장하여 급속한 것을 피한 것.
⑤ 의상이 현란하고 구성이 장대한 것 등이다.
종류는 약 50여 종이 전래되고 있다.

2. 향토무용鄕土舞踊

향토무용을 논술하는데 가면무용을 먼저 이야기하게 됨은 여러가지 이유가 있겠지만 특히 가면무용이 지금 남아있는 향토무용의 모체와 근원이 될 뿐 아니라 향토무용의 명맥을 이어준 것이기 때문이다. 신라시대에 발생된 가면무용으로는 황창랑黃昌郎의 작인 검무, 신라新羅 오기五伎라 해서 금환金丸, 월전月顚, 대면大面, 속독束毒, 산예狻猊(사자무)의 5종과 그밖에 처용무處容舞 등을 예거할 수 있다.

상기한 가면무용 등이 그 근간이 되고 원천이 되어 고려를 거쳐 이조까지 오는 동안 차츰 변화되어 현재의 향토무용의 면목을 갖추어 계승되어 왔다. 이 중에 검무는 궁중무용과 민속무용에 남아있고, 처용무는 궁중무화宮中舞化하여 처용가處容歌라는 가사와 함께 전하였다.

현재 남은 향토무용은 황해도 봉산鳳山, 경기도 양주楊洲의 산대가면무山臺假面舞가 있고 함경도 북청北靑의 사자무獅子舞, 황해도 해주海州 장연長淵 등지에서 가면무假面舞가 산재되어 있으며 경상도 안동安東에 놋다리춤, 경주에 오광대무五廣大舞, 하회별신下回別神굿놀이 등이 남아있다.

3. 민속무용民俗舞踊

민속무용의 한계는 분별하기 곤란하다. 그러나 여기에서 논하고자 하는 것은 궁정무용이나 의식무용의 계통일지라도 민간에 흘러나가 장구한 세월을 민족과 호흡을 같이 하고 민중생활 속에 뿌리를 박게 된 무용 몇 가지를 민속무용으로 취급하고 그 춤의 특징, 종류와 내용을 논술하겠다.

① 작자와 창작연대가 미상인 것.
② 내용이 평민계급의 소박한 생활감정을 표현한 것.
③ 표현에 있어서 자유자재한 개인의 창의를 허용한 것.

④ 현란한 의상이나 무용장치가 없이 세련된 동작으로서 멋지게 추는 것.
⑤ 장단은 염불, 타령, 세마치, 굿거리, 장단 등 이 외 남도의 산조 장단 전부와 무악巫樂인 살풀이 장단 등을 포함하고 있다.

다음은 그 종류와 내용이다.

1) 농악무農樂舞

농악무는 원시 군상群像무용이 중세조선까지 이르는 사이에 점차로 발달하여 삼한三韓시대에는 괘도에 올랐다. 고려 예종睿宗과 공민왕恭愍王 때에 농악무 반주에 사용하기 위하여 장고杖鼓, 태평소太平簫, 징鉦, 소금小金 등이 주입됨으로서 순 향토악기인 소고小鼓(手鼓)와 합세하여 더 한층 활발하여졌다. 이로서 고려중엽 이후로 더욱 진전을 보게 되어 단체무용으로서의 형식을 갖추게 되었으니 그 방법에는 육진六陣, 수진水陣의 두 진법이 있고 중국 삼국시대 때 제갈량諸葛亮의 입진법 등으로 움직였다. 이 법은 특히 농악무로서 발전이 최고조에 달해있는 남한에서 성행된다. 농악무의 노는 순서는 진풀이, 느진 풍류, 교환, 영산靈山, 송진送陣, 가적歌的, 극적劇的, 무용적舞踊的, 해산解散굿 등 십여 종류의 변화로 되어있다.

지금 농악무에서 사용되는 악기와 의물은 소금小金, 장고杖鼓, 소고小鼓, 북, 정鉦, 태평소太平簫 등이고 춤의 진행은 여기에 상쇠(小金)가 전담하여야 하고 그 다음에 소고小鼓가 보조의 역할을 한다.

우리나라의 고전음악이나 무용이 과거 봉건시대에는 왕공가의 예속물로 되어 일부 특권계급의 완농물이된 적도 있으나 농악무만은 고대로부터 농민대중 자체가 끌어내려왔으니 이천여 년의 장구한 역사를 가진 즉흥적이고 호건발랄豪健潑剌한 민족예술이다. 전국 농촌에 산존하며 약간의 차이가 있을 뿐 권농음악무용으로 유일한 존재이다.

2) 검무劍舞

검무의 기원은 신라시대에 황창랑黃昌郞이라는 칠세 소년이 당시 적국인 백제에 들어가 시중에서 검무를 추었더니 그 소문이 왕에게까지 알려진바 되어 그 부름을 받아 궁중에 들어가서 칼춤을 추다가 백제왕을 살해하고 자기도 잡혀 죽었으니 신라사람들이 이것을 슬퍼하여 그 애국충혼을 위로하기 위하여 그 가면을 만들어 쓰고 춘 데서 시작되었다.

지금의 검무는 이천여 년의 세월이 흐르는 동안에 적국 왕을 찔러죽이던 씩씩하고 장쾌하며 살벌한 옛 모습은 조금도 찾아 볼 수 없고 다만 우아優雅 미려美麗한 동작으로 대무對舞를 한다.

3) 승무僧舞

우리나라에 불교수입과 더불어 승려무용이 함께 전래하였던 것이니 불교 의식절차 중에는 작법作法이라고 해서 나비춤, 바라춤을 추는 차서次序가 있고 또 법고法鼓 치는 대목까지 있다. 여기에서 볼 때 승무가 불교의식무용의 하나라는 것을 알 수 있다. 이것이 민간으로 전반되어 지금에는 민속무용의 정수精粹가 되어 한국무용의 대표무용이라 할 수 있다. 이를 체득하면 한국무용의 기법 전반을 대강 이해할 수 있게 된다. 반주 장단은 염불(六拍子), 타령(四拍子), 굿거리(四拍子) 장단 등을 사용한다.

이 외에 한량무閑良舞, 남무男舞, 살풀이 등 수종이 있다.

4. 의식무용儀式舞踊(俏舞)

이 무용은 약 삼천년 전 주周시대의 창작으로(작자미상) 고려 예종睿宗시에 수입되어 최근까지 종묘宗廟, 문묘文廟(현 성균관) 제사祭祀에서 추는 춤이다. 무인舞人의 수는 직계에 따라 다르다. 즉 천자天子는 팔일무八佾舞(六十四名), 제후諸侯는 육일무六佾舞(三十六名), 사대부士大夫는 사일무四佾舞(一十六名)이다. 종류는 문무文舞, 무무武舞의 2종이 있고 제사하는 장소에 따라 무용의 동작이 다르고 무구舞具도 약간 다르다.

5. 신작무용新作舞踊

최근의 고전 현대무용의 형식을 토대 삼아 연달아 나오는 신작무용은 다수임에 여기서는 논하지 않기로 하겠다.

이상으로 한국무용에 대한 개요를 논하였거니와 무용이란 원시시대의 원시原始무용은 어느 나라 어느 민족이고 대동소이한 경로로 발달되었다고 볼 수 있다. 그러나 특별히 무용의 수준이 고도로 발전 궤도에 오르기 시작한 것은 여자무용수가 등장한 때부터 되었다고 할 수 있다. 한 예로서 외국의 이야기지만 20세기 때 미국에 나타난 이사도라 던컨Isadora Duncan이란 유명한 무용가는 근대무용의 개척자이며 선구자로 근세 최고의 무용가라고 부르고 있는데 이도 여자이다.

과거의 무용사舞踊史를 떠나서라도 내가 무용생활 10여 년의 지난 경험으로 보아서도 무용이 여자에게 절대로 필요하다고 보며 여자라야 무용을 잘 할 수 있고, 성공할 수 있는 여러가지 조건이 구비되어 있다는 것을 발견하였다.

첫째, 몸의 골격의 구조가 연해서 부드럽게 움직일 수 있다는 것.

둘째, 무용이란 아름다운 몸의 움직임(美의 形)의 형상이 생명임에 여성이 추어야 더 아름다워 보이는 것.

셋째, 감수성이 선천적으로 빠른 것.

이상 조건 등 여성이 남성보다 무용하기에 유리하다고 할 수 있다. 그리고 지금의 현실이 대체적으로 무용에 대한 관심열이 여성 편에 집중되어 있고 고조되고 있는 것이 또한 이런 우수성을 지니고 있는 연유라고 보겠다.

고도의 발달된 문화를 가진 민족은 고도의 예술을 지니고 이를 음미하고 감상하면서 삶을 영위하는 것이 자연법칙의 필연적인 귀결이다.

무용은 인간의 정신뿐만 아니라 신체까지 동원됨으로써 창조되는 예술이며 인간의 생활형상과 가장 밀접한 관계를 가지는 예술형태이다. 그러므로 인간이 문화를 창조하는데 있어서 가장 최초로 이루어 놓은 예술형태이며 또 역사 이후 인간생활과 가장 친근한 예술이다.

이러한 무용예술을 어찌 우리들 자신이 소홀히 취급하여 무취미, 무재미를 논할 수 있는 것일까? 이것은 다만 우리들의 무지에서 오는 소치임에 틀림없는 것이다.

이상으로 논한바와 같이 모든 사람이 무용을 이해하고 논하려면 먼저 이것을 배워 알아야 할 것이다. 무용은 글로 설명하고 그림으로 보아서는 절대로 그 진미를 감득할 수 없는 것이다. 육체를 움직여서 공간에 형성되는 것이 무용의 생명이니만큼 역시 진선진미한 것을 몸으로 움직여서 체득하지 않으면 그 가치나 진미를 찾을 수 없는 것이다. 수박 겉 핥는 식으로 무용을 배우지 않고 쉽게 평가해서는 안 될 것이다.

특히 여성에게는 신체미의 균형의 조화, 정신의 수양, 육신의 적당한 운동이 된다는 것을 알아야 할 것이다.

여성의 취미와 무용이란 제목과는 내용이나 문면이 좀 딱딱하고 무미건조했을지는 모르나, 내가 주장하고 싶은 것은 비단 무용에만 국한된 것이 아니라 좀 시야를 넓혀서 우리생활에 필요한 모든 부분에 걸쳐 배우고 알아서 그것을 양식 삼아 삶을 영위하는 동안 인류를 위하고 문화를 창조하는 여성이 되기를 바라는 바입니다.

월간 여성잡지(제호 미상), '趣味的 生活', 1959년

처용무·학무 해설

처용무處容舞

처용무는 신라49대 헌강왕憲康王 때 기원을 두며 처음 발생 할 당시에는 한 사람이 흑포黑袍에 사모紗帽를 쓰고 추었던 것으로 이 춤의 시작과 아울러 여기에 따라서 용龍의 설화, 시가詩歌의 발생, 불사佛寺의 창건 등 여러가지의 문화적인 유산이 생겨졌다.

그 뒤 고려시대를 지나는 동안에는 산대山臺놀이와도 합쳐서 연출했으며 이조李朝에 들어와서는 국가의 연례적인 행사의 하나인 나례儺禮에 출연하면서 오방五方처용무로 변화되고 의상의 색조도 오색으로 표시하였는데 이것은 오행설五行說에 의거해서 창안된 것 같다.

학무·연화대무와 합설 연희하면서 노래와 춤, 음악, 장치 등을 구비하게 되어 무극舞劇으로 크게 발전되었다. 현재 전해져 있는 궁중무 중에서 역사적이나 예술적인 면과 그 방대한 규모로 보아 가장 우수하고 대표적인 무용이 처용무이다.

이번에는 의물 장치 등은 제외하고 다만 오방의 처용무만 추게 된다.

학무鶴舞

이 춤은 고려 때 발생되어 궁중에서 전해 내려온 춤으로 학탈을 쓰고 학의 행동의 모습을 표현하는 것이 특이한 점이다.

우리나라에서 전통성을 가지고 전래한 많은 춤 중에서 조류鳥類의 동작을 모방하여 무용화한 것은 오직 이 춤 하나뿐인 것이다.

학 두 마리[靑鶴, 白鶴 혹은 黃鶴]가 날아 들어와 너울 우쭐 춤을 추다가 서로 상대相對, 상배相背도 하고 몸을 흔들기도 하며 전진후퇴와 고개를 좌측 우측으로 돌리기도 하고 좌선左旋, 우선회右旋回로 학의 모든 아름다움의 양상을 솔직 담백하게 표출한 것이 이 춤이다.

이조 성종成宗 때 간행된 『악학궤범樂學軌範』에는 처용무, 연화대무와 합설해서 연행도 했는데 이때는 지당판池塘板 위에 연통蓮筒(연꽃봉오리)과 그 속에 동녀童女를 비치해 놓고 학이 춤을 추다가 이 연통을 쪼아서 동녀를 노출시키어 춤추게 하고 학은 퇴장한다고 했다. 또 학춤만 단독으로 출연 할 수도 있었다.

이 춤이 고려를 지나 이조에 와서 더욱 발전되어 처용무處容舞 · 연화대무蓮花臺舞와 동석해서 연희하게끔 되었고 다른 춤에서는 찾아볼 수 없는 형태와 양식을 지니고 있고 우아 미려한 중에도 고매하고 신비감마저 드는 예술성을 표현하고 있는 특징 있는 춤이다.

『제8회 중요무형문화재 발표공연』 '처용무 · 학무 해설', 1971년 10월 19일

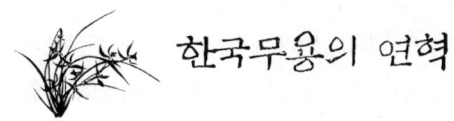
한국무용의 연혁

아득한 옛날 우리 조상들은 밤이 깊으면 새벽이 오고, 동녘하늘에 붉은 해가 떠올라 하루가 시작되며, 해가 진 뒤에는 달이 뜨고 떠오르는 달은 날마다 그 모양이 변하며, 비가 내리고 바람이 불며 가뭄이 드는가 하면 홍수가 지는 등 자연현상을 모두 전지전능한 신의 섭리 내지는 귀신의 노여움으로 풀이하였었다. 이러한 생각은 하늘과 땅 산천초목 등 모든 자연물을 두려워하여 받들게 만들었고, 나아가서는 민속신앙을 형성하기에 이르렀다.

한국의 원초적原初的 무용은 이와 같은 것을 배경으로 하여 원시적 종교와 깊은 관련을 맺으면서 형성되었을 것으로 추측되며, 현재 전해지고 있는 여러가지 문헌들은 이러한 추측을 뒷받침해 주고 있다.

3세기경의 한반도의 여러 부족의 생활상태를 기록한『삼국지三國志』의 위지魏志 동이전東夷傳과 그 밖의 중국 사적史籍의 단편적인 기록들에 의하면, 어느 부족사회나 1년에 1·2차의 제천대회祭天大會를 열고, 제천과 아울러 부족의식部族意識을 연마하며 가무백희歌舞百戲를 연행演行하였다고 하였는데, 이때에 원시적인 무용의 형태가 이미 배태胚胎되었을 것이라고 추정할 수 있다.

부여夫餘의 영고迎鼓, 고구려의 동맹東盟, 예濊의 무천舞天, 마한馬韓의 춘추제春秋祭, 가락駕洛의 계욕契浴 등을 그 대표적인 고대 제의祭儀로 들 수 있으며, 고구려의 동맹을 예로 들어 보면 "나라 동쪽에 큰 수혈隧穴이 있어, 10월에 국중대회國中大會를 열고, 수신隧神을 제사지내며, 목수木隧를 신좌神座에 모신다"는 기록이 있다. 수신은 주몽朱蒙의 어머니로 민족적인 신앙의 대상이며, 목수는 나무로 만든 곡신穀神을 의미한다.

이와 같은 거족적인 제례였던 의식에는 전 부족이 모여 연일 가무歌舞를 즐겼다고 한다.

그러나 위의 여러 제례행사에 참가한 온 부족들이 노래 부르며 즐기던 춤들은 완전한 춤의 격식과 형태를 갖춘 것은 물론 아니었을 것이다.

그러나 온 부족이 모여 엄숙한 의식을 끝내고 축제로 들어가, 풍부한 수확과 부족의 번영을 기뻐하며 술잔을 들 때 본능적으로 어깨춤이 나오고 장단이 쳐졌을 것은 상상하기에 어렵지 않다. 이때의 본능적인 율동은 어떤 격식이나 형태가 정해지지 않은 즉흥적인 것이었을 것이나 세월이 지남에 따라 차차 어떤 틀이 잡혀가기 시작했을 것이며, 이것이 더욱 발전하여 원시무용의 한 형태가 이루어졌으리란 것도 쉽게 추측된다.

이렇게 형성된 원시무용은 축제 때의 여흥적餘興的 성격의 것에서 차차 의식의식儀式의 한 절차로서 발전·형식화되고, 그 의식의 성격에 따라 각기 다른 형태로 발전하였다. 이런 과정에서 우리무용에 끼친 중국무용의 영향은 자못 큰바 있는데, 이점은 무용 뿐 아니라 여러가지 문물제도文物制度에 있어 중국의 영향이 컸던 것과 궤軌를 같이 한다.

고구려에서 삼국시대를 거쳐 고려·조선조에 이르는 동안에 이와 같이 형성된 무용 중 고구려의 지서가무芝栖歌舞·호선무胡旋舞, 백제의 기악무伎樂舞, 신라의 검무劍舞·처용무處容舞, 고려의 헌선도獻仙桃·수연장壽延長·오양선五羊仙·포구락抛毬樂·연화대蓮花臺·육화대六花隊·향발무響鈸舞·아박무牙拍舞·학무鶴舞, 조선조 태조 때의 몽금척夢金尺·수보록受寶籙·성택聖澤·곡파曲破, 세종 때의 봉래의鳳來儀, 숙종 때의 첨수무尖袖

舞, 순조 때의 가인전목단佳人剪牧丹·보상무寶相舞·춘앵전春鶯囀·헌천화獻天花·사선무四仙舞·제수창帝壽昌·연화무蓮花舞, 고종 때의 항장무項莊舞·사자무獅子舞·선유락船遊樂 등은 주로 정재呈才라 불리는 궁중무용을 중심으로 한 것이다. 이들 궁정무는 예법禮法이 지나치게 강조되고, 반주음악의 화려함 때문에 춤의 가락이 단조롭고, 개성적인 창의를 찾아보기 어렵다.

이와는 대조적으로 삼한시대三韓時代 이래의 농악무農樂舞를 비롯하여, 검무劍舞·승무僧舞·한량무閑良舞·장고무杖鼓舞·남무男舞·강강수월래와 가면무假面舞인 산대놀이춤·봉산탈춤·오광대탈춤·사자춤 등으로 대표되는 민속무용은 춤가락이 활달자재하고 기교가 중시되었으며 템포가 빠르다.

이상 말한 것들이 구한말舊韓末까지의 소위 '근대무용'에 상대되는 의미로서의 '고전무용'에 속하는 무용이며 한국의 신무용은 경술국치庚戌國恥 이래 3·1운동 직후까지의 공백기를 거쳐, 1926년에 있은 일본인 이시이 바꾸[石井 漠]의 서울공연에 의해 개막된다.

한국무용에 국한된 것은 아니지만 우리 무용이 발생된 동기와 원인을 살펴보면, 첫째 자연발생적으로 생겨진 것, 둘째 전설·설화 속에서 취재된 것, 셋째 외국에서 흘러들어 온 것, 넷째 인위적으로 창작된 것 등을 꼽을 수 있고, 이를 다시 형태별로 나누면, 정재라 불리던 궁중무宮中舞와 의식무儀式舞, 민속무民俗舞와 가면무假面舞, 신작무용新作舞踊 등으로 나눌 수 있다.

『대세계백과사전』 제6권 예능편, 태극출판사 발행, 1975년

궁중무용의 계승자들
—나를 가르쳐주신 김영제, 함화진, 이수경 세 분 스승—

어린시절에 본 춤

1918년 내 나이 겨우 10세 미만일 때 일이다. 만리동萬里洞 큰 고개 공터(現 萬里洞 興龍劇場)에 비겻목을 세우고 가로질러 새끼로 잡아맨 후 여기에 다 울긋불긋한 깃대를 세우고 광목으로 둘러막은 가설극장이 선다. 극장 입구 위로 높게 만들어 놓은 악사 석에서는 악사들이 장고, 북, 꽹과리, 징을 깨져라하고 두드리고 이것에 맞추어 자지러지게 불어대는 호적 소리는 사람들의 시선을 끌었다. 이미 몇 차례 동리를 돌아다니며 선전을 했던 효과도 있었지만 남녀노소 관중들이 극장 앞으로 꾸역꾸역 모여들었다.

나는 비록 철없는 어린 때였지만 호기심이 나고 재미가 있어서 문 앞에서 서성대었다. 그러다가 하루는 용기를 내어 어른들 틈에 몰래 끼어서 극장 안으로 들어갔다. 그리고서 좌우를 살펴보며 머뭇거리다가 어린애들이 모여 앉아서 조잘대고 있는 무대 앞 멍석으로 가서 그들 틈에 끼어 앉았다(이때는 이런 공연장에는 나무의자도 없고 바닥에 쌀가마니를 깔고 손님을 앉게 하였다).

나는 앉기가 바쁘게 사방을 둘러보다가 입구 쪽을 보니 손님들이 줄지어 들어오고 무대에는 검은 장막이 가려져 있고 오른편 기둥에는 순서를 적은 종이가 걸려서 바람에 날리고 있었다.

잠시 후 밖에서 요란하게 울리던 취군악 소리도 그치고 관객들의 지껄이는 소리도 잠잠하며 장내가 조용해지더니 무대 안에서 징을 요란하게 울린 다음 막이 천천히 열리고 나서 곱게 단장한 아름다운 여인이 흰 장삼에 붉은 가사를 메고 흰 고깔을 숙여 쓰고 앞으로 날아갈 듯이 나와서 인사하던 모습이 생생하게 기억난다. 또 흰 버선에 예쁜 발로 사뿐사뿐 걸어다니며 너울너울 춤을 추던 것이 어렴풋이 생각난다. 그러나 당시에야 나는 너무 어린 때이라 춤이 무엇인지 몰랐었고 철이든 후에야 그것이 승무였음을 비로소 알게 된 것이다. 이런 상황이 그 후에도 계속됐는데 50여 년 전 한국 공연장의 실정이 이러했음을 말한 것이다.

그 뒤 1922년 내 나이 12세 때 가을에 형님이 다니고 있는 이왕직아악부원 양성소 제2기생으로 들어가게 되었다. 그때 우리들을 지도했던 선생님 중에는 김영제金寗濟(1883~1954), 함화진咸和鎭(1884~1948), 이수경李壽卿(1882~1955) 세 분이 계셨는데 이 분들은 대대로 궁정 음악가의 명문의 후예로 일찍부터 이왕조 말 궁중음악과 무용 등을 담당하는 장악원掌樂院(1892~1901)에서 시작해서 한일합방 후 이왕직아악부 시대까지 재직하면서 궁정악의 보존과 발전에 힘써왔으며 또한 궁중무의 육성지도에도 큰 역할을 했다.

그리고 국악 이론에도 밝고 기악에도 대가이며 궁중무에도 통달해서 궁중무계통의 연맥을 원형대로 계승하게 된 것이 이 세 분 선생의 공이다.

김영제金寗濟 선생

김 선생은 14세 때 1897년(고종 34년) 장례원掌禮院 전악典樂이 되고 1908년(융희 2년)에는 장악원 국악사國樂師가 되었고 그 뒤 이왕직아악부 아악사를 거쳐 제4대 아악사장까지 지낸 분이다.

김씨 가문은 세습적으로 가야금 외 대가가 배출되었는데 김 선생도 가야금 대가이다. 그리고 악리 연구의 조예가 깊어서 악서를 정리, 악서 편찬을 이룩하였고 또 악보를 수습하고 악보 기록법 등을 개량 발전시켰으며 특히 종묘 제사에서 추는 춤을 기록한 『시용무보時用舞譜』를 해석해서 재연시켜 오늘에 이르게 하였고 동서同書에 무용 술어를 연구해서 후배들이 소상히 알도록 풀이해서 전해준 것이 김 선생의 괄목할 공적이다. 그리고 궁중춤에 있어서도 당시 우리들이 10여 종을 지도 받았는데 그 중에 신라시대에 근원을 두고 이왕조 성종 때 만들어진 『악학궤범樂學軌範』에 기록되어 있는 〈처용무處容舞〉를 원전 그대로 분석하고 검토해서 내용을 시간성과 시대성에 알맞게 정리하여 우리들에게 전수시켜서 현재 중요무형문화재 제39호로 지정하게끔 되게 된 것이다.

김 선생이 궁중무에도 조예가 깊으신 것은 물론 일찍이 장악원에 입소하여 이수한데도 있었겠지만 이왕조 순조 때 〈가인전목단佳人剪牧丹〉, 〈춘앵전春鶯囀〉, 〈보상무寶相舞〉, 〈장생보연지무長生寶宴之舞〉 등 많은 무용을 안무한 그의 증조부인 김창하金昌河 옹翁의 가계家系의 영향이 미친 것이라 추측할 수 있다. 그리고 처용무를 재현할 때 가면을 제작하려고 『악학궤범』의 도면을 살펴보면서 직접 통나무를 깎아 그 모형을 만들었으니 선생의 정열엔 그저 머리가 숙여진다.

※ 김영제 선생의 한자 존함 중 '甯'은 '寧'으로도 표기된다.

함화진咸和鎭 선생

선생은 1901년 그의 나이 17세 때 장악원 전악이 되고 그 후 이왕직아악부 아악수장, 아악사를 거쳐 제5대 아악사장을 지냈다.

악기로는 가야금, 양금에 능숙하고 더욱 거문고에는 대가를 이루었다.

한편 악기뿐만 아니라 악리에 밝아서 악서의 정리와 아악생 양성교재를 편집해서 아악생 양성의 큰 역할을 했으며 선생의 저서로는 『조선악기편朝鮮樂器篇』, 『이조악제원류李朝樂制源流』, 『조선음악통론朝鮮音樂通論』 등이 있고 특히 거문고에는 궁중악과 정악 전곡에 걸쳐 통요하여 어느 누구도 이를 따를 수 없는 경지에 있는 명금이다.

현재 선생의 제자로는 이왕직 아악부원 양성소에서 배출된 장인식張寅湜, 성경린成慶麟(중요무형문화재 제1호) 국악고등학교장, 서울음악대학 국악과 장사훈張師勛 교수를 들 수 있다.

궁중무 지도는 춤의 내용을 세분해서 자상하게 가르쳐 주신 것이 기억에 새롭다. 가계家係로는 증조부 함윤옥咸潤玉은 1817년 순조 때 가전악을 필두로 조부 함제홍咸濟弘은 1852년 철종哲宗시 단소의 명인이고 또 백부인 함재영咸在韺과 제2대 국악사장을 지낸 함재운咸在韻 선생의 선친이다. 이와 같이 대대로 함씨 일가一家가 궁정 악사의 대가의 문중이라 악리, 악기, 궁중정재까지도 통달한 분이었다.

이수경李壽卿 선생

이 선생은 조부 이인식李仁植이 피리의 명수로서 1876년(고종 13년) 가전악과 전악을 역임했고 부친 이원근李源根은 1869년에 가전악, 1908년에 전악에 승진되었는데 이 또한 피리가 유명했다.

이와 같이 세습적으로 궁정악의 계통을 이어 받았음인지 이수경 선생 역시도 거문고의 대가로 거문고 영산회상 연주는 누구도 그를 따를 수 없는 명수였다. 무용에도 능통하여 그때 아악생 무용반을 전담하여 지도하였다. 궁중무에서 부르는 창사는 성대가 매우 높았고 쉰 듯한 목청으로 구성지고 연연하게 불러 주시였는데 지금에도 귀에서 들리는 듯 하다. 또 이것뿐 아니라 악기 제조에도 능란하여 거문고, 가야금, 양금, 단소 등을 무난히 제작하였는데 음악을 알고 악기를 전문으로 다룰 줄 알기 때문인지 당시 이 선생이 제작한 악기가 훌륭한 악기로 지목되었던 것이 기억난다. 우리들은 뒤에서 수군거리거나 낄낄거리고 웃었다. 그러면 선생은 호령을 내리고 그래도 열심히 하지 않으면 손에 잡히는 대로 막 후려갈기는 것을 예사로 하는 아주 엄한 선생이었다.

나는 이와 같이 김영제, 함화진, 이수경 세 선생에게 종아리를 맞아가며 배운 것이지만 지금 생각하면 고맙기 그지없다. 다만 너무 어려서 좀더 자세히 배우지 못한 것을 후회할 따름이다.

이들 세 분은 현 무용계에서는 전혀 모를 인물들이다. 그러나 현재 무용 분야에서 궁중계통무용이 엄연히 존재해 있게 된 것은 이 세분의 공로임은 두말 할 것도 없다.

『춤』, '생각나는 춤 人物', 1976년 12월호

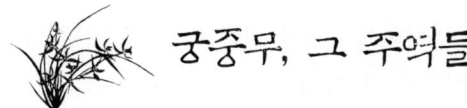

궁중무, 그 주역들

―기녀사회妓女社會 궁중무의 지도자―

내외법內外法이 엄했던 궁중무용

　신라, 고려, 이조시대에 연원을 둔 궁중무의 총수가 50여 종이나 되는 것을 이조 말에서 현재까지 전하게끔 마련해 준 궁중계통 춤의 인물들을 전 호에서 소개했다.

　이번에는 이와 같이 먼 역사를 간직한 무용들이 궁중계열의 한 계통뿐만 아니라 또 다른 사회로도 전파되어 현재에도 연희되고 있다는 사실을 알리면서 이 계의 인물들에 관한 이야기를 엮어본다.

　조금 거슬러 올라가서 예전 궁중에서는 여인과 무동(어린 남자무용수)이 춤을 추었는데 궁중에서 어찌나 남녀의 내외법이 대단했던지 왕비 왕녀와 여인의 잔치에서는 궁녀들이 춤을 추고 이와 반대로 왕과 세자 등 남자들만의 잔치에서는 무동이 춤을 추었다는 기록이 있고 이조 말까지도 계속되었다. 이때 남자 무동들은 장악원에서 궁중악을 관장하는 기관에 예속되었었고 궁녀들은 궁에서 의녀, 상방, 약방 등의 다른 직책을 맡으면서 역시 춤을 배워 일단 궁중에 일이 있을 때에는 춤을 담당했었다.

　뿐만 아니라 지방관청에 매어있는 기녀들도 서울로 불러 올리어 장악원에 진현도감이라는 임시기구를 마련하고 연습을 시키어 궁중경사에서 춤을 추었다. 행사가 끝나면 제 각각 다시 본 고향으로 돌아갔었다.

이런 제도가 한일합방 후 폐지되면서 이들이 형성되어 발을 붙인 곳이 기녀사회이다. 그러므로 해서 궁중무의 한 계류는 기녀 계로 전파되어 왔다. 그러다가 8·15해방과 아울러 이 제도가 폐지되면서 유야 무야 그 자취를 찾아 볼 수가 없게 되었다. 그러나 오늘의 여러가지 춤들이 그의 영향을 받고 기틀을 삼아서 현재의 무용으로 발전되었다는 사실을 누구도 부인할 수 없는 일이다.

지방으로는 진주의 〈검무〉가 고종(최완자) 때 서울 진현에 와서 춤을 춘 후 진주에 전하게 된 것이고 통영에는 북춤이 전해져서 이 두 가지 춤은 궁중무용의 옛 모습이 고스란히 이어져 있다. 그래서 당시 지방적으로 유명했던 것이 진주의 〈검무〉, 강원도의 〈관동무關東舞〉, 평안남도 성천의 〈항장무項莊舞〉, 평북 선천의 〈사자무〉 등이 있었다고 한다. 이중 〈진주 검무〉(무형문화재 12호)와 〈통영 북춤〉(승전무, 무형문화재 21호)은 중요무형문화재로 지정되어 그 기능이 깊이 보존되어 있다.

금하 하규일 선생

그럼 본론으로 들어가서 먼저 밝힌 바와 같이 기녀제도가 폐지됨과 동시에 궁중 기녀들의 집단체가 서울에서는 다동(現 茶屋洞), 광교(現 武橋) 조합으로 결성되어서 여기에서는 노래(가곡, 가사, 시조, 잡가), 기악(거문고, 가야금, 양금), 서화書畵, 무용 등을 지도하는 대가 선생님들이 있었다.

먼저 다동조합의 무용을 지도하신 선생님은 오늘에 정가인 가곡의 명맥을 이어주신 은사 금하琴下 하규일河圭一 옹(1867~1937)이다. 가곡이 선생님 아니었더라면 민멸되었을 것이라 생각하면 가슴이 써늘하다. 선생님이 악보를 채보해서 흑판에 써주시면서 지도하시는 것을 회고하면 저절로 고개가 수그러진다.

　금하琴下 하규일河圭一 옹은 가문부터 음악가의 집안으로 옹의 종형 하청일이 가곡의 명가이고 풍류도 능통하였다 하고, 친형인 하순일은 거문고와 가곡에도 대가였지만 특히 춤이 능란하여 하옹은 친형인 순일 씨에게서 궁중무를 배웠다고 했다.

　하옹의 일화 한편을 소개하면 이러다가 하옹이 음악을 배워야 하겠는데 악기를 배우자면 모든 것이 악기를 가지고 다녀야 하기 때문에 궁리한 끝에 아무것도 들고 다니지 않고 목으로 할 수 있는 노래를 선택했다 한다. 그런데 어찌도 목청이 좋지 못하든지 청일, 순일 두 형이 노래 배우는 것은 아주 포기하라고까지 선언을 했다. 그러나 하옹은 대단한 각오와 결심을 하고 큰 독 속에 들어가서 목에서 피가 나오도록 주야를 쉬지 않고 열심히 공부해서 종말에는 가곡의 명인이 되었다는 것이다.

　선생의 신장은 5척 미만의 단신에다 가냘프고 섬섬 약질의 체격이요, 얼굴은 백옥같이 희고 두 눈이 생기가 있어 보였다. 그리고 실천력과 인내력이 강한 성격의 소유자임을 나는 느꼈다. 기녀들에게 춤을 지도하실 때는 만약 잘못이나 실수가 있을 때면 용서 없이 다리를 걷히고 조그만 곤장으로 사정없이 때려서 벌을 주는 엄격하고 강인한 선생이다. 그리고 어찌도 열심히 공부를 시켰던지 〈검무〉 연풍대를 연습하는데 많이 도는 학생에게는 상을 주는 방식도 채택해서 학생들에게 열성을 내게 하였는데 그때만 해도 학생들이 순진하고 정직해서 몸이 괴로운 것도 잊어버리고 그 넓은 강당을 끝까지 많이 돌아와서 상 타는 것만을 즐거이 알았다. 당시 학습시킨 춤들은 궁중무와 같은 것으로 〈춘앵전〉, 〈무산향〉, 〈포구락〉, 〈장생보연지무〉, 〈무고〉, 〈선유락〉, 〈항장무〉, 〈가인전목단〉, 〈검무〉 등 격식이나 형태는 물론이요, 창사 의상에 이르기까지 궁중정재와 같았으며 의상에다 호랑나비를 수놓아 화려하게 만들어진 〈박접무撲蝶舞〉 복색도 준비되어 있는 것을 보았다.

　지금과는 달라서 조교도, 보조하는 반장도 없이 오직 선생 한 분이 지도

했고 장고, 장단치는 악사 한 분뿐이었다. 선생님의 작품으로는 공진회가 열리게 되면 기념을 의미하는 무용을 만들어 출연시킨 것이 생각나고 <4고무>란 춤을 창작하였는데 북틀 4면에다 북을 하나씩 걸어달고 사방색四方色(東靑, 西白, 南紅, 北黑) 몽두리에 붉은 띠를 매고 화관을 쓰고 한삼을 매게 하고 두 명씩 양쪽에서 정면으로 나와 창사한 후 한사람씩 갈라서서 북을 친 다음 차례로 위치를 바꾸며 북을 치고 추었는데 춤이 아름답고 다양해서 출연만 있으면 반드시 <4고무>를 추었다.

이 춤의 형태는 궁중무와 흡사하고 북 치는 사위는 승무 법고에서 발췌한 것이었다. 또 한 가지는 이때 승무를 출 때 의례히 북을 두 사람이 나와서 양편에서 들어주었다. 그런데 이 불편을 덜기 위하여 선생이 절첩식의 북틀을 고안해서 만들게 하여 무대 출연에 편리하게 하였다. 그 후부터 승무에 북틀을 쓰는 것이 유행하게 되어 지금에는 형형색색의 북틀이 등장하게 된 것이라고 밝혀 두련다.

장계춘, 최춘서

다음은 광교 지방의 장계춘 옹이다. 장옹은 구한말 장악원 계통의 출신으로 여창에 능통해서 여창 가곡, 가사, 시조 등을 기녀들에게 전담 지도했는데 그의 문하생들이 생존해 있어서 옛 일들을 회고하곤 한다. 광교 조합 후의 무용은 장계춘 옹과 보조역의 최춘서 옹이 학습시켰었는데 궁중무용의 일부를 지도했고 다동 조합 측의 춤과 거의 같았다고 한다. 지금은 무용분야에서 활동을 하지 않으나 궁중정재의 한 조류가 있었다는 사실을 밝혀둔다.

황종순黃鍾淳

황옹은 구한말 궁정 악사로 그 나이 29세(1906) 때 주전원主殿院 내취內吹가 되고 이왕직 세악 내취를 거쳐 아악수를 지냈으며 장고를 전공으로 다루었다. 다동, 광교 두 조합이 양립해 있든 사이에 소규모의 대동조합이 설립되었는데 여기에서 무용지도를 담당한 분이 황옹이다.

그 뒤 이 조합이 종로조합으로 변경된 후에도 계속 지도했고 광교조합 측에 장계춘 옹이 별세한 후 역시 광교에도 황옹이 왕래하며 무용을 지도했다. 그러니까 장계춘 옹의 춤과 황종순 옹의 춤이 합류되게 된 것이 일정 말 종로조합을 거쳐서 남아있을 것도 추측할 수 있다. 그러므로 해서 기녀계로 흘러 내려온 궁중무는 두 종류로 나누어졌다고도 볼 수 있다.

내가 보건대 황옹의 춤은 무용을 전공으로 다룬 것 같지는 않으나 원체 여러 해를 장고를 치면서 보았고 익혀온 것을 경험 삼아서 능히 대동, 종로, 한성(광교조합이 한성으로 변했음) 등 조합에서 최종까지 춤을 한 것이 황옹이다.

결론적으로 이상 궁중무의 인물들은 전부가 춤뿐만 아니고 음악과 악기, 이론에도 정통한 점을 미루어 생각하면 근세의 한국무용을 다루는 젊은 무용인들에게는 재삼 연구해 볼 문제를 던져주고 중요한 숙제를 안겨주었다고 하겠다.

『춤』, '생각나는 춤 人物', 1977년 1월호

# 신무용 이전의 사람들

— 더불어 아쟁을 개조한 박성옥 씨 이야기 —

신무용 발전에 주축을 이룬 이들

먼저 1·2회에서는 궁중계통 무용의 인물들만 다루었지만 이번에는 전회前回의 내용과는 각도가 전혀 다른 방향에서 이야기를 엮어 보려고 한다. 그러나 그렇다고 해서 그 내용이 우리나라 무용계와 아무런 관계가 없는 것은 아니다. 비록 외국사람에게서부터 서두가 시작되지만 실은 우리 무용계에 큰 발전을 가져오게 하고 또한 근자의 우리나라 신무용사에 한 주축을 이루게 한 장본인으로 인정할 수 있는 인물이기 때문에 취급한 것이다.

일본의 이시이 바꾸[石井 漠] 하면 최승희를 생각하고 또한 이미 고인이 된 조택원을 연상케 한다. 그러나 이 두 사람보다 먼저 이시이 바꾸의 연구소 문을 두드린 사람이 있었으니 이시이 바꾸는 그의 수기에 이렇게 서술하였다.

"1917년경 제국극장帝國劇場 가극부歌劇部에 매여서 일을 하고 있을 때 돌연 극장측에서 경비사정經費事情을 이유로 가극부를 해체시키게 되었다. 그래서 할 수 없이 동지들과 의논한 끝에 '새로운 음악과 새로운 무용은 먼저 대중으로부터'라는 표어를 내걸고 아사구사[淺草] 일본관日本館에서 발족하고 연구생을 모집하였다.

이때 응모된 연구생 중에는 강홍식姜弘植이라고 하는 조선의 한 청년이 있었으니 이 청년은 체격이 좋았고 성대도 매우 아름다웠다. 그러나 이는 무용보다는 노래에 전념을 했고 지도를 받았다. 그러다가 겨우 2년도 채우지 못한 채 훌쩍 나의 앞을 떠나서 영화배우 스즈끼 덴메이[鈴木 傳明]에게로 가서 石井 輝男이라는 이름으로 영화배우가 되었다. 그 뒤 어느새 그는 조선으로 돌아가서 서울에서 극단을 조직하고 활동한다는 소식을 들었다. 지금은 무슨 일을 하고 있는지 알 수가 없으나 나에게 맨 처음으로 교섭해 온 조선의 청년이기 때문인지 늘 인상에 남아있어서 지금에도 만나고 싶은 심정이 생긴다"고 했다.

이것을 미루어 생각하면 강홍식의 체격과 인품이 훌륭했고 성대와 체질이 출중했음을 인식할 수 있다. 비록 무용인으로서의 활동은 하지 않았지만 우리가 알고 있는 범위와는 달리 이시이 바꾸에게 한국 사람으로는 최승희, 조택원보다는 일찍이 연극계와 가요계에서 명성을 날려온 강홍식이 먼저 그의 문하생이 있음을 알게 하는 그의 회고담이다.

또 한 가지는 "최승희가 1928년 귀국했다가 다시 2차로 1930년경 일본으로 와서 나에게 무용 공부를 열심히 계속했다. 나는 최를 권고하여 1934년 동경에서 최승희의 제1회 발표회를 개최키로 되었다. 나는 승희의 춤에는 특징을 지니게 하기 위하여 때마침 빅 타ー레코드 회사의 음반 녹음 차 동경에 와 있는 중인 조선무용의 대가 한성준 옹에게 부탁을 해서 최에게 조선무용의 수법을 속성으로 학습시켰다.

그런데 본인은 한사코 조선춤 공부를 싫다고 했다. 그것을 내가 억지를 써가며 강제로 배우게 하여 제명을 〈에헤라 노아라〉로 명명해서 그를 상연했더니 상상외로 대호평을 받았다. 그 후에 승희도 빈번히 조선 풍의 무용을 상연하게 되었다. 그래서 그 뒤 2, 3년 사이에 수만에 달하는 많은 돈을 저축했다는 소문을 들었다. 그리고 또 최초 본인이 싫어하던 조선무용에 힘입어 미국, 구라파 등지에서까지 훌륭한 평을 받았다는 사실은 자기로서도 심히 반갑고 기쁠 뿐"이라 했다.

그렇다면 최승희의 무용의 발전도 그의 은사인 이시이 바꾸[石井 漠]의 지도와 숨은 공로가 지대했음을 보여준 실증이다.

다음은 필자와 최승희와의 관련된 사실이다.

연대는 확실히 기억이 나지 않지만 1938년경으로 짐작이 된다. 내가 아악부에 재직해 있을 때이다. 당시 아악부에 양악洋樂지도를 하기 위해 취임한 이종태李鍾泰 옹의 소개로 아악부 악사들이 최의 무용에 필요한 음악을 취입하기로 약속이 되었다. 그런데 이 시절에는 음악을 녹음테이프에다 넣어서 사용하지 못하고 레코드에 음악을 취입해서 음반을 돌리어 반주악을 삼았던 때이다. 먼저 레코드를 만들 수 있는 원반에다 음악을 취입해서 이 원반을 통해서 비로소 음반이 제작되었다. 그래서 음반을 틀어놓고 이 소리를 들으면서 춤을 추었던 것이다.

우리들은 여러가지의 악곡樂曲을 선택하고 양악보洋樂譜로 채보하여 맹렬히 연습한 다음 음반을 취입하게 되었다. 이때만 해도 한국에서는 음반 취입할 시설이 없어서 모든 음반 취입은 일본에 가서 해야되는 형편인데 이때는 벌써 기사가 기재機才들을 가지고 일본에서 왔던 것이다.

장소는 지금 충무로 2가 근처인데 생각나는 춤으로는 무당춤, 장고춤, 보살춤 등으로 이것은 〈낙랑樂浪의 벽화壁畵〉라 불렸으며 낙랑고분에서 발굴된 벽화에서 연유한 춤이라고 했다. 음반 취입을 오후부터 시작해서 밤을 뜬눈으로 새면서 밤새도록 하고 새벽녘에야 겨우 끝을 냈다. 그래서 일행이 청진동 해장국집으로 몰려가서 해장국밥 먹던 것이 기억난다. 물론 최도 우리와 똑같이 행동을 취했으며 녹음 도중에 잘못되면 몇 번이든지 춤을 되풀이해서 춤과 음악이 혼연일체가 되도록 애를 써주었다.

이것은 녹음 중에 일어났던 한 가지의 풍경이었다.

〈낙랑의 벽화〉 음악은 평조영산회상 상령산으로 대금이 독주로 이를 연주했다. 대금 독주에는 당시 대금의 독보인 김계선金桂善 옹이 담당했었다.

이와 같이 온 신경을 모으고 열중해서 앞에서는 춤을 추고 한편에서는 대금을 연주하는 중에 어디서 "좋다" 소리가 들렸다.

실내에 있던 사람들이 일시에 아연실색을 했다. 그런데 이것은 옆에서 이 광경을 지켜보고 있던 최의 아버지가 대금소리에 자극이 되어 자기도 모르게 무심중에 감탄사를 터뜨렸던 것이다. 그래서 한판에 50원이나 되는 원판 하나를 버리게 되었을 뿐 아니라 최와 악사들의 폭소를 자아냈던 것은 물론이다.

대금의 명 연주자 김계선金桂善 옹

김옹은 대금을 입에 대기만 하면 못 부는 곡조가 없을 정도로 능숙했으니, 대개 노래를 부르려고 하자면 먼저 대금이 음정을 불어 주어야 이 음정에다 맞추어 노래가 소리를 내는 것이 통례이다. 이것은 노래 부르는 사람의 성량이 높고 낮은 것을 측정하는 것도 되지만 대금이 음정의 한계를 알리는 것이 더욱 중요한 것이다. 그런데 김옹은 이것을 무시하고 창자唱者더러 "네 마음대로 부르라"하고 소리가 나오기만 하면 무슨 음정이 되든지 간에 틀림없이 조화시켜 연주하는 전무후무의 명연주가이다.

또 한 가지는 아악부 연주 때에는 의례히 김옹의 대금 독주가 있었다. 당시는 일본에서 여학생들이 수학여행을 많이 왔다. 그러면 반드시 비원을 참관하는데 이 길에 빼놓지 않고 아악부에 들려서 악기 등을 관람하고 또 연주까지 듣게 된다. 그럴 때면 김옹의 대금소리를 듣고 감동되어 여학생들이 눈물을 흘리며 우는 것을 여러 차례 눈으로 똑똑히 보았다.

그 후 2, 3년이 지났을 것으로 생각된다. 최의 남동생인 승호가 찾아와서 외국공연에서 무용은 좋은 성과를 거두고 환영을 받았으나 다만 음악이 음반을 사용한 관계로 큰 실패를 보았다고 하면서 앞으로 외국 공연을 계획하고 있는데 우리더러 일본으로 갈 수 없겠느냐고 하였다. 그러나 당시 우리들은 아악부에 매인 몸이라 절대로 움직일 수가 없었기 때문에 그의 요청을 받아들이지 못하고 거절했다.

그러나 생각하면 그때만 해도 나는 무용에 그다지 매력을 느끼지 못했고, 또 일반 사회에서도 무용에 대한 관심도가 높지 못했던 것도 한 원인일 것이다. 그래서 최와 의논한 끝에 선정된 악사가 이충선李忠善, 신충근申忠根, 박성옥朴成玉, 김창식으로 합의를 보고 당사자들과 교섭한 결과 세 명이 모두 가는 것으로 결정이 되어 그 뒤에 활동상은 이들이 더욱 자세히 알고 있을 것이다. 그리고 이로 인연해서 서로 발견된 한 가지 사실을 밝혀 두려고 하는 것은 요즈음 민속음악과 무용 반주에서 많이 사용하고 있는 악기인 아쟁牙箏 문제이다.

속담에 중이 제 머리 깎지 못한다는 말과 같이 당사자인 박성옥 씨는 자신의 일을 자기가 발설하지 못할 것이라 생각되어서 내가 여기에 부기해서 뒷사람들에게 알리려고 한다.

아쟁은 원래 민속음악에서는 사용되지 않았고 다만 궁정악 연주에서만 사용했던 악기이다. 그 제도가 마치 가야금과 흡사한 것으로 7개의 줄을 걸어 맨 것에서 음을 내는 것이 다른 점이다. 그런데 박성옥 씨가 고안한 아쟁은 우선 제도부터가 달라서 장방형이 아니어서 길이가 짧고 광이 넓으며 또한 현이 1개 또는 2개가 가설되었고 아쟁 복판에다 오동 판을 덧붙이어서 공명이 잘되어 웅장하고 맑은 소리가 나도록 개조되었다. 아쟁 줄에 있어서도 고음高音과 저음低音을 발설하는데 긴요한 줄의 굵기를 안배해서 적당하게 걸어놓았기 때문에 하성에서 중성, 상성까지 발성 처리에 과중한 무리나 난점이 없는 것도 좋은 점이다.

그리고 필요에 따라 나무가 아니라 서양악기의 활을 사용해서 청아하고 오묘한 소리를 내며 한편 급속한 연주에라도 무난히 감당할 수 있도록 경편하게 제조된 것이 이 아쟁이 지닌 특징이고 장점이다.

그래서인지 박성옥 씨가 귀국 후에부터 이 아쟁이 풍성해져서 민속음악과 무용 반주의 악기로 큰 구실을 하고 있는 것은 더 말할 필요조차도 없는 것이다. 다시 말해서 이 아쟁은 과거 궁정악기로 사용하던 아쟁의 장단점을 잘 처리해서 제작된 것이라는 것을 밝혀둠과 동시에 박성옥 씨의 공로를 높이 평가하고 그의 업적에 경의를 표해 둔다.

『춤』, '생각나는 춤 人物', 1977년 2월호

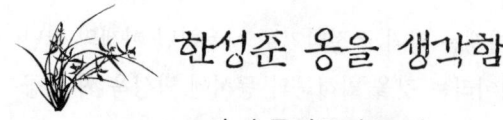
한성준 옹을 생각함

―그의 승무지도의 묘미―

추는 양식이 각각이었던 승무

1930년경 이때만 해도 무용을 지도하는 선생도 한정된 수요지만 우리의 춤을 추는 사람 역시도 극히 적었다. 그래서 춤추는 것을 여간해서 보기가 드물고 그 기회마저 포착하기가 어려웠다. 공연이나 이런 예술을 발표 할 만한 장소가 전혀 준비되어 있지 않았기 때문이다.

그러나 나는 음악을 배운 덕으로 해서 춤추는 광경을 볼 수 있는 기회가 자주 있었다. 그럴 때마다 나는 주의 깊게 보았고 남달리 관심을 가졌던 것이 기억난다. 그리고 내가 볼 적마다 승무僧舞가 꼭 들어 있었다. 자주 보는 동안에 나도 모르게 이 춤에 매혹되고 도취되었다. 이와 같이 회를 거듭하는 동안 나는 우연히 승무僧舞에서 이상한 생각이 들고 의아한 마음이 일어나기 시작했다.

먼저도 말한 바 있듯이 몇 명밖에 되지도 않는 승무僧舞 추는 사람인데 추는 사람마다 각각 다른 양식으로 추고 있는 점이다. 그래서 나는 궁금증을 참다못해 하루는 무용수들에게 승무를 누구에게 배웠느냐고 물었다. 그랬더니 이구동성으로 한성준韓成俊 옹(1874~1942)에게서 배웠다는 것이다. 그런데 춤들이 모두 다른 이유가 뭔가 하고 물으니 이것 역시 알 수 없다고 대답했다. 한옹이 같은 춤을 지도하는 데 있어서 무슨 이유로 각각 같지 않은 다른 양식으로 지도 교습시켜 무용수들로 하여금 혼동을 가져 오게 하였는지에 대하여는 그 수수께끼가 풀어지지 않고 풀지도 못한 채 지금까지 의문점으로 남아있는 것이다.

여기에 곁들여서 필자가 승무를 시작하게 된 동기와 당시의 상황을 더듬어 본다.

1930년경에는 완전한 공연장이란 없었고 어찌하다 가설극장이 서게 되면 그 무대가 공연장 구실을 하였고 그렇지 못하면 몇 군데 있는 영화 상영만 하는 무대에서 공연을 갖는 것이 고작이었다. 그리고 특수층 사회에 소속되어 있는 여인들은 그와 상관되는 업체의 비좁은 장소나 작은 무대를 활동 무대로 삼았던 것이다. 그러니까 당시 실정이 한 말로 표현하자면 무용의 불모시대로써 무용인도, 무용지도자도 또한 무용공연을 할 수 있는 장소조차도 없었던 기간이었다고 단정을 할 수 있다.

다음은 필자가 승무를 배우게 된 동기인데 위에서 밝힌 대로 승무를 추는 무희들의 성분이 특수층의 인물이요, 또 여인들인 관계로 이 계界에 종사하다가도 일단 가정으로 들어가게 되면 그의 예술은 종막을 고하거나 그렇지 않으면 중단되고 말았다.

그래서 내 딴에는 승무의 예술이 끊어질 것을 염려한 나머지 이것을 방지해 보자는 뜻에서 승무를 배운 것이지 내가 장래 무용수가 된다든지 무용가가 되려는 생각은 꿈에도 없었다. 어쨌든 내가 한옹 제자들의 승무를 오래도록 본 결과 한옹이 승무를 동일한 방식으로 지도하지 않은 의문점을 물어보려는 의욕이 생겼다.

어려운 상황 속의 대담한 결단

1938년경 내가 승무 배울 때의 상황을 돌이켜보면 첫째 일반 가정부인이나 여학생들은 춤을 배우지도 않았고 만약 이런데 관심을 두거나 배우기만 했다가는 집안에서는 고사하고 가문에서까지 문제가 되어 큰 소동이 일어났다. 그런데 남자인 내가 승무를 배운다고 했으니 30세 전 젊은 나도 여간한 배짱은 아니었다고 생각된다. 더구나 이때는 민속음악이니 궁중음악이니 하는 말조차 들을 수 없었던 것으로 무용에 있어서는 더 이야기 할 필요조차도 없게 된다.

내가 아악부雅樂部에 다닌다니까 한옹이 내 소청을 승낙하였고, 나도 승무를 배우는 동안은 시간 있는 대로 악사樂師들에게 양금洋琴, 영산회상靈山會相을 지도해서 반주 음악으로 담당하게 하였다. 그리고 한옹을 통해서 들은 말로는 한때 영화배우로 이름을 날렸고 또 무용연구소도 개소해서 활동하던 김모양 모녀母女가 한옹에게 승무를 배운다는 말을 들었을 뿐 그 외 일반인사가 춤을 배운다는 말은 전혀 듣지 못했다.

그러니까 한옹에게 남자로 승무를 배우는 사람은 이때는 나 하나뿐이었을지 모를 일이다. 그러는 동안에 쾌재를 부를 일이 생겼으니 먼저 승무에서 풀지 못하던 내용이 일치하지 않았던 점이다.

승무의 순서가 처음에는 긴 염불 가락, 염불에 북치는 가락, 타령 가락, 타령 북치는 가락, 굿거리 가락, 굿거리의 북치는 가락, 장삼 소매를 빼고 북 얼르는 가락, 법고 가락, 다시 굿거리 가락에서 연풍대로 넓게 한 바퀴를 돌아 끝냈다. 이 여러가지 가락들이 질서 있게 잘 정리되어 가락을 교체할 때와 전후좌우로 왕래하는데 있어서 조금도 무리가 없고 순리로 풀렸다. 나는 어쩌면 그렇게도 잘 정리되었고 손쉽게 풀릴 수 있을까하고 지금도 감탄을 아니 할 수 없었다.

이런 훌륭한 예술무용을 한옹은 학생들에게 학습시킬 때 순서를 앞뒤로 바꾸어서 자유자재로 지도했기 때문에 먼저 연회자들이 각양각색으로 춤을 추었던 것을 비로소 알게 되었다. 그때 바로 한옹에게 그 이유를 물어 궁금증을 해소하지 못한 것을 지금은 후회하고 있다. 일찍 어릴 때부터 궁중악과 궁중무를 배운 내가 40년 전 승무를 배우려는 집념에서 시작한 것이 기점이 되어서 지금까지 민속무용 분야와도 관련을 갖게 된 것을 다행스럽게 생각하고 있다.

1940년경 한웅이 제2회 발표회를 할 때에 일어났던 일이다. 이보다 앞서서 1936년 제1회 무용발표회를 성공적으로 끝마친 여세를 몰아 새로운 춤들을 안무 구성해서 지금 시민회관 별관(이때는 상설공연장으로는 이것뿐임)에서 공연을 가졌는데 이 발표회의 진행과 연출을 담당했던 자가 현재 한국에 없는 신 모某였다. 이 자가 공연 프로그램에 들어있는 승무의 해설문을 승무는 이조 때 명기 황진이黃眞伊가 지족선사知足禪師를 파계시키기 위하여 유혹하는 춤을 춘 데서부터 시작되었다 하고 춤을 추다가 가사袈裟, 장삼長衫, 고깔을 벗어 던진 후 교태와 아양을 부리며 춤 춘 다음 끝맺게 했던 것이다.

그러니까 승무가 완전히 중을 파계시키는 행동과 표현으로 탈바꿈을 하게 만든 것이다. 바로 이것이 문제의 발단이 된 것이다. 이 공연에서 승무 장면을 눈여겨본 신도들의 반발이 일어났다. 신성하고 엄숙 경건한 불교를 중상 모략한 춤이라 단정하고 신도와 불교도들의 불평이 토론되고 반대 여론이 일어나기 시작했다.

불교 신도와 사찰 승려들 단체에서 의론이 분분한 나머지 종말에는 불교단체가 총궐기하여 신성한 종교를 비방 모욕하고 불교계에 악영향을 끼쳐주는 불순한 무용을 공개하는 공연을 중지시켜 달라고 하는 진정서를 감독관청인 경무국에 제출하면서 강경한 태도를 보였다. 즉시 경무국에서도 이 의견을 받아 들여 공연순서에서 승무의 출연을 금지 시켰다. 그리고 이후부터는 어느 공연을 막론하고 프로그램 중에 승무라는 종목이 들어있기만 하면 공연을 절대로 허가하지 않았다.

이때 공연 허가제도는 서울에서 허가를 받아서 허가증만 가지면 지방 어느 곳에서든지 통용되어 무난히 공연할 수가 있던 시절이라 중앙에서 공연 허가를 받지 못한다는 것은 다시는 공연할 수 없다는 결론이기 때문에 한웅은 중대하고도 난처한 처지에 놓여있게 되었다. 이미 지방각지와의 공연약속이 체결되었던 참이라 당황 초조하지 않을 수 없었다. 뿐만 아니라 한옹에게는 승무가 없이는 삶에 보람을 느낄 수가 없고 승무 또한 한옹이 없이는 그 가치를 빛낼 수 없던 시절이라 한옹이 곰곰이 생각해 낸 것이 바라춤이었다.

바라춤은 사찰에서 재올릴 때 추는 춤으로 민간과는 전연 관계가 없는 춤이다. 한옹이 이 춤을 알게 된 동기를 간단히 이야기하면 이러하다.

한옹은 판소리계의 명고수名鼓手로 일찍이 대원군 때의 참봉가자까지 받은 유명한 고수라는 사실은 아는 이는 다 알고 있던 사실이다. 한옹이 명고수名鼓手인 관계로 언제든지 판소리 명창名唱과 밀접한 관계를 맺고 있고, 또 일고수一鼓手 이명창二名唱이라고 하지만 노래 없는 북은 아무 소용없는 존재이다. 이런 관계로 인해서 판소리하는 명인名人들이 사찰로 노래 공부하러 들어가면 한옹도 동행을 해서 같이 유숙하며 북을 쳐서 노래 공부의 박자를 깨닫게 했던 것이 한 두 번이 아니다. 이렇게 사찰에서 머무는 동안에 한옹이 터득한 것이 앞에서 밝힌 바라춤이다. 그리고 또 한 가지는 승무에서 법고 후반부에 절간 법고의 춤사위 법고가락을 치고 있는 것은 이런 동기에서 비롯한 것이다.

승무로 인연해서 공연이 중단되게 되자 한옹은 궁여지책으로 바라춤이라 이름을 고치고 춤은 승무를 그대로 추고 다만 북 치는 장면에다 바라를 치고 의상을 벗는 부분을 삭제하고 춤을 추게 해서 위급한 사정을 겨우 모면하고 지방 흥행을 무사히 끝맺었다.

1940년경 신 모某의 부질없는 잔재주와 같은 꾀로 인하야 승무가 큰 화를 당했고 그 대신 의식에서만 출연하던 절간 바라춤이 무대에서 처음 각광을 받았던 사실도 의당 기억에 남겨 두어야 할 재료로 인정 될만한 사실이다.

승무 북의 수난

1941년 한옹은 마해송馬海松 선생이 일본에서 발행하던 일간지日刊紙 모

던닛뿡[毛ダシ日本]에서 수여하는 무용상을 한국사람으로서는 처음 수상하였으니까 한옹의 무용에 대한 권위와 실력은 우리나라에서는 최고의 위치에 놓여서 누구도 추종할 수 없었음을 여실히 증명하는 것이다.

그 이듬해 1942년, 한옹이 직접 인솔한 조선 음악 무용단이 일본에서 공연을 하게 되었다. 그런데 일본사람들은 항상 우리들을 색안경 쓰고 보는 조선인 단체이라 주의 깊게 감시했던 것이다. 그런데 눈에 거슬린 것이 북에 그림이었다.

공연 도중 돌연히 일본 경시청으로부터 공연을 중지하라는 명령이 내렸다. 그 이유는 민족사상을 고취하는 부정적인 단체여서 앞으로는 공연허가를 할 수 없다는 것이다. 그 이유인즉 북에 그린 그림이 태극 문양이라는 것이다. 이들은 그 무늬를 태극 무늬로 잘못 알고 공연을 중지 시켰던 것이다. 그렇지 않다고 변명을 해도 우리의 말을 들어주지 않아서 다시 공연을 할 수 없는 박절한 상황에 부딪혔다. 한옹 일행은 이 긴박한 사정을 해소하기 위하여 구수 밀의한 끝에 나온 방법이 북에 흰 칠을 해서 문양을 없애겠다는 조건으로 겨우 공연을 무난히 마쳤다.

일본의 군국주의가 우리의 민족정신을 말살하려는 단말마적 행패가 북에 그린 문양에까지 파급되었던 사실을 생각해보면 지금에도 전율한 마음 금할 길 없다.

끝으로 한옹의 숭고한 예술이 최초로 외국에 건너가서 큰 업적을 남겼다는 사실을 무용사 한 페이지에 남겨 두어야 한다고 강력히 주장 하고자 한다.

『춤』, '생각나는 춤 人物', 1977년 3월호

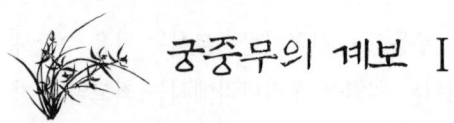

궁중무의 계보 I

 궁중무의 계보를 설명하기 앞서서 그의 간략한 경로를 먼저 규명하고자 한다. 현재 궁중 계통의 무용은 멀리 신라시대로부터 고려조, 이왕조 말까지 전해진 것이 50여 종이 기록에 남아있는 것은 다 알고 있는 바다. 그래서 한일합방이 체결될 무렵까지 궁중의 악樂과 무舞를 관장한 장악원에 소속해 있는 여기女妓와 무동들에 의하여 연희되었으며 한편 지방관가에까지 뻗쳐서 여기들에 의하여 보존되어 온 춤들이라는 실례가 남아있다.
 이 많은 수의 춤들은 불행히도 국치를 당하면서 국기가 허물어지고 모든 기능이 마비되어 사회제도가 급격히 개혁됨과 동시에 궁중무의 판도도 바뀌게 되었으니 궁중무를 장악 취급하던 장악원이 아악부로 변경되고 무용수들이 활동하던 사회적 영역도 그 범위가 넓어졌으며 국한되었던 연희하던 장소도 개방되게 되었다.
 이와 같이 관장기관 지역, 연희장소 등이 돌연히 변경됨으로 인해서 무용수들의 거처도 분산하게끔 되었으니 한 파는 아악부로 흡수되었고 또 한 파는 기녀 사회로 형성되었는데 기녀계는 서울과 지방으로 나누어졌다.
 먼저 아악부의 궁중무 계보를 훑어보면 아래와 같다.
 첫째, 철·고종·순종연대에 국악사의 가문출신인 김영제金寗濟, 함화진咸和鎭, 이수경李壽卿 세 옹을 궁중무의 계승자로 손꼽을 수 있고 이 세 분에게서 전통을 이어받은 것이 1923년도 이왕직아악부 아악생양성소 제 1·2기를 합세한 학생 11명과 성인부에서 2명을 합해서 계 13명이다.

그리고 이때 학습한 무용은 12종인데 자세한 그 내용과 무용을 전수한 자의 명단을 아래에 열거한다.

1923년도 이왕직아악부 아악생 양성소 제1·2기생이 학습한 정재명

舞名	作者	時代	年代	舞員	樂曲	備考
處容舞	尹推	新羅憲康王時	875~885	5人	鳳凰音外	
壽延長	未詳	高麗 成宗時	982~997	10人	長春不老之曲外三曲	
抛毬樂	楚英	高麗時代	1047~1082	14人	咸寧之曲外	
舞鼓	李混	〃		8人	咸寧之曲外二曲	
鳳來儀	世宗	李朝時代	1419~1450	10人	長春不老之曲外二曲	
佳人剪牧丹	孝明世子	李朝純祖時	1801~1834	10人	咸寧之曲外二曲	
寶相舞	〃	〃	〃	8人	〃	
春鶯囀	〃	〃	〃	1人	柳初新之曲	宋代 基聖節에서 쓰던 이름을 옮겨 왔음
長生寶宴之舞	〃	〃	〃	7人	長春不老之曲外四曲	
향령무	〃	〃	〃	6人	萬年長歡之曲	
연백복지무	〃	〃	〃	7人	長春不老之曲外四曲	
만수무	〃	〃	〃	7~9人	步虛子令外二曲	

제1기 무용전수생 명단

姓名	身分	舞踊名	備考
金桂善	雅樂手	處容舞	指導先生 : 金甯濟, 咸和鎭, 李壽卿
高永在	〃	〃	壽延長外 12종 傳授
朴老兒	第一期生	〃	〈참고 : 실제공연 때는 11종〉
朴聖在	第二期生	〃	
李炳星	〃	〃	
李炳祜	第一期生	春鶯囀	〃
金千興	第二期生	〃	〃
朴永福	〃		〃
徐相云	第二期生		〃
姜命福	〃		〃
李順奉	〃		〃
金先得	〃		〃
金點奉	〃		〃

이상 11명 중 아악수인 김계선金桂善, 고영재高永在 두 사람은 처용무에만 가담했고 기타 종목에는 출연하지 않았는데 그 이유는 어린 무동들과는 신장이라든지 연령에 차이가 너무도 심해서 가면무인 처용무에만 추었던 것이다.

여타 10종의 무용을 공부할 때는 일동이 다같이 배웠으나 정작 출연할 때에는 키가 큰사람을 등용한 것은 지금도 그때에 제작된 가면이 보존되어 사용되고 있지만 가면이 크게 만들어졌기 때문에 할 수 없이 탈과 몸에 균형을 잡기 위하여 성인까지 출동하였고 어린 우리들 중에서도 키 큰 학생을 골라 선정한 것이 기억에 남아있다. 그리고 그 뒤에도 30년간을 계속해서 처용무의 무용수는 반드시 장신의 소유자만을 선발해서 학습 지도했고 뿐만 아니라 현재도 이 방법을 그대로 채택하고 있는 것은 이런 연유 때문인 것이다.

다음은 위에서 열거한 12명의 무용수들의 활동상황과 공연한 장소에 관한 것인데 우리들은 아악부에 소속되어 있는 관계로 외부와는 전혀 관련이 없을 뿐 아니라 궁중을 떠나서 외부에 나가서는 절대로 춤을 출 수가 없었다. 이런 제약 때문에 1945년 해방되기 전까지는 별로 창덕궁(秘苑)을 제외한 외부에 나가서는 무용을 공개한 적이 없었다. 그리고 비원 인정전 정전 아니면 동서행가에서 춤을 추었는데 아악부원의 연주가 곁들였고 반주는 물론 동부 악사들이 담당했다.

춤을 공연한 시기는 순종 50세 탄신 축하연주에 출연한 것을 기점으로 해서 그 후 왕족의 탄신 경축행사와 혹은 외국에서 오는 국빈을 초대하는 특별한 경우에만 한해서 춤을 추었는데 8·15해방 전까지도 이런 기회만 있으면 계속되었다.

그리고 기억에 남는 공연은 일지日支 전쟁이 극력할 때 세계국제연맹 대표단이 일본지방日本支邦을 거쳐 한국에 왔을 때 당시 조선 총독관에서 (現 국방대학 뒤) 개최한 초대회에서 아악과 무용 등이 특별 출연해서 감상시킨 것이 처음 되는 외부에서의 공연이다.

앞에 말한 궁내 경축공연에는 왕족을 중심하고 왕가친척들이 참석하였고 외빈으로 총독부 측 고급관리와 일본군대의 장성 및 외국공관의 대사급들이 동석하였다.

다음은 궁중무가 25년간을 지속 전승케 된 내용을 상세히 밝혀 보려고 하는데 아래에 1기는 5년간으로 6기에 걸쳐 학생들에게 교습한 것이 동기가 바탕이 되어 무동의 춤이 현재까지 전하게 된 것이란 것을 회고하면 천우신조란 말이 불현듯 생각난다.

제2기 전수자 명단과 무용명(제3기생)

姓名	舞踊名	備考
成慶麟		鳳來儀, 長生寶宴之舞, 春鶯囀, 處容舞, 響鈴舞, 寶相舞, 舞鼓, 壽延長, 萬壽舞, 佳人剪牧丹
李珠煥		指導先生 : 李壽卿 咸和鎭 金甯濟
奉海龍	處容舞	〃
金寶男	春鶯囀	〃
金岡本	春鶯囀	〃
李點龍	處容舞	〃
金奉完	處容舞	〃
朴昌鎭	處容舞	〃
太在福		〃
姜洛麟		〃
金景龍	處容舞	〃
高七東		〃
王宗鎭		〃
李東植		〃

제3기 전수자와 무용명(제4기생)

姓名	舞踊名	備考
金琪洙	處容舞	
全永善	〃	
崔義植	〃	指導先生 : 李壽卿, 咸和鎭, 金甯濟
洪允基	〃	
李德煥	〃	

제4기 전수자와 무용명(제5기생)

姓名	舞踊名	備考
金泰燮	處容舞	
洪元基	〃	
李長成	〃	指導先生 : 成慶麟
朴性遠	〃	
張興基	〃	

제5기 전수자와 무용명(제6기생)

姓名	舞踊名	備考
李康德	處容舞	
柳永秀	〃	
朴鍾旭	〃	
尹喆永	〃	
황지영	〃	
韓文敎	〃	指導先生 : 金寶男, 成慶麟
김봉영	〃	
金湘振	〃	
김종성	〃	
김덕문	〃	

　궁중무 중에서 남자가 추던 무동 계통의 계보를 이상으로 밝히고 둘째로는 경남 진주 지방에 전해있는 궁중 기녀계의 검무에 대한 것을 설명하려 한다.

　이 검무는 내가 1952년 진주에 생존해 있던 진주 교방출신에 최순이(崔完子, 1892년생) 여사를 통해서 들은 것이다. 최여사는 14세에 서울에 소집되어 장악원에 설치되어 있는 진연도감청進宴都監廳에서 학습한 후 고종황제 앞에서 춤을 추었다는 실담을 들었고 더욱 최여사가 당시 장악원 악사들 명단을 설명할 때 더욱 심증을 굳게 한 사실이다. 그 뒤 진주에서는 검무를 매우 소중하게 취급하였고 풍성하게 추어서 진주에서는 춤 하면 검무를 첫 손가락에 꼽았다고 했다.

이와 같이 역사와 전통이 뚜렷했기 때문에 최여사의 계통을 고스란히 이은 제자들이 지금도 7명이 생존해 있는데 65세에서 75세의 고령자들이다.

이 춤은 기녀사회에서 뿌리를 두고 한말을 거쳐 일정 35년간에도 진주사회에서는 끊이지 않고 추어왔으며 특히 논개 사당의 제사를 올릴 때는 반드시 이 춤을 추었는데 일인의 감시가 심한 관계로 비밀리에 한 때도 있었다고 한다.

다른 검무와 다른 점은 우선 춤 시초에 한삼을 두 손목에 메고 추는 것과 그 다음은 6박 장단인 도드리곡을 사용하는 것이다. 그리고 기타는 서울 기녀 계통의 검무와 유사성이 많으나 숙은사위, 입춤사위, 방석돌이, 앉은사위 등 독특한 사위가 들어있는 것이 특징이다.

한편 이 춤뿐만 아니라 지금 검무의 기능보유자의 말을 빌리면 당시에는 궁중 계통의 춤을 여러 종류를 배웠던 것을 알 수 있게 하고 있다. 전기와 같은 역사적인 사실과 전통성을 지니고 있는 가치가 인정되어서 1966년도 중요무형문화재 제12호로 지정되어 보호를 받으며 후세에까지 전해질 기틀이 마련되어 있다.

기능 보유자와 전수생의 명단은 다음과 같다.

기능 보유자 명단

姓名	生年月日	性別	擔當分野	經歷	備考
李潤禮	1903.5.7	女	劍舞, 杖鼓	59年	崔完子 선생에게 師事
金子眞	1902.7.2	〃	〃	59年	〃
金王珠	1907.1.17	〃	劍舞	33年	金子眞 선생에게 師事
姜貴禮	1905.2.11	〃	〃	55年	崔完子 선생에게 師事
崔禮分	1901.3.7	〃	〃	50年	
李音全	1914.7.2	〃	〃	21年	李潤禮 선생에게 師事
金壽岳	1918.9.7	〃	〃	25年	〃

기능 전수자 명단

姓名	生年月日	性別	擔當分野	經歷	備考
성계옥	1926年	女	劍舞	10년간	
이운선	1926年	〃	〃	〃	
정필순	1928年	〃	〃	〃	
최금순	1929年	〃	〃	〃	李潤禮 외 6인에게 師事했음
정행금	1932年	〃	〃	〃	
정금순	19229年	〃	〃	〃	
김연이	1935年	〃	〃	〃	
김성인	1937年	〃	〃	〃	

여타 지역과 서울 지역의 계통에 관한 것은 다음 호로 미룬다.

『춤』, '생각나는 춤 人物', 1977년 5월호

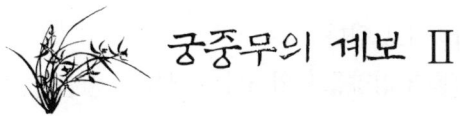

궁중무의 계보 II

지방문화재 포구락抛毬樂

이李왕조 말 궁중계통의 무용계에서 전해 온 말로 경상남도 진주에는〈검무劍舞〉요 강원도 원주原州에는〈관동무關東舞〉요, 평양平壤에는 시가詩歌요 평안남도 성주成州에는〈사자무獅子舞〉요, 또 평안북도 선천宣川에는〈항장무項莊舞〉등이 가장 유명했다고 일러왔다. 그러니까 이때까지도 궁중무용 속에는 강원도 지방에〈관동무關東舞〉가 들어 있어서 추었던 것이다. 그러나 내가 여러 차례 강원도를 여행하면서 각방各方으로 찾아보려고 노력해 보았으나 영영 그의 행적行蹟을 찾아내지 못하고 말았다. 그리고 이중에 선천宣川의〈항장무項莊舞〉는 고종高宗 계유년癸酉年(1873) 처음 시작했다고 하는데 무원 전부가 선천기녀妓女들이 등용登用되어 춘 것으로 순조대純祖代(1833)에 사용한 『정재홀기呈才笏記』에 까지 실려 있다.

이것이 선천지방의〈항장무項莊舞〉가 저명著名케 된 이유의 하나라고 볼 수 있는 것이다. 그러나 현시現時로서는 그 내용을 이 이상 자세하게 밝힐 수 없는 것이 된다. 그러나〈사자무獅子舞〉에 대해서는 전기前記한 홀기笏記에는 무원舞員의 이름이 기재되어 있지 않아 알 수가 없고 평양의 시가詩歌는 이 영역領域외라 제외하기로 한다.

이 지역 이 외에도 또 궁중계통의 영향을 받았거나 연맥을 가진 춤들이 지역마다 많이 전해져 있었을 것이 짐작되나 지금으로서는 찾아 낼 것이 막연하다. 다만 경북 대구에서 1966년도에 지방문화재로 지정된 〈포구락抛毬樂〉을 궁중계의 춤으로 지적할 수 있겠다.

그리고 경남 통영시忠武市에 남아있는 〈승전무勝戰舞〉이다. 이 춤은 궁중무의 〈무고舞鼓〉와 격식, 형태, 방법, 춤사위 등이 유사한 점으로 보아 궁중계와 깊은 연맥을 가진 것으로 간주케 된다. 과거 통영 수군통제사영水軍統制司營에 교방청敎坊廳과 왕궁의 유사시有事時에 서울 장악원掌樂院에 부설附設되는 진연도감청進宴都監廳과의 관계성을 감안할 때 〈무고舞鼓〉와 유대紐帶를 맺은 춤임을 능히 짐작할 수 있다.

더욱 반주를 겸하는 악사들도 구영문舊營門에 매여 있든 세악수細樂手들이요, 반주되는 음악 또한 옛 장악원에 사용하던 것으로 현재 국립국악원에서 연주하는 순수純粹한 궁중계열의 음악인 것이 더욱 확실하다.

〈승전무勝戰舞〉의 연혁은 현 예능보유자인 정순남鄭順南여사는 1912년경 통영統營 교방敎坊 출신인 김해근과 이국화(71세)에게 배웠다고 설명하고 있고 또 악사樂師의 주봉진朱鳳珍 옹(1891년생)과 김태현金太玄(1893년생)의 증언 등이 고려 때 비롯되었다는 궁중계통의 〈무고舞鼓〉가 이조李朝에 와서 수군통제영水軍統制營과 아울러 토착화土着化되어 이 충무공李忠武公의 역사적인 사실과 관련을 맺게 되고 또 춤의 내용에 있어서도 충무공에 대한 업적을 찬양하고 정신을 고취鼓吹히는 대목이 가입되게 된 것으로 볼 수 있다.

위에서 예능보유자들이 구술口述한 바와 같이 〈승전무勝戰舞〉는 1912년 이후 계속해서 통영지방에 보존되어 추어 내려온 춤으로 1968년 중요무형문화재 제21호로 지정되어 그간 8년 동안 전수생傳受生을 양성, 예능 전부를 복수復修시키고 있었기 때문에 앞으로는 〈승전무〉의 기능이 완전히 전해질 수 있는 기반이 잡혀있는 상황이다.

예능보유자와 전수자의 명단은 아래와 같다.

예능보유자명단

姓名	生年月日	擔當	經歷	指導者	備考
鄭順南	1906.12.11	춤, 노래	13세부터 勝戰舞, 劍舞 學習後 58年間 종사	김해근 이국화	

전수자의 실태

姓名	연령	學歷	擔當分野	指導者	經歷	備考
嚴玉子	34	大學院 卒業	춤, 노래 장고	鄭順南	1965年부터 鄭女史에게 現在 釜山大學講師	
韓正子	35	高卒	〃	〃	鄭女史에게 師事 統營舞踊研究所 운영	

  통영에는 〈승전무〉 이 외에도 재래식在來式 〈검무劍舞〉가 보존되어 있었는데 역시 정鄭여사가 그 기능을 보유하고 있었다. 그런데 당시 필자가 본 바로는 〈진주 검무〉보다는 원형이 변화되어 있는 점을 발견할 수 있었고 또한 진주 지방에 비하면 통영에서는 성행한 것 같지는 않으며 재연再演하는데 충실을 다하지 못한 느낌을 들게 했다.

  이상으로 지방에 퍼져있는 궁중계의 무용에 대한 것을 마무리 짓고 다음은 서울 지역에 파생된 궁중무의 계보인데 첫째 1902년도 협률사協律社와 1908년도에 개관된 원각사圓覺社에서 궁중계의 기녀들이 무용을 담당했을 것으로 추측된다. 그러나 이것에 관한 사실을 밝힐만한 자료를 찾아볼 수가 없기 때문에 정확한 판단을 내릴 수 없다.

  그리고 원각사圓覺社도 공연장으로써 오래 계속했었다면 물론 궁중무 뿐 만 아니라 기타 무대 예술계에도 많은 흔적이 남아있었을 것인데 불행하게도 그 수명이 단기간 이어서 공연장으로서 후세에 두드러진 족적足跡을 남기지 못했다.

한성조합과 다동조합의 결정

궁중 기녀 제도가 해산되면서 급작이 몸담을 곳과 공연장을 잃은 궁중 기녀들은 일반사회로 전출轉出하게 되었으니 그 계보가 두 파派 로 나누어지게 되었는데 일파一派는 광교廣橋를 중심한 광교조합이다(후에 漢城에 자리 잡은 다동 조합의 結成이다).

먼저 다동 조합의 내용을 펼쳐 보면 이 조합의 주재자主宰者는 우리나라 남여 창唱 가곡계歌曲界에 큰 공적을 세우신 하규일 옹이 설립한 것이다.

다동조합의 기녀명단(1940년대)

姓名	所屬	指導者	備考
李蘭香	茶洞組合	河圭一	學習한 舞踊
玄梅紅	〃	〃	
金水晶	〃	〃	舞鼓
金錦珠	〃	〃	抛毬樂
孫瓊菊	〃	〃	寶相舞
文山紅	〃	〃	劍舞
金花香	〃	〃	牙拍舞
李笑蓮	〃	〃	項莊舞
安鶴仙	〃	〃	船遊樂
李月色	〃	〃	佳人剪牧丹
金眞香	〃	〃	長生寶宴之舞
金鴛紅	〃	〃	男舞
權花蓉	〃	〃	
河蓮心	〃	〃	
趙點紅	〃	〃	
徐山玉	〃	〃	
明今奉	〃	〃	
韓錦紅	〃	〃	
林松林	〃	〃	

하옹河翁에 대해서 이계의 원로격元老格으로 생존해 있는 이난향李蘭香여사는 하옹의 무용은 친형인 순일順一은 가곡歌曲의 대가였다고 술회 한다. 이와 같이 음악가의 문중門中이였기에 하옹 또한 남여 창, 가곡의 명맥을 잇게끔 하는 위대한 공훈을 남겨 놓게 된 것이다.

다동 조합이 1912년부터 많은 기녀들을 배출했을 것이고 무용으로 이름을 날리고 무용기舞踊妓로써 활동한 여인들 또한 상당수에 달할 것이다.

그러나 내가 아는 범위에서 당시 이계에서 명성이 있고 가장 많이 활동한 사람들만 상기에 열거하였다.

궁중무에 영향 받아 발전된 화관무·검무

전기한 명단 중에는 이미 고인故人이 된 사람도 있을 것이고 만약 생존해 있다고 한다면 현재 연소자가 40세에 전후할 것으로 짐작된다. 지금쯤은 젊었던 시절의 일들을 회고하면서 명상에 잠겨있을 때가 있을 것이 생각난다.

다음은 광교 조합 측으로 여기에는 장악원출신에 장계춘長季春 옹이 여창女唱과 춤을 담당 지도했다고 하는데 그들의 명단은 자세히 알 수가 없고 무용종류는 다동과 비슷하여 과거 궁중에 있었던 동일 계통의 춤이라는 점을 보여주고 있었다.

이 두 조류潮流의 춤은 1940년 이후 제2차 전쟁이 격렬해져서 시국時局이 급박急迫해지자 기녀 사회제도가 전면 금지되며 각 요정에서 여급제도女給制度로 바뀌게 되어 가무歌舞 음곡이 이 사계社界에서 금지되게 되면서부터 사실상 기녀 사회의 춤은 종지부를 찍은 셈이다. 한 말로 공연할 장소가 없어지고 예기제도藝妓制度가 없어지게 되었기 때문이다.

그러나 한 가지 기억해야 할 일은 오늘 유행하고 있는 〈화관무花冠舞〉와 〈검무劍舞〉가 궁중무宮中舞의 춤에 영향을 받아 크게 발전되고 다양하게 파생되었다는 점을 밝혀두면서 이 글을 끝맺는다.

『춤』, '생각나는 춤 人物', 1977년 6월호

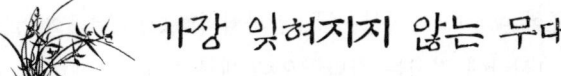
가장 잊혀지지 않는 무대
— 무악생활 50년 기념 발표회 처음이자 마지막으로 열연 —

　내가 국악계에 몸담아온 지 벌써 50여 년이 되지만 본격적으로 무대에 오르기 시작한 것은 1956년 나의 제1회 무용발표회 때부터이다. 나의 예술계의 출발이나 성장은 무대 활동을 위주로 하는 부문은 아니었다.
　그러나 나는 국악기를 다루고 춤을 알고 있다는 관계로 그동안 10여 차례나 해외공연단에 가담하여 화려한 외국 무대에서 공연을 하면서 많은 극장을 볼 수 있었다. 외국공연 중에서 가장 인상이 깊은 무대가 미국 뉴욕 링컨 센터 무대로써 극장 내부의 구조가 특성이 있고 객석은 안정감을 주었으며 음향의 반응도와 조명의 다양한 시설 등이 구비되어 있어 매우 좋았다.
　그리고 내가 무대 생활 20여 년에 기억에 남아있는 공연은 1959년 제2회 무용발표회 때 무용극舞踊劇〈처용랑處容郎〉(4막 12장)을 발표한 것이다. 무용이 장막극으로 구성, 안무되었고 여기에 따른 음악을 새로이 작곡(金琪洙 작곡)해 30여 명의 악사가 동원하여 연주를 담당하였다. 다른 무용발표회보다는 규모가 크고 화려한 무대였다. 특히 이 공연에서 잊혀지지 않는 일은 이 작품으로 인해 서울시문화상을 수상하게 되었는데 이때는 시문화상에 무용부문이 없었기 때문에 연극부문으로 수상한 것이다.

다음은 제4회 발표회(1969) 때 창작무용극 〈만파식적萬波息笛〉(5막 20장)을 했는데 이 작품에도 1시간에 걸치는 장막극으로 새로이 작곡(金琪洙 작곡)한 음악을 40여 명 악사가 열심히 연주해 주어 무용·음악·연주가 삼위일체가 되는 조화를 이루어 성공적으로 공연을 이끌어갔다. 이 무용발표회 결과로는 예술원상을 수상하는 영광을 차지했다.

끝으로 잊을 수 없는 무대는 1972년 이 바닥에 몸담은 지 50년을 기념한 무악舞樂생활 50년 기념 무용발표회 공연이다.

이 발표회는 명칭 그대로 나의 무악생활舞樂生活의 반세기를 총결산하는 굳은 결의가 있었고 내 생전의 이런 공연은 처음이며 마지막이 되는 무대였다. 그렇기 때문에 내가 20여 년 동안 창작활동한 중에서 정선한 무용으로 프로그램을 편성하고 과거의 발표회와는 달리 13개 프로 중에서 11개를 내가 출연했다. 생각해 보면 지금 내 나이 70이니 이런 공연은 도저히 다시 할 수 없는 것으로 평생平生을 두고 길이 내 머리 속에서 잊혀지지 않을 무대가 될 것이다.

월간 『국립극장』, 1978년 12월

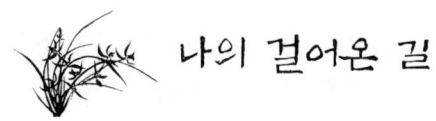

나의 걸어온 길

　나이 14세에 보통학교普通學校를 겨우 졸업하고 가정형편이 상급학교上級學校에 진학할 수 없어 서당書堂(現 均明學校 前身)에서 한문漢文 공부를 하였다.

　그때 일을 생각하면 몇 가지 기억에 남는 것이 있다. 선생님 앞에서 강講을 받다가 완전히 외우지를 못하고 두 다리를 걷고 목침木枕 위에 서서 종아리를 맞던 일들이며, 여름밤이면 서당 앞마당에 모깃불을 피워 놓고 평상 위에서 당시唐詩를 읊던 일, 선생님은 나에게 한학漢學뿐만 아니라 산술算術, 일어日語, 부기법簿記法까지도 지도해 주셨는데 내가 처음 한자漢字와 장부기록帳簿記錄에 눈을 뜨게 된 것도 이 시기이다.

　내 나이 14세(1922년) 되던 가을이었다. 학비는 들지 않고 공부하게 되고 월급까지 준다고 하니 이런 반갑고 다행한 일이 이 세상에 또 어디 있겠느냐고 하시는 부모의 말씀에 나는 순순히 복종하여 이왕직아악부李王職雅樂部 아악생양성소雅樂生養成所 제2기생으로 입소하였다.

　그때(1922년)만해도 음악과 춤에 대한 사회의 관념과 인식이 지금과는 전혀 다른 때이라 돈 량이나 있는 집이나 소위 행세한다는 집안에서는 물론이요 일반 가정에서까지도 노래를 즐겨 부른다거나 춤을 좋아서 춘다고 하면 큰 변괴로 알고 집안이 망조가 들어서 저런 불량한 자식이 생겨났다고 온통 소동이 났다. 심지어는 일가 친척들까지도 물의를 일으켜서 문중門中 전체에서 문제를 삼아 결국에는 족보族譜에서 제명除名까지 당하는 정도로 악화되기도 했던 시대였다.

그때 어린 나는 이런 사회풍조는 알 리도 없고 아랑곳없이 공부할 수 있고 매월 월급을 받아 가세家勢까지 도울 수 있다는 사실에만 흡족해서 한편 고맙고 기쁜 마음뿐이었다. 그럴 수밖에 없는 것이 그때의 월급 15원은 오두五斗들이 쌀 한 섬과 땔나무 한 바리를 사고도 한 달간 병용倂用에 능히 보태 쓸 수 있을 정도의 큰 액수이었기 때문이다.

아악부원 양성소에서는 18명을 모집했는데 그 중에서 나와 동갑되는 14세짜리는 겨우 한 명이고 그 외 16명은 나보다 3~4세가 위인 학생들이었다. 또한 신장身長면에서도 차이가 심했으며 복장도 각기 다른데다가 긴 하이칼라 머리에 캡(빵모자)을 쓴 학생도 있었다. 그러나 우리 18명은 현대現代 학생들의 기풍과는 달라서 단순하고 순박했던 탓인지 별다른 문제나 변화가 없이 공부에만 열중했다.

처음 배우기 시작한 곡목이 공자제사孔子祭祀에서 쓰이는 문묘악文廟樂과 종묘제사宗廟祭祀에서 연주하는 종묘제례악宗廟祭禮樂이었다. 나는 이 여러 곡의 종鍾치는 법을 복습하고 악곡을 암송하기 위한 방법을 생각한 끝에 우리 집 안방 벽에다 종의 율명律名 12율사청성律四淸聲의 16자를 써서 붙이고 이것을 매일 작은 나무망치로 때리면서 연습을 부지런히 했다. 어찌나 벽을 두드려댔던지 벽지가 뚫어지면서 치는 대로 먼지가 나다가 나중에는 흙까지 쏟아졌다. 그러면 또 옆으로 옮겨 치기도 하다가 이것도 여의치 못하면 다른 쪽 벽으로 옮겨가서 또 치기를 시작하기도 했다.

이렇게 사면四面 벽이 뚫어져서 만신창이 됐건만 부모님이나 가족들은 내가 열심히 공부하고 노력하는 것이 대견해서인지 별로 말이 없이 웃기만 하면서 뚫어진 벽을 발라주셨다.

이 어릴 때의 적은 노력이 50여 년 뒤인 오늘에까지 나의 머리 속에 그 많은 악곡을 기억하게 해주고 있으니 참으로 다행한 일이다.
　이와 같이 집에서는 실제로 악기樂器를 연주하거나 노래를 부르는 일이 없었고 기타 요란한 악기의 실습은 아악부에서만 했었기 때문에 내가 음악을 공부하는 것은 우리 가족들 외에는 아무도 알지 못하고 있었다. 그래서 내가 아악부에 다니는 것은 아무런 파문波紋이나 잡음이 없이 평탄했고 악과樂科 과목의 공부도 무난했다.
　그런데 초겨울이 접어들던 어느 날 1, 2학년 중에서 제일 연소年少하고 외모도 비교적 단정한 학생 몇 명에게 야학夜學을 하라는 지시가 내렸다.
　영슈을 받은 우리들은 늦은 저녁 시간에 모여 서로 이유를 몰라 구구한 추측을 늘어놓고 있었을 때 김영제金甯濟 선생님께서 나오시더니 "너희들은 오늘부터 춤을 배워야 한다"고 하시고 열심히 배우라고 주의의 말씀을 덧붙이셨다. 순간 나는 어린 시절에 춤을 본 것이 문득 떠올랐다. 굿청에서 무당이 껑충껑충 뛰며 추던 것, 가설극장에서 추는 춤과 남사당패의 무동 춤 등이 머리에 스쳐갔다.
　그런데 별안간 우리들에게 춤을 배우라고 하시니 한편 놀랍고 어리둥절했으며 몹시 당황하면서도 우리들은 선생님의 명령대로 춤 공부를 시작했다.
　처음은 발 딛는 법을 배웠고, 발 딛는 법이 익숙하니까 팔 움직이는 법을 가르쳐주셨다. 두 가지 다 숙달되니까 몸 움직이는 법을 지도하여 몸과 팔 다리와 온몸 움직이는 것이 완전히 숙련된 후에 비로소 춤의 순서를 시작했다.
　우리들은 하나같이 뛰놀기 좋아하고 장난 잘 치는 선머슴인지라 온몸이 뻣뻣하게 굳어있고 팔다리는 마치 참나무 장작같이 딱딱하기 한이 없었다.
　그렇기 때문에 아무리 애를 써도 선생님이 움직이는 것 같이 부드럽게 되지를 않았다. 선생님이 앞에서 시범으로 추시면 우리들은 뒤에서 따라 추면서도 잘 되지 않는데다가 팔다리가 아프기만 하였다. 그럴 때면 서로 눈짓을 하여 돌려가며 팔을 내리고 쉬어가며 추다가 발각되면 불호령을 당하는 때도 있고, 혹은 뒤에서 춤을 추다가 웃음이 나와서 참지 못해 그만 웃음이 터져 나와 낄낄거리다가 회초리로 팔을 걷고 맞던 일, 또 두 팔을 들고 벌을 받던 일 등은 예사였다.

이렇게 주야晝夜를 가리지 않고 공부한 결과를 판정判定할 날이 다가왔다. 순종純宗 황제皇帝 탄신誕辰 50주년을 축하하는 연회宴會가 창덕궁昌德宮 인정전仁政殿 정전正殿에서 열리게 되었고 여기에 음악과 궁중무용宮中舞踊이 출연하게 되어 있었다.

우리들은 선생님의 지시를 따라 인정전 사행각四行閣에 자리를 잡고 준비에 바빴다. 작금昨今의 무용공연에는 의례히 분장사가 따라다니면서 화장을 시켜주지만 그때만 해도 화장은 여자만 하는 것이고 남자는 얼굴에 분장을 해서는 아니 되는 때이다. 그러나 분장사는 고사하고 화장을 전유물로 삼고 있는 여인조차도 한 사람 없어 선생님 몇 분이 크림(일제였음)을 얼굴에 발라주시고 당시 우리나라에서 유명한 박가분朴家粉을 물에 개어 화장을 해주시면서 겁내지 말고 침착하게 잘 추라고 신신 당부를 하셨다.

음악 연주가 끝나고 춤의 차례가 왔을 때 나는 떨리는 몸을 진정시키면서 정전正殿에 들어섰다.

생전 처음 보는 전내殿內 광경에 놀라지 않을 수 없었다. 오색五色이 찬연하고 호화 찬란한 장식에다 휘황한 등촉燈燭은 빛나고 있고 옥좌玉座에는 순종황제純宗皇帝와 순정효황후純貞孝皇后 윤씨尹氏께서 전좌殿座하시고 양편에 늘어놓은 테이블에는 황족皇族 귀빈들이 정중하게 앉아 엄숙하고 장엄한 분위기에 나는 진땀이 쭉 흘렀다. 그러나 입술을 넌지시 깨물고 정신을 가다듬어 정성을 다해서 춤을 추어 다행히도 아무 잘못 없이 무사히 춤을 끝낸 우리들은 퇴장해서야 안도의 한숨을 쉬었고 온몸에는 땀으로 흠뻑 젖어있었음을 느꼈다.

이날 연주를 무사히 끝낸 선생님들께서는 흐뭇하고 즐거운 표정으로 우리들에게 칭찬을 해주셨다. 우리들도 매우 기분이 좋았다. 얼마 후 하찬下饌이라고 음식을 벌려 놓은 큰 교자상이 나와 맛있게 먹으면서도 보지 못한 희귀한 음식들에 시선을 자주 돌렸다.

지금 돌이켜보면 이런 과정이 있었던 것이 한 원인이 되어 현재 궁중무宮中舞의 명맥을 잇게 되었다는 점을 감안할 때 퍽 다행한 일이라고 생각된다.

1926년에 양성소를 졸업한 나는 취직문제는 염려할 것 없이 자동적으로 취직이 되어 14년간 아악수보雅樂手補, 아악수雅樂手, 아악수장직雅樂手長職을 역임하면서 1940년도까지 아악부에 봉직했다.

이 동안 외부와의 일체 접촉이 없고 또 일반사회와도 교류가 두절된 채 아악부와 창덕궁 안에서만 연주활동을 하면서 성장해 왔다. 그러니까 1926년 이후부터 완전한 직업인이 되어 아악부에서 주는 박봉薄俸에다 생활 근거를 두고 상봉하솔上奉下率하며 가정을 이끌어 왔다.

그런데 1940년도에 월봉月俸의 승급액이 두 차례나 정상적으로 실행되지 않고 변칙적으로 집행되어 나는 이것에 감정이 상하여 상관上官들의 간곡한 만류에도 불구하고 나를 키워주고 몸담아 있던 아악부를 작별하기로 결심하고 사직辭職을 했다.

그리고 이 기회에 대모험을 해서라도 직업을 바꿔 볼 것을 결심도 했었다. 그러나 타고난 운명의 소치所致인지 뜻대로 되지 않아 이 무렵에 새로 창립되는 조선음악협회朝鮮音樂協會 조선악부朝鮮樂部에 입회하게 되었다. 이런 인연으로 해서 내가 민간음악계民間音樂系와도 관계를 맺게 되었고 민속음악民俗音樂에 대한 지식을 터득하게 된 것이다.

음악협회는 조선총독부 학무과에 속해 있고 무대예술舞臺藝術을 하는 공연단체公演團體들은 경무국警務局에 예속되어 있었다.

1945년 해방이 될 때까지 비록 짧은 연륜이지만 우리 회원들에게는 파란과 곡절이 많았다. 먼저 무대에서 활동하는 예술인은 기예증技藝證(경무국장 발행)이 있어야 한다는 법규가 공포公布되어 국악인國樂人들도 기예증을 받기 위해 시험을 치르느라고 별별 수모와 곤욕을 당했다. 그리고 응시 회원들에게 시험에서 출제할 만한 문제들을 프린트 해 줘서 시험준비에 최선을 다한 결과 많은 회원이 합격했다. 아악부원 양성소 출신의 회원들은 실기시험을 면제하고 학과시험만 보았다. 이와 같은 난관을 거쳐 기예증을 획득한 회원들만이 무대에서 예술활동을 할 수 있었다.

흩어졌던 국악인들은 집결하여 진용을 정비하고 계획을 세워 판소리와 정악正樂을 주축을 삼은 음악단音樂團과 경서도京西道 소리와 잡가雜歌를 위주로 하는 가무단歌舞團을 결성하고 공연활동을 시작하기로 했다. 마침 조선음악협회의 창립을 기념하는 음악 발표공연이 시공관市公舘(현 세종문화회관 별관)에서 개최되었는데 양악부洋樂部, 방악부邦樂部(일본악)를 제쳐놓고 우리의 공연이 대성황을 이루고 입추의 여지가 없이 만원을 이루어 수입면에서도 단연 선두를 나타내 좋은 성과를 거두어 서울 장안을 들썩하게 했다. 이 결과가 연유로 해서 그때 흥행계興行界에서 반응이 일어나 각 지방공연의 계약이 이루어졌다.

그래서 산업전사産業戰士를 위문한다는 명분을 내세워 전국 각지를 누비며 공연활동을 맹렬이 벌렸다. 이런 관계로 조선악부 젊은 회원들은 징용徵用이 나오면 본부에서 부재증명不在證明 제출로 북해도北海道 탄광이나 군수공장으로 붙들려 갈 것을 모면했다는 사실은 잊을 수 없었던 쾌사이다.

나는 이런 중에서도 민속무의 연희가 일부 특수층 여인세계에서만 성행하고 있는 사실을 알았고, 이런 상황으로 가다가는 민속무가 소멸의 위기에 봉착하고 원형마저 변질될 우려가 농후濃厚했다. 그래서 한성준韓成俊옹에게 승무僧舞를 배웠고 이것이 원인이 되어 나의 무용생활이 본격적으로 시작된 셈이다.

해방을 맞이하면서 조선악부는 대한국악원大韓國樂院으로 발족되었고 나는 이사理事와 무용부장舞踊部長의 직을 맡고 국악계 발전에 심혈을 기울여 왔다. 그 후신이 되는 한국국악협회韓國國樂協會와도 계속 관계를 맺고 있다.

국악원 안에 학생국악동인회學生國樂同人會를 결성하고 창립기념발표회를 준비하는 연습을 은은한 총소리를 들으면서 6·25 전날까지도 열심히 했다.

6·25의 수난을 겪고 항도港都 부산 피난시에는 역경 속에서도 '문하생 무용발표회를 2회나 한 것이 잊혀지지 않고 1954년 환도 후의 낙원동 일우 一隅에서 무용연구소를 개설한 것이 내 생활의 전기轉機를 가져왔고 본격적으로 무용에 몸담게 한 계기가 된 것이다.

무용소를 개소한 후 56년에 제1회 무용발표회를 필두로 해서 모두 6회의 발표회를 열었는데 이 중에서 제2회(1959년)에 무용극 〈처용랑處容郞〉으로는 서울시 문화상을 수상했고 제4회(1969년)에는 역시 무용극 〈만파식적 萬波息笛〉으로 예술원상藝術院賞을 수상해 분수分數에 넘치는 영광을 입었다. 그리고 문하생 발표회 공연 6회에서는 무용을 지도 육성한데에 대한 의의와 큰 보람을 느꼈다. 해외 공연 14회에서는 주유천하周遊天下하면서 우리의 문화예술을 세계만방世界萬邦에 소개하고 선양宣揚해 국위國威를 떨쳤다. 더욱 1973년도에는 나라에서 포상하는 국민훈장國民勳章 모란장牧丹章을 받았다. 또 중요무형문화재 1호와 39호로 지정되어 국가의 보호를 받을 뿐만 아니라 금년(1978년)에 들어와서는 외람하고 송구스럽게도 예술원 회원으로 피선被選되어 70년 생에 큰 영광을 안겨주었다.

그 동안 내가 남에게 내로라하고 내세우거나 가끔 펼쳐가며 당당하게 지내지는 못했어도 이 나이 내가 하는 일에는 부끄러움 없이 살아온 것이 스스로 자랑스럽게 생각된다. 외길 50여 년의 후광이 어찌 우연이라고만 하겠는가.

『예술원』 제22호, 1979년 3월 31일

 한번 발을 들여놓은 이상

　흔히들 '가정형편'이라는 말을 어떤 구실에 붙여서 쓰는 사람들을 종종 본다. 가정형편상 일자리를 옮겨야겠다는 사람, 가정형편상 그런 누累를 범하고 말았다는 사람 등. 그러나 나는 열네살 때부터서 몸담고 있는 국악國樂에서 만큼은 '가정형편'을 내세워 본 적이 없다. 돈벌이가 신통치 않다고 이직移職을 생각해 본 적도 없고 꾀를 피운 적도 없다.
　오직, 한번 발을 들여놓은 이상 그 일에 최선을 다 한다는 신념信念으로 살아왔다. 물론 어려움도 많았다. 이를 이겨내는 데는 참고 참는 것 외에는 명약名藥이 따로 없었다.

『샘터』, 1979년 9월

 # 축사의식으로서의 처용무

처용무處容舞는 신라 제49대 헌강왕 때에 즉 서기 875~885년경에 그 발생 연원을 두고 전해오는 춤으로 여러가지 설화와 전설을 갖고 있다.
 이 춤의 유래는 『삼국유사』 권2 「처용랑處容郞 망해사望海寺 조條」에 헌강왕이 동쪽 해변에 순행巡幸할 때 해변에 이르러 쉬고 있음 즈음에 홀연히 구름이 끼고 안개가 자욱하여지면서 4면이 어두워져 앞길이 보이지 않는지라 왕이 좌우 신하들에게 물으니 일관日官(일기를 알아내는 관원)이 아뢰기를 "이것은 동해용왕의 소이로서 반드시 좋은 일이 있을 것이라고 아뢰니 왕이 듣고 그렇다면 이 근처에 용을 위하여 절[寺]을 지으라고 명命하니 즉시 구름이 걷히고 안개가 흩어지면서 용왕이 일곱 아들을 거느리고 헌강왕 앞에 나타나 덕을 칭송하여 춤을 추고 노래를 부르며 음악을 연주했으며 그의 아들 가운데 하나를 왕을 따라 서울(경주)로 보내어 정사를 돕게 했는데 그 아들의 이름을 처용이라 했다고 한다. 왕은 처용의 마음을 경주에 머물게 하기 위하여 미녀를 아내로 맞게 하고 벼슬까지 주었다.
 그런데 아내가 매우 아름다웠으므로 역신疫神이 처용의 처를 흠모하여 사람으로 변해 밤에 그의 집에 들어가 자고 있었다. 집에 돌아온 처용이 두 사람의 동침광경을 보고도 화내지 않고 노래 부르며 춤추고 물러나가 역신이 감동하여 처용 앞에 나타나 무릎 꿇고 앉자 말하기를 "나는 사람이 아니라 역신으로 당신의 아내를 사모해서 이런 잘못을 저질렀는데 당신이 노하지 않고 노래 부르고 춤추며 물러가니 깊이 감동하여 맹세하기를 이후부터는 당신의 형상을 그려 붙인 문안에는 들어가지 않겠다"고 약속했다 한다.

이로 인해서 그 뒤 신라 사람들은 문에 처용의 형상을 그려 붙여서 벽사진경辟邪進慶하는 풍속이 생겼다고 했고 왕이 서울에 돌아와서 동쪽 좋은 지역을 가리어 용을 위해 '망해사望海寺'를 세웠는데 이것을 '신방사新房寺'라고도 불렀다고 전해온다. 『삼국유사』 권5 「망해사조」 위의 설화에서 비롯되는 〈처용무〉는 처음에는 한사람이 흑포사모黑布紗帽를 쓰고 추었고 이것이 고려말까지도 계속되었다.

조선조에 들어와서는 점차 발전되어 제9대 성종대왕(서기 1470~1494) 때에 와서 크게 발전된 것으로 이 시대에 간행된 음악학서인 『악학궤범樂學軌範』(전9권 3책)에 자세히 기록되어 있다.

궁중의 연례행사인 '나례儺禮', 즉 궁중에서 섣달 그믐날에 묵은 지난해 1년간의 모든 흉비凶非와 잡귀를 쫓아내는 의식에서 〈학무鶴舞〉, 〈연화대무蓮花臺舞〉와 함께 연희하게 되면서 무원舞員이 5명으로 증가되어 다섯 방위에 부합하는 색으로 되었는데 동쪽은 청색, 남은 홍색, 중앙은 황색, 서쪽은 백색, 북은 흑색의 오색 의상을 입고 추었던 것이다. 처용무가 이렇게 장엄한 나례의식에다가 방대하게 학무, 연화대무가 곁들여 펼쳐지게 된 것이 계기가 되어 세련된 무용으로서 발전을 보게 된 것이다.

그 후에도 궁중나례뿐만 아니라 진연進宴에서도 연희되면서 오랜 세월을 전해오는 동안에 민간사회에까지도 유포되어 연행한 사실이 있었던 것을 〈담락연도湛樂宴圖〉(1724경)와 단원 김홍도의 〈평안감사도平安監司圖〉에도 그려져 있다. 그리고 이 그림에서는 가면의 빛이 의상의 색조와 일치하게 청홍황흑백으로 나타나 있는 것이 특이한 점이다.

이렇게 조선왕조말까지 전해오던 처용무는 1910년 이후 잠시 중단되었었으며, 현재 연희하고 있는 처용무는 조선조말까지 궁중음악과 무용을 관장 집행하던 기관이던 장악원掌樂院의 후신이 되는 이왕직아악부李王職雅樂部에서 1923년에 김영제金甯濟, 함화진咸和鎭, 이수경李壽卿의 세 분 악부樂父에 의해 재연하게 된 것이다.

1945년 8월 15일 조국의 광복을 맞아 구왕궁아악부舊王宮雅樂部에서, 그 다음은 1951년 개창된 국립국악원에서 그 계통을 이어받아 오늘날까지 면면히 계승되고 있는 것이다.

이 춤은 역사적인 사실의 뚜렷함과 전통성의 충실은 물론 예술성을 높이 인정받아서 1971년도 '중요무형문화재 제39호'로 지정이 되어 국가에서 보호를 받으며 전승되고 있다. 앞에서 전술한 바와 같이 용왕의 아들 즉 용신(해신)설에 의해 비롯된 처용무는 발생 이후 근 천년간을 계속 전하여 오늘에 이르고 있으며 처용이 불렀다는 노래는 신라의 향기로서 많은 분향의 가사가 『악학궤범樂學軌範』권5「시용향악정재조時用鄕樂呈才條」에 수록되어 있어 가사문학에도 한 자료가 되고 있다. 이 가운데에서 처용무에 부르는 창사는 여기창처용가女妓唱處容歌 전강前腔으로 다음과 같다.

新羅盛代昭盛代 天下太平羅侯德 處容아바 以是人生애 相不語ᄒ시란디.
以是人生애 相不語ᄒ시란디 三災八難이 一時消滅하샷다.

이상 위의 가사는 정가인 가곡歌曲〈만년장환지곡萬年長歡之曲 언락장言樂章[曲]〉에 얹어 부르는 것으로 무원이 처음 무대에 등장해서 부른다.

춤이 끝날 때에 부르는 노래[唱詞]는 작곡 가운데 편강에 맞추어 부르며 사설은 다음과 같다.

山河千里國에 佳氣鬱葱葱하샷다.
金殿九重에 明日月하시니 群臣千載예 會雲龍이샷다.
熙熙庶俗은 春基上이어늘 癢癢群生은 壽域中 이샷다.

위 두 편의 노래는 1923년경 이 춤을 재연할 당시에 하규일河圭一 옹이 채택한 것이다.

또한 신라시대 처용가의 사설 내용은 역신과 그의 아내가 동침하고 있는 장면을 보고도 조금도 노하지 않고 본 그대로를 묘사한 내용으로 다음과 같다.

> 東京 밝은 달 아래 새도록 노니다가
> 드러 내자리를 보니 가라이네히로새라.
> 아으 둘흔 내해 어니와
> 둘흔 뉘해 어니오.
> 본 내해니다마
> 아아 엇더하릿고.

이외에도 많은 가사가 전해오나 여기서 생략한다.

음악에 있어서도 『악학궤범』 권5에 〈봉황음鳳凰吟〉, 〈정읍井邑〉, 〈삼진작三眞勺〉, 〈영산회상령靈山會相令〉 등으로 연주되었으나 지금에는 〈수제천[井邑, 鳳凰吟]〉과 〈영산회상〉을 사용하고 있는 것은 위의 기록과도 일맥상통하는 점이다.

또 역신이 처용의 모양을 그려 붙인 문 안에는 들어가지 않겠다는 언약으로 인하여 신라 때는 물론이고 이 풍속이 근세까지도 접습되어 경향각지京鄕各地 큼직한 대문에는 의례히 정월초가 되면 짤막한 글을 써서 붙이고 혹은 호랑이를 그려 붙여 악귀惡鬼의 침임을 막는 풍습이 있었다.

또 하나는 정월 14일에는 '제웅[處容]'이라 하고 짚으로 인형을 만들어 의복을 입히고 집안에 '제웅직성'에 해당되는 사람의 나이 수대로 동전을 몸속에 넣어 길이나 개천에 내다 버리거나 혹은 안방구석에 세워 놓아둔다. 그러면 동네 소년들이 무리지어 다니며 "제웅줍쇼 제웅줍쇼"하고 외치면 이들을 불러들여 제웅에게 절을 하게 하고 등에 업어 내가게 했다. 이것은 두말할 것도 없이 그 해의 액운과 살을 제거하려는 것으로 '제웅'과 '처용'의 동의어로 해석할 수 있다.

처용무는 벽사제액辟邪除厄하는 의미를 내포하고 있는 연유 때문에 궁중에서도 나례의식에 연희되게 되었으며 민간 세시풍속에까지 영향을 미치게 되었다. 즉 축귀도액逐鬼度厄하는 공통점이 있기 때문이었을 것이다.

당시 신라에서 불사佛寺의 창건설은 지금에도 문헌에 보이는 망해사望海寺의 사지寺趾가 남아 있어서 옛 역사를 증명해 주고 있다.

『민속공보』 제5권 제5호, 1980년 5월 30일

# 전통무용 재창조의 방법과 문제점

전통무용 재창조의 방법과 문제점을 이야기하기에 앞서서 관사에 붙은 전통이란 용어에 대한 것을 간단히 설명하려 한다. 근자 한국무용에 있어서는 전통이란 말을 붙일 수 없다는 논란이 일고 있다. 그렇기 때문에 전통이란 어휘를 한번 음미해서 그의 정의를 이야기하고 넘어 가려고 한다. 사전에 보니 전통이란:
 1. 어떠한 계통을 이어받아 계속된 것
 2. 계통을 전한다는 뜻
 3. 같은 사회와 민족 간의 사이에서 예부터 이어받아 계승되어 내려온 것
등으로 표시되어 있다.

그러니까 전통이란 같은 민족 사이에서 예부터 무엇을 이어받아 그 계통이 계속되어 오랜 동안을 전해내려 온 것을 말하는 것으로 그의 정의가 내려지고 확실한 결론으로 귀결된다. 그런데 무용은 역사가 오래되고 그 계통을 이어받아 오랜 동안 계속된 사실이 어느 정도는 인정 할 수가 있는데도 전통이란 두 자를 붙일 수가 없다고 하는 것은 한번 연구해 볼만한 과제라고 생각된다. 그 이유는 무용은 공간예술로써 더욱이 시간성을 띤 예술이므로 그의 형태나 양상이 공간에 시간적으로 형성되었다가 즉시 소

멸되고 사라져서 그 형상과 그의 과정을 찾아볼 수 없게 되는 것이다.

그렇기 때문에 춤사위에 양상을 영화 '필름'과 같이 그대로 재현할 수 없다는 것과 또 한가지 이유로는 이와 같이 무용이 숙명적으로 가변성을 지닌 관계로 최초의 발생 때부터 춤으로 이루어지는 과정이 부단히 진행하면서 변모되고 있으니까 원형이 변질되어 전통이란 관사를 넣을 수 없다는 것이 지론이다.

그러면서 이와 같이 움직이는 상황이 무정지 상태로 계속 진행되는 무용의 동태가 어떻게 시초 될 때에 형태를 유지하고 고스란히 오랜 세월을 전해 왔겠느냐 또 올 수 있느냐. 그러니까 원형이 변질되었으니까 전통무용이란 있을 수 없다는 주장이다.

물론 이 주장도 일리가 있고 타당성이 있는 말이다. 이렇다면 전통이란 말의 정의와 한계가 무용은 최초 발생시에 형상대로 움직여야 조금이라도 변해서는 안 된다는 해석이다. 이 주장이나 해석이 100% 이유가 있다고 한다면 다른 것은 차차하고라도 음악이나 무용에 있어서는 전통이란 두 글자가 도저히 부를 수가 없는 것으로 결론이 내려진다. 변하는 음향, 사라져 가고 변하는 몸 움직임, 이런 것에서 예술이 발생하고 표출되는 무용이나 음악이지만 전통이란 말을 사용할 수 없다는 것으로 낙찰된다.

한편 생각하면 무용에 있어서 전통이란 두 글자를 사용할 경우에는 만고불변에 원상이 보존되어야 한다는 것이 전제된다. 왜 그런고 하니, 예를 들면 집을 지으려면 땅은 물론이요 목재와 철재, 양회, 모래, 석재, 등등 집을 짓는데 소요되는 모든 자재가 구비되어야 가옥을 건축할 수가 있는 것 같이 전통무용을 재창조하는 작업에서는 무엇보다도 그의 소재를 우리의 전통무용을 선정하여 이것으로 재창조의 기틀을 삼아야 할 것이다. 그래야 오늘의 주제대로 전통무용의 재창조의 작업이 싹 틀 것이다.

다음은 선정된 무용들을 착실히 배우고 익혀서 무용을 창조하는데 구사해야 할 것이다.

창조방법을 풀어본다

우선 우리나라 기록에서 궁중무 두 가지 춤만 형태방식이나 진행 등 내용을 설명한 후 이런 양식으로 추었음을 살펴보았다.

정대업 초입 배열도 등, 장생보연지무 초입 배열도 등 변하는 형태 : 그림 참조.

그런데 전통무용을 재창조하는 문제에 있어서 이렇게도 생각할 수 있다. 하나는 지금에 전해있는 춤들을 정리하고 다듬고 간추리어 예술무용으로 승화시키는 작업과 또 한가지로는 전통무용 전부를 파헤쳐 장단점을 분석해서 취사선택한 후 이 자료를 바탕으로 하고 전통무용의 소재를 토대로 한 새로운 무용을 창조하는 방법이 있는 것으로도 생각할 수 있다. 원칙이고 철칙이라면 인류 역사 속의 몇 부분에다 전통이란 글자가 통용될 것인지 한번 생각해 볼 문제이다.

무용부문에서 전통이란 용어가 붙게 되는 과제는 앞으로 여러분과 같이 연구할 숙제로 남겨놓고 이제는 본 문제로 들어가서 전통무용 재창조의 방법부터 이야기하려 한다.

전통무용을 재창조한다고 한다면 먼저 새로운 창조에 필요한 소재가 되는 무용들을 가려내어 선정하는 방법이 우선되어야 하겠다. 재창조의 소재가 될 수 있는 무용들을 대강 훑어 본 후 재창조의 방법을 이야기하려고 한다.

―전통무용의 종류―
· 궁중무용 50여 종
· 가면무
  황해도 지방
    1. 봉산탈춤

2. 강령탈춤
  3. 은율탈춤
경남 지방
  1. 고성오광대
  2. 통영 오광대
  3. 동래야류
  4. 수영야류
  5. 하회 별신가면놀이
경기 지방
  1. 경기도 양주 별산대놀이
  2. 송파 별산대놀이
관동 지방
  1. 북청 사자놀이
  2. 강원도 관노 가면극

1) 문제점(궁중무용)

1. 궁중무용은 궁전이나 방중 등 협소한 장소에서 추던 춤을 넓은 무대 위에서 출 수 있도록 구성 안무하는 것이 연구되어야 할 것.
2. 느리고 긴 장단으로 움직이며 진행하던 것을 정리 단축시켜서 시간성과 형태를 다양화하는 것.
3. 반주음악의 재편성 문제.
4. 춤사위를 다양화하는 문제.

2) 문제점(민속무용)

1. 민속무용이 전부는 아니지만 거의가 마당에서 놀았기 때문에 4면 관

중을 상대하고 의식한 자세와 행동으로 연희하였다. 이것을 어떻게 1면 방향인 무대로 끌어올리어서 무대예술로 승화시킬 것인가의 문제.
2. 중복되는 춤가락의 정리와 시간성의 재조정.
3. 대사전달의 명확성.
4. 반주음악의 개발.
5. 춤사위에 학습하는 문제.

서울예전 한국연극연구원 여름 예술강습회, 1980년 7월 29일

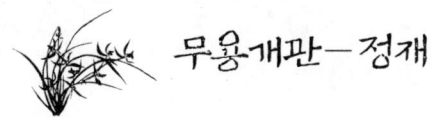

무용개관—정재

정재呈才

정재呈才란 역대 우리나라 왕실의 연회宴會에서 추어지던 무용의 총칭이며 곧 궁중무용宮中舞踊을 말하는 것이다.

정재呈才의 자의字意는 정자呈字의 뜻이 '드러내 보이는 것', '올려 받친다'는 뜻으로 풀이되므로 재주 즉 재예才藝를 웃사람에게 보여드린다는 뜻이 될 것이다.

물론 정재무呈才舞에는 음악[樂]과 노래[歌]가 함께 구성되어 이루어지는 것이 격식이었다. 그러므로 사실은 궁중정재宮中呈才·궁중무용宮中舞踊·정재무呈才舞·정재呈才춤 등으로 호칭되는 것은 옳지 않으며 그냥 정재呈才라고 하면 전통적인 궁중무용을 가리키게 되는 말이다. 다만 그 정재를 계통에 의한 분류로 당악정재唐樂呈才·향악정재鄕樂呈才로 나누어 부르기도 하고, 춤을 추는 사람의 성별에 따라 무동정재舞童呈才·여령정재女伶呈才로 나누어 부르기도 하는 것이다.

1) 정재의 특징

정재의 특징은 크게 둘로 첫째 형식적인 면과 둘째 주제와 내용적인 면으로 나누어 볼 수 있다. 다음에 각각 그 특징을 몇 가지씩 들어 보기로 한다.

첫째, 형식적인 면 :
① 정재는 주로 궁정을 중심으로 발전·계승된 춤이다.
② 춤의 처음과 끝에 춤의 내용을 노래로써 설명한다.
   노래의 종류로는 창사唱詞·치어致語·구호口號가 있는데, 무원舞員이 부르는 노래를 창사라 하고, 그 중에서도 중무中舞가 부르는 노래를 특히 치어라 일컬으며, 구호는 죽간자竹竿子가 부르는 것으로, 춤이 시작되어 제일 먼저 부르는 것을 선구호先口號라 하고 춤이 끝날 무렵 퇴장하기 직전에 부르는 것을 후구호後口號라 부른다. 이밖에 춤 중간에도 부르고 춤추면서도 부른다.
③ 담담하고 유유한 장단의 흐름과 함께 춤가락이 우아하고 선이 고와 현실에 초연한 것처럼 신비스러운 멋을 준다.
④ 의상이 현란하며 옷의 색깔과 춤 구성의 기본은 음양오행설 등 동양사상에 기초를 두고 있다.
⑤ 개인의 감정이나 개성적인 표현이 억제되고 있다.
⑥ 사용되는 음악과 장단이 매우 유장하며 정재에 쓰이는 음악은 연례악宴禮樂으로 수제천壽齊天·보허지步虛子·향당교주鄉唐交奏·함령지곡咸寧之曲·염불念佛·타령打令·평조회상平調會相·여민락與民樂·길타령 등이 주로 쓰인다.

둘째, 주제와 내용적인 면 :
① 조종祖宗의 공덕을 추앙追仰하고 왕업의 선정善政·선치善治를 과시 선양하며 왕실의 번영을 송축하는 뜻의 노래가 나오고 아울러 음악과 무

용이 제작된 것.
② 중국 또는 외국으로부터 유입된 춤.
③ 우리나라에서 발생되고 창제된 춤이지만 명칭은 중국 것을 빌려 쓴 춤과, 형식을 도입한 춤.
④ 자연발생적인 전설이나 설화에서 의식적 필요성에 의해 추어지던 춤.

2) 정재의 종류

현재 문헌에 전하여 오는 정재의 종류는 51종으로 대개 신라시대의 것이 5종, 고려시대에 10종, 조선시대에 36종이 이루어졌음을 알 수 있으며,
  신라新羅의 5종은 검무劍舞·처용무處容舞·무애무無㝵舞·사선무四仙舞·선유락船遊樂이고,
  고려高麗의 10종은 수연장壽延長·포구락抛毬樂·헌선도獻仙桃·오양선五羊仙·무고舞鼓·육화대六花隊·연화대무蓮花臺舞·향발무響鈸舞·아박무牙拍舞·학무鶴舞이며,
  조선朝鮮시대의 것으로는 문덕곡文德曲·몽금척夢金尺·수보록受寶籙·근천정覲天庭·수명명受明命·하황은荷皇恩·하성명賀聖明·성택聖澤·곡파曲破·봉래의鳳來儀·초무初舞·첨수무尖袖舞·공막무公莫舞·가인전목단佳人剪牧丹·보상무寶相舞·춘앵전春鶯囀·장생보연지무長生寶宴之舞·망선문望仙門·경풍도慶豊圖·만수무萬壽舞·헌천화獻天花·춘대옥촉春臺玉燭·영지무影池舞·박접무撲蝶舞·심향춘沈香春·춘광호春光好·고구려무高句麗舞·향령무響鈴舞·제수창帝壽昌·첩승무疊勝舞·최화무催花舞·연백복지무演百福之舞·무산향舞山香·항장무項莊舞·사자무獅子舞·연화무蓮花舞의 36종이 있다. 그러나 현재까지(1981) 전하여져 추어지고 있는 정재의 수효는 대개 15~16종 정도이다.

『문예연표』, 한국문화예술진흥원 발행, 1981년 1월 30일

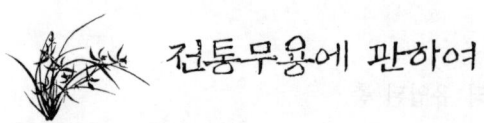

전통무용에 관하여

우리 조상의 숨결과 체취가 풍기고 있는 전통성을 이어온 무용이 여러 종류가 전해 오고 있다. 이 무용들은 우리 겨레의 유구한 역사 속에서 생성 발전되어 오랜 연륜을 면면히 전승된 귀중한 문화유산이다.

첫째, 민속무용은 상고시대 우리 부족들의 숭천경신하는 사상에서 민중이 한곳에 모여 하늘과 땅, 산과 바다, 신령에게 제사 지낸 후 술 먹고 춤추고 노래 부르며 즐겁게 놀던 데서 싹트기 시작한 것을 문헌을 통해서 알 수 있다. 이 유풍과 습속이 계승된 것을 재현해 주는 것이 현재 우리나라 각 지방에서 연희되고 있는 당제, 부락제, 산신제와 연결된 민속놀이와 무용 등이다. 그리고 이 계통에서 큰 비중을 차지하는 가면무는 황해도의 2종, 경상남도 4종, 경상북도 2종, 경기도 2종, 함경남도 북청과 강원도 강릉의 각 1종으로 모두 12종인데 각각 특징을 지니고 있는 것으로 전부가 중요무형문화재로 지정되어 전수 보존되고 있다.

둘째, 궁중무용은 부족사회가 소멸되고 군왕위주의 대국가로 정립된 후에 국가 기관에 예속되어, 왕궁을 배경 삼고 긴 왕조사 속에서 생성 발전된 무용으로 조선조 말 1900년대까지도 궁중에서 연희되었을 뿐만 아니라 지방관아에까지도 관련을 맺고 파급되어 보존된 것들도 있다. 이 무용들이 발생된 시대를 살펴보면 신라시대 5종, 고려시대 12종, 조선조시대 36종으로 궁중무의 창작이 가장 많았던 시대가 조선조였다.

궁중무의 창작된 동기는 거의 나라의 경사와 궁궐의 축하연이 있으면 여기에 따른 시가 제작되고, 음악이 작곡되고 다음 무용이 창작되어 악·가·무 삼위일체의 종합예술로 구성된다. 작무는 음악과 무용을 직업으로 하는 전문악인에 의해 창작되고, 또 전문무용수에 의해 인위적으로 닦고 다듬어진 세련되고 우아하며 정·중·동의 심오한 표현이 들어있는 것이 특이하다.

셋째, 의식무용에는 불교의 재의식에서 추는 나비춤, 바라춤, 법고, 목어, 타주와, 종묘와 문묘 제의에서 추는 일무가 있고, 이 외에 여러 지역의 굿에서 추는 무당춤이 있다. 이 의식무용들은 의식 절차에 따라 연희될 뿐 무용으로서의 독자성 없는 것이 특이한 점이다.

이번에 출연하는 일무는 종묘 제사에서 둘째 번인 폐백드리는 전폐례에서 전폐희문 곡에 맞추어 추는 것으로 장중하고 엄숙한 음악의 일무 또한 정중하고 경건하게 표현하여 제의와 음악과 춤이 잘 조화를 이루고 있다. 일무는 조선조 세종 때 창제된 것으로 궁중연향에서 추기도 했다.

이번 국립국악원 무용단에서 출연하는 종목은 궁중계통의 무용으로 1910년 이후 잠시 중단되었던 것이 1923년의 다시 재현된 것으로 궁중진연에서 추는 무용이 6종이요, 종묘제사의식 일무가 1종이다. 출연 종목마다 각각 특징이 있고, 형태가 다르며 다양한 변화로 연출되어 우아하고 화려한 무대가 될 것을 기대한다.

끝으로 이번에 처음 개최되는 종합무용제전이 '84년도 한국무용계의 활동을 마무리하는 대축전이 되고 앞으로 우리 무용계의 발전과 활성화하는 작업에 자극을 주고 활력소가 되어 한국무용계 발전에 한 전기를 마련해 줄 것을 바라면서 두서 없이 말을 맺는다.

『'84 무용예술 큰잔치-전통무용의 밤』, 국립극장 대극장, 1984년 11월 12-16일

 ## 지방색채가 두드러진 춤과 노래

전통공연예술의 이정표

　녹음이 짙어 가는 계절의 문턱인 6월 3, 4일 이틀 동안 국립극장 대극장 무대에서는 85년 들어 처음으로 한국명무전韓國名舞展과 명인·명창들의 합동공연으로 화려한 막을 올렸다. 이 공연은 국립극장·한국일보사·일간 스포츠사 공동 주최로 지난 2년 동안 계속 해온 사업이다. 허규 중앙국립극장장은 인사말에서 이 행사의 목적과 의의를 "빛나는 옥이 흙 속에 파묻힌 것처럼 잊혀져가거나 숨겨져 있는 우리 민속무용을 찾아낸 그 작업은 한국무용의 새로운 지평을 열고 전통 공연예술의 창조적 뜻이 깃든 이정표를 세운 역사적인 일이다."라고 설명했다.

　금번 공연은 예년과 달리 무용분야 뿐 아니라 남·서도창과 기악이 가세되어 공연내용이 확장되었으며, 옛것에 바탕을 두고 새로이 창작된 단체무용까지 곁들여 다채롭고 화려한 무대로 펼쳐졌다. 공연된 총 12종목 중 무용분야는 독무 6종, 단체무 2종으로 총 8종목의 큰 비중을 차지했고, 음악부분인 성악과 기악 두 분야에서는, 성악은 남도창과 서도소리, 기악은 피리와 호적 독주의 프로그램으로 이채를 띠었다. 이렇게 한 무대 위에서 명인·명창·명무들의 신들린 듯 전개되는 춤과 노래와 악기의 연주를 만끽하고 감상할 수 있도록 잔치가 마련된 것을 흐뭇하게 생각한다.

이번 공연의 특성과 성과로는 첫째, 우리의 전통예술 중 무용·성악·기악 등의 각 분야의 정수를 망라하여 다채롭고 흥미로운 프로그램의 편성을 통해 이것들이 지닌 예술성을 감상하고 평가·음미할 수 있는 기회가 마련되었다는 점. 둘째, 출연 종목마다 각각 다른 개성과 특성을 담고 있으며, 예술성의 표현수단과 방법도 판이해서 그 나름대로 독창적인 예술의 경지를 보여준 점. 셋째, 무용에 있어서 6종목의 독무가 제각기 다른 내용과 형식, 즉 각기 독특한 내적 정신과 외적 표현의 방식과 형식으로 구성된 점이다.

이는 춤사위에 있어서 더욱 다른 양상으로 진행되고 있음을 발견할 수 있었다. 물론 무용 하나 하나의 내용성에도 원인이 있겠지만, 이 무용들이 생성·발견된 과정과 분포되어 있는 지역의 환경, 특수성에도 유관하고, 또 그 지역에 따라 다른 인정과 풍속 습관에 영향을 받아 형성되는 현상으로 이것을 반증하는 실례는 각 지방의 사투리와 서울말이 통용되는 것과 같다. 인간의 심성에서 창출되고 표현되는 무용 또한 지역에 따른 색채와 특징을 간직하고 있기 때문이라 하겠다.

이런 지역적인 연유 때문인지 이 날 관객들의 동향과 반응의 척도가 지연의 정의와 향배로 기울어지는 느낌마저 들었다.

이채롭고 특색 있는 무대

이 공연에서 거둔 성과로는 우선 단체무용을 제외한 각 분야 개인종목으로, 출연자 개개인의 수준 높은 예술성과 완숙된 기량을 보여준 것이고, 다음은 오랜 연륜을 시종일관 외길로 정진하며 헌신적으로 닦고 다듬은 재능을 마음껏 발휘하는 높은 차원의 연주를 들려준 것이다. 기악은 악기가 지닌 특색을 충분히 발휘하며 높은 연주를 했고, 성악 또한 일반적으로 많이 알려져 있는 서도소리 〈배뱅이굿〉을 열창하여 깊은 감명을 주었다.

남도창의 판소리는 김구 선생의 애국심을 담은 〈열사가烈士歌〉를 불러 분위기를 숙연케 하기도 했었다.

다음, 무용에 있어서는 제목에 따라 그 내용과 형식이, 그리고 의상과 도구도 다르고, 특히 춤의 동작과 음악은 분포되어 있는 지역적인 영향으로 큰 차이점이 나타나고 있는 것을 볼 수 있었다. 그렇기 때문에 우리나라 여러 지방에 흩어져 있는 전통무용의 다양성과 외적으로 구비된 이채롭고 특색있는 것을 알 수 있게 하였다. 뿐만 아니라 춤사위도 춤의 내용에 적합한 것을 구사하고, 또 지역적인 특성을 내포하고 표현하기 때문에 이번 기회를 통해 지방의 특성있는 춤들의 참모습을 접할 수 있게 된 것을 지적할 수 있다. 또 한가지는 무용수 개개인의 능숙하고 세련된 재질과 이들이 느낀 감정을 신과 멋으로 용해시켜 적나라하게 표현하고, 더 나아가서는 영혼이 응결되어 표출·창조된 예술성을 보여 주었다고 말할 수 있다.

〈넋두리춤〉은 함남 북청 지방에서 전승되어 내려온 것으로 북청 민속놀이인 〈북청사자놀음〉에서도 추는 것으로 여러 사람이 추기도 한다. 출연자는 북청 태생인 이근화선李根花善으로 이는 〈북청사자놀음〉의 기능보유자이다. 통소 소리가 구슬프게 들리면서 소복단장에 흰 수건을 머리에 쓰고 흰 한삼을 매고 춤을 추며 등장한다. 춤이 본격적으로 시작되면 애련한 애원성의 노래가 불러지고 여기에 맞추어 춤 또한 물 흐르듯이 부드럽게 움직여 노래의 신율과 춤의 유연한 동작이 조화를 이루어 관객을 감동시켰다. 북과 통소가 빠른 박자로 변하면서 〈넋두리춤〉의 모든 동작도 빨라져 나중에는 춤과 북·통소가 삼위일체가 되어 절정에 달한다. 손동작의 특이점은 두 손을 어깨 아래로 내리지 않고 머리 위, 어깨 위에서만 구사한 것이고, 반주음악은 애원성의 북과 통소가 그 역을 맡았다.

젊은 사람들도 힘들어하는 피리 독주를 80 고령의 이충선李忠善 옹이 무대에서 빠른 곡도 아닌, 긴 곡들을 그만큼 연주해 냈다는 사실은 놀라지 않을 수 없다.

〈송파산대놀이〉의 피리 기능보유자이신 이용의 건강을 빌면서 앞으로의 여생을 위해서라도 이렇게 온 정력을 쏟아야 하는 지나친 연주는 삼가함이 어떨까하여 권하고 싶다.

짜임새 있고 완숙한 솜씨

〈살푸리〉는 군산에서 발생되어 지금까지 전해진 것으로 한 지방에서만 40년 동안 추어진 것으로 극히 드문 것이라 하겠다.

장금도張今道의 춤은 화평하고 안정된 기분이 들며, 팔 한번 들고, 한 발걸음에도 절제와 법도가 있어서 일동일정이 소홀하거나 허술함이 없이 짜임새 있게 펼쳐져 곰삭고 무르익은 춤이라 할 수 있었다.

김석출金石出 씨의 〈호적산조〉 독주는 호적으로 산조를 부는 것으로 그리 흔치 않다. 그런데 이번에 김씨가 산조 전판을 완숙한 솜씨로 연주한 것은 큰 성과를 거둔 것으로 그 노고에 찬사를 보낸다. 김씨의 숨은 재능은 여러가지로 자화제조의 기술이 능하고 동해안 별신굿 기능보유자로 지정되어 있다. 앞으로의 호적수 후배 양성에 더욱 힘써 주기를 부탁한다.

안채봉安采鳳의 〈살푸리〉는 안정된 몸자세와 끊어질 듯 이어지며 연결되는 팔의 동작이 묘미를 풍기었으며, 우리춤의 본질인 몸과 팔과 무릎의 굴신이 정지 없이 연결, 계속되는 것이 좋았다. 그리고 끝판에 소고춤의 표현과 동작은 관중을 매혹시켜 만장의 박수를 받았다. 빠른 박자 속에서도 마치 제비가 하늘을 나르듯이 무대를 왕래하는 것은 참으로 볼만했으며, 그 속에서도 정중동의 표현은 일품이었으며 설장구와의 조화는 참으로 훌륭했다.

양소운 씨의 〈해주검무〉는 궁중계통의 무용이 여러 지역으로 분포되어 그 지역에서 변천되어 전해 오던 것으로 생각된다. 이 실례는 〈진주검무〉·

〈통영검무〉가 남아있고, 기타 지역에도 해방 전까지만 해도 남아있었다. 그러나 지금에는 그 이름조차 들을 수가 없다.

〈해주검무〉도 양씨가 어린 시절에 배운 것으로 기억을 더듬어 재현한 춤으로 연구해야 할 여지가 많이 보였다. 양소운 씨는 〈봉산탈춤〉 기능보유자로 춤에는 능숙하여 그가 춘 〈검무〉도 능란하고 세련되어 춤의 움직임에 흠잡을 데가 없었다. 그러나 궁중검무는 상대가 있어서 상대하면서 추어야 하는데 대무가 없이 혼자 움직이니까 어색하고 빈약해 보여서 검무로써의 위치를 다하지 못한 느낌이 들었다.

이용배의 〈열사가烈士歌〉는 애국지사 김구 선생의 내력과 충심을 담은 새로이 창작한 가사를 판소리 형식으로 부른 것으로, 가사에서부터 느끼는 호감과 또 김구 선생에 대한 경의의 감정으로 관객들의 호응이 좋았고 성량·가사·전달 등이 잘 되어 소기의 성과를 거두었다. 앞으로도 새로운 가사 창작이 나와서 판소리계에 새바람이 일어나야 발전의 계기가 조성될 것으로 생각된다. 그리고 오랫동안 창악에 몸담아 꾸준히 노력한 결정으로 좋은 결실을 거두었다고 하겠다.

김금화金錦花 씨의 〈용궁 타는 춤〉은 굿 중에 들어있는 것이라 춤 뿐만 아니라 노래·무의식, 또 물동이까지 타고 춤을 추었다. 김씨는 어린 시절부터 40여 년의 무속생활에서 닦고 다듬어진 춤과 노래와 무속행사에 대한 내용을 철두철미 알고 있었다. 모든 것에 능숙하기 때문에 이번 무대에서도 기능을 충실히 표현해 주어 좋았고, 몸 움직임도 소박하고 단아하여 수수한 중에도 세련되어 보였다.

〈배뱅이굿〉은 너무도 잘 알려진 소리로 그 내용을 소상히 알고 있고, 또 극적인 내용이 있는 것이 특이하다. 서도소리도 다른 지방 소리와 마찬가지로 특징과 토리가 분명하다. 그렇기 때문에 그 지방 사람이 아니면 그 소리의 참맛을 내지 못하는 것이 상례로 되어 있다. 김경복金景福 씨는 황해도가 고향인지라 칠순 나이에도 〈배뱅이굿〉을 열창했다. 그는 긴 굿 한 판을 무난히 넘겼는데, 그의 대단한 기백과 용기에 탄복했다. 굿의 내용과 가사·형식을 익히 알고 있었기 때문에 많은 관중들의 환호와 박수를 받은 것이라고 느꼈다.
 이 행사가 앞으로는 명인·명창·명무전으로 확대·발전되어 전통예술 전반에 걸쳐 발표 공연을 개최할 계획이라고 하니 매우 반갑고 진심으로 환영하는 바이다.

『전통문화』, 1985년 7월

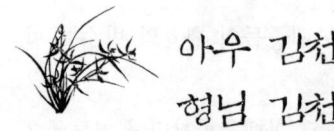
아우 김천흥이 전하는 형님 김천룡 이야기

― 술 좋아하시고 음악 즐기시던 나의 형님 김천룡金千龍 ―

나의 형님에 대한 이야기를 써줄 것을 청탁받아 놓고 어쩐지 어색한 마음이 앞서서 글쓰기를 주저하다가 개인적이고 친밀한 내용이면 족하다고 하기에 서투르나마 붓을 들어보려 한다.

우리 동기同期는 모두 5형제였는데 내 아래로 두 동생은 어린 나이로 죽고 네 살씩 터울 진 삼 형제만이 남게 되었다. 내 나이가 이미 82세이니 형님들이 지금껏 살아 계시다면 큰 형님은 90세이요, 작은 형님은 86세가 되신다. 이렇듯 나이 차가 많았다는 데도 이유가 있었지만, 심술궂기가 괴팍스런 성격을 갖은 사람 없이 형제들 모두 선천적으로 온순한 성격이었기 때문에 우리 삼 형제는 말다툼 한번 없이 의좋게 자랐었다. 하여튼 자식간의 불화로 부모님께 큰 심려를 끼쳐드린 일이 없었다는 것만은 자신 있게 대답 할 수 있는 것이다.

1922년 봄에 작은 형님은 17세의 나이로 아악부 양성소 제2기생으로 입소했고 그 해 9월에 나 역시 입소해 형과 같은 학년에서 공부하게 되었다. 제2기생은 모두 18명이었는데 나이 어린 학생들만이 짧은 머리에 제복과

제모를 갖춰 입은 학생다운 모습이었고 나이 많은 학생들은 말이 좋아서 학생이었지 두루마기에 중절모나 양복에 캡을 쓴 각양각색의 복장에다 머리모양도 빡빡 밀어버린 머리, 하이칼라와 상고머리 등 갖은 구색을 다 갖추고 있었다. 또한 연령차이로 체격도 다양해서 교실 안의 전체적인 양상이 들쭉날쭉한 무질서함을 보였었다. 아악생 양성소의 실정상 교복착용 여부를 크게 문제삼지 않았던 것으로 학생들에게는 그만큼 행동의 자유가 주어졌던 셈인데 이를 연유해 그들이 준수해야 할 본분을 망각하고 종종 탈선행위를 저지르는 경우가 있었다. 탈선이라 해서 요즘 학생들이 저지르는 것과 같은 무분별한 작태는 아니었지만 학생신분으로는 출입이 용납되지 않았던 목로술집에 어른들 몰래 떼 지어 드나들며 막걸리를 즐기는 폐단이 생겨났던 것이다. 아악생들의 제복을 자율화한 데서 생겨난 문제라고 볼 수 있으니 자율 뒤에는 책임이 따라야 한다는 것이 얼마나 중요한 것인지를 알 수 있다. 물론 이러한 짓거리는 20세 전후의 일부 큰 학생들만의 소행이었지만 이들 무리에는 작은 형님도 끼어 있었다.

형님은 술과 노는 것을 꽤나 즐겨하시던 분이셨다. 그즈음 일반사람들의 구경거리는 종종 동리에 들어오는 가설극장의 구극단 공연과 무당들이 벌이는 굿판 정도였는데 우리가 살던 중구 만리동萬俚洞 고개 밑 동리에도 여러 명의 무당이 살고 있어서 여름철을 제외하고는 제법 굿판이 벌어지곤 했었다. 굿판은 대개 초저녁에 시작하여 밤을 꼬박 새우고 이튿날 새벽 먼동이 틀 무렵에야 겨우 끝마쳐졌었다. 나도 간혹 굿판에 가서 잠깐씩 구경하다가 집으로 돌아오곤 했는데 형님은 굿하는 집만 있다 하면 찾아가 밤새도록 구경하며 술 마시기를 좋아하셨다. 말을 듣기로는 굿하는 중간중간에 마당 가운데로 무당을 끌어내려 앉힌 다음 소리를 시키고 그 주위에서 남자들이 춤추며 흥껏 논다고 하였다. 어쨌든 굿이 끝나가는 새벽녘에야 집으로 돌아와 대문을 흔들면 주무시지도 않고 기다리시던 어머님께서 문을 열어주셨고 형님은 겸연쩍어하시며 자기 방으로 들어가 자곤 하였다. 형님은 선천적으로 술을 좋아하셨으며 가무를 즐기는 낙천적인 품성을 지닌 사람임을 보여준 한 예였다.

　어느 날은 형님의 귀가시간이 다른 때보다도 훨씬 늦어졌다. 시간상 아버님은 일하러 나가셨을 것이라고 지레짐작한 형님은 대문을 들어서자마자 어머니를 부르며 "어머니, 아버지 바가지 북북"하며 큰소리로 우스개 소리를 하였다. 그러나 형님이 마루에 발을 올려놓으려는 순간 방문을 열어제치신 아버지께서 "이놈아! 바가지 북북이 도대체 무슨 말버릇이고 어디서 밤을 지새다 이제야 들어오느냐"며 크게 호통을 치셨다. 갑작스레 당한 일에 형님은 그 자리에서 발도 떼지 못하고 놀라 주저앉았다. 그 날 형님을 방으로 불러 앉히신 아버지께서 얼마나 많이 야단을 치셨던지 그 후로는 밖에서 밤을 새고 들어오는 버릇이 많이 줄어들었고 덕분에 어머님의 형님에 대한 걱정도 좀 덜게 되었다.

　이 사건 이후 어머님과 우리 삼형제가 모이면 심심찮게 '아버지 바가지 북북'을 들먹이며 웃음판을 벌이곤 했는데 이 '바가지 북북'이란 말을 무속계와 관련되어 나온 것으로 알고 있다. 굿판이 벌어질 때 보통 큰 굿에서는 장구잽이 등의 악사를 동원해 반주를 맡겼지만 푸닥거리라고 하는 작은 굿에서는 악사의 반주 대신에 무당이 직접 대소쿠리나 바가지를 막대기로 긁으며 푸념과 함께 굿을 진행했었다. 그런데 이 바가지는 긁는 소리가 어찌나 귀에 거슬렸던지 두 번 다시 듣고 싶지 않은 소리로 인식되었었고, 그랬기 때문에 시어머니의 잔소리를 듣기 싫어하는 여염집 며느리들 사이에서 '바가지 긁는다'는 말이 한 유행어로 번지게 되었다. 이웃의 젊은 며느리들끼리 대문 밖에서 우연히 만났을 때 누구라도 쓴 표정을 하고 있으면 "시어머니가 또 바가지 긁었나보지"하고 위로하며 시집살이의 괴로움을 서로 하소연하였다. 그러다가 방안에서 시어머니의 헛기침 소리라고 들리면 질겁을 하여 자기 집 부엌으로 자취를 감추어 버렸던 것인데 이 은어를 알고 있던 형님이 어머님이 혼자 계실 때 한 번 웃으시게 해드리려고 써본 것이 마침 아버님의 귀에 들어가 혼 줄이 났던 것이다.

　형님은 졸업 전에도 이러한 생활을 하셨지만, 26년 졸업하면서 20세가 넘은 성년으로 몸도 자유로워지고 월 수당 15원을 받던 때와는 달리 월급도 오르게 되자 술자리를 벌이는 상황도 달라지셨다. 월급날만 되면 으레 같은 연배들끼리 쑥덕공론을 펴다가 각기 패를 지어 술장을 벌이는 것이 예사였다. 그들은 주로 목로 술집을 찾아가곤 했는데 지금이야 포장마차에도 의자가 있어서 앉아서 술을 마실 수 있지만 당시는 버젓한 가옥에 차린 목로술집들에도 앉을 자리가 마련돼 있지 않아서 서서 술을 마셔야 했었다. 목로 집 술청에서는 주모酒母나 주인이 앉아 있었고 그 앞에는 약주, 탁주 등을 담은 술 항아리들과 크고 작은 사기 술잔들이 놓여 있었다. 손님이 술청에 가서 술을 요구하면 주모는 국자로 항아리 속의 술을 떠서 잔은 넘치게 채워주는 것이었는데 하얀 밥알이 잔 위에 동동 뜨는 것이 술맛을 한결 더해 주었다. 요즘말로는 '동동주'라고 할 수 있는 이런 술들은 이렇게 밥알이 담겨져 있어야 진품으로 인정되었었다.

　형님은 주로 같은 동기생이나 제1기생 중 비슷한 연배들과 술자리를 같이 했었는데 특히 제1기생이었던 박삼쇠朴三釗(德仁으로 개명했음)와 다정히 지내며 자주 술자리를 같이 하였었다. 박형이 아현동으로 이사 온 후부터는 퇴근길마다 이 술집 저 술집으로 돌며 거나하게 취한 다음 우리 집이나 朴형네 집으로 가서 다시 술상을 차려놓고는 마음껏 마시곤 했다. 긴 술자리를 끝내고 친구가 대문을 나설 때면 자신도 다리를 가누지 못하면서도 집까지 바래다주겠다고 혀 꼬부라진 말로 실랑이를 벌이는 장면도 가끔씩 볼 수 있었다. 그리고 이튿날 아침에 늦게서야 잠에서 깬 형님은 어제 저녁에 어떻게 집에 돌아왔는지 도무지 생각나지 않는다며 그 상황을 묻곤 했다. 그때마다 어머님은 제발 술 좀 그만 마시라고 신신당부 하셨고 이를 지켜보던 나도 이해할 수 없는 마음이곤 했다.

　형님과 박형의 술타령으로 인한 집안 왕래는 한편으로, 나와 박 형의 여동생이 인연을 맺어 지금까지 60여 년을 의지하며 살게 되는 계기가 되기도 했다. 결혼 후에 아내가 들려준 말로는 형님이 술자리에서 버릇처럼 "자네 누이동생은 꼭 우리 집으로 시집보내야 하네"하는 말을 누차 늘어

놓았었다고 한다. 술로 인해 형님 자신은 일찍이 유명을 달리하셨지만 내게는 평생을 반려할 사람을 선택해 주신 셈이다.

한번은 또 술에 취해 몸도 가누지 못하는 형님을 동네 사람들이 양쪽에서 부축해 집으로 들어왔다. 아현동 큰길 전차선로에 드러누워 "내가 이놈의 전차한테 질 줄 아느냐"고 고함치고 있는 것을 모시고 왔다고 하였다. 놀란 가슴을 진정시키며 고맙다는 인사와 함께 동네사람들을 보내놓고 나서 가만히 생각해보니 아무리 술이 과해도 남하고의 주먹질은 고사하고 욕지거리 한번 없이 웃음으로만 지내던 분이 왜 전차선로에 뛰어들어 그런 위험스런 결투를 하려고 하셨는지 알 수 없는 노릇이었다. 평소 전차를 이용하면서 당한 불쾌감들이 취중에 폭발해 그런 웃지 못 할 행동을 자행하신 것이리라 추측해 보았다.

지금에 와서 형님의 40년 생애를 돌이켜 보면 박봉에 시달리는 곤궁한 생활이긴 했지만 큰 기복 없이 평범히 산 모습이었다고 할 수 있다. 주어진 것에서 더 욕심냄이 없이 좋아하는 것들을 벗삼아 즐기며 그렇게 짧으나마 편안한 생을 사셨던 것이다.

아악생으로 입소해 28년 동안을 변치 않고 시종일관 아악부 일에만 종신하신 것으로도 낙천적인 곧은 고집을 발견할 수 있다.

아악부 직원들이나 선후배들 간에는 격의 없는 친분이 오고갔었고 그런 연유로 일요등산, 봄·가을의 야유회, 운동회 등이 자주 열렸으며 기회 있을 때마다 술자리가 벌어져 흉허물없는 대화를 나누는 화기애애한 분위기였다. 선후배간의 예절을 분명히 지키면서도 한 가족처럼 훈훈한 인정으로 서로를 감싸줌으로 해서 아무리 취중이라고 해도 실수하는 사람 없이 원만히 술자리를 끝낼 수 있었다. 요즘의 젊은 사람들이 한번쯤 생각해 볼 문제라고 본다.

이제까지 아악부와 술에 대한 이야기로만 일관한 것 같으니 형님의 신상에 대해서도 잠깐 언급해 보기로 하겠다. 형님이 전공하셨던 악기는 대금이었고 부전공하셨던 악기는 당적, 단소, 비파 등이었다. 이 중 비파는 아악부 출신 중 형님이 가장 많이 다뤘었던 것으로 기억된다. 당시 선생님들께서는 당비파唐琵琶, 향비파鄕琵琶, 월금月琴, 공후箜篌 등을 활성화하려는 뜻에서 적극적인 지도를 시도해 보았으나 빛을 보지 못하고 유야무야 되었고 그 바람에 결국 형님도 손을 놓았지만 지금이라도 이런 악기들을 개량 발전시켜서 사용했으면 하는 간절한 마음이다.

형님은 해방직후에 타계하셨는데 돌아가시기 직전에 애타게 고대하던 해방을 보게 되어 한없이 기쁘다고 하셨던 말씀이 지금도 생생히 가슴에 남아있다. 그때 형님에게는 형수님과 슬하의 세 딸 그리고 7살 난 아들 정배正培가 있었다. 그리고 형님이 타계하실 때 태중에 있었던 아이가 그 이듬해에 유복자로 태어났는데 그가 바로 현재 추계예술대학에서(현재는 용인대학교 대학원 학장으로 재직) 근무하고 있는 정수正洙다. 하지만 6·25동란 때 신촌 부근에서 당한 폭격으로 형수님과 정배가 목숨을 잃었고, 누이 손에서 자란 정수는 국악고등학교와 서울대 국악과를 졸업하고 지금은 추계예대에서 아버님의 못다 이룬 유업을 이어가고 있다.

형님은 술을 좋아하셨기 때문에 짧으나마 일생을 낙천가로 즐겁게 보내셨지만, 반대로 그 술로 인해 40세의 젊은 나이에 별세하시는 비운을 맞으셨다. 애석한 마음이야 두고두고 다 씻어낼 수가 없겠지만 그래도 우리 문중에는 정수가 국악의 유업을 이어가고 있음을 형님 영전에 고하며 삼가명복을 비는 바이다.

『국악 40년사』, 국립국악원 발행, 1991년

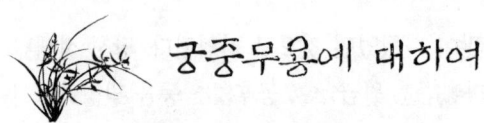# 궁중무용에 대하여

　궁중무용은 역대歷代 왕권정치시대에 나라기구에 예속되어 국가적 행사와 궁중의 경축의식에서 연희하며, 궁정을 중심으로 발전 계승되어 내려온 무용으로 일명 정재라고 한다.
　궁중무용의 시원은 문헌 등의 자료에 의해서 삼국시대까지 거슬러 올라갈 수 있다. 그 후 이 무용들은 신라, 고려, 조선조까지 오랜 연륜 동안 내려오면서 새로 발생되고 더욱 발전되어 현재는 국립국악원에 40여 종의 궁중무용이 전해져 있다.
　궁중무용은 다음과 같이 크게 세 가지로 구별할 수 있다.
　(1) 향악정재鄕樂呈才 : 우리나라에서 발생한 춤
　(2) 당악정재唐樂呈才 : 중국에서 유입된 춤
　(3) 일무佾舞 : 종묘宗廟와 문묘文廟 제사에서 추는 춤
　궁중무용은 전문음악가인 악사樂師에 의해 창작되고 또 이 춤들은 전문무용수들에 의해 연희되며 전승 발전되어 왔다.
　조종祖宗의 공덕을 추앙하고 왕업王業을 선양고취하며 국가와 왕실王室의 번영을 송축하는 뜻의 시詩가 나오고 아울러 음악과 무용이 제작된다.
　궁중무용의 연행演行 절차節次는 집박執拍 악사樂師가 관장管掌하는데

박拍을 한번 쳐서 무용이 시작하고 다음 동작, 형태, 진행 등의 변화가 있을 때마다 박을 치면 이에 따라 무용과 음악이 함께 변해야 하며 박을 세번 치면 춤과 음악이 중지해야하는 엄격한 규범이 있다.

궁중무용의 의상은 화려하고 현란하며, 그 모양이 다양하고 특히 의상의 색깔은 오행설五行說에 준거準據해 오방색五方色인 청靑, 홍紅, 황黃, 흑黑, 백白의 오색의상을 입는다.

춤의 반주되는 음악은 주로 정악과 궁중음악으로 보허자步虛子(長春不老之曲) 수제천壽齊天 관악영산회상管樂靈山會相(表正萬方之曲) 평조영산회상平調靈山會相(柳初新之曲) 웃도드리(頌九如之曲) 등이다. 이 중에 보허자, 수제천, 관악영산회상과 평조영산회상의 상령산과 중령산 장단은 본래 20박이나 무용반주를 위한 연주일 때는 10박으로 축소시켜 친다.

궁중무용은 그 춤의 내용과 의미를 여러 동작으로 충실하게 표현하고, 뿐만 아니라 이 춤을 감상할 상대가 있다는 것을 중시하여 작품화했으며 또 춤의 정신과 내용을 담은 시문詩文을 노래로 부르며 춘다. 무용수가 부르는 노래를 창사唱詞라 하고 중무中舞(가운데 서있는 사람)가 부르는 것을 치어致語, 치사致詞라 한다. 죽간자竹竿子가 부르는 것은 구호口號라 하는데 먼저 부르는 것을 선구호先口號, 뒤에 부르는 것을 후구호後口號라 한다. 또 이밖에는 남녀창男女唱 가곡歌曲과 가사 또 보허자步虛子에 맞추어 부르는 노래가 들어 있다.

궁중무용의 춤가락은 우아하고 선이 고우며 단정한 자세와 유연한 자태는 신비스러운 감정을 느끼게 한다.

'궁중무용', 국립국악원 제출, 1992년 2월 29일

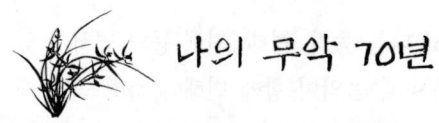 나의 무악 70년

내가 1922년 14세의 어린 나이로 궁중악宮中樂과 궁중무宮中舞를 배우기 시작했는데 금년이 내 나이 88세이니 어언 75년이 되었다. 돌이켜 생각해 보면 당시에는 일반사회에서 음악이니 무용이니 하는 용어조차 사용하지 않아 들을 수가 없었고, 또 음악회나 무용공연이 거의 없어 듣고 보고 할 기회도 없었다. 다만 학교에서 음악시간에 학생들이 부르는 노래를 창가라 하고, 또 체육시간에 음악에 맞추어 팔짓 몸짓을 하는 것을 유희라고 해 성악은 창가, 무용은 유희로 통용되었다. 그리고 이때 일반인심이나 사회풍조가 음악과 무용하는 사람들을 백안시하고 배타하며 환대하지도 않던 때이다.

철부지인 나는 이때 부모님이 공부할 수 있고 학용품도 주며 월급 15원까지 받게 되는 이왕직아악부李王職雅樂部 아악생 양성소에 아악생으로 입학하라고 하시어 부모님의 명령대로 1922년 9월 2학기에 입학하였다.

이렇게 아악부 양성소에 입학한 나는 궁중악과 정악正樂 분야에 초보적인 음악인 문묘제악文廟祭樂과 종묘제악宗廟祭樂을 배웠다. 첫째 우리 전통음악의 바탕이 되는 12율명律名을 구음口音으로 읊어 알게 하고 또 문묘악 연주에서 중요한 취주악기吹奏樂器인 훈壎·지篪·약籥·적篴·소簫를 한

가지씩 배워 문묘악 15궁[曲]을 익혔다. 그리고 종묘악을 배웠는데 역시 구음으로 먼저 타악기打樂器인 편종編鐘과 편경編磬을 익힌 다음 당피리를 학습했다.

이렇게 문묘악과 종묘악 공부에 열중하고 있을 때 돌연히 선생님이 제1기 졸업생과 우리들 중에서 나이가 어리고 인물이 훔치 않으며 체격이 작은 학생 10여 명을 모아 놓고 춤을 배우라고 하시며 낮에는 일반공부를 하고 밤에 아악부에 나와서 공부해야 한다고 하셨다. 이때 춤이 무엇인지도 잘 몰랐던 우리들은 어리둥절해 서로 눈치만 보고 묵묵히 있었다. 지금 학생들이라면 여기 저기서 질문이 나오고 '나는 싫어요, 집에 가서 부모님께 물어보고 배울래요'하고 여러 의견이 나왔을 것이다. 그러나 우리들은 학교에서 하라는 것이요, 선생님의 명령이니까 무조건 복종해 학습하기 시작했다.

매일 밤 아악부에 나와 강당이 없어서 교실에서 책상을 한편으로 모아 놓고 희미한 전등불 밑에서 춤을 배운 것이다. 순진하고 우직한 우리들은 선생님의 지시에 순종해 선생님이 앞에서 하시는 대로 뒤에서 따라하며 열심히 배웠다. 어느 때는 단체로 벌을 받기도 하며 동삼冬三 석달을 지내 봄까지 5개월 간에 궁중무용 6, 7종목을 배워 냈다. 춘삼월이 접어들자 아악부가 활기를 띠고 더욱 바빠졌는데 1923년 봄에 순종純宗 50탄신을 축하하는 공연을 해야 했다. 그제야 우리들은 그동안 무용을 배우게 된 이유를 알게 되었던 것이다.

1923년 2월 초 8일 밤 창덕궁昌德宮 인정전仁政殿. 휘황찬란하고 화려한 속에서 순종 임금님과 윤황후尹皇后 두 분 앞에서 춤과 음악이 공연되었다. 그러니까 나의 춤의 첫 무대는 인정전에서 순종·윤황후 두 분 앞에서 공개된 것이다. 이때 겪었던 것을 생각해 보면 춤을 추려고 들어가서 어찌나 무섭고 겁이 나든지 발을 디디면 다리가 부들부들 떨리는 것을 참고 억지로 견디며 추었더니 차츰 가라앉아 나중에는 춤을 제대로 추었다. 춤을 끝내고 분장실로 나와 옷을 벗으니 온몸이 땀으로 목욕을 한 것처럼 온통

땀투성이었다.

무용에 대한 이야기는 이만 줄이고 다음은 앞에서 언급한 음악분야로 넘어간다.

우리 2기 학생들이 만 4년동안에 학습한 악곡이 전공악기에 따라 다르지만 문묘악을 제외하고, 26곡에 달하고 총 연주시간이 적어도 15시간이 소요된다. 그리고 배운 악기는 문묘와 종묘 제의祭儀에서 쓰는 악기 20종과 전공악기 중에서 한 두 가지는 다루고 있는 실력들이다.

나는 40년대 아악부를 사임하고 민속악계로 투신해 민속악 하는 인사를 총망라해 조선음악협회를 결성하고 음악단과 가무단을 조직해 활동을 하고, 한편으로는 제2차 전쟁 중이라 소위 산업전사 위문공연이라는 제목으로 전국각지에 군수공장軍需工場과 탄광지대炭鑛地帶를 두루 돌며 공연을 했다. 이때가 제2차 전쟁 말기로 일본이 최후 발악으로 날뛰던 때이라 징용, 창씨개명, 식량배급, 물자난 등 어려움이 말할 수 없이 많았으나 모든 것을 참아가며 겨우 지내다가 8·15광복을 맞이하였다.

8·15광복이 되어 조선음악협회는 해산되고 민속악계 인사들이 집결해 대한국악원을 발족하고 국악계 발전에 활동을 펼치기 시작했다. 공연활동을 맹렬히 하고 국악강습회를 개최해 실기지도를 강화하여 저변 확대에 주력했다. 이 무섭고 살벌한 전쟁의 참화가 정지되고 9·28수복이 되어 나는 육군 군악대에서 서둘러 조직한 군예대에 가담해 군대를 위문키 위해 평양까지 들어가 위문공연을 하고 서울로 돌아왔다. 그리고 도착하는 즉시 1·4후퇴로 남하하라는 명령이 내려 아악부와 아울러 직원들이 가족과 함께 부산으로 떠났는데 이때 아악부 측에서는 귀중한 악기와 자료들은 화물로 꾸려 부산으로 가지고 가 보관한 것이 지금 국립국악원에 보관되어 있다.

이런 피난 중에 1951년에 항도 부산에서 갈망하던 국립국악원 설치법이 국회에서 통과돼 구왕궁아악부가 국립국악원으로 발족해 국가기관으로 위치를 굳혔다. 자연스럽게 당시 재직해 있는 아악부 직원과 나도 국가공

무원의 신분으로 재직근무하며 봉사하게 되었다.

　1953년 가을 정부와 아울러 환도해 우리들은 운니동 본 청사로 다시 입주해 자리를 잡고 흐트러진 것을 정리하고 한편으로 국악의 전수보존과 발전향상에 총력을 기울였다. 그리고 가장 중요한 후계자 양성에 대한 문제를 연구하고 신중히 검토해 당국에, 국립국악원에 국악사양성소를 설치해 후계자를 양성해야 한다고 간곡히 건의한 것이 주효가 되어 1955년 3월 국립국악원 부설 국악사양성소가 문을 열어 제1회 학생을 모집해 양성하기 시작했다.

　이 양성소가 현 국립국악고등학교로 발전되어 그 동안 30회의 국악인재를 배출해 냈고 또 이들이 대학국악과를 거쳐 현재 대학 교단과 많은 국악관현악단에서 중추적인 역할을 담당하고 민족음악 국악발전에 노력하고 있는 현실이다.

　나는 이때 국립국악원과 대한국악원 두 곳을 왕래하며 지냈다. 피난 중에 부산에서 무용을 지도해 무용발표회도 한 경험이 있고, 또 그 동안에 무용으로 힘을 기울여 왔으니까 무용을 해보아야겠다는 생각으로 1955년 말 종로 파고다공원 뒤 낙원동에 '김천흥고전무용연구소'를 열고 본격적으로 무용활동을 시작했다. 뜻밖에 학생들이 많이 모여 여러 반으로 나누어 매일 오전부터 시작해 밤늦게까지 지도했다. 이 무용연구소를 1978년까지 20여 년 동안 운영하면서 공연활동으로 내 발표회, 문하생발표회, 아동무용발표회 등으로 나누어 개최해 성과를 거두어 보람을 느끼고 즐거웠다.

　1960년대 초 중요무형문화재 보호법이 제정 공포되어 1964년부터 지정하기 시작했는데 내가 궁중계통의 음악과 무용으로 40여 년 종사한 것이 평가되고 인정되어 무형문화재 보호법에 의거해 보호 육성하는 제1호 종묘제례악과 제39호 처용무 두 종목에 예능보유자로 지정되어 그 동안 예우를 받으며 전수생 지도에 적극 노력해 왔다. 또 대한민국예술원 회원으로 추천되어 예술인으로의 대우를 받고도 있다. 나는 국가에서 지정하는 중요무형문화재와 예술분야에서 추천해 선정되는 대한민국예술원 회원,

이 두 가지의 명예가 내 일신에 무상의 영광이요 분에 넘치는 예우라고 생각하며 오직 고마운 마음으로 여생을 즐겁게 살려고 한다.

 속담에 노장老將은 무용無用이라고 이제 88세로 노약해 이 국은國恩에 조금이라도 보답치 못하는 것을 매우 안타깝게 생각하며, 끝으로 국악을 국민음악으로 더욱 발전시키려면 초·중·고등학교 음악시간에 국악시간을 따로 배정해 양악과 같은 비중으로 지도·학습시켜 어릴 때부터 국악을 알게 하여 국악의 뿌리를 이들에게 내려서 우리 민족과 함께 영원불멸의 음악으로 그 틀이 마련돼야 한다고 생각한다.

『관세』, 한국관세연구소발행, 1996년 8월

# 국악을 민족의 학문으로 정립한 성경린 선생

―축사 : 제5회 방일영국악상 수상자 관재 성경린―

우린 전통음악의 보전 육성과 전승 발전에 헌신 노력하며 70여 년을 오직 외길에서 살아온 관재 성경린 선생의 제5회 방일영국악상 수상을 진심으로 축하합니다.

나와 성 선생의 만남은 내가 1926년 이왕직아악부 아악생 양성소를 졸업하고 성 선생이 제3기 아악생으로 입학한 때이니 어언 72년이 되었습니다. 그 후 오늘가지 선생과 나는 같은 분야, 한 직장에서 함께 활동을 하면서 매일 만나고 있습니다. 이 사실은 흔치 않은 일로 한번 자랑하고 싶은 심정입니다. 선생이 5년간의 수업을 마치고 1931년 양성소를 졸업한 후 나와 함께 아악부에 재직해 아악수로 근무하며 아악부의 연주활동과 음악연구에 더욱 힘썼습니다. 그리고 1930년 중반에서 1944년 일제 말기까지 그 어렵고 괴로운 역경을 겪으며 8·15광복을 맞이하였습니다.

광복 후 이왕직아악부가 구왕궁아악부로 명칭이 변경되고 또 아악부가 정부기구에 소속되어 존립하게 된 것은 천우신조라고 하겠습니다. 그러나 광복 후 혼란 중에 발족한 아악부의 실상은 참혹하고도 암담했습니다. 아악부에 대한 예산이 책정되지 않아 월급을 지급할 수가 없는 상태였습니다. 아악부의 업무는 마비되고 이로 인해 악원들이 이탈하여 그 수가 날로 감축되었습니다. 이런 상황에서 아악부가 지속되고 궁중음악이 보존 계승하게 될 수 있느냐하는 가장 위급하고 절박한 시기에 아악부의 책임자가 이주환李珠煥 선생과 성경린成慶麟 선생이었습니다. 이주환 선생과 성경린 선생은 이 민족적이요 국가적인 막중한 과업을 담당한 것에 책임과 의무를 절감하고 아악부 운영의 전반적인 사무와 아악부원 이탈방지에 노력했습니다. 이 선생과 성 선생은 아악부를 위하고 궁중악을 살려야 한다는 일념에서 합심하고 협력해 아악부의 모든 기능을 살리고 정상적인 아악부의 면모를 갖추어 놓았습니다. 또 이 어려운 중에도 정부의 아악부를 국립 기관으로 설치할 것을 건의하고 강경히 주장했습니다. 6·25전쟁시에는 아악부를 수호하고 악기 보존에도 힘을 기울였으며, 중요한 서적과 기물, 악기 등을 손에 싸들고 부산으로 피난 가기도 했습니다. 1951년 피난 중에 국회에서 국립국악원 설치법령이 통과되어 국악원이 발족한 것이 바로 오늘의 국립국악원입니다. 1953년 환도 후에는 즉시 국립국악원 부설 국악사양성소 설치를 정부에 신청해 1955년 국립국악원 부설 국악사양성소가 개소되어 학생을 모집해 학습을 시작했습니다. 이 양성소가 오늘의 국악고등학교로 독립되어 많은 국악학도를 양성해 앞날을 밝게 하고 있습니다. 관재 성경린 선생은 우리 전통음악 분야에서 정악 거문고의 정통을 고스란히 어어 받아 그동안 후학들을 양성하고 배출해냈고 그 후학들이 현재 국악계에서 중추적인 위치에서 맹렬히 활동하고 있습니다. 국악이론에 대한 저서가 많고 철저한 정신으로 음악 연주에 임하시며 특히 거문과 탄법과 수법과 발성에 대해서 철두철미한 분입니다.

끝으로 성경린 선생의 국악생활 70여 년의 훌륭한 업적을 간략히 적으면, 일제말년의 역경 속에서 살아온 이왕직아악부 시대와 광복 후 격랑 속에서 아악부를 다시 원상복귀하고 1951년 국립국악원을 창설해 국악이 국민의 음악으로 성립되어 앞으로 민족과 함께 영원히 만고불변의 예술로 정립시키는 기틀을 마련한 것입니다. 또한 국악의 교육기관인 국립국악고등학교를 설립해 국악의 체계적인 교육을 실시했으며, 이후 대학에서 국악과를 신설해 교육시켜 국악이 민족의 음악이요 학문으로 정립하게 한 일입니다. 성 선생님은 참으로 위대한 일을 했습니다. 앞으로 성경린 선생이 더욱 건강하시고 여생이 행복하시기를 기원합니다.

『제5회 방일영국악상』, 코리아나호텔 글로리아 홀, 1998년 11월 19일

정재에도 애정을 보이신 금하 하규일 선생

―회고사 : 국립국악원 주최 6월의 문화인물
하규일의 달 기념공연―

우리의 전통음악 중 성악분야에서 한 영역을 차지하고 있는 정가인 가곡, 가사, 시조가 우리민족 고유의 노래로써 우리민족과 함께 영원히 보존 전승되게 된 것을 우리 다함께 기뻐하면서 박수로 축하해야 하겠습니다.

여러분이 아시는 바와 같이 이번에 금하 하규일 선생님이 문화관광부에서 지명하는 6월의 문화인물로 선정되어 이 기념행사를 월하문화재단에서 주최해 학술대회와 가곡발표회를 성황으로 끝냈습니다. 그리고 오늘은 국립국악원에서 정가의 밤을 마련한 것이오니 경청해 주십시오.

지금으로부터 74년 전으로 거슬러 올라가서 1926년 내가 이왕직아악부 아악생양성소를 졸업하고 17세의 선머슴으로 아악부에서 하 선생님에게 가곡을 배우던 때의 일들이 떠올라 감회가 깊습니다. 돌이켜보면 이때 아악부에는 남여창 가곡을 부르는 사람이 없었고 오직 하규일 선생님이 계시어 기녀계에서 활동을 하시며 기생들에게 여창가곡과 가사, 시조 등을 지도하셨으며 무용은 여러분이 알고 있는 〈춘앵전〉, 〈검무〉, 〈무고〉 등을 지도하셨습니다. 그리고 〈사고무〉라 하여 북틀을 네모지게 짜서 세우고 사방에다 북을 한 개씩 걸어 달고, 의상은 화관 몽두리에 붉은 띠를 띠고 손에는 색 한삼을 매고 두 손에 북채를 들고 사방으로 나누어서 춤을 추다가 북을 치기도 하였는데 말미에는 승무의 법고가락을 간략히 치고 춤을 끝냈습니다. 이때는 승무가 북을 하나만 놓고 추었던 때이라 하 선생님이 화려하고 다양하게 새로이 구상해 안무하신 춤입니다. 그리고 이때 남창 가곡을 부르는 사람은 전혀 없었습니다.

이런 때에 아악부의 책임자인 김영제, 함화진 두 선생님이 정가의 민멸을 걱정하시고 생각 끝에 하규일 선생님을 사범으로 모시어 아악생 1기, 2기 졸업생과 제 3기 아악생에게도 가곡을 지도, 학습시켜 주셨습니다.

이것이 천재일우의 기회가 되고 인연이 되어 아악부의 기틀을 두고 아악생들에게 해방 전까지 학습시켰고, 해방 후에는 국립국악원으로 이어져서 오늘의 가곡, 가사, 시조로 발전된 것입니다. 더욱이 국가에서 지정하는 중요무형문화재로 지정되어 길이길이 민족과 함께 전승, 보존케 되었으며 또 인간의 학문으로 인정되어 각 대학 국악과에 한 학과로 정립되어 학습시키고 있습니다.

끝으로 하규일 선생님의 영향을 받은바 정가는 영원무궁 할 것입니다.

『정가(正歌), 그 곱고 바른 노래』, 국립국악원 예악당, 2000년 6월 21일

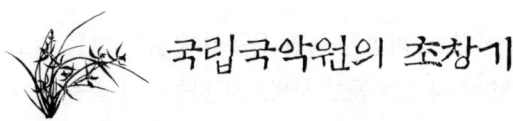
국립국악원의 초창기

내가 14세의 어린 나이로 1922년 이왕직아악부 아악생으로 입학해 궁중 음악을 배우게 된 것이 인연이 되어, 국악계에 투신하여 79년을 이 길에서 살아왔다.

1940년대 아악부를 잠깐 떠나 민속악계와 관계를 가졌고, 8·15광복 후 다시 아악부에 복귀해 부산까지 함께 피난했다가 '51년 국립국악원 개원 때 국악사로 임명돼 지금까지 국악원에 다니고 있다. 아마 나와 같이 이렇게 장장 79년 동안을 한 직장을 다니고 있는 것은 희귀한 일이라고 생각을 하고 내 평생 국은을 잊지 않을 것이다. 내가 79년 동안을 지내는 동안 경험하고 실천하면서 보고 배우며 느끼고 깨달은 것을 몇 가지 추리어 아래에 펼쳐 놓는다.

첫째, 내가 이 분야에 몸담고 79년을 살아오면서 항상 잊지 못하고 생각하고 있는 것은 1910년 경술국치庚戌國恥로 조선왕조가 이왕직李王職이 되고 이때 이왕직 기구에다 아악부를 두게 한 것이다. 이때 만약 아악부를 설치하지 않았더라면 오늘의 국립국악원이 있을 수가 없고 우리 민족의 문화유산인 궁중계통 전통음악은 소멸되어 없어졌을 것이 분명하다. 그런데 다행히도 아악부를 둔 것이 오늘의 국립국악원으로 개원되어 궁중계통의 음악 30종이 고스란히 전승 보존되어 개원 후 50년에 더욱 발전되어 앞으로 새천년을 향해 활동해 온 인류의 음악으로 크게 발전되기를 바란다.

두 번째는 내가 지난 학창시절에 선생님의 지도와 투철한 교수방법으로 기악시간에 먼저 악기사용법으로 취주법, 안공법, 운지법 등을 알게 한 후 악곡을 배울 때는 악기를 가지고 악보를 보며 먼저 구음으로 악곡을 익히고 그 다음 악기를 들고 운지를 하며 역시 구음을 하며 훈련해 음공音孔과 소리의 고저를 알고 운지를 원활히 하도록 연습을 했다. 그리고 구성지고 은은하고 구수한 구음 소리로는 곡이 지니고 있는 음악성인 강, 약, 흔들고, 떨고, 풀어 내리고, 밀어 올리는 소리 등을 표현해 그 음악에 들어있는 모든 예술성을 고루 알게 해준 것이다.

세 번째는 내가 국악원 악기박물관을 오르내리면서 진열되어 있는 60여 종의 악기를 눈여겨보았다. 이 많은 악기 중에서 현재 실제로 연주에서 많이 사용하고 있는 악기는 현악기 5종, 취지악기 8종, 타악기 6종으로 19종에 불과하다.

그리고 문묘와 종묘제례에서 연주하는 취지악기와 타악기가 있으나 일반연주에서는 거의 사용하지 않았다. 이렇기 때문에 내 생각으로는 진열되어 있는 취주악기와 현악기 중에서 선정해 소리가 잘 나도록 개량하고 연구해 여러 악기가 연주해 웅장하고 화려하며 다양하고 변화 있는 연주를 할 수 있도록 준비해야 할 것이다. 이것은 우리 국악이 앞으로 국내 뿐 아니라 국제적으로도 활동을 펼쳐 명실상부 세계인의 음악으로 창조되어 연주도 해야 하기 때문에 악기개량 작업이 하루 속히 시작되어야 한다고 생각했다.

네 번째는 연례악 연주에서 나타나는 음고에 대해 언급하면 현재 궁중계통 음악을 연주할 때 당악계통의 음악은 음고를 편종 혹은 편경에 표준하고 연례악에서는 대금 또는 단소에 맞추어 조율한다. 그런데 근자 연례악 부분 연주에서 공연에 따라 음고가 일치하지 않고 고저에 차이가 있는 것을 들을 수 있다. 이것은 대금과 단소의 음정이 악기에 따라 차이가 있었기 때문에 나타난 현상이다. 그러므로 먼저 대금과 단소의 음정이 일치하게 제작해야 하고, 둘째는 연례악의 음고를 확정하고 모든 연주를 이 음고에 맞추어 하는 것으로 음고를 통일시켜야 한다고 생각한다. 20세기 발달된 음악분야에서 음고가 같지 않다는 사실은 음악예술로 인정하기 어렵기 때문에 속히 시정되어야 한다고 본다.

끝으로 내가 국악에 몸담고 오랜 연륜을 살아오면서 몸소 체험하고 정신적으로 느끼며 실천하고 경험하며 깨달은 소화를 간단한 문장으로 쓴 것을 부끄럽게 생각하며 글을 맺는다.

『건원 1400년 개원 50년 국립국악원사』, 국립국악원 발행, 2001년 12월 22일

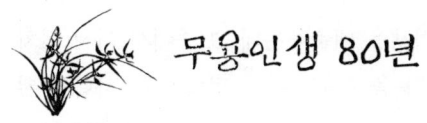# 무용인생 80년

넉넉지 못한 집안 사정에도 불구하고 1922년 철부지 14살 나이에 이왕직아악부 양성소에 2기생으로 입소해 우리 음악과 보통학과 공부를 시작했다. 아악부에서는 얼굴이 예쁘장한 14~16살 아이들을 뽑아서 낮에는 공부를 가르치고 밤에는 춤을 가르쳤다. 지금 아이들은 힘든 공부를 왜 하느냐고 반문하겠지만 우리들은 그렇지 않았다. 시대적으로 공부를 한다는 것 자체가 감사한 일이었기 때문에 기쁜 마음으로 순종했다.

5개월간 겨우내 아악부 숙직실에서 합숙을 하며 춤을 배우던 우리들은 1923년 순종 오십수 탄생일을 맞아 경축 공연에 출연했다. 〈가인전목단佳人剪牧丹〉, 〈장생보연지무長生寶宴之舞〉, 〈수연장壽延長〉, 〈포구락抛毬樂〉 등의 군무와 독무인 〈춘앵전〉을 배운 무동들이 순종 임금 앞에서 춤을 추게 된 것이다. 춤을 추는 의상은 따로 없었고 중국에서 수입된 비단으로 궁중 나인들이 만들어 준 옷을 입고 창덕궁 인정전에서 춤을 추었는데 그것이 내가 춤과 인연을 맺게 된 계기이자 한 평생 잊을 수 없는 추억이 되었다.

지금은 예술인들이 대중들에게 얼마나 사랑을 받느냐에 따라 인기를 가늠하지만 옛날에는 어전에 불려가 노래하고 춤을 추었는가 하는 여부를 인기의 척도로 삼았다.

광복 전까지 아악부에서 6기 졸업생을 배출했는데 그 중에서 다시 덩치가 작고 예쁜 아이들을 뽑아 궁중무용을, 〈처용무〉는 덩치가 큰 사람을 뽑아 가르쳤다. 아악부에서는 가곡을 부르지 않았는데 1926년에 민속악계 하규일 선생을 모셔 가곡을 배웠다.

아악부 양성소 시절 전공으로 해금을, 부전공으로 양금을 배웠다. 아악을 배우는 음악과를 주 과목으로 하고 한문, 일어, 습자, 역사 등의 신학문을 부수적으로 가르쳤던 것이다. 아악부의 교과과정은 지금과 달리 우리 음악에 대한 전반적인 소양을 기를 수 있도록 짜여져 있었다. 4학년제인 아악부 양성소는 1, 2학년 때 일반악 과목으로 〈종묘제례악〉을 3, 4학년 때에는 〈문묘제례악〉을 배웠다.

아악부 양성소의 시험은 〈문묘제례악〉과 〈종묘제례악〉의 전곡을 연습하고 시험당일 곡명이 적힌 종이를 당일 선생님 앞에서 제비 뽑아 시험을 치는 제도였는데 요즘처럼 지정해 준 몇 곡을 연습하는 것과는 달리 〈문묘제례악〉 전곡, 〈종묘제례악〉 우조 12곡 또는 계면조 11곡의 구분만 지정받아 시험을 치렀던 것이다. 철없던 어린 나이에는 과중한 제도였지만 시험을 보려면 결국 전곡을 외울 수밖에 없었다. 그 경험으로 오늘날까지 대개의 악곡을 기억하고 있지 않나 생각한다.

참 음악과 춤을 하려면 많이 연습해서 제 스스로 호물어져야 하는데 요즘 음악과 춤은 가슴에 울림이 없다. 가슴이 미어질 정도의 감동을 줄 수 있는 음악과 춤을 하기엔 연습시간이 너무 부족하기 때문이다.

1910년 한일합방 이후 신라의 음성서, 고려의 대악서, 조선의 장악원을 잇는 음악을 관장하는 국가 기구가 없어져 우리 것을 지켜갈 여력이 없었던 때 이왕직아악부의 탄생과 그곳에서 우리 것을 가르치시는 선생님들의 기막힌 열정 덕분에 지금의 국립국악원이 있고 〈처용무〉 등이 무형문화재로 지정될 수 있었다고 본다.

창작을 하는 것은 국악인의 사명이자 보람이다. 하지만 새 것만 고집하지 말고 묵은 것도 가지고 가야 한다. 우리나라의 정서와 정신을 밑바탕에 두고 새로운 음악과 춤을 창작해야 깊이 있는 우리만의 예술성이 외국사람들에게도 비춰지는 법이다. 그래야 새로운 것 또한 예술로 승화될 수 있는 것이다. 우리 것을 오랜 역사 속에 보존하기 위한 가장 확실한 방법은 국가에서 법으로 제정하는 것이다. 일본도 정부가 제도적으로 전통을 지켜가고 있기에 그만큼 원형을 유지해가고 있는 것이다.

지금 진행 중인 작업이 있다. 80주년 기념 공연과 가곡과 창사의 녹음이다.

기력 관계로 보류 중인 작업도 있지만 1920년대 김아무개는 해금과 양금을 이렇게 연주했고 춤을 추었다는 자료를 후학들에게 전해주고 싶다.

오르지 못할 나무는 쳐다보지도 말고, 우물을 파려거든 한 우물을 파라고 한 것과 같이 80년 동안에 내 생애가 순탄치만은 않았으며 곡절과 신고가 없지도 않았지만 그래도 나는 이것을 인내하고 극복하며 용하게 살아왔다. 그렇기 때문에 현재 중요무형문화재 기능보유자로 지정되어 있고, 또 대한민국예술원 회원으로 추천되어 평생 예우를 받게 되었으며 94세의 늙은 몸이 국립국악원에 재직해 국록을 받으며 평안하고 안정된 생활을 누리고 있다.

이렇게 94세의 늙은 몸이 세 가지 국은을 입으며 남은 여생을 즐겁게 노닐게 된 것은 오직 하나님이 주신 은총이라고 생각하고 깊이 감사 드리며 아직 못 다한 일을 계속하려고 마음 깊이 다짐하고 있다.

『한일고전예능제』, 한국예술종합학교 세계민족무용연구소, 2002년 8월 21일

우리춤에 대한 想·筆·談 1부

우리춤에 대한 筆·학술보고서 / 강연자료

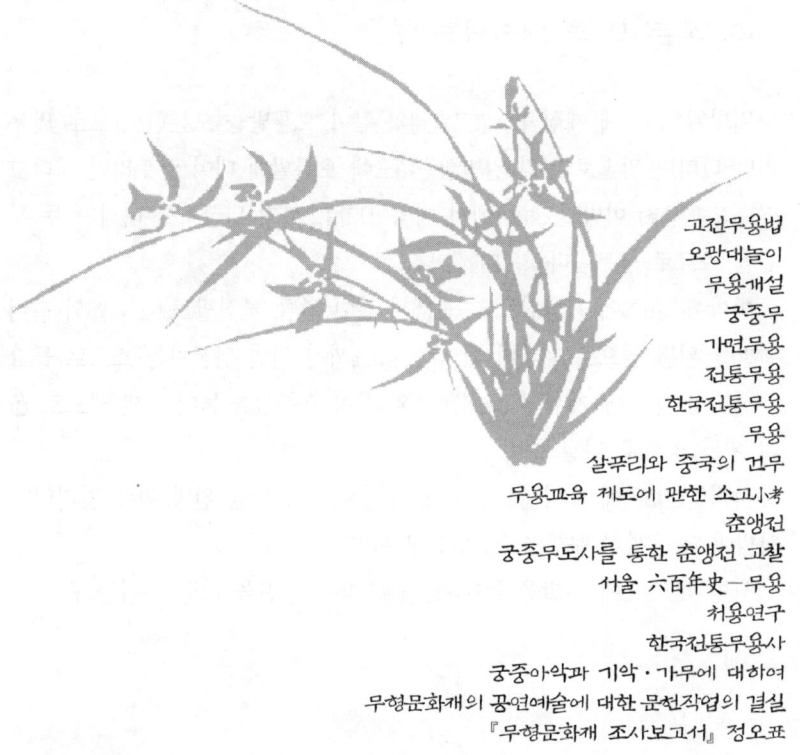

고전무용법
오광대놀이
무용개설
궁중무
가면무용
전통무용
한국전통무용
무용
살푸리와 중국의 건무
무용교육 제도에 관한 소고小考
춘앵전
궁중무도사를 통한 춘앵전 고찰
서울 六百年史 — 무용
처용연구
한국전통무용사
궁중아악과 기악·가무에 대하여
무형문화재의 공연예술에 대한 문헌작업의 결실
『무형문화재 조사보고서』 정오표

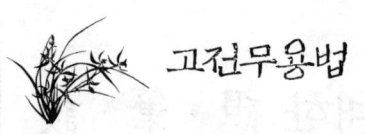
고전무용법

10. 오른편으로 엿디디는 법

일박일一拍一에 제삼육도第三六圖와 같이 오른발을 오른편 옆으로 발부리만 디디며 왼발로 따라 일박삼一拍三에 오른발에 대여 앞부리만 디디고 (第一五圖 참조) 이박일二拍一에서 이박이二拍二까지 뒤꿈치를 내리며 두 무릎을 스르르 구부린다(第一四圖 참조).

이박이二拍二에 제삼칠도第三七圖와 같이 왼발, 제삼팔도第三八圖와 같이 왼발을 왼편 옆으로 디디며 삼박삼三拍三까지 왼발 뒤꿈치를 스르르 들고

삼박삼三拍三에 제삼구도第三九圖와 같이 오른발을 들어 왼발 앞으로 옮겨 왼편 옆으로 디딜 준비

사박일四拍一에 제사십도第四十圖와 같이 오른발을 왼발 앞에 엿디디며 사박이四拍二까지 무릎을 스르르 구부리며

사박삼四拍三에 왼발을 들어(第三七圖 참조) 왼편을 디딜 준비한다.

11. 왼편으로 엇디디는 법

일박일一拍一에 제사일도第四一圖와 같이 왼발을 왼편 옆으로 발부리만 디디며 오른발도 따라 일박삼一拍三에 왼발에 대며 앞부리만 디디고(第一五圖 참조)

이박일二拍一에서 이박이二拍二까지 뒤꿈치를 내리며 두 무릎을 스르르 구부리고(第一四圖 참조)

이박삼二拍三에서 제사이도第四二圖와 같이 오른발을 들어 디딜 준비

삼박일三拍一에서 제사삼도第四三圖와 같이 오른발을 오른편 옆으로 디디며 삼박삼三拍三까지 오른발 뒤꿈치를 스르르 들고 삼박삼三拍三에 제사사도第四四圖와 같이 왼발을 들어 오른발 앞으로 옮겨 오른편 옆으로 디딜 준비

사박일四拍一에 제사오도第四五圖와 같이 오른발 앞으로 왼발을 엇디디며 사박이四拍二까지 무릎을 스르르 구부리며 사박삼四拍三에(第四二圖 참조) 오른발을 들어 오른편으로 디딜 준비

12. 뒷걸음 법

일박일一拍一에 제사육도第四六圖와 같이 오른발을 디디면서 무릎을 일박이一拍二까지 스르르 구부리고 왼발은 뒤꿈치를 살며시 들며 일박삼一拍三에 제사칠도第四七圖와 같이 오른다리 무릎을 일박삼一拍三까지 스르르 펴고 발을 들어 디딜 준비

이박일二拍一에 제사팔도第四八圖와 같이 왼발을 디디면서 무릎을 일박이一拍二까지 스르르 구부리고 오른발은 뒤꿈치를 살며시 들며

※ 뒷걸음 법은 발바닥을 동시에 디뎌라. 이박삼二拍三에 제사구도第四九圖와 같이 왼다리 무릎을 이박삼二拍三까지 스르르 펴면서 오른발을 들어 디딜 준비

※ 삼박三拍 사박四拍은 일一, 이박二拍과 같다.

13. 왼편으로 도는 법

일박일一拍一에 제오십도第五十圖와 같이 오른발 들고 왼다리 무릎을 스르르 펴며 몸을 일박삼一拍三까지 왼편으로 스르르 돌린다.

이박일二拍一에 제오일도第五一圖와 같이 오른발을 왼발 앞에다 비스듬히 디디고 두 무릎을 스르르 구부리며 (몸은 왼편으로 스르르 돌아간다)

삼박일三拍一에서 삼박삼三拍三까지 제오이도第五二圖와 같이 두 무릎을 스르르 펴며 두 발 뒤꿈치를 스르르 든다.

※ 몸이 돌아서는 방향은 180°, 360°까지 돌아갈 수 있고 특히 주의할 것은 몸이 돌아가는 동안에 끊이지 말고 연속하여서 움직여야한다.

사박일四拍一에서 사박삼四拍三까지 제오삼도第五三圖와 같이 두 무릎을 스르르 구부리며 두 발 뒤꿈치를 스르르 내린다.

14. 오른편으로 도는 법

일박일一拍一에 제오사도第五四圖와 같이 왼발을 들고 오른다리 무릎을 스르르 펴며 몸은 일박삼一拍三까지 오른편으로 스르르 돌린다.

이박일二拍一에 제오오도第五五圖와 같이 왼발을 오른발 앞에다 비스듬히 디디고 두 무릎을 이박삼二拍三까지 스르르 구부리며 몸은 오른편으로 스르르 돈다.

삼박일三拍一에서 삼박삼三拍三까지 제오육도第五六圖와 같이 두 무릎을 스르르 펴며 두 발 뒤꿈치를 스르르 든다.

사박일四拍一에서 사박삼四拍三까지 제오칠도第五七圖와 같이 두 무릎을 스르르 구부리며 두 발 뒤꿈치를 스르르 내린다.

※ 몸이 돌아서는 방향은 180°, 360°까지 돌아갈 수 있고 특히 주의할 것은 몸이 돌아가는 동안에 끊이지 말고 연속하여서 움직여야한다.

15. 앞발로 끄는 발 법

일박일一拍一에 제오팔도第五八圖와 같이 오른발부리를 들고 뒤꿈치만 디디고

일박이一拍二에 제오구도第五九圖와 같이 왼발부리를 오른발 뒤꿈치 왼편 옆으로 끌어가며 두 무릎을 구부리고

일박삼一拍三에 제육십도第六十圖와 같이 왼발 뒤꿈치를 들고 오른발을 들어 앞으로 디딜 준비

※ 이二, 삼三, 사박四拍은 일박一拍과 같다. 특히 주의할 것은 오른발은 뒤꿈치만 디디고 걷는다.

16. 뒷발로 미는 발 법

일박일一拍一에 제육일도第六一圖와 같이 오른발 디디며 왼발 뒤꿈치 들고

일박이一拍二에 제육이도第六二圖와 같이 오른다리 무릎을 구부리고 왼발은 앞부리를 끌어가며 뒤꿈치 들고

일박삼一拍三에 제육삼도第六三圖와 같이 오른발 들어 앞으로 디딜 준비하여 왼발 뒤꿈치 들고

이박일二拍一에서 이박이二拍二까지 오른발 디디고 무릎을 구부리며 왼발을 뒤꿈치를 약간 들고(第六一, 六二圖 참조) 삼박삼三拍三에 제육사도第六四圖와 같이 왼발 들어 앞으로 디딜 준비하여 오른발 뒤꿈치 든다.

삼박일三拍一에 제육오도第六五圖와 같이 왼발 디디며 오른발 뒤꿈치 들고

삼박이三拍二에 제육육도第六六圖와 같이 왼발 디디며 왼다리 무릎 구부리고 오른발은 앞부리로 끌어가며 뒤꿈치를 들고 삼박삼三拍三에 왼발 들어 앞으로 디딜 준비하며 오른발 뒤꿈치 든다.(第六六圖 참조)

사박일四拍一에 제육칠도第六七圖와 같이 왼발 디디며 오른발 뒤꿈치 약간 들고

사박이四拍二에 왼다리 무릎 구부리며 오른발 뒤꿈치 들고(第六六圖 참조)
사박삼四拍三에 오른발 들어 앞으로 디딜 준비하며 왼발 뒤꿈치 든다.(第六三圖 참조)

17. 오른다리 무릎 구부리는 법

일박일一拍一에 제육팔도第六八圖와 같이 몸을 부동자세不動姿勢로 서서 오른다리 무릎을 스르르 구부리며 몸무게를 실리고 왼발은 뒤꿈치를 스르르 든다.

18. 왼다리 무릎 구부리는 법

이박일二拍一에 제육구도第六九圖와 같이 몸을 부동자세로 서서 왼다리 무릎을 스르르 구부리며 몸무게를 실리고 오른발 뒤꿈치를 스르르 든다.
※ 삼, 사박은 일, 이박과 같다.

이상의 도해圖解와 설명으로 무용식舞踊式 걸음법을 비롯하여 십여 종류의 걸음법을 해득解得하였다. 간단한 도면과 충실치 못한 해설로서 독자들이 얼마나 납득되었으며 정확하게 파악되어서 쉽게 걸어지게 되었느냐 하는 문제는 필자 역시 의구疑懼의 마음을 가지면서 우선 걸음법을 이상으로 끝을 맺는다.

그리고 먼저 이수체득履修體得한 걸음법과 앞으로 나오게 되는 손과 팔 동작에 관하여 주의하여야 할 조목條目을 몇 가지 들고 손과 팔의 동작법動作法으로 넘어가려 한다.

첫째, 걸음법은 반드시 한 가지씩 충분히 연습하고 단련하여 몸에 익숙하여져서 마음대로 걸어 갈 수 있도록 되어야 할 것.

둘째, 위의 여러가지 발법法이 능숙하게 된 후에는 이 법法을 사용使用

하여서 자유자재自由自在로 옮기어 디디는 법을 연구硏究할 것.

셋째, 발을 디디고 무릎을 구부리며 발뒤꿈치를 드는데 있어서 들고 구부리는 것을 절대로 끊이지 말고 연달아 움직여야 할 것.

넷째, 걸음법을 연습할 때에 손과 팔의 가락은 아래에 기록된 도보圖譜 중에서 자의自意로 가락을 골라서 실습을 하여도 무방하다.

다섯째, 아래 도표圖表는 손과 팔을 움직여 한 형태形態(한 가락)를 이루어[形成]진 것을 표시表示한 것이며 한 가락이 만들어지고 또 변형變形되는 과정, 다시 말하면 손과 팔의 움직이는 법은 도면상圖面上에 점선點線으로 표식標識하였으니 이대로 한팔 좌우 팔을 바꾸어 가며 움직여야 할 것.

여섯째, 손과 팔 동작이 실습법實習法도 역시 한 가락씩을 먼저 따로 따로 실습 훈련할 것은 물론이고 여러 가락까지도 자유로이 바꾸어 가며 움직일 수 있도록 숙달되어야 할 것.

일곱째, 연습할 때 박자는 도해중圖解中에 일, 이, 사박간이라 삽입挿入된 것과 같이 일박간一拍間이나 이박간二拍間 또는 사박간四拍間에 손과 팔을 점선대로 움직이며 한가락 한가락을 철저히 연습할 것.

여덟째, 발 걷는 법과 손과 팔의 동작법을 각각 확실히 알게 된 후에는 걸음법과 팔 동작법을 합쳐서 연습하되 이 역시 처음에는 한가지(예컨대 발법이 一拍 一步法이면 손과 팔도 一拍間에 움직이는 가락)을 동일하게 움직여야 하고 이 연습이 끝난 후에는 발법·팔법의 전부를 종합하여서 숙련되도록 연습해야 할 것 등이다.

19. 팔과 손 동작법

(1) 오른팔 펴서 든 가락

제칠십도第七十圖 같이 오른팔을 어깨와 나란히 일직선으로 오른편으로 엎어서 들고 왼손은 왼편 허리에 내린 것.

※ 일, 이, 사, 팔박간.

(2) 왼팔 펴서 든 가락

제칠일도第七一圖와 같이 왼팔을 어깨와 나란히 일직선을 왼편으로 엎어서 펴들고 오른손은 오른편 허리에 내린 것.

※ 일, 이, 사, 팔박간.

(3) 두 팔 펴서 든 가락

제칠이도第七二圖와 같이 두 팔을 양어깨와 나란히 일직선으로 양편으로 엎어서 든 것.

※ 일, 이, 사, 팔박간.

(4) 두 손 양옆에 늘인 가락

제칠삼도第七三圖와 같이 두 손을 양옆으로 늘인 것.

(5) 왼손 앞에 늘인 가락

제칠사도第七四圖와 같이 왼손은 앞에 오른손은 엉덩이(척추 끝)에 늘인 것.

(6) 오른손 앞에 늘인 가락

제칠오도第七五圖와 같이 오른손은 앞에 왼손은 엉덩이(척추 끝)에 늘인 것.

※ 일, 이, 사, 팔박간.

(7) 두 손을 벌려 든 가락

제칠육도第七六圖와 같이 두 손을 머리 위 45°가량 들어 앞으로 둥근 형태를 만든 것.

(8) 두 손 벌려 들고 右로 내린 가락

제칠칠도第七七圖와 같이 두 손을 벌려들고 두 손을 머리 뒤로 45°가량 들고 오른편으로 내린 것.

※ 일, 이박간.

(9) 두 손 벌려 들고 쵸로 내린 가락
제칠팔도第七八圖와 같이 두 손을 머리에서 위로 45°가량 벌려 들되 앞으로 둥근 모양을 만들고 두 손을 왼편으로 내린 것.

(10) 왼손 앞에 구부려 든 가락
제칠구도第七九圖와 같이 왼손을 턱 앞에 구부려 들고 오른팔은 어깨와 같이 일직선으로 엎어서 펴 든 것.
※ 일, 이, 사박간.

(11) 오른손 앞에 구부려 든 가락
제팔십도第八十圖와 같이 오른손을 턱 앞에 구부려 들고 왼팔은 어깨와 같이 일직선으로 엎어서 든 것.

(12) 왼손을 앞으로 든 가락
제팔일도第八一圖와 같이 두 손 아래로 쳐 뜨리고 왼손은 앞에 오른손은 뒤에 쳐 뜨려 든 것.
※ 일, 이박간.

(13) 오른손 앞으로 든 가락
제팔이도第八二圖와 같이 두 손을 아래로 쳐 뜨리고 오른손 앞에 왼손은 뒤에 쳐 뜨리는 것.

(14) 두 팔을 들고 왼손 들고 오른손 내린 가락
제팔삼도第八三圖와 같이 두 팔을 일직선으로 어깨와 같이 펴서 들고 왼손 올리고 오른손 내린 것.

※ 일, 이박간.

(15) 두 팔을 들고 오른손 올리고 왼손 내린 가락

제팔사도第八四圖와 같이 두 팔을 일직선으로 어깨와 같이 펴서 들고 오른손 올리고 왼손은 내린 것.

(16) 왼손 어깨 위에 구부려 들고 오른손 내린 가락

제팔오도第八五圖와 같이 왼팔을 왼편 어깨 위에 구부려 손을 젖혀들고 오른팔은 쳐 뜨려 내린 것.
※ 일, 이, 사박간.

(17) 오른손 어깨 위에 구부려 들고 왼손 내린 가락

제팔육도第八六圖와 같이 오른팔을 오른편 어깨 위에 구부려 손을 젖혀들고 왼팔은 쳐 뜨려 내린 것.

(18) 왼손 어깨 위에 젖혀들고 오른팔 뒤로 뻗쳐든 가락

제팔칠도第八七圖와 같이 왼팔을 정면으로 왼 어깨 위에 구부려 손을 젖혀들고 오른손은 뒤로 내려 뻗쳐든 것.

(19) 오른손 어깨 위에 젖혀들고 왼팔을 뻗쳐든 가락

제팔팔도第八八圖와 같이 오른팔을 정면으로 오른편 어깨 위에 구부려 손을 젖혀들고 왼손을 뒤로 내리어 뻗쳐든 것.

(20) 오른손 구부려들고 왼손 비스듬히 내린 가락

제팔구도第八九圖와 같이 오른손을 오른편 어깨 위에 구부려 들고 왼손은 가슴 아래로 비스듬히 내려든 것.

※ 일, 이, 사, 팔박간.

(21) 왼손 구부려 들고 오른손 비스듬히 내린 가락
제구십도第九十圖와 같이 왼손을 왼편 어깨 위에 구부려 들고 오른손은 가슴 아래로 비스듬히 내려든 것.

(22) 오른손 가슴 앞에 구부려 든 가락
제구일도第九一圖와 같이 오른손을 가슴 앞에 왼편으로 구부려 들고 왼손은 등 뒤에 오른편으로 구부려 든 것.
※ 일, 이, 사, 팔박간.

(23) 왼손 가슴 앞에 구부려 든 가락
제구이도第九二圖와 같이 왼손을 가슴 앞에 오른편으로 구부려 들고 오른손은 등 뒤에 왼편으로 구부려 든 것.

(24) 오른손 들어 머리 위로 돌리는 가락
제구삼도第九三圖와 같이 오른손을 들어서 머리위로 돌려 내리는 것.
※ 사, 팔, 십이박간.

(25) 왼손 들어 머리 위로 돌리는 가락
제구사도第九四圖와 같이 왼손을 들어서 머리 위로 돌려 내리는 것.
※ 사, 팔, 십이박간.

(26) 두 손 어깨 위에 구부려 든 가락
제구오도第九五圖와 같이 두 손을 양편 어깨 위에 구부려 손을 젖혀든 것.
※ 일, 이, 사박간.

(27) 두 손 느리어 여민 가락

제구육도第九六圖와 같이 두 손을 내리어 마주 잡은 것.

『국악계』 제2호, 1959년 7월 1일

※ 『국악계』 그림 36~69도(보법)와 그림 70~96도(팔과 손동작법) 참고.
※ 편집자 주 : 『국악계』 창간호에 이 글의 전편이 게재되었으나 김천홍 선생님의 소장 자료집에서 발견되지 않아 부득이 후편만 게재하게 되었다.

오광대놀이

　현재 우리나라에 남아 있는 여러가지 민속예술民俗藝術 중의 한 영역을 차지하고 있는 탈놀이는 우리 민족고유의 전통을 고스란히 이어 온 가장 훌륭하고도 귀중한 문화재적 가치가 있는 예술임은 여기에 재론할 필요조차 없는 엄연한 사실이다. 또한 그 특유한 다양적多樣的인 예술성은 어느 나라의 민속예술과 비교해도 절대로 숨김이 없이 월등하게 우수하다는 것을 우리는 자부할 수 있는 사실이다. 과거에 버림받았던 이 '탈놀이'에 대해서 오랫동안 꾸준히 연구하여 온 학자들이며 이 '놀이'에 종사하여온 연희자의 성의와 끊임없는 노고의 결정으로 오늘에 이 '놀이'가 다시금 광명을 찾아서 소생케 되었을 뿐 아니라 앞날에는 우리 후손에게까지 전해 줄 수 있게끔 되었다는 사실은 민속예술의 장래를 위하여 크게 경하할 일이다. 그리고 이분들의 공로에 대해서는 충심衷心으로 사의謝意를 표하는 바이다.
　1962년에 문화재보호법이 제정공포되고 문교부에 문화재보존위원회가 발족되면서 더욱 박차를 가하게 되어 이 '놀이'를 탐색·발굴하며 보존·육성하는 사업이 예의銳意 검토되고 적극 진보되고 있는 것은 비록 만시지탄晩時之歎이 없지도 않으나 민속예술발전에 서광을 던져 주는 계기가 마련된 것이라 하겠다.

우리나라에서 이 '탈놀이'가 뒤늦게나마 각광을 보게 된 원인은 여러가지 있겠지만 요약해 보면 다음과 같다.

1. 우리 선조에게 물려받은 문화의 유산으로 장구長久한 연륜年輪을 민족의 역사와 같이 흘러 내려온 전통이 있는 것.
2. 우리 민족만이 오래 숭상하고 누려 왔으며 더욱이 서민 속에서 장성발육長成發育되었고 그들이 즐겨하던 순수한 평민의 '놀이'인 것.
3. 이 '놀이'가 종합예술의 본질을 내포하고 있기 때문에 연희자나 관중 간의 호흡이 맞아서 동화동락同和同樂할 수 있는 것.
4. 민속학적인 방향에 있어서는 연구대상이 되는 충분한 소재와 자료를 보유하고 있는 것.
5. 이 '놀이' 속에는 원시적이나마 우리의 연극의 형태, 무용의 형태와 춤가락, 음악과 장단(장고), 조형미술(가면)의 장치, 민속공예의 의상, 도구 등으로 각 예술분야에 걸치어 그 면모를 연구하는 대상이 될 수 있는 것 등이다. 이 외에도 풍속, 습관, 신앙 등에 이르기까지 학구적인 재료가 많이 들어있다.

상술한 바와 같이 이 '탈놀이'가 우리나라 역사, 예술 및 학술상으로 귀중한 가치가 있는 문화재임이 밝혀진 것이라 하겠다.

그러면 이제 본론으로 들어가기 전에 우리가 알아두어야 할 '탈놀이'의 분파分派와 그의 특이성을 간단히 설명하려 한다. 현재 우리나라에 잔존殘存해 있는 '탈놀이'는 각 지방에 분포되어 있는데 이것을 크게 나누면 삼파三派로 분류할 수 있다.

1. 서울과 경기도 일원을 중심으로 한 중부형(例 山臺都監 假面戲)
2. 경상도를 중심으로 한 영남형(例 河回別神굿놀이, 五廣大, 東萊野遊)
3. 황해도 일대에 긍亘하여 파생된 관서형(例 鳳山탈놀이, 載寧, 海州 等地 其外의 '탈놀이')

4. 이 외에도 함경도의 사자獅子놀이와 강원도 강릉의 성황신제城隍神祭 가면희假面戲가 있다.

상술한 '탈놀이'가 지닌 특이성은 다음과 같다. 즉
1. 기후, 풍속, 습관, 지리적인 조건의 영향을 받아 각기 그 지방의 특색을 지니고 있는 것.
2. '놀이'를 노는 과장科場에 있어서도 약간의 차이점이 있는 것.
3. 춤의 형태와 가락이 각각 지방색을 띠고 있는 것.
4. 대본, 가면, 의상 및 반주에 사용되는 음악과 악기 등이 다른 점 등이다.

이상의 '탈놀이'들이 지닌 특징과 차이점 등을 비교 검토하며 설명되어야 할 것이나 제한될 지면때문에 생략하고 본론으로 들어간다.

오광대五廣大는 경남일대에 분포된 영남형에 속한 가면희假面戲인데 이 '놀이'의 발생지는 낙동강변 초계草溪 밤마리[栗旨]라고 일러온다. 오광대를 밤마리에서 놀게 된 동기는 이곳은 포구浦口인데다 또한 큰 시장이 서는 고장이었으며 특히 초여름철 난장亂場이 트게 되면 거상巨商들이 모이게 되고 이들이 대광대패竹廣大牌에게 비용을 주어 오광대놀이를 놀게 한 데서 시초되었다한다. 그리고 이 '놀이'의 계통을 짐작케 하는 전설로서는 다음과 같은 것이 있다.

낙동강 홍수때 큰 궤櫃가 하나 '밤마리' 앞 언덕에 닿았는데 열어보니 탈과 기타 탈놀이 도구가 들어 있었다. 처음에는 모두 손대기를 싫어하였으나 인연因緣이 있어 닿은 것이니 탈놀이를 해야 한다고 하여 놀게 되었다. 또 이 궤가 충청도쪽에서 왔다고 하여 충청도에서 사람을 불러다가 놀았다고 한다.

한 가지 흥미 있는 사실은 가락駕洛에 생존한 오광대의 악사였던 박대봉朴大鳳 씨(73세)에게 들은 바로는 낙동강 하류인 김해군 가락駕洛의 오광대도 강변에 궤가 떠내려 와서 놀게 되었다는 동일한 전설을 갖고 있다.

낙동강 상류 하회동의 별신가면회別神假面戲, 중류인 밤마리의 오광대, 하류인 가락駕洛의 오광대, 그리고 다시 해로海路로 수영水營까지의 분포된 연계連繫를 생각 할 수도 있으며 또 충청도에서 연희자를 불러다가 놀기 시작하였다는 점은 중부의 산대극山臺劇과의 영향 내지 그 분파로서의 계통을 상기할 수 있는 하나의 방증傍證이 될 수 있을지 모르겠다. 그러나 그 극내용의 주제성에 있어서는 동일하나 다만 연출세부演出細部에 있어 지방적 차이를 볼 수 있으며 또한 논자에 따라서는 오광대는 산대도감극山臺都監劇 형식초기形式初期에 있어서의 분파라고 한다.

오광대의 발생연대는 미상하고 현지 고로古老들의 증언을 종합하면 다만 한일합방 전(1910년)까지 성행되었으며 그 후 1920년대까지 놀았고 각지에 초청받아 다니기도 하였으며 최종에는 제2차대전이 발발되기 직전까지 놀았다고 한다. 초계 밤마리[栗旨]장터에서 대광대竹廣大 패들에 의하여 시작된 오광대는 점차 각지로 전파되었는데 신반新反, 의령宜寧, 진주晋州, 산청山淸, 창원昌原, 통영統營, 고성固城, 진동鎭東, 김해金海, 가락駕洛, 수영水營, 동래東萊, 부산진釜山鎭 등 거의 경남 해안선 일대의 각지에 긍亘하여 분포되었던 것을 알 수 있었으며 현존한 것은 통영오광대統營五廣大(忠武)와 고성오광대固城五廣大 뿐이다.

오광대놀이가 경남일대 십여 지구에서 어느 때부터 시작해서 놀았다는 것은 전혀 알 수 없으며 각지로 퍼지게 된 계보조차도 상고할 길이 막연하다. 다만 이러한 분포는 초계 밤마리 대광대들이 인총이 많이 모이는 포구浦口 시장거리를 찾아서 전전하며 순회공연을 하였기 때문에 이것을 보고 난 사람들이 제각기 자기 고장에서 시작한 데에 기인되었다고 할 수도 있다.

상술한 바로 오광대의 역사적인 유래, 즉 발생시대, 발생지역 및 작자, 분포된 상황과 현존한 상태 등을 밝혔다.

그러면 이제는 오광대의 특징과 현존한 통영과 고성 오광대의 진용陳容을 밝혀 보고자 한다.

오광대五廣大라는 이름은 오행설五行說에 의거依據해서 불려진 것이 아닌가 한다. 진주오광대晋州五廣大의 경우 제1과장科場에 오방신장무五方神將舞가 나와 놀고 또 오방신장五方神將과 합치合致되는 오양반五兩班을 만들어 연출하게 되며 진주에서는 문둥광대도 다섯을 등장시키고 통영과 고성오광대 역시 5과장으로 구성되어 있다.

밤마리 오광대는 대광대 죽방울 받기를 비롯한 곡예曲藝와 더불어 '말뚝이', '비비새'(영노), '중과 각시', '할미 영감지대각시', '사자獅子' 등의 놀이 장면이 있었다고 하니 현존한 오광대의 내용과 동일한 주제가 정립되어 있었음을 짐작케 한다.

오광대의 연출형태도 다른 가면희와 마찬가지로 춤이 주체가 되고 재담[臺詞]과 노래[唱]와 동작이 곁들어 연희[技]하는 탈춤놀이의 일종이다.

춤의 장단은 염불念佛, 타령打令, 굿거리 등 우리 민속무용에 많이 쓰이는 것으로 반주되는데 음악은 역시 지방적 특색을 나타내고 있다.

오광대를 수영水營, 동래東萊, 부산진釜山鎭 등지에서는 야류野遊라고 부르는데 이것은 '들에서 논다'는 의미에서 나온 말이다. 기타 지역에서는 모두 오광대五廣大라고 부른다.

오광대와 야류의 춤은 모두 '덧배기 춤'이라고 부르며 특히 '말뚝이 춤'같은 것은 소박하고 쾌활한 남성적인 춤이었음을 동래야류東萊野遊의 '말뚝이' 역을 맡았던 박덕업朴德業 옹(75세)의 실연實演으로 그 모습을 알 수 있었다.

오광대의 과장科場은 5과장으로 구성되어 있으나 지방에 따라 5과장 혹은 7과장으로 변형될 때도 있으며 탈의 출입하는 차서次序에 있어서도 차이가 있다.

이것의 한 실증實證으로는 같은 계통에서 전해온 통영과 고성오광대를 비교해도 곧 알 수 있다.

통영오광대統營五廣大
제1과장 문둥탈

제2과장 양발말뚝이
제3과장 영노비비양반
제4과장 농창탈
제5과장 포수탈

고성오광대固城五廣大
제1과장 문둥탈
제2과장 양발말뚝이
제3과장 승무
제4과장 비비양반
제5과장 제밀주(농창과 같음)

위의 대조표에 표시된 대로 비록 5과장으로 구별되어 있으나 출연하는 탈의 순위와 종류가 상위相違되어 있는 것을 엿볼 수 있다. 다시 말하면 통영오광대에는 승무탈이 없고 그 대신 포수탈이 들어 있으며 고성오광대에는 포수탈이 빠진 대신 승무탈이 편입編入되어서 5과장으로 형성되었으나 서로 차이점을 지니고 있는 것이 확연하다.

오광대가 장구한 세월을 내려오는 동안에 지방에 따라 춤가락이 연약화軟弱化한 것 같으며 노는 과장科場과 출연하는 탈 종목에 있어서도 차질差跌이 생겼음을 알 수 있으나 그래도 주가 되는 그 내용은 다음과 같이 나눌 수 있다.

제1과장 벽사辟邪의 의식무儀式舞(五方神將舞)
제2과장 양반계급에 대한 반감反感과 모욕侮辱
제3과장 파계승破戒僧에 대한 풍자
제4과장 남녀애정관계에서 오는 가정비극
제5과장 축사정상逐邪廷祥의 축두祝頭(獅子舞)

등으로 요약할 수 있다. 오광대도 현존한 다른 가면희假面戱와 같이 전全 과장의 내용이 연관성이 있는 것이 아니라 각 과장마다 독립성을 가지고 독자적인 줄거리로 되어 있다. 그러나 이 전체 '놀이' 속에는 그 시대의 사회이면社會裏面의 난맥상亂脈相을 적나라하게 노정露呈한 것이 있다. 또 오광대의 연희시기는 처음에는 정월正月 대보름날 밤을 중심으로 행하였으나 통영오광대의 경우에는 4월초의 봄놀이, 9월의 단풍놀이로서 오락적娛樂的 연희로 놀게 되었고 근래에는 곤산첩기념행사困山捷記念行事에 참가하기도 한다. 통영오광대(忠武)는 충무오광대단忠武五廣大團이라는 회會의 후원을 받고 장재봉張在奉 옹 이하 20명의 단원으로 구성되어 있고 또한 고성오광대는 김창준金昌俊 옹 이하 19명의 회원으로 오광대가면희회五廣大假面戱會를 조직하고 있으며 고성읍 경노회敬老會의 후원을 받고 있다.

상기 두 단체는 1965년 중요무형문화재重要無形文化財 제6호 및 제7호로 지정되어 국가의 보호·육성을 받게 되었다.

〈참고문헌〉

이두현李杜鉉, 김천흥金千興 공동조사共同調査, 『重要無形文化財 指定資料』

『문화재』 창간호, 문화재관리국 발행, 1965년

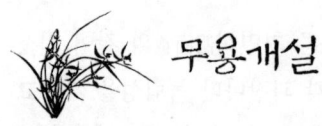
무용개설

고대원시무용古代原始舞踊의 종류
① 종교무용宗敎舞踊
② 수렵무용狩獵舞踊
③ 전쟁무용戰爭舞踊
④ 배물무용拜物舞踊

삼국시대무용三國時代舞踊
① 고구려시대무용高句麗時代舞踊
② 백제시대무용百濟時代舞踊
③ 신라시대무용新羅時代舞踊

고려高麗 · 이조시대무용李朝時代舞踊
① 고려시대무용高麗時代舞踊
② 이조시대무용李朝時代舞踊

현재 우리나라의 무용을 대별大別하면 5종류로 구분 할 수 있다.
① 궁중무용宮中舞踊
② 민속무용民俗舞踊

③ 의식무용儀式舞踊
④ 신작무용新作舞踊
⑤ 외국무용外國舞踊

1. 궁중무宮中舞

궁중무의 문헌상에 기재된 종목, 작자 창시된 연대, 무원수舞員數 및 반주되는 악곡 등은 아래와 같으며 특징은
1) 춤의 내용을 노래나 창사唱詞로서 설명하는데 춤을 시작하기 전 또는 춤추는 중간에 부른다.
2) 춤의 동작 즉 가락이 단조롭고 평이하며 그 수가 적다.
3) 장단(박자)이 매우 유장하며 급속한 것을 피한 것.
4) 의상이 현란하고 구성이 장대한 것 등이다.

종목과 내용

舞名	時代 作者名	人員	樂曲	備考
處容舞	新羅時代 憲康王時	5人	鳳凰吟 外	李朝世祖命尹推 改變歌詞付之
劍器舞	新羅 黃昌郞	4人	表正萬放之曲	原名 黃昌郞舞 신라時 發生.
壽延長	高麗 成宗	10人	長春不老之曲 外 3曲	
抛毬樂	高麗 文宗時 楚英	14人	咸寧之曲 外 2曲	
獻仙桃	高麗 催忠獻	6, 8人 (봉탁 포함)	長春不老之曲 外 2曲	唐에서 發生
舞鼓	高麗 李混	8人	咸寧之曲 外 2曲	
五羊仙	高麗	7人	長春不老之曲 外 2曲	
無㝵舞	新羅・高麗	12人	咸寧之曲 外 2曲	무애 2인과 협무 10인. 신라 時 發生.
六花隊	世宗代 前後	9人	천년만세 外	
蓮花臺舞	高麗	4~8人		조선초기 때는 8人

舞名	時代 作者名	人員	樂曲	備考
廣袖舞	高麗	2人	豊慶之曲	(숙종 32년(1706) 기록 보인다.)
響鈸舞	高麗	8人	長春不老之曲	
牙拍舞	高麗	2人	壽齊天	
鶴舞	高麗	2人	一昇月恒之曲 外 1曲	
文德曲	朝鮮 太祖時	13人	太平春之曲 外 2曲	
夢金尺	朝鮮 太祖時	17人	長春不老之曲 外 2曲	頌太祖創業功德
受寶籙	朝鮮 太祖時	24人	長春不老之曲 外 2曲	
覲天庭	朝鮮 太宗時	6人	長春不老之曲 外 2曲	
受明命	朝鮮 太宗時	12人	長春不老之曲 外 2曲	
荷皇恩	朝鮮 世宗時	10人	長春不老之曲 外 2曲	
賀聖明	朝鮮 世宗時	15人	長春不老之曲 外 2曲	
聖澤	朝鮮 世宗時	12人	長春不老之曲 外 2曲	
曲破	高麗, 朝鮮 世宗時	4人	長春不老之曲 外 2曲	『고려사』 악지 당악조에는 '석노교'라 하고, 곡파로 주기(註記)되어 있다. 『세종실록』 권29 기록 조선 초기 전해지다가 잠시 중단 후 세종 때 재연
鳳來儀	朝鮮 世宗時	10人	長春不老之曲 外 2曲	太祖創業功德 命制此舞
初舞	朝鮮 肅宗時	2人	太平春之曲	영·정조에 이어 숙종 時
尖袖舞	朝鮮 英祖時	2人	表正萬方之曲	元劍器舞分二剖 此卽前子但外宴用
公莫舞	朝鮮 英祖時	2人	水龍吟	元劍器舞分二剖 此卽後子但內宴用
佳人剪牧丹	朝鮮 純祖時 孝明世子	4, 12, 18人	咸寧之曲 外 2曲	宋朝時 陶翰林 新作製 此舞
寶相舞	朝鮮 純祖時	8人	咸寧之曲 外 2曲	晋에서 發生 (西紀265년) 杯盤의 舞
春鶯囀	朝鮮 純祖時 孝明世子睿製	1人	柳初新之曲	唐高宗時 發生
長生寶宴之舞	朝鮮 純祖時	7人	長春不老之曲 外 4曲	宋徽宗時 基聖節用 長生寶宴之樂此舞
望仙門	朝鮮 純祖時	6人	豊慶之曲 外 1曲	

舞名	時代 作者名	人員	樂曲	備考
慶豊圖	朝鮮 純祖時	6, 8人 (봉탁 포함)	長春不老之曲 外 2曲	
萬壽舞	朝鮮 純祖時	7, 9人 (봉탁 포함)	長春不老之曲 外 2曲	明永樂時上萬 壽之曲此舞製
獻天花	朝鮮 純祖時	5人	長春不老之曲 外 2曲	宋에서 發生
春臺玉燭	朝鮮 純祖時	6人	豊慶之曲	
影池舞	朝鮮 純祖時	6人	豊慶之曲 外 3曲	漢에서 發生
撲蝶舞	朝鮮 純祖時	6人	咸寧之曲 外 2曲	唐에서 發生
沈香春	朝鮮 純祖時	2人	豊慶之曲 外 1曲	唐에서 發生
春光好	朝鮮 純祖時	6人	豊慶之曲 外 1曲	唐에서 發生
高句麗舞	朝鮮 純祖時	6人	咸寧之曲 外 2曲	隋에서 發生
響鈴舞	朝鮮 純祖時	6人	萬年長歡之曲	唐時燕樂銅鈸 相和之樂此舞
四仙舞	朝鮮 純祖時	6人	豊慶之曲 外 4曲	新羅發生(四仙樂部)
帝壽昌	朝鮮 純祖時	13人(황개 1人 포함)	長春不老之曲 外 3曲	宋에서 發生
疊勝舞	朝鮮 純祖時	6人	咸寧之曲 外 2曲	
催花舞	朝鮮 純祖時	6~7人	咸寧之曲 外 2曲	순조 무자년 6人 순조 기축년 7人
蓮花舞	朝鮮 純祖時	6人	豊慶之曲 外 1曲	
演百福之舞	朝鮮 純祖時	7人	長春不老之曲 外 4曲	
舞山香	朝鮮 純祖時	1人	咸寧之曲	唐高宗時 發生
項莊舞	朝鮮 李太王時	12人 外	武寧之曲 外 2曲	朝鮮 高宗時 發生
獅子舞	朝鮮 李太王時	4人	獻天壽 外 1曲	西域發生本成川 雜戱而今上丁亥時始用
船遊樂	未詳 (영조20년 1744년 이후로 추측)	변화 많다. (시대에 따라 다수 변동)	吹打曲 外	新羅時代 發生 조선중기 정조 때 기록 보인다.

이상 52종 등이 있다.

이 글에서는 향악정재인 봉래의와 당악정재의 경우 개盖와 좌우의물인 18인 등은 생략했다.

2. 민속무民俗舞

(1) 종류
① 농악農樂
② 강강술래
③ 남무男舞
④ 살푸리
⑤ 한량무閑良舞
⑥ 가면무假面舞

(2) 특징
① 작자와 창시연대創始年代가 미상인 것
② 내용이 평민계급平民階級의 소박한 생활감정을 표현한 것
③ 표현방법에 있어서 자유자재한 개인의 창의성을 허여許與한 것
④ 현란한 의상이나 화려한 무대舞臺나 장치가 없이 세련된 동작으로 멋지고 흥있게 추는 것
⑤ 장단(박자)은 염불, 타령, 세마치, 굿거리, 무악인 살푸리 장단 등을 포함하고 있다.

3. 가면무假面舞

가면무의 현존한 것은 궁중계통의 처용무를 비롯해서 황해도지방의 봉산鳳山탈춤, 경기도의 양주별산대楊洲別山臺, 경남지방의 오광대五廣大, 동래야류東萊野遊, 경북의 하회별신河回別神굿놀이, 함남의 북청사자北靑獅子놀이 등인데 그 내용은 다음과 같다.
① 벽사辟邪의 의식무儀式舞

② 파계승破戒僧에 대한 풍자
③ 양반계급兩班階級에 대한 모욕
④ 일부다처의 삼각관계와 서민생활의 빈곤상 등

가면무假面舞의 노는 과장科場을 비교하면 아래와 같다.

	舞名	楊洲·松坡 山臺놀이	鳳山탈춤	五廣大	固城五廣大	東來野遊	河回別神굿
科場	1	告祀	四上在	문둥탈	문둥광대	문둥이	降神
	2	上佐舞	八먹 중 법고놀이	양반탈	五廣大	양반과장	주지놀음
	3	옴중	사당무	영노탈	승무	영노탈	삼석놀음
	4	먹중	노승 1. 노승무 2. 신장사 3. 취발이	창탈	비비	할미영감	파계승
	5	연잎 눈꿈적이	사자무	포수탈	제밀주		兩班 선비
內容	6	八먹중 염불 침놀이 북놀이	양반무				살림살이
	7	老丈	미얄무				殺生
	8	말뚝이					還子
	9	취발이					婚禮
	10	샌님					新房
	11	신할아비					허천굿
	12						堂祭

『국악개론―한국무용』, 성경린 공저,
국립국악원 동계 특별 국악강습교재, 1967년 1월

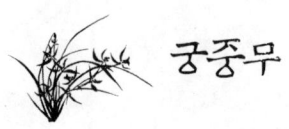 궁중무

왕궁王宮이란 상고시대上古時代의 원시부족사회原始部族社會가 발달되어 국가가 형성되고 모든 사회문물제도社會文物制度가 왕 한사람을 위주로 한 군주정치君主政治로 진화한 후 제반諸般 국사國事가 오로지 왕을 본위本位로 삼아 진행되고 또 왕의 명령에 의하여 실행할뿐만 아니라 왕이 수거壽居하는 궁중을 중심해서 벌어지기 때문에 이때에 왕궁이란 그야말로 신성불가침神聖不可侵의 영역이요 성지聖地요 요람搖籃이었다.

궁중무宮中舞는 여기에서 발육·성장되어 전래傳來한 춤을 말하는 것으로 오랜 연륜을 국가기관에 매어서 모든 보호를 받으며 유지維持되어 오면서 나라의 경사慶事, 궁중의 향연饗宴, 외국국빈을 위한 연례, 왕후장상王侯將相들의 완상용玩賞用으로 쓰이고 있었던 것으로 심지어 지방관아에 까지 전파되어 오늘까지 전해 진 것이라는 실증實証마저 있다. 이렇게 하여 지금까지 보존되어 있는 것이 50여 종이 되는데 이 중에 가장 오래 된 것이 지금으로부터 1800여 년 전 신라시대에 발생된 것이고 근래의 것으로는 고종시대高宗時代인 약 80년 전에 시작된 것이 있다.

그리고 궁중에서는 이것을 '정재呈才'라고 하는데 정재란 재조를 드린다는 것으로 춤을 추어서 그 기능을 고귀한 사람이 보게 한다는 뜻으로 풀이할 수 있다. 다시 말하면 우리들이 일상생활을 하는데 있어서도 상대편을 존경하고 자기를 낮추는 예절에 입각해서 서신書信을 보낼 때나 물건을 교환할 때는 반드시 근정謹呈, 봉정奉呈, 방정邦呈이라 하는 것과 같이 일국一國을 대표 통할統轄하는 존귀한 왕이나 지체가 높은 재상宰相들 앞에서 항상 추는 것이기 때문에 물론 상시常時에는 이들의 완상용玩賞用에 지나지 못한 춤이었지만 그래도 더욱 맞추어서 '정재', 즉 춤의 재조를 드린다는 것으로 그 의미가 통해지고 용인된 것으로 추측된다.

그래서 궁중무의 이름과 춤의 순서를 약기略記한 것을 정재홀기呈才笏記라고 되어있다.

상기 50여 종의 춤의 발생된 동기에 있어서는 여러 갈래로 갈리고 있지만 아래의 몇 가지로 간략히 구별할 수 있다.

1. 선조先祖의 창업創業한 공덕功德을 추앙하고 찬양하는 뜻의 시가詩歌를 제작하고 여기에 맞추어 악樂과 무용舞踊이 창작된 것.
2. 왕가의 선정선치善政善治 한 과업을 과시하며 그 업적을 구가謳歌하는 뜻의 작사作詞와 아울러 무용과 음악이 제작된 것.
3. 왕실의 번영과 나라의 경사를 축하하는 뜻으로 제작된 것.
4. 중국 또는 외국에서 발생되어 수입된 춤과 명칭만 중국에 근원을 두었으나 실상은 우리나라에서 창작된 것.
5. 우리나라에서 순수하게 발생되고 창작된 것.
6. 외국에서 수입되어 오랫동안에 우리 궁중무로 변화된 것.
7. 자연발생적인 설화說話, 전설傳說 등에서 발생되어 궁중으로 유입되어 무용화한 것 등이다.

이상에서 명시한 바와 같이 시초 발단된 여러가지의 춤을 크게 세 종류로 나눌 수 있다.

첫째는 순수하게 우리나라에서 창작된 것이고, 둘째는 중국에서 수입된 것이고, 셋째는 자연적으로 발생되어 궁중으로 유입되어 궁중무화宮中舞化된 것이다.

또 우리나라에서 발생되고 창작된 춤을 향악무鄕樂舞라고 하고 중국계통의 춤은 당악무唐樂舞라고 한다. 그러나 당악무라고는 하지만 실상은 우리나라에 수입된 후에 장구長久한 제목題目을 전래하는 기간 중에 변질되고 변형되어 우리의 궁중무로 동화되지 않았나 한다. 이것은 지금에 남아 있는 궁중무들이 현시現時의 중국 춤과 전혀 다를 뿐만 아니라 형태나 동작이 상이相異한 것을 보아 의심할 수 없는 사실이다.

그리고 이 춤들의 발생된 시대를 상고詳考 검토해 보면 신라시대가 4종, 고려시대가 10종, 그리고 조선시대 23종으로 가장 수위首位이고 다음에는 중국계통의 것이 15종 등이 된다.

이것으로 미루어 보면 궁중무의 전성기는 조선시대라고 할 수 있다. 그리고 궁중무가 지니고 있는 특징을 간단히 소개하면 다음과 같다.

1. 춤의 내용을 몸을 움직이며 동작, 표정 등으로 표현하는 것이 아니라 노래로서 설명하는 것.

    노래를 창사唱詞, 치어致語, 치사致詞, 구호口號라고 하는데 춤을 처음 시작하고 먼저 부르는 것을 선구호先口號, 춤이 끝나게 될 무렵 물러나기 전에 부르는 것을 후구호後口號라고 한다. 노래는 춤을 추다가 중간에도 부르기도 한다.
2. 춤가락이 우아하고 선이 고우며 몸가짐이 바르고 동작의 수효가 적어서 다양하지 못한 것.
3. 사용되는 장단(拍子)은 매우 유장悠長하여 급속한 것을 피하고 있는 것.
4. 의상이 현란絢爛하고 구성이 장대壯大하며 색조에 있어서도 오방설五方說에 의거하여 방위에 맞추어 착복着服하기도 하는 것 등이다.

여기에서 반주되는 음악은 궁중악宮中樂이 전용全用되는데 장단(拍子)은 20박, 16박, 10박, 6박, 4박 등을 한 장단으로 삼는 것을 사용하고 있다.

그러면 다음에는 현재에 전해져 있는 궁중무의 이름과 종류, 작명, 창작된 연대, 반주악곡, 인원 등을 제시한 다음에 춤을 한가지씩 열거하며 그 내용을 상세하게 설명하겠다.

〈궁중무의 명칭·시대·작자·발생연대·반주악곡 분류표〉

舞踊名	時代	創作者	發生年代	舞員	伴奏樂曲	備考
劍器舞	新羅時代	黃昌郞	667년	4人	表正萬方之曲	原名 黃昌郞舞
處容舞	新羅 憲康王	尹淮	876년	5人	鳳凰吟 外	李朝 世祖命 尹淮 改變歌詞付之
壽延長	高麗 成宗	未詳	982년	10人	長春不老之曲 外3曲	
抛毬樂	高麗 文宗時	楚英	1073년	14人	咸寧之曲 外2曲	
獻仙桃	高麗 睿宗9年	崔忠獻	1117년	6, 8人 (봉탁 포함)	長春不老之曲 外2曲	唐에서 發生
舞鼓	高麗 忠烈王	李混	1317년	8人	咸寧之曲 外2曲	
五羊仙	高麗時代	未詳	1367년	7人	長春不老之曲 外2曲	
無㝵舞	〃	〃	〃	12人	咸寧之曲 外2曲	無㝵舞 : 新羅時代의 元曉大師가 破戒하여 설총을 낳게 된 뒤에 俗人 行勢를 하며 無㝵를 들고 거리로 法文을 외우면서 說法한데서 始作되었다고도 한다.
六花隊	世宗代 前後	〃	〃	9人	천년만세 外	
蓮花臺舞	高麗時代	〃	〃	4~8人		
廣袖舞	〃	〃	〃 숙종32년 (1706) 기록 보인다.	2人	豊慶之曲	
響鈸舞	〃	〃	〃	8人	長春不老之曲	인원은 2, 4, 6, 10, 12人.
牙拍舞	〃	〃	〃	2人	壽齊天	고려시는 동동, 조선초기에는 아박무로 기록.
鶴舞	〃	〃	〃	2人	日昇月恒之曲 外1曲	조선초기『악학궤범』에 기록.
文德曲	朝鮮 太祖時	〃	1393년	13人	太平春之曲 外2曲	
夢金尺	〃	〃	1401년	17人	長春不老之曲 外2曲	頌太祖創業功德
受寶籙	〃	〃	1409년	24人	〃	
覲天庭	朝鮮 太宗時	〃	〃	6人	〃	
受明命	〃	〃	〃	12人	〃	
荷皇恩	朝鮮 世宗時	〃	〃	10人	〃	
賀聖明	〃	〃	〃	15人	〃	
聖澤	〃	未詳	1409년	12人	長春不老之曲 外2曲	

舞踊名	時代	創作者	發生年代	舞員	伴奏樂曲	備考
曲破	高麗, 朝鮮 世宗時	〃	〃	4人	〃	『고려사』악지 당악조에는 '석노교'라 하고, 곡파로 주기(註記)되어 있다. 『세종실록』권29 기록. 조선 초기 전해지다가 잠시 중단 후 세종 때 재연
鳳來儀	朝鮮 世宗時	〃	1424년	10人	〃	太祖創業功德命制此舞(註)5月 金長生을 文廟에 配亨함
初舞	朝鮮 肅宗時	〃	1717년	2人	太平春之曲	
尖袖舞	朝鮮 英祖時	〃	1767년	2人	表正萬方之曲	元劍器舞分二部 此卽前者但外宴用
公莫舞	〃	〃	〃	2人	水龍吟	元劍器舞分二部 此卽後者但內宴用, 翼宗을 補筆하여 만듦
佳人剪牧丹	朝鮮 純祖時	翼宗大王親制	1828년	12人	咸寧之曲 外2曲	宋朝時陶翰林
寶相舞	〃	孝明世子 예제	〃	8人	〃	晋에서 發生 杯盤의 舞
春鶯囀	〃	孝明世子	〃	1人	柳初新之曲	唐高宗時發生
長生寶宴之舞	〃	孝明世子 예제	〃	7人	長春不老之曲 外4曲	宋微宗時基聖節用長生寶宴之樂此舞
望仙門	〃	〃	〃	6人	豊慶之曲 外1曲	
慶豊圖	〃	孝明世子	〃	6~8人 (봉탁 2인 포함)	長春不老之曲 外2曲	明永樂時上 萬壽之曲此舞制
萬壽舞	〃	〃	〃	7~9人 (봉탁 포함)	〃	
影池舞	〃	〃	〃	6人	豊慶之曲 外3曲	漢에서 發生

舞踊名	時代	創作者	發生年代	舞員	伴奏樂曲	備考
撲蝶舞	〃	〃	〃	6人	咸寧之曲 外2曲	唐에서 發生
沈香春	朝鮮 純祖時	〃	〃	2人	豊慶之曲 外1曲	〃
春光好	〃	〃	〃	6人	〃	〃
疊勝舞	〃	〃	〃	6人	咸寧之曲 外2曲	
高句麗舞	〃	孝明世子	1828년	6人	咸寧之曲 外 2曲	隨에서 發生
響鈴舞	〃	〃	〃	6人	萬年長歡之曲	唐詩燕樂銅鈸相和之樂此舞
四仙舞	〃	孝明世子 예제	〃	6人	豊慶之曲 外4曲	新羅發生(四仙樂部)
帝壽昌	〃	孝明世子	〃	13人 (황개 1人 포함)	長春不老之曲 外3曲	宋에서 發生
催花舞	〃	〃	〃	6~7人	咸寧之曲 外 2曲	순조 무자년 6人 순조 기축년 7人
蓮花舞	〃	〃	〃	6人	豊慶之曲 外1曲	
演百福之舞	〃	〃	〃	7人	長春不老之曲 外4曲	
舞山香	〃	〃	〃	1人	咸寧之曲	唐高宗時 發生
項莊舞	朝鮮 李太王時		1873년	12人 外	武寧之曲 外 2曲	조선 고종시 발생·고종 임신년(1872) 『교방가요』, 고종 계유년(1873) 선천지방의 무극이 궁중으로 유입.
獅子舞	〃		1864년	4人	獻天壽 外1曲	西域發生本成川雜劇而今上丁亥時始用
船遊樂	未詳	조선 영조 20년(1744) 이후로 추측	未詳	시대에 따라 다수 변동.	吹打曲 外	新羅時代 發生·조선중기 정조 때 기록이 보인다.

이상 52종 등이 있다.

이 글에서는 향악정재인 봉래의와 당악정재의 경우, 개蓋와 좌우의물인 18인 등은 생략하기로 한다.

『월간무용』제3권, 1971년 5·6월호

가면무용

각종 가면극假面劇 중에서 사이사이에 추어지는 가면무용假面舞踊은 대체로 판토마임Pantomime적인 무용과 순수 여흥적인 무용의 두 가지로 분류할 수 있다.

어떤 주제를 전개시켜 나가는 판토마임적인 무용은 모든 가면극 중에서 볼 수 있는데 그 내용이 다양하고 주로 풍자적인 것을 다루고 있다. 이런 종류의 가면무용 중에서 내용표출을 위한 묵극적 움직임이 가장 잘 구사되어 있는 것으로 〈양주별산대楊州別山臺놀이〉 중의 '노장춤'과 경남 각지에 분포되어 있는 야유野遊 및 오광대五廣大 중의 '문둥춤'을 들 수 있다.

순수 여흥적인 가면무용이란, 그 가면극의 전체 내용과는 상관없이 무용수舞踊手들이 흥겨운 리듬에 맞추어 춤을 춤으로써 좌흥座興을 돋구는 역할을 하는 것을 말한다. 이런 종류의 가면무용은 각종 가면극 중에서 여러가지가 연희되어 있는데 그 중에서 가장 예술성藝術性이 풍부하면서도 독특한 사위를 지니고 있는 것으로는 황해도 〈봉산탈춤〉 중의 '사상좌四上佐춤'과 '팔목중八目僧춤'을 들 수 있다.

이 밖에 한국 가면극 중에는 짐승의 탈로서 원숭이탈과 사자탈이 쓰이고 있는데 원숭이는 그 짐승의 속성屬性을 적용시켜 사람과 같은 행위를 하도록 되어 있을 뿐이고 춤이 없지만, 사자는 벽사辟邪의 역할을 마친 후에 인간과 더불어 한바탕 멋지게 춤을 추므로서 '사자춤'이라는 독립된 과장科場을 이루고 있다.

1. 노장춤 (〈양주별산대놀이〉 중에서)

각종 가면극假面劇에서 모두 '노장춤(일명 노승춤)'을 다루고 있지만 그 중 〈양주별산대陽州別山臺놀이〉 중의 '노장춤'은 시종 대사臺詞 한마디 없이 춤과 마임mime만으로 파계과정破戒過程과 농희弄戲를 훌륭히 해내는 것으로 비교적 전아典雅하며 형식미形式美를 갖추고 있다.

회색장삼을 입고 송낙을 쓰고 목에다 긴 염주念珠를 걸고 오른손에 부채를 쥐고 왼손에 긴 지팡이를 짚은 노장이 무대 뒤쪽에 엎드려 부채로써 얼굴을 가리고 있다. 염불음악이 시작되면 노장이 쓰러져가면서 간신히 일어나 주춤주춤 춤추듯 맴을 돌다가 '거드름춤'을 춘 다음 다시 타령장단에 맞추어 '멍석말이', '곱사위', '화장무' 등을 춘다. 이때 소무小巫 2명이 등장하여 노장을 가운데 두고 양옆으로 멀리 떨어져서 '자라춤'을 춘다.

소무에게 마음이 끌린 노장이 두 소무의 사이를 '갈지자춤'으로 왕래하면서 소무를 차례로 유혹하지만 모두에게 거절당한다. 이에 노한 노장이 장삼과 염주念珠를 벗어 던지고 투전패를 꺼내어 패를 떼어 본다. 이때 소무들이 버려진 장삼을 마주 들고 노장을 유혹한다. 노장은 처음에는 거절하지만 못이기는 척하면서 두 소무가 입혀 주는 장삼을 입고 염주를 다시 목에 걸고 두 소무와 함께 춤을 추며 논다. 양옆에 나란히 선 두 소무를 번갈아 돌아보면서 춤을 추던 노장이 장내를 한바퀴 돌아 무대구석에 가 앉음으로써 춤은 끝난다.

2. 문둥춤(〈오광대〉중에서)

경남지방慶南地方에 분포되어 있는 〈오광대五廣大〉 중에는 문둥이(나병환자)탈을 쓰고 나와 나병환자의 비애를 풍자하듯 비틀거리면서 춤추는 '문둥이춤'이 있다.

바지, 저고리에 조끼를 입고 문둥이탈을 쓴 1명('野遊'에서는 2명)의 문둥이가 손에 소고小鼓와 소고채를 들고 굿거리 음악에 맞추어 비틀거리면서 등장하여 흥겹게 춤을 춘다.

그러다가 갑자기 상처의 아픔을 이기지 못하는 듯 땅바닥에 뒹굴며 온몸을 쥐어뜯는다. 환자의 비애를 통탄하듯 하늘을 우러러 보기도 하고 자기 가슴을 치기도 하던 문둥이는 재기才氣의 꿈을 안고 비틀거리면서 일어나다가 다시 쓰러진다. 상처의 통증이 사라지자 다시 일어나 잦은 굿거리 음악에 맞춰 활달한 동작으로 춤을 추면서 퇴장한다.

3. 사상좌춤(四上佐춤―〈봉산탈춤〉중에서)

남색치마, 흰저고리 위에 흰장삼을 입고 붉은 가사를 걸치고 머리에는 흰고깔을 쓴 4명의 상좌上佐(女僧)가 놀이의 초두初頭에 추는 의식무儀式舞로서, 원래는 남자男子가 상좌탈을 쓰고 추는 것이었으나 때로는 여자女子들이 추기도 하였다. 한때 기녀妓女들이 상좌춤을 추게 되었는데 그 아름다운 얼굴을 자랑하기 위해서 가면을 벗고 춤을 춘 적도 있었다고 한다.

〈봉산탈춤〉 중의 '사상좌춤'은 각종 가면무용 중에서 가장 무태舞態가 부드럽고 여성다우며, 춤사위가 다양하고 조용한 움직임으로 일관된 춤으로서 예술성藝術性이 가장 풍부한 무용이다.

같은 황해도 지방의 〈강령탈춤〉 중에는 남자 복식 위에다 장삼, 가사, 고깔을 걸친 2명의 상좌가 '상좌춤'을 추고 있는데, 〈봉산탈춤〉의 '사상좌춤'과 거의 같으나 2인의 대무對舞가 위주로 되어있기 때문에 단순한 느낌을 준다.

놀이가 시작되면 한 명의 목중이 상좌上佐 한 명을 업고 나와 무대 앞쪽에 세워놓고 다시 들어가서 다른 상좌를 업고 나와 그 옆에 세워둔다. 이렇게 차례로 4명을 업어 내어다가 일렬로 세워두고 목중은 퇴장한다.

느린 염불음악이 시작되면 4명의 상좌가 정면을 향하여 일렬로 서서 다소곳이 숙인 자세로 곱게 춤을 추기 시작한다. 이렇게 두 사람씩 동東, 서西로 나뉘어 서서 마주보고 대무對舞하는데, 한 손씩 서서히 펴 들면서 안으로 들어가 자리를 바꾸었다가 다시 제자리로 돌아온다. 각자 제자리에서 서방신西方神에 대한 배례拜禮를 한다.

4. 팔목중춤(八目僧춤-〈봉산탈춤〉 중에서)

어느 가면극에서나 목중目僧이 등장하지만, 그 중에서 〈봉산탈춤〉 중의 목중들이 가장 화려한 옷을 입으며 극 전체에서 차지하는 비중도 크다.

〈봉산탈춤〉 중에서 8명의 목중이 등장하여 춤추는 〈팔목중八目僧춤〉은 한국 가면무용假面舞踊 중에서 가장 활발한 것으로서 긴 한삼을 경쾌하게 휘두르면서 두 팔을 빠른 속도로 아래 위로 굽혔다 폈다 하는 '깨끼춤'이 기본이 된다. 특히 가운데 피워둔 모닥불 위를 뛰어 넘는 도무跳舞를 하며, 8명의 목중이 각기 장기長技를 자랑하는 호방한 춤이다. 모두 남자로 구성된 8명의 목중은 각자 다른 원색의 원동에 색동소매가 달린 더거리를 입고 긴 백색한삼白色汗衫을 손에 끼며, 다리에는 웃대님을 매고 짚신을 신는다.

8명 목중의 탈[假面]이 제각기 다른 특색을 지니듯이 더거리 및 바지의 색깔도 다 다르며, 8목중의 춤사위도 각기 다르다. 한 쪽 무릎에 큰 방울을 달고 등뒤 허리춤에 나뭇가지를 꽂은 첫째 목중이 양팔을 휘어들어 얼굴을 가린 채 쓰러질 듯이 달려 들어와 무대를 한바퀴 휘돈 다음, 한 가운데에 넘어져 두 다리를 쭉 뻗은 채 하늘을 향하여 눕는다. 이때부터 첫째 목중이 누워서 추는 춤은, 한국의 각종 무용 중에 없는 독특한 사위로서 봉산탈춤 중에만 있다. 양팔을 휘어잡아 얼굴을 가린 채로 누워서 허튼타령 음악에 맞추어 발끝부터 서서히 움직이며 온 몸을 움찔움찔 거리면서 춤을 춘다. 겨우 전신이 움직이게 되면 누운 채 3번 뒹굴다가 4번째에 쓰러질 듯 간신히 일어나 앉아 두 팔로 얼굴을 가린 채 좌우로 고개를 떨며 살핀다.

이윽고 일어나 서게 되면, 앞에 모아 쥔 양 소매를 머리 위에서 '만사위'로 휘저으면서 부르르 떤다. 이어 한쪽 팔을 어깨높이로 뻗쳐 한삼자락을 툭툭 털면서 좌우로 각각 한바퀴 돈 다음 빠른 타령으로 음악이 바뀌면 팔을 머리 위에서 휘저으면서 한쪽 다리를 높이 들고 펄쩍펄쩍 뛰기도 하고, 한쪽 소매를 '외사위'로 휘두르며 매우 활발한 '깨끼춤'을 추면서 장내를 한바퀴 돈다.

이때 둘째 목중이 한 팔로 얼굴을 가린 채 머리를 숙이고 뛰어 들어오다가 한삼 자락으로 첫째 목중의 면상을 후려친다. 첫째 목중과 둘째 목중이 제자리 뛰기를 하면서 돌아 마주 대하게 되면 첫째 목중이 양팔을 휘둘러 춤을 추면서 뛰어 나간다. 둘째 목중이 무대 한가운데에 서서 사설을 늘어 놓은 후, "백수한산에 심불로"라고 어깨춤을 추면서 불림을 하면 음악이 시작된다. 허튼타령 음악에 맞추어 양손의 한삼 자락을 공중에 휘두르는 '곱사위'를 하면서 양발을 동시에 들고 훌쩍훌쩍 뛰며 춤을 춘다. 무대를 한바퀴 돌아 제자리에 올 때쯤, 셋째 목중이 한 팔을 휘어들어 얼굴을 가리고 달려 들어와서 둘째 목중의 얼굴을 후려친다. 둘째 목중도 첫째 목중과 마찬가지로 마주 대한 후 양팔을 번갈아 휘두르며 퇴장한다.

이렇게 7명의 목중이 차례로 번갈아 드나들면서 불림으로 음악을 청한 후 한바탕 신나는 춤을 춘다.

8번째 목중이 나와 "강동에 범이 나니 길로래비 훨훨"이라고 불림을 하면

7명의 목중들이 모두 나와 8번째 목중을 중심으로 그 둘레에 둘러선다.

8번째 목중이 다시 사설을 한 후에 다함께 "낙양동천 이화정"하는 불림을 한 후에 빠른 타령음악에 맞추어 '뭇동춤'을 춘다.

8번째 목중이 한 가운데에 서고 다른 7명은 그 주위에 둘러서서 각기 독특한 사위를 하면서 제각각 돌다가 음악이 점점 빨라지면서 흥이 고조되면 8명이 함께 연풍대로 휘감아 돈 다음 퇴장한다.

5. 사자춤(獅子舞 - 〈북청사자놀이〉 중에서)

오늘날까지 남아있는 가면극假面劇 중에서 〈봉산탈춤〉과 경남지방의 〈오광대五廣大〉계통 및 〈수영야류水營野遊〉 중에 각각 '사자춤'이 들어 있지만, 이들 '사자춤'은 대체로 비슷하며 간단하다.

죽竹 한 마리의 사자탈 속에 보통 두 사람이 들어가 각각 앞채[前身]와 뒤채[後身]를 맡아 한바퀴 휘둘러 들어 온 다음 한 가운데에 앉아서 좌우로 머리를 돌려 이를 잡거나 꼬리를 흔들며 몸을 긁기도 하다가 일어나서 허튼 타령 음악에 맞추어 덩실덩실 춤 추듯이 뛰면서 무대를 두세 바퀴 빙빙 돈다. 다시 앉아 쉬다가 굿거리장단에 맞추어 흥겨운 몸짓으로 무대를 빙 돈 다음 퇴장한다.

경남 각지의 〈오광대五廣大〉나 〈수영야류水營野遊〉 중의 사자는 장단에 맞추어 담보와 싸우듯 춤을 춘 다음 담보를 앞다리 안으로 끌어 들여 잡아 먹는 시늉을 하기도 한다. 그러나 〈북청사자놀이〉 중의 '사자춤'은 다른 사자춤에 비하여 교묘하고 힘찬 동작이 많다.

보통 사자 한 마리에 2명이 필요한데 〈북청사자놀이〉에서는 두 마리의 사자를 동원하여 '쌍사자춤'을 추기도 한다.

연희演戲가 시작되면 사자가 맹렬한 기세로 뛰어 들어와 큰 입을 벌리고 무엇을 잡아 먹는 형용을 하면서 안방과 부엌을 차례로 돈 다음 마당한 가운데에 나와 여러가지 재주를 부린다. 머리를 돌려 이를 잡는 시늉도 하고 몸을 털기도 하고 꼬리를 흔들기도 하면서 짐승의 흉내를 낸다.

 사자가 서서히 일어나 빠른 굿거리 조調의 애원성 음악에 맞추어 춤을 추는데 간혹 앞채 사람이 뒤채 사람의 어깨 위에 올라가 마치 사자가 곧게 서서 걷는 듯한 모양을 만들기도 한다. 이런 동작은 〈북청사자놀이〉에서만 볼 수 있는 특이한 동작이다. 사자가 노는 동안 한 명의 상좌上佐가 내내 사자 앞에서 같이 춤을 춘다. 사자가 배고픈 시늉을 하는 것을 보고 말뚝이가 토끼를 가져다준다. 예전에는 어린아이를 먹게 하였으나 약 4, 50년 전부터 토끼를 먹게 하였다고 한다. 토끼를 받아 먹은 사자가 갑자기 뻗어 누워버린다. 이를 보고 놀란 양반이 스님을 모셔다가 온갖 치성을 다 드리지만 사자는 꼼짝하지 않으므로 이번에는 의원을 모셔 온다. 사자가 체한 것이라고 판단한 의원이 전신에 골고루 침을 놓고 퇴장하자 사자는 꿈틀거리다가 벌떡 일어나 온몸을 툴툴 털면서 춤을 추기 시작한다.

 두 마리의 사자가 서로 얼굴을 맞대고 즐겁게 놀기도 하고 혹은 대무對舞하듯이 좌우로 번갈아 오락가락 하다가 퇴장한다.

『韓國藝術槪觀』, 서울예술원 발행, 1975년

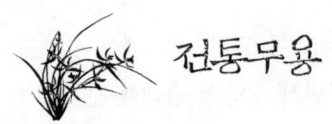

전통무용

한국 전통무용은 형성과정形成過程면으로 볼 때 크게 두 종류로 나눌 수 있다. 한 종류는 궁정宮廷에서만 추던 정재呈才류로서 오랜 세월동안 궁중宮中에서 국가적인 대연회大宴會 및 왕가王家의 잔치 때에 추어지면서 전습되어 내려왔기 때문에 그 복식服飾이나 무태舞態가 민속무용과는 완전히 다르다.

또 다른 종류의 것은 귀족들의 사사私事로운 연회宴會에서 여기女妓(宮妓)들이 추던 무용으로서 이는 궁중의 정재呈才류가 사가私家에 흘러나가 사가의 예의 및 풍속에 맞게 변형된 것이다. 즉 복식服飾에 있어서 평민층의 예복禮服에다가 동류同類의 궁중 정재에서 볼 수 있는 특징을 강조하고 있으며 나아가서는 그 춤이 그 지방에 정착하게 된 동기 및 시기에 맞게끔 그 춤의 유래由來까지 곁들여진 채 한 지방 내에서만 오랜 세월을 통하여 고수되어 내려온 것이다. 이런 종류의 무용은 대체적인 구성構成이나 무태舞態가 궁중 정재와 비슷하면서도 지방색地方色이 가미되어 변질된 상태로 전승傳承되었다.

그러나 한편 그 지방의 토속성土俗性을 바탕으로 하여 형성된 향토무용과는 완전히 다른 무태舞態 및 구성으로 되어있기 때문에 향토무용鄕土舞

踊과는 분류分類된다.

민속무용 중의 전통무용이란 후자後者에 속하는 것으로서 진주의 검무劍舞와 통영(충무)의 승전무勝戰舞가 이의 대표적인 무용이다.

1. 진주검무晋州劍舞

궁중정재宮中呈才 중의 〈검무劍舞〉와 구별區別하기 위해서 보통 〈진주검무〉라고 부른다. 〈진주검무〉는 궁중의 〈검무〉에 비해, 반주 음악의 장단이 다양하고 후반에는 보다 빠른 리듬에 맞추어 활달히 춤추는 부분이 있지만 일반 무용과는 전혀 다른 사위를 구사하며 궁중정재에 가까운 무태舞態를 지니고 있다. 한국의 전통무용傳統舞踊 중에서 가장 오랜 역사를 지닌 〈진주검무〉는 독특한 사위를 많이 지니고 있다.

1) 유래由來

삼국시대三國時代 때 신라의 소년 무사武士가 백제와의 싸움에서 용감히 싸우다가 죽었다는 소식을 전해 듣고 신라新羅 백성들이 그 소년의 충성심을 칭송하기 위해 소년 무사의 얼굴을 그린 가면을 쓰고 칼을 휘두르며 춤을 추었다고 한다. 이때부터 〈검무劍舞〉는 서민층에서 애호愛好 되어 고려조高麗朝에까지 전승되었으나 궁중宮中에서는 추지 않았는데 이러는 동안에 가면假面이 없어지고 2명 이상의 대무對舞로 변하였다.

비교적 조선朝鮮 말기末期에야 궁중에 들어오게 된 〈검무〉는 이때부터 4명의 여기女妓들에 의하여 추어졌는데 2명씩의 대무對舞로써 마주 싸우는 듯 활달한 모습을 하고 있다.

〈진주검무〉는 19세기 초엽부터 진주 감영監營의 여기女妓들에 의하여 이 지방에 소개된 후 궁중의 〈검무〉와는 다른 모습으로 변모되면서 전습傳習

습되었다. 그리하여 진주지방의 대연회大宴會 때에는 반드시 추어졌다.

2) 무작과정舞作過程

보통 여인들이 입는 치마 저고리 위에 아청괘자鴉靑掛子(일명 戰服)를 걸쳐 입고, 남색띠(일명 戰帶)를 매고 전립戰笠을 쓰고 9색 한삼汗衫을 손에 낀 여기女妓 4명이 무대 가운데에 2명씩 마주 보고 서 있는다.

느린 염불 음악에 맞추어 서서히 양팔을 어깨높이까지 올리면서 안으로 마주보고 들어갔다가 제자리까지 물러나온다. 발동작은 3박자 1보법인데 궁중정재의 보법과 같다.

음악이 타령으로 바뀌면 동작은 리듬에 따라 약간 빨라진다. 다시 마주 보면서 2박자 1보법으로 나아가 자기 짝과 마주 서서 뒤로 제쳤다가 양팔을 상대방의 어깨 위에 얹어 '맞사위'를 한 다음 제자리로 물러 나온다. 각 쌍끼리 2, 3회 대무對舞한 다음, 손에 꼈던 한삼은 빼어 바깥쪽에 놓고 제자리로 돌아와 춤을 계속한다. 바깥쪽을 향하여 '입춤사위'를 한 다음 '방석돌이'로 돌아 마주보게 되면 또 '입춤사위'를 하면서 드나든다. 이렇게 '방석돌이'와 '입춤사위'를 번갈아 하면서 제자리로 돌아오면 음악은 빠른 타령으로 바뀌고 이때부터 춤도 빨라진다. 음악의 빠른 리듬에 맞춰, 칼을 쥐지 않은 채 맨 주먹으로 칼을 돌리는 시늉을 하면서 마주보고 들어가 무대중앙에 이른다. 이때 다른 여기女妓들이 각자 칼 한 쌍씩 들고 나와 무기舞妓들의 앞에 놓고 나간다. 무기舞妓들은 상대방과 마주 대한 채 칼 앞에 앉아 '앉은사위'를 하면서 칼을 얼른 다음 전복戰服의 앞자락을 등뒤로 돌려 묶는다.

먼저 오른손으로 칼을 잡아 몇 번 휘두른 다음, 왼손도 칼을 잡는다. 양손으로 칼사위를 하다가 양칼을 겨드랑에 끼면 음악은 다시 타령으로 바뀐다. 무용수舞踊手는 늘어지는 듯한 타령의 리듬에 따라 부드럽고 고운 무태舞態로 춤을 추면서 서서히 일어난 다음 부드러운 칼사위를 하면서 짝끼리 자리를 바꾸었다가 다시 제자리로 돌아간다.

다시 음악이 빠른 타령으로 바뀌면 본격적으로 칼사위가 시작되고 춤도 차츰 빨라진다. '쌍칼질'을 하면서 마주보고 드나들다가 〈진주검무〉의 특유한 '연풍대'를 한다. 〈진주검무〉의 '연풍대'는 4가지가 있는데 처음에는 양칼을 겨드랑에 끼고 '연풍대' 하면서 한바퀴 돌아 제자리에 오고 다음에는 양칼끝을 허리에 댄채 '연풍대'를 하고, 세 번째는 '쌍칼질'을 하면서 '연풍대'를 한 다음, 네 번째는 왼칼을 겨드랑에 끼고 오른손만 '칼사위'를 하면서 '연풍대'를 한다. '연풍대'를 할 때, 앞으로 발을 내딛으면서 숙일 때는 온 몸을 완전히 움츠렸다가 일어나면서 뒤로 제칠 때는 허리를 많이 제쳐서 머리가 무릎 뒤의 오금에까지 이를 정도로 하여야 한다. 아주 빠른 속도로 몸을 움직여야만 넘어지지 않고 돌아갈 수 있다.

이것이 끝나면 정면을 향하여 횡렬橫列로 늘어서서 양손을 허리 위로 올려 '칼사위'를 하면서 앞으로 나아가 〈검무〉 특유의 인사를 하면서 춤을 끝낸다. 〈진주검무〉는 매우 우미하고 부드러운 동작으로 일관되어 있고, 살벌한 동작은 전혀 없다.

2. 승전무勝戰舞

일명 〈통영統營북춤〉이라고도 하는 〈승전무〉는 궁중정재인 〈무고舞鼓〉와 동류同類의 것인데, 〈무고舞鼓〉에 비해 원무元舞가 입는 원삼圓衫의 색깔이 같고 의물儀物인 무고舞鼓(북)와 북채가 같으며 또한 큰 북을 가운데 두고 4명의 원무元舞가 돌아가면서 춤을 추는 것이 같다.

그러나 〈무고舞鼓〉에서는 협무挾舞가 원무元舞와 조화調和를 이루면서 춤을 추는데 반하여, 〈승전무勝戰舞〉의 협무挾舞는 원무元舞의 주위에 둘러서서 창가唱詞만 불러줄 뿐이고 춤을 추지 않는 점이 다르며 창가의 내용도 다르다.

1) 유래由來

고려高麗 말기末期의 문신文臣인 이혼李混이 영해寧海에 귀양갔을 때(14세기 초), 우연히 바다에 커다란 뗏목이 떠내려 오는 것을 발견하고 그 뗏목을 주워서 커다란 북을 만들어 두드렸더니 소리가 굉장히 컸다고 한다. 그리하여 그 북을 치면서 춤을 추기 시작한 것이 계기가 되어 〈무고舞鼓〉라는 춤이 만들어졌고 고려조高麗朝 및 조선朝鮮의 궁중에서 정재로서 전승傳承되었다.

임진왜란壬辰倭亂 때(16세기 말) 이충무공李忠武公이 이곳 통영統營지방에 거처하면서 군사軍士들의 사기를 돋우기 위하여 통영감영의 여기女妓들을 불러 춤을 추게 하였는데, 이때 궁중에서 춤을 춘 일이 있는 여기들이 〈무고舞鼓〉를 변형시켜 추면서 창가唱訶의 내용까지 바꾸었다.

즉 충무공忠武公의 충의忠義와 덕망德望을 추앙하였고 또한 승전勝戰을 기원 내지 축하하는 의미의 노래를 부른 것이다. 이것이 계기가 되어 이후 여러 차례 추었으며, 전승후戰勝後에 이를 축하하며 추기도 하고, 해마다 거행되는 충무공忠武公의 춘추春秋 제사祭祀와 탄신제誕辰祭 때에 사당祠堂에서 가무歌舞하기도 하였다고 한다. 이리하여 〈승전무勝戰舞〉라고 부르게 되었으며, 진주 지방의 여기들에 의하여 오늘에 이르기까지 전승되었다.

2) 무작과정舞作過程

무대 중앙에 커다란 북이 하나 놓여져 있고, 그 앞에 4쌍의 긴 북채가 횡렬로 나란히 놓여져 있다.

원무元舞 4명은 치마. 저고리 위에 각각 적赤, 청靑, 흑黑, 백白의 원삼을 입고 9색 한삼을 끼고 화관을 쓰며, 협무挾舞 4명은 흰색 치마 저고리만 입는다. 느린 도드리 조調의 음악이 시작되면 —장단은 도드리 장단 멜로디가 특이하다— 4명의 원무가 한 줄로 나란히 서서 걸어 들어와, 북 앞에 놓인 북채의 뒤에 정면을 향하여 선다.

이때부터 무용수가 춤을 추기 시작하는데 천천히 한 손을 어깨높이로 들면서 두 명씩 마주 대하였다가 다시 정면을 향하여 양손을 앞으로 뿌렸다가 몸과 함께 숙이면서 북채를 얼른다. 우수右手, 좌수左手를 번갈아 한 다음 양손으로 동시에 얼르고 한삼 속으로 북채를 쥐고 천천히 일어나 느린 사위로 춤을 추면서 북의 4방方에 각각 나뉘어 선다. 원무 4명의 위치는 청靑이 북北(무대 中央 앞), 홍紅이 동東(무대 右), 백白이 남南(무대 中央 뒤), 흑黑이 서西(무대 左)쪽이다. 이 동안에 4명의 협무가 나와 원무의 바깥쪽으로 들어와 사간방위四間方位에 선다.

원무 4명은 북을 향하여 느린 사위로 춤을 추면서 제자리에서 돌기도 하고, 안팎으로 드나들기도 한다. 이어 원무는 시계 도는 반대 방향으로 위치를 바꾸면서 북을 끼고 돌아 제자리에까지 온다. 이때부터 음악이 멎고 협무들의 창사가 시작된다. 원무는 창사가 끝나면 타령 음악으로 바뀐다. 원무들이 리듬에 맞춰 북을 치면서 춤을 춘다. 두 손을 높이 들었다가 두 손으로 동시에 북을 치고 한바퀴 돌면서 시계 도는 반대 방향으로 옮겨가 옆의 자리로 위치를 바꾼다. 4번 반복하여 제자리로 온다. 이어 빠른 속도의 창사가 울려 나오면 원무는 한 손으로 북을 치고 다른 손을 휘둘러 돌리면서 전과 같이 회무回舞한다. 창사가 점점 빨라지면 그에 따라 춤도 점점 빨라지고 북소리도 차차 촉급해 진다.

춤이 끝나면 원무 4명이 처음과 같이 북의 앞으로 나아가 정면을 향하여 일렬로 선 다음 양손을 높이 들어 한삼을 뿌렸다가 앞으로 모으면서 천천히 앉아 절한 뒤, 뒷걸음으로 물러 나간다.

이 무용의 무작과정舞作過程 중에서 협무가 노래하는 창사는 다음과 같다.

    달아 높이 고이 돋을사
    지화 지화 지화자

어기야 어가 어허점
지화 지화 지화자
우리 우리 충무장군 덕택이요
지화 지화 지화자
낙지자(樂之者) 오날이야
지화 지화 지화

『韓國藝術槪觀』, 서울예술원 발행, 1975년

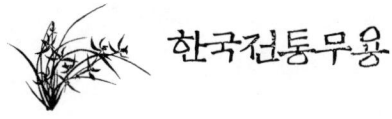 한국전통무용

I. 신라시대 무용

1) 처용무處容舞(조선초기)
 · 『삼국유사三國遺事』 망해사조望海寺條 처용랑處容郞
2) 검무(劍器舞)(조선중기)
 · 『동경잡기東京雜記』 풍속조風俗條
 · 『삼국사기三國史記』 관창조官昌條
3) 무애무無㝵舞(고려)
 · 『삼국유사』 제4권
4) 사선무四仙舞(조선말기)
 · 『고려사절요高麗史節要』, 『가악사초歌樂史鈔』
5) 선유락船遊樂(조선중기)
 · 『고려사절요高麗史節要』, 『가악사초歌樂史鈔』

제I부 우리춤에 대한 想·筆·談 173

2. 고려시대 무용

당악무唐樂舞 : 『**고려사**高麗史』 **악지**樂志 **당악조**唐樂條

1) 헌선도獻仙桃
2) 수연장壽延長
3) 오양선五羊仙
4) 포구락抛毬樂
5) 연화대蓮花臺
6) 곡파曲破(惜奴嬌) : 송의 대곡의 하나.(조선초기)
 『고려사』 악지에는 춤의 절차에 대한 기록은 없고 석노교惜奴嬌(곡파)의 악사樂詞만 전한다(『고려사』 권71 지24).[1]
7) 답사행가무踏沙行歌舞 : 문종 26년(1072) 5월 사신使臣이 들어올 때 들어온 것으로 추찰推察함.[2]
 문종 27년 2월에 교방여제자敎坊女弟子 진경眞卿 등 13인이 추었다.
8) 구장기별기九張機別伎 : 문종 27년(1073) 8월 사신이 들어올 때 포구락抛毬樂과 같이 들어온 것으로 추찰함.[3]
 문종 27년(1073) 11월에 교방여제자 초영楚英이 전함.
9) 왕모대가무王母隊歌舞 : 문종 28년(1074) 사신이 들어올 때 들어온 것으로 추찰함.[4]
 문종 31년(1077) 2월 초영楚英 이하 55인이 추었다.

의물儀物

죽간자竹竿子, 정절旌節, 인인장引人丈, 용선龍扇, 봉선鳳扇, 작선雀扇, 미

---

[1] 장사훈, 「韓國傳統舞踊硏究 - 朝鮮初期 唐樂呈才로」.
[2] 車柱環, 『唐樂硏究』(1976.7), 20~21쪽.
[3] 위의 책.
[4] 위의 책.

선尾扇, 개盖(靑盖, 紅盖, 黃盖, 黑盖)

속악무俗樂舞 : 『고려사高麗史』 악지樂志 속악조俗樂條

1) 무애무無㝵舞－(신라시대 3번과 중복 기록됨)
2) 무고舞鼓
3) 동동動動(牙拍舞)
4) 향발무響鈸舞(조선초기『악학궤범』에도 기록)
5) 학무鶴舞(조선초기『악학궤범』에도 기록)
6) 광수무廣袖舞(조선중기 이후에 연행되던 춤)
   · 숙종 45년 4월 숙종기로연肅宗耆老宴 때는 5작酌에,
   · 숙종 45년 기해년(1719) 9월『진연의궤進宴儀軌』에 의하면 7작에 춤.
   · 영조 20년 갑자년(1744) 전하殿下 진찬進饌 때,
   · 순조 무자년(1828) 진작進爵 때,
   · 순조 기축년(1829) 진찬 때도 추었다.5)

3. 조선시대 무용

당악정재唐樂呈才 :『악학궤범』 당악唐樂 정재도의呈才圖儀

1) 육화대六花隊(조선초기 재연,『고려사』악지에는 기록이 없다)
2) 몽금척夢金尺(태조 2년(1393), 정도전,『태조실록』권4)
3) 수보록受寶籙(태조 2년(1393), 정도전)
4) 근천정覲天庭(태종 2년(1402), 하륜)
5) 수명명受明命(태종 2년(1402), 하륜)
6) 하황은荷皇恩(세종 원년(1419), 변계량,『세종실록』권3)

---

5) 장사훈,『韓國舞踊槪論』, 189, 199쪽 참고.

7) 하성명賀聖明(세종 원년(1419), 변계량,『세종실록』권6)
8) 성택聖澤(세종 10년(1428), 5월 丁丑 條,『세종실록』권40)
9) 곡파曲破(조선초기)―(고려시대 6번과 중복 기록됨)

향악정재鄕樂呈才 :『악학궤범』향악鄕樂 정재도의呈才圖儀

1) 문덕곡文德曲(조선초기)
2) 봉래의鳳來儀(조선초기, 세종 27년(1447))
3) 초무初舞(조선중기, 영·정조에 이어 숙종)
4) 첨수무尖袖舞(조선중기)
5) 공막무公莫舞(조선중기)―(조선시대 30번과 중복 기록됨)
6) 가인전목단佳人剪牧丹(조선말기)
7) 춘앵전春鶯囀(조선말기)
8) 보상무寶相舞(조선말기)
9) 만수무萬壽舞(조선말기)
10) 장생보연지무長生寶宴之舞(조선말기, 순조 기축)―(당악정재양식을 도입한 정재)
11) 헌천화獻天花(조선말기)
12) 향령무響鈴舞(조선말기)
13) 연백복지무演百福之舞(조선말기, 순조 기축)―(당악정재양식을 도입한 정재)
14) 무산향舞山香(조선말기)
15) 항장무項莊舞(조선말기, 고종 계유년(1873), 선천 지방의 무극)
16) 사자무獅子舞(조선말기, 고종 성해년(1887), 성천 지방의 잡극))
   삼국시대 신라 진흥왕振興王『삼국사기』―"산예狻猊"
17) 박접무撲蝶舞(조선말기)
18) 심향춘沈香春(조선말기)
19) 고구려무高句麗舞(조선말기)
20) 첩승무疊勝舞(조선말기)
21) 제수창帝壽昌(조선말기 순조 기축)―(당악정재양식을 도입한 정재)

22) 최화무催花舞(조선말기 순조 무자)-(당악정재양식을 도입한 정재)
23) 경풍도慶豐圖(조선말기)

홀기笏記가 전하지 않았다가 발견된 향악정재鄕樂呈才[6]

24) 광수무廣袖舞(조선중기)-(고려시대 6번과 중복 기록됨)
25) 망선문望仙門(조선말기)
26) 춘대옥촉春臺玉燭(조선말기)
27) 영지무影池舞(조선말기)
28) 춘광호春光好(조선말기)
29) 연화무蓮花舞(조선말기, 순조 무자(1828), 순조 기축(1829))
30) 공막무公莫舞(조선중기)-(조선시대 5번과 중복 기록됨)

홀기가 전하지 않는 정재

31) 관동무關東舞(조선말기, 헌종 무신년(1848) 진찬 정재도식)

발행서, 발행연도 미상

---

6) 韓國精神文化硏究院 藏書閣 所藏(1993년 발견).

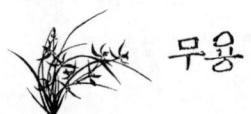

무용
-1976년도 전통무용 활동 상황 보고-

우리나라는 옛부터 유래와 역사성을 간직하고 전해 내려온 전통무용의 그 수효가 상당수에 달한다.

그러나 그 여러 종류의 무용들을 일일이 다룰 수가 없기 때문에 그 범위를 좁혀서 비교적 역사적인 사실이 뚜렷하고 전통성을 지니고 있으며 또한 예술성이 우수한 춤만을 선정해서 다루기로 했다.

그런데 이 무용들은 중요무형문화재로 지정되어 국가에서 보호를 받으며 원형보존과 그 기능전수에 목적을 두고 활동하고 있는 것들이다.

1976년도에 이 무용들이 활동한 상황을 고찰해 보면 첫째 대외적으로 공개하는 발표 공연이요, 또 한 가지는 이 무용들의 보존을 위하는 기능전수 사업이며, 셋째로는 전수 사업에 성불성을 판가름하는 전수 장학생의 전수예능 발표공연으로 나눌 수 있다.

그 무용들의 76년도 활동 상황을 개괄적으로 살펴보면 아래와 같다.

발표공연
  ① 전수장학생 전수예능발표회 (1회)
  ② 기능보유자의 발표공연 (1회)

③ 기타 공연

등이고 전수 사업실적으로는 이렇게 나타나고 있다.

활동실적

① 전통무용의 기능 전부를 적극적으로 전수장학생에게 이수시키는 것.
② 기능을 완전히 이수한 자에게 전수 이수증을 받게 하는 것.
③ 전수장학생의 이동상황이 생길 때 이를 정리하여 전수 사업완수의 최선의 방법을 도모하는 것 등이다.

다음은 위에서 제시한 전수장학생의 예능평가 발표회의 내용을 언급하고 다음은 사업실적에서 얻은 결과를 풀이해 보고자 한다.

중요무형문화재로 지정된 무용들은 그 기능을 보존·전수시키는 사업이 지상 목표이므로 이를 가장 중요한 과업으로 여기고 이 사업 실천에 모든 노력을 기울이고 더 한층 박차를 가하고 있다.

그리고 한편으로는 이의 성과를 판가름하는 평가발표회 또한 중요하게 취급되고 있는 것이다. 그래서 해마다 이 평가회가 개최되는데 76년도에도 문화공보부 문화재관리국 주최로 76년 2월 26일~27일 양일간 국립극장 소극장에서 전수장학생 평가발표회가 개최되었다.

출연종목은 서울에 있는 처용무處容舞·승무僧舞·학무鶴舞가 참가했고, 이 무용들의 심사평가는 문화재관리국에서 위촉한 사계斯界의 전문가專門家들이 담당해서 우열을 평정했다.

이 평가회에서는 승무의 박재희朴在姬양이 우수상을 받았다. 그리고 지방에 흩어져 있는 무용은 현지에서 실시했는데 경남지방의 진주검무晋州劍舞는 진주문화원 문화관에서 3월 3일 평가발표회를 열었고, 경남 충무시에 있는 충무[統營] 승전무勝戰舞는 충무시 세병관洗兵館에서 評價發表 공연을 가졌다.

이 두 지역발표회에도 중앙에서 문화재위원과 문화재전문위원이 출장해서 평가 심사를 담당했다. 지방평가회에서는 통영 승전무와 진주검무가 입상권에 들었다.

서울과 지방에서 실시된 전수장학생예능발표공연을 끝내고 나서 그 심사한 결과가 평가서에 이렇게 나와 있다.

제5회 전수장학생예능발표회傳授獎學生藝能發表會 공연심사평가서公演審査評價書의 무용에 대해서 총괄적인 평이 나왔는데 무용은 춤사위와 의상이 핵심인데도 불구하고 승무의 경우, 일부 전수생은 원형에도 없는 춤사위를 시연하고 있다고 했고, 승전무는 의상에 패용佩用한 학문양의 띠는 고증考證이 없는 것으로 승전무 자체에 대한 신뢰성을 회의懷疑하고 있음이라 했다.

그리고 동서同書에 춤 하나하나의 평이 내려 있는데 이것을 아래에 열거한다.

승무僧舞

정재만鄭在晩은 불교의 의식무용儀式舞踊인 작법중作法中 타고打鼓의 가락을 도입했는데 이는 잘못이며 남무男舞로서의 액션이 강하다하더라도 승무의 원형이나 고형古形이면 되는 것이지 서툰 해석은 중요무형문화재에서는 금기이다.

박재희朴在姬는 비교적 무난 침착하였고 춤사위나 몸짓도 안정감을 주고 있으며 시정해야 할 사항에 정재만의 법고法鼓가락은 원형과 세련미에 충실하도록 유의하라고 했었다.

학무鶴舞

이흥구李興九·김응화金應花 학무는 지정 당시의 원형(1회 發表)과 이번 발표회와는 상당한 거리감이 있고 이흥구·김응화의 동작도 세련미가 부족하고 춤사위나 의상, 탈도 허술하고 특히 지정된 원형유지에 유의하라고 되어있다.

처용무處容舞

처용무는 춤사위에 숙련을 기하였고 준비성은 좋았으나 초반에 동작통일이 보다 아쉬웠다.

진주검무晉州劍舞

진주검무는 예년보다 많이 향상되었으나 춤사위의 일치를 기하지 못하였으므로 보다 연습이 필요하다. 전수생의 자질도 균등한 편이고 구성미도 좋으나 다만 생음악生音樂 반주가 아니어서 악사양성樂師養成의 과제를 남기고 있으며 따라서 악사양성의 대책이 시급한 상태이다.

〈표 1〉 서울 傳授獎學生 藝能評價發表會 狀況表

指定番號	名稱	出演者名	年齡	公演場所	公演日時	指定日字	其他
27號	僧舞	鄭在晩	29	國立劇場小劇場	1976.2.26	1969.7.4	優秀賞
〃	〃	朴在姬	26	〃	〃	〃	
40號	鶴舞	李興九	36	〃	〃	1971.1.8	
〃		金應花	21	〃	〃	〃	
39號	處容舞	金重燮	36	〃	〃	〃	
〃	〃	李禮根	34	〃	〃	〃	
〃		金鍾植	28	〃	〃	〃	
〃		金容萬	29	〃	〃	〃	
〃		辛仲煥	27	〃	〃	〃	

〈표 2〉 地方 傳授獎學生 藝能評價發表會 狀況表

指定番號	名稱	出演者名	年齡	公演場所	公演日時	指定日字	其他
12號	晋州劍舞	성계옥	50	晋州文化館	1976.3.3	1967.1.16	장려상
〃	〃	이우선	50	〃	〃	〃	수 상
〃	〃	정필순	48	〃	〃	〃	
〃	〃	최금순	47	〃	〃	〃	
〃	〃	정금순	47	〃	〃	〃	
〃	〃	정행금	47	〃	〃	〃	
〃	〃	김연이	41	〃	〃	〃	
〃	〃	김성인	39	〃	〃	〃	

指定番號	名稱	出演者名	年齡	公演場所	公演日時	指定日字	其他
21號	勝戰舞	엄옥자	34	洗兵館	1976.3.5	1968.12.3	장려상
〃	〃	한정자	35	〃	〃	〃	수 상
〃	〃	전미애	20	〃	〃	〃	
〃	〃	안인옥	21	〃	〃	〃	
〃	〃	정옥순	27	〃	〃	〃	
〃	〃	장영미	20	〃	〃	〃	
〃	〃	김경란	21	〃	〃	〃	
〃	〃	김정희	20	〃	〃	〃	
〃	〃	정두애	19	〃	〃	〃	
〃	〃	구정숙	19	〃	〃	〃	

승전무勝戰舞

승전무는 악사양성이 잘 되어 있어 인상적이었고 춤사위는 무난하였으며, 특히 엄옥자·한정자는 완숙 단계에 이르고 있었다. 다만 의상 차림에 있어 예년에 못 보던 옷띠에 학鶴 무늬가 놓여 있는 것을 패용佩用함은 충분한 고증考證이 있어야 한다. 시정사항으로는 의상 옷띠의 학 무늬는 고증한 후 사용함으로 지적되었다.

발표공연發表公演

서울에서는 대악회가 주최하고 무형문화재보호협회가 후원하는 제3회 발표회에 승무僧舞·처용무處容舞·학무鶴舞 3종목이 가담했는데 기능보유자와 전수장학생이 합동해서 출연해서 좋은 성과를 거두었다.

출연자와 공연장소 및 일시는 아래와 같다.

〈표 3〉發表公演會 內容

出演種目	出演者名	場所	公演日時	主催 또는 公演名稱
僧舞	韓英淑	國立劇場小劇場	1976.4.30. 19:30	大樂會 제3회 發表會
處容舞	李禮根·金容萬·金重燮·金鍾植·辛仲煥	〃	〃	〃
鶴舞	李興九·金應花	〃	〃	〃

지방공연으로는 진주와 충무에서 발표공연이 있었는데 충무에서 2회, 진주에서 제1회 개최되어 지역사회地域社會에서의 전통무용의 가치성을 인식하고 우수한 예술성 과시했다.

승전무는 4월, 10월 두 차례에 발표공연을 했는데 두 번 다 충무시에서는 거시적으로 시행하는 행사로서 이충무공의 역사적 사실과 결부된 뜻깊은 제전祭典으로 통영오광대(無形文化財 제6호)와 같이 공연해서 지방민들에게 우리 전통무용에 대한 관심을 불러일으키고 인식을 새롭게 했으며 성웅聖雄 이충무공李忠武公의 추모를 기념하는 행사를 더욱 빛나게 했다.

충무 승전무와 진주 검무의 공연내용을 아래에 예거한다.

〈표 4〉一次 勝戰舞 發表 內容

名稱	出演者名	場所	日時	主催 또는 行事名
勝戰舞	정순남	忠武市 南望山	1976.4.28	李忠武公誕辰431週年 記念祭典 忠武無形文化財保存協會
	엄옥자	〃	〃	
	한정자	〃	〃	
	전미애	〃	〃	
	안인옥	〃	〃	
	정옥순	〃	〃	
	장영미	〃	〃	
	김경란	〃	〃	
	김정희	〃	〃	
	정두애	〃	〃	
	구정숙	〃	〃	

진주 검무는 예년에는 으례 개천예술제開天藝術祭에서 공연을 하였다.

그러나 76년도에는 마침 제17회 전국민속예술경연대회가 진주에서 개최하게 되는 것을 계기로 경남에서는 진주검무가 전국민속예술경연대회 민속무용부문에 출전하여 좋은 성적을 나타내 문화공보부장관상을 차지했다.

검무의 인원은 8명이 추는 것을 이번 공연에는 한 팀 8명씩 여섯 팀으로 구성하여 진주검무 유사이래 처음으로 전원 48명이란 많은 인원이 출연한 것이 특색이다.

〈표 5〉 二次 勝戰舞發表會 內容

名稱	出演者名	場所	日時	主催 또는 行事名
勝戰舞	정순남 엄옥자 한정자 전미애 안인옥 정옥순 장영미 김경란 김정희 정두애 구정숙	忠武市 南望山 〃 〃 〃 〃 〃 〃 〃 〃 〃 〃	1976.10.7 〃 〃 〃 〃 〃 〃 〃 〃 〃 〃	제15회 한산 대첩기념 祭典 (忠武無形文化財保存協會)

〈표 6〉 晋州劍舞公演 內容

名稱	出演者名	場所	日時	主催 또는 行事名
晋州劍舞	성계옥 이우선 정필순 최금순 정금순 정행금 김연이 김성인 외 40명	晋州運動場 〃 〃 〃 〃 〃 〃 〃	1976.10.24 〃 〃 〃 〃 〃 〃 〃	文化公報部 全國民俗藝術競演大會

　　공연 활동 상황은 이상으로 대강 끝내고 다음은 76년도 기능전수활동에서 얻어진 실적을 간단히 돌이켜 본다.
　　76년은 중요무형문화재 보호법이 발효된지 만14년이 되는 해다. 그동안 각 분야에 있어서는 기능을 완전히 체득한 기능보유자에게 그 자격을 인정하는 이수증을 수여한 적이 한번도 없었다.
　　76년도에 비로소 처음으로 실시된 처사處事로 무용분야에서 수료증을 장학생에게 수여하였으니 그 내용은 아래와 같다.

〈표 7〉 舞踊部門 履修證 授與者 名單

舞踊名稱	履修者名	性別	期間	履修證授與日字	備考
勝戰舞	엄옥자	女	9年間	1976.4.16	
〃	한정자	〃	〃	〃	
晋州劍舞	성계옥	〃	8年間	〃	
〃	이우선	〃	〃	〃	
僧舞	정재만	男	7年間	〃	
〃	이애주	女	〃	〃	
處容舞	辛仲煥	男	3年間	〃	身病 관계

다음은 이수증 수여자의 뒤를 계승하는 전수장학생을 새로 선정한 명단과 내용을 명시한 것이다.

〈표 8〉 新傳授獎學生 現況

名稱	獎學生名	性別	교체일자	연령	備考
僧舞	이향재	女	1976.9.16	25	
〃	김응화	〃	〃	21	
處容舞	김재운	男	1976.2.20	26	
勝戰舞	전미애	女	〃	20	
〃	안인옥	〃	〃	21	
〃	정옥순	〃	〃	27	
〃	장영미	〃	〃	20	
〃	김경란	〃	〃	21	
〃	김정희	〃	〃	20	
〃	정두애	〃	〃	19	
〃	구정숙	〃	〃	19	

이상에서 전통무용의 76년도 발표공연과 활동의 성과 보존 전수가 거둬들인 실적을 개설했다.

끝으로 전기前記한 무용들의 기능보유자의 실태와 전수장학생들의 현황을 명시하고 아울러 기능보유자와 전수장학생들이 지금도 한마음 한뜻으로 전통무용의 기능보존과 전수발전에 노력하고 있음을 밝혀 두면서 이 글을 맺는다.

〈표 9〉 晉州劍舞 技能保有者 現況(1976년 12월 말 現在)

名稱	番號	姓名	生年月日	性別	學歷	職業	現住所	指定年月日
晉州劍舞	12	李潤禮	1903.5.7	女	無	無	晉州市 將臺洞55-25	1967.1.16
〃	〃	金子眞	1903.7.7	〃	〃	〃	〃 133-23	〃
〃	〃	金貞子	1904.1.17	〃	〃	〃	本城洞2-18	〃
〃	〃	金壽岳	1926.12.10	〃	〃	〃	수정남동 36-10	〃
〃	〃	李音全	1915.7.12	〃	〃	〃	옥봉동 447	〃
〃	〃	姜貴禮	1906.2.11	〃	〃	〃	수정북동 19-16	〃
〃	〃	崔禮分	1912.3.7	〃	〃	〃	옥봉동 512-3	〃

〈표 10〉 晉州劍舞 傳授獎學生 現況(1976년 12월 말 現在)

名稱	番號	姓名	生年月日	性別	學歷	職業	現住所
晉州劍舞	12	정필순	1933.2.5	女	國卒	無	진주시 계동152
〃	〃	최금순	1930.4.6	〃	〃	〃	진주시 봉래동 89
〃	〃	정금순	1930.1.2	〃	中卒	〃	진주시 만경 북동 128
〃	〃	정행금	1936.5.23	〃	高卒	〃	진주시 동성동 213-3
〃	〃	김연이	1936.3.15	〃	〃	〃	진주시 상봉서동 1071-75
〃	〃	김성림	1938.2.28	〃	中卒	〃	진주시 옥봉북동 470-25

〈표 11〉 技能保有者 現況(1976년 12월 말 現在)

名稱	番號	姓名	生年月日	性別	學歷	職業	現住所	指定年月日
勝戰舞	21	鄭順男	1907.2.11	女	無	無	忠武市 貞梁洞 1285	1968.12.3
僧舞	27	韓英淑	1920.10.18	〃	中卒	講師	서울市 中區 筆洞 105-14	1969.7.4
處容舞	39	奉海龍	1911.1.5	男	高卒	無	서울市 鐘路區 苑西洞 76-30	1971.1.8
〃	〃	金琪洙	1917.11.12	〃	〃	公務員	서울市 城北區 安岩洞 5街 134-10	〃
〃	〃	金泰燮	1922.12.21	〃	〃	〃	서울市 鐘路區 桂洞 32-2	〃
〃	〃	金千興	1909.2.9	〃	〃	講師	서울市 江南區 蠶室洞 207棟 505	〃
〃	〃	金龍	1933.4.20	〃	〃	公務員	서울市 鐘路區 苑西洞 76-6	〃
鶴舞	40	韓英淑	1920.10.18	女	中卒	講師	서울市 中區 筆洞 105-14	1971.1.8

〈표 12〉 傳授獎學生 現況(1976년 12월 말 現在)

名稱	番號	姓名	生年月日	性別	學歷	職業	現 在 所	指定年月日
勝戰舞	21	전미애	1956.2.25	女	高卒	無	忠武市 太平洞 420-1	
〃	〃	안인옥	1955.1.4	〃	〃	商業	晋州市 北新洞 204	
〃	〃	정옥순	1949.9.16	〃	〃	無	忠武市 中央洞 129	
〃	〃	장영미	1956.12.20	〃	〃	〃	忠武市 文化洞 292	1976.2.20
〃	〃	김경란	1955.10.8	〃	〃	〃	충무시 도천동 194	
〃	〃	김경희	1956.4.18	〃	〃	〃	충무시 도천동 141-14	
〃	〃	정두애	1957.10.28	〃	〃	〃	충무시 동흥동 300-7	
〃	〃	구정숙	1957.3.30	〃	〃	〃	충무시 태평동 515	
僧舞	27	박재희	1950.7.10	女	대학원졸	교사	서울 동대문구 회기동 102-181	1976.2.20
〃	〃	이향재	1952.10.3	〃	대졸	〃	용산구 용산동 2가 5-1666	
處容舞	39	이예근	1942.2.22	男	고졸	공무원	동대문구 면목3동 655-43	
〃	〃	김중섭	1940.7.18	〃	〃	〃	성동구 금호동 1가 350	
〃	〃	김용만	1947.11.30	〃	대졸	〃	동대문구 용두동 728-6	
〃	〃	김종식	1948.11.23	〃	고졸	〃	도봉구 수유동 348-79	
〃	〃	김재운	1950.3.13	〃	〃	〃	강남구 도곡동 영동 APT 29동 108	
鶴舞	40	이홍구	1940.4.6		〃	학원장	강남구 잠실2동 206동 506	
〃		김응화	1955.4.4	女	〃	無	중구 쌍림동 151-96	

전기前記한 무용 이외에도 무용적인 성분과 연관성을 지니고 있는 무용들이 있어 현재 무형문화재로 지정되어 활발히 활동하고 있는 것들이 있으나 다음 기회로 미루고 이상으로 끝맺는다.

〈참고〉
① 이충무공李忠武公탄신기념제전(제431주년) 발표공연 프로그램
② 제15회 한산대첩기념제전 발표공연 프로그램
③ 제17회 전국민속예술경연대회출연표 및 프로그램
④ 제3회 대악회 중요무형문화제 발표공연 프로그램
⑤ 제5회 중요무형문화재 전수장학생 예능 발표회 공연 심사 평가서 및

프로그램
⑥ 중요무형문화재 관계자료

『문예연감』 전통예능 부문, 1976년

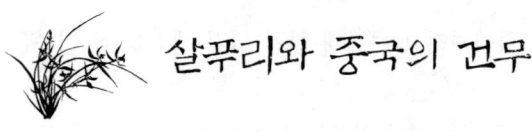# 살푸리와 중국의 건무

우리의 살푸리춤 하면 내가 여기서 중언부언 되풀이 할 필요도 없이 너무도 유명한 춤으로 우리 민속무용民俗舞踊 중에서는 예술성藝術性이 가장 높이 평가되고 인정되는 대표적인 차원 높은 훌륭한 춤이다. 현재 우리 무용계에는 이 춤이 살푸리 혹은 수건춤이란 명칭으로 대단히 성행하고 있다.

내가 아는 범위에서는 이 춤이 이와 같이 유행하게 된 시기는 1945년 해방 후 한국무용계韓國舞踊界의 활동이 활발해지면서부터 그 현상現象이 더욱 현저하게 나타난 것이라 하겠다. 일일이 예를 들을 수는 없지만 해방 후 삼십년 동안에 크고 작은 무용발표회와 공연公演에는 대개가 수건춤이나 살푸리가 들어있고 이 춤이 빠져있는 프로가 극히 드물었다. 그리고 근자近者 그 수효를 헤아릴 수 없이 개최되는 각종 무용경연대회舞踊競演大會에는 의례히 수건을 들고 추는 춤이 많이 출전했다. 그 뿐만 아니라 전기前記한 명칭 외에도 여러가지 제목 밑에서도 역시 한 손 혹은 두 손에 수건을 들고 추는 춤이 무수히 등장된 것도 보았다.

심지어는 중국中國에서 연희하고 있는 예상우의지무라 하는 막대기 끝에 수건을 잡아 매 들고 추는 양식까지도 모방하여 색다른 이름을 붙이며 추는 것도 왕왕이 있는 풍경이었다. 이 외에도 실례를 들자면 끝이 없어서 이만 생략하고 본론으로 들어가려고 하는데 한편 이런 생각을 한 번쯤은 할 수 있지 않을까?

그 많은 명제와 풍부한 내용을 지닌 작품들이 하필이면 꼭 수건을 들고 추어야만 그 작품의 정신이나 테마를 살리고 표현하게 되는지?

수건의 힘을 빌지 아니하고는 절대로 내용의 제시가 불가능한지의 여부를 판단해서 하루속히 이런 풍조는 시정되어야만 장래 한국무용의 독무가 발전될 수 있다고 느껴진다. 물론 수건을 들고 추는 것이 잘못되었다는 것이나 수건춤을 무시 배격하는 것은 더욱 아니다. 그러나 수건춤에도 한계가 있어 독무하면 의례히 각기 다른 제목 밑에서 수건을 들고 유사한 형태와 동일한 사위로 움직이고 있으면서 버젓하게 이름만 다르니 이런 면은 아무리 선의로 해석하려고 해도 잘 납득이 가지 않는 일면이다.

이제는 본론으로 들어가서 예술적으로 가치가 있고 아울러 근대 창작무용에도 밑거름이 되고 있는 수건춤의 내력을 더듬어 보기로 한다.

문헌에서는 수건춤에 관계되는 기록이 아직까지 발견되지 않고 있기 때문에 문헌에 수록된 것으로는 이 춤의 분류를 밝혀낼 수가 없는 것이 지금이 실정이다. 그러기 때문에 먼저 이름에서부터 풀이해 보면 수건춤을 살푸리 혹은 즉흥무라고 하는 것을 흔히 볼 수 있다.

첫째, 수건춤은 수건을 손에 들고 추는 춤인데 요긴한 이름으로 용이하게 판단할 수 있다.

둘째, 살푸리라 부르는 것은 살푸리라는 어휘에서부터 해석하면 살 즉, 액을 푼다는 뜻으로 정의가 내려진다.

그렇다면 이 말은 민속신앙이나 무속행사에서 주술의 의미를 띤 술어의 일종이라는 것이 천명된다.

그러나 한 가지 문제되는 점은 춤에서 표현되는 내용으로 과연 인간의 살을 해소시키고 액을 막으며 주술성을 표현하는 행동과 동작을 연출하느냐 할 때 이런 모습이나 표현은 전혀 찾아 볼 수 없다. 그러기 때문에 이것은 일고의 여지가 없는 사실이다. 다만 반주되는 악곡이 살푸리라 부르고 이 춤은 의례히 이 곡에 맞추어 추게 되었고 현재에도 추고 있는 연유로 해서 수건춤이 살푸리로 통용되지 않았나 하고(현재까지 내려온 것으로도) 생각이 된다. 아울러 음악과 장단은 굿에서만 사용되는 것이지 춤의 내용과는 전혀 무관하다는 점도 밝혀둔다.

셋째, 즉흥무로도 통용되는 이유는 춤에 작성된 테마가 있지 않고 테크닉에 있어서도 약정되었다거나 고정된 것이 없으며 또 표현방법도 강력한 제약이나 한계가 없이 무자舞者에게 자율성을 허용한 것으로 오로지 기쁘고 즐거운 감정만을 표백 발로시키는 속에서 아름다움의 극치를 추구하고 여기에서 감동되어 일어나는 흥과 멋을 자유스럽게 펼쳐볼 수 있는 것으로 느껴지는 감정을 즉석에서 적나라하게 표출할 수 있는 연유 때문에 즉흥무로 명명한 것이라 할 수 있다. 또한 이 춤이 전래한 전통성에도 그 원인이 있다고 볼 수 있다.

하여튼 즉흥무는 추는 사람에 따라 각각 다른 점을 보이고 있고 무자의 자유의사에 방임해서 제약이나 법도가 필요 없이 오직 신(흥)나는 대로 움직여 추기만 하면 되기 때문인 것이다.

이상에서 수건춤의 명칭을 들어서 추상적으로 풀이해 보았고 다음에는 근세의 수건춤의 내력을 설명해 보기로 한다. 먼저 궁중계열에서는 수건춤을 추었다는 행적이나 기록을 전혀 볼 수가 없으므로 여기에서는 재고할 여지가 없고 오직 민속무 계통에서 그의 실마리를 찾아본다면 위에서 밝힌바와 같이 문헌상에서는 그 면모를 찾기가 불가능하다. 그래서 부득이 오래전부터 이 길에 관계한 노인들의 경험담을 통하고 실제로 목격한 목격담을 종합하고 다음에는 필자가 어린 시절에 본 바를 토대로 해서 수건춤의 유래를 피력해 본다.

우선 1902년에 협률사를 위시하여 1908년에 처음으로 우리나라에 세워진 공연장인 원각사에서도 수건춤을 춘 적이 없었다고 하면서 그 뒤 연흥사, 장안사, 광무대, 가설극장 등 구극만을 상연하던 때에도 수건춤이니 살푸리니 하는 말조차도 듣지 못했고 수건을 들고 춤추는 것은 더욱 없었다고 확인하다(당시 악사 호적수 최인서 옹 86세, 당시 악사 가야금수 이일선 옹 88세의 담).

그리고 다음에는 필자가 목격한 것이니 지금으로부터 55년 전 필자 십여세 미만에 만리동 홍용 극장과 아현동고개 가설무대에서 구극 단체가 공연할 때에도 승무·검무·한량무만 공연되었으며, 수건춤은 들어있지 않았었다. 그 뒤에도 단성사와 동양극장과 기타 여러 극장에서도 구극 단체들의 공연이 계속되어 있었지만 수건춤은 등장되지 않았다는 것을 이 계의 관계자들은 설명하고 있다.

또 이 사실을 뒷받침하고 있는 것은 살푸리 악곡인데 이곡은 1930년대에는 살푸리란 이름보다는 시나위 또는 봉작취로 불렸던 것으로 기억된다. 당시 퉁소의 정해시 옹이 유명했고, 대금 산조에는 박종기 옹, 거문고 산조에는 김종기 씨 등이 서울에서 활동했었다. 그러나 그때 구 극단들의 공연이 활발하지 못했든 연고인지 내가 알기에는 이분들의 산조나 시나위 곡을 가지고 무대공연에는 별로 참가하지 못한 것으로 짐작이 된다. 이렇게 악곡이 무대연주를 하지 못한 바에 살푸리춤도 자연적으로 등장하지 못했을 것은 필연적인 귀결이라 더 말할 필요가 없는 것이다. 그 후에도 수건춤은 무대에서는 자취를 볼 수가 없었다.

그러다가 서기 1936년 한성준 옹이 조선음악무용연구소를 개소하고 제1회 발표회를 부민관(현 시민회관 별관)에서 개최할 때에 살푸리로 등장되었던 것을 기억한다. 그러니까 살푸리가 무대에서 본격적으로 추어서 각광을 보게 된 때는 바로 이때로 설정하는 것이 가장 타당성 있는 결론이다. 그렇다고 한다면 수건춤은 언제 어디에서 발단 되었느냐하는 문제인데 이것은 내 견해로는 확실한 연대는 가려내기가 어렵고 특수 사회에서 방이나 아주 비좁은 장소에서 즉흥적으로 멋과 신을 풀며 마음껏 추는 것이 1936년을 기점으로 하여 무대에 상연되면서부터 장장 40여 년간을 내려오는 동안에 발전되고 정리되어 오늘의 예술무용으로 승화된 것이라 하겠다.

다음에는 중국의 건무巾舞 즉 수건춤에 대한 기록記錄을 상고하면 한漢 고조高祖(B.C. 256~B.C. 195) 때로 올라가서 그의 역사歷史가 상당히 오래되었다.

악부시집樂部詩集 오십삼五十三에 잡무雜舞의 종류種類가 7종이 있는데 공막公莫, 파투巴渝, 반무盤舞, 비무鞞舞, 탁무鐸舞, 불무拂舞, 백저白紵 등이라 하고 이 춤들은 변방민속邊方民俗에서 시작始作된 것으로 궁전宮殿 뜰에서 연희演戱한 것이라 했다. 그리고 전기前記한 춤들이 대개 주周(서주 B.C. 1046~B.C. 771)에 있었던 산악만악散樂縵樂과 방불하고 진秦(B.C. 221~B.C. 206)나라와 한漢(B.C. 206~A.D. 25)나라 때 더욱 보급普及되고 확대擴大되어 연희에서 추어왔다.

그런데 아무雅舞는 아니라 하고 위魏(A.D. 220~265) 차후次後에는 비무鞞舞, 탁무鐸舞, 건무巾舞, 불무拂舞 4종이 연향宴饗에서 쓰여 졌다고 하였다.

이상 기록에서 잡무雜舞 아무雅舞라 하는 구절句節이 보이는데 여기에 대해서 곽무천郭茂倩(樂府詩集 著者, 宋代人)의 설명에는 잡무雜舞는 전정殿庭에서만 추는 것이라 하고 악부시집樂府詩集 오십이五十二에는 잡무雜舞는 연희에서 사용使用한다 하고 아무雅舞는 교묘郊廟의 제향祭享과 조향朝饗에 한해서만 사용하는 것이라 하였다.

그러니까 건무는 잡무의 일종임을 밝혀주고 연희할 수 있는 장소가 한정限定되어 있다는 것을 분명히 해주었다. 또 송서宋書(441~513) 십구十九에는 공막무公莫舞는 지금의 건무巾舞라 하고서 서로 내려오는 말로 이 춤은 항우項羽(B.C. 232~B.C. 202)의 종제從弟인 항장項莊이 한고조漢高祖 유방劉邦(B.C. 256~B.C. 195)를 살해殺害하려고 칼춤을 추니 항백項伯이 소맷자락으로 막아서 항장으로 하여금 한고조漢高祖를 해치지 못하게 한데서 건무가 발단되었다 하고 이 설을 뒷받침하는 것으로는 어장語莊이란 책에 기록을 제시하였다.

어장語莊이 이르기를 공막公莫은 옛사람들이 서로 부를 때 공公이라 부르는데 이것은 한왕漢王을 해치려는 것을 막은 것에 연유緣由한 것이라 하고 그래서 지금 쓰고 있는 수건이 대개가 항백項伯의 의복이 양식樣式과 소매의 격식格式을 본받은 것이라 하고 결론을 맺었다.

이상 기록으로 중국의 건무는 한고조대漢高祖代(B.C. 256~B.C. 195)에 시작된 것임을 확인할 수 있다. 또 명칭에 있어서도 한漢나라에서는 먼저 밝힌 대로 공막이라 불렀고, 진晉(256~316) 나라와 송宋(420~470)에서는 공막이라고도 부르고 건무라고도 불렀으며 또한 공막건무公莫巾舞라고도 불렀는데 다만 건무라고 한 것은 실상 간략히 부른 것이라 설명해 있다.

이상 내용에서 건무가 처음 발생될 때에는 공막무라 했고 추후에는 건무라 부르게 된 것이라 하겠다.

다음은 공막公莫, 건무巾舞, 백저무白紵舞 등과 관계되는 가사歌辭와 곡曲에 대한 것을 살펴보면 아래와 같다.

첫째, 금조琴操라는 책에는 공막도하곡公莫渡河曲이라는 곡이 있었다. 그러나 이 곡은 이미 오래전부터 있었던 것으로 속설에 항백이 지은 것이라 하는 것은 잘못된 것이라 했다. 여기에 공막이란 문구가 들어있고 후반에는 항백의 이름이 나와 있으나 공막무와는 상관없음을 시준示畯한 것이다.

둘째, 고금악록古今樂錄에는 예전에는 건무巾舞에 가사歌辭가 있었으나 와전되어 알 수가 없고 나중에는 노래만 있고 사설辭說은 없어졌다고 했다.

셋째, 남제서南齊書(479~502)의 진晉(265~316)대의 공막무가公莫舞歌가 있었는데 제일, 제십구, 이십구는 해석解釋할 수 있으나 그 외에는 가사歌辭의 뜻이 어려워서 풀지 못했다고 하였다.

넷째, 역시 고금악록古今樂錄에 양삼조梁三朝(502~557) 때에는 건무와 백저白紵에 대한 시가 있었고

다섯째, 송서宋書에 수록된 것을 참고하면 백저무白紵舞의 가시歌詩는 가장 긴 것이 십육구十六句로서 매구每句를 일해一解라 하고 이것은 징규적正規的인 백저무白紵舞의 시가詩歌라 했다. 그런데 이 시가가 그 후 양梁(502~557)대의 십이구十二句는 산실散失되고 사구四句 즉 일해一解만 남아있게 되었는데 그러나 백저무白紵舞의 자태姿態는 조금도 멸소減少된 것이 아니라 했다.

이상 기록 등을 통해서 건무에는 춤뿐만 아니고 이것을 음미한 작시作詩가 있었고 이 시를 읊조리는 노래가 있었으며 또한 노래에 따른 적합한 곡

조까지 곁들여 있었음을 우리는 충분히 알 수 있다. 이와 같이 춤과 음악과 시와 노래가 한데 어울려 한고조漢高祖 이후以後 송대宋代까지 장기간長期間을 계속했다는 사실은 놀라운 일이며, 그의 장구한 전통성傳統性과 역사歷史에 감탄치 아니할 수 없다. 그리고 잡무雜舞에 대한 곡사曲辭가 대폭적大幅的으로 변경變更된 시대는 송명제宋明帝(465~472) 때로 건무, 백저무 외 4종의 무곡舞曲과 가사歌詞를 고루 개작改作하고 명제明帝의 연호年號인 태시泰始를 따서 태시가무곡사泰始歌舞曲詞라고 일렀다고 했다.

그 뒤에도 단절되지 않고 계속되어 수문제隋文帝(581~618) 때 칠부악七部樂(一, 國技 二, 淸商技 三, 高麗技 四, 天竺技 五, 安國技 六, 龜玆技 七, 文康技)을 연주할 때에 네 가지 춤인 비무鞞舞・탁무鐸舞・남무南舞・불무拂舞를 증설增設해서 수隋나라 사람들이 잡기雜技와 같이 동석同席해서 서량악西涼樂하기에 앞서서 연주했고 때로는 칠부악七部樂을 연주하기 전에 이 춤을 먼저 출연 시켰다고 했다.

결론적으로 중국 건무는 한고조漢高祖(B.C. 256~B.C. 195)에 발생되어 수隋(581~618) 때까지의 긴 역사를 지닌 춤임을 이상 기록들이 분명히 입증해 주었다.

다음은 백저무白紵舞가 또 한가지 이설異說이 있으니 송서십구宋書十九에 의하면 백저무白舞는 무사舞詞가 있는데 건포巾袍에 관한 내용이라 하면서 저紵는 본래 오吳나라에서 소출하는 것이기 때문에 이 춤은 오나라 춤이라고 했다. 그리고 더욱 오나라의 춤이라는 것을 강조하기 위하여 진晉(265~316)의 배가俳歌를 인용해 말하기를 오吳나라 발음으로 서緖가 저紵가 되니까 백저白紵가 백서白緖가 되는 것은 더 의심할 여지가 없다고 까지 했다. 전기前記한 이상에서 한국의 살푸리와 중국의 건무를 검토 분석해 보았다.

그러면 이 두 가지의 특이성을 밝히고 본문을 끝맺으려 한다.

우리의 살푸리는 역사적인 사실을 소상히 가려 낼 수 없다. 그러나 차원 높은 예술성의 중요함과 표현하고 있는 심미학적인 면에서도 높이 평가되는 것은 말할 것도 없다. 그리고 특히 춤 모습의 정수와 진모를 인간 본연의 감정과 정신에다 집중시키고 허용해서 자유자재로 노출발양 시킬 수 있다는 점만은 이 춤만이 간직하고 있는 특징이라고 단정할 수 있다.

다음 중국 건무를 요약해서 간단히 설명한다면 춤의 발생된 기원이 명백하고 역사적인 사실과 유구한 역사성이 문헌에 기록되어 있어서 그 정확성을 밝혀주고 있는 것과 춤이 창작되면 반드시 이것을 음미하는 작사가 있었고 작사된 가사에는 의례히 노래로 불렀으며 다음에는 춤과 노래에 걸 맞는 곡이 작곡되어 노래와 춤 악곡이 혼연일체가 되어 연희하면서 오랜 세월을 전해 내려온 춤이라 하겠다.

중국무에 대한 소양이 전혀 없기 때문에 실기 면에는 일체 언급하지 못함을 송구스럽게 생각하며 끝을 맺는다.

『무용한국』 제8호, 1976년 6월

# 무용교육 제도에 관한 소고小考

무용교육에 관해서 우리의 문헌에서는 소상하게 밝혀진 기록을 아직 찾아볼 수가 없다. 그러기 때문에 그 내용을 현재로서는 자세하게 밝힐 수가 없는 상황이다. 그러므로 외국의 경위를 고찰해서 참고하는 것도 무의미한 일이 아니라고 생각되어 중국문헌에 기록되어 있는 것을 상고하여 과거 중국의 무용교육의 방향을 살펴보고자 한다.

중국에서는 과거 요순堯舜 때부터 국가를 다스릴 때 제사와 정사가 일치되어야 한다고 하면서 국가의 정책으로 삼아왔던 것이 그 상징적인 것이다. 다시 말해서 정사를 올바르게 하려면 제사를 게을리 해서는 안 되는 것으로 정사보다 오히려 제사 올리는 일을 그 수위首位에 올려놓고 제정일치라는 대목표로 내세운 것을 보아도 가히 짐작할 일이라 하겠다. 그리고 제사에는 의식만 집행되는 것이 아니라 반드시 악樂이 연주되어야 하고 또 이 악樂과 더불어 무용 또한 없어서는 안 되게 된 것이 제의식의 철칙이요 본궤本軌인 것이다. 이와 같은 제정일치라는 확고한 제도에 의해서 제식祭式과 악樂과 무용이 불가분의 관계에서 삼위일체가 되어 동등한 위치에 놓여 있었던 것이다.

이것뿐만 아니라 훌륭한 사람들이 종묘宗廟 앞뜰에서 춤을 춘다고 했고 이 춤은 바로 간干과 척戚, 우羽와 약籥을 들고 추는 것이라 해서 종묘의 일무佾舞를 지목하기도 했다. 또 주대周代(B.C. 1046~B.C. 771)에는 음악과 무용으로써 사회를 안정시키고 조상에게 제사 지내며 또 선왕을 예禮로써 공경하고 혹은 국가에서 경축하는 대전에서 악樂과 춤이 꼭 사용되었다 했다. 이것으로 미루어 생각하면 이때의 중국에서는 국시의 기초를 예와 악으로 삼고 여기에다 중점을 두고서 나라의 정사를 베풀어왔던 사실을 엿볼 수 있는 것이다. 이와 같은 관계로 인하여 무용을 어느 예술보다도 신성시하는 시대도 있었던 것으로 짐작된다.

그러나 세월이 흐름에 따라 계속 전해 내려오는 동안 변천되고 발전을 가져오게 된 것은 필연적인 귀결이다. 그래서 무용을 신성시하던 때는 지나가고 무용이 교육적인 가치를 지니고 있는 것을 알게 되어 그 의의를 두 가지로 구분해 놓았다.

① 정신적인 면을 교육시키는 것
② 무용이 체육적인 가치를 지니고 있는 것

등으로 지적해 놓았다.

그리고 기원전 주대周代부터 무용을 지도함으로써 민족의 정신적 교육을 시키는 한 자료로 삼았다. 주대周代 왕제설에 의하면 나이 10세, 12세, 13세면 벌써 악樂을 배우고 시를 외우며 춤에는 작무와 중무를 습득하고 또 무예로써 말타고 활쏘는 법까지도 배웠으며 20세가 되면 예의를 배우기 시작하고 대하라는 무용을 배워서 효도와 형제의 도리를 두텁게 행하도록 했다고 하였다. 즉 작무, 중무, 대하무라는 세 가지를 연령에 따라 적당하게 분배해 학습시킨 것이다.

이외에도 향시 군사사상을 고쳐시키고 군사에 관한 기술을 훈련시키며 또 예와 악을 숭상해서 만민을 교화시키고 인간의 감정을 절제하도록 하여 서로 친근하고 서로 사랑하며 잡음이나 간격이 없이 융화시키어 사람들 모두가 무용예술에 도취되어 몸과 마음이 안정되어 그 사회로 하여금 화해토록 하여 완전하고 아름다운 인격을 소유토록 양성시키었다고 했다.

그 다음에는 무용의 교육적 효과에 관해서 말하기를 인간은 누구나 건전한 신체를 요구하고 있고 또 아울러 건전한 정신과 사상을 필요로 하고 있는 것도 부정할 수 없는 사실이라고 하였다.

앞에서 언급한 바를 다시 정리해 보면 중국에서는 예를 가장 중시하는 한편 그 중에서도 제례를 더욱 높이 다루었으며 또 제식祭式 속에 들어있는 악樂과 무舞가 결여 되어서는 안 되는 것이라 강조하며 춤이 없이는 완전한 악이 될 수 없다고「예기禮記」악기樂記 편篇에 명시되어 있다(比音而樂之及干戚羽旄謂之樂).

그리고 악과 무용으로 만민을 교화시키어 국가와 사회를 안정시키고 인간의 감정을 조절시키어 서로 우애하게 하며 더 나아가서 민족정신을 앙양시키고 국민의 정신면과 신체적인 분야에도 영향을 미치게 하며 조상에게 제사하고 선왕을 공경하고 부모에게 효도와 우애를 고취하고 나라 경사에도 이용했으며 무용예술에 도취하면 몸과 마음이 순화되고 안정되어 서로 화합하고 융합되어 평화롭고 화기가 감도는 분위기가 조성된다고 하면서 아름다움을 추구하고 표현하는 것으로 인격을 육성시키는 것에 방향을 두었던 것으로 풀이해 놓은 것을 들 수 있다.

결론적으로 인간을 완성시키는 교육과정 중의 무용에서의 그 진리를 추구한 점을 들어 보면 첫째 인간의 정신면과 육체적인 부분이요, 둘째 인간의 교화와 인간의 감정절제며, 셋째 국가민족과 사회의 안정이요, 넷째는 의례儀禮와의 밀접한 연관성 등으로 대별할 수 있는데 이런 점 등을 통해서 인간완성을 성취시키려한 것이 역력히 보인 것이다.

다음에는 본론으로 들어가서 교육제도를 고찰해 보면 아래와 같다.

서주왕조대西周王朝代(B.C. 771~B.C. 221)부터 무용을 소학교 교과목에 넣어 교육시킨 것으로「주례周禮」속에 기록되어 있는데 여섯 가지 예술 중에 육악六樂(雲門, 大卷, 大咸, 大磬[韻], 大濩, 大武)과 무용은 소무과의 불무帗舞, 우무羽舞, 황무皇舞, 모무旄舞, 간무干舞, 인무人舞 등 여섯 가지를 지도했다는 기록이 있다. 그리고 학습시키는 시기와 장소 내용과 지도교사 등까지도 세밀하게 명문화했다.

위 학과표에서 보여준 것과 같이 소학교 때부터 벌써 무용 6종을 교육시키었다. 그것의 내용을 간단히 해석해 보면 이러하다.

① 불무帗舞는 사직社稷(地神과 穀物神)제사에서 추는 춤
② 우무羽舞는 종묘宗廟제사때 추는 춤으로 문무로 연출되는 것
③ 황무皇舞는 사방四方(동서남북)신神과 한염旱焱을 막게 하는 제사에서 추는 춤
④ 모무旄舞는 대학 궁술弓術 의식에서 기수를 들고 추는 춤으로 무능과 형식이 매우 씩씩한 것
⑤ 간무干舞는 병사와 관계를 지닌 춤으로 종묘宗廟에서 무무武舞로 연출되는 것
⑥ 인무人舞는 성신星辰제사 시에 추는 춤으로 손에 물건을 갖지 않고 추는 것이다. 그리고 군무로써 인간 마음의 즐거움을 표현한 것

〈원문〉西周虎門小學敎科表(周禮及鄭注)(黃健中, 中國文化論集)

교과	내 용	교관
六禮	五禮 : 略 六樂 : 雲門, 大卷, 大咸, 大磬[韶], 大濩, 大武 五射 : 略 五御 : 〃 六書 : 〃 九敎 : 〃	保 民
小舞	帗舞, 羽舞, 皇舞, 旄舞, 干舞, 人舞	

이상 6종 중의 모무旄舞를 제외하고는 5종이 제사에서 추는 무용이다. 이것은 더 말할 것도 없이 이때 제례祭禮의 중요성을 반영해 주는 반증이고 한편 반드시 수반되어 있는 무용 또한 제식에서는 절대적인 존재이므로 소학교에서 한 과목으로 채택되어 실습시키었음을 보여준 실례이다.

다음은 대학부에서 무용교육을 한 기록인데 역시 서주왕조西周王朝 때

대학교과표에 보면 절기에 따라 학과로 배정되었고 또 이론까지도 들어 있다. 이와 같이 실기와 음악이론까지 역행한 것을 감안할 때 대학에서의 무용교육은 신중하고 철저한 방침으로 완전한 방향이 수립되었던 것을 볼 수 있다.

西周王朝大學敎科表(周禮及文王世子文) (李天民 著, 舞踊藝術論 참조)

교과	내 용	시기	교 관	처소
악무	雲門, 大卷, 大咸, 大磬, 大濩, 大武			可
干		春夏	小樂正敎之 大胥贊之	東序
戈		同	籥師敎之 籥師丞贊之	同
羽籥	舞羽龡籥	秋冬	籥師	同
樂	於四弟之榮特擧南弟之樂名曰(南)		籥師敎之 旄人敎之	
舞干戈之	客, 合語之說, 乞言之禮		大樂正授數 大司成論說	同

대학교과표에서 악악樂과 무무舞에 관계되는 부분만 내용을 풀이해 본다.

(1) 악무과樂舞科
① 운문雲門은 천신天神에게 사祀할 때 추는 춤
② 대권大卷은 사방신四方神에게 사祀할 때 추는 춤
③ 대함大咸[咸池]은 지신제사에서 추는 춤
④ 대경大磬[韶]은 사망四望이라 해서 사방신사四方神祀에서 추는 춤
⑤ 대호大濩는 선비제향先妣祭享에서 추는 춤
⑥ 대무大武는 선조제향先朝祭享에서 추는 춤

이상 악무과 6종의 춤은 전부가 제사에서 춘 춤으로 발생의 연원淵源이 황제헌원씨대黃帝軒轅氏代에서 요순堯舜, 우禹, 탕湯을 거쳐서 주대周代에 발생된 악무들로서 역사가 오래된 것들이다.

(2) 간과과干戈科

간무干舞와 과무戈舞는 무인의 모습을 상징한 춤으로 손에다 병기를 모방한 도구를 들고 추는 것이다. 산천의 제사에서 국토를 무예로써 수호한다는 뜻이 있다 했다.

(3) 우약과羽籥科

우무羽舞를 교습했던 것은 물론이요 약籥을 부는 법도 지도한 것이다.

(4) 악과樂科

사면四面 변방邊方에 있는 외국의 음악까지도 지도했는데 특히 남쪽나라 악樂의 중점을 두고 '남南'이라 별칭을 붙여 놓았다.

(5) 무간척과舞干戚科

세 가지로 나누어져 있는데 처음에는 춤사위와 형태이고, 둘째는 차례와 격식이요, 셋째는 태도와 행동을 노인에게 대하는 것과 같이 경건하고도 정숙하게 하는 방법까지도 실습시키었다.

위 대학교과표에 있는 과목 중에서 무용과 직접적인 관계를 가진 종목만을 추리하여 간단히 설명했다. 그런데 각 학과의 종류를 보면 고대 중국에서는 대학교육에 있어서 철저했었다는 사실을 알 수 있다. 그리고 무용교육을 보면 중국에서는 기원전 1120년대부터 시작해서 소학교에서 대학에 이르기까지 계속 실시했었다. 이런 면을 상고해 볼 때 우리의 현실과는 비유할 수 없는 격차가 있는 것을 절실히 느낄 수 있다.

다음은 우리나라 무용교육제도로 돌려보려고 한다. 무용이 인간형성을 위하여 교육시키는 과정에 있어서 한 자료로 인정되어 취급되고 있는 점만은 누구도 부인할 수 없는 사실이요 또 이 점에 대해서는 이의나 반대를 가질 수 없는 것이다. 이것은 우리나라뿐만 아니라 세계가 공통된 현상이다.

이런 연유로 해서 우리나라에서도 초등학교에서부터 중·고등학교까지 학과시간에는 무용시간이 분명히 들어있고 담당교사도 배정되어 교육시키고 있는 것이 현재의 상황이다. 이것뿐만 아니라 대학교에서도 무용과가 독립되어 무용학을 전공하게 하여 무용의 학문적인 위치를 더욱 굳히고 있으며 동시에 무용교사를 양성 배출하여 학원 교육과정에서의 유기의 목적 달성을 도모하게끔 되어 있다.
　이런 실정임에도 불구하고 몇 가지 문제점을 내포하고 있는 것이 있으니 현재 초·중·고교에서 교육하고 있는 무용시간에 관한 문제이다.
　현재 우리나라의 실태를 살펴보면 첫째 초·중·고교에서 실행하는 무용시간이 한 과목으로 완전히 정립된 것이 아니고 체육시간의 일부분이 할애된 것이라 한다. 그렇다고 한다면 현재 초·중·고교에서 지도하는 무용시간이 한 학과목으로 성립되어 있지 않으며 따라서 교육 자료로서도 필요치 않다고 정의 내려진 것임을 알 수 있다. 한 가지 석연치 않은 것은 이런 소용없는 과목을 구태여 시간표에까지 배정하여 한결같이 학교에서 학습시켰느냐 하는 점이다. 그리고 둘째는 대학 무용학과 졸업생의 무용교사자격증 문제이다. 현재 무용과 졸업자에게는 전공한 무용분야의 교사자격증을 주는 것이 아니라 체육교사 자격증을 주고 있는 점이다. 이것의 가장 큰 이유로는 먼저 언급한 바와 같이 무용의 초·중·고교에서 정당한 학과로 편입되어 있지 못하기 때문에 시간도 과목에도 없는 학과의 교사자격증을 줄 수 없다는 견해이다.
　그렇다고 한다면 여기에서 심각하게 다루어야 할 문제는 문교부에서 우선 다른 학과와 동등한 차원에서 설치된 한 학과에서 수업을 끝마친 학생에게 전공과목에 합당한 자격증을 주지 않고 체육과의 자격증을 주고 있는 점이다.
　그리고 더욱 문제가 되는 것은 한 학과로 설립해서 4년간을 복습시킨 학생에게 자격증을 부여할 수 없는 학과를 무엇 때문에 설치했으며 존재의 의의가 어디에 있는지 모를 일이다.

위에서 간단히 우리나라 무용교육의 방향이나 현실을 알아보았다. 이 내용에서 대학무용과가 엄연한 독립된 학과로서 졸업생에게 무용교사 자격증을 수여하지 못하고 체육교사 자격증을 주는 모순성과 또 초·중·고교에서 실지로 무용을 교습시키고 있으면서도 교과목으로 정식 편입되어 있지 못한 점을 들 수 있다.

그러니까 무용이 인간완성을 위하여 교육시키는 과정에서 불필요한 학과라면 모르거니와 만약 필요하다고 공인된다면 대학무용과가 본연의 권리와 임무를 수행해서 모순성을 해소시켜야 하고 초·중·고교에서도 당당히 정과로 편입시키어 다른 과목과 동등한 위치에 서야 한다고 생각된다.

『무용한국』 제10권 2호, 1977년 4월 1일

춘앵전

이 춤은 조선조 순조純祖(1801~1834) 때 시작된 것으로 1901년 제작된 『진연의궤進宴儀軌』 신축辛丑 권1 악장에 보면 1828년대 순조의 아들 효명세자孝明世子(追尊翼宗)가 순조의 영슈을 받아 왕정王政을 대리로 섭정할 때 순원숙황후純元肅皇后의 보령寶齡 40세를 경축하기 위하여 세자가 친히 지은 것으로 기록되어 있다.

기1인妓一人이 화문석花紋席 위에서 춤을 추고 화문석 밖으로는 나가지 못한다고 하였다.[1]

그 뒤 궁중향연에서 연희하면서 지금까지 150년 동안(1979년 현재까지) 계승된 전통성이 뚜렷하고 역사적 사실이 정확한 춤이다.

춤의 동작이 전아 유연하고 단정 고상한 매우 정적인 춤으로 화문석 위에서만 추는 것이 다른 춤과 다른 특이한 점이다. 현재 궁중계통의 무용이 50여 종이 전해져 있는데 이 중에 독무獨舞로 무산향舞山香과 쌍벽을 이루는 춤이다.

---

1) 『進宴儀軌』 辛丑 卷1 樂章 (原文).
   『進宴儀軌』 辛丑 卷1 樂章(1901년) 春鶯囀 戊子(1828) 製 (中略).
   設單席舞妓一人 立於席上進退旋轉不離席上而舞.

의상은 꾀꼬리 빛을 상징해서 노란 앵삼鶯衫에 붉은 대띠를 가슴에 매고 양편 어깨에는 초록색 띠를 걸어 앞뒤로 내리고 색한삼色汗衫을 두 손목에 끼고 오색이 찬란한 화관을 머리에 얹고 한삼을 움직여 공간에 미적양상을 형성하는 춤이다. 그리고 이 춤도 다른 궁중무와 다를 것 없이 춤 서두에 창사 즉 춤의 내용을 노래로 먼저 부른 다음 본격적인 춤이 펼쳐지게 된다.

이 춤에서 반주되는 음악은 평조영산회상平調靈山會相 일명 유초신지곡柳初新之曲 혹은 취태평지곡醉太平之曲을 사용하는데 평조회상平調會相 전곡이 연주되는 것이 아니고 상령산, 중령산, 세령산, 염불도드리, 타령 곡 등을 춤에 맞추어 적절하게 배분해서 연주된다. 특히 전기한 상령산과 중령산은 한 장단을 20박으로 삼는 것이 원칙이다. 그러나 20박을 한 장단으로 치는 장고에는 도저히 춤을 출 수가 없기 때문에 춘앵전을 반주할 때는 반드시 박자와 음악을 축소하여 10박으로 연주하게 된다.

이상 춘앵전의 유래를 간략하게 설명하고 다음은 이 춤과 관계되는 문헌과 그 내용을 들어 밝혀본다.

I. 중국문헌

1) 중국의 교방기敎坊記

중국의 교방기에는 당唐 고종高宗(641~676)이 새벽 이른 아침에 바람소리 새소리를 들으니 그 소리가 음절이 서로 화합했다. 때마침 아름다운 꾀꼬리의 울음소리를 듣고 악공 백명달白明達에게 명을 내려 춘앵전을 묘사하게 하였는데 그 뒤에 이것이 무곡이었다고 한다.

(1) 『교방기敎坊記』
고종효성율, 문풍성 조성, 개도이응절.

상신좌문앵성, 명악공백명달사지위춘앵전, 후역위무곡.

(高宗曉聲律, 聞風聲 鳥聲, 皆蹈以應節, 嘗晨坐聞鶯聲, 命樂工白明達寫之爲春鶯囀, 後亦爲舞曲.)

(1-1)『교방기敎坊記』 -당 최령흠崔令欽 저-
 고종효성율, 신좌문앵성, 명악인백명달사지, 수유차곡.
 (高宗曉聲律, 晨坐聞鶯聲, 命樂人白明達寫之, 遂有此曲.)

(2) 악원樂苑

악원에는 춘앵전은 당나라 때 우세남虞世南(638) 채량蔡亮 두 사람이 지은 것으로 대춘앵전大春鶯囀 소춘앵전小春鶯囀 두 종류가 있고 이 두 가지가 다같이 상곡商曲이라 했다.

　樂苑
　大春鶯囀, 南友世南及蔡亮作, 又有小春鶯囀, 並商曲也.
　(大春鶯囀, 唐虞世南及蔡亮作, 又有小春鶯囀, 竝商曲也.)

(3)『중국무도사中國舞蹈史』 225~226쪽, 수隋·당대唐代 무도舞蹈 -하지호何志浩 저-

『중국무도사』의 저자인 하지호는 우세남과 채량 두 사람이 지은 것은 완전한 곡사曲辭요 백명달이 지은 것은 일종의 신곡新曲으로 거기에는 춤의 자태가 있다고 풀이했다.

　대약우세남급채량이인소작, 완전시곡사. 고종령백명달소조자, 즉시일종신곡, 차유무자적.
　(大約虞世南[2]及蔡亮二人所作, 完全是曲辭. 高宗[3]令白明達所造者, 則是一種新曲, 且有舞姿的)

(4) 원진元稹(800)의 「법곡法曲」 시詩 중에서

원진의 법곡 시 중에 화봉사火鳳詞와 춘앵전에 관한 것이 있는데 중국무도사에는, 이 두 악곡 은 당나라가 한창 성황 할 때 유행하다가 당현종唐玄宗 14년(756) 천보난天宝亂(안녹산의 난리) 이후 점점 소멸했다고 하였다.

> 원진元鎭 법곡法曲 시詩 중 (原文)
> "화봉성침다인절(火鳳聲沈多咽絶), 춘앵전파장소색(春鶯囀罷長蕭索)…"
> 가견, 춘앵전화화봉사 이종악곡, 성행어초성당간, 천보난후재소헐적.
> (可見, 春鶯囀和火鳳詞二種樂曲, 盛行於初盛唐間, 天寶亂後纔消歇的.)

(5) 『악부시집樂府詩集』 — 장호張祜의 「춘앵전春鶯囀」 시 —

장호의 악부시집에는 춘앵전 시에 태진太眞(양귀비)의 이름이 들어있고 내인內人(궁녀)이 춘앵전 노래를 부르고 춤의 태도와 진행 행동까지도 읊어 있다.

> 樂府詩集 — 張祜의 春鶯囀 詩 —
> 홍경지남류미개(興慶池南柳未開)
> 태진선파일지매(太眞先把一枝梅)
> 내인이창춘앵전(內人已唱春鶯囀)
> 화하사사연무래(花下傞傞軟舞來)

(6) 『연감유함淵鑑類函』[4] — 장영張英 등 찬수纂修 —

연감유함(淸代, 1641~1911)에도 먼저 교방기와 내용이 동일하고 백명달白明達이 건건자로 수록 되어 있다.

---

2) 우세남(虞世南, ?~638) : 당·태종 정관(貞觀) 12년.
3) 당·고종(650~683).
4) 청대(淸代, 1641~1911).

연감유함(淸代, 1641~1911) (原文)

당고종문앵성명 악공백명건(달)사지.

(唐高宗聞鶯聲命 樂工白明建(達)寫之.)

상기 기록 외의 일본문헌과 한국문헌의 신축 권1악장에 실려 있는 재료들을 상고해본다.

2. 일본문헌

(1) 『동양음악사東洋音樂史』 3장 －전변상웅田邊尙雄 저－

춘앵전은 일명 〈천장보수악天長寶壽樂〉 또는 〈매화춘앵전梅花春鶯囀〉이라 하고, 역시 춘앵전은 당·태종(627~649) 대에 제작된 것으로 〈천장보수악〉과 〈매화춘앵전〉이라고 한 것은 일인日人이 와전訛傳된 것이라고 밝혀 놓았다.

그리고 춘앵전이 일본에 처음 전했을 당시는 당인唐人의 제도에 의거해서 여자가 추었고, 일본 평안조平安朝(774~1185, 794~1192) 이후부터는 남자의 춤으로 변했다고 했다.[5]

「春鶯囀」, 一名「天長寶壽樂」, 又「梅花春鶯囀」.「春鶯囀」作於唐太宗時, 後兩種名稱, 亦爲日人訛稱. 據田邊尙雄所說…朝鮮李王家的雅樂, 亦有「春鶯囀」. 日人初傳「春鶯囀」時, 依唐人制度, 用女子舞之. 自平安朝後, 改爲男舞.

(2) 일본 화명초和名抄, 승평承平 4년(934)

춘앵전은 일본 아악의 일월조―越調의 악곡명樂曲名이요, 일월초곡이라

---

[5] 하지호(何志浩) 저,『중국무도사(中國舞蹈史)』, 239쪽.

고 명시했다 일월조는 즉 대춘앵전곡大春鶯囀曲이라 했다.

(3) 『세계무용예술사世界舞踊藝術史』 제3절 －石井 漠 저－

무용예술사 제3절 무악시대 당악唐樂의 영향조 중에 당악무악唐樂舞樂으로 황제皇帝, 춘앵전春鶯囀, 삼대구三臺嫗 등이 있는데 황제와 삼대구 2종은 탈춤이요, 상장속常裝束이라는 당장속唐裝束을 입고 조갑鳥甲을 쓰는 무용수는 4인 이상이요, 춘앵전이 다른 무악과 다른 점은 가면을 쓰지 않는 것이 특색이라 했다.

일본에서는 춘앵전이 가면假面춤이 아닌 것을 밝혀 주었다.

3. 한국문헌

과거 우리의 기록에서도 춘앵전은 교방기의 문장을 인용 명시한 후에 춘앵전은 순조대純祖代 효명세자孝明世子의 예제睿製라고 하고 이 춤을 모방해서 제작된 것이라고 부언해 있는 것을 볼 수 있다. 현재의 춘앵전은 전술한 당대唐代의 춘앵전이 아니고 순전히 우리나라에서 창작된 춤이라는 점을 들어 밝히려 한다.

첫째, 당唐 고종대高宗代와 조선조 순조대와는 1150여 년의 오랜 연대의 차이가 있고 춤은 명칭과 간단한 기록문면만 가지고는 도저히 춤의 전모를 알 수도 없고 출 수도 없는 것이다. 그렇기 때문에 춤 내용의 일면이라도 인식케 하는 기록이 우리나라에 전해졌어야 한다고 생각되는데 춘앵전은 아직까지 이런 문헌을 발견할 수 없는 점이다.

둘째, 신라 고려를 경유하는 동안 춘앵전의 동향에 대한 사실이 전혀 나타나지 않았고 당대의 우수한 춤이요 유입된 춤이라고 한다면 의당 『고려사高麗史』 악지樂志 당악정재唐樂呈才 항항에 수록되었어야 한다. 그런데 일체 언급되지 않은 것을 보아 고려대도 연희하지 않은 것이 분명하다. 더욱이 조선조에 와서도 성종대成宗代 간행된 『악학궤범樂學軌範』에도 들어 있지 않다. 그러니까 이때에도 춘앵전이 없었다는 것이 확고해진다.

셋째, 앞 1, 2항에서 언급한 바와 같이 우리나라의 춘앵전이 전입한 것을 확인할 자료나 방증 되는 흔적을 볼 수가 없고 만약 수입되어 있다고 한다면 1150여 년간의 긴 세월을 전승되면서 연주한 실적이 전혀 찾아 볼 수 없다는 것은 우리나라에 전래하지 않았다는 생생한 증거가 된다.

이런 사실 때문에 춘앵전의 이름이 처음 명기된 문헌이 1828년 순조대 사용하던 『진작의궤進爵儀軌』요, 이로 인해 궁중향연에서 출연한 것도 명백한 사실이기 때문에 우리의 춘앵전은 서두에서 밝힌 대로 1828년 효명세자가 지은 춤이란 것이 분명하다.

끝으로 궁중무용의 순서를 기록한 『정재홀기』에서 춘앵전의 홀기를 재료로 삼아 실기, 이론, 궁중무의 술어풀이, 궁중무용이 지니고 있는 특징은 설명으로 하려고 한다.

(1) 조선, 순조 무자년戊子年(1828), 『진작의궤進爵儀軌』

효명세자가 (부왕 순조대왕 섭정시) 순원숙황후純元肅皇后의 보령 40을 축하하기 위하여 창작된 작품으로 무동舞童이 처음에 담당했다.

(2) 조선, 순조 기축년己丑年(1829), 『진찬의궤進饌儀軌』

여령女伶도 담당.

(3) 조선, 헌종 14년 무신년戊申年(1848), 『진찬의궤』

(4) 조선, 고종 14년(1877), 『진찬의궤』

(5) 조선, 고종 24년(1887), 『진찬의궤』

(6) 조선, 고종 30년 계사년癸巳年(1893), 『각정재무도홀기各呈才舞圖笏記』

(7) 조선, 고종 광무 5년 신축년辛丑年(1901), 『진연의궤進宴儀軌』

『진연의궤』 신축 권1, 악장樂章 : 춘앵전 무자(1828) 제製

…(중략)…설단석무기 1인 립어석상진퇴선전불리석상이무…

(…(中略)…設單席舞妓一人 立於席上進退旋轉不離席上而舞…)

(8) 조선. 고종 광무 6년(1902), 『진찬의궤』
(9) 각 『진작의궤』, 『진찬의궤』, 『진연의궤』 등에 기록.

제6회 한국무용협회 주최 '전국무용연수회' 교재, 1979년 8월

 궁중무도사를 통한 춘앵전 고찰

―춘앵전春鶯囀의 문헌―

1. 중국문헌

1) 『교방기敎坊記』 ―당唐 최령흠崔令欽 저―
   고종효성율, 신좌문앵성, 명악인백명달사지, 수유차곡.
   (高宗曉聲律, 晨坐聞鶯聲, 命樂人白明達寫之, 遂有此曲.)

2) 『악부시집樂府詩集』 ―송宋 곽무천郭茂倩 편찬―
   〈樂苑〉曰 : "〈大春鶯囀〉, 唐虞世南及蔡亮作. 又有〈小春鶯囀〉, 竝商調曲也."
   〈教坊記〉曰 : "高宗曉聲律, 聞風葉鳥聲, 皆蹈以應節. 嘗晨坐, 聞鶯聲, 命樂工白明達寫之 爲〈春鶯囀〉, 後亦爲舞曲." 二說不同, 未知孰是.

3) 『연감유함淵鑑類函』[1] ―청清 장영張英 등 찬수纂修―
   당고종문앵성명 악공백명건사지.

---

1) 청대(清代 : 1641~1911).

(唐高宗聞鶯聲命 樂工白明建(達)寫之.)

4) 『중국무도사中國舞蹈史』 225~226쪽, 수隋・당대唐代 무도舞蹈 －하지호何志浩 저－

대약우세남급채량이인소작, 완전시곡사. 고종령백명달소조자, 즉시일종신곡, 차유무자적.

(大約虞世南2)及蔡亮二人所作, 完全是曲辭. 高宗3)令白明達所造者, 則是一種新曲, 且有舞姿的)

(1) 악원(樂苑)

대춘앵전, 당우세남급채량작, 우유소춘앵전, 병상곡야.

(大春鶯囀, 唐虞世南及蔡亮作, 又有小春鶯囀, 並商曲也.)

(2) 교방기(敎坊記)

고종효성율, 문풍성 조성, 개도이응절.

상신좌문앵성, 명악공백명달사지위춘앵전, 후역위무곡.

(高宗曉聲律, 聞風聲 鳥聲, 皆踏以應節. 嘗晨坐聞鶯聲, 命樂工白明達寫之爲春鶯囀, 後亦爲舞曲.)

(3) 원진(元稹, 800)의 「법곡(法曲)」 시(詩) 중에서

"화봉성침다인절(火鳳聲沈多咽絶), 춘앵전파장소색(春鶯囀罷長蕭索)…"

가견, 춘앵전화화봉사 이종악곡, 성행어초성당간, 천보난후재소헐적.

(可見, 春鶯囀和火鳳詞二種樂曲, 盛行於初盛唐間, 天寶亂後纔消歇的.)

(4) 악부시집(樂府詩集) －장호(張祜)의 「춘앵전」 시(詩)－

흥경지남류미개(興慶池南柳未開)

태진선파일지매(太眞先把一枝梅)

내인이창춘앵전(內人已唱春鶯囀)

---

2) 우세남(虞世南, ?~638) : 당・태종 정관(貞觀)12년.
3) 당・고종(650~683).

화하사사연무래(花下傞傞軟舞來)

2. 일본문헌

1) 일본『화명초和名抄』, 승평承平 4년(934)

춘앵전은 일본 아악의 일월조一越調의 악곡명樂曲名이요, 일월초곡이라고 명시했다. 일월조는 즉 대춘앵전곡大春鶯囀曲이라 했다.

2)『동양음악사東洋音樂史』3장 ─전변상웅田邊尙雄 저─

춘앵전은 일명 〈천장보수악天長寶壽樂〉 또는 〈매화춘앵전梅花春鶯囀〉이라 하고, 역시 춘앵전은 당·태종(627~649)대에 창작된 것으로 천장보수악과 매화춘앵전이라고 한 것은 일인日人이 와전訛傳된 것이라고 밝혀 놓았다. 그리고 춘앵전이 일본에 처음 들어왔을 때는 당인唐人의 제도에 의거해서 여자가 추었고, 일본 평안조(774~1185, 794~1192) 이후부터는 남자의 춤으로 변했다고 했다.4)

「春鶯囀」, 一名「天長寶壽樂」, 又「梅花春鶯囀」.「春鶯囀」作於唐太宗時, 後兩種名稱, 亦爲日人訛稱. 據田邊尙雄所說…朝鮮李王家的雅樂, 亦有「春鶯囀」. 日人初傳「春鶯囀」時, 依唐人制度, 用女子舞之. 自平安朝後, 改爲男舞.

3)『세계무용예술사世界舞踊藝術史』제3절 ─石井 漠 저─

세계무용예술사 제3절 무악시대 당악唐樂의 영향조 중에 당악무악唐樂舞樂으로 황제皇帝, 춘앵전春鶯囀, 삼대구三臺嫗 등이 있는데 황제와 삼대구 2종은 탈춤이요, 상장속常裝束이라는 당장속唐裝束을 입고 조갑鳥甲을 쓰

---

4) 하지호(何志浩) 저,『중국무도사(中國舞蹈史)』, 239쪽.

는 무용수는 4인 이상이요, 춘앵전이 다른 무악과 다른 점은 가면을 쓰지 않고 추었다는 것이 특색이라 했다.

일본에서는 춘앵전이 가면 춤이 아닌 것을 밝혀 주었다.

3. 한국문헌

1) 조선 순조 무자년戊子年(1828), 『진작의궤進爵儀軌』

효명세자5)가 (부왕 순조대왕 섭정시) 순원숙황후純元肅皇后의 보령 40을 축하하기 위하여 창작된 작품으로 무동舞童이 처음에 담당했다.

2) 조선 순조 기축년己丑年(1829), 『진찬의궤進饌儀軌』, 여령女伶도 담당.

3) 조선 헌종 14년 무신년戊申年(1848), 『진찬의궤』

4) 조선 고종 14년(1877), 『진찬의궤』

5) 조선 고종 24년(1887), 『진찬의궤』

6) 조선 고종 30년 계사년癸巳年(1893), 『각정재무도홀기各呈才舞圖笏記』

7) 조선 고종 광무 5년 신축년辛丑年(1901), 『진연의궤進宴儀軌』

기1인妓一人이 화문석花紋席 위에서 춤을 추고 화문석 밖으로는 나가지 못한다고 하였다.

『진연의궤』 신축 권1, 악장樂章 : 춘앵전 무자(1828) 제製…

(중략)…설단석무기 1인 립어석상진퇴선전불리석상이무…

(…(中略)…設單席舞妓一人 立於席上進退旋轉不離席上而舞…)

8) 조선 고종 광무 6년 임인년壬寅年(1902), 『진찬의궤』

9) 각 『진작의궤』, 『진찬의궤』, 『진연의궤』 등에 기록.

강연, 국립국악원 월례강좌, 1980년 12월 20일, 국립국악원 연습실

---

5) 孝明世子(1809~1830).

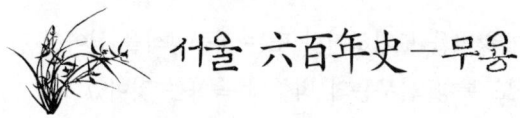
서울 六百年史 — 무용

1910년 한일합방으로 나라의 모든 제도가 바뀌어짐에 따라 악원제도樂院制度와 여악제도女樂制度도 폐지되고 왕실에 예속되어 무용을 맡았던 여령女伶과 무동舞童들도 해산되기에 이르렀다. 이렇게 해산된 악인樂人과 여령 및 무동들은 자연 전직轉職도 하고 또 일부 사람들은 그 후에 구성된 민간조직단체에 흡수되어 후진을 양성하고 직접 무대에서 활동도 하였다. 즉 이 시기에는 궁중에서 상류 계급층을 위하여 존재했던 궁중무용이 민간무용과 함께 한 무대에서 관중을 만나게 되어 민간 층을 위한 무용으로 탈바꿈하는 시기가 되었다.

한편 외국무용이 밀물처럼 들어왔는데 그 상황을 보면 바다를 건너서 일본 및 서구와 따로 대륙을 통하여서는 러시아의 '발레'와 민속무용이 들어온 것이다. 이때 들어온 외국무용을 통틀어 당시에는 신무용新舞踊이라고 불렀다. 이렇듯 주권 없는 시기에 들어오기 시작한 외국 무용은 해방 이후 한국의 현대무용과 외국무용 부분에서 그 모체적 역할을 하게 되었다고 볼 수 있다.

이 시대의 가장 특기할 사실은 무용부분에서 창작무용(按舞)이 나타나기 시작했다는 점이다. 창작무용의 유형을 보면 한국의 전통적 소재와 춤사

제1부 우리춤에 대한 想·筆·談 217

위를 이용하여 서구식 전개방법을 도입하거나 또는 서구양식을 섞어서 펼치는 것들로서 이 무용들도 통칭 신무용의 범주에 속하는 것이었다.

1. 무동정재舞童呈才의 재현과 전승과정

무동정재는 1900년 초까지도 궁중에서 여령정재女伶呈才와 어깨를 나란히 하고 향연에서 연희하던 것이다. 한일합방으로 왕실의 제도가 고쳐졌으며 장악원掌樂院의 해산과 더불어 무동정재도 궁내에서 연희할 수 없게 되었다. 그러므로 한일합방 이후부터 궁중에서 무동정재는 추어진 적이 없었고 또한 여령정재도 단절되고 말았다.

1923년 3월 25일 조선왕조 최후의 왕인 순종황제의 50세 탄신일이 되어서야 20여 년간 중단되었던 무동정재의 재현의 기회가 있게 되었다. 이왕직 아악대에서는 축연연주祝宴演奏를 준비하기 위하여 무동을 선발하였는데 제1기 아악생 중에서 2명, 제2기 아악생 중에서 9명, 아악수에서 2명으로 모두 13명이었다. 이들 13명 중에서, 아악수 2명을 제외하고는 아악생들의 연령이 최하 14세에서 최고 17세의 어린 학생들로 용모나 체격이 단정한 자들로 선정되었다.

1922년 겨울부터 춤의 학습을 시작하여 1923년 봄까지 12종의 춤을 가르쳐 창덕궁의 인정전·정전에서 있었던 탄신축하연誕辰祝賀宴에 출연하여 무사히 마침으로서 궁중무용 재현의 계기가 된 것이다. 이때 무용을 지도한 악사樂師로는 조선왕조 말 장악원掌樂院에서 대대로 궁중악과 궁중무를 세습적으로 전공한 대가들인 김영제金甯濟(아악사)·함화진咸和鎭(아악사)·이수경李壽卿(아악수장) 등이었다.

이렇게 순종의 탄신연으로 말미암아 한때 단절되었던 무동정재가 재현되어 오늘날까지 전승하게 되었고, 더욱 여령정재에 있어서도 거의 소멸 위기에 있던 때에 다시 익히게 되었음은 참으로 다행스런 일이 아닐 수 없었다. 다음으로 1923년부터 1945년까지 이르는 동안에 있어서 아악생에게 학습시킨 무용의 종류와 실연자 명단을 연도별로 열거하여 두고자 한다.

1923년도에 학습한 정재

1. 處容舞 2. 春鶯囀 3. 鳳來儀 4. 寶相舞 5. 抛毬樂 6. 響鈴舞 7. 壽延長 8. 萬壽舞 9. 舞鼓 10. 長生寶宴之舞 11. 演百福之舞 12. 佳人剪牧丹

舞童의 명단

	姓名	期別	職位	當時年齡	生存年間	備考
1	金桂善		雅樂手		1891~1944	別世
2	高永在		〃		1886~?	〃
3	朴老兒	第1期	雅樂生	15	1908.9.20~?	〃
4	李炳祜	〃	〃	〃	1908.6.9~1971	〃
5	朴聖在	第2期	〃	16	1907.1.11~1934	〃
6	朴永福	〃	〃	〃	1907.12.27~?	生存
7	徐相元	〃	〃	15	1908.12.19~1954	別世
8	姜命福	第2期	雅樂生	15	1908.12.13	別世
9	金先得	〃	〃	16	1907.7.10	
10	金點奉	〃	〃	17	1906.5.15	
11	李順奉	〃	〃	15	1908.5.26	
12	李炳星	〃	〃	14	1909.12.11	
13	金千興	〃	〃		1909.2.9	生存

위의 12종 정재의 분담은 처용무에 김계선金桂善·고영재高永在·박노아朴老兒·박성재朴聖在·이병성李炳星이 담당했고 기타 11종의 정재에는 어린 학생들이 분담해 추었는데 춘앵전은 이병호가 전담했다. 이와 같이 재현된 무동정재는 그 후 계속 연희되었으나 특히 1926년 4월에 입소한 아악생들은 이 해 6월에 있었던 순종황제의 승하昇遐와 겨울에 있었던 일본 천황의 서거逝去로 정재학습을 중단하였다가 이듬해인 1927년에 다시 시작할 수 있게 되었다. 이때에도 정재의 지도는 김영제(아악사장)·함화진(아악사)·이수경 등이 담당하였다.

1926년도에 학습한 정재

1. 處容舞 2. 響鈴舞 3. 春鶯囀 4. 壽延長 5. 萬壽舞 6. 鳳來儀 7. 舞鼓 8. 長生寶宴之舞 9. 寶相舞 10. 佳人剪牧丹

무동의 명단

	姓 名	期 別	職 位	當時年齡	生存年間	備考
1	成慶麟	第3期	雅樂生	15	1911.9.18	生存
2	李珠煥	〃	〃	17	1909.5.24	別世
3	金寶男	〃	〃	14	1912.2.10	〃
4	金岡本	〃	〃	15	1911.6.25	〃
5	太在福	〃	〃	〃	1911.3.21	〃
6	姜洛麟	〃	〃	14	1912.9.8	〃
7	王宗鎭	〃	〃	16	1910.8.5	〃
8	李點龍	〃	〃	15	1911.6.5	別世
9	高七東	〃	〃	16	1910.8.11	〃
10	李東植	〃	〃	17	1909.10.13	〃
11	奉海龍	〃	〃	15	1911.1.15	生存
12	金奉完	〃	〃	14	1912.12.23	別世
13	朴昌鎭	〃	〃	15	1911.10.24	〃
14	金景龍	〃	〃	16	1919.7.29	〃

이상과 같이 제3기 아악생은 제1차로 1923연대에 학습되어진 정재 중의 10종을 거의 이어 받아 순종이 생존하고 있을 당시에는 창덕궁에서 연희를 하였고 그 뒤 영친왕英親王이 환국還國했을 때에 연희하는 등 계속 전승되어 왔다.

다음으로 1931년에 제4기로 입소한 아악생들도 정재를 학습하였는데 이때에는 앞서의 제1·2차 때와는 달리 정재의 종류가 많이 줄어들었다. 그때의 정재의 명칭과 무동명단은 아래와 같고 무용지도는 김영제와 이수경이 맡았다.

1931년도에 학습한 정재

1. 處容舞 2. 響鈴舞 3. 長生寶宴之舞 4. 佳人剪牧丹

무동의 명단

	姓名	期別	職位	當時年齡	生存年間	備考
1	金喆永	第4期	雅樂生	15	1916.10.28	生存
2	金成泰	〃	〃	14	1917.11.15	〃
3	李德煥	〃	〃	13	1918.3.24	別世
4	金星振	〃	〃	15	1916.12.30	生存
5	金鎭煥	〃	〃	13	1918.2.24	別世
6	金海映	〃	〃	15	1916.5.10	〃
7	李昌奎	〃	〃	13	1918.12.5	生存
8	張師勛	〃	〃	16	1915.8.15	生存
9	朱聖培	〃	〃	15	1916.8.16	〃
10	金俊鉉	〃	〃	13	1918.4.10	別世
11	金琪洙	〃	〃	14	1917.11.22	生存
12	金永善	〃	〃	〃	1917.2.20	〃
13	崔義植	〃	〃	15	1916.7.13	未詳
14	洪元基	〃	〃	13	1918.11.10	生存

제4기 아악생이 학습한 정재의 수가 영세한 것과 같이 제5기 아악생이 학습한 정재도 불과 몇 종에 미치지 못하고 무동의 수도 매우 열세한 편이었다. 무용지도는 이수경이 담당하였다.

1936년도에 학습한 정재
1. 處容舞 2. 響鈴舞 3. 長生寶宴之舞

무동의 명단

	姓名	期別	職位	當時年齡
1	金泰變	第5期	雅樂生	14
2	洪元基	〃	〃	〃
3	李長成	〃	〃	15
4	朴性遠	〃	〃	14
5	張興基	〃	〃	15

제2차 세계대전으로 전 세계가 온통 전쟁의 소용돌이 속에 휘말려 있을 때에도 제6기 아악생을 모집하여 음악과 정재를 학습시켰다. 그러나 이 해 역시 많은 종류의 정재는 전습시키지 못하고 불과 몇 종에 지나지 않았지

만 처용무만은 제외되지 않고 계속 전수되었다. 그리고 무용지도는 김보남金寶男이 담당하였다.

1946년도 제6기 아악생의 명단은 아래와 같다.

무동의 명단

	姓名	期別	職位	當時年齡	生存年間	備考
1	李康德	第6期	雅樂生	13	1928.11.24	處容舞 外
2	柳永秀	〃	〃	15	1926.11.14	〃
3	朴鍾旭	〃	〃	13	1928.10.15	〃
4	尹喆泳	〃	〃	15	1926.11.21	〃
5	金湘振	〃	〃	14	1927.8.15	呈才
6	金鍾聲	〃	〃	14	1927.9.5	
7	韓文敎	〃	〃	13	1928.4.13	處容舞 外
8	黃芝淵	〃	〃	14	1927.1.16	〃
9	金寶榮	〃	〃	〃	1927.12.10	〃
10	金德文	〃	〃	13	1928.10.23	呈才

전술한 바와 같이 궁중무용인 무동정재는 조선말(1902년)까지 궁중에서만 연희되다가 그 후 20년간 중단된 후 1923년부터 1941년까지 몇 차례의 정전공연正殿公演 등으로 무동정재의 수효와 명단이 계속 바뀌면서 아악부에서 전승되었는데 그 동안에 총 56명의 아악생이 배출되어 해방 이후까지 계승된 것이다.

끝으로 무동정재가 연희되어진 곳을 살펴보면 국내에서는 거의 창덕궁 인정전을 중심으로 공연을 가졌고 외부 공연으로는 1933년 국제연맹조사단國際聯盟調査團의 '릿톤' 경卿 일행이 내한했을 때 신용산(현 국방부 뒤) 총독관저總督官邸에서 만찬회가 열렸을 때 음악과 정재 2종목이 공연되었다. 또 한번은 부민관府民館(현 세종문화회관별관)에서 궁중악과 처용무가 연희된 적이 있고 외국공연으로는 1924년 겨울에 일본공연을 약 2주일간 가진 일이 있었다.

일본공연 때의 단원명단과 담당한 무용 및 악기는 아래와 같다.

1924년 일본공연 명단

	職分	姓名	職位	擔當分野
1	引率者	金寗濟	雅樂師	
2	團員	金桂善	雅樂手	大 笒・處容舞
3	〃	高永在	〃	〃
4	〃	金壽天	〃	杖　　鼓
5	〃	金得吉	〃	피　　리
6	〃	明鏑震	〃	가　야　금
7	〃	朴昌均	〃	당　　적
8	〃	朴三釗	〃	해금・아쟁
9	〃	朴老兒	雅樂生	舞　　踊
10	〃	李炳祜	〃	〃
11	〃	朴聖在	〃	〃
12	〃	金先得	〃	〃
13	〃	李炳星	〃	〃

2. 여령정재女伶呈才의 변천

여령정재도 무동정재와 다를 바 없이 1900년대 초까지 궁중 내에서 연희되어 왔다. 무동정재는 외부사회와는 관계를 끊고 대궐 밖에서는 일체 연희되지 못한 데 반하여 여령정재는 궁내에서의 행사를 치른 후에는 자유로이 생활할 수 있었고 외부에서의 가무활동도 허용되었다. 그러나 이들의 활동영역은 국한된 것으로 일부 특수계층을 위해 춤추고 노래 불렀다. 그러므로 여령정재는 무동정재의 경우와는 정반대로 궁중에 예속되어 있는 신분임에도 불구하고 민간사회에 나가서 무악으로 활동할 수 있었던 것이다.

여기서 하나의 실례를 들면 1902년 가을 고종등극高宗登極 40년을 기념하고 축하하는 칭경식稱慶式을 거행하기 위하여 희대戱臺(원각사)라는 극장이 건립되었고 이와 아울러 궁내부 관할 하에 설치된 협률사協律社라는 기관에는 기생妓生·재인才人·창우倡優·무동舞童 등이 구성 인원이었다. 이 해 겨울 희대개관戱臺開館 공연 프로그램에는 관기官妓들의 궁중무가 들어 있었고 이어 민속무 탈춤 등도 같이 등장하였다.[1]

전기前記한 희대(원각사) 무대에서 여기들에 의해 연희된 무용종류는 아래와 같았다.

牙拍舞·大鼓舞·抛毬樂·佳人剪牧丹·項莊舞·舞山香·春鶯囀

이와 같이 궁중정재는 구중궁궐九重宮闕 깊은 속에 묻혀만 있던 것이 1902년 여기들의 활동이 외부에 알려지기 시작한 것을 기회 삼아 1910년까지 그 활동이 계속되었다.[2] 그리고 나중에는 지방으로까지 흥행興行을 떠나 각지를 순회하다가 1914년경에 해산되었다. 물론 협률사協律社에서 무용을 담당한 여기女妓들은 적은 인원으로 당시 궁중에 적籍을 둔 여기에 비하면 그 수가 지극히 적었고 무용 또한 종류가 많지 못하였다. 이것은 무용수가 적은 것에도 문제가 있지만 무엇보다도 당시 협률사의 경제적 사정에 연유緣由한 것 같았다. 그래서 경비가 덜 드는 간단한 의상에 간편한 도구를 사용하는 무용으로만 선정해서 추었을 것으로 짐작된다. 이것을 뒷받침하는 사례로는 1902년의 구극단체舊劇團體 공연에서 한결같이 방대하고 복잡한 무구舞具가 소요되지 않는 승무僧舞·검무劍舞·한량무閑良舞 등을 추었던 것을 들 수 있다.

그 당시 원각사 무대로 진출한 여기들의 활동상을 몇 가지 살펴보고자 한다. 1912년에 박승필朴承弼(현 단성사의 옛 주인)이 광무대光武臺를 건축하여 유일한 구극舊劇의 극장을 세웠는데 여기에서는 고전음악·광대 줄타기·기생의 가무·재담·검무 등과 어울려 춘향전春香傳·심청전沈淸傳·백상화가白上畵歌·흥부가興夫歌 등의 구극이 상연되었다.[3] 광무대는 구극

---

1) 李杜鉉, 『韓國演劇史』(1979), 141쪽.
2) 趙元庚, 『舞踊藝術』(1967), 119쪽.

공연을 위주로 하는 극장으로 공연한 종목 중에는 기생의 가무와 검무가 들어있었으나 춤의 종류는 분명치 않다. 그 후 이곳이 1930년 화재로 회신 灰燼될 때까지 18년 동안 구극흥행을 계속했음을 알 수 있다.4) 그리하여 이 광무대의 소실燒失을 계기로 하여 궁중정재가 민간으로 파급되었다고 볼 수 있다. 그 후 구극은 서울 종로 5가에 있던 미나포(후의 제일극장)와 만리동萬里洞 고개에 있던 흥용극장興龍劇場과 지방에 개설된 가설극장假設劇場에서 공연되어 8·15해방 이후까지 계속해 내려왔다.

1910년 이후 관기제도官妓制度가 폐지됨에 따라 사단법인 한국정악원韓國正樂院이 창설되었다. 이 단체는 1910년에 발족한 정악연구단체正樂硏究團體인 조양구락부朝陽俱樂部가 1912년에 조선정악전습소朝鮮正樂傳習所로 개칭되고 초대 소장에 하규일河圭一이 취임하고 전습소에 여악분원女樂分院을 두기로 되어 있었다. 그리하여 1912년에 비로소 여기에게 가무를 교습시키는 여악분원이 두어지게 되었다. 이 여악분원은 1914년에 새로 발족한 조선기생조합朝鮮妓生組合의 모체가 되었고 정악전습소장 하규일이 이 조합의 통수統首로 되어 조합 전체를 통괄 운영하면서 1940년대까지 화류계의 발전과 예능지도에 심혈을 기울였다. 이 시기에 학습하고 연희된 춤들은 춘앵전春鶯囀·무산향舞山香·무고舞鼓·검무劍舞·항장무項莊舞·포구락抛毬樂·가인전목단佳人剪牧丹·남무男舞·헌천화獻天花·사자무獅子舞·선유락船遊樂·고구려무高句麗舞·연화대무蓮花臺舞·봉래의鳳來儀·수연장壽延長·오양선五羊仙 등이었다. 그리고 하나 새로이 등장된 춤으로 정방별곡正方別曲·사고무四鼓舞가 있었는데 이 춤은 하규일이 창작한 춤으로 사각으로 된 북틀에다 각 면마다 북을 달아 놓고 4명이 4면에서 춤을 추다가 각기 북을 치고 일렬로 서서 후퇴하여 끝내는 춤이었다. 의상은 화관·몽두리에 춤사위는 정재의 것을 병용하였고 북가락은 승무에서 모방한 것이었다.

---

3) 金在喆,『朝鮮演劇史』(1939), 127쪽.
4) 위의 책.

한편 조선정악전습소 여악분원을 모체로 탄생한 기생조합은 1915년 가을 경복궁에서 개최된 공진회共進會 무대에서 여러 조합의 기생들이 출연하여 공연을 가졌는데 그 내용을 살펴보면 조선기생조합에서 출연했던 궁중무용은 봉래의·수연장·오양선·헌천화와 공진회를 기념하는 성택무聖澤舞라는 새 구성의 춤이 있었다.

한편 광교廣橋 다동茶洞 시곡권번에서는 춘광호春光好·사선무四仙舞·아박무牙拍舞·공막무公莫舞·첨수무尖袖舞·쌍승무雙僧舞·산향무山香舞 등도 공연되었다. 그 당시 경복궁에서 열린 공진회를 기념하기 위하여 연출된 성택무의 내용을 설명하자면 궁중정재와는 달리 새 구성의 성택무는 기생 13명이 13도를 상징하는 각기 다른 복식을 입은 것이 특이하였다. 즉 강원도와 경북은 청색의를 입고 동방에 위치하며, 경남·전북은 홍색의를 입고 남방에 위치하며, 전남·충남은 분홍색의를 입고 서남지간에, 충북은 연두색의를 입고 중서지간에 위치하며, 평남·평북은 백색의를 입고 서방에 위치한다. 함남·함북은 흑색의를 입고 북방에 위치하며 경기는 황색의를 입고 중앙에 위치하여 춤을 추었다고 되어있다.[5]

위의 글로써 궁중정재 10종과 민속무용 1종, 신작무용 1종이 1915년도에 공연된 것을 알 수 있다. 그리고 이 중에 새로 창작된 성택무는 1900년대 이후 기녀계 최초의 작품으로 볼 수 있다. 그리하여 기생조합은 설립이후 무용분야에서 특별히 내세울 수 있을 만한 활동도 없이 지내다가 1920년대에 이르러 조합의 이름들이 일본식으로 고쳐져 다동조합茶洞組合이 조선권번朝鮮券番으로, 광교조합廣橋組合이 한성권번漢城券番으로, 시곡조합이 한남권번漢南券番으로 일컬어짐에 따라 무용활동을 일으키게 되었다.

이때 기생들의 예능활동은 점점 위축되어 넓은 극장무대가 아닌 주로 큰 요리점의 작은 무대로 옮겨지게 되었다. 이러한 관계로 춤의 종류도

---

5) 趙元庚, 앞의 책, 123~124쪽.

점차 축소되어 겨우 춘앵전·검무·승무·사고무·장생보연지무·무고 등에 불과하였고 내용마저도 제한된 시간관계로 길고 지루한 대목은 전부 삭제되어 원래의 궁중정재 모습을 찾아 볼 수 없을 정도로 감축되고 변질되기에 이르렀다. 다만 각 권번券番에서는 봄·가을로 기생들이 권번에서 배우고 익힌 기예들을 간추려 온습회溫習會란 명목으로 단성사·조선극장·우미관 등에서 발표회를 열어 일반인에게 공개하는 정도가 고작이었다. 그 후 1935년에 경복궁에서 있었던 산업박람회 기간에 공연된 무용활동 이 외에는 이들의 무용활동이 저조하였다가 1938년 이후 일어난 중일전쟁·태평양전쟁 등으로 유흥업체인 요리점들이 폐쇄됨에 따라 권번이 해산되었으므로 기생들의 무용활동은 종지부를 찍게 되었다.

끝으로 1910년부터 1940년까지 무용활동을 한 기녀 명단과 무용의 종류는 다음과 같다.

조선권번朝鮮券番에서 무용을 학습한 기녀명단

	姓名	學習內容		姓名	學習內容		姓名	學習內容		姓名	學習內容
1	李蘭香		15	金蕉紅	舞踊·歌曲	29	李又斤順		43	李春子	
2	玄梅紅	舞踊·歌曲	16	金一順		30	李暎蓮		44	趙花子	
3	金水晶	〃	17	明今奉		31	朴蘭玉		45	金桃紅	
4	金一德		18	安翡翠	舞踊·歌曲	32	劉和玉		46	曺今順	
5	金錦珠		19	林松林	〃	33	安仁淑		47	金春姬	
6	文山紅	〃·京畿雜歌	20	韓甲順	〃	34	金幅姬		48	金琪順	
7	孫瓊蘭	〃	21	林錦紅	〃	35	朴瓊玉		49	朴明子	
8	金眞香	〃	22	金玉葉		36	李長順		50	張錦子	
9	金花香	舞踊	23	姜蓮香		37	李銀姬		51	崔貞愛	
10	李月色	〃	24	張玉花		38	李瓊愛		52	張明壽	
11	徐山玉	〃	25	李玉瓊		39	干明玉		53	黃菊香	
12	安鶴仙	〃	26	朴壽未		40	李瓊香				
13	權花容		27	金芙蓉		41	李春心				
14	河蓮心		28	朴鳳任		42	鄭錦				

※ 지도는 하규일(河圭一)

무용종류
1. 鳳來儀 2. 壽延長 3. 五羊仙 4. 正方別曲 5. 抛毬樂 6.獅子舞 7. 船遊樂 8. 高句麗舞 9. 獻天花 10. 春鶯囀 11. 舞鼓 12. 劍舞 13. 長生寶宴之舞 14. 項莊舞 15. 四鼓舞 16. 佳人剪牧丹 17. 男舞 18. 蓮花臺舞

한성권번漢城券番에서 무용을 학습한 기녀

	姓名	學習內容	舞踊種類	指導先生
1	이자인	舞踊	春光好 四仙舞 牙拍舞 公莫舞 尖袖舞 山香舞 雙僧舞	張桂春 黃鍾淳

종로권번鍾路券番에서 무용을 학습한 기녀

	姓名	學習內容	舞踊種類	指導先生
1	문유색	僧 舞	劍 舞·春鶯囀 四鼓舞·僧 舞	朴聖在 李珠煥 朴老兒
2	송도홍			
3	안정옥			
4	김명순			
5	김부용			
6	김화영			
7	박미화	僧 舞		

3. 민속무용民俗舞踊의 동향

1902년에 협률사가 원각사 무대에서 공연을 가질 때 이미 그 공연종목 중에는 민속무용의 일부가 들어있었는데 이제까지 넓은 마당이 아니면 대청마루나 방 안에서 추던 민속무용들이 현대적인 개념의 무대 위에서 펼쳐진 것은 이때부터 효시가 된다고 할 수 있다. 그 후 원각사 무대에서는 구극 공연만 있으면 의례히 민속무용이 연극되었다.

일반 기녀들의 민속무로는 승무·농악·살풀이 등이 전형적인 민속무와 이제까지 야외무대에서나 상연되던 여러 고을의 탈춤인 가면무극假面

舞劇이 상연되기도 하였다. 이러한 춤들은 단독으로 공연되는 것이 아니라 명창대회격인 판소리 연주회에 곁들여진 것이었다.6) 이렇게 선보인 민속무용은 그 후 신축된 광무대·단성사와 1922년에 개관된 조선극장(인사동 소재) 및 성城내외 가설극장 무대에서 경기도 명창들의 소리와 가야금 병창, 재담, 병신타령, 줄타기 등 종합된 프로그램과 함께 공연활동을 하였다. 이때에 등장된 무용으로는 승무·검무·한량무 등이 고작이었다.

여기에서 당시 민속무의 주역으로 활약했던 대가 한성준韓成俊(1874~1941)의 생애에 대해 알아보고자 한다.

한성준은 1874년 6월 12일 충남 홍성군 홍성골에서 출생하여 8, 9세 때부터 외조부 백운채白雲彩로부터 북 치는 법과 춤추는 일을 배우고 14세 때에는 홍성洪城 서학조徐學祖에게서 줄과 재주를 배웠다. 어려서부터 춤과 북 장단뿐만 아니라 땅재주와 줄타기까지 배워 20세 전후에는 일가를 이루었다. 그는 1920년대까지만 해도 고수로 명성을 날리다가 조선음악무용연구회朝鮮音樂舞踊硏究會를 조직한 1934년부터 직접 춤을 지도하게 됨에 따라 본격적인 무용생활이 시작되었다. 그리하여 그는 우리나라에서 최초로 무용소를 개소하여 민속무를 지도한 선구적인 공로자였다.

한성준은 1934년에 무용만을 전문으로 가르치는 조선무용연구소를 열어 많은 제자를 양성하여 이듬해에는 부민관에서 제자들과 함께 한성준 무용발표회를 가졌다. 당시로서는 한국무용만을 가지고 발표공연을 갖는다는 것은 퍽 희귀하게 생각되던 행사이었다. 이때 공연의 주요 작품은 재래의 민속무인 승무·신선무·검무·한량무·살풀이춤·농악무이고 새로이 등장된 춤으로는 발라무鉢羅舞·사공무沙工舞·학무鶴舞 등이 있었다.7)

그의 수제자로는 이강선李剛仙, 장홍심張紅心, 한영숙韓英淑, 강선영姜善泳 등이 있었다. 1940년에 그는 제자들을 거느리고 일본에 건너가 동경을 비롯한 주요 도시를 순회 공연함으로써 그의 무용을 일본에 소개하였다.

---
6) 위의 책, 120쪽.
7) 위의 책, 195쪽.

한성준의 무용에 대하여 조원경은 "한성준의 무용은 멋과 흥에 겨우며 싱그러운 것이 특징이었다"라고 말하고 있다.

그가 민속무용을 가지고 활발하게 활동한 시기는 1908년의 원각사 무대를 시발점으로 하여 1941년까지 40여 년간으로서 경향각지京鄕各地의 극장 혹은 가설극장 무대에서 계속 흥행한 세련되고 틀이 잡힌 민속무용을 이룩하였다.

다만 한 가지 아쉬운 점이 있다면 종목의 열세를 들 수 있을 것이다. 1930년대에 한성준의 문하에서 무용을 배우고 활동한 사람들은 박월선朴月仙·최명옥崔明玉·임명옥林明玉·이강선李剛仙·임소향林素香·문유색文柳色·장홍심張紅心·한영숙韓英淑·강선영姜善泳 등이었다. 그리고 그는 1915년에 시작된 각 기생조합(권번)에서 승무를 담당 교습하여 1945년에 이르기까지 승무를 춘다는 사람들은 대부분 그에게서 수학한 사람들이었다.

4. 신무용의 출현

일제시대의 무용은 재래의 전통무용 이 외에 수입된 외국무용과 한국에서 창작된 무용으로 구분할 수 있다. 신무용新舞踊이란 신문물과 함께 외국에서 들어온 외국무용을 일컫는 말이나 그 후 국내에서 창작된 것까지 포함하여 신무용이라고 불렀다. 엄격하게 신무용이라면 창작무용을 들어야 하고 외국무용은 따로 분리하여야 하나 여기서는 그 시대의 시대적 용어인 신무용에 외국무용을 포함해서 설명하고자 한다.

신무용이 처음 우리나라에 선을 보인 것은 3·1운동의 기운이 채 가시지 않은 1920년의 일로서 노령露領 블라디보스톡에 있던 우리 유학생이 고국을 방문하여 음악과 노국露國 민속무용을 추어 관중의 눈길을 끌었는데 이것이 외국의 민속무용이 소개된 최초의 일이다.[8] 그리하여 이때부터 우리나라에서는 이 러시아 민속무용인 '코-팍춤'이 유행되기 시작하여 각종 음악무도회에 등장했으며 이와 때를 같이 하여 체육댄스, 사교춤 등이 전파되어 일반인과 청년층에서 유행하게 되었다. 당시 사회 관념으로는 춤은 바르게 평가되지 못하고 있었는데 외국무용의 수입으로 말미암아 기생·광대·재인만이 추는 것이 아니라는 점을 인식시켜 주었다 할 것이다.

그 후 '코-팍댄스'와 사교춤은 화류계로 침투되어 각 권번에서 교습시키기 시작했는데 이때 만주에서 철도국에 다니던 윤국(본명 : 尹恩錫), 김용범, 안세민, 지용 등에 의해 지도되었다. 그리고 무대에서 출 수 있는 무용으로 '레뷰식'의 춤을 작품화해서 학습시키기도 했다.9) 따라서 고급요정, 박람회, 연예무대 혹은 권번 자체행사인 온습회 무대에서도 신무용을 추게 되었다. 이것이 바로 1939년대에 시작된 가극단·악극단을 생기게 한 근원이 되었다. 그리하여 이 단체들의 활동은 제2차 세계대전이 가열될 때에는 군대의 위문공연을 겸하면서 1945년 해방을 맞이할 때까지 계속되었다.10)

이와 같은 외국무용들의 출현으로 일반국민들의 춤에 대한 인식과 감정이 달라지고 새로워져서 일반화되는 방향으로 조성되어 갔다. 그러나 본격적으로 우리나라에 무용다운 무용이 선을 보인 때는 1926년이었다. 일본인 현대무용가 石井 漠이 내한 제1회 무용발표공연을 연 것이 바로 이해였다. 이때 공연된 무용의 예술성, 음악의 조화, 화려한 장치와 찬란한 의상, 다양한 조명과 무용도구 등은 무대예술로서 모든 조건이 구비되었던 것으로 외국 예술무용의 본격적인 등장을 이때부터로 보는 것이 타당할 것이다.11)

그 후 石井 漠은 계속해서 1927년, 1928년, 1930년의 3년간에 걸친 내한 공연으로 현대무용의 불모지인 우리나라 무용계에 많은 영향을 주었으며

---

8) 위의 책, 125쪽.
9) 위의 책, 127쪽.
10) 黃文平, 「歌謠 50年史」, 『韓國演藝年鑑』, 104쪽.
11) 趙元庚, 앞의 책, 149쪽.

무용에 대한 새로운 인식을 갖게 하여 한국의 현대무용이 싹트기 시작한 것이다. 더욱이 石井 漠의 내한공연을 계기로 우리나라 사람으로는 최승희崔承喜·조택원趙澤元·김민자金敏子·조용자趙勇子 등이 그 문하에 들어가 무용을 배우고 귀국하여 1930년부터 1940년까지 활발한 활동으로 우리나라 무용발전에 큰 역할을 하였다.

한편 우리나라에서의 '발레'의 첫 공연은 제정帝政 러시아의 망명 무희 에리아나 파브로바가 1931년 서울 희악관喜樂舘에서 가진 공연으로 러시아의 전통적이고 본격적인 발레를 보여주었다. 그녀는 일본에 러시아 발레를 보급시키기 위해 20년 동안 진력한 무용가로서 중국 만주를 거쳐 일본으로 돌아가는 길에 한국에 와서 그의 고전 발레에 대한 훌륭한 예술성을 보여 준 것이다. 이 에리아나 파브로바의 내한 공연은 몇 개의 영향을 가져왔다.

첫째, 〈빈사瀕死의 백조〉를 위시한 전통적인 고전발레의 소개가 되었다는 점.

둘째, 소품이 아닌 발레(무용극)의 실지 공연이란 점.

셋째, 무대화된 西歐의 민속무용이라는 점.

넷째, 발레 기교를 닮은 사람들이 대중무용(재즈와 레뷰적인 것) 등과 비교가 되었고 먼저 내한하여 소개한 바 있는 石井 漠의 창작무용과는 좋은 대조로 의의가 있었음을 지적할 수 있다.[12]

다음으로 프랑스 무용가 알렉산더·사카로후 부처夫妻의 내한 공연이 있었다. 사카로후 부처의 공연은 각 신문에서 최대의 찬사를 받았으며 근대무용의 대두이래 금자탑을 이룬 세계적인 무용 시인이라는 격찬을 받았다. 그리고 1928년에 있었던 독일 출신 훳디 부인의 내한 공연은 서구 발레의 향취를 풍기는 좋은 기회가 되었다. 이 해 3월에는 일본인 무용가 鳥藤이 주로 러시아 민속무용을 소개하였고 10월에는 藤田繁와 堺千代子

---

12) 위의 책, 156~157쪽.

가 내한 공연을 가졌는데 堺千代子는 토우·댄스의 명수였다.13)

이리하여 한국에서의 발레 공연은 1924년부터 1931년까지 7년간에 4회나 있었으나 겨우 발레를 한국에 소개한 것에 불과했으며 이때에 발레를 완전히 정착시키지는 못하였다. 그런데 1943년을 전후하여 한국사람으로 이 땅에 처음 발레를 가져 온 사람은 6·25 때 납북 당한 한동인韓東人·정지수鄭志樹 등이었다.

5. 무용가들의 활동

1930년대를 전후한 우리나라 무용인들의 활동상황을 살펴보면 먼저 1928년에 있었던 배구자裵龜子(1902~)의 신무용 발표회를 들 수 있다. 배구자의 무용은 예술적인 각도에서는 문제가 있지만 신무용 공연을 최초로 시도한 무용인으로서 우리의 신무용사상 선구적인 역할 을 하였다. 첫 번 공연의 프로그램은 기악과 성악이 혼성된 것으로 무용 7종을 그가 혼자 추었다. 이 공연 결과에 대하여 조원경은 이렇게 말하고 있다.

> 裵龜子 1회 공연의 무용들은 비록 예술성이 희박한 것들이었으나 어찌 되었던 西洋舞踊을 처음 舞蹈會라는 형식으로 소개 연희한 사실은 藝術性을 떠나서도 뚜렷한 선구자로서의 그 가치를 인정하지 않을 수 없으며 더구나 아리랑을 自作自演하는 등의 시도에 이르러서는 더욱 그의 선구적 활동에 주목하지 않을 수 없다.14)

신무용사상 최초로 공연된 배구자의 당시 프로그램 내용은 다음과 같다.

---

13)『京城日報』1928년 10월 25일자.
14) 趙元庚, 앞의 책, 135쪽.

第1부 : (1) 舞踊 〈유모레스크〉-裵龜子
　　　　(2) 바이올린독주 〈그 나라에서〉-휴쓰
　　　　(3) 舞踊 〈집시〉-裵龜子
　　　　(4) 피아노독주 〈소나타 26〉-스튜테니
　　　　(5) 앨토독창 〈어이하리〉-裵龜子

第2부 : (6) 日本舞踊 〈櫻櫻〉-裵龜子
　　　　(7) 바이올린독주 〈愛의 노래〉, 〈簡單한 告白〉-安炳珆
　　　　(8) 舞踊 〈셀러(水夫)〉-裵龜子
　　　　(9) 舞踊 〈아리랑〉(朝鮮노래를 舞踊化한 것으로 自作自演)-裵龜子
　　　　(10) 바이올린독주 〈夜의 노래〉, 〈헝가리 댄스〉-휴쓰
　　　　(11) 舞踊 〈白鳥의 死〉-裵龜子

東亞日報, 1928년 4월 21일字

　　배구자는 그 후 계속하여 1929년 제2회 발표공연회를 가졌으며 1930년에는 일본으로 건너가 공연을 성공적으로 마치고 조선극장에서 귀국 기념 공연으로 신작 무용인 〈세계일주 무용〉의 발표회를 가졌다.
　　이어 1931년에는 우리 민요에 적합한 무용을 작품화하기도 하고 예술적인 작품과 민족무용 창작에 노력하기도 했다. 이와 같이 5년간에 걸친 그의 무용활동이 순수예술적인 차원으로 승화시키지는 못했지만 우리나라에 서양식 신무용의 첫 씨를 뿌린 선구적인 공헌과 고유한 민족무용의 창작을 기도한 선각자적 노력들은 부인할 수 없는 공적이라 하겠다.[15]
　　최승희는 1926년에 일본 무용가 石井 漠의 한국공연을 보고 무용가가 될 것을 굳게 결심하고 石井 漠을 따라 일본으로 건너갔다. 그는 2년 후인 1928년 단신 귀국하여 1929년에는 서빙고에 무용연구소를 열고 무용연구와 연구생을 지도하였으며 1930년에는 제1회 발표회를 단성사에서 열었다. 이어 지방순회 공연도 가졌으며 1932년에는 다시 일본으로 건너가 다시 石井 漠 문하에 들어갔는데 이때 동행한 사람이 김민자였다. 그리고 1934년에 일본 동경에서 제1회 무용발표회를 가져 호평을 받은 다음 일본

---

15) 위의 책, 135쪽.

각지를 순회공연하여 이름을 떨쳤으며 이어 중국 만주 등지를 순회하여 대성황을 이루고 환영을 받아 무용 공연으로서는 크게 성공하였다. 그녀는 1937년에 미주에 건너가 공연을 했는데 한설야韓雪野는 그의 무용에 나타난 그릇된 조선정취朝鮮情趣를 지적하여 이렇게 말하고 있다.

    그가 朝鮮固有의 춤에 留意하여 그것을 현대화하려는 熱意만은 우리도 極口 讚揚하는 바이며 또 同慶을 禁치 못하는 바다. 그러나 그 춤은 전혀 옛 朝鮮 사람의 戱畵에 지나지 않으며 僧舞와 劒舞도 그렇다.
    여기서는 조선인의 特性도 찾을 수 없을 뿐더러 조선인의 핏줄은 더욱 찾을 길이 없다. 다만 外國人 文明人이 옛 朝鮮을 흉내내고 우습게 하는 듯 하는 허재비의 動作이 있을 뿐이다.

그 후 최승희는 일본에서만 활동하였을 뿐 한국에 정착하지 않고 1945년까지 계속 일본에 머물렀다.

김민자(1916~)는 14세 때부터 서빙고에 있던 최승희 무용연구소에서 무용 공부를 시작한 것이 인연이 되어 1931년 최승희 무용발표회와 지방순회 공연에 참가했으며, 1932년 최승희를 따라 일본에 가서 그와 함께 무용연구소에서 갖은 고생을 참아 가며 공부한 보람으로 1934년에는 동경 무대에 설 기회를 가졌고, 1938년에는 조택원(1907~1976)이 프랑스에서 귀국하여 귀국 기념공연을 할 때 조택원의 상대역으로 이인무와 독무에 출연하여 마음껏 실력을 발휘했다. 김민자는 그 후 1940년 무용을 시작한 지 11년만에 서울에서 첫 개인 발표회를 열어 좋은 평을 받았다. 그러나 그는 그 다음 해에 악극단의 안무지도에 큰 열의를 보여 조선악극단 등 악극단 안무자로 전전하며 순수 무용예술 무대와는 인연을 끊고 8·15해방을 맞았다.

박외선(1915~)은 1930년 최승희 제1회 무용발표회 때에 고등학교 학생으로서 출연한 것을 계기로 해서 무용 공부에 뜻을 두고 동경으로 건너가 일본 동경문화원 불문학부에 적을 두는 한편 고전무용연구소에 입소해 주야로 발레공부에 피나는 노력을 하여 졸업무용발표회를 열었는데 프로그램은 모두 자작안무로 되어있었다. 그녀는 졸업을 1년 앞둔 1933년에 불문학부를 중퇴하고 무용에 더욱 정진하기 시작하여 실력이 인정되어 한국사람으로는 최초로 1934년 4월부터 동양음악학교 무용 강사로 출강했고 1935년에는 이계당二階堂 체조학교 무용 교사로 채용되었으며 그 해 4월에 제1회 무용 발표회를 가졌는데 매우 성공적이었다는 후평이 있었다. 그리고 그녀는 1936년 1월에는 일본 동보영화東寶映畵〈오야체 아까히〉에 출연함과 동시에 안무지도까지 한 바 있었다. 한편 그녀는 1935년과 1936년 사이에는 고전 일행과 더불어 대만, 중국, 만주를 순회 공연했으며 한국에서는 서울, 부산, 평양 등지에서 공연했다. 박외선은 이렇듯 한 차례의 한국공연을 제외하고는 해방 전까지 주로 일본에서 활동하였다.

박영인(1911~)은 경남 울산 출신으로 부산중학을 거쳐 일본 송강고등학교松江高等學校를 졸업하고 동경제대東京帝大 문학부 미학과 2년 재학 중에 박영인 신작 무용발표회를 열었다. 그는 일찍이 石井 漠과 미국인 루돌프 에플에게 창작적인 무용을 배웠고, 이후 그가 열심히 연구한 것은 무음악 무용이었다. 그의 주장은 무용에 있어서는 인간의 감정만이 아니라 사상까지도 표현하는 것으로 그것은 우리의 육체운동을 통하여, 즉 육체를 표현하는 소재로 삼은 것이다. 경우에 따라서는 무대상의 물체운동까지도 사용한다고 하였다.16)

그가 주장하는 무용은 발레도 무용식도 아닌 독일식 신흥무용이었다. 그는 1937년 독일의 '베틀린' 국립극장과 체육관 홀에서 발표하는 기회를 가졌고 1937년에 독일국립무용학교를 졸업한 후 이탈리아, 헝가리 등지에서 24회 공연을 가졌으며 베틀린의 독일 국립오페라극장 '함부르크·쉴레'에서 발레로 출연하였다. 1938년에 박영인은 독일 국립무용단 강사로 취

---

16) 「新舞踊의 藝術」, 『文藝』, 1935년 12월호.

임했고 독일에 있는 동안 『무용예술의 연구』라는 저서를 남겼다.17)

조택원은 무용의 자질이 있는데다 노력을 하여 대성한 사람이다. 1920년 블라디보스톡에서 고국에 온 교포 음악단의 한 사람인 시몬 박에게 '코-팍 댄스'를 배워 간간이 음악무도회에 출연하기도 하였다. 그러던 조택원은 1926년 石井 漠의 공연을 보고 느낀 바가 있어 1927년 도일하여 그의 문하에 들어가 3년간 무용을 수업한 후 1930년에 귀국하여 토월회土月會 연극의 안무를 전담하였다. 그는 1932년에 비로소 무용연구소를 설립하고 본격적으로 무용 활동을 시작했다. 이때 조택원의 연구생 가운데는 진수방·김택희 등이 있었다. 그는 1934, 1935년의 두 차례의 무용발표회를 개최했고 1936년에는 도불고별공연渡佛告別公演까지 가졌다.

그가 이와 같이 3회에 걸쳐 발표한 무용의 내용은 외국무용으로 일관되었고 상대역 무용수들은 일본에서 데려온 일녀日女들이었다. 조택원은 프랑스로 가는 도중 일본에서 1937년과 1938년에 2회의 공연을 열어 성공적인 반응을 얻었는데 이 공연에는 일본에 있던 김민자·박외선 두 사람이 상대역을 맡았다.

프랑스 체류 중에는 무용 활동이 별로 활발하지 못했고 다만 한국무용의 좋은 인상만을 그곳 사람들에게 보여 주었으며 우리의 춤이 일본 무용과는 전혀 다른 독자적인 개성과 유연하고 정적인 표현을 갖고 있다는 평을 들었다. 이어 1939년에는 한국적인 정서를 담은 〈학鶴〉이라는 창작무용으로 일본 각지를 순회하며 공연을 가져 좋은 평을 받았고 1940년에는 춘향전을 조곡組曲 형식으로 6장으로 나누어 무용화하였는데 1장 방자표표房子飄飄, 2장 춘향란만春香爛漫, 3장 몽용춘흥夢龍春興, 4장 광한루애가廣寒樓愛歌, 5장 춘향수난春香受難, 6장 재회장관再會壯觀으로 극적 구성을 가미한 고전 발레적인 양식을 응용한 작품이었다.18) 1941년에는 친일적인 무용극 〈부여회상곡扶餘回想曲〉을 창작하여 그의 안무 연출로 공연하였다.

---

17) 趙元庚, 앞의 책, 190쪽.
18) 위의 책, 178~199쪽.

조택원의 무용을 분석해 보면 1934년부터 1937년까지는 石井 漠 무용의 테두리를 벗어나지 못하다가 프랑스에서 돌아온 후부터 작품의 경향과 소재의 선택하는 방향이 다양해져서 작품의 내용과 제목까지도 한국적인 취향으로 변해간 것을 느낄 수 있었다. 이러한 조택원의 공연활동이나 작품의 비교적 우수하고 성숙했던 시기는 1937년부터 1941년까지의 약 5년간 정도였다.

『서울 六百年史 - 무용』, 서울특별시 발간, 1981년 12월 31일

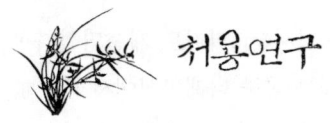

처용연구

 현행하는 처용무는 신라 제49대 헌강왕憲康王(875~885) 때에 그 발생의 연원淵源을 두고 전해오는 춤으로서, 현재 전하는 궁중정재宮中呈才 중 가장 역사적 시원始原이 오랜 춤에 속한다.1)

 처음에는 한 사람이 추었던 것으로 노래를 부르며 가면을 쓰고 추게 된 것이다.2) 그 뒤 신라 말 50년간을 지나 고려 초에는 범국가적인 팔관회八關會, 연등회燃燈會에서 실행한 흔적이 보이고3) 또한 고려 말까지 470여 년간을 끊이지 않고 계속 한사람에 의해 추어진 것으로 되어 있다.4) 조선왕조에 들어 와서는 태조太祖(1392~1398) 초에서 태종太宗(1401~1418) 때를 전후해서 여러 차례 산붕결채山棚結綵하고 진설進設한 나례잡희儺禮雜戱와 산대잡희山臺雜戱 중에 들어 있었을 것으로 짐작되며, 2인이 추는 쌍처용무雙處容舞로까지 변형되었을 가능성마저 보이기도 한다.5) 그 후 세종世宗(1419~1450) 때에 와서 더욱 발전되고 변모되어 5인이 추는 오방처용무五方

---

1) 『三國遺事』卷二. 處容郎 望海寺條.
2) 『東京雜記』.
3) 李穡 著, 『牧隱集』三十二.
4) 李崇仁 著, 『陶隱集』(1404).
5) 『時用鄕樂譜』雜處容.

處容舞로 확대 되었고, 또 악곡樂曲과 부르는 가사歌詞까지도 개선되었다.6) 그리고 20여 년 후인 성종成宗(1470~1494) 대에는 궁중 나례의식에서 학무鶴舞와 연화대무蓮花臺舞와 합설하여 일대창무극一大唱舞劇으로 재구성되어 추어지기에 이르렀다.7) 이렇게 대규모로 발전 향상된 처용무는 역대로 궁중의 나례는 물론 진연進宴에서 연행되면서 연면連綿히 계승되어 조선말 고종高宗(1864~1907) 때까지 전해 내려왔다.

이 처용무가 1910년 경술국치庚戌國恥로 인해 중단된 위기에 놓이기도 하였으나 천행天幸으로 1923년경 이왕직아악부李王職雅樂部에서 아악생들에게 학습하게 한 것이 절호의 계기가 되어 그 후 계속해서 아악생에게 지도시켜 1945년 해방될 때까지 명맥을 이어 왔다.

1951년 국립국악원이 개창되고 1955년 부설 국악사양성소國樂士養成所(現 國立 國樂高等學校 前身)가 설치되어 양성소 학생들에게 지도했으며, 국립국악원을 중심으로 아악부 출신들에 의해 연희·계승되어왔다. 이것이 1971년 중요무형문화재重要無形文化財 제39호로 지정되어 국가적인 차원에서 보호 육성되고 있는데, 그동안 양성시킨 이수자가 10여 명에 달한다.

이제 처용무의 자세한 발생 연원과 전승과정을 각종 문헌을 통해 알아보기로 하자.

첫째, 『삼국유사』 권2 처용랑處容郞 망해사조望海寺條에 보면 신라 헌강왕憲康王(875~886) 때 동쪽 바닷가인 울주蔚州에서 발생된 것으로 나와 있고, 그 내용을 살펴보면 이 춤의 발생과 아울러 여러 설화의 발생도 함께 보여주고 있다.

용신설화龍神說話 : 海神
용의 작희作戱로 동해변에 구름이 끼고 안개가 자욱하여지면서 지척을

---

6) 成俔 著, 『慵齋叢話』 卷一.
7) 成俔 著, 『樂學軌範』(成宗 24年(1493)).

가릴 수 없게한 것[雲霧冥曀]과 왕이 용을 위해 불사佛寺를 창건하도록 명령을 내리자[爲龍創佛寺近境] 구름과 안개가 흩어진 것.

포구浦口의 이름
구름이 거치고 안개가 흩어졌다 해서 개운포開運浦란 이름이 생긴 것
[雲開霧散因名開雲浦]

음악과 춤의 발생
용왕이 일곱 아들[七子]을 거느리고 왕 앞에 나타나[龍喜乃率七子現於駕前] 왕의 덕을 칭송하고 춤과 음악을 연주했다는 것[讚德舞獻樂奏樂]에서 춤과 음악이 생긴 것.

시가詩歌의 발생
처용이 그의 처와 역신이 동침하는 것[見寢二人]을 보고도 오히려 노래 부르며 춤을 추면서 물러간 것[乃唱歌舞而退]에서 시가가 생긴 것.

역신疫神을 막는 풍속
역신이 처용의 형상을 그려 붙인 문안에는 들어가지 않는다는 것[見畫公之形容不入其門]에서 그 뒤 벽사진경僻邪進慶의 풍습이 생긴 것.

불사佛寺의 창건
동쪽 좋은 지역을 가리어 망해사를 창건하여 불사佛寺를 고무 선양한 것
[東鬱勝地置寺曰望海寺]

처용의 명칭
용왕의 아들 하나가 처용이란 이름을 갖게 된 것[其一子隨駕入京輔佐王政名曰處容]을 지적할 수 있다. 이와 같이 많은 설화를 파생시키고 발생된 처

용무는 처음에는 한 사람이 가면을 쓰고 춘 것으로 『동경잡기東京雜記』 (1966년 간행)에도 실려 있다.

내용인 즉 신라 수도인 경주에서 처용이 달 밝은 밤이면 거리에서 노래를 부르며 춤추었다 하였고[處容每月夜歌舞於市] 이 일로 연유해서 처용가와 처용무가 발생되었으며 가면을 쓰고 놀았다고 하였다[因作處容歌處容舞假面戲之].8) 『동경잡기』는 제작연대가 훨씬 후대인 1669년대이지만 그 책의 내용은 신라시대의 수도인 경주의 사적史蹟을 수록한 동경지東京誌를 증수한 것이다. 그렇기 때문에 처용무가 신라 때 가면을 쓰고 1인이 노래를 부르며 추었던 것을 확연히 알 수 있다.

고려 시대로 내려와서는 『고려사高麗史』 권71지 권35의 악2 처용조에는 시대, 장소, 처용이란 이름에 있어서는 『삼국유사』 처용랑 망해사조 기록과 일치되고[新羅憲康王遊鶴城還至開雲浦…中略…從王入京自號處容…生略…] 다만 출현한 인원이 1명이고 기이한 형상의 사람이라고 했다[忽有一人奇形]. 그리고 용에 대한 말은 없고 신인神人이라고 한 것이 다른 점이다[以爲神人]. 또한 이 춤의 내용을 풀어 지은 이제현(호는 益齊, 1287~1367)의 시詩가 실려 있는데, 신라와 처용이라는 명문名文이 있고 동해 중에서 왔다는 문구가 들어 있다[新羅昔日處容翁見說來從東海中].

한편 가면을 사용했는지의 여부는 정확히 분간할 수 없으나 안면顔面에 대한 것이 설명되었으며, 역시 밝은 달밤에 노래를 불렀다는 것[見齒頹唇歌月夜]과 춤의 태도와 의복의 색조까지도 약간 밝혀주었다[肩袖紫舞春風].

뿐만 아니라 건국 초부터 실시되는 연등회와 팔관회 등에서 의례히 결채붕양소結綵棚兩所하고 백희가무百戲歌舞가 행하였으며9) 이 가운데에 처용무가 들어 있었다는 것을 짐작하게 하는 기록은 산대극을 보고 목은牧隱 이색李穡(1328~1396)이 지은 시에서 찾아 볼 수 있다[處容彩袖遂風廻].10)

---

8) 『東京雜記』(1669).
9) 『高麗史』六十九.
10) 『牧隱集』.

이와 같이 고려 초부터 이런 행사와 결부되어 성행하면서 고려말까지 470여 년간을 전해져 조선시대로 이어졌다. 조선시대로 전승한 처용무는 태조 초부터 태종 때까지 여러 차례 산붕결채하고 잡기雜技, 나희儺戱, 백희百戱, 잡희雜戱를 했었던 것으로 보아11) 전대의 선례로 이 놀이 속에는 의당 처용무가 가담, 연희됐을 것이라는 점을 생각해 볼 수 있다.

다음은 『시용향악보時用鄕樂譜』(1469~1490)에서 보이는 나례가儺禮歌와 잡처용雜處容의 시가 내용으로 보아(中間 안해 셔겨신 쌍처용 아바/…省略…/태종대왕이 殿座를 ᄒᆞ시란듸…生略…)12) 무인舞人이 태종 앞에서 춤을 추면서 송창頌唱한 것이 아닌가 하는 추측을 낳게 한다. 그렇다면 잡처용의 시가도 태종 앞에서 노래만 부른 것이 아니라, 쌍 처용무로까지 발전되어 두 사람이 추면서 군왕을 송축하는 노래와 춤으로 연출되었을 것이라고 생각된다.

또 성현(1439~1504)의 『용재총화慵齋叢話』권1에는 처용무에 대한 기록으로 헌강왕 때와 해중海中 그리고 개운포, 수도(慶州) 등이 일치되고 단지 용이 아니요 신인神人으로 나와 있어 이 같은 내용은 앞에서 진술한 바 있는 『고려사』권71과 기록이 동일하고, 이어 처용무가 처음에는 흑포사모黑布紗帽의 1인무였으며 그 후에 오방처용무로 확대, 변화되었다고 하였다.

그러니까 지금까지 열거된 내용을 정리하여 본다면 처용무는 처음에 한 사람이 가면을 쓰고 추었으며, 또 검은 도포에 사모를 쓰고 추기도 한 것으로 볼 수 있다. 이것이 세종 때로 들어와서 다섯 사람이 추는 오방처용무로 크게 변모되었음을 알 수 있다. 그 후 성종 때에는 궁중나례에서 학무와 연화대무와 합설하여 추게 되면서 춤이 다양화되고, 노래도 확대되었으며 연희진행의 절차도 대형화되어 악樂, 가歌, 무舞가 함께 어울려 펼쳐지는 일대창무극으로 재창조된 양상을 『악학궤범』에서 보이고 있다.13)

---

11) 『太祖實錄』十四.
　　 『太宗實錄』十五.
12) 『時用鄕樂譜』雜處容.

즉 이 춤 속에 들어 있는 악곡과 절차, 노래의 사설 등이 세종, 성종, 영조 삼대에 걸치어 세 차례나 개선된 것을 볼 수 있고, 또 한 궁중의 무용으로 정착한 것을 확인할 수 있다.14)

그 후 궁중무용이 전성기라고 할 수 있는 순조(1801~1834) 때는 각종 궁중연향宮中宴饗에서 출연한 사실이『진찬의궤』,『진연의궤』,『진작의궤』에 기재되어 있는데, 원무元舞 5인에 있어서는 변동이 없고, 가세해 있는 협무挾舞의 수효에는 증감이 있었던 사실을 보여준다. 그렇지만 춤의 동태動態에 대해서는 일체 언급되어 있지 않기 때문에 협무가 가담해서는 어떤 형식으로 연행됐는지는 알 수가 없다.15)

이렇게 전해진 처용무는『동국세시기東國歲時記』(1849)16)와『경도잡지京都雜誌』권지1에 보면 신라 헌강왕 때 있었던 춤인데, 지금 장악원掌樂院에 있는 처용무가 이것이라고 나와 있어서, 당시 장악원에 처용무가 있었던 것을 반증하고 있다. 이 춤이 1900여 년 고종 말까지 전해 있다가 1910년 한일합방으로 수난을 당해 중단되는 비운을 당했었다. 10여 년 후인 1923년 순종황제 50탄신 축하공연을 위해 당시 이왕직아악부에서 아악생들에게 학습을 시작한 것이 재생의 기회가 되어 현 처용무가 전해 있게 된 것이다.

이 춤의 지도는 김영제金甯濟, 함화진咸和鎭 두 아악사님과 이수경李壽卿

---

13)『樂學軌範』卷五.
14)『慵齋叢話』卷一.
　　『樂學軌範』.
　　『大東韻府群玉』卷八.
15) 肅宗 31年(1705) 笏記.
　　『進爵儀軌』純祖 戊子(1828).
　　　　呈才圖條 元舞5・挾舞4.
　　　　呈才各差備 元舞5・挾舞5.
　　『進饌儀軌』純祖 己丑(1829).
　　　　呈才圖 元舞5・挾舞5.
　　　　樂章條 元舞5・挾舞4.
　　　　各差備條 元舞5・挾舞6.
16) 洪錫謨 著,『東國歲時記』.

(5) 소고춤

이 춤은 농악놀이에서 장구와 쌍벽을 이루는 것으로 법고춤이라고도 한다. 집단적으로 치고 노는 것은 단체놀이, 혼자 치고 노는 것을 개인놀이라 하며, 농악대 중 소고대형에서 제일 앞에 있는 소고잽이를 수법고首法鼓라 하고, 혼자 출 때는 수법고춤 수법고놀이라 한다. 소고춤은 경쾌하고 날렵한 행동으로 소고를 치며 추는 것으로 끝마무리에 몸을 제치고 허리를 재며 잽싸게 돌아가는 연풍대 가락이 초미이다. 그리고 단체놀이에서는 농사짓는 모습을 연출하여 농민들의 생활양상을 보이기도 한다. 농악이 지역에 따라 다르듯이 소고춤은 지방마다 약간의 특색이 있는 것을 찾아 볼 수 있다.

(6) 남무男舞

이 춤은 1900년대 궁중여기들에 의해 연행되었던 것으로 시작연대와 작자는 확실치 않다. 남장男裝과 여장女裝을 한 2인이 서로 상대相對하고 상배相背하며, 또 포옹도 하고 교태를 부리며 추는 것으로 마치 근대 성행하는 사교춤과 비슷한 형식의 춤이다. 이 춤은 1940년대 제2차 전쟁이 치열하여 기녀사회가 폐지됨과 동시에 소멸되어 없어졌다. 음악은 삼현영산회상三絃靈山會相이 사용된다.

의상에 남장男裝은 붉은 갓을 쓰고 남천익藍天翼을 입고 남색 띠를 띠고 목화를 신었고 여장女裝은 화관 몽두리에 대 띠를 띠고 두 손에는 색한삼을 매었다.

이상으로 많은 민속계통의 무용 중에서 6종만을 추리어 간략하게 설명하였다. 다음은 이 무용들이 지니고 있는 특징을 아래에 열거한다.

민속무용의 특징

① 민간에서 민중에 의해 전해 내려오는 춤으로 개인이나 집단集團·취락단위로 각각 특징을 갖고 있다.

② 작자와 발생된 연대가 미상이다.
③ 춤의 내용이 평민계급의 단순하고 소박하고 생활감정을 표현하고 있다.
④ 모든 표현에 있어 개인의 창의력이 들어 있다.
⑤ 장단과 음악에 변화가 있고, 춤가락이 다양하여 리듬감을 느낄 수 있다.
⑥ 춤의 구성이 느린 데서부터 빠른 가락으로 변화하는 것이 통례이다.
⑦ 사용되는 장단은 염불(6박 1장단), 타령(12박 1장단), 굿거리(12박 1장단) 외에 남도 무악, 경기도 살풀이, 시나위 장단이 쓰인다.
⑧ 음악으로는 염불·굿거리·타령·당악·살풀이·시나위·경기도 살풀이 등이 사용된다.
⑨ 사용되는 악기는 장구·북·피리·대금·해금 등이 주가 되고 이 외에 징·꽹과리가 사용되며 무가巫歌 구음口音 등이 흥을 돋구어 주기도 한다.

가면무의 특징
① 민속화처럼 순수한 천연색감을 주며 즐거움을 준다.
② 춤의 내용이 풍자적이고 해학적인 것이 많다.
③ 춤의 내용이 풍자가 짙으며 개성이 뚜렷하고 연극적 요소와 사회성을 많이 지니고 있다.
④ 가면과 춤가락이 지역에 따라 독특한 특징을 지니고 있다.

2. 궁중무용宮中舞踊

궁중무용은 우리 조상들의 부족사회가 점점 발달하여 국체가 형성되고, 군왕君王 제도가 생겨 모든 제도가 군왕을 중심으로 실시하게 될 때, 국가의 예악禮樂을 관장하는 기구에 예속되어서 궁중연향宮中宴饗에서 왕후장상王侯將相들의 관상용으로 연희하며 성장, 발전된 것이다. 신라新羅 이후 고려高麗 조선조朝鮮朝 3대에 걸쳐 2000여 년의 긴 왕궁사 속에서 발생되어 왕실王室의 보호육성 밑에서 전래된 춤이 50여 종에 달한다. 이 춤들의 내용이 각종 문헌에 수록되어 있어서 그의 전모와 역사적인 사실, 전승과정의 실태까지도 소상하게 파악할 수 있는 것이 다행한 점이다. 이 무용들은 시대와 종류별로 고찰하기에 앞서, 먼저 궁중무용 분야에 관계되는 기록을 살펴보려고 한다.

첫째, 중국中國 한漢나라 때 사마천司馬遷이 지은 사기史記에 의하면 기자조선箕子朝鮮 천노왕天老王 17년(B.C. 642)에 왕이 불유강沸遊江놀이에서 악사樂師로 하여금 영선악迎仙樂을 연주케하고, 궁녀宮女에게는 영선무迎仙舞를 추게 하였다고 한다. 기자조선에 대한 사실은 역사학적인 방향에서 확실성의 여부를 가려내지 못하고 있었다는 사실을 암시한 것이며, 더욱 중국사서中國史書에 기록되어 있는 것을 감안하면 우리 음악과 무용이 중국대륙에 진출했었다는 것을 알 수 있게 한다.

둘째, 중국 수隋나라 개황開皇(581) 초년에 궁중연향宮中宴饗의 칠부기七部伎 중에 고려기高麗伎가 들어 있고, 신라기新羅伎, 백제기百濟伎도 역시 가담해 있었다. 그리고 같은 시대 양제煬帝(604~618) 때에는 구부기九部伎 중에 고려기高麗伎가 들어 있어서 수隋 때에도 우리의 음악과 무용이 진출했던 것이 분명하다.

셋째, 고구려高句麗 때 있었던 고려무高麗舞는 중국 당나라 때 유명한 시인詩人 이태백李太白의 시문詩文에서 무원의 성분成分, 무원의 수효, 의상과 머리에 쓰는 관冠, 춤의 형태와 모습, 노래의 가사 등이 실려 있어서 당나라 궁정에서도 연희되었다는 것을 반증하는 것이다.

이와 같이 우리의 무용들이 수隋(581~617)와 당唐(618~906) 양대에 걸쳐 그 나라에 가서 우수성을 과시하고 명성을 떨친 사실을 말해 준다. 그리고 회화분야에서 발표 공개된 고구려의 고분벽화古墳壁畵인 무용도舞踊圖와 악사의 주악도奏樂圖 등에서 춤동작의 모습과 의상의 색조와 제도의 모형을 보이고 있는 것은 많은 자료가 될 뿐 아니라 우리 문화예술의 우수성을 과시한 실 예이다.

1) 신라시대의 무용

다음 신라新羅 시대로 내려와서는 초기부터 많은 무용이 발생되었던 것을 기록에서 볼 수 있다. 그러므로 명칭만 남아있는 무용들은 제외하고 이 시대에 발생되어 현재까지 전승되고 있는 무용을 한 가지씩 설명한다.

(1) 검무劍舞(一名 劍器舞)

우리나라 검무의 발생은 정확히 밝힐 수 없으나 기록을 통해 살펴보면 신라新羅 시대로 서기 660년 이후로 추정케 한다.

첫째, 『동경잡기東京雜記』 풍속조風俗條에 무검지희舞劍之戱는 신라소년 황창랑黃昌郎이 7세의 어린 소년으로 백제百濟에 들어가 시중市中에서 칼춤을 추어서 백제왕궁百濟王宮에 불려 들어가 왕 앞에서 칼춤을 추다가 왕을 찔러 죽이고 백제 사람에게 잡혀 죽으니, 신라 사람들이 이것을 슬퍼해서 창랑의 얼굴과 같은 가면을 만들어 쓰고 칼춤을 춘 것이 지금까지 전해졌다고 했다.

둘째, 『동경잡기東京雜記』 관창조官昌條에는 동자童子가 가면을 쓰고 추었다[有假面童子舞於庭]라고 하였고, 신라 때 15~6세의 황창이 이 춤을 잘 추었다[羅代有黃昌者年可十五六歲]라고 하였다. 그러므로 같은 기록에서 관창과 황창으로 기재되어 있으며, 또 연령에 있어서는 7세와 15세로 차이가 있고, 다만 유사한 점은 가면을 쓰고 춤을 춘 점이다.

셋째, 『교방가요敎坊歌謠』에는 『동경잡기』 풍속도와 같은 내용이요, 주해 말미에 황창을 혹은 관창이라고 하였다고 밝혔다.

이상 세 기록에서 검무가 발생된 시기는 신라 시대로 짐작되게 한다. 그러나 인물에 있어서는 분명치 않고, 황창과 관창으로 혼돈되어 있다. 이것에 대하여 앞의 『교방가요』 주해 말미에서 밝힌 바도 있지만 고려말高麗末에서 조선초朝鮮初의 학자인 이첨李詹(1765~1789)과 이유원李裕元(1814~1888)의 시詩에서 황창黃昌이라 한 것은 관창官昌이 잘못 전해진 것이라고 명시되어 있다. 그런데 이 설에 대하여 김종직金宗直(1432~1492)은 동도악부東都樂部에서 억설로 믿을 수 없는 것이라고 반박하였다. 그러나『증보문헌비고增補文獻備考』에 있는 것을 상고詳考해 보면 역사적으로 전한 것이 없고 이를 뒷받침할 자료도 없다 하였고, 창랑이 아니라고 한 것은 곧 관창이 잘못된 것이라 했다. 이와 같이 황창이 아니고 관창이라는 것이 입증되었다.

그렇기 때문에 검무의 시초는『삼국사기三國史記』열전列傳 관창조官昌條에 보이는 바와 같이 신라新羅 태종대왕太宗大王(660) 때 라당연합군羅唐聯合軍을 거느리고 왕이 친히 백제百濟를 침공할 때, 어린 관창이 그의 부친 품일品日 장군의 휘하麾下 부장으로 출전하여 적진에 돌입해 싸우다가 적장 계백階伯장군에게 사로잡혀 죽었다는 기록이 있다.

그러므로 황창이 관창으로 확인되었고 관창이 전사한 때가 서기 660년이므로 우리나라 검무는 그 후 신라 사람들이 그의 영혼을 위로하기 위해서 가면을 만들어 쓰고 춤을 춘데서 시작되었다고 말할 수 있다. 또 당시에 마을 제사와 대동굿에서 무당에 의해 관창의 영혼을 위로하고 넋을 풀어주는 거리나 장면이 설정되었을 것으로 도 생각해 볼 수 있다.

이와 같은 예는 현재 우리 무속사회에서는 흔히 볼 수 있는 실례이기도 하다. 그래서 확실한 연대는 밝힐 수 없으나 민중 속에서 발생되어 무격과도 유대를 갖고 다듬어지고 닦여지면서 성장되어 전해진 춤이라고 할 수 있다. 이렇게 기원을 둔 검무는 신라 천년을 지나 고려말高麗末까지도 가면을 쓰고 추었고, 또 처용무處容舞와도 같이 출연한 흔적이 있다.

조선조에 들어 와서는 개국 초부터 시가詩歌와 음악・무용이 빈번히 행해지며 활동이 활발했으나 검무에 관한 기록은 전혀 찾아볼 수 없고, 숙종조肅宗朝(1633~1672) 때 비로소 김만중金萬重의 시詩에서 여아女兒가 추었다고 했다. 그리고 혜원蕙園 신윤복申潤福의 민화(1758)에서도 검무의 그림이 보이고 있어서 이 춤의 연맥을 알 수 있게 한다. 그 후 순조純祖(1828) 때부터 본격적으로 추기 시작한 검무는 첨수무尖袖舞 공막무公莫舞로 구분되어 출연하기도 하여 조선말朝鮮末까지 전승되었다.

경술庚戌 국치 후 민간으로 전락되어 각 지방에 분포되었던 것이 거의 소멸되어 없어졌고, 지금은 진주지방의 검무가 궁중계통의 원형이 가장 충실하게 전승된 것이 확신되어 1967년에 중요무형문화재重要無形文化財 제12호로 지정되어 보존 전승되고 있다. 춤의 내용은 중요무형문화재 지정조사서에 수록되어 있고 사용하는 칼의 제도는 발생 초에서부터 1901년도까지도 칼이 자루에 고정되어 박혀있는 것으로 나타나 있다. 그런데 근자의 칼은 돌리기 편리하도록 개량되었는데 이 시기는 정확히 밝혀지지 않고 있다.

(2) 처용무處容舞

처용무處容舞는 신라新羅 헌강왕憲康王(875~885) 때 발생된 것으로 이 춤의 발생과 아울러 많은 설화가 파생되었다. 용신龍神설화, 무용의 발생, 처용處容의 이름, 시가詩歌의 발생, 불사佛寺의 창건, 역신疫神을 막는 풍속, 포구浦口의 이름 등이다.

그리고 이 외에도『동경잡기東京雜記』와『고려사高麗史』악지樂志에서도 찾아볼 수 있다.

이와 같이 많은 설화를 파생케 하고 발생된 처용무의 전승된 과정을 살펴보면,『용재총화慵齋叢話』에는 처음 발생하였을 때 1인이 검은 도포를 입고 사모를 쓰고 추었고, 고려高麗 초기初期에는 국가적인 행사인 팔관회八關會에서 결채붕結綵棚하고 백희가무百戱歌舞 할 때 산대잡희山臺雜戱와도 함께 출연한 것으로 되어 있다. 그리고 그 후에도 도은陶隱과 이재현李齋賢의 시문詩文에서 처용무가 계속 연희되며 고려 말까지 전승되었음을 밝혀준다.

이렇게 산대잡희와도 합연合演을 하면서 맥락을 이어온 처용무는 조선朝鮮朝로 들어와서는 개국초開國初부터 많은 궁중무용이 시작되며 연향에서 연희되었던 것을 이조실록李朝實錄 등에서 보여주고 있다. 그러나 처용무의 출연에 관한 기록은 찾아 볼 수 없다. 그리고 세조世祖(1453~1468)와 성종成宗(1470~1494) 때에 출간出刊되었을 것으로 전하고 있는 『시용향악보時用鄕樂譜』의 나례가儺禮歌와 잡처용가雜處容歌가 실려 있는 것으로 보아 당시 나례의식儺禮儀式에서 처용무가 등장하였을 것으로 느끼게 할 뿐만 아니라 가사歌詞 내용에서 태종대왕太宗大王 때 태왕이 전좌殿座한 궁전宮殿에서 쌍처용무雙處容舞로까지 발전되어 이 노래를 부르며 춤춘 것으로 짐작이 된다.

그 뒤 세종世宗(1419~1450)과 세조世祖(1453~1468) 양대에 걸쳐 궁중에서 연희하며 더욱 개선되어 대합악으로 발전된 것 같다. 물론 이상의 기록들이 춤으로써의 내용 전모를 소상하게 설명한 것은 아니다. 그러나 처용무에 관한 전승과정의 단면을 밝혀놓은 것이라 하겠다. 그리고 성종成宗(1470~1494)대에 와서 궁중나례宮中儺禮의식에서 학무鶴舞, 연화대무蓮花臺舞와 합설해서 추게 되면서 무원舞員이 5인으로 증가되고, 오행설五行說에 의거하여 의상의 색도 청(靑·東), 홍(赤·南), 황(黃·中央), 흑(黑·北), 백(白·西)의 다섯 방위를 상징한 오색의 의상을 착용하게 되었다. 그리고 이 나례儺禮에 등장되는 인원이 70여 명에 달하며 연주되는 악기는 18종으로 연주 악사만도 36명이나 된다. 그리고 춤이 진행되는 순서, 춤의 동작, 구성되는 형태의 변화, 춤 도중에 부르는 노래의 가사, 입는 의상의 제도, 가면 제조 방법 등 자세하게 수록되어 있다. 그렇기 때문에 이 시대를 처용무의 완성된 시기라고 볼 수 있다. 그 후 역대로 내려오며 왕궁연향王宮宴饗에서 연희하며 조선말朝鮮末 1900년대까지 전승된 사실이 나라잔치의 내용을 자세히 기록한 『진연의궤』, 『진찬의궤』, 『진작의궤』, 『진풍의궤』 등 여러 의궤儀軌에 수록되어 있다. 이 외에도 단원檀園 김홍도金弘道(1745~1816)의 평안감사도平安監司圖(1744)와 담락연도湛樂宴圖(1724)에까지 나와 있는 것을 추측하면 민간사회에서도 연희된 것이 분명하다. 1910년 경술국치庚戌國恥로 잠시 중단되었다가 1923년 다시 재현되고, 1945년 해방 이후 계속되면서 1971년 중요무형문화재 제39호로 지정을 받아 현재까지 전승되고 있다. 춤의 순서와 내용은 『정재무도홀기』에 밝혀있다.

(3) 무애무無㝵舞

무애무는 『삼국유사三國遺事』에 보면 신라시대 고승高僧인 원효대사元曉大師(617~686)가 요석공주瑤石公主와 결혼하여 타계한 후 속인俗人의 복색으로 바꾸어 입고 이름을 소성거사小姓居士라 하고 우연히 광대들이 큰 표주박을 놀리며 춤추는 것을 보게 되었는데 그 형상이 진기했다. 그 모양과 같이 도구를 만들어 화엄경華嚴經의 일체무애인一切無㝵人 일도출생사一道出生死에서 무애無㝵 두자를 따서 이름을 무애라 하고 노래를 지어 세상에 퍼뜨렸다. 또 이것을 가지고 여러 부락과 마을에서 노래하고 춤추며 교화하고 읊으며 돌아다녔기 때문에 가난하고 무지몽매한 무리들까지도 모두 불타佛陀를 알아서 부르게 되고, 누구나 염불念佛을 할 줄 알았으니 원효의 덕화가 크다고 하였다. 그리고 이인로李仁老가 지은 파한집破閑集에도 원효와 결부되어 있고, 또 불교의 경론經論을 외우며 추었는데, 이것을 무애가無㝵歌라 하고 팔의 동작과 발을 움직이는 것까지도 불교의 교리와 결부시켜 강조했었는데, 양쪽소매를 돌리는 것은 단이장斷二障이라 하고, 발을 세 번 드는 것은 월삼계越三界라 하며, 여기에 불교의 진리가 있다고 하였다. 이상 기록에서 무애무無㝵舞는 신라 때 원효대사元曉大師가 무애를 가지고 춤추고 노래 부르며 불교를 선포宣布한데서 시작되며, 그 후 더욱 불교와 깊은 인연을 맺고 전승 발전되어 온 것을 짐작할 수 있다. 그 후 고려대로 내려와서는 크게 발전되어 궁중무용의 형태로 정립된 것을 『고려사高麗史』 악지樂志 속악조俗樂條에서 볼 수 있다. 그리고 주해註解에서 무애무는 서역西域에서 시작된 춤으로 그의 가사歌詞가 불가佛家의 말과 사투리(方言)가 섞여있어 기록하기 어려워 겨우 율동과 박자만 남겨두었다고 하였다. 불교의 발상지發祥地인 서역西域과 춤에서 사용하는 가사歌詞가 불가佛家에서 통용하는 말이라는 점을 감안할 때 이 춤은 불교佛敎와의 깊은 유대를 맺고 있었다는 것을 더욱 느끼게 한다. 이런 관계성 때문인지 조선조朝鮮朝에 들어와서는 사찰寺刹과 궁중宮中에서 출연하였을 뿐만 아니라 세종世宗이 전부터 성행했던 것으로 세종世宗 16에는 부르는 가사歌詞가 불가佛家의 말을 많이 사용해 너무 허황하니 아무리 먼저 시대에서 번성했다고 하지만 역시 속이는 것이므로 이후부터는 모든 궁중음악에서 무애무는 없애라는 내용으로 기술되어 있다. 그러므로 해서 궁중에서 출연이 중단되었던 무애무는 380여 년 후인 순조純祖 29년(1829)에 진연에서 출연하였다. 춤의 내용은 현재 보존되어 있는 『정재무도홀기呈才舞圖笏記』에 상세하게 나와 있다.

(4) 사선무四仙舞

사선무四仙舞는 신라시대新羅時代의 화랑花郞인 사선四仙 즉 영랑永郞, 술랑述郞, 안상安祥, 남석행南石行 등 네 사람의 행적에 촛점을 두고 신라 때부터 시작된 것으로 전하기도 한다. 그러나 신라新羅, 고려高麗 양대와 조선조朝鮮朝 중기까지 내려오는 동안에 사선무에 관한 기록은 전혀 발견되지 않았다. 그리고 조선왕조 후기 순조純祖 때 궁중진연宮中進宴에서 처음 연희하면서 순조의 아들 효명세자孝明世子의 예제睿製라고 명시되어 있다. 그렇기 때문에 사선무는 순조純祖(1829) 때 발생된 것이라고 할 수 있다.

당시의 기록을 보면 무원 2인이 두 손에 연꽃을 들고 앞에서 1대一隊가 되고 뒤에는 4인이 2대二隊로 서서 북향北向하고 춤을 춘다고 하였다. 그리고 이 춤에서 부르는 노래의 가사歌詞는 한문漢文과 국문國文으로 섞여 있어서 기록하지 않았다고 설명했다. 그 후 이 춤은 궁중연향에서 연희되며 1900년대까지 전해졌는데 춤의 자세한 내용은 『정재무도홀기呈才舞圖笏記』에 수록되어 있다.

(5) 선유락船遊樂

선유락은 신라 때부터 있었던 것이다. 그러나 이후 이것을 정확하게 뒷받침할 만한 문헌은 발견하지 못했고, 이 선유락에 대하여 가람 이병기李秉岐 선생은 고려초高麗初에 열전 팔관회八關會에서 백희百戱와 노래와 춤을 출 때, 그중 사선악부四仙樂部의 용龍, 봉鳳, 상象, 마馬, 차선車船이 선유락일 것이라고 설명했다.

물론 이 해석은 춤의 전모를 파헤친 것은 아니라 할지라도 선유락과의 유사성을 지적 제시한 것으로 이름의 근원을 추구한 해석으로 추측된다. 당시에 차선車船은 용, 봉, 상, 마 등과 같이 가장假裝과 장식裝飾용으로 등장하였을 뿐 무용의 형태로는 갖추지 못했을 것으로 짐작된다. 이 선유락은 조선조 후기 순조純祖(己丑, 1829) 때 처음 궁중연향에서 연희하였는데, 춤의 윤곽이 자세하게 기술되어 있다.

그 후 이 춤은 조선조 말까지 여러 차례 궁중잔치에서 추어져 내려오는 동안 더욱 정리되고 문헌의 증감 등 발전된 것을 『정재무도홀기呈才舞圖笏記』에서 엿볼 수 있다. 그리고 이 춤의 특징은 춤의 진행이 집사악사執事樂師의 지휘명령指揮命令에 의해 연행되고 음악은 취고수吹鼓手가 연주하고 무원은 어부사漁父詞를 노래하며 춤을 추는 것이다.

이렇게 신라시대에 기원을 둔 5가지 무용의 전승과 발전과정을 정리하면 무애무無㝵舞는 고려조高麗朝, 처용무處容舞는 조선조 초기, 검무劍舞, 사선무四仙舞, 선유락船遊樂은 조선조 후기에 비로소 무용으로서의 면모를 갖추었음을 알 수 있다.

2) 고려시대의 무용

다음 고려시대로 들어와서는 궁중무용 분야의 일대 전기를 마련하게 되었으니 중국으로부터 음악과 무용이 수입된 것으로 중국에서 들어온 것을 당악무唐樂舞라 하고, 우리나라에서 발생된 것을 속악무俗樂舞라 하게 되었다.

먼저, 『고려사高麗史』 악지樂志 당악조唐樂條에 수록되어 있는 춤을 한 종류씩 고찰한다.

(1) 헌선도獻仙桃

헌선도獻仙桃는 중국 송宋나라 때 비롯된 것으로 고려 때 이를 모방해서 헌선도 곡을 지어서 왕실을 송축하는 악을 삼았다고 한다.

이렇게 발생된 헌선도는 조선조朝鮮朝 성종成宗 때에는 정돈되고 발전된 형태였고, 후기에 와서 순조純祖 헌종憲宗을 거쳐 고종高宗 5년과 6년까지 궁중에서 추었다. 순조조純祖朝 이후는 죽간자만 들어있고, 그 외에 의물 22종은 들어 있지 않다.

(2) 수연장壽延長

수연장壽延長은 중국中國 송宋나라 때 선녀궁仙呂宮의 악보樂譜 중에 연수악延壽樂과 장수악長壽樂이 있었는데 상수上壽를 경축하는데 돌리었다고 한다. 이것을 고려조高麗朝 때에는 수연장악壽延長樂을 지은 것이라고 하였다.

조선조朝鮮朝 성종成宗 때에는 발전된 형태를 보였고, 순조純祖 무자戊子, 기축己丑 때 궁중에서 연출하고 1901년 고종高宗 5년과 6년 진연까지 연희되었다. 다른 의물은 감축되고 원무元舞 8인에 죽간자 2인이 등장되었다. 춤의 자세한 내용은 『정재무도홀기呈才舞圖笏記』에 실려 있다.

(3) 오양선五羊仙

이 춤은 중국 당唐나라 때 이군옥李群玉의 창포간菖蒲間 시詩에 다섯 신선이 양羊을 타고 내려왔다고 쓰여 있는데, 어느 시대에 내려왔는지는 정확히 밝히지 않았지만 이런 연유로 해서 춤의 이름이 되었다고 하였다.

조선조朝鮮朝 성종成宗 때에도 연희된 것을 볼 수 있고, 순조純祖 기축己丑 연향에서도 볼 수 있다.

죽간자 2인과 선모 1인이 좌우에 협무 2인씩 7인이 춤추며, 춤의 순서는 『정재무도홀기呈才舞圖笏記』에 실려 있다.

(4) 연화대무蓮花臺舞

이 춤은 본래 척발위拓跋魏에서 나온 것으로 여동 2인이 고운 의상에 머리에 쓴 관에는 금방울이 달려있어서 움직일 때마다 흔들려 소리가 나게 하였고, 두 연꽃 속에 숨어 있다가 꽃을 꺾으면 연꽃 속에서 나와 춤을 춘다고 한다. 춤 중에 매우 아름다운 것으로 이 춤은 매우 오래되었다고 한다.

조선조朝鮮朝 성종成宗년대에는 처용무處容舞, 학무鶴舞와 합설해서 추기도 했고, 그 후 순조純祖 기축己丑년과 고종高宗 6년에도 궁중에서 연희하였다.

무원은 죽간자 2인과 원무 4인 외 협무가 1열 7명씩 3대에 21명이 가담되어 있기도 한다.

역시 춤의 순서는 『정재홀기呈才笏記』에 밝혀져 있다.

(5) 포구락抛毬樂

이 춤은 고려高麗 문종文宗(1073) 27년 팔관회八關會에서 교방여령敎坊女伶 초영楚英이 새로이 정한 포구락抛毬樂을 추었다고 하였다.

그리고 중국에서는 당唐나라 때 성행했고 그 후 송宋나라 때에는 포구락을 추는 여자무대가 있었다고 하였다.

조선조朝鮮朝 성종成宗 때와 순조純祖(1828) 때 그리고 고종高宗(1902) 말까지 궁중에서 연희되었다.

『교방가요敎坊歌謠』에는 해주海州 이신언李愼言이 꿈에 수궁水宮에서 놀이한 것을 모방해 재현한 깃이라고 하였다.

무원은 죽간자竹竿子 2인과 봉화奉花, 봉필奉筆 2인은 변함이 없고, 무원에 있어서는 증감에 변화가 있었던 것을 역대『진연의궤進宴儀軌』등에서 엿볼 수 있고, 조선조 후기에는 역시 인인장 외 16종의 의물도 삭제되었다. 포구문抛毬門을 가운데 놓고 양대로 나누어서 채구彩球를 풍류안風流眼이라는 구멍에 투입하여 승부를 가리는 것으로 채구가 들어가면 상으로 꽃을 주고 들어가지 못하면 벌로 뺨에다가 먹칠을 하는 마치 구기球技인 농구와 흡사한 것이다.

(6) 석노교惜奴嬌(一名 曲破)

『고려사高麗史』 악지樂志 당악조唐樂條에 들어있는 이 춤은 실기적인 면은 전혀 언급이 없고, 다만 시문詩文만 기술되어 있어서 춤의 내용은 알 수 없으나 『악학궤범樂學軌範』 시용당악정재도의時用唐樂呈才圖儀 항에 곡파曲破라는 이름으로 춤의 순서가 기록되어 있다. 그리고 춤에서 부르는 창사唱詞의 일부는 석노교惜奴嬌의 가사와 동일하다. 그러므로 『고려사』 악지의 시문詩文만 적혀있던 석노교惜奴嬌가 조선朝鮮 성종成宗 때에는 무용으로서 제 위치를 찾게 되었다. 그 후 이 춤이 출연한 흔적이 보이지 않아 전승과정은 희미하다.

무원은 죽간자 2인, 무원 2인 모두 4인이 추고, 무원 2인이 부르는 창사 미전사尾前詞, 미후사尾後詞는 『고려사』 악지에 있는 가사로 창한다.

이상과 같이 당악무唐樂舞 6종의 내용과 전승과정을 밝히고 다음은 속악무俗樂舞에 대해 기술하려고 한다.

(7) 왕모대가무王母隊歌舞

고려高麗 문종文宗(1077) 31년 연등회燃燈會에서 교방敎坊의 여령女伶 초영楚英이 왕모대가무王母隊歌舞를 연출하였는데, 무원 55명이 군왕만세君王萬歲 혹은 천하태평天下太平이란 네 글자를 춤으로 만들었다고 하였다.

이것은 외국에서 시작된 마스게임이 생기기 이전에 우리나라에서는 무용으로 먼저 발생되었다는 것은 놀라운 사실이라 하겠다. 그 후 이 춤에 대한 자료는 전혀 찾아볼 수 없기 때문에 왕모대가무는 단절된 것 같다.

(8) 무고舞鼓

이 춤은 네모진 틀 위에 큰 북을 걸어 놓고 북을 치면서 추는 것으로 변화가 많고 화려하며 활기와 용기가 들어 있는 춤으로 고려高麗 때 시중侍中

벼슬하는 이혼李混이 영해寧海에 귀양 갔다가 해상海上에 떠있는 나무토막을 건져 북을 만들어 치니 그 소리가 굉장했다고 한다.

이후에 무고가 생겨 조선조朝鮮朝 성종成宗 때에 후기 순조純祖(1828), 헌종憲宗 양대에 걸쳐 고종高宗 말까지 연희하였다.

무원은 원무가 2인, 4인으로 고정되어 있고 협무는 4인, 8인, 18인으로 변하였다. 원무는 두 손에 북채를 들고 북을 치며 춤을 추고, 협무는 꽃을 들고 주위에서 추는데 원무와 협무가 각각 한 명씩 자리를 이동해가며 춘다.

이 계통에 유사한 것이 경남 통영의 승전무勝戰舞로 중요무형문화재로 지정되어 전수시키고 있다.

(9) 동동動動(一名 牙拍舞)

동동은 고려高麗 때 발생된 것으로 12월을 읊은 동동사動動詞를 노래하며 아박牙拍을 들고 추는 것이다. 그러나 조선조朝鮮朝 성종成宗 때에 내려와서는 아박무牙拍舞로 개칭되어『악학궤범』에 기술되어 있다.

이 두 가지 이름이 생기게 된 것은 무원이 동동사動動詞를 부른 것과 아박牙拍을 들고 추는데서 기인된 것으로 생각된다. 그 후 아박무牙拍舞는 순조純祖 때 앞대에서 부르던 동동사動動詞를 예제睿製의 가사歌詞로 바꾸어 사용하게 되었다. 춤은 헌종憲宗 대와 조선말 고종高宗 대까지 연희하였다.

춤의 내용은 박拍이라는 작은 악기를 들고 장단에 맞추어 치면서 조화를 이루며 춘다. 무원은 역대로 연희될 때마다 변동이 있었고 협무도 가담한 때도 있었다.

(10) 향발무響鈸舞

이 춤은 고려高麗 때부터 시작된 것으로 전하고 있으나 이를 반증할 만한 자료는 찾아 볼 수 없다. 이 춤은 좌·우 손에 향발響鈸이라는 작은 제금을 장지長指와 모지母指에 끼고 마주쳐서 소리를 내며 추는 것으로, 은은히 들려오는 향발의 여운은 청각의 신진대사를 일으켜주고 춤의 아름다움은 먼저 시각視覺을 황홀하게 하여 시각視覺과 청각聽覺의 두 측면에서 재평가할 수 있는 춤이다. 조선조朝鮮朝 성종成宗 때와 순조純祖와 헌종憲宗 때 출연한 사실이 『진찬의궤進饌儀軌』에 밝혀있다.

무원은 2인·4인·8인으로 신축성이 있었으며, 16인의 협무를 함께 추었던 때도 있었다.

(11) 학무鶴舞

이 춤은 고려高麗 때 시작되었다고 전하였으나 정확한 판단을 내릴 수 있는 자료는 거의 보이지 않았다. 이 춤의 내용이 『악학궤범樂學軌範』에 자세히 수록되어 있는 것으로 미루어보아, 조선조朝鮮朝 초기부터 이미 궁중에서 연희되어 성종成宗 때에는 궁중나례宮中儺禮에서 처용무處容舞, 연화대蓮花臺와 합설合設하여 출 수 있을 정도로 발전되었던 것으로 보인다. 그 후 역대歷代 궁중宮中 진연에서 사용한 『정재무도홀기呈才舞圖笏記』와 『교방가요敎坊歌謠』에 도록화圖錄化 되어 있는 것을 감안하면 민간사회에서도 학춤이 출연한 것을 짐작하게 한다.

무원 2인이 청색, 백색(혹은 백색만)의 학모양의 탈을 쓰고 학의 행위와 동작을 표현하는 것이 이 춤의 특이한 점이다.

이 춤은 1975년에 중요무형문화재 제40호로 지정되어 보존 전승되고 있다.

이상에서 신라와 고려시대에 발생 성장된 경위를 밝혀 보았다.

다음은 조선시대의 무용에 대하여 고찰하려고 한다.

3) 조선시대의 무용

조선조朝鮮朝에서는 초기부터 무용의 창작이 활발했는데 당악무 형식의 무용으로 창작된 것이 몽금척夢金尺, 수보록受寶籙, 근천정覲天庭, 수명명受明命, 하황은荷皇恩, 하성명賀聖明, 성택聖澤, 육화대六花隊 등 8종이요, 향악정재鄕樂呈才로는 문덕곡文德曲, 봉래의鳳來儀가 창작되었다. 그리고 후기로 내려와서 순조純祖 때에 창제된 것은 30종에 달한다. 뿐만 아니라 전대에서 내려온 무용들을 보완, 개선하고 총 정리해서 아름답고 격조 높은 무용으로 정립시켜 놓기도 했다. 앞에서 밝힌 신라와 고려 두 시대에 발생된 무용은 겨우 15종에 불과하다.

그러나 조선시대는 40종에 달하는 무용이 창작되었다는 사실은 궁중무용의 전성기는 조선시대로 볼 수 있고 특히 순조純祖 시대야말로 궁중무용의 요람기요 개화기라 할 수 있다. 그러면 먼저 당악무를 한 종류씩 들어 설명하여 본다.

당악정재

(1) 몽금척夢金尺

이 춤은 이성계李成桂가 태조太祖가 되기 전 집에 있을 때 꿈에 신인이 금척金尺을 주었는데 앞날에 조선국을 창건할 길조가 미리 보인 것이라는 내용의 창사를 죽간자와 족자, 금척 협무가 부르면서 건국을 축하하고 군왕의 만수를 기원하며, 국가의 융성을 찬양하는 뜻으로 펼쳐지는 웅장하고 화려한 춤이다.

춤의 내용은 금척사金尺詞를 써넣은 족자를 든 족자인과 죽간자가 먼저 앞으로 나와 구호口號를 부르고 서 있으면, 금척을 받쳐 든 금척인이 앞으로 나가 치어致語를 부르며 금척 황개 좌우 협무는 금척사金尺詞를 보허자步虛子 1, 2장에 맞추어 합창한 후, 죽간자가 선두가 되어 족자, 금척, 죽간자, 협무가 차례로 앞으로 진행하여 원형으로 돌며 족도하고 수악절膸樂節 창사를 합창한 후 좌로 돌아 먼저 형태대로 다시 온다. 죽간자 앞으로 나가 후구호를 부르고 족자, 금척, 황개와 함께 후퇴하면 좌우 협무 12인이 앞으로 나가 두 손앞에 여미고 후퇴하면서 춤을 끝낸다.

이 춤에 있는 모든 창사는 태조太祖 때 정도전鄭道傳이 지어 바친 것으로 춤으로는 세종世宗 때에 창제된 것 같다.

무원은 족자 1인, 금척 1인, 황개 1인, 좌우 협무 12인과 의물 24인이 등장한다. 그 후 이 춤은 성종成宗 때에 연희한 사실이 『악학궤범』에 밝혀 있고, 순조 때 와서는 의물이 감소되었다.
헌종憲宗 대를 지나 고종 6년까지 전해져 내려왔다.

(2) 수보록受寶籙

이 춤은 이태조李太祖가 등극登極하기 전 집에 있을 때 한 사람이 지리산智異山 석벽 속에서 얻은 이서異書를 갖다 주었는데, 그 후 그 해에 일어난 일이 글의 내용과 일치하여 수보록受寶籙이 시작되었다고 하였다.
춤의 내용은 죽간자 2인과 족자 1인이 앞으로 나와 구호口號하고, 보록인寶籙人이 수보록사를 창사한 후 후퇴하면 의물 전원이 보록사를 노래하고, 3인씩 6대로 나누어 춤을 춘 다음에 지선무地仙舞 2인이 춤춘다.
죽간자와 족자가 앞으로 나가 후구호後口號하고 후퇴하면 의물무, 보록무, 지선무 모두가 후퇴하여 춤을 끝낸다.
무원은 죽간자 2인, 족자 1인, 보록 1인 지선 2인과 죽간자, 인인장, 용선, 봉선, 작선, 미선 각각 2인과 정절 8인으로 총 24인. 이 중 20인이 의물무에 참가하고 황개는 들어 있지 않다. 이 춤에서 주목해야 할 점은 다른 당악무는 의물들이 위의威儀로 서 있는데 비해서, 수보록에서는 직접 형태를 구성하며 움직였다는 것이 특이한 점이다. 노래 가사는 정도전鄭道傳(太祖 2년, 1393년), 정사주, 왕강王康 등이 지은 것이다.

(3) 근천정覲天庭

이 춤은 죽간자와 족자가 앞으로 나가 구호口號를 부르고 족자는 앞에 그대로 서있고 죽간자는 후퇴한다. 선모와 좌우 협무 2인이 두 손 펴들면서 앞으로 조금 나가다가 두 손앞에 여미면서 후퇴하고 선모 앞으로 나가 오른손 들고 치어致語를 부른다. 선모와 좌우 협무 2인이 근천정사覲天庭詞를 보허자步虛子 1, 2장에 맞추어 부르고 좌우 협무와 선모가 춤을 추면서 먼저 위치에 선다. 죽간자 앞으로 나가 후구호 부르고 족자와 죽간자는 함께 후퇴하면, 선모와 협무 2인이 앞으로 나가 두 손 앞에 염수하며 후퇴한다.

이 춤의 창사는 태종太宗 때 하륜河崙이 수명명과 함께 지어 올린 악장 樂章으로 내용은 죽간자 2인, 족자 1인, 선모 1인, 좌우 협무 2인과 의물 23 인이 들어 있다. 역대왕실 『진연의궤』에서는 보이지 않고 『악학궤범樂學軌 範』에 자세하게 실려 있다.

(4) 수명명受明命

이 춤은 죽간자와 족자가 앞으로 나가 구호口號를 부르고 족자는 앞에 그대로 서있고, 죽간자는 후퇴하여 양쪽으로 갈라서면 선모와 좌우 협무 8인이 앞으로 나온다. 음악이 변하면 선모는 중앙에서 돌고 좌무 4인은 서 쪽을 향하여 안쪽으로 돌아가고, 우무 4인은 동쪽으로 돌면서 밖으로 돌아 먼저 자리에 온다.

선모 앞으로 나가서 치어致語하고 뒤로 조금 물러서서 좌우 협무와 선 모는 함께 수명명사受明命詞를 보허자 1, 2장에 맞추어 합창한다. 선모는 앞으로 향하고 좌우 협무는 상대하고 다시 앞으로 향하고, 또 선모가 앞으 로 향하면 좌우 협무 상대相對, 상배相背하고 앞으로 향한다.

선모와 좌우 협무가 돌아 먼저 자리에 와서 서면 죽간자 2인이 앞으로 나가 후구호 하고 나면, 죽간자 2인과 족자 1인이 후퇴한다. 선모와 좌우 협무가 앞으로 나가 두 손 앞에 염수하고 후퇴하여 춤을 끝낸다.

수명사受明詞는 하륜河崙이 지은 것으로 태종太宗이 명나라 황제로부터 왕의 인준을 받았다는 내용이다.

성종成宗대에 궁중에서 연희된 것은 확실하나 역대 왕실 진연에 출연한 흔적은 볼 수 없다.

(5) 하황은荷皇恩

이 춤은 죽간자와 족자가 앞으로 나와 구호를 부르고, 선모가 앞으로 나 가 태종太宗이 부왕父王인 태조太祖의 명을 받아 국정國政을 대신하게 된 것을 국민들이 환영하고 즐거워 한다는 뜻의 치어致語를 부르고 후퇴하면, 선모와 협무 함께 하황은사荷皇恩詞를 합창한 후 춤을 추고 끝으로 죽간자 2인이 후구호後口號를 창한 후 전원 후퇴하여 끝낸다. 무원은 족자 1인, 선모 1인, 좌우 협무 6인과 의물 23인이 춤춘다.

창사의 가사歌詞는 변계량卞季良이 지은 것이다. 성종成宗대까지는 의물이 들어 있었으나 순조純祖와 헌종憲宗 때에는 죽간자 2인만 등장했다.

영종英宗 계해癸亥년 진연에는 친제親製로 황제고명皇帝誥命과 국민환기國民懽祈를 수명조선재조번방受命朝鮮再造藩邦으로 바꾸어 선모의 치어致語로 사용하였다.

(6) 하성명賀聖明

이 춤은 변계량卞季良이 하성명가賀聖明歌 3장을 지어 세종께 올린 것이다. 그의 내용은 명明나라 황제가 등극한 이래 여러 상서祥瑞가 나타나 우리나라 사람들이 기뻐한다는 것이다.

족자 1인과 죽간자 2인이 한 줄로 서서 앞으로 나가 선구호를 부르고 후퇴하여 좌우로 갈라선다. 이때 족자는 가운데 그대로 서 있고 무1, 2인이 두 팔을 펴들고 앞으로 나가 두 손 앞으로 여미고 후퇴하여 먼저 자리에 온다. 족자 1인이 앞으로 나가 치어致語를 부른 후 조금 후퇴하여 제자리에 온다. 음악이 바뀌어 지면 좌무 6인이 서쪽으로 돌면서 안쪽으로 돌아가고 우무 6인은 동쪽으로 돌면서 바깥으로 돌아서 먼저 자리에 와 두 줄로 선다. 무 1, 2인이 하성명사賀聖明詞를 보허자 1, 2장에 맞추어 합창한다. 좌무 2인, 우무 2인 앞으로 나가 족자 뒤에서 각각 돌아 상배相背하고 다시 앞으로 향하고 무릎 꿇고 앉아 엎드렸다가 일어나서 후퇴하여 먼저 자리에 오고, 좌무 3, 4, 5, 6, 우무 3, 4, 5, 6은 앞의 1, 2무와 같다. 무 1대와 2대인은 회무回舞하여 처음 자리에 온다. 죽간자 2인 앞으로 나가 후구호를 부르고 죽간자, 족자는 후퇴하여 서고 무 1대와, 무 2대인은 앞으로 나가 두 손 앞에 내려 염수하고 다시 후퇴하여 춤을 끝낸다. 이 춤은 성종成

宗대 이후에는 출연한 기록을 볼 수 없다.

무원은 족자 1인, 무원 12인과 의물인 24인이 들어있다.

(7) 성택聖澤

이 춤은 족자와 죽간자 2인이 앞으로 나가서 창사唱詞하고, 선모仙母가 나가 성택聖澤이란 조정의 사신을 위로하는 것이요, 사신을 위로하면 임금의 덕을 흠모하게 된다는 뜻의 치어致語를 부르고 후퇴하면, 협무 8인과 함께 성택사聖澤詞를 보허자 1, 2장에 맞추어 합창한 후 협무 8인과 선모 1인이 여러 형태로 춤추고 죽간자 2인이 후구호를 창하고, 선모와 좌우 협무 8인이 앞으로 나가서 두 손 앞에 여미고 다시 후퇴하여 춤을 끝낸다. 무원은 족자 1인, 선모 1인, 좌우 협무 8인, 의물무 23인이 가담되어 있다.

이 춤은 『악학궤범』의 정재홀기呈才笏記에 기재되어 있어서 성종대에는 진연에 출연한 것이 확실하나 그 후에는 출연한 기록은 보이지 않고 있다.

(8) 육화대六花隊

이 춤은 6인이 꽃을 들고 추는 것으로 궁궐의 풍경과 봄철의 꽃을 찬미하는 내용의 노래를 부르며 추는 춤이다.

죽간자 2인이 앞으로 나가 구호로 문화심사問花心詞를 부르고 후퇴하여 좌우로 갈라선다.

치어인致語人이 앞으로 나가 오른손을 들고 화심답사花心答詞를 부르고 손을 내려 염수하고 무릎을 구부려 엎드렸다가 일어나서 후퇴하여 뒤쪽 중앙에 선다. 동東 제1인이 꽃을 오른손에 들고 앞으로 나가 서서 제1염시第一念詩를 부르고 후퇴하여 제자리에 온다. 서西 제1인이 꽃을 왼손에 들고 앞으로 나가 제1염시第一念詩를 부르고 뒤로 물러나 제자리에 나온다. 동 제2인은 제1인과 같이 앞으로 나가 제2염시第二念詩를 부르고 뒤로 물러나와 자리에 오고, 서 제2인도 제1인과 같이 앞으로 나가 제2염시第二念詩를 부르고 뒤로 물러나와 먼저 자리에 온다. 동 제3인은 제2인과 같은데,

제3염시第三念詩를 부르고 서 제3인도 제2인과 같은 제3염시第三念詩를 부른다. 무6인 모두 앞으로 나가고 물러나와 왼쪽으로 회무回舞하여 좌우양대로 선다. 서로 상대하고 1인씩 자리를 바꾸어 서면 6인이 왼쪽으로 회무回舞하여 맨 처음 자리의 대열로 선다. 죽간자 2인은 앞으로 나가 후구호를 부르고 후퇴하고 중심무中心舞와 화대花隊 6인은 앞으로 나가 두 손 여미고 뒤로 물러나와 춤을 끝낸다.

이 춤은 조선말까지 전하여지며 무원은 치어인致語人 1인, 원무 6인, 의물인 24인이 등장한다.

춤의 연원을 정확하게 밝힐 수 있는 자료는 없으나『악학궤범』권4 정재도의에 기록되어 있는 내용을 참고하면, 세종世宗(1418~1450)대를 전후하여 발생되고, 성종成宗(1469~1494) 때까지 내려오는 동안 향상되어 훌륭한 무용의 형태로 정돈되어 온 것 같다.

그 후 이 춤은 더욱 발전된 것을 볼 수 있으니『정재무도홀기呈才舞圖笏記』에 보면 전반부에서는 창사형식으로 창한 1염시에서 3염시의 사를, 후반에서는 그 가사를 국문으로 번역해서 제1염시는 가곡 중의 롱弄 제2염시는 가곡 중의 계락界樂, 제3염시는 가곡중의 편編을 불러서 창사의 음악성이 더욱 강조된 것을 알 수 있다.

이상과 같이 고려시대에 중국에서 유입된 당악무와 조선시대의 당악무 형식으로 창제된 무용들을 고찰해 보았고, 다음은 당악무가 지니고 있는 특징을 개괄적으로 설명하면 다음과 같다.

당악무의 특징
① 외국에서 수입되었다는 점.
② 한문으로 된 창사唱詞를 창한다는 점.
③ 여러 종류의 의물儀物이 들어 있는 점.
④ 춤의 진행이 죽간자竹竿子가 선두先頭와 말미에서 구호口號를 부른다는 점 등이다.

향악정재

(1) 문덕곡文德曲

문덕곡文德曲에서 부르는 악장樂章은 태조太祖가 즉위하였을 때 가장 중요하게 강조된 것으로 언로言路를 열고, 공신功臣을 보호하며, 경계經界를 바로잡고 예악禮樂을 정한 것이라 하는 가사를 창하여 추는 춤이다. 이 악장은 태조 2년에 왕을 찬양하기 위해 창작된 악장가사樂章歌詞이기 때문에 이 춤도 그 후에 창작된 것을 짐작하게 하며, 이것이 성종대까지 이어져 『악학궤범』 정재도의에 수록된 것이라 할 수 있다. 그 후 문덕곡이 출연한 기록은 찾아볼 수 없다.

춤의 진행은 무1인이 앞으로 나가 치어致語를 창하고 엎드려 절하고 일어나서 뒤로 물러나와 또 개언로장開言路章을 창한다. 무 4인이 등장하여 남쪽과 북쪽으로 갈라서서 염수斂手하고 보공신장保功臣章을 창한 후 엎드려 절하고 뒤로 물러나와 선다. 장년壯年 무 2인과 어린 무 2인이 등장하여 앞으로 향해서 정예악장定禮樂章을 창한 후 뒤로 물러나오고 무 13인이 앞으로 나가 염수斂手하고 후퇴하여 춤을 끝낸다. 이 춤에서 주목해야 할 점은 무용수들의 등장과 연희하는 과정에서 전개되는 방법이다.

현재 외국무용에서 진행하는 격식과 일치한 것으로 500년 전에 우리조상들은 궁중무용에서 이 방법을 구사 연행한 사실이다. 그리고 또 중요한 점은 태조가 즉위하면서 건국이념의 첫째는 개언로開言路로 언론의 자유를 열어 놓았고, 둘째는 보공신保功臣으로 국가와 민족을 위해 공훈이 있는 사람을 보호하였고, 셋째는 정경계正經界로 경제계를 안정시켜야 하고, 넷째는 정예악定禮樂으로 예의와 음악을 숭상하여 정신순화를 도모해야 한다는 4대의 목표가 있었다는 점이다.

(2) 봉래의鳳來儀

이 춤은 성종成宗 때 간행된 『악학궤범樂學軌範』 시용향악정재도의時用鄕樂呈才圖儀에 춤의 내용이 자세하게 기재되어 있어서 이때 궁중에서 연희한 사실이 밝혀져 있다.

춤에서 부르는 가사는 세종世宗 27년 권제權題 등이 지어 올린 용비어천가龍飛御天歌를 창한다. 그 내용을 추측해 보면 이 춤은 세종 때 용비어천가가 작시된 후 춤도 제작되어 궁중향연에서 연희하며 발전되어 성종대에 완성된 무용으로 정립되었을 것으로 생각된다. 이 춤의 진행은 죽간자 2인이 앞으로 나가 구호口號하고 좌우로 갈라서면 무 8인이 앞으로 나가 두 손앞에 여미면서 뒤로 물러나가 먼저 자리에 온다. 무 8인이 치화평致和平, 취풍형가醉豊享歌를 합창한다. 이어서 해동장海東章, 근심장根深章, 원원장源遠章, 석주장昔周章, 금아장今我章을 창한다. 죽간자를 선두로 무 8인이 차례로 서면서 오른쪽으로 회무回舞하면서 적인장狄人章, 야인장野人章, 자자장子子章, 오호장嗚呼章을 부르며 죽간자와 무 8인이 맨 먼저 자리로 와서 대열이 되어 앞으로 나간다. 무 8인이 가곡중의 롱弄으로 해동장海東章, 근심장根深章, 원원장源遠章을 합창한다. 무 8인이 사방무 형태로 되어 상대相對하며 자리를 바꾸고 다시 상대하며 먼저 자리에 와 앞으로 선다.

무 8인이 가곡중의 계락界樂으로 주국장酒國章, 적인장狄人章, 야인장野人章을 이어 합창한다. 무 8인이 각각 좌우로 돌아서 두 손을 내리고 다시 두 손을 들어 상배相背하고 상대相對하며 춤춘다. 무 8인이 가곡중의 편編으로 상덕장商德章, 태자장太子章, 천세장千世章을 연이어 합창한다. 무 8인은 춤추며 회선回旋하면서 처음 대열로 선다. 무 8인은 안으로 향하여 서고 자리를 바꾸며 안으로 향하고, 먼저 자리로 와서 앞으로 향하고, 뒤로 물러선다. 죽간자 2인 후퇴하고, 무 8인도 후퇴하여 춤을 끝낸다.

『악학궤범』 시용향악정재에서 특별히 다른 춤과 다르게 나타나 있는 것은, 원무와 의물 외에 월금月琴, 당비파唐琵琶, 향비파鄕琵琶, 향피리鄕篳篥, 대금大笒, 장고杖鼓가 함께 배열排列되어 있는 것이다.

그러나 이 연주인들이 춤과 어떻게 움직였던가에 대한 설명은 없다. 무원은 원무 8인, 의물무 24인으로 구성되었다.

이 춤은 고종高宗 5년 진연에서 추었다.

이상과 같이 조선 초기에 발생되고 창제된 당악무唐樂舞와 향악무鄕樂舞가 조선조 중기까지 전승된 사실을 고찰해 보았다. 다음은 조선조 후기에 발생되어『정재무도홀기呈才舞圖笏記』에 전승되어 있는 무용을 한 종류씩 살펴보려고 한다.

(3) 보상무寶相舞

이 춤은 순조純祖 때 효명세자孝明世子의 예제로 고려 때 유입된 포구락抛毬樂은 포구문抛毬門의 풍류안風流眼에다 채구彩毬를 던져 넣으며 추는 춤이지만 이 보상무寶相舞는 보상반통寶相盤桶에 채구를 던져 넣어 승부를 겨루며 즐기는 오락적인 형식의 춤이다.

이 춤은 그 후 헌종憲宗대를 지나 고종高宗 말까지 전승되는 동안에 무원의 증감이 있었고,『진작의궤進爵儀軌』권3 악장조樂章條에는 한漢나라 때에는 반무盤舞 진晉나라 때에는 배반무杯盤舞가 있었다고 한다.

춤의 진행은 음악이 연주되면 무 6인이 좌·우편으로 갈라져서 앞으로 나가 서 반통盤桶 앞에 서면 음악이 끝나고 무인 전원이 창사唱詞를 부른다. 다시 음악이 연주되면 무원전원은 뒤로 물러나가 서고 이때 악사가 채구를 들고 들어와서 반통 앞 좌우에 놓고 퇴장한다. 좌·우 제1대 앞으로 나가고 제2, 제3대는 두 손 내려 앞에 여민다.

제1대가 무릎을 꿇고 앉아서 채구를 얼르다가 집어 들고 일어나면 음악이 끝나고 창사唱詞를 부른다. 음악이 연주되면 제1대 무2인이 두 팔 펴들고 상대하고 앞으로 나갔다가 뒤로 물러나와 한삼汗衫을 걷고 오른손으로 채구를 들고, 왼손은 허리를 잡는다. 반통盤桶을 향해 어르다가 좌대가 먼저 채구를 던져 통에 들어가면 좌대左隊 전원이 앉고 악사가 꽃을 들고 들어와 머리에 꽂아주고 나간다. 만약 들어가지 않으면 염수하고 서있으면 악사가 붓을 들고 들어와 우대右隊는 왼쪽 볼에 좌대左隊는 오른쪽 볼에 먹물을 찍어준다.

제1대 2인이 뒤로 물러나와 각각 자기편 3대 뒤에 선다. 다음 2대와 3대무는 제1대와 꼭 같은데, 창사唱詞의 가사歌詞내용이 다르다. 3대까지 끝내고 무 6인이 두 팔을 펴들고 앞으로 나가 두 손을 내려 앞에 여미고 다시 옆으로 펴들고 전원 후퇴하여 두 손을 내려 앞에 여미며 춤을 끝낸다.

(4) 연백복지무演百福之舞

이 춤은 순조純祖 29년 때 시작된 것으로 효명세자孝明世子가 지은 것으로 나와 있다. 죽간자竹竿子의 선구호先口號 후구호後口號 1, 2장에 맞추어 부르는 수악절隋樂節, 전후단前後段, 창사唱詞 외에도, 성수무강사聖壽無彊詞, 해동금일사海東今日詞, 응천장지사應天長之詞, 파자사破字詞 등을 부르며 추는 춤이다. 이 춤은 그 후 궁중에서 연희하면서 전승되어 고종高宗 5년에도 출연한 사실을 기록에서 볼 수 있다.

춤의 진행은 음악이 연주되면 죽간자 2인 앞으로 나가서면 음악이 그치고, 죽간자 2인이 후퇴하여 선다. 선모와 좌우 협무 4인 한 줄로 서서 두 팔을 펴들고 앞으로 나가 서서 두 손 내려 여미고, 선모 조금 앞으로 나가서면 음악이 그치고 선모 치어致語를 부르고 음악이 연주되면 선모 두 팔을 펴들고 뒤로 조금 물러나와 협무 4인과 한 줄로 서면 음악이 그친다. 선모와 좌우 협무 두 손 여미고 서서 앞과 뒤로 무릎을 구부리며 수악절창사隋樂節唱詞 전단前段을 보허자 1장에 맞추어 부르고, 후단後段을 보허자 2장에 맞추어 계속해서 부른다.

음악이 연주되면 선모는 중앙에 있고 협무 4인은 전진 후퇴하여 네 귀퉁이로 가서 선다. 선모는 협무와 각각 상대相對하고 돌아서 상배相背하고 다시 앞으로 향하면 음악이 그친다. 선모가 성수무강사聖壽無彊詞를 부르고 음악이 연주되면 선모와 협무 두 팔을 펴들고 앞으로 나가고 뒤로 물러나서 두 손을 뿌려 내리고 돌아서 한 줄로 선다. 두 팔을 펴들고 5방무五方舞로 나누어 안으로 향한다. 선모는 북, 동, 남, 서쪽 협무와 각각 춤추고 좌우로 한번씩 돌아 앞으로 향하면 음악이 그치고 선모와 협무 4인이 해동금일사海東今日詞를 부른다.

음악이 연주되면 오른편 죽간자를 선두로 해서 북쪽 협무, 선모, 왼편 죽간자, 동쪽협무, 남쪽협무, 서쪽협무가 차례로 서면 왼편으로 돌아가며 응천장지사應天長之詞를 부르며 진행해서 맨 먼저 서 있던 자리에 선다. 음악이 그치고 좌우 협무 파자사破字詞를 부른다.

음악이 연주되고 무 5인 두 팔을 펴들고 앞으로 나가고 뒤로 물러나 팔수무八手舞하며 사우무四隅舞되어 한 손씩 뿌리고 한 번씩 돌고 두 손앞에 여미며 무릎을 앞뒤로 구부리고, 앞대 2인과 후대 2인 자리를 바꾸어 서서 한 손씩 어깨 위에 구부려 들고 이수고저以袖高低하며, 회선回旋하여 맨 먼저 형태로 서서 뒤로 조금 물러선다. 죽간자 2인 앞으로 나가서면 음악이 그치고 구호口號를 부른다.

음악이 연주되면 죽간자 2인 뒤로 물러나오고 선모 염수하고 앞으로 조금 나가서면 음악이 그치고 선모 치어致語를 부르고 음악이 연주되면 선모 조금 후퇴하고 선모와 좌우 협무 두 팔 펴들고 앞으로 나가서 두 손 내려 여미고 후퇴하며 춤을 끝낸다.

(5) 향령무響鈴舞

이 춤은 순조純祖 때 시작된 것으로 방울 여러 개를 한데 묶어 한 손에 하나씩을 각각 두 손에 들고 흔들어서 소리를 내며 추는 춤으로 방울이 울려 소리가 나기 때문에 향령響鈴이라 하였다고 한다.

무원 6인이 2인씩 일대가 되어 3대가 품자品字형으로 서서 가곡歌曲 중의 계락界樂 곡에 맞추어 세 번 반복해서 부르는데(무두사, 중박사, 미후사), 가사만은 세 가지가 다른 것이다.

무용적인 면에 있어서는 변화가 없고 동작이 간단한 춤으로 순조純祖 이후 헌종憲宗대와 고종高宗 말까지 전해왔다.

춤의 순서는 음악이 계락界樂, 대여음大餘音을 연주하면 무 6인이 두 손에 향령을 하나씩 쥐고 염수하고 품자品字형으로 서서 앞으로 나가서 앞과 뒤로 무릎을 구부리면 음악이 그친다.

무 6인이 좌우 두 손을 아래로 내려 장고장단을 치면서 가곡歌曲 중 무두사務頭詞를 계락界樂에 맞추어 부른다. 동편으로 90° 돌아서서 3장과 4장에 맞추어 부르며, 앞장과 같이 두 손으로 장단을 집는다. 서편으로 180° 돌아서서 5장에 맞추어 부른다. 동편으로 돌아 앞으로 향하고 두 팔을 가슴 앞에 구부려 들고 두 손을 얼굴 앞에 모아 읍형揖形으로 들고 손으로 장단을 치며 중박사中拍詞를 계락界樂 1, 2장에 맞추어 부른다. 이어 계락界樂을 부르면서 오른팔은 가슴 앞에 구부려 들고 왼손은 옆으로 내려 들고 장단을 친다.

왼 팔을 들어서 가슴 앞에 구부려 들고 오른팔은 옆으로 내려뜨리고 장단을 치며 계락界樂 5장에 맞추어 부른다. 오른팔은 가슴 앞에 구부려 들고 왼팔은 펴들고 장단을 치며 미후사尾後詞를 계락界樂 1, 2장에 맞추어 부른다. 오른 팔은 가슴 앞에 구부려 들고 왼 팔은 어깨와 수평으로 펴들고 장단을 치며 계락 3, 4장에 맞추어 부른다. 두 팔을 어깨와 같이 수평으로 펴들고 장단을 치며 계락 5장에 맞추어 부른다. 두 손 내려 앞에 여미고 음악 계락界樂, 대여음大餘音을 연주하면 염수하고 후퇴하여 춤을 끝낸다.

(6) 헌천화獻天花

이 춤은 순조純祖 때 시작되었는데 효명세자孝明世子가 지은 것으로 나와 있다. 탁자위에 꽃병을 올려놓고 추는 춤으로 집당執幢이라는 도구가 들어 있는 것이 특이하다. 조선조朝鮮朝 후기 궁중연향宮中宴饗에서 사용한 『정재무도홀기呈才舞圖笏記』와 고종高宗 5년『진작의궤進爵儀軌』에서 순조純祖 이후에도 이 춤이 계속된 것을 알 수 있다.

춤의 순서는 음악이 연주되면 악사가 무2인에게 탁자卓子를 들리고 등장하여 무대 앞쪽에 놓고 퇴장한다.

집당무執幢舞 2인이 앞으로 나가서면 화병을 든 선모가 앞으로 나가고, 좌우 협무 2인도 앞으로 나가서면 음악이 그치고, 선모와 좌우 협무 2인이 창사唱詞를 부른다. 음악이 변하면 선모가 앞으로 나가 화병花瓶을 탁자卓

子위에 놓고 두 팔을 옆으로 펴들며 조금 후퇴한다. 음악이 변하면 선모와 좌우 협무가 상대相對하고 돌아서 상배相背하고 회선回旋해 뒤로 나란히 한 줄로 서서 전진 후퇴한다. 좌우로 돌면서 앞으로 향해 나가 서서 두 손 내려 앞에 염수한다. 선모와 좌우 협무 2인이 후퇴하고 집당 2인도 후퇴하면 춤이 끝난다.

(7) 첩승무疊勝舞

이 춤은 순조純祖 때 효명세자孝明世子가 지은 춤으로 10회의 창사唱詞를 부르며 추는 것이 특이한 점이다.

순조 이후 전승된 과정에 대한 것은 확실치 않으나 역대 왕궁진연에서 사용한 『정재무도홀기呈才舞圖笏記』와 고종高宗 때 『진연의궤進宴儀軌』에도 있는 것을 참고하면 조선朝鮮말까지 전래된 것을 알 수 있다.

춤은 음악이 연주되면 무 6인이 앞으로 나가 선다. 음악이 그치고 제1첩 창사第一疊唱詞를 부르고 음악이 연주되면 조금 후퇴하여 돌아 상향相向하고, 다시 돌아 상배相背하고, 회선回旋해서 다시 앞으로 향해서면 음악이 끝나고 제2첩창사를 부른다. 음악이 연주되면 반으로 나누어서 좌우로 돌며 춤추고, 남북 양대로 서서 상배相背하고, 후대가 앞으로 북향하면 음악이 끝나고 제3첩창사를 부르고 음악이 연주되면 남북이 상대相對하고 동서東西로 나누어 서서 상향相向하고 돌아서서 상배相背하고 진행해서 자리를 바꾸고 다시 먼저 자리로 돌아서 앞으로 향하면 음악이 그치고, 제4첩 창사를 부르고 음악이 연주되면 이수고저以袖高低하고 한 줄로 서서 전진 후퇴하고 팔수무八手舞하면 음악이 그치고, 제5첩창사를 부르면 음악이 연주되고 좌우 무1대 앞으로 나가서면 음악이 그치고 제6첩창사를 부르고 음악이 연주되면 좌우 제2대 앞으로 나가서 1대 뒤에 서면 음악이 연주되며 좌우 제3대가 앞으로 나가서 제2대 뒤에 서면 음악이 그치고, 제8첩창사를 부르고 음악이 연주되면 무 6인이 두 팔을 쳐들고 두 손 내려 앞에 여미고 회선回旋해서 앞으로 향하면 음악이 그치고, 제9첩창사를 부르고 음악이 연주되면 한 줄로 서서 전진 후퇴하고 맨 먼저 대열의 자리로 선다. 무 6인이 앞으로 나가서면 음악이 그치고, 제10첩창사를 부르고 음악이 연주되면 무 6인이 후퇴하여 춤이 끝난다.

(8) 장생보연지무長生寶宴之舞

이 춤은 순조純祖 때 효명세자孝明世子의 예제睿製로 향악정재鄕樂呈才에서는 다양한 형태와 구성의 변화가 많고 춤사위 또한 여러가지로 구사한다. 그리고 군왕의 성수무강聖壽無彊과 나라와 백성이 평안하기를 기원한다는 뜻의 노래를 부르며 추는데, 춤의 형태가 아홉 번씩이나 변하며 펼쳐지는 춤이다. 헌종憲宗 때와 철종哲宗, 고종高宗말까지 아무런 변화도 없이 전해왔다. 『진찬의궤進饌儀軌』 부기에는 장생보연지악長生寶宴之樂에서 그 이름이 옮겨진 느낌이 든다.

춤의 진행은 보허자를 연주하면 죽간자 2인이 앞으로 나가서면 음악이 그치고 구호口號를 부르고 음악이 연주되면 죽간자 2인은 조금 뒤로 물러나 음악이 잔령산으로 연주되면 상대相對해 선다.

선모와 좌우 협무 4인은 두 팔을 펴들고 앞으로 나가 두 손 내려 여미고, 선모는 조금 앞으로 나가서면 음악이 끝나고 치어致語를 부르고 음악이 연주되면 선모 두 팔 펴들고 뒤로 물러나서 협무와 한 줄로 선다. 음악이 끝나고 선모와 좌우 협무 4인은 염수하고 앞뒤로 무릎을 구부리며 수악절창사隋樂節唱詞 전단을 보허자 1장에 맞춰 부르고, 계속해서 후단을 보허자 2장에 맞춰 부른다.

음악이 연주되면 선모와 좌우 협무 4인이 앞으로 향하고 무릎을 앞뒤로 구부리고 일변상대무一變相對舞를 한다. 선모는 서서 앞뒤로 무릎을 구부리고 좌우 협무는 동1東一, 서1西一은 앞으로 가고 동2, 서2도 뒤로 따라가서 4각무 되며 동서무가 상대相對한다. 돌아서 상배相背하고 선모는 앞으로 나가서 가운데로 오고 동서가 다시 돌아 상대하면 2변二變 수수무垂手舞한다. 선모와 무 5인은 두 손 내려 앞에 여미고 앞으로 뒤로 무릎 구부린다. 두 팔을 펴들고 돌아서 상배相背하여 3변상대무三變相對舞된다. 무 5인은 두 팔 내려 앞에 여미고 앞뒤로 무릎 구부린다. 선모와 협무 4인은 두 팔을 펴들고 선모도 두 팔을 펴들고 앞으로 나가고 협무 동1, 서1은 왼편으로 약간 돌아서고, 동2, 서2는 오른편으로 약간 돌아 사변산작화무四變散作花舞된다.

선모와 협무 4인은 이수고저以袖高低하며 앞뒤로 무릎 구부리고 한손 높이 세워들고 한손 내리며 앞뒤로 무릎 구부린다. 왼손을 왼편으로 돌리어 앞으로 오고 오른손을 들어 돌리고 오른손을 오른편으로 돌리어 앞으로 오고 왼손을 들어 내린다. 이수고저以袖高低하고 좌우 손을 뿌려 여미면, 음악이 빠른 도드리로 변한다.

오른편을 세 번 돌아가며 뒤로 물러나가 5변수수무五變垂手舞하며 한 줄로 서서 앞으로 향하고, 선모는 조금 뒤로 떨어져 서서 선모와 협무 4인은 왼편으로 세 번 돌며 두 손 들었다가 두 손 앞에 여민다. 음악은 타령으로 변한다. 선모와 좌우 협무 4인 두 팔을 펴들고 동1은 동쪽, 동2는 남쪽, 서1은 서쪽, 서2는 북쪽으로 6변5방무六變五方舞가 된다. 중무와 좌우 협무는 돌아서 상배相背하고 두 손 내려 앞에 여미고 이수고저以袖高低한다.

음악은 빠른 타령으로 변한다. 좌우 손을 뿌려 내린 뒤에 염수하고 오른편으로 세 번 돌며 뒤편으로 내려와 한 줄로 서서 7변염수무七變斂手舞되어 앞으로 향하고 좌우로 한번씩 돈다.

음악이 느린 타령으로 변한다. 중무와 협무 4인은 이수고저하며 사각형이 되어 8변사선무八變四仙舞가 된다. 앞에 무 2인이 돌아 후대와 상향相向하고, 전대前隊와 후대後隊가 자리를 바꾸어 9변염수무九變斂手舞가 되며, 두 손 내려 앞에 여미고 중무는 뒤로 조금 물러난다. 무 5인은 이수고저하며 후대 2인은 돌아 앞으로 향한다. 이수고저하며 자리 바꾸어 먼저 자리로 와서 중무는 중앙에서 돌고 협무 4인은 왼편으로 돌아 맨 먼저 자리로 와서 한 줄로 서서 앞으로 나가고 두 손 내려 앞에 여미면 음악이 끝나고 죽간자 2인은 앞을 향해서 구호口號를 부른다. 음악이 연주되면 중무와 좌우 협무는 두 팔을 펴들고 앞으로 나가서 두 손 내려 앞에 여미고 죽간자는 후퇴한다. 중무와 좌우 협무도 후퇴하며 춤을 끝낸다.

(9)제수창帝壽昌

송宋나라 때 기성절基聖節에서 연주한 악곡 중 제수창지악帝壽昌之樂이 있었다고 한다. 이 춤은 순조純祖 때 효명세자孝明世子가 창제한 당악정재의 하나이다. 나라의 융성과 군왕의 만수무강, 백성의 평안을 선양구가宣揚謳歌하는 뜻의 창사를 부르며 추는 춤이다. 조선후기 궁중에서 사용한『정재무도홀기呈才舞圖笏記』와 『진작의궤進爵儀軌』에서 조선말까지 전해온 것을 보여준다.

춤의 진행은 음악이 연주되면 족자簇子 1인과 죽간자竹竿子 2인이 한 줄로 서서 앞으로 나가서면 음악이 끝나고 죽간자가 구호口號를 부르고 음악이 변하면 좌우左右 제1대가 두 팔을 펴들고 앞으로 나가 족자簇子 좌우편에 서서 두 손 내려 앞에 여민다.

좌우 제2대가 앞으로 나가서 제1대 뒤에 선다. 선모와 후대後隊 4인 황개인黃蓋人이 앞으로 나가서면 음악이 끝나고 선모仙母는 치어致語를 부른다.

음악이 연주되면 선모와 좌우 협무는 자리를 바꾸고 선모와 후대後隊와 협무는 자리를 바꾸고, 선모와 후대後隊는 각각 상대하여 추고 상배相背하면 음악이 끝나고, 전원이 창사를 합창한다. 음악이 연주되면 협무와 후대는 동東과 서西로 나누어져서 서로 향해서고, 선모와 협무는 상대하고 선모는 후대後隊와 상대해 추고 선모는 가운데서 추고 협무와 후대무는 회선回旋해서 맨 먼저 서 있던 자리로 와서 서면 음악이 그치고 죽간자 2인은 구호口號를 부른다.

죽간자와 족자, 황개인은 뒤로 물러나와 서고 선모와 협무, 후대무는 앞으로 나가서 두 손 내려 앞에 여미고 뒤로 물러나서 춤을 끝낸다.

(10) 최화무催花舞

이 춤은 순조純祖 때 효명세자孝明世子가 창제한 것으로서 봄의 풍경을 묘사한 것으로 피어나는 꽃들의 아름다움을 찬양하는 내용의 노래를 부르며 추는 춤이다. 이 춤은 조선朝鮮말까지 전해진 사실이『정재무도홀기呈才舞圖笏記』와 고종高宗 연대『진작의궤進爵儀軌』에서 증명하고 있다. 음악이 연주되면 죽간자 2인이 앞으로 나가 선다. 음악이 그치고 죽간자 2인은 구호口號를 부르고 서있다. 음악이 변하면 중무中舞와 좌우 협무 4인은 앞으로 나가선다. 음악이 끝나고 중무는 치어致語를 부른다.

음악이 연주되면 중무는 두 팔을 펴들고 조금 물러 나온다. 좌우 협무는 상대相對하여 들어가고 물러나고 한다. 중무는 가운데 있고 좌우 협무는 네 귀퉁이로 가서 4각형이 되고, 중무와 협무는 각각 1인씩 상대해서 추고 돌아서 상배相背한다. 협무는 앞으로 향해 조금 나가서면 음악이 그치고, 협무는 창사唱詞를 부른다.

음악이 연주되면 중무와 좌우 협무는 두 팔을 펴들고, 중무와 협무는 두 팔을 내리고 돌아서 한 줄로 선다. 중무와 협무 전원은 두 팔을 펴들고 5방무로 서서 앞으로 향하면, 음악이 그치고 협무는 창사唱詞를 부른다.

음악이 연주되면 무 5인은 두 팔을 펴들고 뒤로 조금 물러났다. 조금 앞으로 나가서 두 손을 뿌려 내리고 돌아 내려와서 한 줄로 선다. 두 손을 펴며 앞으로 갔다 뒤로 물러나면 음악이 끝나고 협무는 창사唱詞를 부른다.

음악이 연주되면 두 팔을 펴들고 뒤로 조금 물러나고 중무는 앞으로 나가고, 중무와 협무는 서로 보며 추고 중무와 협무 한 손씩 뿌려 내리고 돌며 한 줄로 서서 좌우로 360°씩 돌고 두 팔을 펴들며 잦은 걸음으로 나갔다가 물러나오고 중무는 뒤로 빠지면서 오른쪽으로 돌며 두 팔을 펴들고 조금 앞으로 나가서면 음악이 끝나고 협무는 창사唱詞를 부른다.

음악이 연주되면 중무는 조금 앞으로 나가고 협무는 조금 물러선다. 중무와 좌우 협무가 차례로 오른쪽으로 돌며 회무回舞하고, 먼저 자리로 와서 앞쪽으로 향한다. 맨 먼저 들어와 섰던 자리로 간다. 조금 뒤로 물러나 다시 앞으로 나가서면 음악이 그치고 죽간자 2인은 구호口號를 부른다.

음악이 연주되면 죽간자 2인은 뒤로 물러나와 서고 중무는 조금 앞으로 나가 선다. 음악이 그치고 중무가 치어致語를 부른다. 음악이 연주되면 중무는 조금 뒤로 물러나고 중무와 협무는 두 팔을 펴들고 앞으로 조금 나가서 두 손 내려 앞에 여미고 뒤로 물러나 춤을 끝낸다.

(11) 가인전목단佳人剪牧丹

이 춤은 순조純祖 때 효명세자孝明世子가 지은 것으로 모란꽃을 꽂은 화준반花樽盤을 가운데 놓고 무인이 춤을 추며 꽃을 한 가지씩 뽑아 들고 전진후퇴前進後退하며 주위를 돌아가며 추는 화려하고 아름다운 춤이다. 헌종憲宗대를 거쳐 고종高宗 5년까지 계속되었고 무원은 4인, 8인, 12인, 18인으로 변동이 있기도 했다.

춤의 진행은 음악이 연주되면 악사가 화준花樽을 갖고 등장하여 무대 가운데 놓고 나온다. 무 12인은 6인씩 좌우로 갈라서서 앞으로 나가 선다. 화준을 가운데 두고 좌대는 왼편으로 돌아 외곽外廓에서 돌아가고, 우대는 오른편으로 돌아 내측內側에서 돌아가 먼저 등장하는 자리로 간다. 앞으로 다가서면 음악이 끝나고, 전원창사全員唱詞를 부른다. 음악이 연주되면 좌우무 두 팔을 펴 올려들고 꽃을 가운데 두고 원형으로 꽃을 향하여 서며, 돌아서 외향外向하고 각각 상대相對하고, 전원이 돌아 꽃을 보며 춤춘다. 앞으로 들어가 우수右手로 꽃을 어르며 뽑아들고 돌며 춤춘다. 뒤로 물러나와 서로 대면對面도 하고, 돌아서서 등으로 향하기도 하며 한 팔씩 뿌려 내리고 돌기도 한다. 다시 맨 먼저 대열의 자리로 와서 후퇴하며 춤을 끝낸다.

(12) 경풍도慶豊圖

이 춤은 순조純祖 때 효명세자孝明世子가 창제한 것으로 나라의 융성과 풍년을 구가하는 뜻의 노래를 부르며 추는 것이다. 춤의 진행은 악사樂師가 무인에게 탁자卓子 들려들고 무대에 들어와 내려놓고 물러 나간다. 선모仙母 1인이 경풍도慶豊圖를 받쳐들고 앞으로 나가서면 음악이 끝난다. 그러면 선모 창사를 부르고 음악이 연주되면 선모 탁자 위에 경풍도를 놓고 엎드려 절하고 일어나 두 팔 들고 뒤로 조금 물러나오면 음악이 끝난다. 협무挾舞 5인이 가곡歌曲 중의 편곡編曲으로 합창하고, 음악이 변하면 선모仙母가 두 팔 펴들고 후대 5인도 두 팔 펴들며 앞으로 나가 선다. 선모와 후대後隊 5인은 각각 상대相對하고 진퇴進退하며 추고, 선모는 중앙에서 춤추고 5인무는 회선回旋하여 처음 대열로 와서 선다. 무 6인은 앞으로 나가서 두 손을 앞에 여미고 뒤로 물러나와 춤을 끝낸다.『진작의궤進爵儀軌』에는 중국 송나라 때 태종太宗이 지은 크고 작은 음곡 중에 남려궁南呂宮 11곡의 열 번째인 경년풍慶年豊이란 곡이 있었고, 명明나라 때에는 악장樂章의 천명유덕지무天命有德之舞가 있었는데, 그 중 여섯 번째의 경풍년지곡慶豊年之曲이 있었다고 하였다.

(13) 고구려무高句麗舞

이 춤은 순조純祖 때 발생한 것으로『진작의궤』에 실려 있다. 무원이 부르는 창사唱詞의 가사(歌詞는 앞에서 언급한바 있는 고구려) 때의 이태백李太白이 읊은 시문詩文을 그대로 전재 사용하였다. 그리고 무원도 6명으로 되어 있다. 그러나 한 가지 집고 넘어가야 할 것은 당대唐代와 조선 순조純祖와의 긴 연륜의 차이는 고구려 때 춤이 전승되었다고 할 수 없고, 이 사실을 밝혀 줄만한 자료도 찾아 볼 수가 없다.

춤의 진행은 음악이 연주되면 무 6인이 염수하고 앞으로 나가고 음악이 끝나면 전원 창사를 부른다. 다시 음악이 연주되면 무 6인이 두 팔 펴들고 상대相對, 상배相背하고 전진후퇴前進後退하며 돌아서 처음 자리로 와 대열로 서서 두 손 염수斂手하고 뒤로 물러나 춤을 끝낸다.『진작의궤進爵儀軌』의 도서집성圖書集成을 전재하면서 수隋나라 양제煬帝가 요동遼東을 침공할 때 이 노래를 지었다고 부기 되어 있다.

(14) 만수무萬壽舞

이 춤은 순조純祖 때 효명세자孝明世子가 지은 것으로 군왕君王의 만수무강萬壽無疆을 축원하고, 나라가 평안하며 왕업이 융성해서 천만년 대까지 계계승승을 하라는 내용의 노래를 부르며 추는 춤이다. 춤의 진행은 음악이 연주되면 악사가 무인에게 탁자를 들려서 무대로 등장하여 가운데 놓고 퇴장한다.

족자인이 앞으로 나가서면 음악이 그치고 창사唱詞를 부른다. 음악이 연주되면 선모 1인과 좌우 협무 4인이 앞으로 나가서 두 손 내려 염수하고 선모仙母는 조금 나가서면 무 1인이 선도반仙桃盤을 두 손으로 받쳐들고 동쪽에서 들어와 선모에게 준다. 선모는 두 손으로 받아 들고 음악이 그치면 창사唱詞를 부른다. 음악이 변하면 선모는 선도반仙桃盤을 탁자위에 놓고 무릎을 꿇고 엎드려 절하고 일어나서 조금 뒤로 물러난다. 좌우 협무 4인이 두 팔 펴들고 조금 나가서면 음악이 그치고 선모 1인이 창사唱詞를 가곡歌曲중의 편곡編曲으로 부른다. 음악이 연주되면 좌우 협무 4인이 두 팔 펴들고 조금 후퇴하여 상대상배相對相背하는데, 선모는 가운데서 춘다. 두 손을 뿌리고 각각 돌아서 한 줄이 되며 자리를 바꾸어 선다. 선모와 좌우 협무가 상대相對하고 두 손을 뿌려서 돌아 한 줄로 선다. 선모와 좌우 협무는 진퇴進退하고 후대後隊는 앞으로 전대前隊는 물러나 상대相對하고, 먼저 자리로 온다. 후대는 앞으로 향하고 조금 물러나서 두 손 염수하고 뒤로 물러난다. 다음에 족자도 뒤로 가면서 춤을 끝낸다.

(15) 무산향舞山香

이 춤은 순조純祖 때 효명세자孝明世子가 지은 것으로 대모반玳瑁盤 위에서 추는 춤이다. 같은 시대에 발생한 춘앵전은 화문석花紋席 위에서만 춘다면, 무산향은 대모반玳瑁盤 위에서만 추는 것이다.

궁중무용宮中舞踊 중에서 독무獨舞로는 춘앵전春鶯囀과 무산향舞山香이 쌍벽을 이루고 있다. 춤의 진행은 음악이 연주되면 악사가 무인에게 대모반(胖)개반盤을 들리고 등장하여 무대에 놓고 퇴장한다. 무 1인이 염수하고 앞으로 나와 대모반의 중간에 서면 음악이 그치고 무인이 창사唱詞를 한 다음 음악이 변하고, 무 1인은 두 팔을 펴들고 조금 뒤로 물러나와 오른쪽으로 돌고 조금 앞으로 나와 왼쪽으로 돌면서 앞으로 나간다. 오른손을 들어 뒤로 뿌려 내리고 왼손을 들어 뒤로 내린다. 두 손을 들고 돌아 뒤로 물러나가 앞으로 향하여 이수고저以袖高低하고 두 손을 뿌려서 뒤로 여미고 회선回旋하며 뒤로 물러나와 앞으로 무릎을 구부리고 뒤로 무릎을 구부린다.

연풍대筵風擡가락으로 크게 원을 그리며 돌아 오른쪽 왼쪽으로 진퇴進退하고, 두 손 펴들고 앞으로 나가 한 손씩 뿌리고 한번씩 돌고 왼손 오른손을 어깨 위에 구부려 들고 좌우로 한번씩 돌며, 먼저 오른손을 뿌리고 다음 왼손을 뿌려 내려서 앞에 여미고 앞뒤로 무릎을 구부린다. 두 손 펴들고 전진후퇴하고 앞으로 나가 돌아 오른손 왼손을 차례로 어깨 위에 구부려 돌면서 이수고저以袖高低하고, 왼쪽 오른쪽으로 90°씩 돌고 뒤로 물러나와 대모반 아래로 내려와 염수斂手하고 춤을 끝낸다.

(16) 박접무撲蝶舞

이 춤은 순조純祖 때 효명세자孝明世子의 예제睿製로, 호랑나비가 쌍쌍이 날아와 봄날의 정경을 음미한다는 뜻의 창사唱詞를 부르며 추는 춤으로 호랑나비 모양을 수놓은 의상을 입는다.

춤의 진행은 음악이 연주되면 무 6인이 앞으로 나가서면 음악이 그치고, 전원이 창사唱詞한다. 음악이 다시 연주되면 각각 돌아, 상배相背하고 돌아 상대相對하고 회선回旋하여 남南, 북北으로 2대二隊되어 서로 앞으로 향해 선다. 두 손을 뿌려 내려서 회선回旋해 한 줄로 서고 두 팔 펴들고 전진 후퇴한다.

좌우 1대 2인이 앞으로 나가서고 차례로 좌우 2대, 좌우 3대도 그 뒤를 따라간다. 서로 동서로 향해 서서 상배相背한다. 두 손을 뿌려 내리고 각각 돌아 한 줄로 서서 이수고저以袖高低하고 처음 대열로 선다. 안쪽으로 향해 한 손씩 어깨 위에 구부려 든다. 처음 자리로 와서 앞으로 향해 나가서 두 손 앞에 여미고 뒤로 물러나와 춤을 끝낸다.

(17) 심향춘沈香春

이 춤은 순조純祖 때 발생된 것으로 화병에 꽂혀있는 꽃가지를 뽑아들고 교태를 부리면서 추는 춤으로 미인과 꽃의 아름다움을 표현한 것이다.

춤의 진행은 악사가 화병을 든 무인을 거느리고 등장하여 무대에 놓고 퇴장한다. 무 2인이 한 줄로 서서 앞으로 나가서면 음악이 그치고 창사唱詞를 부른다.

다시 음악이 연주되면 각각 회선回旋하여 서로 상대相對한 후 자리를 바꾸고, 다시 제자리에 온다. 좌우로 돌고 꽃 앞에서 오른손으로 꽃을 잡고 어른다. 꽃을 들고 서로 보며 돌아서 등으로 향해 돌아가며 먼저 자리로 온다. 앞으로 나가 두 손 앞에 여미며 뒤로 물러나와 춤을 끝낸다.

(18) 초무初舞

이 춤은 숙종肅宗 때 기록이 보이며 조선말 고종高宗 5년대까지 궁중에서 추었다. 무원 2인이 추는 것으로 궁중무용 중에서는 가장 간단하고 내용이 빈약한 춤이다. 춤의 진행과정도 허술하지만 동작에 있어서도 미약하기 이를 데 없다. 더욱이 춤의 정신과 사상을 시문이나 창사를 통해서 전달하고 발표하였는데, 이것마저도 결여되어 창사를 부르지 않았다. 처음에는 원무 2인에 협무 18인이 추었는데 고종高宗 때에는 4인이 추기도 하였다. 춤의 진행은 음악이 연주되면 무원 2인이 한 줄로 서서 앞으로 나가 두 팔을 들었다가 북 박자에 좌수左手와 우수右手를 내리고, 다시 우수를 들고 좌수를 내린다. 두 손 앞에 여미고 뒤로 물러나와 춤을 끝낸다.

(19) 춘앵전春鶯囀

이 춤은 순조純祖의 아들 효명세자孝明世子, 추존追尊, 익종翼宗이 국왕國

王의 명을 받아 국사國事를 섭정攝政 할 때, 세자의 모친 순원숙황후純元肅皇后 40세 탄신을 축하하기 위하여 창작한 것이다.

봄날 꾀꼬리를 상징하여 황앵삼黃鶯衫에 붉은 띠를 매고 찬란한 화관에 두 손은 한삼汗衫을 끼고 화문석花紋席 위에서만 추는 단정하고 우아 미려한 춤이다.

이 춤의 전승과정은 순조純祖 무자년(1828) 이후 헌종憲宗과 고종 30년 계사년(1893)의 『정재무도홀기呈才舞圖笏記』, 조선말 『진연의궤』, 『진찬의궤』 등에서 여실히 보이고, 또 독무로 무산향舞山香과 쌍벽을 이루는 춤으로 궁중무용의 춤사위의 전부를 구사하고 있다.

춤의 진행은 화문석花紋席 뒤편 위에서 무 1인이 염수하고 서면 음악이 평조영산회상平調靈山會相 상령산上靈山을 연주한다. 무 1인은 염수하고 앞으로 천천히 나가서 두 손을 옆으로 들어 뿌려서 내리면 음악이 그치고, 두 손을 얼굴 앞에 모아들고 창사唱詞를 부른다.

음악이 앞의 악곡 중령산中靈山을 연주하면 두 손을 벌려서 뿌려 뒤에 여민다. 오른편으로 90° 돌아서고, 왼편으로 90° 돌아서면 다시 오른편으로 돌아 앞으로 향한다. 오른손을 어깨 위에 들었다가 다시 옆으로 내리고 왼손도 오른손과 같이 한다. 오른손을 들어 어깨 위에 들고 왼손도 들어 어깨위로 구부려 든다.

음악이 앞의 악곡 잔령산細靈山을 연주하고 무1인은 오른편 옆으로 가며 오른팔을 옆으로 내렸다가 다시 어깨 위에 구부려 들고 왼팔을 옆으로 내렸다가 다시 어깨 위에 구부려 들고, 왼편 옆으로 간다. 왼팔을 옆으로 내렸다가 다시 들어서 구부려 들고 왼편 옆으로 가고 오른팔을 옆으로 내렸다가 다시 들어 왼편으로 가서 처음 자리로 온다. 두 팔을 펴들며 오른쪽으로 360° 돌고 왼편으로 360° 돌아선다.

음악이 도드리를 연주한다. 이수고저以袖高低하며 앞뒤로 무릎을 굽히고 두 팔 옆으로 내려 앞에 염수하고 앞뒤로 무릎을 굽힌다. 앞으로 무릎을 구부리면서 오른팔을 들고 왼손을 내려 뒤에 가게하고, 왼손은 앞으로 들고 오른손은 내려가며 몸은 뒤로 제친다. 오른손은 오른쪽 어깨 위에 들어 왼손을 펴들고 오른손으로 펴내려 좌우 손 뒤로 내린다. 오른손을 옆으로 얼러 돌리며 뿌리고 왼손도 같이 한다. 이때 고개를 돌려 뿌리는 방향을 본다. 두 팔을 천천히 들어 양어깨 위에 뿌려 들며 돗자리 앞으로 간다. 두 손 옆으로 내리고 이수고저以袖高低하고 두 손을 높이 든다.

음악이 빠른 도드리로 변하면 두 손을 뿌려 뒤에 여미면서 발을 띠어 좌우로 딛는다. 이때 웃음을 머금고 뒤로 돗자리 뒷부분까지 간다.

타령 곡으로 변하면 두 팔을 옆으로 펴들고 앞으로 나가 오른팔을 뿌려 뒤로 내리면서 오른편 360° 돌고 왼편도 같이 돌아 앞을 향한다. 이수고저 以袖高低하며 앞뒤로 무릎을 구부리고 이수고저로 뒤로 앞으로 추고 두 손을 양편 어깨위로 높이 들고 뿌려서 뒤에 여미고 앞뒤로 무릎을 구부리고 뒤로 나가다가 앞을 나가서 한 손씩 어깨 위 뒤쪽으로 뿌리며 족도하다가 두 팔을 펴들면서 좌우 360°씩 돌고 왼쪽으로 세 번 돌아 앞으로 향하여 두 팔 옆으로 내려 염수하고 다시 펴들며 뒤로 물러나와 돗자리 뒤에 서서 두 팔을 여미며 염수하고 춤을 끝낸다.

(20) 첨수무尖袖舞

이 춤은 영·정조에 이어 순조純祖(1828) 때 자경전 잔치에서 무동이 처음 추었다. 처음에는 원무2인이 두 손에 칼을 들고 춤추며 뒤에 협무 18인은 손에 든 것이 없이 빈손을 놀리면서 추는 것으로 이를 엽무라고도 한다. 그런데 다음해인 순조 기축己丑년 궁중연향에서 여령과 무동이 첨수무를 추었는데, 손에 칼을 들지 않고 색 한삼을 매고 추었던 것으로 되어 있다. 그리고 50여 년 후인 고종高宗 24년에도 이와 똑같은 내용을 기록되어 있는 것을 볼 수 있다.

첨수무는 순조純祖 때에는 검무를 추는데 협무의 구실을 하기도 하고, 또 독립된 무용으로도 구성되었던 것이 고종高宗 24년대까지 전해지던 것으로 짐작된다.

그러나 한삼을 매고 춘 첨수무에 관한 자료가 발견되지 않아 그 내용을 파악할 수 없는 것이 아쉬운 점이다. 그 후 이 춤은 『정재무도홀기呈才舞圖笏記』의 내용이 검무와 유사하고 다만 무원에 있어서 2인으로 축소되어 있을 뿐이다.

그렇기 때문에 순조純祖 기축己丑이후 조선말까지도 첨수무尖袖舞가 두 가지 형태로 있었던 것으로 풀이된다. 춤의 진행은 음악을 연주하면 무2인이 두 팔을 옆으로 들어 펴들고 상대相對하며 들어가고, 뒤로 물러나와 돌아서 동쪽으로 서기도 하고, 혹은 서로 보기도 하며 회선하기도 한다. 악사 2인이 칼을 들고 양쪽에서 등장하여 가운데 놓고 좌우로 퇴장하면, 무 2인은 상대하고 무릎 꿇고 앉아서 칼을 어른 후, 오른손 왼손 차례로 칼을 들고 번득이며 춤추면서 함께 일어나 연풍대筵風擡 가락으로 한 줄이 되어 전진前進하고 뒤로 물러나서 춤을 끝낸다.

(21) 사자무獅子舞

사자춤의 근원은 앞장에서 언급한 신라오기新羅五伎에 들어있는 산예狻猊무에서 찾을 수 있다. 그리고 이 춤은 대중 속에서 성장 발전되어 연연히 맥을 이어온 것이 현존된 여러 지방 탈놀이에서 행하고 있는 사자춤이라 할 수 있다. 이 춤이 궁중에서 유입된 시기는 18세기경에 그린 단원檀園의 평안감사환영도平安監司歡迎圖에서 여러 궁중무용과 함께 그려져 있고, 『정재무도홀기呈才舞圖笏記』에도 수록되어 있는 것으로 보아 궁중에서도 활발히 연희되었으며, 또 지방 여령女伶들에게도 전파된 것을 입증하고 있다. 두 사람이 사자 모양의 탈을 쓰고 사자의 행동을 표출하는 쾌활하고 발랄한 춤이다.

탈놀이 중의 사자춤은 마부가 있어서 사자와 춤을 같이 추는데, 궁중의 사자무는 마부馬夫 없이 춤춘다. 춤의 진행은 음악이 영산회상을 연주하면 청사자, 황사자 두 마리가 음악에 맞추어 몸을 흔들면서 앞으로 나가 동東, 서西 양편으로 갈라서서 앞으로 향하여 엎드린다. 머리를 들기도 하고 입으로 땅을 쪼고 눈을 돌리고 펄쩍 뛰어 일어나서 장단에 맞추어 꼬리를 휘두르고 걸어 다니며 좌우를 돌아본다. 또 장단에 맞추어 입을 열고 이를 마주치고 전진후퇴前進後退하고 돌며 즐겁게 춤추며 뒤로 물러나면서 춤을 끝낸다.

(22) 항장무項莊舞

항장무의 기원은 춘추전국시대春秋戰國時代에 한漢나라의 패공沛公과 초楚나라의 항우項羽가 싸움터에서 있었던 사건을 무용극화한 것으로 내용은 칼춤뿐 아니라 대사와 동작표현과 무용 등으로 구성되어 대무용극大舞踊劇으로 평가할 수 있다. 이 춤이 궁중에서 연희된 것은 고종高宗대로『정재무도홀기呈才舞圖笏記』에 보면, 무원 전원이 평안북도平安北道 선천宣川 출신의 여기들이다. 그러므로 인해서 조선말 이계에서는 선천의 항장무項莊舞가 유명했다는 말이 전해져 있다.

춤의 내용을 간단히 설명하면, 초楚 항우項羽가 한漢의 패공沛公을 죽이려고 진중陣中에서 잔치를 배설排設하고 패공沛公을 초청하여 술을 마시다가 항장項莊으로 하여금 칼춤을 추게 하고 춤추다가 패공을 죽이려고 했다. 이것을 예측한 패공의 모사謀士 장량張良이 항백項伯에게 패공의 생명이 위험하니 칼춤을 마주 추어서 패공을 가리도록 하여 항백이 항장과 상대하여 춤을 추었다. 장량이 이때를 이용하여 밖으로 나와 번쾌樊噲에게 항장項莊이 칼을 뽑아들고 춤을 추는 것은 패공을 해치려는 뜻이 있었다고 하니, 번쾌는 칼을 차고 방패를 들고 군중軍中으로 뛰어 들어갔다.

번쾌는 항우를 보고 패공이 잘못한 일이 없는데 소인小人들의 말만 듣고 패공을 해치려 하느냐 하면서, 장군將軍을 위해서 매우 애석한 일이라 하니 '항우'-장사로다 하고, 술을 주어라 명령하니, 부하가 말술을 갖다주니 '번쾌'-말술을 들어 마시니 '항우'-또 마실 수 있겠느냐 하니, '번쾌'-신이 죽는 한이 있어도 술을 사양하겠느냐 하고 패공沛公을 돌아보니, 패공이 바로 밖으로 나와 위기를 면하고 무사히 진중으로 돌아왔다. 이렇게 장량張良의 지혜와 번쾌의 용기로 인해서 항우項羽의 계략計略이 실패로 돌아갔고, 한漢 패공沛公은 무사했다. 이것을 초楚, 한漢시대에 홍문연鴻門宴의 잔치라 하고, 항장무項莊舞라고 한 것은 항장項莊이 춤을 춘데서 붙인 이름이라 할 수 있다.

이상에서 열거한 무용 이외에도 고려 때 발생된 것으로 전하는 광수무廣袖舞가 있고, 조선시대에는 순조純祖 때 발생된 것으로 볼 수 있는 공막무公莫舞, 망선문望仙門, 연화무蓮花舞, 춘광호春光好, 영지무影池舞, 춘대옥촉春臺玉燭 등이 순조純祖 무자戊子(1828) 기축己丑(1829) 양대에 궁중연향에서 추었고, 그 후 헌종憲宗 무신戊申년에는 관동무關東舞가 진연進宴에서 춘 것으로 기록되어 있다. 그러나 이 춤들이 『정재무도홀기呈才舞圖笏記』가 소실되고 없어져 그의 전모를 파악할 수 없는 것이 안타까운 일이다. (1988년 집필 당시)

이상 궁중무용에 들어있는 정신과 내용을 총괄해서 분석해 보면,
① 조종祖宗의 공덕을 추앙하고 왕업의 선정정치를 선양하며, 왕실의 번영을 송축하는 뜻의 시詩가 창작되고 아울러 음악과 무용이 창제된 것.
② 춤의 내용이 뚜렷한 목적과 작품의 의도가 있으며, 연희과정에는 기승전결의 격식과 형태 구성의 질서가 있는 것 등을 들 수 있다.
③ 의상이 현란하고 옷의 색깔과 춤 구성의 기본을 음양오행설陰陽五行說의 동양사상에 기초를 두고 있는 점.
④ 개인(무용수)의 감정이나 성격의 표현이 억제되고 정중동靜中動 속에서 춤의 정신을 표현하는 것 등이다.

다음에서 궁중무용의 특징을 간추려 보면 다음과 같다.
① 우리나라에서 발생되고 창작된 것.
② 춤의 정신과 내용을 노래로 설명하는 것.
③ 집박악사執拍樂師의 박에 따라 춤과 음악이 진행되는 것.
④ 악樂·가歌·무舞의 삼위일체三位一體로 형성된 것.

⑤ 몸의 자세가 바르고 단정하며 춤사위가 우아하고 움직이는 선이 유연하며 춤 각각의 수효가 적은 것.
⑥ 반주로 사용되는 음악과 장단이 유장하여 급속한 박자를 사용하지 않는 것.
⑦ 우리나라에서 발생 또는 창제된 춤으로 이름은 중국 것을 사용하고 또 중국 춤의 형식을 도입한 것.
⑧ 자연 발생적으로 전설 설화 속에서 발생한 춤이 궁중으로 유입되어 궁중무 형식으로 발전한 것.
⑨ 무용진행이 관중을 목표로 한 방향이고, 고정되어 있는 것.
⑩ 무용을 전공한 예인들이 추어 왔다는 것 등이다.

반주로 연주되는 음악과 사용되는 악기
반주되는 음악은 거의가 정악분야에 속한 것으로
① 삼현영산회상三絃靈山會相
② 평조영산회상平調靈山會相(일명 柳初新之曲 전곡)
③ 수제천壽齊天(일명 井邑)
④ 보허자步虛子(일명 長春不老之曲)
⑤ 웃도드리(일명 壽延長之曲)
⑥ 긴 염불
⑦ 대취타大吹打(일명 萬波停息之曲)
⑧ 롱弄-노래로는 가곡歌曲(일명 萬年長歡之曲) 중에서
⑨ 계락界樂
⑩ 언락言樂
⑪ 편編
⑫ 우편羽編과 십이가사十二歌詞에서는 어부사漁父詞도 부른다.

연주에서 사용되는 악기樂器는 기록에 여러 종류가 반주로 임했던 것으로 되어 있다. 그러나 근래는 삼현육각三絃六角이라 해서 장고1, 북1, 피리 2, 대금大笒(일명 저) 1, 해금奚琴 1인이 담당한 것으로 전하고 있다.

위에서 제시한 장단 중에 평조平調와 삼현영산회상三絃靈山會相의 상·중령산과 수제천壽齊天, 보허자步虛子 등의 장단은 20박을 한 장단에 치는 것이 원칙이다. 그러나 무용반주에 있어서는 20박을 축소시켜 10박으로 장단을 배정해서 친다.

아래에 간단한 장단 표를 열거한다.

〈궁중무용의 장단 및 표기법과 실제〉

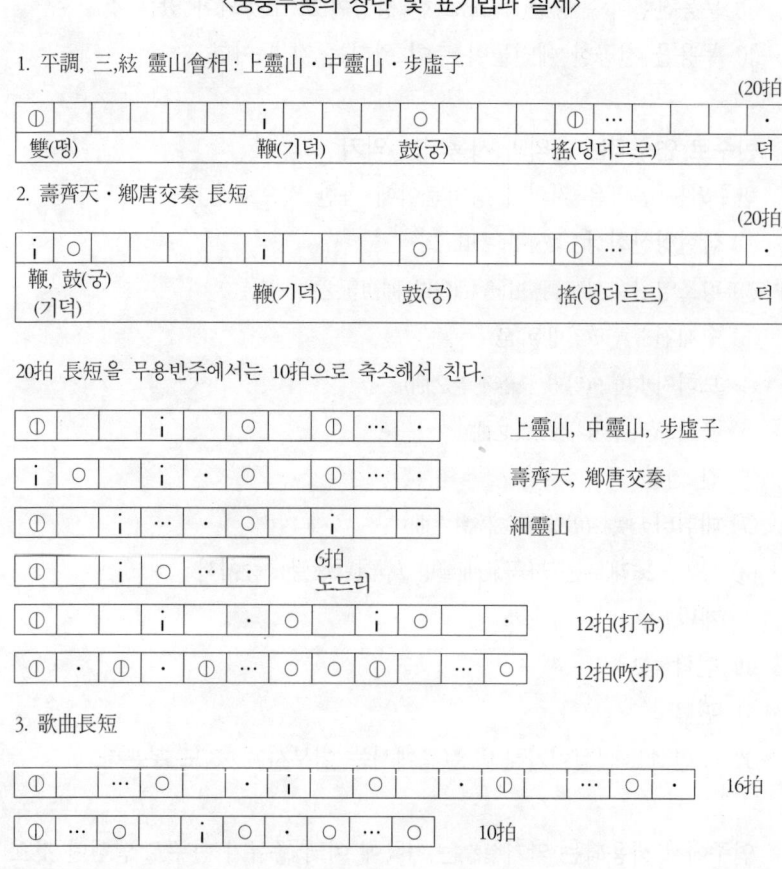

凡例 : 장구 연주요령

부호	명칭	구음	연주요령	서양음표
①	합창단	떵	채편과 북편을 동시에 함께 침	
|	채 편	덕, 딱	오른손 채로 채편을 침	
○	북 편	쿵	왼손바닥으로 북편을 침	
:	채굴림	더르르르	오른손 채로 채편을 굴림	
i	겹 채	기 덕	오른손 채로 채편을 겹쳐 침	
·	채찍음	덕	오른손 채로 채편을 찍음	

끝으로 부언하는 것은 흔히 궁중무는 궁중 안에서만 추거나 그렇지 않으면 양반들 사회에서 추는 춤으로 민간이나 지방과는 전혀 관련이 없는 것으로 알고 있다. 그러나 실제로는 이와 전혀 다른 것으로, 1900년대 초까지만 해도 전국 각지에 있는 지방관아 마다 반드시 교방청이 있고, 교방청에는 여령이 예속되어 있어서 이들에 의해서 궁중무가 추어졌고 또 전해왔다.

뿐만 아니라 궁궐에 큰 잔치가 있을 때마다 지방여령들을 서울로 불러 올리어 진연도감청에서 춤과 노래를 학습시켜 진연에서 추게 하였다. 그리고 잔치가 끝난 후에는 다시 고향으로 돌아가 역시 여령생활을 계속했다. 이렇게 지방의 여령과 궁중이 밀접한 관계가 있었던 사실은 조선조 왕궁잔치를 치른 후 기록해 놓은 진찬, 진작, 진연 등에서 찾아볼 수 있다. 그러므로 궁중무는 서울을 중심으로 한 춤이 아니라 전국적으로 전파되어 전승 보존된 춤이라고 할 수 있고, 또 경남 진주의 검무와 통영 승전무가 무형문화재로 지정된 이유도 여기서 연유한 것이다.

또 조선조 말에 전하는 바로는 진주에는 검무, 평안북도 선천에는 항장무, 평안남도 성천에 사자무, 강원도 원주에는 관동무 등이 유명했다고 한 것은 이런 이유가 있기 때문이라고 말할 수 있다.

이상 궁중무용 분야에서 고찰한 것은 『고려사高麗史』악지와 『악학궤범 樂學軌範』, 『정재무도홀기呈才舞圖笏記』에 기록되어서 춤의 내용을 참고할 수 있는 것만을 추려서 언급했음을 밝혀두고서 다음은 의식무용 분야로 넘어간다.

3. 의식무용儀式舞踊

의식무용은 다른 무용과는 달리 무용으로 독자성이나 자율성이 없이 오직 제사의식의 절차에 따라서 추는 것이 특징이다. 뿐만 아니라 악곡과 춤이 진행도 제의에 준해서 완급이 생기고 좌우되며, 더욱이 시작과 종결까지도 결정된다. 그렇기 때문에 먼저 고대 우리 조상들의 민속 신앙의 풍속과 습관을 추구 고찰하여 본다.

기원전紀元前 단군왕검檀君王儉이 신단수神檀樹 아래에서 나라를 배포할 때 국조國肇의 이념理念이 바람[風]과 비[雨]를 고르게 하여 곡식을 살찌게 하고, 상벌賞罰을 분명히 해서 인명人命을 보호하며, 하늘에 제사하고, 귀신을 모셔야 한다고 하였다. 우리의 조상들은 이렇게 숭천경신崇天敬神의 사상과 정신이 투철하였음을 알 수 있다. 그 후 이 유풍과 풍속이 이어져 마한馬韓이 천군天君, 예濊의 무천舞天, 가락駕洛의 계락稧洛, 백제百濟의 소도蘇塗, 부여夫餘의 영고迎鼓, 고구려高句麗의 동맹東盟 등으로 여러 부족사회部族社會에서 실행되었던 것을 엿볼 수 있다.

이상 여러 제사의식을 집행하고 주재한 인물은 무격巫覡이었을 것으로 짐작되고, 특히 마한馬韓에서는 천군天君이 이 임무를 했던 것으로 기록에 보이고 있다. 이와 같이 원시신앙과 숙명적으로 깊은 유대 속에서 싹트고 시작된 무용들이 있는데, 이것을 간추려 유형을 나누어 보면 아래와 같다.

① 무속의식巫俗儀式에서 추는 무격巫覡이 춤.
② 불교 재齋의식에서 추는 승려僧侶의 작법무作法舞.
③ 조상祖上과 선현先賢들의 제사祭祀에서 추는 일무佾舞이다.

먼저 무속무용을 고찰하여 본다.

(1) 무속무용巫俗舞踊

첫째, 무속무巫俗舞의 시원은 고대 우리 조상들의 제천사신祭天事神하는 행사와 의식에서 태동된 것이라 할 수 있다.

앞에서 언급한 바와 같이 사신事神하는 제의祭儀 속에서 춤과 노래, 주술과 기도가 무격巫覡에 의해 연행되고 제식이 진행되었기 때문에, 무속무용巫俗舞踊의 원초적인 발달은 기원전 단군시대檀君時代로 생각해 볼 수 있다.

먼저 무속의 기원을 소고하면 무당巫堂은 고대 신교神敎계에서 제사祭祀를 주관하는 사람으로 대개 춤으로 귀신을 내려오게 하고, 노래로 귀신을 즐겁게 하며, 기도祈禱로써 인간의 재앙災殃을 물리치고 복을 들어오게 하는 것이라고 하며, 이렇게 노래를 부르며 춤추는 사람을 무속의 기원이라 하였다. 이렇게 단군시대부터 시작된 제식祭式 속에서 무속신앙巫俗信仰과 무격巫覡의 춤은 민중생활 속에서 끊이지 않고 계승되어 현재 전국 각지에 분포되어 산재해 있는 것을 역력히 볼 수 있다. 현재 이 분야에서 두드러지게 활동하는 굿을 보면

① 서울 도당굿
② 부군 당굿
③ 지노귀굿
④ 제주도 영동굿
⑤ 무혼굿
⑥ 황해도 내림굿
⑦ 경기도 도당굿
⑧ 전라도 씻김굿
⑨ 평양 다리굿
⑩ 동해안 별신굿
⑪ 거제도 별신굿
⑫ 양주 소노리굿

⑬ 경북 하회별신굿
⑭ 용진 배연신굿
⑮ 충청도 은산별신굿
⑯ 강원도 대관령 산신당굿 등이 있다.

이 외에도 작고 큰 굿들이 농어촌과 산간벽지와 외딴 도서 등지에서 연행하고 있는 것을 알 수 있다. 지역에 따라 기후 풍토가 다르고 인정습관이 다르듯이 무속에 있어서도 굿과 음악, 노래와 춤, 악기 등에 차이가 있고 각각 특징이 있다. 이 무속巫俗과 무격巫覡의 춤이야말로 우리의 문화유산으로 반만년의 긴 역사 속에서 성장·전승된 무속예술에 극치를 이루고 있는 것이라고 말할 수 있다. 그리고 이 풍속風俗과 무격巫覡의 춤이 민간에서만 숭상되고 성행한 것이 아니라 고구려高句麗, 신라新羅, 백제百濟는 물론 고려, 조선왕조朝鮮王朝까지도 왕궁과 번번이 왕래가 있고, 궁궐에서도 실연을 해서 많은 논란이 있었던 것을 찾아 볼 수 있다. 그리고 제천사신祭天事神하는 의식도 민중사회에서만 보존되어 있는 것이 아니라 군주국가君主國家로 발전된 후에도 나라에서는 그 유풍과 풍속을 계승하여 국가적인 차원에서 천지天地·일월日月·성신星辰·산천山川·풍우風雨·선농先農·선잠先蠶·독제纛祭 등의 제사를 지냈다는 기록을 찾아 볼 수 있다. 그리고 이 모든 제의祭儀는 조선조 말기까지 거행된 것으로 기록되어 있다.

(2) 불교의식무용佛敎儀式舞踊

불교에서는 의식을 재齋 올린다고 하고, 재齋의식은 범패梵唄와 송경頌經 음악과 무용 등으로 이루어지는데 무용을 작법作法이라고 한다. 이 작법에는 나비춤, 바라춤, 법고춤, 타주打柱춤 등이 있다.

첫째, 나비춤은 재의식에서 게송偈頌에 따라 추는 것으로 여러가지가 있다.

① 도량게道場偈
② 다게茶偈
③ 향화게香花偈
④ 운심게運心偈
⑤ 정례頂禮
⑥ 지옥고地獄苦
⑦ 백귀의불白歸依佛
⑧ 만다라曼陀羅
⑨ 기경起經
⑩ 삼귀의三歸依
⑪ 목단찬牧丹讚
⑫ 구원겁중久遠劫中
⑬ 오공양五供養
⑭ 사방요신四方搖身
⑮ 타주打柱 등이 있다.

둘째, 바라춤에는
① 천수千手바라
② 명명바라
③ 사다라니 바라
④ 관욕게灌浴偈바라
⑤ 막바라
⑥ 내임來臨바라 등이 있다.

　셋째, 법고춤에는 법고와 홍구춤이 있는데, 북가락 흐름이 부드러우며 짜임새가 있고 중후하면서도 자지러진 가락이 묘미가 있어, 현재 승무에서 치는 법고 가락과는 다른 특징이 있다.
　이 춤들은 사찰寺刹 법당法堂안이나 재齋를 거행하는 의식장에서만 추는 것으로, 고정된 차례나 한정된 시간이 배정되어 있는 것이 아니라 의식

순서에 따라 해금奚琴 등이 해당한다. 이렇게 불교와 인과 속에서 성장된 작법무들은 장구한 세월을 승려僧侶에 의해 연희되고 전승되어, 현재 범패梵唄와 아울러 중요무형문화재重要無形文化財로 지정되어 있다.

(3) 일무佾舞

일무는 우리 조상의 신위와 성현聖賢의 신위를 모신 사당祠堂인 종묘宗廟와 문묘文廟 제사에서 제례악祭禮樂에 맞추어 추는 춤으로 문묘일무文廟佾舞, 종묘일무宗廟佾舞 두 종류가 있다. 이 춤의 시원始源은 중국 주周시대에 발생되어 우리나라에는 고려 때 전래한 것으로『고려사高麗史』악지樂志에는 송宋나라에서 일무에 사용되는 무구舞具 36종이 유입되었다고 하였다. 그래서 아악雅樂과 일무가 이보다 앞서 고려에 들어와 있었다는 암시를 주고 있다.

문묘제례악무文廟祭禮樂舞

문묘文廟 대성전大成殿에는 공자孔子, 안자顔子, 증자曾子, 사자思子, 맹자孟子 중국 오성五聖의 신위와 그의 문하인 10위 송宋의 6현과 우리나라의 설총薛聰 외 17위 성현의 위폐를 모신 정전으로, 봄과 가을 두 차례의 제향을 올린다. 석전제의釋奠祭儀의 순서는 ① 영신迎神, ② 전폐례奠幣禮, ③ 초헌례初獻禮, ④ 공악空樂, ⑤ 아헌례亞獻禮, ⑥ 종헌례終獻禮, ⑦ 음복례飮福禮, ⑧ 송신送神, ⑨ 망료례望燎禮로 제식祭式을 마친다.

일무는 영신迎神, 전폐례奠幣禮, 초헌례初獻禮에서 문무文舞·열문지무烈文之舞가 추어지는데 홍주의紅紬衣에 남사대藍絲帶를 띠고 진현관進賢冠을 쓰고, 목화木靴를 신으며, 왼손에는 약籥을 들고, 오른손에는 적翟을 들고 춘다. 공악空樂에서 일무는 춤을 추지 않고 무무로 변장하는데, 피변관皮弁冠으로 바꾸어 쓰고, 왼손에는 간干을 들고 오른손에는 척戚을 든다. 무무는 아헌례亞獻禮와 망료례望燎禮에는 일무를 추지 않는다.

일무의 유형은 네 종류로 8일무·6일무·4일무·2일무로 구별된다. 8일무八佾舞는 8열列 8행行으로 64인의 무원舞員이 추는 것으로 천자天子에 쓰이고, 6일무는 6열 6행으로 36인이 추는 것으로 제후諸侯에 쓰이고, 4일무는 4열 4행으로 대부大夫에 쓰이고, 2일무는 2열 2행으로 선비[士]에 쓰인다. 이렇게 일무의 무원이 직위와 신분에 따라 변동이 있는 것이 일무의 특징이다.

무원舞員 수효에 대해서는 두 가지 설說이 있다. 하나는 6일무 6열 6행으로 36인이라는 것은 진晋나라 두예杜預의 설이고, 또 하나는 후한後漢의 복건服虔의 설로 1열 8명이 고정되어 있고 다른 행만을 달리하여 6일무는 8명 6행으로 48인이고, 4일무는 8명 4행으로 32명, 2일무는 8명 2행으로 16인이라고 주장하였다. 그런데『고려사』악지에서 보면 이 제도가 그대로 유입되어 제향에서 거행된 것이 기록되어 있다.『고려사』악지 아악조 친사등가헌가親祀登歌軒架난에 문무文舞 48인은 약적籥翟을 들고 추고, 무무武舞 48인은 간척干戚을 들고 추었으며, 이 외에 문무대열 앞에는 2인이 정旌을 들고 서있는데, 좌우로 나누어 6열씩 섰다고 하였다.

이것은 6열 8행의 6일무의 설 그대로이고 또 한 가지는 같은『고려사高麗史』유사섭사등가헌가有司攝事登歌軒架난에는 이와는 달리 문무가 32인과 무무 32인에 집독執纛 2인 집정執旌 2인으로 4일무로 되어 있다.

그러므로 6일무제와 4일무제가 고려 때에 들어와 당시에 병행했음을 알 수 있고, 이 아악雅樂과 일무가 당시에는 환구圜丘天神와 사직社稷地神, 선농先農農神, 선잠先蠶, 문선왕묘文先王廟 등 제사에 들어 있었던 것을 기록에서 볼 수 있다.

해방 후에 8일무로 추게 되었고, 현재에도 춘추春秋로 제 올리는 제향에서 춘다.

종묘제례악무宗廟祭禮樂舞

종묘일무宗廟佾舞는 역대 조선왕조朝鮮王朝의 신위를 봉안한 영녕전永寧殿과 정전正殿, 제향祭享에서 추는 춤으로 문무文舞와 무무武舞로 구분되는데 세조世祖 때 창제되어 실시하였다.

문무는 조종祖宗의 문덕文德을 송축하는 춤으로 보태평지무保太平之舞라 하고, 무무는 조종祖宗의 무공武功을 찬양하는 춤으로 정대업지무定大業之舞라고 한다.

고려에서 조선조朝鮮朝로 전한 일무는 세종世宗대에는 궁중연향宮中宴饗에서 추기도 하였는데, 문무와 무무의 인원은 1열 8명에 6행의 48인으로 후한後漢의 복건服虔의 제와 같다.

다만 문무에는 독纛이 들어 있고, 무무에는 순錞·탁鐲·요鐃·탁鐸·응應·상相·독纛·아雅·정旌이 가담해 있다.

또 시용종묘영녕전헌기時用宗廟永寧殿軒架 배열도排列圖에는 문무와 무무가 6열 6행의 36인으로 되어 있고, 문무에는 독 2인이 있고 무무에는 각角5)·독(纛6)·고(鼓6)·금(金6)·청靑·적赤·황黃·백白·흑기黑旗·현무玄武·백호白虎·주작朱雀·청용靑龍·황용대기黃龍大旗·나각螺角 등이 열입해서 거행된 것으로 되어 있다.

그 후 이 춤은 종묘양전宗廟兩殿 제향祭享에서 추면서 조선말까지 전승되었다.

고종高宗 광무원년光武元年(1897) 국호國號를 대한大韓이라 고치고 황제皇帝에 즉위하면서 비로소 팔일무八佾舞의 무제舞制를 쓰다가 경술庚戌 국치國恥 때로 와서 육일무六佾舞로 추어졌는데, 8·15광복 후 팔일무로 증원되었고 연1회 종묘제사에서 출현하고 있고, 1964년에 종묘제례악宗廟祭禮樂과 함께 중요무형문화재重要無形文化財 제1호로 지정되었다.

원래 종묘의 제사는 봄·여름·가을·겨울 4차례로 거행했으나 고종高宗년대에는 봄·가을 2회 제사를 올리었고 현재에는 연1회만 제향을 모신다. 그리고 해방 전까지는 야간에 제사를 모셨는데 지금은 주간에 올린다.

제향의 절차는 ① 영신迎神, ② 신관례晨祼禮, ③ 진찬進饌, ④ 초헌례初獻禮, ⑤ 아헌례亞獻禮, ⑥ 종헌례終獻禮, ⑦ 음복례飮福禮, ⑧ 철변두撤邊豆, ⑨ 송신送神, ⑩ 망료례望燎禮로써 끝낸다.

일무에는 영신迎神과 신관례晨祼禮, 초헌례에는 문무文舞(保太平之舞)를 추고, 아헌례亞獻禮와 종헌례終獻禮에서는 무무武舞(定大業之舞)를 춘다.

이 제의 중에서 일무를 추지 않을 때는 제3번이 진찬進饌과 끝으로 음복례飮福禮, 철변두撤籩豆와 송신送神, 망료례望燎禮 때이다. 그리고 문무와 무무가 손에 드는 무구舞具도 다르지만 춤가락도 다르게 표현하는데, 이 무보는 『시용무보時用舞譜』에 나와 있으며, 다만 무무에는 오른손에 목검을 든 것으로 되어 있다. 그리고 이 『시용무보時用舞譜』는 음악과 춤의 동작과 용어까지도 자세히 수록된 귀중한 무보이다.

악복은 홍주의紅紬衣에 남사대藍絲帶를 띠고 복두幞頭를 쓰고, 목화를 신으며, 왼손에 약籥을 들고, 오른손에 적翟을 든다.

무무武舞는 전대 3열은 검劍을 들고, 후대 3열은 창槍을 든다. 『악학궤범樂學軌範』에는 전전 2열은 검劍을, 중간 2열은 창槍, 후後 2열은 궁시弓矢를 들었다.

현재 이 종묘제례악宗廟祭禮樂과 종묘일무宗廟佾舞는 중요무형문화재 제1호로 지정되어 보존·전승되고 있는데 특히, 일무는 1920년대 이왕직아악부李王職雅樂部 아악사雅樂師 김영제金甯濟 선생이 『시용무보時用舞譜』를 연구·풀이하여 재현 소생시킨 귀중한 춤이다.

만약 이 시기가 없었더라면 종묘일무는 영영 소멸되고 말았을 것이다.

후기

이 무용사를 초하면서 문헌에 실려 있는 기록을 추구·고찰해 여기에 중점을 두고 역사적인 사실, 전승과정, 사실적인 내용, 보존상황 등을 엮어 보려고 했다. 그러나 무용에 관한 기록이 너무도 빈약하고 희소 할 뿐만 아니라 약간의 기록이 보이고는 있으나 그 내용이 무용의 전모를 구체적으로 소상하게 설명한 것이 아니라 추상적이고 형식적으로 기술되어 있을 뿐이기 때문에 이 기록들을 통해서 춤의 내용 전부를 파악하기란 지극히 어려운 것을 느꼈다.

이런 어려운 문제점을 안고 있었기 때문에 이 글의 내용이 욕교반졸欲巧反拙로 충실치 못하고 내실이 없는 무용사가 된 것을 절감하면서 매우 송구스럽게 생각한다. 그리고 전승과정에 대한 기록만이라도 충실을 꾀하려 했으나 지면 관계로 싣지 못했음을 밝혀 두고 다음 기회를 포착해 보정補正할 것을 약속하면서 나의 졸고拙稿의 면을 맺는다.

『韓國國樂全史』, 한국국악협회 발간, 1988년 10월 30일

 궁중아악과 기악·가무에 대하여

　궁중아악은 지난날 역대 왕조 시대에 궁중을 중심으로 해서 연주되던 음악으로 아악이란 어휘로 기록된 문헌은 중국 노魯나라 때 지은『논어論語』(제16편 季氏亂)에 "정鄭나라의 어지럽고 음탕한 음악이 아닌 것이 아악(略惡鄭聲之亂雅樂也略)이라 하였다."
　다시 말해서 아악은 난잡하고 음란한 음악이 아니라 맑고 깨끗하고 정대하고 아름다운 음악이라 한 것이다. 그리고 당나라 이후에는 선왕先王의 음악을 가르쳐 '아악雅樂'이라고 하였고 또 이미 수隋(581~618)나라 때부터 아악이 있었다하여 아악이 있었던 것을 말해주고 있다.
　신라로 내려와서는 통일 이후, 당악唐樂이 우리나라에 들어온 것은 사실이나 문헌의 기록이 뚜렷하지 않아 알 수가 없고 다만 신라 문무왕 4년(664) 신라에서 당나라에 악사를 보내 당악을 배워오게 하였다는 기록이 있다. 그리고 그밖에 우리나라 유적에서 요고腰鼓, 당비파唐琵琶, 횡적橫笛, 동소洞簫 등의 모형과 악사의 연주도가 발견돼 당시 당나라와는 왕래가 빈번했고 음악문화의 교류가 긴밀했던 사실을 짐작할 수 있다. 그러나 아악에 관한 기록은 분명하지가 않다.
　고려 때에는 전조前朝인 신라의 문물과 모든 제도를 그대로 인습하였던

만큼 예악의 행정도 이를 따라 계승하는 한편 당시는 불교를 숭상케 한 까닭에 불교적 행사인 팔관회와 연등회에서 가무와 잡희雜戲가 성행하면서 악, 가, 무가 더욱 발전되었다. 그리고 중엽에는 송나라 음악이 들어와 큰 변화를 주고 전환기를 맞게 되었다. 그 대표적인 것만 들어보면 광종光宗 (950~975) 때에는 고려에서 송나라에 사신을 보내 악기와 악사가 들어온 일이 있었는데 그 자손들이 세습으로 전하기도 했다. 그 뒤 예종睿宗 11년 (1116)에는 송 휘종徽宗이 보낸 대성악大晟樂과 등가登架, 헌가軒架용 악기, 일무佾舞용 의물儀物과 복식까지 일습이 들어 왔다. 이를 아악이라 일컬었으니 이로부터 대성악의 아악과 이 이전에 중국계의 속악인 당악, 그리고 우리나라 전래의 향악인 속악俗樂으로 3대 계류를 형성하게 되었다.

이와 같이 아악, 당악, 속악으로 분류된 궁중악은 조선조로 이어져 1910년대까지 반만년의 긴 역사 속에 계속되면서 다듬어지고 발전, 향상되었다. 개국 이후 조선 500여 년 동안에 새로 발생되고 창작된 음악, 무용, 시가, 악장, 악서편찬, 악기개량, 보수, 음악행정의 개편 등의 언급은 생략하기로 한다.

아래에는 현재 전해오는 악곡의 분류와 악곡명 등을 열거한다. 현재 연주될 수 있는 전통음악의 분류 및 곡명은 아래와 같다.

분류	번호	곡명	속명	연주되는 장소	비고
향악 (속악)	1	승평만세지곡	여민락	궁중	
	2	수연장지곡	웃도드리, 미환입	궁중·민간	
	3	송구여지곡	밑도드리, 세환입	궁중·민간	
	4	유초신지곡	평조회상	궁중	
	5	중광지곡	거문고회상, 줄풍류	궁중·민간	
	6	천년만세	계면가락도드리	궁중·민간	
	7	표정만방지곡	영산회상	궁중	
	8	경풍년	자진한입(삭대엽)	궁중	
	9	헌천수	길염불	궁중·민간	
	10	만파정식지곡	취타	궁중	
	11	절화	길군악	궁중	
	12	길타령	길타령	궁중	
	13	금전악	별우조타령	궁중	
	14	수제천	정읍	궁중	현악합주
	15	동동	세가락정읍	궁중	
	16	황하청	보허사	궁중	

분류	번호	곡명	속명	연주되는 장소	비고
당악	17	태평춘지곡	본령	궁중	관악합주
	18	서일화지곡	해령	궁중	
	19	장춘불로지곡	보허자	궁중	
	20	기수영창지곡	낙양춘, 하운봉	궁중	
	21	경록무강지곡	만	궁중	
	22	정동방곡	정동방	궁중	
	23	유황곡		궁중	
제악	24	경모궁제악	경모궁악	수은묘	
	25	종묘제례악	종묘악	종묘	
아악	26	문묘제례악	문묘악	성균관대성전	아악
가악	27	만년장환지곡	(남창가곡) (여창가곡)	궁중·민간 궁중·민간	
	28	가사		민간	시조 종류는 다수
	29	시조		민간	

1) 정가正歌

정가는 아정한 노래라는 뜻으로 가곡歌曲, 가사歌詞, 시조時調가 있다.

(1) 가곡

가곡은 시조시時調詩를 사설로 하여 다섯 마루 형태로 얹어 부르는 노래 곡조인데 관현악기의 반주곡이 붙는 격식이 있고 고상한 성가이다.

연주형식은 먼저 대여음大餘音을 악기가 연주하면 노래가 초장初章, 이장二章, 삼장三章을 부르고 다음 악기만 중여음中餘音의 간주間奏를 하면 노래가 사장四章, 오장五章을 이어 부르므로 한잎大葉 일곡이 이루어지는 것이다. 가곡을 만년장환지곡萬年長歡之曲이라고도 하고 고려 무렵부터 불려오다가 조선조 숙종肅宗과 영조英祖 대에 전성기를 이루었다. 그리고 현행 가곡의 종류는 평조平調와 계면조界面調의 두 음계로 26곡이 있다.

〈남창가곡〉
• 우조羽調(平調) : 초수대엽初數大葉, 이수대엽二數大葉, 중거中擧, 평거平

擧, 두거頭擧, 삼수대엽三數大葉, 소용騷聳, 우롱羽弄, 우락羽樂, 언락言樂, 우편羽編 —(11곡)
- 계면조界面調 : 초수대엽, 이수대엽, 중거, 평거, 두거, 삼수대엽, 소용, 언롱, 평롱, 계락, 편수대엽編數大葉, 태평가太平歌 —(13곡)
- 평조계면조平調界面調 : 반엽半葉, 편락編樂 —(2곡)

〈여창가곡〉

남창男唱과 여창女唱의 두 제로 구별되었고 교창交唱하는 순서도 따로 있으나 합창으로는 오직 마지막 장인 태평가만이 함께 불려질 뿐이다. 여창가곡은 15엽이다.
- 우조羽調(平調) : 이수대엽, 중거, 평거, 두거, 우락 —(5곡)
- 계면조界面調 : 이수대엽, 중거, 평거, 두거, 평롱, 계락, 편수대엽, 태평가 —(8곡)
- 평조계면조平調界面調 : 반엽, 환계락還界樂 —(2곡)

(2) 가사

가사는 조선조 중엽 이후부터 새로 일어나서 왕성하게 불려오는 장편가사의 노래곡조이니 현재 12곡이 전해 있어서 십이十二가사로도 통한다.

열두 가사의 이름은 백구사白鷗詞, 죽지사竹枝詞(乾坤歌), 황계사黃鷄詞, 어부사漁父詞, 춘면곡春眠曲, 상사별곡相思別曲, 길군악(길軍樂:路謠曲), 권주가勸酒歌, 수양산가首陽山歌, 처사가處士歌, 양양가襄陽歌, 매화가梅花歌이다. 장단은 백구사, 죽지사, 황계사, 어부사, 춘면곡, 노요곡, 수양산가, 매화가는 6박 장단이고, 처사가, 양양가는 5박, 상사별곡은 10박 장단으로 친다. 권주가는 무정형절주로 무박자로 부른다.

(3) 시조時調

시조는 조선 영조英祖 때의 유명한 가객歌客 이세춘李世春이 작곡한 초

初, 중中, 종終 3장 형식의 짤막한 곡으로 시조시時調詩를 얹어 부르는 정가의 하나이다. 시조에는 남창과 여창의 두 제가 있고 창법상의 종류는 평시조, 지름시조, 사설시조로 구분되며 이에서 파생된 중허리시조, 엇엮음시조, 엮음시조, 우조시조, 우조지름시조, 휘모리시조 등이 생겼다.

군례악軍禮樂

군례악은 구군악이라고 부르는 취타악吹打樂으로 선전관청宣傳官廳에 매여 있어 영문營門 등 군대에서 쓰던 용감하고 쾌활하고 씩씩한 행진곡풍의 군악을 말하는 것이다.

취타악에는 악기편성에 따라 대취타大吹打와 소취타로 구분되는데 대취타는 징, 라, 나팔, 바라, 북, 장구, 나각, 대각, 호적(태평소), 저(대금), 피리, 해금 등이고 인원은 일정치 않으나 50여 명으로 조직되었다. 그리고 이 중에서 피리, 저, 해금이 들어있지 않은 것을 소취타라고 한다. 임금의 능행陵行 등의 행차로 문을 출입할 때, 대궐 뜰에서 의식이 있을 때, 군대 행렬이나 진문을 여닫을 때, 싸움에서 개선할 때 취주하였다.

취타대는 어전御前, 궁궐과 도성都城 5영문에는 대취타를 상설하였으며 지방 각 감영監營과 병영兵營, 수군영水軍營 각 고을에는 소취타를 배치하였다. 연주의 진행은 집사執事의 지휘에 따라 거행하는 것이 제도화되어 있다.

제례악祭禮樂

나라기구에서 지내온 각종 제향에서 연주하던 악樂, 가歌, 무舞의 통칭으로 제악祭樂이라고도 한다. 이에는 다음과 같은 종류의 제향과 제례악이 있었다.

① 환구단제圜丘壇祭 · 천신제天神祭
② 사직제社稷祭
③ 종묘대제宗廟大祭(祖上神)
④ 문묘석전제文廟釋奠祭(孔子)

⑤ 선농제先農祭(神農后稷)
⑥ 선잠제先蠶祭-양잠의 창시자인 황제黃帝 원비元妃 서릉西陵씨를 모신 제사
⑦ 독제纛祭(軍器祭)와 이 외에도 산천풍우제山川風雨祭와 일월성신日月星辰에게도 제사를 지냈다.
⑧ 경모궁제景慕宮祭는 추존 장조莊祖(莊獻世子)임금 즉 사도세자思悼世子를 모신 수은묘垂恩廟에서 거행한 제향이다.

이와 같이 여러가지 제향과 여기에 따른 제례악이 있었으나 다 없어지고 현재 계속 거행하고 있는 문묘석전제와 종묘제례의 음악과 일무는 고스란히 전해있다.

먼저 문묘제례악은 15궁(曲)인데 12률명 즉 황종黃鐘 대려大呂 태주太簇 협종夾鐘 고선姑洗 중려仲呂 유빈蕤賓 임종林鐘 이칙夷則 남려南呂 무역無射 응종應鐘의 12궁(曲)과 송신황종궁送神黃種宮 송신협종送神夾鐘 송신임종궁送神林鐘宮 총 15궁(曲)이 된다. 그러니까 아악곡으로 남아있는 것은 위 15궁(曲) 뿐이다.

문묘제례는 유교식儒敎式으로 집행하는데 제식절차와 주악차례 사용되는 악기, 연주위치 등은 아래와 같다.

〈문묘제례악 주악 차례〉

節次	樂 曲	位 置	佾 舞	樂 器
迎神禮	凝安之樂九成 黃種宮(三)仲呂宮(二) 南呂宮(二)夷則宮(二)	軒架樂	文舞烈文之舞	登歌樂器 執事 拍,唱二,琴,瑟,特鐘,特磬,編鐘,編磬,柷,節鼓,簫,塤,敔,缶,篴,籥,篪, 旊麾(21명)
奠幣禮	明安之樂 南呂宮	登歌樂	文舞烈文之舞	
初獻禮	成安之樂 南呂宮	登歌樂	文舞烈文之舞	
空 樂	舒安之樂 姑洗宮	軒架樂	文舞退武舞進	軒架樂器 拍,路鼗,路鼓, 晋鼓, 編鐘,編磬,柷,敔, 塤,篪,龠,篴,缶, 照燭.(17명)
亞獻禮	成安之樂 姑洗宮	軒架樂	武舞昭武之舞	
終獻禮	成安之樂 姑洗宮	軒架樂	·	
撤豆	娛安之樂 南呂宮	登歌樂	無	
送神禮	凝安之樂 送神黃種宮	軒架樂	無	
望 燎		—	—	

그리고 악곡이름에 응안지악凝安之樂, 명안지악明安之樂, 성안지악成安之樂, 서안지악舒安之樂, 오안지악凝安之樂으로 집례執禮가 호령하나 실은 15궁에서 황종궁, 중려궁, 남려궁, 이칙궁, 고선궁, 송신황종궁 등 6궁만이 연주된다.

일무佾舞는 문무文舞, 무무武舞 두 가지가 추어지는데, 문무는 왼손에 약籥, 오른손에 적翟을 들었고 무무는 왼손에 간干, 오른손에 척戚을 들고 추었다. 그리고 일무에 있어서도 문무는 열문지무烈文之舞, 무무는 소무지무昭武之舞라 명했다. 무원舞員은 팔일무八佾舞로 64명으로 되었으나 1945년 해방 전까지 육일무六佾舞로 36명이 추어 왔다.

다음은 종묘제례악으로 이 곡은 세종대왕 때 새로 짓고, 세조임금 때 개정된 음악으로 보태평保太平과 정대업定大業으로 나누었는데 보태평은 희문熙文, 기명基命, 귀인歸仁, 형가亨嘉, 집녕輯寧, 융화隆化, 현미顯美, 용광정명龍光貞明, 대유大猷, 역성繹成, 진찬進饌 11곡이 있고, 정대업에는 소무昭武, 독경篤慶, 탁정濯征, 선위宣威, 신정神定, 분웅奮雄, 순응順應, 총유寵綏, 정세靖世, 혁정赫整, 영관永觀의 11곡이다.

그리고 종묘제의에서는 문묘제의와는 달라서 앞에 보태평, 정대업 22곡을 제 순에 따라 고스란히 전부를 연주하게 되고 또 제례가 늦어질 때는 다시 되돌아 연주할 때가 있기도 했다. 뿐만 아니라 전폐례奠幣禮 대목에서는 전폐희문奠幣熙文이라 하고 원 희문을 재 편곡 구성해 연주하는데 훌륭한 곡상은 음악성을 한층 높여 주었고 새로운 느낌을 들게 한다. 그리고 곡마다 반드시 악장이 불리 우고 일무佾舞는 6일무로 36명이 등장했는데 보태평 문무文舞는 왼손에 약籥 바른손에 적翟을 들었고 정대업 무무武舞는 전3열은 칼劍 후3열은 창槍을 들고 추었다.

다음은 종묘제의의 절차와 연주되는 악곡, 연주하는 위치, 연주를 당하는 악기, 일무에 대해 열거한다.

〈종묘제례악 주악 차례〉

절차	악곡	위치	일무	악기
영신례	희문九성	헌가악	문무 보태평무	당상악기 및 인원
전폐례	전폐희문	등가악	〃	집사, 집주, 휘, 박, 아쟁,
진찬(進饌)	풍안악(豊安)	헌가	없음	피리(三), 대금(二), 가(二),
초헌례	보태평전곡	등가	문무	축, 편종, 장구, 절고, 편경 방향(18명)
아헌례	정대업전곡	헌가	무무 정대업무	당하악기 및 인원 조촉
종헌례	정대업전곡	헌가	없음	박, 가(二), 방향, 편경, 축,
철변두	옹안악(雍安)	등가	없음	장구, 편종, 진고, 해금,
송신례	흥안악(興安)	헌가	〃	대금(二), 피리(三), 태평소 대금(大金) (18명)
망료	—	—	—	

경모궁 제례악은 정조正祖(1776)임금 때 보태평과 정대업에서 발췌해 축소 편곡한 것으로 비록 경모궁제의는 폐지되었으나 악곡은 악보가 전해져 있어서 간혹 연주되고 있다.

희운지악熙運之樂이란 영신迎新·전폐奠幣·초헌初獻에서 쓰이는데 어휴곡於休曲, 진색곡震索曲, 유길곡維吉曲이요, 숙안지악肅安之樂이란 진찬進饌·송신送神악인데 혁우赫佑곡이고, 융은지악隆恩之樂이란 아헌亞獻·종헌악終獻樂인데 독경곡篤慶曲과 휴운곡休運曲, 휘유곡徽柔曲들이 있다. 사용되는 악기는 종묘와 별 차이가 없다.

궁중무용宮中舞踊

우리나라의 전통무용은 크게 세 가지로 궁중무용(일명 정재라고도 한다), 민속무용, 의식무용으로 나누어 볼 수 있다. 여기서는 궁중무용에 대해서만 열거하려 한다.

궁중무용은 우리 조상들의 부족사회가 점점 발달하여 국체가 형성되고,

군왕君王 제도가 생겨 모든 제도가 군왕을 중심으로 실시하게 될 때, 국가의 예악禮樂을 관장하는 기구에 예속되어서 궁중연향宮中宴饗에서 왕후장상王侯將相들의 관상용으로 연희하며 성장, 발전된 것이다. 신라新羅 이후 고려高麗 조선조朝鮮朝 3대에 걸쳐 2000여 년의 긴 왕궁사 속에서 발생되어 왕실王室의 보호육성 밑에서 전래된 춤이 50여 종에 달한다. 이 춤들의 내용이 각종 문헌에 수록되어 있어서 그의 전모와 역사적인 사실, 전승과정의 실태까지도 소상하게 파악할 수 있는 것이 다행한 점이다. 이 무용들은 시대와 종류별로 고찰하기에 앞서, 먼저 궁중무용 분야에 관계되는 기록을 살펴보려고 한다.

첫째, 중국中國 한漢나라 때 사마천司馬遷이 지은 사기史記에 의하면 기자조선箕子朝鮮 천노왕天老王 17년(B.C. 642)에 왕이 불유강沸遊江놀이에서 악사樂師로 하여금 영선악迎仙樂을 연주케하고, 궁녀宮女에게는 영선무迎仙舞를 추게 하였다고 한다. 기자조선에 대한 사실은 역사학적인 방향에서 확실성의 여부를 가려내지 못하고 있었다는 사실을 암시한 것이며, 더욱 중국사서中國史書에 기록되어 있는 것을 감안하면 우리 음악과 무용이 중국대륙에 진출했었다는 것을 알 수 있게 한다.

둘째, 중국 수隋나라 개황開皇(581) 초년에 궁중연향宮中宴饗의 칠부기七部伎중에 고려기高麗伎가 들어 있고, 신라기新羅伎 백제기百濟伎도 역시 가담해 있었다. 그리고 같은 시대 양제煬帝(604~618) 때에는 구부기九部伎 중에 고려기高麗伎가 들어 있어서 수隋 때에도 우리의 음악과 무용이 진출했던 것이 분명하다.

셋째, 고구려高句麗 때 있었던 고려무高麗舞는 중국 당나라 때 유명한 시인詩人 이태백李太白의 시문詩文에서 무원의 성분成分, 무원의 수효, 의상과 머리에 쓰는 관冠, 춤이 형태와 모습, 노래의 가사들이 실려 있어서 당나라 궁정에서도 연희되었다는 것을 반증하는 것이다.

이와 같이 우리의 무용들이 수隋(581~617)와 당唐(618~906) 양대에 걸쳐 그 나라에 가서 우수성을 과시하고 명성을 떨친 사실을 말해 준다. 그리고 회화 분야에서 발표 공개된 고구려의 고분벽화古墳壁畵인 무용도舞踊圖와 악사의 주악도奏樂圖 등에서 춤동작의 모습과 의상의 색조와 제도의 모형을 보이고 있는 것은 많은 자료가 될 뿐 아니라 우리 문화 예술의 우수성을 과시한 실 예이다. 그리고 통일 신라이후 우리나라에는 음악과 무용이 들어왔고 특히 고려 때에는 송나라에서 여러 차례 당악무와 중국 속악무 그리고 제례 일무까지 수입되어 『고려사高麗史』악지樂志에 수록되어 있다.

이때 중국에서 들어온 무용을 당악무唐樂舞라 하고 고려에서 발생된 춤은 속악무俗樂舞 또는 향악무鄕樂舞라 하여 궁중무용이 두 분야로 구분되어 이후에는 당악무, 향악무, 속악무로 일러 왔다. 이와 같이 신라와 고려시대의 무용들이 조선조로 넘어 와서는 더욱 발전되고 향상되어 국초國初부터 당악무와 향악무가 많이 창작되어 궁중향연에서 연희한 것이 여러 기록에 명시되어 있어 이때부터 궁중무용이 개화되기 시작한 것이 뚜렷하다. 그 후 궁중무용은 조선말(1910)까지 42종이 전해왔는데 이중에 31종이 조선조 때 창작된 것이니 궁중무용의 전성기요, 요람기는 조선시대라고 말할 수 있다.

이것이 1910년 경술국치庚戌國恥 이후 민멸위기에 있었던 것이 1923년 순종황제純宗皇帝 50탄신을 기념하고 축하하는 연주 행사로 인해 다시 살아나게 되어 현재 국립국악원을 중심으로 자주 공연되고 무용분야에서도 관심을 가지고 있다.

여담이 될지 모르나 그 실상을 이야기하면 1922년 내가 14세에 선머슴으로 이왕직아악부李王職雅樂部 양성소에 제2기 학생으로 입소해 궁중무용을 배워 23년 봄 순종황제 탄신날 비원 인정전 정각 안에서 순종純宗임금과 윤황후尹皇后 두 분 앞에서 춤을 춘 것이 인연이 되어 신라·고려를 거쳐 전래한 전통무용들이 전승 보존되고 재연되어 그의 맥을 잇게 된 것을 참으로 다행스럽고 기쁘게 생각한다.

다음은 이렇게 전해있는 궁중무용의 발생된 시대와 종류를 아래 열거하여 본다.

1) 궁중무용의 발생된 시대와 종류

(1) 신라시대에 발생된 무용

먼저 신라新羅시대로 내려와서는 초기부터 많은 무용이 발생되었던 것을 기록들에서 볼 수 있다. 그러나 이름만 남아있는 무용들은 제외하고 신라시대에 기원을 두고 현재까지 전승되고 있는 무용들만 들어 본다.

신라시대에 기원을 둔 무용

이 름	문헌기록
① 검 무(劍舞)	『동경잡기』 풍속조, 『삼국사기』 관창조
② 처용무(處容舞)	『삼국사기』 망해사 처용랑조
③ 사선무(四仙舞)	『고려사절요』, 『가악사초』, 『진찬의궤』
④ 무애무(無㝵舞)	『삼국유사』 제4권, 『진찬의궤』 기축예제
⑤ 선유락(船遊樂)	『고려사절요』, 『가악사초』, 『진찬의궤』 己丑

이렇게 신라시대에 기원을 둔 5가지 무용의 전승과 발전과정을 정리하면 무애무無㝵舞는 고려조高麗朝, 처용무處容舞는 조선조 초기, 검무劍舞, 사선무四仙舞, 선유락船遊樂은 조선조 후기에 비로소 무용으로서의 면모를 갖추었음을 『진연의궤』, 『진찬의궤』, 『진작의궤』와 여러 기록 등에서 밝혀주고 있다.

(2) 고려시대의 무용

다음 고려시대로 들어와서는 궁중무용 분야의 일대 전기를 마련하게 되었으니 중국으로부터 음악과 무용이 수입된 것으로 중국에서 들어온 것을 당악무唐樂舞라 하고 우리나라에서 발생된 것을 속악무俗樂舞라 하게 되었다. 먼저, 『고려사高麗史』 악지樂志 당악조唐樂條와 속악조俗樂條에 수록되어 있는 춤의 종류는 다음과 같다.

(1) 당악무唐樂舞

이 름	문 헌 기 록	비 고
① 헌선도(獻仙桃)	『高麗史』樂志 唐樂條	
② 수연장(壽延長)	〃	
③ 오양선(五羊仙)	〃	
④ 연화대(蓮花臺)	〃	
⑤ 포구락(抛毬樂)	〃	
⑥ 석노교(惜奴嬌) (一名 曲破)	〃 『高麗』樂志에는 歌詞만 기록되었음.	곡파란 이름으로 『악학궤범』권4. 시용당악정재도의에 홀기가 있다.

(2) 속악무俗樂舞

이 름	문 헌 기 록	비 고
① 무고(舞鼓)	『高麗史』樂志 唐樂條	
② 동동(動動)	〃	『진찬의궤』기축예제(牙拍舞로)
③ 향발무(響鈸舞)	『악학궤범』권4 「시용향악정재조」	
④ 학무(鶴舞)	〃	
⑤ 광수무(廣袖舞)	『숙종실록』권44 (숙종32년 1706년 8월. 숙종 즉위30년을 경축하는 외진연에서 7작과 9작에 다시 추었다는 기록이 보인다.)	『진작의궤』무자(戊子) 권수 『진찬의궤』기축(己丑) 권수 연대미상의 『무동각정재무도홀기』 (정신문화원 장서각 소장)

이상에서 신라와 고려 양 대에 발생된 춤의 종류를 밝혀보았다. 다음은 조선시대에 무용에 대하여 살펴본다.

(3) 조선시대의 무용

조선조朝鮮朝에서는 초기부터 무용의 창작이 활발했는데 당악무 형식의 무용으로 창작된 것이 몽금척夢金尺, 수보록受寶籙, 근천정覲天庭, 수명명受明命, 하황은荷皇恩, 하성명賀聖明, 성택聖澤, 육화대六花隊, 등 8종이요, 향악정재鄕樂呈才로는 문덕곡文德曲, 봉래의鳳來儀가 창작되었다. 그리고 후기로 내려와서 순조純祖 때에 창제된 것은 30여 종에 달한다. 뿐만 아니라 전대에서 내려온 무용들을 보완 개선하고 총 정리해서 아름답고 격조 높은 무용으로 적립시켜 놓기도 했다. 앞에서 밝힌 신라와 고려 두 시대에 발생된 무용은 겨우 15종에 불과하다.

그러나 조선시대는 38종에 달하는 무용이 창작되었다는 사실로 궁중무용의 전성기는 조선시대로 볼 수 있고 특히 순조純祖시대야말로 궁중무용의 요람기요 개화라 할 수 있다.

그러면 먼저 당악무의 종류를 살펴본다.

(1) 당악무唐樂舞

이 름	문 헌 기 록	비 고
① 몽금척(夢金尺)	『악학궤범』 권4 시용당악정재조	
② 수보록(受寶籙)	〃	
③ 근천정(覲天庭)	〃	
④ 수명명(受明命)	〃	
⑤ 하황은(荷皇恩)	〃	
⑥ 하성명(賀聖明)	〃	
⑦ 성택(聖澤)	〃	
⑧ 육화대(六花隊)	〃	

이상과 같이 고려시대에 중국에서 유입된 당악무와 조선시대의 당악무 형식으로 창제된 무용의 종류들을 살펴보았고, 다음은 참고로 당악무가 지니고 있는 특징을 개괄적으로 설명하면 아래와 같다.

당악무의 특징
① 외국에서 수입되었다는 점
② 한문으로 된 창사唱詞를 창한다는 점
③ 여러 종류의 의물儀物이 들어 있는 점(죽간자, 인인장, 용선, 봉선, 작선, 미선, 정절, 개)

④ 춤의 진행이 죽간자竹竿子가 선두先頭와 말미에서 구호口號를 부른다
는 점 등이다.

다음은 향악정재에 앞서서 『악학궤범』 권5 시용향악정재도의에 기록되어 있는 보태평保太平과 정대업定大業 두 가지 무용에 대해 이야기를 하려고 한다.

보태평과 정대업

보태평은 36인 왼손에 약籥, 오른손에 적翟을 들고 6명씩 6열로 서서 종묘악 11곡 중 희문熙文곡에 등장해 기명基命, 귀인歸仁, 형가亨嘉, 집녕輯寧, 융화隆化, 현미顯美, 용광정명龍光貞明, 대유大猷 등 9곡에 춤을 추고 마지막인 역성繹成곡에 퇴장한다.

정대업定大業은 무원 36인이 6명씩 6열로 섰는데 전前 2열은 검劍·중中 2열은 창槍·후後 2열은 궁시弓矢를 들고 종묘악 소무昭武곡에 등장해서 독경篤慶, 탁정濯征, 선위宣威, 신정神定, 분웅奮雄, 순응順應, 총유寵綏, 정세靖世, 혁정赫整곡에서 추고 영관永觀곡에 춤을 끝낸다.

정대업에서 주목해야할 점은 질서와 조직 있는 춤의 진행과 변화 있고 다양한 형태 구성으로

① 곡진도曲陣圖
② 직진도直陣圖
③ 예진도銳陣圖
④ 원진도圓陣圖
⑤ 방진도方陣圖

등으로 펼쳐지고 무용수와 상대, 상배, 위치교체, 방향의 전환 등으로 연희해 지금의 무대무용으로 손색이 없을 정도로 발전된 무용이라고 말할 수 있다.

그리고 35명의 의물무는 전원이 5색 비단 갑옷을 입고 푸른색 투구를 쓰고 각角, 독纛, 고鼓, 금金, 기旗를 들고 좌우편에 10명씩 갈라서고 뒤편에는 5색 기가 두 줄로 서고 그 앞에는 나螺, 대각大角, 대독大纛, 대금大㹴,

대고大鼓가 벌려서 마치 요[凹]자형으로 늘어선다.

이렇게 앞에 있는 6열 6행의 무원舞員과 좌우와 후면에 벌려서 다양한 의물과 불고치는 나螺, 각角과 대금大笒, 대고大鼓에 어울려 현란하고 화려한 의상을 입고 춤이 펼쳐졌던 것을 기록을 통해 분명히 알 수 있다고 하겠다.

그러면 본론으로 들어가서 조선조에 발생된 향악무를 열거한다.

(2) 향악무鄕樂舞

이 름	문 헌 기 록	비 고
① 문덕곡(文德曲)	『악학궤범』 권5, 「시용향악정재조」	조선조 초기
② 봉래의(鳳來儀)	〃	(용비어천가 창사) 〃
③ 초무(初舞)	숙종 45년(1719) 『진연의궤』	숙종 진연 때 무동이 제3작에서 춘 기록이 보인다.
④ 첨수무(尖袖舞)	『진작의궤』 무자, 『진찬의궤』 기축	영·정조 때 이어 순조 때 기록
⑤ 공막무(公莫舞)	『진작의궤』 무자	조선조 말기 창작
⑥ 가인전목단 (佳人剪牧丹)	『진찬의궤』 기축, 예제	〃
⑦ 춘앵전(春鶯囀)	『진작의궤』 무자, 예제	〃
⑧ 보상무(寶相舞)	『진작의궤』 무자, 예제	〃
⑨ 만수무(萬壽舞)	『진작의궤』 무자, 예제	〃
⑩ 장생보연지무 (長生寶宴之舞)	『진찬의궤』 기축, 예제	(당악정재양식을 도입) 〃
⑪ 헌천화(獻天花)	『진작의궤』 무자, 예제	〃
⑫ 향령무(響鈴舞)	『진작의궤』 무자, 예제	〃
⑬ 연백복지무 (演百福之舞)	『진찬의궤』 기축, 예제	(당악정재양식을 도입) 〃
⑭ 무산향(舞山香)	『진작의궤』 무자, 예제	〃
⑮ 항장무(項莊舞)	『교방가요』,『정재무도홀기』	〃
⑯ 사자무(獅子舞)	『정재무도홀기』	(지방에서 궁중에 들여온 잡극) 〃
⑰ 박접무(撲蝶舞)	『진작의궤』 무자, 예제	〃
⑱ 심향춘(沈香春)	『진작의궤』 무자	〃
⑲ 고구려무 (高句麗舞)	『진작의궤』 무자	〃

이 름	문 헌 기 록	비 고
⑳ 첩승무(疊勝舞)	『진작의궤』 무자, 예제	〃
㉑ 제수창(帝壽昌)	『진찬의궤』 기축, 예제	(당악정재양식을 도입) 〃
㉒ 최화무(催花舞)	『진작의궤』 무자(6人舞) 『진찬의궤』 기축, 예제(7人舞)	〃 (당악정재양식을 도입)
㉓ 경풍도(慶豊圖)	『진작의궤』 무자, 예제	〃

(3) 홀기가 전하지 않는 무용

이상에서 열거한 무용 이외에도 고려 때 발생된 것으로 전하는 광수무廣袖舞가 있고, 조선시대에는 순조純祖 때 발생된 것으로 볼 수 있는 공막무公莫舞, 망선문望仙門, 연화무蓮花舞, 춘광호春光好, 영지무影池舞, 춘대옥촉春臺玉燭 등이 순조純祖 무자戊子(1828), 기축己丑(1829) 양대에 궁중연향에서 추었고, 그 후 헌종憲宗 무신戊申년에는 관동무關東舞가 진연進宴에서 춘 것으로 기록되어 있다. 그러나 이 춤들이『정재무도홀기呈才舞圖笏記』가 소실되고 없어져 그의 전모를 파악할 수 없는 것이 (집필 당시 현재만 해도) 안타까운 일이다.

홀기가 전하지 않는 향악정재

이 름	문 헌 기 록	비 고
① 광수무(廣袖舞)	『진연의궤』 숙종32년(1706)	
② 공막무(公莫舞)	『진작의궤』 무자	연대 미상의『무동각성재무도홀기』는 정신문화연구원에 소장되었음을 발견(1993년)
③ 망선문(望仙門)	『진작의궤』 무자 예제	
④ 연화무(蓮花舞)	『진작의궤』 무자	
⑤ 춘광호(春光好)	『진작의궤』 무자 예제	
⑥ 영지무(影池舞)	『진작의궤』 무자 예제	
⑦ 춘대옥촉(春臺玉燭)	『진작의궤』 무자 예제	
⑧ 관동무(關東舞)	『진찬의궤』 헌종 무신	관동무홀기 미발견

※ 1993년 정신문화원 장서각에 소장된 연대미상과 용도 불명의『무동각정재무도홀기』에 위 7종 ①~⑦의 홀기가 기록되어 있음을 밝혀둔다.

2) 궁중무용의 특징

(1) 궁중무용에 들어 있는 정신과 내용분석
궁중무용에 들어있는 정신과 내용을 총괄해서 분석해 보면,
① 조종祖宗의 공덕을 추앙하고 왕업의 선정 선치를 선양하며, 왕실의 번영을 송축하는 뜻의 시詩가 창작되고 아울러 음악과 무용이 창제된 것.
② 춤의 내용이 뚜렷한 목적과 작품의 의도가 있으며, 연희과정에 기승전결의 격식과 형태구성의 질서가 있는 것.
③ 의상의 색깔과 춤의 형태구성의 기본을 음양오행설陰陽五行說과 동양사상에 기초를 두고 있는 것.
④ 개인(무용수)의 감정이나 성격의 표현이 억제되고 정靜·중中·동動 속에서 춤의 정신을 표현하는 것 등을 들 수 있다.

(2) 궁중무용의 특징
① 우리나라에서 발생되고 창작된 것.
② 춤의 정신과 내용을 노래로 설명하는 것.
③ 집박악사執拍樂師의 박에 따라 춤과 음악이 진행되는 것.
④ 악樂·가歌·무舞의 삼위일체三位一體로 형성된 것.
⑤ 몸의 자세가 바르고 단정하며 춤사위가 우아하고 움직이는 선이 유연하고 춤가락의 수효가 적은 것.
⑥ 반주로 사용되는 음악과 장단이 유장하여 급속한 박자를 사용하지 않는 것.
⑦ 우리나라에서 발생 또 창제된 춤으로 이름은 중국 것을 사용하고 또 중국 춤의 형식을 도입한 것.
⑧ 자연발생적으로 전설 설화 속에서 발생한 춤이 궁중으로 유입되어 궁중무 형식으로 발전한 것.

⑨ 무용 진행이 관중을 목표로 한 방향이 고정되어 있는 것.
⑩ 무용을 전공한 예인들이 추어 왔다는 것 등이다.

3) 궁중무용의 반주음악 (반주로 사용되는 음악과 사용되는 악기)

반주되는 음악은 거의가 정악분야에 속한 것으로
① 삼현영산회상三絃靈山會相
② 평조영산회상平調靈山會相(一名 柳初新之曲 全曲)
③ 수제천壽齊天(一名 井邑)
④ 보허자步虛子(一名 長春不老之曲)
⑤ 웃도드리(一名 壽延長之曲)
⑥ 긴 염불
⑦ 대취타大吹打(一名 萬波停息之曲)
⑧ 롱弄-노래로는 가곡歌曲(一名 萬年長歡之曲) 중에서
⑨ 계락界樂
⑩ 언락言樂
⑪ 편編
⑫ 우편羽編과 십이가사十二歌詞에서는 어부사漁父詞도 부른다.

연주에서 사용되는 악기樂器는 기록에 여러 종류가 반주로 임했던 것으로 되어 있다. 그러나 근래는 삼현육각三絃六角이라 해서 장구1, 북1, 피리 2, 대금1(大笒, 一名 저), 해금奚琴 1인이 담당한 것으로 전하고 있다. 위에서 제시한 장단 중에 평조平調와 삼현영산회상三絃靈山會相의 상·중령산과 수제천壽齊天, 보허자步虛子 등의 장단은 20박을 한 장단에 치는 것이 원칙이다. 그러나 무용반주에 있어서는 20박을 축소시켜 10박으로 장단을 배정해서 친다.
아래에 간단한 장단 표를 열거한다.

<궁중무용의 장단 및 표기법과 실제>

宮中舞踊 長短

1. 平調, 三,絃 靈山會相 : 上靈山 · 中靈山 · 步虛子

(20拍)

⊕			i		○		⊕	⋯		·
雙(떵)		鞭(기덕)		鼓(궁)		搖(덩더르르)			덕	

2. 壽齊天 · 鄕唐交奏 長短

(20拍)

i	○			i		○		⊕	⋯		·
鞭, 鼓(궁) (기덕)		鞭(기덕)		鼓(궁)		搖(덩더르르)			덕		

20拍 長短을 무용반주에서는 10拍으로 축소해서 친다.

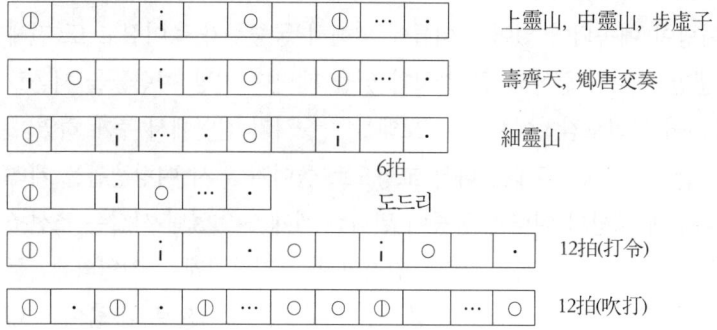

3. 歌曲長短

| ⊕ | ⋯ | ○ | | · | i | | ○ | | · | ⊕ | ⋯ | ○ | · | 16拍 |
| ⊕ | ⋯ | ○ | | i | · | ○ | | · | ○ | 10拍 |

凡例 : 장구 연주요령

부호	명칭	구음	연주요령	서양음표
①	합창단	떵	채편과 북편을 동시에 함께 침	
|	채편	덕, 딱	오른손 채로 채편을 침	
○	북편	쿵	왼손바닥으로 북편을 침	
⋮	채굴림	더르르르	오른손 채로 채편을 굴림	
¡	겹채	기덕	오른손 채로 채편을 겹쳐 침	
·	채찍음	덕	오른손 채로 채편을 찍음	

끝으로 부언하는 것은 흔히 궁중무는 궁중 안에서만 추거나 그렇지 않으면 양반들 사회에서 추는 춤으로 민간이나 지방과는 전혀 관련이 없는 것으로 알고 있다. 그러나 실제로는 이와 전혀 다른 것으로 1900년대 초까지만 해도 전국각지에 있는 지방관아 마다 반드시 교방청이 있고, 교방청에는 여령이 예속되어 있어서 이들에 의해서 궁중무가 추어졌고 또 전해왔다. 뿐만 아니라 궁궐의 큰 잔치가 있을 때마다 지방 여령들을 서울로 불러올리어 진연도감청에서 춤과 노래를 학습시켜 진연에서 추게 하였다. 그리고 잔치가 끝난 후에는 다시 고향으로 돌아가 역시 여령생활을 계속했다. 이렇게 지방의 여령과 궁중이 밀접한 관계가 있었던 사실은 조선조 왕궁잔치를 치른 후 기록해 놓은 『진찬의궤』, 『진작의궤』, 『진연의궤』 등에서 찾아 볼 수 있다. 그러므로 궁중무는 서울을 중심으로 한 춤이 아니라 전국적으로 전파되어 전승 보존된 춤이라고 할 수 있고, 또 경남 진주의 검무와, 통영 승전무가 무형문화재로 지정된 이유도 여기서 연유한 것이다.

또 조선조 말에 전하는 바로는 진주에는 검무, 평안북도 선천에는 항장무, 평안남도 성천에 사자무, 강원도 원주에는 관동무 등이 유명했다고 한 것은 이런 이유가 있기 때문이라고 말할 수 있다.

이상 궁중무용 분야에서 고찰한 것은 『고려사高麗史』 악지樂志와 『악학궤범樂學軌範』, 『정재무도홀기呈才舞圖笏記』에 기록되어서 춤의 내용을 참고할 수 있는 것만을 추려서 언급했음을 밝혀둔다.

광주예술원 심포지움, 1993년 12월 10일

 무형문화재의 공연예술에 대한
문헌화작업의 결실

─서평 : 金熙淑 著, 『慶北地方의 舞踊硏究』(영남대출판부, 1996)─

　우리 민족의 유구한 역사 속에서 생성·발전되어 면면히 전래한 굿놀이와 탈놀이는 우리나라 농어촌農漁村·산간벽지山間僻地·도서島嶼·포구浦口에도 전파됐기 때문에, 지금도 여러 곳에서 활발히 연행되고 있다. 전국 각지에 흩어져 있는 이 많은 민속놀이와 탈춤들은 우리의 값진 문화유산文化遺産으로 인정되고 있으므로, 학술적으로나 예술적으로 그 가치를 높이 평가하여 중요무형문화재重要無形文化財 또는 지방무형문화재地方無形文化財로 지정해서 국가나 지방정부에서 보호·육성하고 있다.
　이번 김희숙 교수가 펴낸 『경북지방慶北地方의 무용연구舞踊硏究』는 바로 대구광역시 지방무형문화재의 일부에 관한 것이다. 하회탈춤은 중앙정부의 중요무형문화재 제69호로 지정됐을 뿐만이 아니라, 하회가면도 중요무형문화재 제121호의 민속자료로 지정되어 있다. 천왕매기는 대구광역시 지방무형문화재 제4호, 또 날뫼북춤은 대구광역시 지방무형문화재 제2호로 각각 지정되어 전승·보존에 활기를 띠고 있다. 우리 조상들의 정서情緖와 애환哀歡이 깃들어 있는 민속놀이와 탈춤들을 국가에서 보호·육성하고 있음은 물론 훌륭한 일이지만, 또한 우리 국민도 함께 참여해 아끼고 보살펴 후세까지 길이 전승시키는 과업에 적극 협력해야 한다고 생각한다.

본론으로 들어가 김희숙 교수가 출간한『경북지방의 무용연구』를 보고 느낀 바를 정리하면, 대략 다음과 같다.

우선 천왕매기・날뫼북춤・하회탈춤은 경북지방의 서민사회에서 발생되어 민중속에서 성장・발전되면서 오랜 연륜年輪을 흘러내려와 경북지역에만 전해있는 민속예술의 중요한 종목이다. 이 세 종목을 깊이 연구하고 검토・분석하여 문헌을 바탕으로 정리하고 무보舞譜도 작성함으로써, 구전심수口傳心授되던 공연예술을 정확하고 완전하게 기록화한 김교수의 노력을 높이 평가하고 또한 찬사讚辭를 보낸다.

둘째로 앞서 언급한 천왕매기・날뫼북춤・하회탈춤은 예사 민속놀이가 아니라, 오직 경북지방에서만 전승되는 귀중한 문화유산이므로, 이 땅에서 영원히 전승・보존하기 위해서 그런 소중한 예술들을 정확하고 확실하게 정리했다는데 이 책의 큰 의의가 있고, 또한 가치가 있다고 본다.

셋째로 이 책의 내용이 다음과 같은 사실에 의해서 충실하고 알차다고 하겠다. 즉 천왕매기・날뫼북춤・하회탈춤의 발생동기 및 그 배경과 전승과정 등을 연구하여 역사적인 사실과 유래를 자세하게 밝혔음은 물론이고, 또 등장인물과 입는 의상과 사용하는 도구 일체를 열거 제시했다. 그뿐 아니라 천왕매기와 날뫼북춤의 연희演戱절차와 부르는 노래, 그리고 축문祝文까지도 기술해 놓았기 때문에, 이 놀이의 전과정을 빨리 이해할 수 있도록 한 점을 높이 평가하고 싶다.

넷째로 이 책의 핵심이자 목표가 되는 무보작성舞譜作成에 대하여 논평하려고 한다. 무보작성에 의해서 모든 놀이와 춤 진행에서 표출되고 형성되는 형태의 구성 및 그 변화 등이 일일이 그림과 도표圖表로 표시됐으며 또한 내용이 자세히 설명됐으므로, 그런 도표와 설명은 독자들의 이해를 도와주리라고 믿는다. 이 책의 가장 중요한 음악부분에 있어서는 장단長短의 변화와 소요되는 장단의 수, 또한 북・장구・꽹과리・소고小鼓를 다루고 치는 방법 등을 상세히 설명했을 뿐 아니라, 날뫼북춤에는 북가락을 악보로 표시해 더욱 이해하기가 쉬웠다. 그리고 춤에 있어서는 몸동작과 팔동작의 하나하나 및 발 딛는 걸음걸이를 박자별로 나누어 세밀하게 설명함으로써 춤의 흐름을 확실하게 파악하도록 세심한 주의와 노력을 기울인 점이 역력히 보였다. 또 한가지 놀라운 사실은 날뫼북춤과 하회탈춤 등 그림 하나하나에 보여준 춤동작의 모습과 형상 등이 그대로 풍기고 표현되어 실감을 느끼도록 해주었다는 사실인데, 김교수의 그런 노력에 놀라지 않을 수 없었다.

속담에 백지장白紙張도 맞들면 낫다는 말대로, 이번 김교수의 저서에서 주축主軸이 되는 무보작성에 협력해 수고를 아끼지 않은 분들에게 감사하게 생각한다.

지금까지 우리의 많은 민속놀이와 탈춤분야에서 무보작성에 대한 연구는 좀 소홀하고 미흡한 현실에서 김희숙교수가 서둘러 경북지역에만 전하는 천왕매기・날뫼북춤・하회탈춤의 무보작성을 완성했고 또 놀이와 탈춤의 전과정을 소상하게 정리했다. 이렇듯 김교수의 연구서가 세 종목을 일목요연一目瞭然하게 기술했으므로, 학생들의 지도에 좋은 교재임은 물론이고, 또 이 지역 민속예술의 보존과 전승발전에도 크게 이바지 할 것으로 생각한다.

김교수가 학생지도에 분주해 여념餘念이 없을 터인데도 불구하고, 민속예술들의 보존과 전승・발전에 뜻을 두고 열심히 연구하고 노력하여 심혈을 기울여 저술한『경북지방의 무용연구』를 보면서, 서평자는 기쁜 마음으로 김교수의 노고勞苦에 치하致賀하는 바이고, 제2편인 청단놀음・여원무・자인팔광대의 출간을 기대하는 바이다. 끝으로 이런 무보작성 작업이 민속무용분야에 신선한 자극제刺戟劑 또는 촉매제觸媒劑가 되어, 다른 분야에서도 이런 작업이 시작됐으면 하는 것이 이 서평자의 바램이다.

『한국음악사학보』제17집 별쇄본, 1996년

 『무형문화재 조사보고서』 정오표

〈사찰학춤 정오표〉

명칭	제집	면	행	교정	
				정(正)	오(誤)
(양산)사찰학춤(寺刹鶴춤)	15집	609	10행, 하단	恰似	○似하다고 (누락됐음)
〃		610	1행, 상단	公演을	때마다○演을 (누락됐음)
〃		618	상단	第3刻 動作	(누락됐음)
〃		620	상단	第5刻 動作	(누락됐음)
〃		624	상단	第9刻 動作	(누락됐음)
〃		626	상단	第11刻 動作	(누락됐음)
〃		628	상단	第13刻 動作	(누락됐음)

〈답교놀이 정오표〉

명칭	제집	면	행	교정	
				정(正)	오(誤)
답교놀이	12집	442	1행	음미	홈미
〃		453	18행	수궁	수궁
〃		454	17행	마전다리	아전다리

〈호남농악 정오표〉

명칭	제집	면	행	교정 정(正)	오(誤)
호남농악(湖南農樂)	6집	105	1행	申請	由請
〃	〃	〃	13행, 하단	衰退	衰追
〃	〃	112	16행, 중단	軍中陣法	軍中陳法
〃	〃	113	17행, 상단	따르며	따러며
〃	〃	114	9행, 상단	陣法을	陳法을
〃	〃	120	7행, 상단	農樂가락	農樂가리
〃	〃	〃	8행, 중단	가락	가리
〃	〃	〃	9행, 상단	곁드려	겻드려
〃	〃	〃	10행, 하단	곁드렸고	겻드렸고
〃	〃	〃	11행, 중단	곁드려	겻드려

〈한장군놀이 정오표〉

명칭	제집	면	행	교정 정(正)	오(誤)
한장군놀이(韓將軍놀이)	10집	242	6행, 하단	詣盥洗位	諸盥洗位
〃	〃	245	7행, 상단	詣望燈位	詣望座位
〃	〃	256	6행, 상단	三絃六角	三統六角
〃	〃	257	3행, 상단	官衙	官街
〃	〃	262	9행, 하단	느껴졌다	늦어졌다
〃	〃	265	2행, 상단	알수없었으나	있었으나
〃	〃	282	2행, 상단	芭蕉	芭薰

〈연화대무 정오표〉

명칭	제집	면	행	교정 정(正)	오(誤)
연화대무(蓮花臺舞)	11집	533	5행, 상단	奉竹竿	奉竹管
〃	〃	534	1행, 하단	懽娛	權娛
〃	〃	539	7행, 상단	兩袖	兩袖
〃	〃	549	1행, 중단	兩袖	兩手
〃	〃	〃	4행, 상단	或背	或北
〃	〃	554	2행	박을 쳐서	박을 쳐서

〈학무 정오표〉

명칭	제집	면	행	교정 정(正)	교정 오(誤)
학무(鶴舞)	8집	878	그림빼고 7, 하단	三拍 까지	三. 四拍 까지
		881	하단, 그림위	十五	第十三圖
		884	그림빼고 2, 상단	第二十八刻	第十八刻
		895	13, 하단	顧	(희미해서안보임)
		〃	17, 하단	獻天壽	獻夫壽

명칭	제집	면	행	교정 정(正)	교정 오(誤)
학무(鶴舞)	8집	843	6, 중단	遺産	遺物
		847	6, 상단	日昇月恒之曲 外一曲	日昇春之曲 外二曲
			9, 하단	拍內旋向	拍內施回
		848	11, 중단	〃 向	〃 回
		〃	11, 하단	內顧擊拍 進二步	內鶴擊拍 ○二步누락됐음
		〃	12, 하단 (밑에서 6자째)	拍內旋向	拍內施回
		〃	14, 중단 (위서 14자째)	驚	鶴驚躍
		〃	14, 중단	기록되있다.	記錄돼 있다.
		850	1, 중단	結論	統論
		858	그림빼고 5, 하단 (밑에서 6자째)	前向	步向
		871	그림빼고 7, 상단	第七圖	第八圖
		〃	8, 중단	第七圖	第八圖
		872	5, 상중단	뒤꿈치	뒷금치
		873	8, 하단	第八圖	第九圖

〈승전무 정오표〉

명칭	제집	면	행	교정 정(正)	교정 오(誤)
승전무(勝戰舞)	6집	346	9행	傳承된 系統	
〃		353	도형	(원무4인삽입)	누락됐음
〃	〃		2행, 상단	鄕唐交奏	鄕唐奏
〃	〃		2행, 하단	趺	跌
〃	〃		2행, 하단	八	入
〃	〃		5행, 상단	八人	四人
〃	〃		5행, 하단	轉蠻舞	轉彎舞
〃	〃		7행, 상단	擊鼓而背鼓回旋	擊鼓而回旋
〃		354	6행, 상단	持花	推花
〃	〃		6행, 중단	〃	〃
〃	〃		6행, 하단	〃	〃
		355	1행, 상단	舞八人	無入人

〈처용무 정오표〉

명칭	제집	면	행	교정 정(正)	교정 오(誤)
처용무(處容舞)	8집	473	9, 중단(6字째)	開	關
			9, 하단(끝子)	卅	山
			10, 중단	畫歇於汀	畫歇於沙
			11, 상단	道路 怪問	其道 問
			11, 중단	宣行	宣以
			12, 상단(4字째)	寺	事
			12, 중단	東海龍喜	○龍喜(누락됐음)
			12, 하단	現於	現賜
			13, 하단(밑에서 7字째)	久賜	久於
			14, 상단(위에서 8字째)	変無人	変爲人
			14, 하단	歌作舞	歌舞

〈처용무 정오표〉

명칭	제집	면	행	교정 정(正)	교정 오(誤)
처용무(處容舞)	8집	473	15, 상단	時神現形	疫神惑歟
		〃	15, 상단	日吾	日五
		474	17, 상단	二肹	二兮
		〃	18, 상단	二肹	二兮
		〃	19, 중단(7字째)	馬	焉
		476	8, 상단(5字째)	兩	雨
		477	3, 하단(밑에서 3字째)	抑	押
		〃	7, 중단	八關會	入關會
		〃	14, 중단	八 〃	入 〃
		〃	15, 하단	三二에	三三에
		478	10, 하단	以其曲折	二曲折
		482	5, 중단	盖比二曲	盖比Ⅱ曲

명칭	제집	면	행	교정 정(正)	교정 오(誤)
처용무(處容舞)	8집	484	끝행. 중단	玄琴	去琴
		485	1. 하단	庭	廷
		〃	2. 중단		
		〃	2. 중단	凡	九
		485	(밑에서 17字째)	無	舞
		〃	4. 상단좌측 (위에서 1字째)	애	에
		〃	5. 상단우측 (위에서 1字째)	八	人
		〃	7. 중단우측 (위에서 8字째)	붉	붉
		486	1. 중단좌측 (위에서 10字째)	둘혼	둘은
		〃	3. 중단 (밑에서 20字째)	八	入
		〃	5. 중단좌측	立者右爲內後傚比 ○凡舞終畢並還北 向擊杖鈹鈹面擧兩	西⑤누락됐음 手 내용이 뒤섞였음
		〃	5, 6, 7, 8 9, 10, 11 상단까지		
		〃	11, 상단좌측 (위에서 5字째)	隊	傢

〈처용무 정오표〉

명칭	제집	면	행	교정 정(正)	교정 오(誤)
처용무(處容舞)	8집	487	2, 3, 4, 5 6, 10, 11	송달된 내용의 번호 순대로 (번호삽입할것)	사
		〃	3. 상단 좌측 (7字째)	臺	室
		〃	4. 중단 우측	附葉天地同和ㅣ 卽此時샷다	샷다⑯누락됐음 中葉
		485	5. 중단 우측)	帝錫元符ᄒᆞ샤 楊瑞命ᄒᆞ시니 滄溟重潤ᄒᆞ고 月重輪이샷다	이샷다㉔누락됐음 附葉
		〃	10. 중단좌측 (밑에서 16字째)	ᄒᆞᆫ	ᄒᆞ더녀져
		488	1, 2, 3, 4	송달된 내용의 번호순대로,, (번호삽입할것)	내용이 뒤섞었음
		〃	3, 중단우측	논	논
		〃	5. 중단(20字째)	鈘	沃
		〃	6. 하단(밑에서4字째)	濟	齊
		〃	9. 중단		

〈처용무 정오표〉

명칭	제집	면	행	교정	
				정(正)	오(誤)
처용무(處容舞)	8집	489	1, 2, 3, 4, 5, 6, 7	송달된 내용의 번호순대로 (번호삽입할것)	내용이 뒤섞였음
		〃	3. 하단 (밑에서 3字째)	拔	拔
		492	3. 상단	杖	技
		496	상단, 중앙	時用	時月
		497	9, 4拍	타	라
		〃	9, 12拍	나(삽입할것)	○(누락됨)
		〃	9, 15拍	후(삽입할것)	○
		〃	11, 1拍	우(삽입할것)	○
		〃	11, 4拍	더(삽입할것)	○
		〃	11, 6拍	어(삽입할것)	○
		〃	11, 9拍	ㄱ(삽입할것)	○
		500 〃	5, 상단가사 (1, 2字째)	서熙 속熙 은	庶○누 俗○락 은
		〃	●(상단가사행으로보면3행) 4. 중단바로위 (호-호 字위로) ●(하단행으로보면4행)	四장 (세로로삽입할것) 四 장	임 호

문화재관리국 제출, 1990년 4월

※ 편집자 주: 김천흥 선생님이 그동안 집필하셨던『무형문화재 조사보고서』상의 오자는 1990년 문화재관리국 주관으로 위와 같이 바로잡아 제출되었다. 특히〈처용무 정오표〉中 "송달된 내용의 번호순대로"라고 바로잡은 글은 방대하여 문화재관리국에 제출된 내용을 참고해야 한다.

우리춤에 대한 想·筆·談 1부

우리춤에 대한 談·구술 / 인터뷰 / 대담

흥이 발효醱酵해서 멋이 돼
곰삭아 우러나는 몸짓으로
그대로 전승시키는 것도 중요해
이야기 보따리 ①
이야기 보따리 ②
듣고싶었던 얘기 ③
듣고싶었던 얘기 ④
듣고싶었던 얘기 ⑤
듣고싶었던 얘기 ⑥
듣고싶었던 얘기 ⑦
11월 문화인물 김창하가 남긴 것
우리춤과 소리를 직접 몸으로 실천하며, 세기를 완벽하게 살고 있는 산증인
춤추는 예술혼에 압축된 한 세기

흥이 발효_{酸酵}해서 멋이 돼

― 채희완과의 대담 ―

흠뻑 젖어 추어지는 춤이라야 정신이 있는 춤

채희완蔡熙完 : 선생님께서 소년시절부터 지금까지 한 평생을 춤으로 살아오시면서 평소에 느끼셨던 바를 이야기하시면 그것이 그대로 한국춤의 정신 문제를 말씀하시는 것이 될 것입니다. 또한 선생님께서 우리춤에 대한 기억이나 선인에게서 들으셨던 것도 아울러 전해 주시면 저희 젊은 사람들에게는 산 자료가 될 것입니다.

김천흥金千興 : 그동안 이 대담을 십여 회 이끌어 오느라 채 선생이 수고를 많이 하신 줄 압니다. 그간의 대담을 내가 죽 읽어 왔어요. 무용인이 알아야 할 것, 배워야 할 것들이 고명한 선생님들의 입을 통해서 많이 얘기되어져 나왔기 때문에 산 교재로서 무용인들에게 많은 도움이 되었다고 봅니다. 무용 전공이 아닌 방계 예술인들도 제삼자로서 보는 우리춤의 정신을 말씀해 주셔서 나 자신에게도 적지 않은 도움이 되었습니다.

불상이라든가 석탑과 같은 것을 생각해 보면 만드는 이는 먼저 그 형상을 머리에 그린 후에 돌을 쪼개고, 파고, 갈고, 광을 내고 하여 완성합니다. 강릉에 있는 신사임당의 사당에 〈곤충도〉가 있어요. 내가 강릉에 갈 때마다 보고 또 보고하는데, 그 〈곤충도〉의 솔잎 하나, 나뭇잎 하나, 줄기 하나, 그리고 곤충의 날개 무늬 하나하나를 볼 때마다 감탄을 금할 수 없어요. 이 그림을 그릴 때, 불상의 제작자가 거친 과정과 똑같은 과정을 신사임당도 겪었을 거예요. 또 옛 서예 대가의 글씨를 보면 점 하나 찍는 것, 내리긋는 것, 파임, 뿌림, 삐침, 그 하나하나에, 쓰는 분의 생명과 열정이 쏟아져 있어요. 몇 천년 지난 지금 그 예술품들에 매혹되고 감탄하는 것은, 그 작자의 정신을 발견할 수 있기 때문이에요. 춤추는 사람이 춤에 자신의 경력, 수련을 쏟았을 때, 보는 사람도 거기에 흠뻑 젖어들어 공연자와 관중이 혼연일체가 되는 거죠. 그렇게 추어지는 춤이라야 정신이 있는 춤이 아니겠어요? 지난번에 갔던 이매방, 공옥진, 하보경, 김숙자 씨 등의 병신춤, 무당춤, 탈춤, 살풀이, 북춤, 승무, 궁중무 같은 춤들에 모두가 매혹되었다면 춤추는 이의 그런 정신이 담겨 있기 때문이지요. 언젠가의 이 대담에서 겉멋이 들었다, 속멋이 있다라는 말이 나왔었죠. 겉멋 들었다는 말은 결국 정신이 없는 춤이라는 말이거든요. 속멋, 즉 정신이 응결돼 가지고 그 정신의 표현이 동작으로 표출돼야 공감되고 느껴지는 춤이 되는 거죠.

호세 리몽이 십여 년 전에 우리나라에 온 적이 있었어요. 그 당시 한국의 현대무용은 초창기였어요. 그들의 〈교차로〉라는 작품에서 보면, 자동차, 자전거가 지나가고 뒤이어 사람이 뒹굴고 하는 장면이 나오는데, 그때만 해도 그런 동작이 한국의 현대무용엔 없었어요. 그러니 그때 그걸 본 사람들은 "그게 어디 춤이냐, 지랄이지"했을 거예요. 그러나 그 동작에 담겨 있는 그의 정신, 숙련된 움직임, 그런 게 나에게 뭔가 주는 게 있었어요. 단순히 새로운 것만으로 끝난 것이 아니라 그 정력, 노력, 수련이 처음 대하는 이에게 춤의 정신을 전해 주었어요.

채희완: 비록 우리 눈에 생경하게 보이고 우리의 생활감정과는 서로 다른 감정을 가진 나라 사람들이 추는 춤이라고 할지라도 그 추는 사람이 자신의 정신과 노력을 다 바쳐 절실하게 출 때는 어느 나라 사람 할 것 없이 모두에게 통하는 그 무엇이 있다는 말씀이군요.

춤에는 생활 속에서 배어 나온 감정이 응결

김천흥 : 그렇죠. 한국춤이 외국에 가서 환영받는 이유가, 그들에게 색다른 맛을 준다는 점도 있겠지만, 그들에게 주는 뭔가가 있었기 때문이라고 봐요. 그게 바로 춤의 정신이 아닐까 생각돼요.

현대무용이나 발레를 외국인들이 하는 것과 우리나라 사람들이 하는 것을 비교해 볼 때 과연 외국인들이 하는 수준까지 차원 높게 우리나라 사람들도 움직여지는가 묻게 됩니다. 전체 가락은 잘 모르더라도 그 움직임 하나하나를 평가할 수 있는 안목은 있거든요. (웃음) 하여간 올바른 정신을 가지고 추는 춤이면 그건 춤의 정신이 있는 춤이 아니냐 하는 거죠.

채희완 : 선생님께서 외국춤을 보셨을 때 색다른 면이 보였다고 하셨고, 또 외국인이 우리춤을 보았을 때도 그런 면을 느낄텐데, 우리춤과 외국춤을 한군데 같이 놓고 볼 때 거기서 오는 느낌이나 반응의 차이는 어디에서부터 오는 걸까요. 비록 인간정신, 또는 인간감정이란 공통성을 가지고 있는 것이긴 하겠지만요.

김천흥 : 우선 형태상으로 무대가 다르고, 또 음악이 다르잖아요. 우리는 굿거리 장단 삼박자에 젖어 있죠. 또 무용의 테크닉이 다르고요. 프랑스나 미국의 발레를 보면 무용수들의 테크닉이 숙련돼서 나비같이 살살 나는 걸 볼 수 있어요. 춤이란 정신만으로 되는 게 아니고 그만큼 훈련이 필요한 거죠. 같은 테크닉인데도 우리나라 사람이 발레를 하는 게 눈에 설게 보이는 것도, 훈련이 부족해서가 아닌가 해요.

채희완 : 아까 하보경 씨나 공옥진 씨의 춤에도 그 분들 나름의 어떤 철저한 정신이 담겨져 나오니까 거기서 어떤 예술성을 느낄 수 있었을 것이라고 하셨는데요. 그 분 춤들의 예술성이란 사실 한국무용 정신에의 수련과정이 춤 속에 숨어 나타나 있기 때문이고, 그 수련과정이란 바로 그 분들의 생활 속에서 배어 나온 한국적인 생활감정이 응결된 것이 아닌가하는 생각이 듭니다.

요즈음 한국무용을 보면 창작무용 같은 것을 많이 하는데 새로운 실험도 해보고 하여 오늘에 맞아떨어지는 우리춤을 만들어 보고자 하는 것이지요. 그런데 대부분의 창작무용을 보면, 예전의 춤같이 우리 몸에 젖어서 나온, 온몸을 던져서 나온 듯한 느낌은 덜하거든요. 우리의 생활감정이나 심성을 바탕에 두고 우리춤의 정신적 숙련을 통해 쩔어서 나온 춤이면서도 오늘에 맞는 창작무용이라면 바람직한 것일텐데요. 선생님께선 요즈음의 우리 창작무용에 대해 어떻게 생각하시는지요.

김천흥: 창작이 없으면 그건 죽은 예술이죠. 항상 새롭고 창조적인 춤을 만들어야지요. 그러나 무형문화재로 지정된 춤들은 원형을 깨뜨리지 않고 그대로 보존해야 합니다.

젊은이들이 요즘 새로운 무용을 창작하려는 의지를 우리 늙은이들도 높이 삽니다. 더 나아가서 세계 속의 한국무용이 되기를 바라고요. 창작무용을 하려는 사람들에게 우선 내가 하고 싶은 얘기가 있어요. 창작하는데 우리춤은 언어가 부족하다는 말을 많이들 하잖아요? 문장을 지으려는데 마치 문자가 없다는 것과 같은 얘기가 되겠죠. 그러나 내 생각으로는 우리춤엔 무용언어가 굉장히 풍족한 것 같아요. 탈춤 중 '덧배기춤'의 엇들어가는 가락 하나만 봐도 얼마나 많은 언어가 있습니까. 또 무당춤에서도 얼마나 많은 가락이 있습니까. 그것들만 다 활용하더라도 무용언어의 부족이란 말은 못할 거라 생각해요. 지금도 이런 언어를 가지고 새롭게 활용하여 창작한다면 다양해질 거예요. 또 종묘제례악의 〈일무〉 등 궁중무용에도 많은 가락이 있어요. 그런 과거 것들을 도외시하고서는 안될 거라고 생각돼요. 우리춤의 언어가 없다, 부족하다고만 생각하면 결국 외국춤에서 그 형태를 많이 가져올 수밖에 없는데, 그래가지고서야 어떻게 우리춤이 제대로 발전하겠어요. 우리 것은 거들떠보지도 않으면서 현대무용에서 온 건지, 발레에서 온 건지 모를 형태의 춤을 추니까 한심한 생각이 든단 말입니다. 그나마도 그 춤이 정말 정신과 노력과 생명을 다해서 추는 춤이라면 나에게도 오는 게 있을 텐데요. 지금 만드는 창작무용들을 보면 몇 달

걸려서 작품 만들어 발표하고는 그대로 끝내는 거예요. 또 하고 싶은 말은, 본인들이 절실히 느끼고 추는가 하는 거예요. 우선 추는 본인들이 느껴야, 보는 사람에게도 느끼랄 수 있잖아요. 공옥진 씨의 〈병신춤〉, 하보경 씨의 〈북춤〉을 보면서 우리가 공감을 느끼는 것도 그런 면에서 입니다.

채희완: 새로운 시도를 하는 분들이 대부분 젊은층이어서 춤의 연륜이랄까 경륜이나 토대가 그리 깊지는 못한 것이지요. 어느 예술이나 마찬가지이겠지만 연륜의 깊이에서 뿜어 나오는 그윽한 것이 없이는 우리춤의 제대로 된 맛을 낼 수는 없는 것이 아닌가 생각됩니다. 아무튼 전통적인 데에서 현대로 넘어가는 과도기가 바로 오늘의 한국무용이며 젊은 한국무용인의 상황이기 때문에 그만큼 시련도 뒤따르고 시행착오나 조급함도 어쩔 수 없기도 하겠지요. 그러나 젊은이들이 속 깊이 담긴 뜻이나 정신을 제대로 캐내려고 하지 않고 어려움 없이 쉽게만 창작하려 하기 때문에 문제라는 지적은 깊이 명심해야 할 말씀입니다.

저는 평소부터 선생님께 여쭙고 싶은 게 많았어요. 선생님의 무용경험이나 에피소드, 그리고 옛 춤은 이랬다 하는 얘기도 해주십시오. 그것이 오늘날 그대로 받아들여져야 한다 라는 의미에서보다는 그냥 사실을 증명해 주시는 기분으로 말씀해 주세요.

이왕직아악부 양성소에서 시작한 무용

김천흥: 내가 보통학교 졸업하고 서당에 다니다가 열네살부터 무용을 시작했어요. 열네살이면 선머슴인데 무슨 무용을 알고나 했겠어요. (웃음) 순종황제 생신 50년 되는 잔치에 대비해서 이왕직아악부에서 소년들을 모집해서 춤을 가르쳤어요. 그게 한일합방 후 무동舞童이 궁중에서 춤을 춘 것으로는 처음이었을 거예요. 그때 우리들은 순진하기 짝이 없어서 선생님이 하라는 대로만 따라했죠. (웃음) 그때 무동춤이 재현된 것이 여남은 가지쯤 돼요. 순종황제 생신날 비원 인정전에서 춤을 췄죠. 화장을 했는데 분

은 박가분이라 해서 박씨로 만든 분이었고, 구리무(크림)는 일제였어요. 벌벌 떨면서 진땀을 빼고 하고 나오니까 그래도 선생님께서 잘했다고 칭찬해 주시더군요. 그런데 무동춤이니까 나이가 많으면 안되잖아요. 18세가 되면 졸업시키고 새로 뽑곤 했어요. 1926년 우리가 졸업한 후에 이주환, 성경린 씨 등이 들어와 무동이 되었어요. 무동춤은 그렇게 해서 지금까지 전해 내려오는 거예요. 그 당시 1930년대만 해도 일반에게는 무용을 배우러 다니는 풍속은 없었어요. 한성준 선생이 무용소를 하긴 했지만요. 일반사람에게 무용이 알려진 것은 한일합방 후 궁중에 있던 사람들이 흩어져서 기생사회로 떨어지고, 그렇게 해서 일반에 무용이 퍼진 거죠. 소리를 한다, 춤을 한다하면 집안에서 반대하던 때거든요. 나만해도 이왕직아악부에 가서만 춤을 췄으니까 우리 집안 사람들은 아무도 몰랐어요. 해방 전까지 우리가 공개적으로 한 건 부민관에서 한 번뿐이었어요. 그 외는 모두 창덕궁 안에서만 췄지요.

 1930년대에 한성준 씨가 처음으로 한국무용연구소를 열어서 나도 춤을 배우러 다녔는데, 그때 최승희도 배웠고 지금은 죽은 영화배우 김삼하와 그의 어머니도 무용소를 같이 다니면서 함께 발표회도 갖고 했어요. 그 당시 보니까 기생사회에 있는 여자들만 춤을 배우러 나오는 것 같았어요. 그러니 그들이 결혼하면 가정에 들어가 버리니까 아무래도 그들이 배운 〈승무〉같은 것은 없어지고 말 것 같아서 내가 〈승무〉를 배워두기로 한 거죠. 그래서 오늘날도 내가 승무를 하는 걸로 알려져 있고요.

 채희완: 이왕직아악부에서는 어떻게 사람을 모아 춤을 가르쳤습니까.
 김천흥: 매년 뽑는 게 아니고 5년마다 뽑는 거예요. 한번 들어온 학생이 5년 동안 배우고 졸업하면 또 다시 뽑아서 5년 동안 가르치는 거죠. 우리는 관비생이어서 그때 돈으로 월급 15원을 받았어요. 국악원의 음악사들이 나이가 많아져서 자꾸 없어져가니까 국악원 음악사 양성을 겸해서 우리들을 뽑은 거예요. 내가 2기생인데 1기생은 9명이었고 2기생은 18명인데, 그 중 지금 나와 박영복 씨 2명만 살아 있죠.

채희완 : 그 당시 무용을 지도하신 분들은 어떤 분들이셨나요.

김천흥 : 『조선음악통론』을 쓰신 함화진咸和鎭 씨와 이수경 씨, 김영제 씨, 그렇게 세 분이었는데 세 분 모두 장악원 악사 집안이었어요. 그러니까 궁중계통 무용이 그대로 전수될 수 있었죠. 사실 해방 전까지는 명월관, 국일관 등에서도 기생들이 궁중무용 계통의 춤을 췄어요. 그런데 시간제한 때문에 거두절미, 다 잘라버리고 추었어요. 심지어 한삼을 떼고 추고 가락도 많이 없어졌고요. 그런데 〈진주검무〉 같은 것을 보니까 서울 것과는 달리 원형이 잘 보존되었기에 무형문화재로 서둘러 지정 받도록 내가 힘을 썼죠.

채희완 : 아악부에서 춤을 지도해 주신 분들은 악사 분들이셨군요.

김천흥 : 그렇죠. 그리고 우리가 아악부에 입학하면 전공악기를 하나씩 정해 배웠어요. 나는 해금과 아쟁을 했지요. 춤은 야학으로 밤에 배웠어요. 순종황제 잔치를 위해 궁중무동춤을 재현 작업했는데, 처음 배울 당시에 선생님이 풀이하신 것을 기억해 가며 홀기와 맞춰 보면서 했어요.

채희완 : 춤 지도하시던 분들의 가르치실 때 특별한 지도 방식이라든가, 지도내용 등을 말씀해 주세요.

김천흥 : 처음에 발 떼는 법을 배웠어요. 도드리 장단이나 타령에 맞춰서 발 떼는 법만 한참 배우다가 그게 익숙해지면 팔 드는 연습에 들어가요. 한 팔도 들고, 두 팔도 들고, 돌기도 하고 해서 그런 게 어느 정도 훈련이 되었다 싶고, 그리고 장단을 들을 줄 알게 되면 그때부터 시작돼요.

처음 배울 때 선생님이 앞에서 하시면 그대로 따라하는데, 그때는 체경體鏡이 없었거든요. 한참을 하다가 팔이 아프면 슬쩍 내리고 쉬기도 하고 틀리면 낄낄 웃기도 하다가 들켜서 꾸지람도 듣고 했죠. (웃음)

궁중무와 민속무의 차이

채희완 : 아악부 시절의 궁중무용과 한성준 선생님한테서 배울 때의 춤

을 같이 놓고 볼 때 어떤 공통점이라든가 차이점이라든가 하는 것은 없었는지요.

김천흥: 발 떼는 것, 몸 놀리는 것, 무릎의 굴신 등 그 움직임은 같았어요. 그러나 가락은 달랐어요. 장삼을 위주로 하는 가락이 궁중무엔 없었거든요. 움직임의 선이 〈승무〉같이 과격한 것도 궁중무엔 없거든요. 시선 처리도 다르고요. 궁중무에선 웃는지 마는지 정숙하면서도 미소를 머금은, 알 듯 모를 듯한 표정이고요. 그리고 궁중무용에선 굿거리 장단이 없어요. 장악원 악사는 굿거리를 하면 안 된다는 규율이 있었어요.

채희완: 굿거리나 민속춤 같은 걸 궁중에서 못하게 한 것은 그것이 천하다고 해서인가요. 아니면 궁중적인 전통을 지키고 보존하기 위해서인가요.

김천흥: 궁중음악 자체에 그런 게 없었기 때문예요. 궁중음악에서 염불 장단도 도드리 장단 두 장단을 한 장단으로 만들어서 쳐요.

채희완: 궁중무나 〈승무〉 이외에도 탈춤이나 기타 민속춤도 두루 알고 계실텐데요. 같은 우리춤이라고 하더라도 제각각 어떤 특징 같은 것이 있기 마련이지요.

김천흥: 궁중무는 모두 정적靜的인데 이건 이것대로의 예술적 맛이 있고, 〈승무〉에서도 아주 느린 동작이 있는데 그걸 하면서 자기의 온 정신을 모아 쏟는다면 〈승무〉만이 가진 예술성이 있게 되죠. 창작무용을 만드는 사람이 우리춤의 이런 다양한 면을 두루두루 다 알고, 그대로가 아니라 그 모두를 다양하게 활용한다면 보는 사람에게도 다양한 맛을 주게 될 거예요. 언어가 부족하다고 하면서 같은 종류의 것만으로 춤을 만드니까 보는 사람에게 되풀이했다는 인상을 주게 되죠. 요즘 보면 남자 춤을 여자가 하기도 하고 여자 춤을 남자가 하는 것도 있더군요. 춤에서 남자다, 여자다, 구분할 것은 못되지만 남자 춤은 남자 춤처럼 추고, 예쁘게 춰야할 것은 예쁘게 추고, 이렇게 그 성격에 따라 180° 방향전환을 잘해가며 춤을 만들어야죠. 또 한가지 주제를 위한 춤을 짤 때도 일률적인 동작만 계속하는 것이 아니라 광범위하게 〈양주산대〉의 것도 나왔다가는 〈봉산탈춤〉의 것

도 나오고 '덧배기춤'도 나오고 해서 변화 있고 생동감이 있게 해야죠. 발레도 테크닉을 변화 있게 하는 것이지 사상이라든가 감정이 먼저 주입되어 나온 건 아니잖아요. 그렇게 엮어나가는 동작으로 그것을 표현케 하는 거죠.

채희완: 지난 봄에 창립된 한국무용연구회의 한 모임에서 전통무용의 용어를 통일하여 제정해야 한다든가 우리춤의 기본을 정립해야 한다는 얘기가 나온 적이 있었어요. 이를테면 발레처럼 기본적인 테크닉을 하나하나 뽑아 모아서 배우는 사람에게 체계적이고 과학적으로 분석해 가며 가르칠 수 있도록 하자는 얘기였죠. 우리춤이 과연 과학적으로 분석이 될 수 있을런지도 모르겠고, 또 우리춤을 과학적으로 분석할수록 우리춤의 맛은 사라진다고 하여 일면 그런 작업을 반대하는 분들도 없지 않은 것 같은데요.

무용 용어의 정립이 필요

김천흥: 내가 학교에 나가 가르치면서 보니까, 학생들이 앞으로 안무가나 교수가 되어 가르칠 때 어떻게 가르칠 것이냐 하는 문제를 두고 심각하게 고민하더군요. 그래서 내가 궁중무용의 기초동작을 하나 만들어 가르쳤죠. 그러니까 〈봉산탈춤〉이면 〈봉산탈춤〉에 대한 기본을 만들어서 그 기본만 배우면 이를 응용하여 〈봉산탈춤〉은 다 출 수 있도록 그 기본동작을 정해야죠. 이제 한국무용이 발레식으로 만들어지면 편리하겠죠. 그리고 각 춤의 핵심 되는 가락만 다 정리해서 만들어져야 한다고 생각해요.

그리고 이것은 딴 얘기지만 지금 대학 무용과에서 가르치는 것만이 한국춤은 아니거든요. 궁중무 하나만 알고 한국춤을 다 안다고 할 수 없듯이. 학생들이 폭넓게 우리춤을 모두 대해볼 기회를 주어 전체적으로 춤을 파악할 수 있도록 해야 할텐데 한정된 부분만 가르치고 있는 것은 큰 문제예요. 춤의 관객이 없는 이유가 한가지 것만 자꾸 우려먹으니까 그런 것 아니에요.

술어나 용어 문제도 참 요원한 문제예요. 춤마다 따로 만들 수도 없고요. 오른팔을 펴든다, 두 팔을 펴든다, 또 다리를 어떻게 든다 등등, 같은 동작이라도 그 변화가 수없는데 그게 통일되기가 어려운 거죠. 시간이 많이 걸려야 될 겁니다. 이를 위한 위원회가 구성되어 이 문제를 긍정적으로 연구하여 교과과정에 반영시키는 것이 좋겠지요.

채희완 : 선생님께서 그동안 수많은 춤들을 보셨고, 또한 직접적인 무용 경험도 많으실 텐데 거기에 얽힌 이야기를 요즈음 추어지는 춤과 연관하여 말씀해 보시지요.

김천흥 : 1950년엔가 서울시 문화상을 탄, 내가 만든 〈처용랑〉이란 무용극이 있었어요. 그때만 해도 서울시 문화상엔 무용부문이 없었어요. 그래서 연극상으로 탔죠. 그때는 그렇게 무용이 미미했어요. 지금은 대학 무용과도 많고, 무용가들도 많고, 많이 발전했어요. 그 무용극 음악은 김기수 씨가 모두 새로 작곡한 거예요. 반주실에 30여명이 앉아서 반주를 했고 순수한 한국춤으로 되어 탈춤이 들어갈 장면에는 탈춤이 들어가고 절간 장면이면 절의 춤이 들어가고 한 작품이었어요. 작품은 그렇게 다양하게 해야 한다고 생각해요. 지금 그걸 보면 어떻게 느낄지는 모르지만요.

그 다음 얘기할 것으로는 연대는 잘 기억 안 나지만 내가 〈만파식적〉이란 춤으로 예술원상을 탄 적이 있어요. 〈만파식적〉에 대한 기록이 문헌에 있어요. 그것도 김기수 씨가 작곡했고 악사는 사십 여명 되었어요. 40분짜리 작품이었죠. 그 작품들을 만들 때 상은 염두에 두지도 않았어요. 오직 가르치면 그대로 배워 열심히 작품을 만들 뿐이었죠.

아까도 이야기했지만 춤의 창작에 대한 내 견해로는 한 작품에서, 이러이러한 춤이 나왔다면 다음 장면에는 다른 형식의 춤이 나와야 할거라고 생각해요. 예를 들면, 〈춤소리〉에서 보면 현대무용 식으로 여자만 나와서 이 줄로 들어왔다 저 줄로 빠지고 ─ 나는 그런 건 우리나라 춤에는 없다고 생각하지만 ─ 그렇게 한번 전개됐으면 다음에는 남자가 나와서 하고, 그렇게 전체적인 작품 전개가 다양해야 한다고 생각해요. 자꾸 같은 걸 중복하지 말고요.

어느 연구소에서 탈춤 발표한다고 해서 가보면 발표할 때마다 어느 한 종목의 탈춤만 해요. 그 한가지만 물고 떨어지는 거예요. 또 군무로 무대를 채우려는 것에도 문제가 있어요. 그 큰 무대라도 한 사람이 꽉 채울 수 있는 그런 무용수가 되라고 말해주고 싶어요. 군무를 했으면 그 다음엔 한 사람이 나와서 하고 해서 운동량의 굴곡을 보여주고 해야 할텐데 그저 군무로 복잡하게만 하려는 경향이 있어요.

성종 때 만들어진 『악학궤범』에 팔진도니 방진도니 40여 가지 무대 구성이 정해져 있어요. 네 사람은 어떻게 서고 다섯 사람은 어떻게 서고-하는 것 말이죠. 그렇다고 한 자리에만 서 있으라는 건 아녜요. 왔다갔다해도 되고 뺑글뺑글 돌아도 되고 하지만 한 번 갔으면 그 위치에 서서 뭔가 움직여야 하잖아요. 그런데 발레에서 온 건지는 몰라도 갔다가 잠깐 서고는 달아나고 한단 말이죠. 이왕 갔으면 그 자리에서 멋있는 가락을 한번 해줘야 다음에 돌아가는 것도 생명이 있는 움직임이 되잖아요. 그냥 섰다 가고, 섰다 가고 하니까 "왔다갔다하는 춤"이란 말이 나오는 거죠.

아까도 말했듯이 우리나라 것을 두루 알고 이를 바탕으로 외국 것도 받아들여 다양성 있게 해야 된다는 겁니다. 우리 것을 탈피하고 새로운 것을 한다는 말은 결국 우리 것을 도외시하고 외국 것을 받아들인다는 말인데 그래가지고서 우리춤이 만들어질까요.

채희완: 우리의 춤의 생명을 우리의 춤 속에서 더욱 넓히고 더욱 깊이 하고 더욱 연장시킬 때에야 세계성을 얻게 된다는 말씀으로 이해됩니다. 그러한 우리춤의 정신이랄까 생명이랄까 하는 것을 말할 때 흔히 한이 깔려 있으면서 겉으로 신명이나 흥겨움으로 나타난다고들 하는데 이를 어떻게 생각하시는지요.

김천흥: 한이란 게 그 사람의 정신이라고 생각해요. 그 한, 곧 정신이 응결돼서 흥으로 표현되는 거라고 생각해요. 한, 그 정신이 속에 있다가 발효

되면서 멋있다는 말도 나오는 거죠. 그리고 그 멋과 흥도 훈련을 통한 거라야 된다는 거죠. 속 멋이 즉 한이고 그 한이 발효될 때 흥이 되는 거고 흥이 극치에 이르면 멋이 되는 것이라 생각해요.

채희완: 우리춤의 새로운 세대라 할 젊은 무용학도나 중견 무용가들에게 당부하고 싶은 말씀을 해주시지요.

김천흥: 단순히 실기만 할 것이 아니라 학문적으로 배운 것을 실기에 반영시킬 수 있는 능력이 있는 이들이니까 우리춤이 앞으로 크게 발전하리라고 믿습니다. 그러려면 학교를 마친 후에도 같은 생각의 사람들이 모여 그룹을 만들어 같이 생각하고 연구하는 시간을 가져야 합니다. 또 지금 나이 많은 전통춤 보유자들은 한 분 한 분 사라져 가고 있잖아요. 이들을 이어줘야 하는 일도 해야 합니다. 내가 궁중무만 아는 것과 마찬가지로 지금 중견무용가들도 각자 아는 분야가 한정되어 있을 거예요.

채희완: 한가위를 맞아 바쁘신 중에도 오랜 시간 자리를 함께 해 주셔서 감사합니다. 아쉽지만 미진한 얘기는 다음 기회로 기약해야겠군요. 앞으로도 선생님의 늘 건강한 춤을 볼 수 있도록 당부 드립니다. 즐겁고 복된 한가위를 맞으시길 빕니다. 고맙습니다.

『춤』'한국춤의 정신은 무엇인가', 1981년 11월호

 # 곰삭아 우러나는 몸짓으로

　워낙은 장악원掌樂院이던 게 1910년 한일합방이 되면서 많이 감원이 되구 축소가 되서 이왕직아악부李王稷雅樂部가 된 게야. 당시 아악부 직원은 판소리, 무당처럼 대대로 계승해왔지. 고조할아버지, 증조할아버지부텀. 그 아악부에서 처음 학생을 뽑은 게 1918년이었는데, 모두 9명을 뽑은 중에 아마 1명을 빼고는 죄다 친척들이었어, 나 들어가던 1922년(13세 때)에는 18명을 뽑았는데, 그때는 10여 명이 딴 사람(친척이 아닌)이었어. 그때 우리 집이 지금 힐튼호텔 있지, 남산 올라가는 길, 바로 그 밑이야. 성 밑, 남대문 밖이지. 거기가 예전엔 이묵골이라 그러구 해방 후에 양동이라구 했는데 나 살 때만 해두 남대문에서 지금 남산타워까지 성이 있구 그랬어. 그때 우리 아버지가 목수 노릇을 허셨는데 당시 보통학교 4년 졸업허믄 중학교엘 들어가야잖어, 헌데 집안이 뭣허구 해서 돈이 들어 못들어가구 있는데 마침 아악생 모집을 허는 게야. 그래 우리 아버님 아는 이가 아악부 직원으루다 있구 해서 어떻게 섭외가 돼가지구 우리 형님까지 죄 들어간 게야. 시험은 안보구 면접을 보았던가, 아니, 면접도 안 봤던 모양이야. 우리 동기생에 곰보가 다 있었으니까. 큰 곰보는 아니지만(웃음). 우리 때까지 시험은 안 봤어. 그땐 다 남자였어. 일반 공부두 허구, 음악두 배우구, 학용품

일체를 다 주구. 공책, 연필, 고무 뭐 이런 걸 다 준다구 그러니 그래서 들어가게 된 게야. 또 수당이 한 달에 15원, 쌀 한 가마에 7원 50전 헐 때니까 그때 돈 15원이면 쌀을 두 가마를 판다구. 그래 15원 받으믄 쌀 한 가마 팔구 또 저 뚝섬에서 마포에서 소에다가 솔잎을 긁어서 높다랗게 묶어서 싣고 오는데 그게 3원 50전, 4원 50전 그랬거든. 소잔등에 크게 넉 동, 다섯 동 엮어 올린 것이. 그러니 15원이면 쌀 한 가마 팔구 그것 사구두 잔돈을 쓴단 말야. 집에선 그런 상황이었지. 아침에 나가구 파허는 시간은 관청시간과 마찬가지였어. 9시에 나가면 12시 점심 먹구 5시에 파허구. 게가 어딘고허니 지금 당주동인데, 새문안교회 뒤가 봉상소奉常所라는 건물이었어. 봉상소는 뭔고 허니 나라에 제사같은 게 있으면 음식을 차려가는 데야. 소, 돼지, 양두 잡구, 갖은 음식에 술두 큰 독에다 담가 놓구, 그게 봉상소 건물인데 우리 아악부가 그리 들어갔지. 장악원은 을지로 입군가 어디 있었다는데 뺏겨 버리구. 사람두 그땐 뭐 몇 백 명 그랬었는데 우리 들어갈 땐 한 8, 90명 됐을께야. 종묘제사 지낼려면 사람이 모자라서 일반 사람들을 돈을 주구 사다가 지내구 했지.

　지금 무용연습실에는 사방에 거울이 있지만 그땐 연습실에 거울이 없으니까 선생님 뒤에서 따라하다보면 선생님이야 하라고 했으니 다 하는 줄만 아실 꺼 아냐. 발을 먼저 배우고 도는 것, 뒤로 가는 것, 그런 다음에 팔을 가르치시데, 가락가락. 그런데 춤추러 나가서 그러면 물론 안 되겠지만 흉내내다가 팔두 아프구 다리두 아프구 허면 우리끼리 눈짓도 허구 웃구 뒤도 보구했지. 또 우리끼리 서로 춤추는 걸 보면 우습거든. 나중에 잘 할 때야 모르겠지만 이제 막 껍죽껍죽 따라허는 걸 보면 우습기두 허구해서 결국 웃음이 터지구 허면 선생님께서 그때가서야 아시구 누구냐구 허면 또 누가 대나. 그러면 단체루 팔을 들구 있구. 또 정 화가 나시면 바지 걷고 종아리두 맞구 그랬지. 팔은 않구 발만 들다 들키기두 허구. 우리가 학생 때니까 야학 때는 밤에 잠두 안 자구 야단치다가 그저 창호지두 찢구, 악기두 깨박치구 허면 벌두 서구 그랬지만 그렇게 벌서거나 그러지 않았어.

아악부 제일 위가 아악사장雅樂師長인데 명완벽이란 어른이 계셨구, 그 다음이 아악사(함화진, 김영제), 그리구 아악수장雅樂手長이 여섯 분, 그 밑으루 아악수, 아악수보, 아악생, 이렇게 나눠었다. 아악생은 5년이면 졸업허는데, 졸업허믄 바로 아악수보로 취직이 됐어. 요새는 국악과 졸업허구 절쩔매지만, 함화진 선생님 같은 분은 참 선비같았지. 단정허시구, 깔끔허시구. 김영제 선생님은 그저 텁텁허시구. 그래서 우릴 정구두 갈쳐서 치게 허구, 탁구두 치게 해놓구. 운동장은 우리가 손수 곡괭이질 해갖구 흙 체로 쳐서 만들었어. 김영제 선생님은 아닌 게 아니라 참 텁텁허셔서 어떨 땐 5전짜리 호떡두 사오시구. 그땐 호떡이 어디 있었느냐허믄, 태평로, 거기가 중국인촌이니까 거기서 그렇게 5전 짜리 호떡두 사오시구 그러신단 말야. 이수경 선생님(아악수장)은 아주 우락부락허시구, 거문고를 허셨는데 악기두 참 잘 다루셨어. 당신이 무동舞童을 했느냐, 허는 건 별 문제지. 다 대대로 집안이 그러니까 다 가르치셨어.

나 들어가며는 춤, 악기를 모두 배웠지만 그전 어른들(아악수)은 대개 전공이 꼭 하나 뿐이었어. 심지어 편종을 친다구 허면 같은 편종이라도 문묘제례악 편종 치는 이는 문묘악만 허구, 종묘제례악은 또 다른 이가 따루 허구. 훈이면 훈, 약이면 약, 어떤 악기든 하나만 허다 돌아가시는 거지. 그래 솔직히 얘기허믄 내가 요새 사람들 과소평가허는 게 아니라, 교육제도가 그러니까 또 어쩔 수 없겠지만 대학교 국악과 나온 이들 악기허는 것 참 들어줄 수가 없어. 개인적으루라두 시간을 내서 부시런히 연습하지 않으면 어디 써 먹을 데가 없어. 악보대로의 연주나 선생의 모방은 잘허지만 그거야 모방이지. 자기 정신, 자기 가락이 들어가야 허구, 스스로 느껴가며 해야 허는 게야. 그래야 뭐가 풍겨도 풍기는 맛이 나도 나는 거지. 자기 정신이 우러나와야 느낌이 전달되고, 그렇게 느낌을 줄 수 있는 춤만이 오래 남을 수 있다는 말이야. 요새는 내가 공연들을 잘 안 봐서 모르겠지만, 밤낮허는 공연 중에 오래 가는 것이 없어. 모양내고 잠깐 넘어가는 건 그때

예쁘긴 했을지 몰라도 그걸루 끝나는 것 아냐? 정신 먼저 써야지. 자기 정신을 안 쓰면서 남에게 느끼라는 건 말이 안 되지. 또, 가락이 다양한 것두 좋지만 가락만 다양하다구 좋은 춤이 되는 건 아니거든. 하보경 씨 춤 봤는지 몰라두 거기에 가락이 뭐가 많은가. 그저 한번 들고 왔다 갔다 허는 데서 '아이쿠' 헐 수 있잖아. 동래야류 말뚝이춤, 동작이야 뭐 없어도 그저 '척'하믄 또 '아이쿠'허구 느껴지구. 예술이란게 많이 노력해서 자기 속에서 곰삭고 숙련돼야 어떤 승화도 이루어지구, 느낌두 줄 수 있는 거지. 그래야 또 오래가구. 예술이란 게 끝이 없는 건데 그러면서 옛날 것은 옛날 것대루 잘해야 허구, 창작은 창작대루 발전시켜야지.

　나 처음 춤추러 나가서? 그건 말도 할 수 없어. 기분이 무섭기만 했지. 가인전목단, 무고… 이런 것들을 다 배워서 했는데 그때 무동 중에 내 나이가 그 중 아래였을거야, 14살이니까. 그리구는 모두 열다섯, 여섯 그랬지. 열여덟, 아홉만 돼도 키가 크고, 여드름이 나고, 변성이 되고 해서 안됐지. 순종 탄신 50주년 기념공연인데, 일은 급허구, 배워야는 허구 허니까 낮엔 학과 공부를 허구 밤에 연습을 허구 그랬지. "해라" 그러면 무조건 허는거지, 뭐. 지금이야 분장허는 이가 공연 때면 몇씩 딸려 있구, 자기가 다 분장두 허구 그러지만 그때 우리야 생전 분이란 걸 발라본 적도 없지, 어려서 자라가지구 부잣집두 아니구 목수 집안으루 가난허구 허니까 무슨 분을 발라주겠어. 기껏해야 땀띠 난다구 허면 활석가루 개서 발라준 것뿐이지. 그런데 그 날 비원 인정전으루 들어가 갖구 그 인정전 오른쪽에 있는 동행각에서 준비를 허는데 화장을 해야 헌다, 하니까 어떻게 해? 참, 여자라군 또 없으니까 우리 선생님들이 박가분이라구 그 상자에 얇게 들은 게 있었는데 그것허구 또 어떻게 일본 크림을 구허셨어. 그래서 세수허라구. 그래가지군 크림 발르구 그 허연 걸 분칠을 해주시구 그랬지. 그러니까 눈썹이구 입술연지 같은건 없이 그대루 허옇게만 허구 공연을 한 거지, 지금은 생각도 못 할 거야. 그리구 처음 춤을 추게되니까 겁이 나가지구, 그럴 거 아냐, 어느 앞이라구. 우리 선생님도 무서운데 더구나 왕 앞에서. 임금님은 곤룡포 입고 딱 가운데 앉아 있구, 양 옆으로 왕비, 인척들, 총독부 관리들이 쭉 둘러서 있는데, 하여간 처음에 들어가선 무릎이 벌벌벌 떨렸으니까. 그러다 차츰 춤을 추니까 그저 정신없이 췄지. 추구나서 나와 보니깐 선생님께서 실수 없이 잘 췄다고 허시데. 그래 한숨을 쉬고, 그때야 진땀이 난 걸 안 거야. 옷이 그냥 땀에 푹 젖어 버렸어.

『무용협회지』, 1989년 3월호

 ## 그대로 전승시키는 것도 중요해

  여든 다섯의 연세가 전혀 믿기지 않는 소년 같은 미소, 처음 만나는 사람에게도 전혀 부담 주지 않는 편안함과 인자함으로 하여 선생님이란 말보다 할아버지라는 말이 불쑥 나올 것 같아 조심해야 하는 분, 심소 김천흥 선생. 지난해 9월 29·30 양일에 걸쳐 국립국악원 소극장에서 무악생활 70주년을 기념하는 공연을 가진 바 있는 김 선생님을 뵙고 지나온 70여 년의 발자취를 더듬어 본다.

  ○ 언제, 어떤 계기로 무악생활을 시작하게 되셨는지요?

  1922년 9월 아악부 2기생으로 들어간 게 인연이 되어 이 분야에 종사한 것이 벌써 70년이 넘었네요. 당시 가정 형편이 어려워 보통학교 졸업 후 중학교에 입학하지 못하고 서당에서 한문 공부를 하고 있었는데 마침 아버님 친구분 중 아악부에 근무하시던 분의 권유로 아악부 학생 2기로 입학하게 된 거예요. 당시 아악부 졸업생은 모두 아악부 직원으로 채용해 아악수보, 아악수를 거쳐 아악수장이 되면 학생을 지도하도록 했거든요. 그러니 가난한 사람들에겐 더 없이 좋은 직업이었죠. 하고 싶은 예술도 마음대로 하면서 생활까지 보장 됐었으니까…. 물론 넉넉한 금액은 아니었고 가정생활 꾸려가기도 힘들 정도의 박봉이긴 했지만 그래도 난 그런 기막힌 직업이 없다고 생각했어요.

○ 음악과 춤, 둘 중 하나만 하기도 어려울텐데 선생님은 어떻게 무·악을 겸하게 되셨습니까?

아악부에서 궁중아악·종묘제례·문묘제례 등의 궁중음악을 배운 후인 1923년 봄, 한일합방 후 아악부에서는 처음 있은 순종 생신 50년 잔치 중에 춤이 들어 있어서 나이 어리고 동안인 어린 학생을 뽑아 야학에서 춤을 가르쳤었는데 그 학생 중 하나로 뽑힌 게 계기가 돼서 무·악을 같이 하게 된 거예요.

○ 선생님께서는 아악부 출신이시면서도 궁중음악 외에도 민속악이나 민속무에도 조예가 깊으신 걸로 알고 있는데 특별한 계기가 있으셨는지요?

1926년에 아악부를 졸업해 14년간 그곳에서 근무하다가 1940년에 승급 문제로 아악부를 그만 두게 됐어요. 그 후 가곡 선생 하규일 양성소에서 춤·노래·가곡·서예·예의범절 등 예술전반을 가르치는 것을 지도·감독하다보니 궁중음악만 하던 사람이 민속악에도 관심을 갖는 계기가 됐어요. 그보다 앞서 1936년 아악부 재직 당시에 한영숙·한성준 선생의 춤 발표를 보면서 없어질 염려가 있다는 생각을 하고 한성준 조선음악무용연구소에 가서 승무를 배운 것이 민속무의 시작이었죠. 그 후 국악협회가 되면서 민속무를 드러내 놓고 본격적으로 배웠구요. 특히 1942년에 발족된 조선음악협회(후에 조선악부가 됨)에 관계하면서 춤과 더 가까워졌어요 그러나 내 춤의 시야를 넓히는데 결정적인 역할을 한 건 역시 기생들의 춤이었다고 생각합니다.

내가 아악부 출신이면서도 민간 음악가들과 교류한 건 민속무용이 없어져 버릴까봐 염려하는 마음에서 시작한 거였어요.

하규일 선생이 12가사 중 7개 가사만 전수해주신 후 돌아가시고 나서 민간 음악가 임기준 씨를 모셔 나머지 5개 가사를 배웠어요. 그런 사람들과의 교류가 내게는 훌륭한 양식이 됐고 음악·예술로 이어진 생활화를 가능케 했다고 생각해요.

○ 수상경력도 화려하신 것으로 압니다만, 특별히 기억나시는 것 몇 가지만 말씀해 주시지요?

1960년에 무용극 〈처용랑〉으로 서울시 문화상을 받았는데. 당시는 무용분야로는 수상종목이 없어 연극분야로 수상했던 기억이 나네요. 또 1969년 신작곡으로 악사를 등장시키는 새로운 시도를 한 무용극 〈만파식적〉으로는 대한민국 예술원상을 수상하기도 했구요. 그밖에 1973년에는 변변히 한 일도 없는데 국민훈장 모란장을 받아 몸 둘 바를 몰랐었어요.

○ 선생님께서 공부하고 활동하시던 때와 오늘날을 비교할 때 70년 이상 이 나라 춤과 음악 세계를 지켜오신 분으로 감회가 남다르시리라 여겨지는데 그 부분에 대해 한 말씀하신다면?

옛날 내가 공부하던 시절에 비하면 물론 격세지감을 느낄 만큼 발전됐지요. 국악이나 무용이 학문으로 정립됐을 정도니까요. 그러나 그와는 정반대로 국악을 천시하고 고루하게 생각하는 경향이 날로 짙어가는 건 참으로 안타까운 일이 아닐 수 없어요. 이는 모두 해방 후 양악에만 치중했던 교육제도 때문이라는 생각이 듭니다. 국악의 국민화·민족화를 위해서는 교육제도의 개선이 정책차원에서 시급히 추진돼야 할 것으로 봐요. 전통음악을 양악처럼 예술로 승화시키기 위해서는 학과과정에 삽입시키는 방법 밖에 없다고 생각됩니다. 명목상 대학에 국악과는 생겼지만 실제로 그 국악과를 졸업한 학생들의 향방이 걱정되지 않을 수 없어요.

○ 선생님께서 말씀 하신대로 사실상 이대로 가다가는 그 점이 커다란 문제가 될 것이라는 점에 동감합니다. 그렇다면 정책이 개선된다는 전제 하에서 후배나 제자들에게 당부하고 싶은 말씀이 있으시다면 어떤 것일지요?

지금까지 국악이나 무용이 제대로 대접받지 못하고 체육과에 소속돼 있던 시절에서 이제는 독자적인 학문으로 정립된 만큼 그 위치를 지키기 위해서는 자기 맡은 소임을 더욱 충실히 하고 인정받을수록 더 책임감을 느끼고 노력하는 자세가 필요할 거예요. 물론 요즘 젊은이들 다 제 갈길 잘 알아서 가겠지만 늙은이 노파심에서 꼭 당부하고 싶은 말은 물론 관중이 호응하고 자신을 제대로 알리는 창작 작업이 반드시 필요하긴 하지만 예부터 내려오는 전통예술이나 무형문화재로 지정된 분야 등 그 나름대로의 예술성을 지켜갈 가치가 있는 부분은 그대로 전해질 수 있도록 해야 한다는 겁니다. 젊은 예술인이나 관객 모두 그 점을 무시해서는 안 될 것으로 생각해요.

○ 그밖에 특별히 무용분야에서 지적하고 싶은 문제는 없으신지요?

기왕에 무용과로 정립된 이상 교수도 체육과 교사 자격증 소지자여서는 안되고 반드시 무용과 교사여야 한다고 생각합니다. 그 점은 큰 모순이라고 세미나를 통해서도 여러 번 지적했는데 아직도 여전히 변경되지 않고 있는 것은 참으로 한심한 일이 아닐 수 없어요.

○ 마지막으로 선생님! 앞으로도 계속 무대에 서실 생각이신지요? 또 특

별하게 계획하고 계신 것이 있으시다면 무엇인지요?

　요사이는 공연에서 실수가 잦아요. 이젠 음정이나 곡 등에 한계를 느끼게 돼 앞으로는 아쉽지만 공연을 자제해야 할 것 같아요.
　특별한 계획이랄 것까진 없지만 현재 회고록 발간을 준비하고 있고, 또 건강이 허락하는 한 살아있는 날까지 좋은 자료를 많이 남기고 싶어서 요즘엔 해금악보를 정리 중이예요. 내가 조금 수고해 놓고 가면 후학들이 쉽게 공부할 수 있겠지요.

　ㅇ 바쁘신 중에 시간 할애해 주시고 장시간 동안 소상하게 답해 주신 점 진심으로 감사드립니다. 올해에도 변함없이 건강하시고 계획하신 모든 일들이 순조롭게 진행하시길 바랍니다.

『무용한국』 '스페셜 인터뷰', 1993년 봄

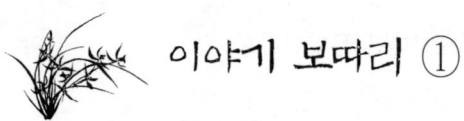
이야기 보따리 ①

나는 1909년 2월 9일 아버지 김재희 씨와 어머니 정성녀 씨의 셋째 아들로 태어났다. 태어난 곳은 이묵골이라고 지금은 서울역 건너 양동이라는 곳이었고 얼마 후에 우리 식구는 만리동(일제시대 때는 봉래정)으로 이사를 갔다.

그리고 그 해에 3·1운동을 직접 지켜보았다. 사람들이 만세 부르며 뛰어다니면 일본 군인들은 말을 타고 그 사람들을 잡으러 다니곤 했다. 내 나이 10살 때 일로, 자고 일어나 보면 동네 산꼭대기와 전봇대에 태극기가 걸렸던 일도 생생하게 기억이 난다. 그렇게 3·1운동을 지내고 만리동에 있는 균명서당이라는 곳에서 한문공부를 했고, 밤에는 그 동네 젊은 청년에게 야학을 배웠다. 이 마을에는 김영순 목사라는 분이 교회를 하고 계셨는데 균명서당을 만든 분은 윤씨였으나 그 균명서당이 나중에는 균명 중·고등학교로 연결이 되면서 김영순 목사님이 교장직에 취임하였다.

1922년 내 나이 14살 때 이왕직아악부에서 학생을 뽑았다. 아악수장으로 계시는 아버님 친구분의 권유로 1922년 3월에는 형님이 들어가고, 그 해 가을에 내가 들어갔다. 아악부에서 처음으로 학생을 모집한 것은 1919년경으로 제1기 아악생을 9명 뽑았고, 그 다음으로 형님과 내가 2기생으로 들어가게 된 것이다. 중간에 공백이 있는 것은 한일합방 때문이다. 조선왕조 시대에는 아악부가 아니고 장악원이라 했는데 합방이 되면서 그 규모와 기능이 축소되었다. 그러나 그 후에 일본의 유명한 음악박사인 다나베라는 사람이 동양을 모두 둘러보니 동양음악은 한국이 가장 우수하고 잘 보존되어 있는 곳이라고 해서 한국의 음악을 보존시켜야 한다는 필요성을 설명했다는 얘기를 들은 적이 있다. 그래서 2기 아악생을 뽑았던 것 같다.

아악부에 들어간 학생은 국비 장학생으로 대우해 주었다. 한 달 수당이 15원이었는데 그때 쌀 한 가마니가 7원 50전 할 때였고, 한 달 땔 나무를 3원 50전·4원에 살 때니까 제법 많은 돈을 받고 다닌 셈이었다.

아악부에 들어가서 알게 된 사실이지만 그곳에서 배우는 대부분의 학생들은 대대로 그 문중 출신이라는 것이었다. 제1기 아악생을 뽑기 전까지는 모두가 예전부터 해 오던 문중에서 계속 이어갔다는 것이다. 내가 들어가던 해에도 몇몇이 있었던 것을 보면 궁중음악을 하던 궁중악사도 대대로 그 맥을 이어가고 있었음을 알 수 있었다.

이왕직아악부에 들어가면 처음에는 문묘악을 배운다. 지금 성균관대학교에서 제사지내는 것이 바로 그것이다. 입으로 부는 훈, 지, 적과 같은 악기 5~6가지, 치는 악기 편종, 편경같은 악기 등 모두 해서 전체 20여 가지를 다 배웠고, 15궁이라는 궁을 배워 나갔다. 처음에는 구음으로 노래를 하면서 악기를 치고, 부는 악기는 그 음에 해당되는 구멍과 짚는 법까지를 자세하게 배워나갔다. 그렇게 문묘악을 다 배우면 종묘제례악을 배웠다. 종묘제례악에서 쓰는 음악 종류는 전부 합치면 20가지가 넘는데 이것도 앞에서 얘기한 것처럼 배워 나갔다.

2년 동안 이것을 다 배우고 나면 그 동안 각 학생들의 자질을 자세히 살펴본 후에 전공악기를 선생님들이 지정해 주셨는데 나는 해금을 하게 되었다. 그리고 그 전공악기로 졸업할 때까지 궁중계통의 음악을 전부 배웠다. 문묘악, 종묘제례악 전체를 하려면 약 30가지가 되는데 20시간 가까이 걸린다.

우리나라의 궁중음악은 길고 재미도 없다고들 말하지만 이런 속사정을 아는 사람은 별로 없다. 이 지구상 어느 곳에서도 이런 음악은 흔치 않다는 사실을 알고는 있는지….

아악부를 졸업한 사람들은 모두 20시간 가까이를 연주했고 20가지가 넘는 곡들을 모두 알았고, 전부를 외워서 연주했다. 그리고 우리가 연주한 곡들은 오래 전부터 이미 문서화되어 있었다. 이것만으로도 우리나라의 정악은 그 가치가 있지 않을까.

『국악신문』 제29호, 1995년 10월 30일

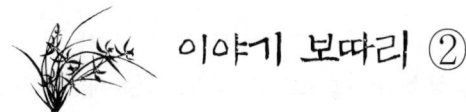

이야기 보따리 ②

　전차에 대한 기억도 난다. 그때만 해도 길이 나기 전이었기 때문에 처음 전차가 들어와서는 남대문 안으로 다녀야 했다.
　또 한가지 기억나는 것은 남산에 관한 것이다. 정확한 연대는 모르겠지만 1920년대 전후였던 것 같다. 당시 일본사람들이 남산성에 대포를 설치해 놓고 서울 사람들에게 시간을 알려준다고 정오 12시가 되면 그것을 쐈다. 일명 오정포라고 했는데 말을 탄 군인들이 남산에서 한강 쪽으로 쏘는 것을 동네아이들과 몰려가서 구경을 하기도 했다. 그러다가 남산 밑에 경성신사·조선신궁을 지으면서 신사 옆에서는 대포를 쏠 수 없다고 하여 지금의 효창공원으로 옮겨가게 되었고 나중에 전쟁을 겪으면서 사이렌으로 바뀌게 되었다.
　그런 시절을 살면서도 동네마다 청년회가 있었는데 그들이 목표로 하는 것은 신학문과 문화운동이었다. 그 결과 우리는 밤에 야학을 다니며 공부를 했고, 그곳에서 처음으로 축구도 배웠다. 공이 귀하던 시절이라 우리는 늘 실과 송곳을 가지고 다니면서 공이 터질 때마다 꿰매야 했다.
　아악부에 들어가서도 축구는 계속하게 되었는데 실력이 꽤 괜찮았던지 전조선체육대회가 있었는데 대표로 뽑혀서 유년부터 시작해서 소년, 장년 축구대회까지 출전했었다.

  1922년에 들어간 아악부는 봉상소(봉상사라고도 했다)라고 지금 세종문화회관 뒤에 자리하고 있었다. 봉상소는 나라의 제사음식, 잔치음식을 도맡아 하는 곳으로 모든 제사를 관할하는 기구였다. 역사적으로도 의미 있는 곳이지만 지금은 그 자취를 찾아볼 수 없다는 것이 안타깝다.

  1926년도 아악부는 비월 옆 건물로 다시 한번 이사를 가게 된다. 이 건물은 금위영(궁성을 지키는 군대가 있던 자리)이 쓰던 것이었는데 우리가 옮겨 가면서 부분적으로 손을 보고 고쳐서 사용했는데 이것도 지금은 사라져 버렸다.

  아악부 생활 중에서 가장 기억에 남았던 일은 순종 임금 50회 탄신을 축하하는 공연이었다. 들어간지 얼마 지나지 않아 아악부 선생님께서 14세에서 16세 또래 아이들을 10명 정도 뽑았는데 그들 중에 나도 끼게 되었다. 그때부터 우리들은 낮에는 다른 학생들과 같이 아악부 수업을 받았고, 저녁에는 따로 모여 춤을 배우기 시작했다. 〈춘앵전〉을 비롯한 7~8가지 춤을 교실에 있는 책상을 모두 치워놓고, 희미한 전등불 밑에서 거의 석 달 동안 배워 나갔다. 먼저 발 딛는 법을 배웠고, 다음으로는 팔 움직이는 법을 배웠고, 맨 나중에 전체 춤을 배웠다.

  실실 웃다가 꾸지람도 듣고 종아리도 맞아가며 연습을 했는데 나중에야 우리가 하는 것이 순종황제 탄생 50년 축하공연 때문인 것을 알게 되었다. 1923년 2월 봄 비원 인정전에서 연회가 열렸다. 아마도 한일합방이 된 이후로 나라에서 그렇게 커다란 잔치를 벌인 적은 처음이었을 것이다.

  그 어린 나이에 춤이 뭔지도 모르고 선생님들이 시키는 대로만 했는데, 실제로 임금님 앞에서 춤을 춘다고 생각하니 다리가 후들후들 떨리고 정신이 없었다. 궁중나인들이 의상을 만들어 주었는데 춤을 다 추고 보니 온몸이 땀으로 젖어 있는 것을 알게 되었다. 그만큼 긴장하고 있었나 보다.

  춤이 다 끝나고(인정전을 중심으로 양쪽으로 동행각과 서행각이 있는데) 임금님이 서행각에 잔치상을 내려주셨다. 그것을 우리는 사찬賜饌이라고 했는데 그때 처음으로 궁중음식을 먹어보았다. 내게는 잊혀지지 않는 추억이라고 할 수 있다.

우리가 배운 궁중무는 아악부에 들어오는 그 다음 학생들에게 계속 전수되었고, 지금 궁중무가 살아있는 것도 그렇게 맥이 이어져 내려왔기 때문이다. 그 이후로도 계속 궁중무를 하게 되었고, 당시 내가 배우지는 않았지만 문헌상에 기록되어 있는 무용도 꾸준히 재연작업을 해 왔다. 80년대 이후로 그렇게 재연한 것이 50여 가지가 된다.

아직까지도 6가지 정도는 문헌에 이름은 나와 있지만 구체적인 기록이 없어 작업을 못 한 것이 있는데 자료를 구하는 대로 연구할 생각이다.

『국악신문』 제30호, 1995년 11월 14일

※ 편집자 주 : '이야기 보따리'는 제3편부터 '듣고싶었던 얘기'로 제명을 바꾸어 연재되었다.

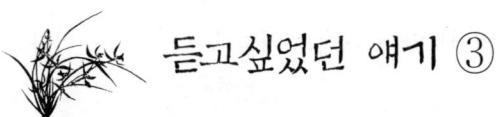
듣고싶었던 얘기 ③

1926년도가 되던 해에는 제3기생을 뽑았다. 그리고 그 해에 아악부 선생님들이 학생들에게 정가를 가르치시려고 했다. 학생들 수업시간에 정가 배우는 시간을 만들었는데 하규일 씨를 모셔다가 3기생부터 가르치게 하셨다. 하규일 씨는 정가를 대대로 하던 음악집안 출신이었다. 그리고 졸업한 1·2기생들도 따로 모아 가르쳐 주셨다.

1940년대쯤 그분이 돌아가셨는데 그 전까지 계속해서 그분에게 정가를 배웠다. 원래 가사는 12종류가 있는데 그분께는 7가사를 배웠다. 그분이 돌아가시고 나서 나머지 5종류의 가사를 배우기 위해 아악부 선생님들이 그것을 가르칠 수 있는 선생님을 수소문하며 찾아 다니셨다. 나중에는 임기준이라는 선생님을 모셔다가 나머지 5종류의 가사를 모두 배우게 되었다.

시조는 정가에서 하는 스타일이 있고, 잡가하는 사람들의 스타일이 있는데 가사를 다 배우고 나서는 12잡가까지도 배웠다.

내가 부전공으로 양금을 배울 때는 낮이 아닌 밤에 공부를 했다. 그만큼 많은 시간을 배우는데 투자해야 했다. 선생님들이 직접 구음을 하시며 가르쳐 주셔서 정악 양금까지도 배울 수 있었다. 이렇듯 두루두루 여러가지를 배웠고 많은 것을 익혔고, 그때 그렇게 배운 것이 내가 이 길을 가면서 실로 많은 도움이 되어 주었다.

  요즘 악기를 연주하는 사람들을 보면 양금은 대충 배워 연주한다. 하지만 양금도 하나의 악기이고 대충 배워서 연주할 수 있는 것이 아니다. 물론 때리면 소리야 나지만 강·약의 크기에 따라 다양하고도 깊은 소리가 나는 것을 잘 모른다. 양금을 전공으로 배우는 사람이 거의 없어서 더 그런 것 같다. 그러니 그 당시 우리를 가르치셨던 선생님들의 예술에 대한 열정이야말로 지금의 우리가 꼭 배워야 하는 자세라고 할 수 있다.

  지금도 일제시대 그 어려운 상황 속에서 우리가 좀더 많은 것을 배울 수 있도록 세심한 배려를 아끼지 않으셨던 선생님들의 그 열정적인 가르침을 생각하면 말 할 수 없는 감동을 느끼게 된다. 선생님들의 그 같은 노력과 열정이 없었다면 지금의 남·여창 가곡, 가사는 그 맥을 이을 수 없었을 것이다.

  1930년대쯤에는 우리가 그때까지 공부하던 건물이 너무 낡아서 이왕직 당국에 얘기를 했다. 그래서 건물을 다시 지었는데 그 이름이 '일소당佾韶堂'이었다(춤과 음악 등의 풍류를 하는 곳이라는 뜻). 지금처럼 조명 같은 것은 없었어도 소강당으로는 꽤 쓸만했다. 그 옆에는 연구실과 악기 진열실을 지었다.

  1932년도에는 선생님들이 우리의 재질을 높이기 위해서 공연을 시작했는데 일명 '이습회肄習會'라고 해서 다달이 아악부 직원들이 독주회를 열었다. 그러면 악수장급 사범급들이 연주회를 보고 평가를 한다. 1년 12달 연주회를 보고 평가를 해서 잘한 사람은 탁상시계를 상으로 줬는데 한 7~8년 계속해서 받기도 했다. 내가 뛰어난 실력을 지니고 있어서가 아니라 그만큼 끊임없이 많은 노력을 했기 때문이었다고 생각한다.

  일제시대에는 창경원은 일반에게 공개를 했지만 비원 쪽은 궁궐이라 공개를 하지 않았다. 그런데 하도 사람들이 보고 싶어 하니까 일주일에 몇 번 날짜를 정해 그 날만 비원을 보여줬다. 그 날이 되면 일본에서도 비원을 보려고 사람들이 단체로 오기도 했는데, 비원이 공개되는 날에는 아악부 일소당에서 연주를 해줬다.

일본에서 학생들이 많이 왔는데 그들이 오면 우리 악기도 보고, 연주하는 것도 들었다. 그때 김계선 씨라는 분이 대금독주를 하는데 그 소리를 듣던 일본 학생들이 눈물을 뚝뚝 흘리는 모습을 목격하게 되었다. 그 학생들이 우리 음악에 대해서는 아무것도 모를텐데도 불구하고 감동의 눈물을 흘리는 것을 보고 우리 음악의 깊이와 그 예술성의 위대함을 다시금 확인할 수 있었다.

그렇게 1940년대까지 아악부에 몸을 담고 활동을 하다가 그만두고, 가곡을 가르치시던 하규일 선생의 권유로 예기 양성소에서 사무를 보았다. 하지만 한참 전쟁이 심해지자 문을 닫게 되고 총독부에서 강제로 예술단을 모아 전쟁터로 위문을 다니기 시작했다.

『국악신문』 제31호, 1995년 11월 28일

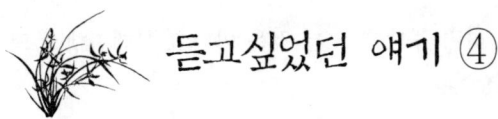# 듣고싶었던 얘기 ④

 1940년대 초에 총독부에서 강제로 예술단을 모두 모았는데 그때 창극을 하던 사람들, 성악연구회, 조선창극단 등의 민간단체도 '조선음악협회'로 조직되었다. 다른 단체는 경무국(경찰국) 소속이었고, 조선음악협회는 학무과(문교부) 직속이었다.
 조선음악협회 안에는 조선악부가 있었고 그 악부도 크게 가무단과 음악단으로 나뉘어져 있었다. 가무단에서는 경서도 민요, 만담, 춤 등을 했고, 음악단에서는 정악이나 판소리 등이 중심이었다.
 이 당시에 특이할 만한 일은 내무부법령에 명시된 일명 '기예증'이 있는 사람만이 무대에 오를 수 있었다는 것이다. 지금으로 따지자면 자격증이라고 할 수 있을 것이다. 이 기예증을 받으려면 일종의 시험을 거쳐 통과해야만 했다. 그러나 시험이 모두 일문日文으로 되어 있기 때문에 일문을 모르는 대부분의 사람들이 어려움을 겪었다. 그래서 일문을 아는 우리 몇몇 사람들이 시험답안을 국문國文으로 번역을 해 주었다.
 이렇게 모인 단체들은 흥행을 위주로 한 공연을 한 것이 아니고 산업전사 위문이라고 해서 광산, 군수공장 등 전쟁에 필요한 물자를 제공해 주는 곳을 찾아다니며 공연을 했다. 이렇게 공연을 하면서 남북한 모두 안 다닌

곳이 없었는데 나는 공연을 하며 무대에 오른 것은 아니고 무대진행 등의 사무적인 일을 담당하고 있었다.

춤은 문제가 없었지만 노래 같은 경우는 모두 일본말로 번역을 해서 경무국 허가청에서 도장을 찍어 승인한 것만 가지고 다니면서 공연을 해야 했다. 지방에 가면 우선 그 지방 경찰서를 찾아가야 했다. 그리고 극장에는 경관석이 따로 지정되어 있었는데 대본대로 하지 않고 조금만 틀리거나 빼먹어도 막을 내리라고 난리였고 우리는 한번만 봐 달라고 사정하기 일쑤였다.

그러다가 광복을 맞이했다. 여러 혼란을 거듭하다가 광복 전 활동하던 조선악부는 1945년 말쯤에 국악원으로 바뀌었다. 이 단체가 나중에는 대한국악원으로 명칭이 바뀌고 이것이 지금의 국악협회가 된 것이다. 대한국악원 당시에는 이사, 고문, 무용부장으로 강습을 하면서 활동을 했고, 후에 이주환 씨의 권유로 구황궁아악부에서도 활동을 하게 되었다. 구황궁아악부는 이전의 이왕직아악부의 명칭이 바뀐 것이다.

6·25가 나기 전까지 대한국악원에서 '학생국악동호회'라는 단체가 조직되었다. 이 단체는 아마도 우리나라에서 처음으로 조직된 학생 국악단체였을 것이다. 나는 그 단체에도 강습을 나가서 무용을 가르쳤다. 고등학생은 물론 대학생까지 모여 6·25가 나기 전까지 국도극장에 예약까지 해놓고 창립기념 행사준비를 하고 있었다. 하지만 6·25전쟁이 터져서 창립공연을 하지 못했고 피난도 가지 못했다.

후에 서울이 수복되고 나서는 군예대가 조직되어 그곳에 들어갔다. 그리고 이 군예대가 평양까지 위문공연을 갔다. 하지만 공연을 하지 못하고 차일피일 미뤄지게 되었다.

그러던 어느 날 중공군이 다리를 끊었다는 소문이 들리기 시작했다.

『국악신문』 제32호, 1995년 12월 12일

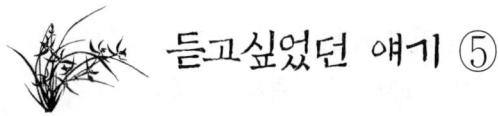

듣고싶었던 얘기 ⑤

 다리가 끊어지자 그곳에 있던 우리 군예대는 배를 타고 강을 건너야 했다. 오는 도중에는 기차 화물칸에 타기도 하면서 우여곡절 끝에 서울에 겨우 도착하게 되었다. 그렇게 온지 얼마 되지 않아서 우리는 다시 1·4후퇴를 맞게 되었고 국악원도 그 영향을 받아 소란스러운 분위기에서 악기를 챙겨 부산으로 피난을 가게 된다.
 부산으로 내려간 국악원은 1951년에 국립국악원이 되었다. 그리고 국악협회는 그 속에서 민속예술원이 갈려 나오게 되었고 잠시 동안 그 단체에서도 활동하게 되었다. 국악원이 부산으로 피난을 가 있을 때 그 지역 국악 하는 이들과 함께 활동을 했다.
 그곳에는 김동민 씨라는 사람이 무용연구소를 하고 있었는데, 그 사람 집에서 가야금 잘 하는 강태홍 씨라든지 하는 사람들이 숙식을 하면서 무용을 하고 가르치기도 했다. 그때 정종술이라는 아이에게 무용을 가르쳐서 1952년에 정종술이라는 이름을 걸고 공연도 했다. 공연무대는 공회당 비슷한 건물이었는데, 그 당시에는 미군이 그곳을 쓰고 있었다. 때문에 미군위문공연이라는 명목으로 발표회를 갖게 되었는데 참 재주가 많은 아이였던 것으로 기억난다. 그리고 1953년 서울로 올라오기 전에 부산대학 강당에서 그 아이의 제2회 공연을 갖게 되었다.

지금 더듬어보면 아마 그때부터가 내가 본격적으로 무용을 가르치기 시작한 시기였던 것 같다. 부산에 내려가 그렇게 무용을 가르치면서 느낀 것이 있다. 그것은 춤을 배울 수 있는 기초적인 움직임을 만들어야겠다는 생각이다. 그래서 내 나름대로 걸음걸이, 팔동작 등 춤을 배울 수 있는 기본적인 동작을 만들었다.

춤을 배울 수 있는 교재를 만들어 일반 학교에서 많은 학생들에게 가르치고 싶은 욕심이 들었다. 부산에 검인정 교과서에 그림 그리는 사람이 내려와 있었다. 그래서 그 사람의 도움을 받아 내가 내용을 써서 무용을 배울 수 있는 교재를 만들어 문교부에 제출해서 검인정 교과서로 만들려고 했다.

그래서 춤을 가르칠 때 반드시 그 교재를 중심으로 기본동작부터 가르쳤다. 기본동작만 잘 배우면 어떤 춤도 무난히 익힐 수 있기 때문이다.

1953년도에 서울로 올라와 다시 국립국악원에 다니면서 활동을 하던 중 1955년이 되던 해에 낙원동 파고다 공원 부근에 무용연구소를 설립해서 본격적으로 활동을 하게 된다. 그렇게 활동을 시작하면서 해마다 문하생 발표, 내 자신의 발표회를 꾸준히 해 나갔다.

1956년에 제1회 무용발표회를 갖게 되었고, 1959년도에는 무용극 〈처용랑〉으로 서울시 문화상을 받게 되었다. 그러나 그 당시에는 서울시 문화상에 무용상이 없어서 (무용상은 그 다음해에 신설되었다.) 나는 연극상으로 수상을 하게 되었다. 그리고 상을 받은 작품을 가지고 문하생 발표회를 하면 제자들이 더 기뻐했다.

그 후 1969년에는 무용극 〈만파식적〉으로 예술원상을 수상하게 되었다. 그 외에도 봉산탈춤, 〈흥부놀부전〉, 어린 학생들에게도 꼭두각시 등을 쉬지 않고 가르치면서 1970년대까지 활동했다.

『국악신문』 제33호, 1996년 1월 23일

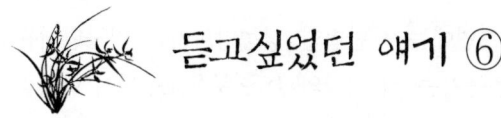

듣고 싶었던 얘기 ⑥

나는 1971년에 중요무형문화재 제39호〈처용무〉예능보유자가 됐다.〈처용무〉는 신라시대에 근원을 두고 그 후 조선조까지 내려와 오방처용무로 발전해 왔는데 지금의 재현은 1920년대 말 선생님들이〈처용무〉에 대한 기록을 보고 가르쳐주신 것이다. 그때 우리가〈처용무〉를 배웠고 그 후 우리 아악부에서 쭉 계승시켰다. 광복 전까지 아악부 직원들이 계승하여 이어왔고, 구황궁아악부가 국립국악원이 되면서 그대로 전해졌다. 그러니까 우리 선생님들 그 자체가 대대로 궁중음악 집안이고 그렇게 역사적으로 분명했기 때문에〈처용무〉가 1971년에 중요무형문화재 제39호로 지정되었다. 그래서 그때〈처용무〉를 배운 내가 보유자가 되었고 지정된 후 법에 의해서 전수장학생을 길러 지금까지 가르치고 있다. 그 동안에 쭉 계속해서 한 5년 가르치고 졸업·이수시키고 또 가르치고, 그 외에 무용가·교수들이 자기 예술세계를 위해 알아야 하고 전통적·역사적으로 가치가 있는 춤, 그것대로의 특징이 있기 때문에 많이 배워서 학교에서 가르치고 있다. 또 무용단체에서 국립국악원 무용단 등이 필요한 때에 가르쳐서 하기 때문에〈처용무〉가 완전히 전해질 수 있었고 나는〈처용무〉예능보유자로 후학을 가르치기에 전념했다.

국악원에 근무하면서 1973년에는 사단법인 정농악회라는 연구단체를 조직했다. 이 단체를 조직한 동기는, 각 대학의 젊은 무용교수들이 학생들을 지도하면서 옛날 아악부 출신 국악원 중심의 전문 노인네들에게 아무래도 예전 그 모습 그것을 우리가 한번 더 알고 넘어가야 하지 않겠느냐 하고 또 여러 대학교수들이 "우리와 같이 좀 해주세요" 해서 사단법인 정농악회라는 것을 조직하여 그들을 위해, 그들이 한 달에 몇 번 한데 모여서 반드시 연습을 하고 우리 예전 음악의 형식 예술성을 다시 한번 배우면서 그대로 가르치게 되었다. 그것이 중심이 되어 열심히 하고 발표도 1년에 한 번씩 하고 있다. 발표회 음반은 신나라레코드사에서 나오고 있다. 그렇게 해서 사단법인체로 음악연구단체가 하나 생겼는데, 처음부터 지금까지 내가 회장으로 역임하고 있다. 지금도 일년에 한 번씩은 공연하고 작년에는 중국·구라파 등 외국공연도 하는 등 활발한 활동을 하고 있다.

1978년에는 대한민국 예술원 회원이 되었다. 예술원 회원의 자격은 3~4년으로 그 후에는 자격이 무효가 되어서 법이 정한대로 다시 예술원 회원이나 예술단체의 추천을 받는다. 추천이 되면 각 분과 심사위원의 심의를 받아 총회에서 인준이 된다. 총회인준이 안되면 안된다. 나같이 나이가 많은 사람은 원로 회원으로 종신회원이 되며, 예술원 회원이 된 것을 나는 매우 영광이라고 생각한다.

1983년에는 무형문화재 예술단을 조직했다. 예술단을 조직하게 된 계기는 무형문화재가 되면 문화재 관리국에서 종목별로 일년에 한 번씩 발표를 하게 해 주는데 우리가 무형문화재를 계승 발전·전수시키기 위해서는 일년에 한 번 발표회로는 부족하고 공연을 하는 사람의 보람도 없다. 그래서 무형문화재의 활발한 활동을 통하여 대중과 가까워지기 위해서 조직을 했다.

무형문화재 전 종목 전체가 모여 예술단을 조직하였다. 대악회는 무대 종목만으로 조직되었지만 무형문화재 예술단은 전체가 모여 조직하였다. 각 지방에는 무형문화재 전수회관이라는 건물이 있었다. 문화재 지정을 하면 가르치고 배울 수 있게 하여 그것을 저변확대 시키고 그 지역에 뿌리를 내려야 하기 때문에 시·도에서 협력을 하여 건물이 있으나 서울에는 없었는데 그즈음 문화재 관리국에서 삼성동에 건물을 지어주었다. 연구실·연습실·조그만 강당이 있었다. 건물이 생겨 무형문화재들이 이제는 안심하고 제대로 활동을 할 수 있게 되었다. 극장을 빌릴 돈도 없고 극장이 나지도 않던 어려운 시기에 이곳을 우리의 전당으로 삼아 사기를 돋구어 주어야겠다고 생각했다. 그 후 한 달에 한 번씩 전 종목을 돌아가며 3, 4년 정도 공연하다가 하도 힘이 들고 여건도 어려워지자 공연은 그만두게 되었다.

『국악신문』 제34호, 1996년 2월 6일

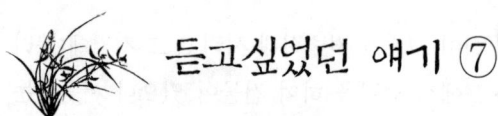

듣고싶었던 얘기 ⑦

지금은 그 삼성동의 건물을 헐고 새로 짓고 있다. 새 건물에는 무형문화재 활동을 할 수 있는 곳 뿐만 아니라 한편에는 공예, 나전칠기 등 모두가 있을 수 있는 공간이 마련되어야 한다. 그런데 원래의 공사 계획에는 나전칠기 시현 현장, 전시장 등과 예술단 공연장을 만들기로 하고 13층 건물로 짓는다는 것을 국가의 예산문제로 인하여 5층으로 줄인다고 보도된 것을 보고 안타까웠다. 우리 민족이 이 땅에서 사라질 때까지 무형문화재로 지정된 종목은 전해져야 하고 그것에 관해서 국가가 많은 관심을 써주어야 하는데 건물 13층을 짓는데 돈이 얼마 드는지는 모르겠으나 정부는 그렇게 인색하지 말아야 한다. 그것은 우리 민족과 함께 있을 것이므로 국가가 보호해야 하고 국가가 지정해야 하는 과업인데 5층 건물로는 충분한 제구실을 못하게 된다. 무형문화재 공연장, 공예전시장 등을 제대로 만들어 놓으면 우리 민족의 훌륭한 일이므로 다른데 덜 쓰고 제대로 된 건물을 지어 세계적인 전시장, 공연장으로 만들어야 한다.

세계 어디에서도 볼 수 없는 예술, 우리나라에서만 볼 수 있는 예술을 국가가 육성하고 발전시키고 공예·공연예술이 아주 안심하고, 오히려 보다 더 훈훈한 제도를 잘 만들어야 하지 않나 생각한다.

내가 이것을 했다고 해서 얘기를 하는 것이 아니라, 그건 민족적인 모든 뜻에서 남아져야 하고 그렇게 되기를 바라고 있다.

그 동안 나름대로 대악회, 정농악회, 무형문화재 예술단 등의 활동으로 무형문화재 분야와 정농악회의 젊은 교수들이 공부하는데 조력을 했고, 또 예술단은 예술단대로, 대악회는 대악회대로 우리 민족이 전해져야 할 무형문화재 무대 종목을 보다 더 잘 하려고 노력했다. 그리고 국립국악원에서 후배를 지도하며 〈처용무〉를 전수시키고 종묘제례악을 전수시키면서 50주년, 60주년 기념공연을 해 왔다.

1992년 70주년 기념공연을 국립극장 소극장에서 공연하였는데 무용·음악 각 하루씩 이틀 공연하였다. 무용·음악하는 제자들, 정농악회와 해금연주회 제자들이 나서서 참 좋은 분위기에서 공연해서 매우 흐뭇했고 공연에 대한 여한이 이젠 없다.

1990년에는 지난 얘기를 하면 그때 상황을 아는 이는 좋아하나 젊은 이들은 알지 못한다고 그 동안의 이야기들을 써 회고록을 내보라는 권유가 있어서 1990년부터 책을 출간하기 위한 준비를 하게 되었다. 초고작업은 여지껏 특별히 그 동안의 일들을 메모한 것도 없는 채 생각나는 대로 초고를 잡았고 문일지 씨가 책임을 지고 『춤』지의 조동화 씨와 얘기가 되어 3년 동안 원고를 썼다. 그래서 1992년 70주년 공연과 함께 회고록을 내려했으나 출판이 미루어져 작년 1월 14일에 출판기념회를 가지게 되었다. 그렇게 해서 원고작업이 시작됐고 젊은이들이 애를 써서 책 하나가 남은 것이다.

1992년에 그걸로 끝을 내고 지금 국악원에 다니면서 지도하고 감독하고 그렇게 지내고 있다.

금년에 내 나이가 여든여덟으로 중국에서는 여든여덟살을 '미수'라고 해서 아주 대단히 생각하고 우리나라도 그렇게 생각하는데 제자들이 좋은 뜻에서 내게 미수공연을 하라고 권유해 금년에는 미수공연을 준비하고 있다. 그렇게 되면 내 공연은 이번 미수공연으로 끝날 것이다.

기억에 남는 제자들은 특별히 말할 수는 없다. 유난히 표시해서 누구가 어떻다할 그럴만한 사람이 없는 게 아니라 굳이 그럴 필요가 없다고 생각한다. 모두들 각 대학에 나가고 무용대회에 나오니까 그 사람들이 지금 성장해서 무용교수가 되어 있으면 대견스럽지 그렇다고 내가 그의 전체 예술세계를 가르친 것은 아니고 나는 그저 궁중무 등 우리춤만 가르쳤을 뿐이다. 무용세계가 그것 하나뿐이 아니고 나는 무용 예술인이 되었지만 절뚝발이다. 무용세계가 한국무용에 국한되지 않았고 더군다나 전통무용은, 민속무용이든 궁중무용이든 하나가 아니다. 예술세계라는 게 현대무용도 알아야 하고 그렇게 더 나가야 예술세계가 넓어지지 궁중무용만 알아서는 예술가는 될 수 있으나 무용이라든지 학문이라든지 예술세계가 그렇지 않다.

그래서 난 절뚝발이 무용가다 하는 식으로 강의를 하고 제자들을 길렀는데 지금 홍정희, 김매자 등 모두 다 이화여대 대학원 처음 졸업시킬 때 내가 그때 나갔고 졸업시켰다. 출강은 이화여대에 1954년부터 강사로 나갔고 40년대에는 이화전문에 음악 강사로 갔었다. 그때 김자경 씨가 3·4학년인가 졸업반이었다. 이화전문에 나가게 된 것은 예전에 아악부 선생님이 다니시다가 그만 두시면서 나를 추천해 주셔서 강사로 나가게 되었다. 거기서 거문고, 가야금, 양금, 단소를 학과로 해서 시험을 치르고 선발해서 지금 시민회관 별관(당시 부민관)에서 관현악 발표회를 가졌다. 그리고 나서 이화여대, 한양대, 숙대, 경희대 등 거의 모든 대학의 강사로 초빙받아 강의를 했었다.

이때까지 내가 경험을 통하여 느낀 바가 있다면, 예를 들어 무용이라면 우리나라의 무용에는 여러가지가 있다. 탈춤과 굿 등 모든 춤이 각 지역적 특징을 가지고 있는데 지역적인 춤이 그 특징이 같은 것도 있으나 다 다르다.

그러므로 앞으로 무용을 하는 사람은 될 수 있는 대로 외국의 무용도 중요하지만 우선 우리의 것을 배워야 하지 않나 생각된다. 무용은 시야가 좁으면 안 된다. 예전에는 '~류'에 귀속되어 자기 류에만 만족하여 예술의 세계가 좁아졌었는데, 그래서는 안 된다. 될 수 있으면 모든 무용을 알아 그 토대 위에 새로운 창조가 있어야겠고, 그 위에 외국의 것을 가져오면 더욱 좋다. 음악도 마찬가지로 흉내 내는 것이 아니라 가령 우리나라 음악 하면 그 소리 하나 속에 무언가 있다. 서양 음악처럼 오선에 복잡하게 오르내렸다 만이 아니라 그 속에 뭔가 들어있어 듣는 사람의 가슴속에 뭔가 뭉클하게 나올 수 있는 것은 한 소리에 그 흐르고, 내리고, 주무르고, 떨고 이런 것들이 다른 감동을 준다. 그와 마찬가지로 무용도 우선 우리나라 것에 기초를 둔 새로운 작품이 많이 나와야 한다.

또 한가지는 외국사람은 보지도 못한 춤에 대해 눈이 밝아져 느낌이 달라지고 예술세계가 넓어진다. 한국적인 움직임과 풍기는 거라든지 테크닉이 들어갈 때는 보지 못하던 것을 보게 하는 그런 예술세계로 발전시켜야 한다. 내가 아는 것만이 다 인줄 알고 내가 한 이것만으로 그만이다라고 하는 것은 예술 하는 사람의 한계가 아닌가. 그것을 탈피하여 우리나라 춤에, 음악에 기초를 두고 더 많이 배우고 그것에 기초를 둔 새로운 창조가 나오도록 노력하라고 부탁드리고 싶다.

『국악신문』 제35호, 1996년 2월 27일

# 11월 문화인물 김창하가 남긴 것

- 김영숙·김영희·최해리와의 좌담 -

김창하와 그의 공헌을 부정하는 것은 기록 부재가 낳은 망상

사회(최해리): 얼마 전에 문화관광부가 선정한 '11월 이 달의 문화인물 - 김창하' 행사가 종료되었습니다. 오늘 이 좌담은 관련 행사에 참여하신 분들을 모시고, 행사의 성격과 의미를 들어보는 시간으로 마련하였습니다. 김창하라는 인물이 한국춤사에서 갖는 위상을 다시 한번 되새겨 보는 의미도 중요했지만, 이번 행사를 통해 공연으로서든 학술적 대상으로서든 정재에 대한 관심이 상당히 높아졌다는 이야기를 듣고 있습니다. 김천홍 선생님은 행사와 관련하여 많은 자문을 주셨던 입장에서, 김영숙 선생님은 정재 재현공연을 총감독하셨던 입장에서, 김영희 선생님은 학술회의에 논평자로 참여하셨던 입장에서 이번 행사가 갖는 긍정적 의미와 문제점은 무엇이었는지를 진술하게 들려주셨으면 합니다. 저 또한 행사를 기획했던 입장에서 선생님들이 말씀하시는 중간 중간에 의견을 덧붙여 나가도록 하겠습니다. 먼저 김천홍 선생님으로부터 김창하라는 분이 어떤 인물이었고, 또 우리춤사에서 그분이 갖는 위상은 어떤 것인지를 들어보는 것이 순서일 것 같습니다.

김천흥 : 김창하 선생은 민간과는 상관없는 왕실계통의 음악을 하셨고 춤을 하신 분입니다. 순조 때인 1828년과 1829년에 나라에서 하는 행사, 그러니까 잔치에 참여하신 분이지요. 궁중에서는 그런 잔치를 진연, 진작, 진찬이라고 했는데, 이런 이름 속에서 장소까지 바꾸어가면서 잔치를 했어요. 요새 말로 하면, 잔치와 아울러서 공연을 했었어요. 내가 1923년에 참가해보았기도 했지만, 그런 잔치에서는 춤만 한 것이 아니라, 음악도 곁들여 졌지요. 그런 잔치와 관련하여서는 『진연의궤』, 『진찬의궤』와 같은 책들이 있는데, 이런 것들을 보면 행사를 어떻게 치루었다 라는 전체적인 사실이 기록되어 있습니다. 예를 들면, 음식과 관련해서는 상을 어떻게 차리는가, 하다못해 사과 몇 쪽을 얼마 주고 사들였다는 사실까지도 기록하고 있어요. 또 사과가 몇 접시요, 무슨 종류요, 높이가 얼마요, 이런 것들도 다 기록했어요. 국가 행사여서 그랬는지 모르지만, 지금도 그렇게는 안 해 놓을 겁니다. 요즘 준비위원회라는 것이 있듯이 진연, 진찬 같은 잔치가 벌어지면, 그 전에 반드시 정부에서 '도감'이라는 기구를 조직해요. 관료 대신들과 관계자들로 구성된 조직인데, 그 조직의 누구에게 임명장까지 주고, 또 누가 무엇을 맡아했고 어떤 상벌을 받았다는 것까지도 기록이 되어 있는 것을 보면 참 기가 막히지요. 그래서 나라의 잔치들은 막연히 한 것이 아니고, 정부의 반듯한 조직과 감독 속에서 진행되는 것이었어요.

사회 : 말하자면 김창하 선생님은 그런 잔치의 조직위원회 관계자였겠군요. 선생님께서는 1828년과 1829년의 의궤들을 소장하고 계신데, 기록상에서 그 당시 그 분이 하신 역할이 무엇이었습니까?

김천흥 : 정부의 행사였고, 또 왕 앞에서 하는 것이기 때문에 그 전반에 관해 아는 사람이 필요했겠지요. 김창하는 그 당시의 집박이요, 악사였어요. 집박이라는 것은 공연의 시작에서부터 끝날 때까지, 또 중간에 변하는 부분을 알리는 등 공연 진행의 전체를 감독하는 사람입니다. 더군다나 춤과 음악의 변화는 박에 따라서 변해요. 춤을 시작한다, 노래를 시작한다,

노래가 끝난다, 장단이나 형태가 변한다, 동작이 변하는 것 등을 박으로 쳐서 알려 주게 됩니다. 그래서 춤의 전체를 모르면 집박 악사를 못하는 것이지요. 몇 박에 가서는 무슨 음악을 하면 어떤 동작을 하고, 또 어떤 형태로 변한다 등과 같은 진행을 모르면 안 되지요. 이런 무용진행을 기록해 둔 것이 홀기라는 책입니다. 그래서 집박 악사하면 공연의 총책이라 보면 되지요. 이런 직책은 자기가 하고 싶어서 하는 것이 아니라, 일종의 조직위원회 같은 곳에서 선정하는 것이요. 그때의 국립국악원과 같은 기관으로는 장악원이 있었는데, 그 장악원에서 김창하가 감당할 수 있는 인물이기 때문에 추천을 했던 것이겠죠. 음악과 춤을 몰라 가지고는 집박을 못한다는 얘기지요.

사회 : 그 당시에 집박을 맡았다는 것은 음악과 무용에 능통하신 분이었다는 말씀이지요?

김천흥 : 요즘처럼 사진이나 그림이 있지 않으니까 그분이 무용가가 아니니 뭐니 하면서, 몰랐다는 얘기가 나올 수 있겠지요. 내가 하나 더 증명할 것이 있어요. 1922년에 내가 14살로 들어가서 아악원에서 아악생으로 음악을 배우고 있을 때, 그 가을에 춤을 배우라는 지시가 있었어요. 그래서 겨울 내내 석 달을 춤 배워서 1923년 순종황제 앞에서 춤을 추었어요. 그때 춤을 가르쳐 주신 우리 선생님들, 함화진, 김영제, 이수경 씨와 같은 아악사장, 그러니까 고등 판임관과 같은 관직에 계셨던 분들인데, 그 세 분이 원래 기록에 춤을 추었다는 기록이 없어요. 의궤들은 1902년까지 밖에 없었어요. 그리고 1910년에 나라를 뺏겼으니, 잔치하고 춤을 출 수도 없었지요. 그래서 우리 선생님 세분들에게는 춤을 추고 집박 악사를 할 기회가 없었어요. 그러나 짚고 넘어갈 것은, 그분들은 대대로 악사집안 출신들입니다. 선조, 영조, 정조 때 악사를 하는 등 몇 대가 그러한 계통의 집안이에요. 그런 분들로부터 우리들이 배운 덕택에 궁중무용이 재현도 되고 살아날 수 있게 되었지요.

김영숙 : 선생님의 말씀은 그분들이 정재를 가르쳤다던가 춤을 추었다거

나 하는 기록들은 전하지 않는다. 그렇지만, 그런 기록들이 없다해서 그런 사람들이 안 했었느냐. 그런 의미에서, 김창하도 마찬가지다 라는 말씀이지요.

김천흥: 그건 내가 증명 해. 지금 살아 있는 성경린 선생이라든지, 3기생, 4기생, 5기생 그들이 그분들로부터 춤을 배웠는데, 그러면 그분들이 춤을 지도하고 춤을 췄다는 기록이 있어야 하지 않겠느냐 말이지. 시대적으로 그러지 않아서인지 모르지만, 그런 기록들이 없다는 말이지요. 김창하 선생이 집박 악사로 그 많은 잔치에서 여러가지 춤을 감독하고 지휘했는데, 그가 춤을 추었다는 사실에 대해 사진이 없고 기록이 없다고 해서 왜 말들이 많아야 하는지…. 기록도 전혀 없을 리가 없을 텐데, 안 찾아봐서 그렇지요. 아마 장사훈 박사가 쓴 책에 김창하가 어디서 춤을 가르치고 무엇을 했다는 것을 기록해 둔 것이 있을 겁니다. 그런데, 무엇 때문에 김창하가 '이 달의 문화인물'로 선정되어서는 안 된다는 말이 나올 수 있는지, 그건 망상이예요.

김영숙: 저는 이런 내용을 김천흥 선생님이나 성경린 선생님으로부터 진작에 전해 듣고 있었습니다. 실제로 우리한테 지금 정재를 알려주시는 분은 김천흥 선생님이지 않습니까? 선생님도 원래는 음악을 하셨잖아요. 아악부에 들어가실 때 해금이 전공이었지만, 해금만 하신 것이 아니고 양금도 하셨고, 노래도 하시고 아쟁도 하셨어요. 또 거기서 춤을 배우셨고, 순종황제 앞에서 실제로 당신이 춤을 추셨기에 오늘날까지 우리에게 춤을 가르쳐주실 수 있었던 것입니다. 그건 성경린 선생도 마찬가집니다.

김천흥: 함화진, 김영제 선생이 어디 춤을 추었다는 기록이 없다고 해서 음악가이지 무용가로 할 수 있느냐 그런 문제가 나와서는 안 된다는 얘기지요. 그렇기 때문에 김창하 선생이 그 잔치에서 집박하고 총감독을 했다면 그 분이 다 아는 것이지. 어디 사진을 찍어놓고 <가인전목단>을 가르치는 그림이 있어야지만 그분이 문화인물이 되는 것입니까?

정재 연구와 공연을 한 단계 끌어올린 행사

사회: 김영희 선생님께서는 그동안 정재에 많은 관심을 갖고 연구해 오셨는데, 사정이 여의치 않아 발표자로 못 모신 것이 아쉬웠습니다. 논평자로서 이번 학술회의에 참가하시면서 행사의 장단점을 두루 발견하셨겠지요. 허심탄회하게 말씀해 주십시오.

김영희: 보통 무용학회를 보면 주제가 없이 발표자들이 자신들이 연구한 성과를 보고하는 경우가 대부분이라서 일관성을 찾기 어려운 경우가 많습니다. 이번 세미나는 확실한 주제를 갖고 진행되었던 점이 인상에 남습니다. 그래서인지 정재나 김창하에 대한 연구가 미비한 상태이고 자료가 많지 않음에도 불구하고 큰 성과를 끌어낸 케이스라고 생각합니다. 특히 정재 연구에서 의미가 깊었던 부분은 조선후기 정재의 전반을 다루었다는 점입니다. 그동안의 정재 연구라는 것은 춤 하나하나를 발굴해서 기록하는 정도였습니다. 서서히 각 정재들을 비교 연구하는 논문이 나오고 있는 상황이거든요. 이번 세미나는 조선후기라는 시대배경에 대한 연구와 아울러 그 시대에 김창하가 만든 춤에 대한 연구, 김창하라는 인물 자체에 대한 연구가 함께 발표되어서 조선후기 정재의 현황에 대한 집중적인 연구가 이루어졌다고 생각합니다. 저는 이번 세미나를 통해 정재 연구가 중요하게 한 단계 나아갔다고 평가합니다. 한가지 욕심을 내자면, 정재에 대한 비교연구입니다. 시대적 상황이 많이 달랐던 조선전기와 조선후기의 정재를 비교한 연구들도 포함되었으면 더욱 좋지 않았을까 하는 아쉬움이 남습니다.

사회: '이 달의 문화인물―김창하' 공식 책자를 집필한 성기숙 선생처럼 전통춤을 꾸준히 연구해 온 전문가나 박정혜 선생님처럼 궁중기록화를 연구하시면서 정재에 많은 관심을 가진 미술사학자가 발표자로 참가해주셨기에 학회가 더욱 의미를 발할 수 있었어요. 이번 학술회의를 진행하면서 가장 어려웠던 점은 정재 전문 연구자를 찾아보기 힘들었다는 점입니다.

큰 주제를 못 박아 두고, 또 발표의 소주제까지도 확정한 후에 이에 맞는 전문가 선생님을 모시기가 여간 어려웠던 것이 아닙니다. 정재 연구를 꾸준히 해 오신 분도 드문데다가 젊은 학자들에게 의뢰를 하면 정해주는 주제가 부담스럽다면서 난색을 표하는 거예요. 오히려 근현대춤에 관심을 갖고 있던 저나 유미희 선생이 발표자로 참여한 것도 이런 이유에서입니다. 그럼으로 인해 오히려 새로운 시각에서의 연구가 이루어질 수 있었다는 생각이 들기도 합니다. 이번 연구를 수행하면서 아쉬웠던 것이 음악학 분야에서 활성화된 스터디 모임이었습니다. 음악학 분야에서는 고문헌 강독 모임만도 서너 개가 있어서 궁중음악에 대한 연구 성과가 아주 높습니다. 저희같이 한문을 잘 읽지 못하고 정재 지식이 결핍된 젊은 학자들에게는 그런 고문헌 강독이나 정재연구 모임이 절실하다고 봅니다. 앞으로 정재를 다각적이면서도 심도 있게 연구할 수 있는 스터디 모임이 활성화되었으면 합니다.

김영희: 저는 재야에 묻혀 지내는 사람이라 워낙에 무용 현황을 잘 모릅니다만, 정재연구회가 있다는 사실도 이번 행사를 통해서 알게 되었습니다. 1996년에 결성되었다지요?

사회: 저는 단체명이 연구회로 되어 있어서 정재를 연구하는 스터디 모임인 줄만 알았어요. 이번 행사에서 공연을 주도하셨는데, 이 정재연구회는 어떤 계기로 만들게 되셨습니까?

김영숙: 정재연구회는 이론적인 측면도 포함하지만, 창단 구성원을 보면 단체성격이 잘 드러납니다. 국립국악고등학교 출신으로 국립국악원 무용단원으로 활동했던 분들이 결혼을 하면서 무용단을 그만두고, 개인적으로 계속 활동하기 위해서 모여진 단체였어요. 그래서 그 친구들은 이미 국악에 대한 것도 알고 국악원에서 정재라는 것도 해 본 경험들이 있어서 정재에 대한 어떤 깊이 있는 멋을 알아요.

정재를 하는 곳은 국악원이 유일한데 국악원과 달리 우리가 비중을 두는 것은 춤사위에 대한 것입니다. 예를 들면, 정통성을 갖고 전승되고 있는

〈처용무〉, 〈춘앵전〉, 〈진주검무〉와 같은 춤을 보면 그 춤마다 독특한 사위들이 있습니다. 그러나 대개 무보를 볼 것 같으면 대형중심으로 나와 있지 춤사위에 대한 자세한 설명이 없습니다. 각 춤마다 독특한 춤사위가 있었을 것인데, 현재 국악원에서 이루어지는 것은 대형 중심의 춤을 하고 있어요. 그래서 우리 단체는 창단초기부터 춤사위에 대한 개발을 해 보자는 목적을 가졌습니다. 이론적인 연구가 많이 이루어져야 했었는데, 사실은 춤사위에 대한 공부가 급선무였어요. 공부를 해가면서 우리가 의미를 찾은 것 중의 하나는 〈가인전목단〉 하나를 보더라도 무보에는 '상대무'나 '상배무'라고만 표현되어 있는 것을 김천흥 선생님께서는 〈가인전목단〉에 어우러지는 춤사위를 얹혀서 작품을 만드셨다는 점입니다. 선생님께서는 언제나 남들보다 앞서 가시는 분입니다. 무보에 있는 그대로 재현을 하다보면 한 작품에 소요되는 시간이 너무 깁니다. 그래서 선생님은 시대적 감각에 맞춰서 축약을 하셔서, 그 춤의 '엑기스'만 뽑아내어 보여주고자 하셨어요. 그런데 일부에서는 마치 선생님이 무보를 무시하고 창작하였고, 그것이 잘못된 것처럼 이야기하는 경우가 있습니다. 우리 단체에서는 선생님이 춤의 배경에 어우러지는 춤사위를 만드신 것을 존중하면서 축약의 과정에서 빠진 부분이 있다면 그런 것들을 다음의 공연에서는 어떻게 포함시킬 수 있을 것인가 등을 공부해 나가고 있습니다. 〈춘앵전〉을 예로 든다면, 이 춤을 제대로 추려면 20분 이상이 소요됩니다. 현재는 대개 7분 정도로 축약하여 창사도 빼고 상령산에서 바로 세령산으로 넘어가게 춤을 추고 있습니다. 그러나 늘 그런 식으로 춤을 출 수는 없지요. 해서, 저희 단체에서는 제대로 된 공연을 해 보자는 뜻에서 선생님으로부터 예전에 배운 방식대로 춤을 추기도 하고, 또 문헌을 공부하면서 춤사위와 공연양식을 재구성하기도 합니다. 또 하나 우리가 비중을 두고 있는 것이 종묘 일무입니다. 현재 일무는 행사를 위해서 국립국악고등학교 학생들에 의해 추어지고 있고 행사로 끝날 뿐 깊이 있는 연구가 이루어지지 못하고 있습니다. 그래서 우리 단체에서는 일무의 전장을 연구하고, 또 음악 전체를 이해하면서 동작 전체를 다듬어가고 있습니다.

사회 : 정재에 대해 잘 모르시는 분들이 궁중무용은 옛날 방식 그대로 전수되어야 하고, 옛 기록에 나와 있는 대로 공연해야 한다는 생각을 가집니다. 그렇지만 옛날에는 비디오라는 것도 없었고 무보에도 단지 동작 용어만 나와 있지 거기에 대한 해석이 없지 않습니까? 지금 시대에서 우리가 재현을 한다는 것은 동작용어를 해석하는 것이고 거기에는 개인의 창작이 개입될 수밖에 없다는 생각이 듭니다.

김영희 : 그것의 열쇠가 바로 김천홍 선생님이 공연하셨던 1923년과 1930년대의 공연이겠죠. 그 공연이 없었다면 도저히 암호들을 풀 수가 없었겠지요. 역사 속에서 영영 사라지고 말았을 텐데 그 공연이 있었기 때문에 단어와 간단한 대형만 있다 하더라도 그때에는 그렇게 했으니까 여기서는 이런 대형으로 넘어갈 수 있겠구나 하는 식의 유추가 가능하지요.

김영숙 : 그렇지요. 정재는 대형 중심의 춤입니다. 오히려 저는 이렇게 해석합니다. 그렇게 대형만 기록되어 있고 춤사위 자체에 대한 명확한 기록이 없는 것을 한국화에서의 여백미로 생각하는 것이지요. 일일이 표현되어 있지 않은 부분에 대해서는 그것을 해석을 해서 나름대로 자기의 그림을 그려 넣을 수 있는 하나의 여백의 미로 봅니다. 그림을 보면서 관람객들이 자신들의 심미안으로 해석할 수 있는 것처럼, 대형의 전개과정에 있어서는 해석하는 사람이 그것을 어떻게 그 춤에 가깝게 만들 수 있는가 하는 문제이지요. 해석에 있어서는 춤 안에 담긴 뜻을 표현하는 것이 중요합니다. 지나온 이야기 중에 '효명세자의 예제'라는 것이 있었는데 그러한 예제들은 정재를 만들게 한 대본과 같습니다. 그러한 창사들은 춤을 함축적으로 표현해주고 있습니다. 이와 같은 창사를 통해 춤에 대한 내용을 해석하고 거기에 맞는 대형과 춤사위를 표현합니다. 이 부분에서는 다분히 창작이라고도 할 수 있겠지요. 그렇지만 이러한 재해석되어지는 부분은 꼭 필요하다고 생각합니다.

김천흥 : 내가 우리 선생님들로부터 1930년대까지 13여 종의 정재를 배웠

어요. 우리가 졸업하면 그 다음 학생들이 배우고 해서 해방 전까지 궁중무용이 계속되었지요. 그것은 1980년대 내가 국악원 무용단에 있으면서도 계속 유지되어 왔지요. 그러니 10여 종의 춤은 계속되는데 30여 종의 춤이 남잖아요. 그래서 이것을 기록으로만 그냥 내버려두느니 재현작업을 해야겠다는 생각이 들어 국악원에 건의를 하니 흔쾌히 허락해 주었어요. 의상이니 장치니 하는 것은 국악원이 담당하고, 나는 풀이를 하는 작업을 했어요.

혹자는 그럽니다. 왜 기록대로 추지 않고 변화시키느냐고. 내가 선생님들로부터 배웠던 10여 종의 춤은 몇 동작만 제외하고는 그대로 추었어요. 그런데 기록에는 형태에 대한 이야기만 있고, 팔에 대한 언급이 없었어요. 그러니, 어떻게 해야겠어요? '상대무'니 '상배무'니 해서 서로 만났다는 이야기만 있고 어떻게 만났느냐하는 이야기가 없으니, 내가 팔동작을 넣어야지 어떻게 하겠어요. 그래서 30여 가지를 재현하였고, 〈망선문〉, 〈연화무〉, 〈광수무〉, 〈춘대옥촉〉과 같은 7종의 것은 기록이 없어서 하지 못했는데, 최근에 장서각에서 홀기가 발견되어 재현작업이 있었던 것으로 압니다. 그런 상황이 있었는데 무보대로 하지 않았다고 나무라는 사람이 있다니, 그들이 그렇게 한번 해보라고 하세요. 그렇지 않아도 궁중무가 맛대가리 없게 길기만 한데. 그렇지만 궁중무용은 시작하고 맺고, 좌로 돌고 우로 돌고, 상대하거나 상배하고, 형태구성을 하는 등 춤의 구성이 있어요. 발레와 현대무용만 무용화한다고 아는데, 천만의 말씀이야. 조선시대의 춤이 '구변'이라 해서 형태가 9번이나 변해요. 그러니 요즘 춤의 형태 구성보다 못한 것 어디 있어요?

모두들 발레나 현대무용만 대단하다고 생각하는데, 조선시대에 벌써 왕을 위한, 즉 관객을 의식한 전문가가 무용화하고 춤추는 전문가가 동작을 했다는 말이지요. 그래서 이미 무대화한 춤을 춘 것이라 볼 수 있어요. 9번이나 춤이 변화하는데, 이것보다 많이 변할 수 있겠어요? 음악장단들도 다 변해야 하는데. 모두들 몰라서 그런 것이니, 연구들을 많이 해서 궁중무도 무용예술의 한 분야로써 존재하고 그 나름대로의 특징이 있고 볼 맛이 있다는 것을 밝혀줘야 하겠지요. 만들어 질 때는 무엇이 있었고, 또 악가무의 일체로서 노래까지 곁들여 진다는 것 등 널리 알려져야 하겠지요. 예술 창조라는 것은 가변성이 있어야 발전할 수 있어요. 들여다보지도 않던 홀기들을 들추어보면서, 그대로 해야지 왜 고치는가하며 반박하는 이들이 있다는데, 그것은 좁은 소견이지요.

사회 : 전통춤 연구에서 언제부터인가 사료에 집착하는 경향이 나타나고 있습니다. 그래서 이번 김창하 행사와 관련해서도 역사적인 사료가 없다는 이유로 일가에서는 비판적인 의견들이 제시됐습니다. 김영희 선생님은 이러한 의견들에 대해 어떻게 생각하십니까?

김영희 : 그런데 그분들이 사료 자체들을 다 훑어보았나요? 민속무 보다는 많은 사료가 있지만, 아직도 발굴되지 않은 것도 많아요. 우리가 연구를 안 해서 그렇지. 그런데 연구를 할 때 춤만 붙잡고 늘어지면 악가무 일체인 우리 전통으로 보았을 때 놓치기 쉬운 부분이 많습니다. 무대 전체라든지 그 날의 분위기 등을 함께 보아야지 춤만 붙잡고 보면 오히려 춤이 안 보일 것입니다.

김영숙 : 중요한 말씀인데 춤도 달라지는 이유를 저는 이렇게 봅니다. 예를 들면, 조선시대 초기에는 개국의 정당성과 이성계가 왕이 되어야만 하는 필연성을 인식시켜야하는 내용을 중심으로 했지만 그것이 시간이 지나고 안정이 되어가면서 어떤 예술적인 면으로 승화되어 갔지요. 최해리 선생도 언급했지만 지금 우리가 너무나 빠르고 바쁜 생활을 하다 보니까 이런 느린 것으로부터 자꾸 멀어지고 있다는 말들을 합니다.

제가 마음 아프게 생각하는 부분도 바로 그것입니다. 정작 우리 것이 우리들한테는 등한시되면서 유럽 쪽에 나가면 그 사람들은 우리 것에 대해서 극찬을 한다는 말이죠. 예를 들어서, 종묘 일무에서의 '전폐희문' 같은 것은 굉장히 느리고 부정박형입니다. 그런데 그 사람들한테 가서는 우리가 국내에서 연주하는 것보다 더 느리게 합니다. 그러면 그 사람들은 너무 열광합니다. 우리도 정치적으로든지 경제적으로든지 점차 안정되어 가면 빠른 템포보다는 그런 느리고 깊이 있는 것을 앞으로는 좋아하게 될 것입니다. 한국적이고 세계적인 것을 겨냥한다면 우리 쪽 취향도 바뀌어져야 하고, 또 외국사람들이 어떤 것을 좋아할 것인가를 고려해야지요. 나쁜 예지만, 일본 사람들은 없는 전통도 오랜 전통이 있었던 것처럼 만들어서 해외로 가져가고, 또 그 사람들의 주특기는 정말 작은 것도 포장해서 대단한 것처럼 보여줍니다. 그런데 우리는 있는 것조차도 서로 헐뜯어서 그것을 없는 것처럼 만들려고 합니다. 이제 이런 부분에 대해서는 모두들 자제할 필요가 있는 것 같습니다.

시공간적 연출이 뛰어났던 정재연구회의 재현 공연

사회: 김영숙 선생님과 정재연구회에서는 이번 공연을 준비하면서 무척 어려움이 많으셨겠습니다. 창작공연에도 많은 비용이 들지만 정재를 재현한다는 것이 보통 쉬운 일이 아닐 텐데요. 10명이 넘는 반주음악 연주자의 사례비, 대규모 무대 장치, 종목마다 다른 의상, 100명이나 되는 공연자들의 한끼 식사비만 해도 엄청났겠어요.

문광부에서 지원 받는 보조금 일부, 그리고 서울시에서 나온 이천만원이라는 지원금은 턱없이 부족했을 텐데, 어떻게 충당하셨습니까? 공연 당일 날에 선생님께서 우스개 소리로 팸플릿을 열심히 판매해서 단원들 식사비라도 만들어야 한다고 하셨는데, 판매 실적이 좋지 않아 무척 송구스러웠습니다. 공연 전에 보도된 어떤 기사를 보니 국악원에서 의상이니 악사니 모두 다 가져가서 사용할 것이라고 했던데, 정말 그렇게 하셨나요?

김영숙: 국악원에서 협조를 받은 것은 예악당의 무료 대관, 몇 가지 무구들의 대여, 그리고 저렴하게 연주비를 사례했다는 정도입니다. 국악원이 갖고 있는 의상들이 모두 순조 시대의 것도 아니고, 고종 시기의 것과 그 후의 시기에 맞추어진 것도 많습니다. 우리 공연은 순조 시대의 정재 재현에 목적을 두었기 때문에 여섯 작품의 의상을 전부 새로 제작했습니다. 문

제는 1828년도에는 무동이 추었고 1829년에는 무동과 여령이 모두 다 등장한다는 점이었습니다. 문헌을 살펴보니 무동들의 의상은 다양한데 비해서 여령들의 의상은 그저 황초삼으로 통일이 되어 있어서 시각적으로 다양하지 못했습니다. 물론 〈박접무〉일 경우에는 녹색 화접포에 나비들이 그림 그려진 것도 입고했지만 그 외의 경우에는 색상이 모두 통일되어 있었습니다. 이번에 제가 실수를 범한 게 있다면 조선 순조 때의 여령 복식 일색으로 하지 않고 무동 복식을 여령화해서 여자들이 입을 수 있게 조금씩 바꾸었다는 것입니다. 그렇지만 이것은 치마로 바꾼 것과 같은 사소한 것에 지나지 않습니다. 순조 대의 기록에 나와 있는 것을 그대로 재현하려고 옷감까지도 일일이 다 나염하는 작업을 거쳤습니다.

사회: 김천흥 선생님께서는 이번 공연을 어떻게 평가하시는지 궁금합니다.

김천흥: 모두들 최선을 다해서 공연했다고 봐요. 그런데 진행상에서 다음 프로의 무용수들이 미리 나와 있던데, 그것이 굳이 필요했나 싶어요. 무용수들은 자기 순서대로 나오고 악사가 앞에 서고, 또 도구는 이를 들고 들어오는 사람들이 맡아서 들고 오고 나가고, 그랬어야 하지 않나 생각해요. 그랬어야 '홀기' 그대로지요. 그런데 무용수들이 미리 나와서는 남들이 무대 중앙에서 춤출 때 무대 뒤편에서 가만히 서 있더라구요.

사회: 저는 그런 연출이 시각적인 흥미를 더해 주었고, 또 앞으로의 정재 공연에 새롭고 신선한 자극을 주겠다고 생각했는데 선생님의 생각은 다르셨군요.

김영숙: 선생님의 말씀은 신비감을 주기 위해서 무용수들을 미리 보여주지 말고 자기들의 순서에 맞추어 나오게 했어야 한다는 것이지요.

김천흥: 그리고 지시를 하는 악사도 무대에 나와서는 '이렇게 하라'는 식의 손짓을 하던데 진행을 편하고 빨리 하기 위해서 그런 것이 필요했는지 모르지만 이상스러웠어요.

김영숙: 진행을 빨리 하기 위해서가 아니라 '진연병풍'을 보면 거기에는

출연하는 사람들이 나열해 있습니다. 그런 장면들에서 영감을 받아 연출해 본 것입니다.

김영희 : 병풍에 있는 것은 화가가 기록하기 위해서 그려 놓는 것이잖아요.

김영숙 : 물론 그렇지요. 저는 궁궐의 야외와 같은 넓은 공간에서 한 팀씩 나와서 추게 되면 왜소해 보인다 라는 점을 의식했습니다. 그렇게 미리 나와서 벌여놓고 하면은 그 공간이 열려진 공간으로 보이고, 또 진행상의 과정도 보여줄 수 있다고 생각했습니다.

사회 : 우둔한 이야기지만, 예전에 저는, 3~4가지의 춤이 한꺼번에 그려진 그런 궁중기록화들을 보면서 반주 음악이 거의 비슷하니 춤을 동시에 진행했구나 라고 착각했습니다.

김영희 : 화가가 중요한 춤장면들을 한꺼번에 기록했으니 그렇게도 보였겠지요.

김천흥 : 안 그래도 이 이야기를 해주어야겠다고 생각했었어요. 자기 순서가 끝나면 들어가고 다음 팀이 준비해서 나오고 하는 것이 좀 더 질서정연해 보이지 않았을까 해요.

김영숙 : 저는 정재 공연이라는 것이 너무 도식적인 면만 강조되어 오지 않았나 싶어요. 정재에서의 대형이라는 것이 사방 아니면 오방, 원 이런 것들이니까 그런 상황들로 인해서 춤공연이 딱딱 잘려진 느낌을 주게 됩니다. 그래서 이번 공연에서는 그런 측면을 배제하고자 완전히 열려진 공간이라는 것을 일부러 강조했습니다. 낮의 공연 상황을 연출하고자 춤의 전환에서 암전 없이 처음부터 끝까지 조명을 밝게 켜둔 채 공연했구요. 또한 야외무대라는 점을 인식시키기 위해서 차일과 같은 모양을 무대배경에 그려주었어요. 그리고 객석을 왕이 앉아 있는 쪽으로 생각했고 무대 뒤편은 그림에서 보이는 것처럼 대문이나 담을 만들어 채웠어요. 기존에는 무대 양측면에서 무용수들이 등퇴장을 했는데 우리 공연에서는 대문과 담이 있는 무대 안쪽에서 등퇴장을 하도록 연출하여 무대 공간이 좀 더 깊어 보이도록 했습니다. 그러니까 이번 공연에서는 전체적으로 열려진 공간으로

보이는 것이 중요했습니다.

사회 : 공간감은 물론 시간감도 뛰어난 연출이었다고 생각합니다. 정말 시간가는 줄 모르고 지켜보았으니까요. 사실 저는 정재 공연에 가면 변화가 별로 없는 구성과 대형에 질려서 가끔 시계를 보게 되거든요. 이번에는 1시간 30분으로 구성된 공연이었지만 시계 한번 본 적이 없고 너무 빨리 끝나서 아쉽다는 생각을 하였어요.

김영희 : 정재의 공연은 그 구조가 계단식입니다. 그런 것을 잘 살린다면 더욱 입체감 있게 공연할 수 있다고 봅니다. 예를 들면, 왕이 앉은 곳을 가장 높게 세우고 아래에는 등가와 헌가라 해서 악사들이 앉아 있는 곳을 두어 입체감 있게 만드는 것이지요.

김천흥 : 잔치에는 등헌가가 없어요. 종묘 제사 때만 있지.

김영희 : 그렇습니까? 제가 잘못 알고 있었군요. 제가 생각하기에 정재와 관련해서는 할 것이 너무나 많은 것 같습니다.

김영숙 : 제가 다 생각하지 못하는 부분이 많습니다. 선생님이 보시고, 또 연구를 해 가다가 이런 점이 필요할 것 같다라는 부분이 있으면 도움말을 주세요.

김영희 : 한 가지 말씀드릴 수 있는 것은 각 정재들이 고유한 아이디어가 있잖아요. 그러니까 〈고구려무〉에는 고구려의 어떤 기상, 아니면 〈춘앵전〉에는 또 그 춤의 고유한 아이디어가 담겨 있습니다. 앞으로 창작을 할 때 그런 춤들을 응용한다면 춤사위만 어떻게 발휘할 것인가 하는 문제보다는 그런 아이디어까지도 고려를 해주셨으면 합니다.

김영숙 : 그 춤사위라는 것이 바로 정재의 그 내용을 가장 잘 표현할 수 있는 것이어야 하겠지요.

김영희 : 그것에서부터 시작을 해야 하겠지요. 그렇지만 아직까지의 성과는 춤을 재현하고 춤사위만 하는 것 정도로만 보이거든요. 처음에 〈고구려무〉나 〈만수무〉라는 춤모양이 만들어질 때 창작자가 어딘가에서 아이디어를 얻었을 것 아닙니까? 그 아이디어는 한국인의 아이디어이기 때문에

조선시대에도 통용될 수 있고, 다시 현대에서도 사용될 수 있습니다. 우리의 전통 속에 있는, 또 각 춤이 갖고 있는 아이디어를 다시 한번 짚어 보면 창작의 새로운 계기들이 될 수 있다고 생각합니다. 정재뿐만이 아니라 전통춤을 재현하고 창조적으로 계승한다고 할 때는 춤사위나 소품의 재현보다 그 춤이 갖고 있는 고유한 정신을 살리는 것이 더 중요합니다. 또 거기에서 무한한 창조가 나올 수 있다고 생각합니다.

사회 : 그렇게 되려면 우리나라의 무용교육이 좀 더 굳건해져야 된다고 생각합니다. 교육에 의해 젊은 무용가들이 좀 더 의식을 갖고서 춤을 추거나 연구를 하도록 만들어 주어야겠지요. 단지 춤사위로 이루어지는 교육이 아니라 춤에 담긴 역사와 정신을 일깨울 수 있는 교육이 많아졌으면 합니다.

'이 달의 문화인물'에는 어떤 무용가가 선정되어야 하는가

사회 : 이번 행사와 관련해서 이런 이야기가 들리더군요. 재작년에 있었던 '이 달의 문화인물―한성준'과 비교했을 때 이번 행사는 무용계의 큰 호응을 받지 못했다고요. 공연을 지켜보아도 국악계와 연극계에 종사하시는 분들은 초대장을 보내지 않았어도 많이들 찾아오시고, 또 자료 구입에도 적극성을 보여주는 데 비해 무용 쪽에서는 전통무용을 전공하시는 분들이나 오실까 서양무용이나 창작춤을 하시는 분들은 무관심한 것 같더군요.

김영숙 : 한성준 선생님은 근대에서 활동하셔서 널리 알려지신 분이고, 또 민속무를 하신 분입니다. 민속무는 추는 것이나 보는 것이나 어떤 맛이 있습니다. 그러나 정재 쪽은 춤을 보시는 분도 어렵고 춤을 추는 것은 더 어렵습니다. 움직임 안에서 품격을 만들고 깊이를 만들어 내는 노력이 있어야 하기 때문이지요. 무용계 전반에서 정재를 하는 분이나 정재를 보는 분도 아주 드물지요. 이에 비해 민속무를 하시는 분들은 아주 많습니다. 특

히 한성준 선생의 손녀이신 한영숙 선생님의 제자들이 많이들 계시니 비교를 한다는 것 자체가 무의미하지요.

사회 : '이 달의 문화인물'과 관련해서 역사적으로 흔적도 찾기 어려운 김창하를 선정한 것은 잘못 되었다 라며 문제제기를 해 오신 분들이 있습니다. 심지어는 무용 쪽 선정위원을 비방하는 경우도 보았습니다. 그것은 선정의 경위나 행사의 성격을 제대로 알지 못하니 당연히 제기할 수 있는 문제겠지요. 저도 행사 진행에 앞서 이점이 너무 궁금해서 문광부 관계자를 만나 직접 확인해 보았습니다.

'이 달의 문화인물'은 음악, 무용, 연극, 문학 등 각계 전문가 10여 명으로 구성된 선정위원회에서 심사를 거쳐 지정됩니다. 문광부에서는 여러가지 업적을 검토하여 무용부분에서 선정위원을 위촉합니다. 대부분 한 분 정도에 지나지 않겠지요. 특히 무용부분에서 문화인물을 선정할 때는 무용을 모르는 분들이 대부분인 다른 심사위원들에 비해 그 분의 의견이 많이 반영되겠지요. 그러나 이번 김창하와 같이 궁중음악과 무용을 병행했던 분을 선정하자는 의견에 대해 국립국악원장, 국악원의 학예연구실장을 비롯한 전통음악 분야의 전문가들이 적극 동조했다고 합니다. 그분들이 전통음악사 관련 문헌에서 많이 언급되고 있는 김창하라는 인물에 대해 모를 리가 없지요.

그러면 왜 탁월한 업적을 남긴 조택원과 최승희는 제외되었는가 라는 문제가 남지요. '이 달의 문화인물'은 국가기관의 행사여서 친일행각 혹은 월북행위 때문에 조택원과 최승희는 무조건 제외된다고 합니다. 이 점은 선정심사에 앞선 문건에 분명히 명기되어 있다고 합니다. 그러면 무용부분에서 누구를 내세울 수 있겠습니까? 고 한영숙 선생님은 돌아가신 지 10년이 지나지 않아서 선정대상에서 제외된다고 하더군요. 여하튼 '이 달의 문화인물'은 심사숙고하여 선정되었음을 밝혀 두고 싶군요. 이제 대담을 마무리지어야 하겠습니다. 행사와 관련한 총평 혹은 개선 사항에 대해 한 말씀 씩 해주세요.

김천흥 : 아전인수격으로 내편에서 궁중음악하고 궁중무용을 한 사람이 문화인물이 되어서 잘되었다고 하는 것이 아닙니다. 기록으로 볼 때 김창하가 순조 때 음악과 춤을 감독하고 총괄했는데, 그를 통해 춤이 안나왔다고 주장들 하지만 그를 통해서 나라의 잔치가 이루어졌고, 많은 춤들이 그를 통해서 시작된 것은 물론이며, 이후 1909년까지도 그 춤들이 계승되어서 지금껏 해올 수 있었습니다. 그런 일들을 훌륭히 해 내신 궁중음악과 궁중무용의 조상과 같은 분을 문화인물로 정한 것은 정말 잘 했다고 봅니다. 그래서 이 분야와 관련해서 많은 기록이 남지 않았음에도 불구하고 창무예술원이 심포지엄을 개최하고, 정재연구회나 인남순 씨의 전통문화연구회에서는 그 시대의 춤을 화려하게 재현해보고, 또 기록에 있는 대로 진찬의식을 재현하는 등 모두가 정말 잘했다고 봐요. 모르긴 해도 이때까지 문화의 인물을 정해놓고 그렇게 보람 있고 정말 뜻있고, 또 할 일을 제대로 한 것은 이번이 처음이 아닌가 라고 생각해요. 앞으로도 '이 달의 문화인물'은 역사적으로 중요한 업적을 남기신 분을 문화인물을 정해놓고서 점점 잊혀지는 것이 아니라 부각시키면서, 또 그가 해놓은 일이 길이 우리 민족과 함께 전해질 수 있도록 만드는 사업이 되었으면 합니다. 창무예술원도 그렇고 정재연구회도 그렇고 정말 애들 썼어요.

김영숙 : 제가 했던 공연이라 평을 한다는 것은 좀 무리인 듯싶습니다. 저 개인적으로는 음악이나 무용을 하신 분들이 귀천하셨던 분들이었기 때문에 제대로 조명되지 않았던 그리고 기록을 찾기도 어려운 오래 전에 계셨던 분들에 관해서, 또는 춤의 역사성에 관해 공부를 좀 더 해봐야겠다는 자극을 받았다는 점에서 굉장히 의미가 있었다고 생각합니다. 그리고 나름대로 노력을 해보았지만 미흡만 부분이 많았습니다. 이후로 이 행사를 기점으로 해서 더 많은 깊이 있는 연구와 거기에 어우러지는 많은 것들을 조직적으로 해서 좀 더 잘 꾸며서 발전시켜 나가야겠다 라는 생각을 해봅니다.

무용 부분에서 문화의 인물을 어떻게 선정할 것인가 라는 점에서 몇몇

무용가들이 친일이라든가 월북 때문에 선정될 수 없다는 이야기가 있었다고 하던데, 그것은 우리의 역사적인 아픔이고 슬픔이지 그것 때문에 제대로 조명되지 못한다는 것은 문제가 있다고 봅니다. 이제는 또 시대가 바뀌고 있으니까 좀 더 넓게 생각해서 그분들이 한 업적들을 다시 재조명 해봐야 하지 않을까 라고 생각합니다.

김천흥 : 문화의 인물은 작품을 창작한 사람이어야 한다면, 역사적으로 이제 더 나올 사람이 없어요. 근대의 한성준을 비롯해서 친일하고 월북한 누구누구를 제외하고는 작품에 대한 것을 어떻게 알 수 있겠어요. 그 이전의 시기로는 넘어갈 수가 없겠지요. 음악, 미술, 문학과는 달리 춤은 남겨지는 것이 없으니까 근세에 우리 눈으로 보았던 몇몇 무용가들을 지정하는 것이 편하겠지요.

사회 : 이번 행사를 기획하고 진행하면서, 저 개인적으로는 정재의 연구와 발전을 위해 묵묵히 헌신하고 계시는 분들을 만나 뵙고 많은 것을 배워서인지 참 보람되었습니다. 문광부 관계자들에 의하면, '이 달의 문화인물'은 정부기관이 아닌 민간에서 주도해야하고, 또 역사적 인물을 발굴해야 하는데 그런 의미에서 이번 행사가 성공적인 사례로 손꼽을 수 있다고 하더군요. 그러면서 무용계에서는 왜 이번 행사에 대해 의견들이 분분하고 비협조적일까 하고 굉장히 의아해 하더군요. 뭐라고 하지 않았는데도 그 공무원들은 '무용계에 만연한 타 단체에 대한 배타성' 때문일 것이라고 결론짓더군요.

누구를 선정위원으로 위촉하는가, 또 누구를 선정하는가에 대해 또 다시 무용계에서 말들이 많을까봐 '이 달의 문화인물'에 더 이상 무용가를 선정하지 않을까 염려됩니다. 앞으로 이런 행사가 또 있게 되면 주관하는 단체나 선정된 무용가에 대한 개인적 좋음과 싫음을 떠나서 내부적으로는 전 무용계가 합심하여 행사를 돕고, 그래서 외부적으로 무용가들의 업적을 널리 인식시키면서 무용계의 발전을 도모하는 것이 바람직하다고 생각합니다. 모두가 좀더 유연한 사고로 매사를 긍정적으로 보아주었으면 하는 바램입니다. 장시간 동안 '이 달의 문화인물' 행사에 대해 여러가지 좋은 말씀을 들려주신 선생님들께 감사드립니다.

『몸』'특집좌담', 2000년 12월호

우리춤과 소리를 직접 몸으로 실천하며, 세기를 완벽하게 살고 있는 산증인

― 이애주와의 대담 ―

이애주 : 그동안 안녕하셨습니까. 선생님을 늘 이렇게 건강하게 뵐 수 있다는 것이 언제나 고마운 생각이 듭니다. 21세기를 맞이하여 떠들썩했던 분위기도 가라앉고 밖에는 진달래가 활짝 피었고 쑥내음이 번지고 있네요. 여전히 봄바람은 불고 있고요. 선생님을 대할 때마다 우리춤과 소리를 직접 몸으로 실천하시며, 세기를 완벽하게 살고 계시는 산증인이란 생각이 듭니다. 저를 포함한 모든 이들에게 있어 이 시대 사부의 징표이신 셈이죠. 선생님께서는 전통적인 사회를 지내왔고 현대와 함께 미래를 이어주시는 분으로서 다음 세대에게 중요한 가교의 역할을 해 주시고 계신데 오늘 이 자리에서 그런 주요한 말씀을 듣고 싶습니다. 선생님께서는 춤뿐만 아니라 해금, 양금, 아쟁, 가곡 등 여러 분야를 두루 걸치시며 우뚝 서계신데 정말 '악가무일체'라는 말이 실감납니다. 그래도 모르는 분들을 위해서 선생님께서 어떻게 우리춤과 우리 악에 몸을 담게 되셨는지, 다시 한번 듣고 싶습니다.

우리의 전통예술 인간의 학문, 인류의 학문으로 정립시켜

김천흥: 14살 때 그러니까 1922년, 그때는 초등학교가 4년제였지요. 초등학교를 졸업하고 중학교를 가야하는데 아버님이 목수 일을 하셨거든요. 큰 형님과 작은 형님이 있고 내가 셋째지요. 가정사정이 넉넉지 못해 이 삼형제가 모두 중학교를 가지 못하고 지금 만리동에 있는 균명학교, 그때는 균명서당이라고 했는데 거기에서 한문공부를 배우고 있었어요. 그런데 1910년 한일합방이 되면서 조선왕조에서 계속되던 '장악원 장악서'가 '이왕직아악부'란 이름으로 탄생이 되어서 내가 2기생으로 들어갔어요. 아버님하고 아는 아악수장 고씨가 소개했는데 공부시키고 음악도 가르치고 하는데 보내라고 해서 그때 아악부에 들어가게 되었어요. 작은 형님과 2살 터울인데 같이 들어갔어요. 그래서 음악과 관계를 맺게 되었지요.

이애주: 선생님의 말씀을 들으니, 일하는 보통 서민가정에서 태어나셨고 그러한 건강한 토대 위에서 음악, 춤을 하셔서 일생 건강을 잃지 않고 계신가 봅니다. 선생님께서 보내신 일생의 활동을 일일이 다 열거 할 수는 없겠지만 그래도 그 중에 몇몇 중요한 점을 짚어 주시면 고맙겠습니다. 우선 춤에 대한 말씀을 부탁드리겠습니다.

김천흥: 궁중음악 즉 문묘제례악, 종묘제례악은 처음 시작이 그렇게 되었고, 무용과 관계된 것은 1922년 선생님이 우리 또래 15살, 16살 먹은 열댓 명을 뽑아서 너희들이 춤을 배워야 한다. 그러시는 거예요. 그때만 해도 선생님이 하라는 대로 무조건 순종할 때이니까, 그저 배워야 한다니까 배운거죠. 그런데 춤을 배우려면 낮에는 다른 공부해야 하니까 밤에 배워가지고 오너라 그래서 밤에 우리가 춤을 배웠습니다. 밤에 배워가지고 1923년 봄이 오니까 술렁술렁 하는데 왜 그랬는고 하니 1923년이 순종황제 탄생 50주년인데 이것을 기념하기 위해서 궁중잔치가 벌어졌어요. 그 전에는 1900년대 초에 있었는데 다시 잔치가 벌어진 거예요. 그때 춤과 음악을 했어요. 요즘 말하면 공연이지요. 어디서 했냐면 인정전에서 했어요 순종

황제도 앉으시고 국빈들도 참석했지요. 그때 춤을 춘 것이 인연이 되어서 춤에 일생을 걸어 왔지요. 우리 궁중음악도, 아악부에서 5년 동안을 가르치는데 5년 동안에 20여 곡에 가까운 곡을 배웠지요. 지금 전체 음악시간을 따지면 20시간에 가깝습니다. 학과공부도 하면서, 전통음악, 궁중음악 계통을 5년 동안에 다 배우게 됩니다. 처음에 그렇게 시작이 되어 가지고 그때 아마 춤도 7~8가지 배워가지고 지금까지 이어진 거라고 말씀드릴 수 있습니다. 우리가 2기생인데 졸업을 하면 3기생이 들어오고 그러면서 해방 전까지 궁중음악이 이어진 것입니다. 그리고 춤으로서 지금까지 계속하고, 거기에 전념을 했기 때문에 궁중무도 할 수 있었고 그렇기 때문에 궁중무가 이렇게 이어지게 된 겁니다. 아악부에서는 가곡까지 하였는데 그 소리를 가르친 것을 인연해서 오늘날 이렇게 남겨졌습니다. 결말을 먼저 낸다면 '인간의 학문'으로 정립이 됐습니다. 각 대학에 국악과가 설립이 되어서 지금 20여 개 대학에 전국적으로 있습니다. '인류의 학문'으로 정립이 된 것이지요. 조선조의 아악은 장악원에 예속된 아악부에서 관장하였고 그 아악부가 지금의 국립국악원인 셈이죠. 이것이 바로 오늘의 전통문화가 남겨진 얘깁니다.

이애주: 선생님께서 마지막 말씀에 '인간의 학문', '인류의 학문'으로 정립되었다고 하셨는데, 매우 중요한 의미를 갖고 있다고 봅니다. 사실 진정한 춤과 소리하면 '삶으로서의 악무', '삶 자체로서의 악무'여야 하는데 바로 그러한 것을 선생님을 통해서 느낄 수 있습니다.

선생님이 처음 배우셨다는 제례악을 들을 때마다 느껴지는 것은 궁중아악에서 최초의 단순한 음이 모인 음악이 문묘제례악·종묘제례악이라고 생각됩니다. 바로 악을 통해서 제와 예를 드리는 것인데 그 음은 하늘과 땅을 이어주는 중심 음이란 생각이 듭니다.

선생님의 학습과정이 그렇게 중요한 악으로 먼저 기반을 닦으신 후에 그것에 의한 동작 춤사위를 하셨는데, 판소리에서도 '일 고수 이 명창'이라고 하듯이 춤 또한 '일 고수 이 명무'라고 할 수 있지 않습니까. 바로 그러한 과정들이 자연스럽게 이어지며 음과 소리, 소리와 춤을 조화시키면서 해 오신 결과가 오늘날의 심소 선생님이 우뚝 서 계시며 존경받으시는 것이 아닌가 합니다.

선생님, 그동안 수많은 춤을 추어 오셨는데 선생님 하면 특히 〈춘앵전〉과 〈처용무〉의 대명사처럼 되어 있으시고 그 외에도 다양한 춤을 추셨습니다. 그것에 대해 듣고 싶습니다.

음과 소리, 소리와 춤 조화시키며 활동

김천흥 : 무용은 내가 1923년 순종 앞에서 춤을 춘 것을 비롯해서 아까 말씀드린 것처럼 궁중무가 이어지게 된 연유는 3기생의 성경린·김보남 선생, 4기생의 고 김성진 선생, 5기의 고 김태섭 선생 등 뭐 이런 식으로 해서 해방 전 6기생까지 그 춤이 이어졌습니다. 순종황제 50수 잔치를 비롯해서 1990년대 초까지 추어 끊겼다가 이어진 것이 얼마나 다행이었는지 모릅니다. 오늘의 궁중무가 이렇게 뿌리를 내리면서 남아있게 된 것입니다.

해방이 되면서 '이왕직아악부'가 '구왕궁아악부'가 되었습니다. 잠깐 구왕궁아악부가 부산에 피난 갔을 시절 국립국악원 창설안이 국회에서 통과가 되었지요. 51년에 부산에서는 '국립국악원'이 발족이 됐습니다. 그것이 서울로 와서 '국립국악원 국악사 양성소'가 되었지요. 즉 '이왕직아악부 양성소'가 '국립국악원 국악사 양성소'로 되었는데 그것이 지금의 '국립국악고등학교'입니다. 이런 역사적인 사실과 함께 우리 국악이 이렇게 전해지고 있는 거예요. 내가 그렇게 춤을 배웠기 때문에 꾸미지 않고 출 수 있는 셈이지요.

그 후 민속춤도 보고 연구도 하면서 40년대 잠깐 아악부를 그만두면서 민속음악에 관계했어요. 40년대 전쟁은 나고 조선 총독부에서 강압적으로 나와 전국 연예단체를 모두 합했어요. 요샛말로 연극협회 연예단체 비슷한 것이지요. 그런데 우리 조선인들은 또 '조선음악협회'라는 걸 조직을 했어요. '해라 안 하면 안 된다'라는 식의 조선총독의 강압적 명령으로 조선음악협회 내에는 조선악부가 있고 양악부도 있고 일본음악도 있었는데 내가 아악부를 그만두고 거기 관계했기 때문에 조선악부에는 가무단, 음악단 이런 두 단체가 활동을 하게 됐었지요. 조선악부 가무단 음악단의 활동이 '산업전사 위문'이라는 명목 하에 '산업현장', '군수공장' 이런 데에 공연을 갔어요. 그러면서 내가 무용도 관계하고 음악도 관계했지요.

이런 식으로 다니다가 해방을 맞이하며 '대한국악원'이 창설되었는데 지금의 '국악협회'입니다. 민속음악원도 내가 관계를 해서 이동백 씨도 나하고 '산업전사 위문공연'을 함께 다녔어요. 근데 여기 와서 나를 욕할 수가 없잖아요. 그리고 또 한 가지는 총독부에서 대사, 노래가사 이런 것들을 번역하고 통역을 해요. 단가요 잡소리요 잡가요 다 이런 걸 요샛말로 검인을 해요. 그러면서 공연을 다녔어요. 그런 대본을 가지고 다니면서 경찰서에다 제출을 하고 공연을 하면 그쪽에서 와서 공연을 보고 있다가 만약 한 군데 라도 대사가 틀리든지 잘못하면 막아버리고 못하게 하지요. 이런 식으로 대본을 가지고 다니면서 '산업전사 위문공연'을 다녔어요. 그때는 기예증을 가져야 무대에 오를 수 있었어요. 요샛말로 예술가의 기술자격증이라고나 할까요. 일본말 모르잖아요. 그때 그만큼 조선총독부에서 강압적으로 했단 말예요. 그런 것을 겪으면서 내가 공연을 했어요. 그래가지고 해방을 맞고….

이애주: 식민지 시절에 선생님의 가슴 아팠던 활동과정을 들으니 민족과 나라 그리고 그 민족의 전통적 문화예술이라는 것이 얼마나 소중한 것이며 바로 그 민족을 살아있게 하는 생명력 자체라는 것을 다시 한 번 절감하게 됩니다.

해방 후 활동은 어떻게 이어지셨는지 궁금합니다.

한가락에 모두 녹아 있어야

김천흥 : 55년에 내가 낙원동에다가 연구소를 내서 본격적으로 춤을 시작했지요. 초등반, 중등반, 대학반 이렇게 지도를 하다가 78년에 그 연구소를 그만 두었는데 한 20여 년 동안 하면서 1년에 한번 발표회를 했죠. 학생들 발표와 내 발표하면서 1959년에 〈처용랑〉이란 1시간 넘는 무용극을 했는데 작곡은 김기수 선생이 하고…. 아악부 사람이 30여 명이 앉아서 연주했어요.

그 〈처용랑〉 작품으로 60년에 서울시 문화상을 수상했어요. 그리고 69년에는 〈만파식적〉이라는 무용공연을 했는데 이것 역시 김기수 선생이 작곡 했고 1시간 넘는 공연이었어요. 이 작품으로는 70년에 예술원상을 수상했어요. 이렇게 두 가지가 내 주요공연이었고, 그 외에 〈흥부놀부전〉, 〈춘향전〉, 〈꼭두각시놀음〉, 〈봉산탈춤〉 이런 것들을 무용극으로 중간 중간 학생들을 데리고 소품으로 했었지요.

80년대 국립국악원에서는 궁중무용을 내가 배웠던 7~8가지를 하였습니다. 기록으로 있는 것은 50여 가지나 됩니다. 그것을 기록으로만 남겨두는 것이 아까워서 국립국악원에 애길 해서 한 30여 가지를 그 기록대로 재현을 하여 국립극장에서 공연을 했어요. 나의 무용생활에서 그런 공연들이 한 보람이지 않았나 합니다. 기록으로만 남아서 버려질 것을 그렇게 재현해서 남겨 놓은 것 그것이 지금 국악원에서 공연되고 있는 거예요.

내가 배웠던 선생님들은 예사 분들이 아니라 대대로 국악사의 집안이에요. 아악부에 내가 들어가 보니까 7~80%가 대대로 내려오는 궁중음악의 악사집안이었지요. 물론 다른 예술도 그렇지만 내가 배운 선생님들도 대대로 이어진 집안이어서 다행히도 그렇게 잘 배울 수 있었습니다. 거기서 내가 무용도 했고 그래서 재현도 할 수 있었고 세상에 보일 수 있지 않았나 합니다.

이애주 : 선생님의 오늘이 있기까진 정말로 대대로 이어진 그 분야의 진

정한 스승님이 계셨다는 것을 알게 됐습니다. 참으로 스승의 역할, 그 중요
성이란 한 생명력을 키워내고 일구어내는 막중한 일이라는 것을 다시 한
번 절감하게 됩니다.

특히 선생님의 활동 중 〈처용랑〉, 〈만파식적〉 등에서 직접 대본도 쓰시
고 무대장치·의상까지도 고안하셨다는 대목은 정말로 그 당시 산교육의
증거이고 '악가무일체'로 살아오신 선생님 자체인 것을 실감합니다. 저도
춤을 추는 사람으로서 정말 부럽고 존경해 마지않는 대목입니다.

선생님께서는 궁중음악과 춤뿐만이 아니라 민속춤을 한성준 선생님께
공부하신 걸로 알고 있습니다. 그때가 대략 언제쯤인가요?

김천흥 : 1936년입니다.

이애주 : 처음에 어떤 것을 배우셨습니까?

김천흥 : 전체를 배우진 않고 승무만 배웠습니다.

이애주 : 선생님이 승무만 하셨다는 것을 들으니 실제로 승무가 그 당시
에도 춤의 대표격으로 추어졌기 때문이 아닌가 합니다.

김천흥 : 그때는 춤을 기생들이 거의 추고 그랬지만 한성준 선생이 '조선
음악무용연구소'를 차리고 손녀인 한영숙이 거기서 공부를 하고 있었어요.
그때만 해도 남자가 춤을 누가 배워요. 난 1936년에 뜻이 있기 때문에 이
것을 한 번 배워야 하지 않겠는가 생각했지요. 궁중무용만 했지만 그랬기
때문에 한성준 선생께 배운 것입니다.

그 당시 이강선, 장홍심 등이 있었는데 이강선 씨가 한성준 씨 위지요.
한성준 선생은 북의 대가였지요. 판소리 거목인 이동백 그런 분들과 같이
활동하셨지요. 그래서 그런 분들이 음악무용연구소를 같이 하니까 나도
궁중무용만 했기 때문에 민속무용에도 관심을 갖게 된 거예요. 환도를 해
서 1955년에 '한국가면극연구회' 등에서 탈춤도 췄지요.

이애주 : 탈춤은 누구한테 배우셨어요.

김천흥 : 한국가면극연구회가 서울에 올라와서 58년인가 건국 10주년인
가 그랬어요. 그때 민속예술경연대회를 했는데, 그전에 53년에 올라와서

55년부터 한국가면극연구회의 임석재, 이두현 선생 등이 강습을 전국적으로 해마다 시켰어요.

이애주: 강습에서 누가 가르쳤나요?

김천흥: 〈봉산탈춤〉의 김진옥, 〈양주탈춤〉의 김성태·박준섭, '문둥이춤'의 장재봉 씨 등이 있었지요. 그때 가면극연구회가 없었으면 지방의 춤이 살아나지 못했을 거예요.

가면극연구회 주최로 강습을 쭉 했지요. 비원 앞의 현대빌딩 있잖아요. 아악부가 거기 있었어요. 그래서 난 일일이 그 공연하는 걸 봤어요. 〈동래야류〉고 뭐고 그 전에야 탈춤을 어디서 봐요. 접할 때가 없었죠. 건국 10주년 기념 '전국민속경연대회' 때 환도 해가지고 〈북청사자〉를 직접 만드는 걸 봤으니까, 윤영춘 씨가 〈북청사자〉를 직접 만들고 그래서 북청사자놀이를 보고 배우고 그렇게 공부를 했어요.

이애주: 저도 어릴 적 어느 행사인가 경복궁 마당 무대에서 춤을 추었을 때 선생님께서 탈춤을 매우 활기 있게 추시는 걸 본 기억이 아직 생생합니다.

선생님, 한성준 선생님 쪽 하고는 공연이나 활동을 같이 하신 게 있으셨나요?

김천흥: 아니 그때는 없었어요.

이애주: 후대에 문화재로 지정되며 손녀 되시는 한영숙 선생과 그렇게 같이 활동을 하셨네요.

김천흥: 그렇죠.

이애주: 그러고 보니 궁중악무와 민속춤의 중요한 거목들은 선생님이 거의 거치셨어요?

김천흥: 그렇죠. 그러면서 보고 배운 것은 분명하지요. 양주탈춤이고 봉산탈춤이고…. 양주탈춤은 춤기본까지 만들어서 하고, 지금은 늙어서 그렇지 한 가락에 모두 녹아 있어야 합니다. 춤 한가락 소리 한가락이 하나의 감정을 노이게 하는 자기도 모르게 쏠리게 하는 그런 예술성이 있어야 한

단 말이에요. 그게 예술의 경지에요. 소리하나가 그냥 나와서 끝나는 게 아니라 그 소리를 내는데 듣는 사람이 뭔가를 느껴야 합니다. 또 춤도 그렇단 말예요. 예술의 경지란 게 듣는 사람, 보는 사람이 뭔가를 느껴 그렇게 되는 경지로 가야한단 말예요. 장단에만 맞춰 껍죽거리는 게 춤인 줄 알면 안 된단 말예요. 듣고 있기만 해도 느껴지는데 (예를 들면) 덮어놓고 뺑뺑이 돈다고 느껴지는 게 아냐. 무르녹게 흐드러지게 하면 '딱!'하고서도 '아흐!' 하고 감탄사가 나온다. 그게 바로 예술입니다.

이애주 : 말씀을 미리 해 주셨는데요. 그렇게 악가무로 거의 한 세기를 지내 오시면서 요즘 춤추는 사람들, 음악 하는 사람들을 어떻게 생각하십니까?

요즘 젊은 예술가들에게 이런 말 하고 싶어

김천흥 : 먼저 얘기한대로 관객에게 느낌을 주어야 한단 말예요. 그런데 그렇게 되느냐, 악보면 악보대로 하면 되는 줄 알지만 그게 아니란 말이에요. 더군다나 동양의 음악은 흔들고 조이고 풀고 밀어 올리며 한 가락을 넣는 것인데…. 서양음악도 마찬가지에요. 그것이 있어야 하는데 말예요. 그것은 일조일석에 이루어지는 게 아니라 많이 허야 한다는 거예요. 그야말로 무르녹게 해야 한다는 거죠. 춤도 마찬가지에요. 춤도 장단에 맞춰 속에서… 속에서 공감을 느끼게 하느냐…. 가장 하고 싶은 말은 '본인이 느껴라'하는 것인데 본인은 아무 감정 없이 '덩덩 덩더쿵, 네떡 너 먹어라, 내떡 나 먹겠다'하며 따로 놀면서 보는 사람보고 뭘 느끼라고 그래요. 춤을 추는 본인이 먼저 느껴야 그 감정이 어딘가 모르게 우러나온단 말에요. 사람의 감정을 동작으로 표현하는 게 춤 아니에요? 그것을 똑똑히 해야 느껴지지요. 본인이 먼저 느껴서 그것을 몸을 통해서 표현해야 하고 음악도 악보대로 '도레미파솔라시도'가 아니라 한 소리 한 소리에서 무르녹게 감정을 느끼게 하는 그런 표현이래야 된다는 말이에요.

이애주: 모든 예술이 일조일석에 되는 것이 나리고 무르녹게 하려면 끝없는 정진이 필요하고 혼을 담아야한다는 그 말씀이신데, 요즘 사람들에게 너무 중요한 지적이십니다. 그런데 요즈음 세상 자체가 너무 바쁘고 성급한 것 같아요. 대체로 기본을 제대로 닦을 줄 모르기 때문에 선생님이 말씀하신 그런 문제점들이 일어나게 되지요. 그런데 그 기본을 제대로 해보지도 않고 덮어놓고 지루하게 느끼고 어렵다고 생각하는 것 같습니다. 젊은이들에게 공부하는 방법에 대해서 한 말씀 더 해주세요.

김천흥: 춤을 출 수 있는 몸으로 훈련이 되어야 한다 그 말이에요. 훈련이 안되어서는 안됩니다. 몸이 훈련이 되어야 한다는 말이에요. 훈련이 돼서 부드러울 때 부드럽고 강해야 할 때 강하게 할 수 있고 자유자재로 자신이 표현할 수 있을 정도로 훈련이 되어야 한단 말에요. 그게 절대적으로 필요합니다. 악기도 그렇잖아요. 수리가 제대로 나야지 소리가 안 나는 걸 아무리 하면 뭐해요. 악기도 제 소리가 나도록 기초를 닦아야 하는 거예요. 기초를 닦는 동안 고생을 해서 그렇지 기초가 닦아져야 연주도 할 수 있고 작곡도 들어가고…. 그래야 남이 느낄 수 있는 연주도 하고 춤도 출 수가 있는 거죠.

그 노력을 하는 그런 것이 절대적으로 필요한데, 요새는 제도적으로 일테면 일주일에 실기시간이 한 시간이죠. 그것 가지고 대학 졸업했다고 해서 몸의 훈련이 되어 있느냐, 안 된다 이거에요. 우리는 예전에 5년 동안 공부를 하면서 매일 연주도 하고 그랬는데 요즘은 모든 제도적인 게 그렇질 못하기 때문에 숙련되고 정말 예술성을 표현할 수 있는 정도의 기량을 갖지 못한다 이겁니다. 충분히 노력을 해서 무르익게 해야 하는데 제도적으로 실기적인 면이 충분치 않단 말예요. 또 한 가지 예를 들어 세계적인 바이올리니스트가 학교에서 공부하는 것만 가지고 그렇게 되는 거겠어요? 밤에도 하고 밥 먹은 시간에도 하고 그래서 세계적인 바이올리니스트가 되고 훌륭한 연주를 할 수 있는 거예요. 요즘 국악하는 사람이고 무용하는 사람이고 모두 그런 정신을 가져야 한단 말입니다. 대학 졸업만 하면 다

되는 줄 아는데 석사·박사, 실기적인 면에서는 부족하다 이거에요.

 개인이 부족하니까 전체적인 연주가 미흡하죠. 그런 걸 우리가 들으면 불만이죠. 가슴이 뭉클하고 뭔가 느껴져야 하는데 안 그래요. 그러니까 내가 귀가 높아서 그렇다고 해요. 우리 적엔 연주를 하면 정신이 그리 쏠리고 그러는데 지금은 암만 들어도 감정이입이 없어요. 그래서 우리 귀가 높아서 그렇단 식으로 여기는데 제도적으로도 잘 안 돼있기 때문에 연습하는 그런 시간이 부족해요. 그러니 그것을 더 늘리고 충분히 해서 훌륭한 연주를 해야 하지 않나, 그게 내 소원이에요.

 이애주 : 문제점으로 굉장히 중요한 지적을 해주셨는데 연주하는 사람들도 열심히 안 하는 게 문제지만 제도적인 뒷받침이 안 되고 있는 것도 사실입니다. 또한 몸과 몸짓을 체득하고 이해하기 위해서는 제도도 중요하지만 더 중요한 건 개개인이 알아서 닦아야 하는 피나는 자기 수련과정이 필요한데 그것이 잘 안 되는 것 같습니다.

 김천흥 : 그래서 제도를 자꾸 얘기하는 겁니다. 우린 5년 동안 그렇게 하고, 하고 나서도 엄청난 노력을 했어요. 그랬기 때문에 지금도 후회를 안 합니다. 요즘 사람들은 훈련이 덜 됐어요. 훈련해야 한다는 생각, 훈련하는 일, 학교의 이런 시간의 배정, 이런 문제가 실기에 있어서는 그런 어려운 점이 있고 문제가 있다 이겁니다.

진짜배기 교육받아 최고 경지의 예술 이룩해

 이애주 : 선생님, 저 어릴 적 기억인데 50년대였어요. 국립국악원에서 한 달에 한 번씩 '국악감상회'라고 국악연주회를 하지 않았습니까? 그때 저도 가끔 어린이무대에 오르면서 보면 선생님께서는 국악합주 할 때 항상 가운데 앉으셔서 양금도 하시고, 해금도 하시고 아쟁도 켜시는 걸 봤는데요. 어떻게 그렇게 여러가지 악기를 다 할 수 있는지 어린 눈으로도 매우 신기해했던 기억이 납니다. 그것에 대해 말씀 좀 해주세요.

김천흥 : 아악부에서는 2년 동안에 일반과목과 전공, 우리는 피리까지 배웠어요. 향피리는 물론이고, 우리는 피리를 직접 만들기도 했어요. 칼도 가지고 다니고 하면서 깎아서 사용했지요. 직접 만들어서 배우는 거죠. 그 교습방법이 아주 실질적이죠. 그리고 3년째부터 전공악기로 나뉘어요. 2년 동안 이것저것 배우는 동안 선생님께서 하라고 하시는 걸로 전공을 해요. 요즘 사람들 같으면 싫다고 다른 걸로 하겠다고 하겠지만 그때는 선생님이 지정을 해주는 걸로 무조건 했어요. 그래서 난 해금을 했어요. 요샛말로 부전공은 양금을 했죠. 그리고 아쟁은 해금하는 사람이 자연히 하는 거죠. 그래서 해금에 양금에 아쟁까지 하게 된 겁니다.

이애주 : 요즘으로 치면 그건 불가능한 일이거든요. 악기도 직접 만들어 가며 행복한 진짜배기 교육을 받으신 것 같아요. 그리고 지도자가 시키는 대로 믿고 따랐으니 서로 맞아 떨어져 최고 경지의 예술이 이룩된 셈이네요. 지금의 상황을 생각하면 정말 부럽습니다.

김천흥 : 요즘 사람들은 그런 교육은 생각도 못하죠. 한 가지 배우는 것도 힘들어하는데요.

이애주 : 거기에 비하면 요즘 교육은 일종의 절름발이식 교육이라는 생각이 드네요. 실제로 악기를 만드니까 악기를 이해하게 되고, 소리도 더 잘 낼 수 있는 거고 정말 정통으로 살아있는 교육이었습니다.

김천흥 : 우리 선생님들의 교육방법은 정말 훌륭했어요. 요즘은 모두 대가노릇을 하려고 해요.

이애주 : 그렇습니다. 그게 문제죠. 학생들 자신이 알아서 공부해야 하는데 선생이 하라는 대로는 잘 안 하는 경향이 있습니다.

김천흥 : 연주에 부족한 점을 훈련해서 가슴 뭉클한 연주를 해야 하는데….

이애주 : 그렇죠. 터득이 될 때까지 자신들이 해야 되는데 연습량이 절대 부족입니다. 선생님 그렇게 춤도 추시고 악기도 여러가지 하시니까 자연스럽게 또 소리 가곡으로도 연결되신 것 같아요.

김천흥 : 남창가곡을 배웠어요. 1926년에 배웠어요. 그러니까 우리 졸업하고 가곡에 하규일 선생이라는 분이 있었는데 아악부에는 그때 가곡 배운 사람이 없었어요. 이난향 씨라고 그분이 여창을 하셨지요. 1926년 3기생 성경린 선생 때부터 남창이 생겼어요. 우리 2기 졸업반은 졸업반대로 따로 했어요. 하규일 선생한테 12가사를 모두 배웠어요. 하 선생이 그만 두시니까 임기준 씨라고, 그 분한테 배웠어요. 하 선생님께 12가지 가사를 배웠고 임기준 씨한테는 12잡가를 배웠어요. 〈유산가〉, 〈적벽가〉, 〈제비가〉 모두 배웠어요. 다른 것도 거의 배우긴 했어요. 가사, 가곡, 시조, 12잡가, 단가도 배웠어요. 단가는 강장원 씨한테 배웠어요. 그리고 정가계통은 다 배운 셈이죠.

이애주 : 요즘 시대가 너무 서구화가 되어 우리 음악, 우리춤을 다 서양식으로 하는 경향이 있는데요. 선생님이 일생동안 우리 국악을 하신 관점에서 보셨을 때 이런 현상을 어떻게 보십니까. 국악, 음악, 춤계를 바라보시는 심정을 말씀해 주세요.

맹목적으로 남의 것 따라가면 안돼

김천흥 : 역사적으로 신라, 고려, 조선조 이렇게 해 가지고 이어지는 노래라든지 춤이라든지 있잖아요. 나름대로 그대로 전하면서 발전을 더 시켜야 하는거구 그렇기 때문에 오늘날 무형문화재 보호법도 있는거구 그대로 보전해야 한다는 거죠. 전통음악은 전통음악대로 그대로 전함과 동시에 아까같이 무르녹게 해야 하는 동시에 그러면서 세계 음악으로 세계 인류 전체를 향한 음악으로 발전이 되어야 한단 말입니다. 그런 면에서 얘기하고 싶어요.

우리 음악, 우리춤 그 틀 위에서 저들 걸 옮겨와야지, '남의 것을 쫓아다니지 말고 옮겨와라' 그 말을 하고 싶어요. 그리고 '새로운 창작을 해라. 우리 음악성에다 저들 걸 옮겨와야지, 우리 것 다 팽개치고 맹목적으로 남의 것을 따라가면 안된다.' 그 말이죠. 그러면 우리의 본질을 이탈하게 된다는 겁니다.

이애주 : 우리의 기틀 속에서 남의 것을 수렴해야지 제대로 우리의 중심을 갖고 우리 줏대를 세울 수 있다는 말씀이십니다. 그랬을 때 우리 음악과 춤이 세계로 뻗어나가며 인류 전체를 향한 문화예술로 발전할 수 있다는 귀중한 말씀이셨습니다.

중국과 일본 등 동북아시아 더 범위를 좁히면 남한도 있고 북한도 있지 않습니까? 지금 남북 정상회담도 이루어진다고 하는데 남쪽의 춤, 북쪽의 춤이 많이 달라진 것 같습니다. 통일이 앞으로 되더라도 또 되기 위해서는 어느 정도 몸짓의 근접성을 가져야 되는데 거기에 대해서 어떻게 생각하십니까?

김천흥 : 북쪽에서는 최승희만 자꾸 내세우는데 최승희춤은 본래 우리춤에서부터 시작된 게 아니에요. 예를 들어 <북청사자놀이>가 여기에 있고, <봉산탈춤>이 남쪽에 남아있는데 그곳이 과연 전통적인 것을 그대로 보존하고 있는지 의문이 되고. 있더라도 어떻게 발전을 시켰는지 의문이 갑니다. 그쪽에 중공춤이 갔을 거고 교류를 통해 자꾸 만나다 보니 동화가 됐을 것입니다.

이애주 : 최승희에 대해서는 여러 면에서 연구꺼리인데요.

김천흥 : 최승희가 인물이 좋고 그래서….

이애주 : 최승희가 개인면에서 뛰어나 세계적으로 활동한 건 매우 긍정적이면서 지금 이 시점에서는 또 다른 관점에서 재평가를 하여 그 실상을 바로 보아야 되지 않나 하는 생각이 듭니다. 어쨌든 남북이 진정으로 만나서 자꾸 대화를 나누어 긍정적인 면은 서로 수렴하여 발전시킨다면 제대로 된 큰 춤이 나오리라 봅니다. 바로 선생님이 한일자로 팔벌린 춤사위 속에 남북을 잇는 통일의 몸짓이 스며 있습니다.

사람도 허리가 끊기면 온전한 구실을 못하는 것처럼 우리도 남북이 38선으로 끊기면서 제대로 구실을 못하고 있는 실정입니다. 남북이 같이 노력하여 어서 빨리 끊어진 허리가 다시 이어지고 풀어져야 된다는 간절한 소망이 있습니다.

지금 만물이 소생하는 것처럼 선생님의 뵈면 항상 '희망'이라는 단어와 함께 샘솟는 기운으로 가득 찬 생명의 활기를 느끼게 됩니다. 저 뿐만이 아니라 모든 사람들이 그런 말을 하곤 합니다. 선생님만의 건강법, 어떤 건강법을 가지셨기에 90수가 훨씬 넘으신 지금에도 그렇게 근력 있게 춤을 추시고, 연주를 하시는지 매우 궁금합니다.

춤은 보면서, 음악은 들으면서 검토하고 반성하며 발전시켜야

김천흥: 내가 본래 건강체는 아닙니다. 어려서부터 소식했고 채식하고 하면서 지금까지 살았는데 중요한 건 정신건강이 뒷받침이 되지 않았나 생각하지요. 한때 앓은 적도 있었어요. 병원에 입원해서 움직이질 않았더니 디스크에 걸렸어요. 그래도 드러누워서 많이 움직였어요. 손에서부터 어깨에 이어 전시에 이르기까지 몸을 풀었어요. 그래서 그랬는지 그때부터 아픈 데가 없었어요. 또한 마음의 안정이 참 중요하지요. 6·25 전날까지 난 연습을 했어요. 그렇게 했기 때문에 정신건강에도 도움이 됐을 겁니다. 많이 안 먹고 욕심 안 내고….

이애주: 선생님의 건강비결을 들으니까 육체건강, 정신건강에서 가장 중요한 건 욕심 안 부리고 마음을 비우고 하는 것인데 선생님의 평소 식생활 습관이신 소식, 채식 등이 정신건강과 아주 밀접하네요. 그것이 또한 깨끗한 삶으로 이어진다고 느껴집니다.

김천흥: 해야 할 일을 하기 위해 노력하구 반성하며 살고….

이애주: 그렇습니다. 바로 그 점에서 선생님을 뵈면 항상 정리되고 순리대로 살아가신다는 것을 느낄 수 있습니다. 젊은이들도 그러기 힘든데 선생님의 삶의 방향이라든가, 생활 원칙 이런 소중한 것들을 오늘을 살고 있는 젊은이들도 배워가야 된다고 생각합니다. 마지막으로 선생님 요즘 근

황을 말씀해 주세요.

김천흥 : 가곡 100가지가 악보로 나와 있는데 그걸 현재는 반밖에 못 부르고 있습니다. 그래서 우리 선생님한테 들은 것을 그대로 불러 녹음해 놓으려고 해요. 일전에 하와이에 가서 70여 가지를 녹음했는데 다시 들어보니까 시원치가 않아요. 그래서 다시 부르려고 해요. 그것을 하나 악보로 남겨놓으려고 합니다. 그래야 후학들이 나중에라도 들을 거 아닙니까. 그리고 또 하나 반주악보로 양금, 해금 악보를 만들어 후학들에게 남겨놓으려고 해요. 그리고 해금으로 정악 전곡인 20시간 가까운 것을 다 녹음해 놓으려고 해요.

이애주 : 그동안 선생님의 업적도 크셨지만 지금 현재 하시려고 하는 계획 또한 무궁무진하고 너무나 광대하십니다. 선생님이 정리 안 해주신다면 이 세상에 그 맥이 다 끊기게 되는데 그 맥을 이어 연결시켜 주시는데 선생님의 역할이 더욱 절실한 것이 아닌가 합니다. 정말 후학들이 본받아야 할 점입니다.

선생님 앞으로 이 시대 문화예술의 방향성을 말씀해 주시죠.

김천흥 : 다시 한 번 말하지만 제대로 배우고 끝없는 연습시간을 거쳐서 훌륭한 가슴 뭉클한 연주를 하도록 해야 할거고…. 또 한 가지 볼 줄도 알아야하고 음악은 들을 줄도 알아야 합니다. 자기가 춘 것도 보면서, 연주한 것도 들으면서 항상 검토하는 공부를 해야 한다 그겁니다. 요즘은 비디오가 있어서 그렇게 공부를 하기가 얼마나 좋습니까. 그저 계속하는 것 이외에는 별다른 수가 없어요.

이애주 : 선생님 말씀 명심하겠습니다. 춤은 보면서 음악은 들으면서 검토하고 반성하며 더욱 발전적으로 가야한다는 그 말씀 안 잊겠습니다. 정말 선생님의 말씀 속에는 온몸으로 춤추고 연주해야만 한다는 것이 구구절절이 담겨있습니다. 그래야 찬란하게 이어져온 우리 문화예술을 정확하게 본받을 수 있고 더 크고 넓은 세계로 나아갈 수 있다는 말씀이십니다. 선생님의 그 정신이 길이길이 이어지게 될 겁니다.

올해가 4333년으로 3자가 세 번 겹치고 앞에 4자가 나와 있습니다. 우리의 성수인 3이 세 번이나 겹치고 앞의 4는 우리의 기운이 사방으로 펼쳐진다는 의미 같습니다. 이러한 뜻깊은 해에 더구나 새 기운이 움트는 이 시기에 선생님 모시고 중요한 말씀을 나눌 수 있게 된 것을 정말 고맙게 생각하고 길이길이 간직하겠습니다. 부디 오래도록 더욱 건강하시길 진심으로 바랍니다.

『문화예술』 '문화예술대담-원로 예술인에게 듣는다', 2000년 5월

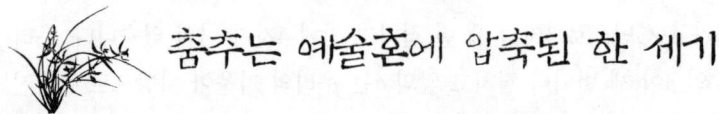# 춤추는 예술혼에 압축된 한 세기

2002년 가을, 심소 김천흥 선생 무악인생 80주년 기념공연장. 세속을 초탈해 몰입에 이른 선생의 춤은 경건한 고귀함이었다. 춘앵전이 추어지는 조그만 화문석 위는 우주와 소탕하는 성스러운 의례의 공간으로 확장되었고, 무대 위에서는 예술혼으로 압축된 한 세기의 생명력이 광휘를 뿜고 있었다.

2003년 겨울, 선생을 다시 뵈었다. 어떤 경지에 이른 예인藝人 앞에서는 인간의 관념들이 그은 경계나 조야한 언어들이 의미를 잃은 것일까? 95해의 삶이 스쳐간 선생의 표정에서 오히려 아가의 평온함과 순수, 무욕이 느껴진다. 한국 예술사 한 세기가 기억의 혼미함이나 단절 없이 구체적이고 생생한 묘사로 되살려지니 감탄하지 않을 수 없다. 녹차 한 모금 들이킬 새 없이 선생의 예술혼은 몇 시간의 달변에 열정적으로 담겨 나온다.

○ 요즘 근황은 어떠시며, 어떤 작업들을 진행하시고 계신지?

주중 오전 10시부터 오후 3시까지 매일 국립국악원에 나와서 국악원 일에 전념하지. 지방공연이나 주말 상설공연이 있으면 또 바쁘고 오래 전부터 궁중무용을 재현해내고자 마음먹었던 나는 1980년도에 재현작업에 본격적으로 착수했었어. 정재홀기에 있는 것을 다 재현해서 53가지에 이르렀어. 춤뿐 아니라 음악도 살리려고 이제는 음악적인 면의 재현작업에 치중하고 있지. 국악원에도 음악 기록이 안 남아 있어서, 내가 직접 창가를 부르고 국악원 단원들에게 가르쳐서 녹음하게 하고. 문명의 이기(녹음기)가 있으니 작업이 수월하더군. 진지하게 무용을 학문으로 연구하려거든. 수백 년 지속되고 흘러 내려온 역사성에 관심을 가져야 할거야. 그러려면 궁중무를 정확하고 분명하게 익혀서 이를 기반으로 창작활동에 이용할 수 있어야 해. 발레나 현대무용을 하더라도 우리 것을 알아서 여기에 기반을 두어야지. 궁중무의 테크닉과 민속무용의 장점들을 혼합하고 세계적인 정서에 호소할 수 있는 춤을 만들어야 하지 않을까.

○ 춤 이외도 축구 등 다방면의 활동들을 하셨다면서요. 유년, 청년시절의 활동과 학창시절에 어떤 추억들이 있는지 궁금하네요.

내가 5, 6살 때만 해도 극장도 없고 공연을 접할 기회가 거의 없었어. 대신 동네마다 공터가 있어서 곡마단 하듯 천막을 쳐놓고 공연을 했다고. 여기서 승무, 검무 등을 구경했었어. 궁중무는 궁중 안에서만 추어졌지만 당시 민간 무용은 이런 식으로 향유되었었거든. 그리고 균명학당을 다니다가 1922년에 이왕직아악부 제2기생으로 입소했지. 이듬해, 순종황제 탄신 오순 경축 공연에서 춤을 출 수 있었고.

축구는 1910년쯤에 도입되었는데 당시 난 유년부에서 열심히 하다가 전조선축구대회에까지 출전했어. 연희전문대학이랑 붙었는데 그때 9대0으로 졌지. (웃음) 그러다가 아악부 직원이 되니 축구할 시간이 적어지더라고. 그다음에 테니스를 배웠어. 우리 선생님이 학생들에게 운동장 흙 치우고 룰러 굴리고 횟가루로 줄도 긋게 시켜서 테니스장을 만들어 주셨거든. 난 전조선테니스대회와 1926년에는 전조선탁구대회에도 나가봤어. 그 당시에는 누구나 신청하면 다 나갈 수 있었거든. (기자: 3종목 석권하셨네요. 혹시 전조선 수영대회에도 출전하셨나요?) 수영은 못한다고. (웃음) 돌멩이야. 떠보지도 못했어. 그래도 가을이면 등산을 해서 전국각지 안 돌아다닌 데가 없었어.

○ 요즘 한국창작춤을 어떻게 보시고 계신지. 해주실 말씀이 있다면?

반드시 있어야하고, 끝없이 시도되어야 하는 게 창작이야. 문제는 작품 하나하나를 과연 소홀함 없이 제대로 만들었는가지. 그러기 위해서는 정신, 사상, 감정이 춤의 내용과 결합하고 제목과 움직임 속에 주제의식이 승화돼 있어야 하지. 가끔 지나치게 현대무용인 듯한 작품도 있더라고. 특히 무용수의 출입이나 형태구성 면에서 가락의 구사도 없이 그저 계속 빠르기만 하던데, 이건 우리 감정에 적합하지 않아. 춤의 내용에 따라 느려지기도 하고 빨라지기도 해야지. 물론 새로운 시도 자체는 높이 평가해. 난 현대무용이나 발레의 움직임도 각각의 아름다움이 있으니 그걸 인정하는 입장이니까. 다만 한국무용의 다양한 움직임들 하나하나를 알도록 노력해서 이를 구사하고 예술로 승화시키려는 노력이 창작의 전제가 되어야 한다는 말이지.

한국적인 것, 한국의 감정을 표현할 수 있는 작품은 어딘가 색다른 창작이 될 수 있어. (보는 사람들의) 감정을 풀어주고 시야를 넓히고 정신을 변화시키는 춤을 창작해야지. 표현, 감정표현, 동작의 구사, 숙련도 하나하나에 완벽을 기하는. 난 춤을 볼 때 무용수들의 숙련도를 먼저 평가한 다음 무용의 내용, 형태 구성, 가락 구사 등을 아울러 살피거든. 장단에 맞춰 걸어갔다고 해서 춤이 아니야. 가만히 서서도 감동시킬 수 있는 춤을 춰야지.

○ 선생님께서도 창작작업을 하셨는데, 좀 자세히 듣고 싶습니다.

1959년에 처용설화를 모티브로 한 무용극 〈처용랑〉, 1969년에 〈만파식적〉을 작업했는데, 서울시 문화상, 예술원상을 탔어. 김기수 선생이 작곡을, 내가 각본과 연출 등 모든 걸 맡아서 했지. 장면마다 들어갈 춤들을 장단에 맞춰 먼저 다 만들고 난 후에, 김기수 선생에게 보여주고 이에 맞는 음악을 만들어 달라고 부탁했다고. 또 당시만 해도 무대장치가 발달을 못해서 막이 끝날 때마다 불을 끄고 막 닫고 무대 만들고 또 막을 열고 공연을 재개하는 방식이 주였어. 그러나 이 번거로움을 피하기 위해서 내 나름대로 기발한 시도들을 했어. 처음 시작하면 음악이 그치지 않고 구성도 막힘없이 긴밀히 연결될 수 있도록 했지.

○ 2002년 무악인생 80주년 기념공연을 하셨는데, 향후 계획이 있으시다면? 좋은 무대가 있으면 계속 무대에 서실 생각이신가요?

작년에 자식들과 같은 제자들이 이리저리 챙겨줘서 공연도 하고 책(『정재무도홀기 창사보』)도 내고 했는데, (2004년에는) 내가 그간 발표했던 글들을 모아 또 책을 내준다고 열심히들 하고 있어. 그저 고마워.
(무대에는) 주최의 목적이 부합되는지를 고려했을 때 꼭 나가야 할 명분이 분명히 서지 않으면, 승낙하지는 않을 거야. 나도 몸이 있는데 덮어놓고 승낙했다가 남에게 폐를 끼치면 낭패니까 조심하게 되지.

○ 2004년 새해를 맞아 무용가들에게 덕담 한 말씀 해주신다면?

음악이 먼저냐 무용이 먼저냐는 말이 있잖아. (인간이) 태어날 때 울음소리를 내니까 음악이 먼저라고도 하지만, 우리 무용하는 사람들은 태아가 모태에서부터 움직이니 춤이 먼저라고 하지. 무용은 인간과 가장 가까운 예술이야. 꼭 있어야만 하는 인간, 우리 민족과 불가분의 예술, 그리고 예술은 무대 위에서 분칠하고 때때옷 입고 즐겁게 웃기만 하는 게 아니라, 평생 고생문이 훤히 보이는 길이지. 무용 예술가는 생존해 있는 한 평생

창조를 해야 하니까. 그러니 이왕 무용을 할 바에야 대강해서는 안 되고 하나하나 제대로 최선을 다해야 해. 작품 활동, 기록화, 학문 활동 등 모든 면에서. 특히 무용의 학문화를 위해 힘써야 하고, 내가 후학들, 무용인들에게 바라는 것이 바로 이 점이야.

이상의 현실화를 위해 평생 매진하여 스스로에게 당당한 이만이 할 수 있는 힘이 실린 새해 덕담이었다. 사진 촬영 협조를 부탁드렸더니 1시간여의 긴 인터뷰 후에 지치신 기색도 없이, 환한 표정으로 몰입하여 장구를 쳐주신다. 저 생명력과 열정으로 춤추는 예술혼에 한 세기를 압축시켜 오셨구나 하는 경외심이 밀려온다.

『몸』 '표지이야기', 2004년 1월

궁중무용의 유형별 고찰 2부

처용무
선유락 · 무애무 · 사선무 · 검무
무고 · 동동(아박무) · 향발무 · 학무
수연장 · 헌선도 · 포구락 · 오양선 · 연화대 · 곡파
성택 · 수명명
수보록 · 근천정
하황은 · 하성명
금척 · 육화대
봉래의
문덕곡
춘앵전
선유락 · 무산향
경풍도 · 고구려무 · 만수무
심향춘 · 초무 · 첩수무 · 가인전목단
천천화 · 박접무
보상무 · 향령무
첩승무
최화무
계수창
장생보연지무
연백복지무
항장무
사자무
망선문

※ '궁중무용의 유형별 고찰'은 『무용한국』 1984년 춘하호부터 1995년 가을 · 겨울호까지 약 10여년간에 걸쳐 게재된 연재물이다.

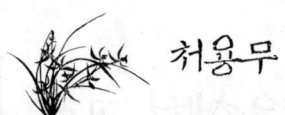

처용무
―궁중무용의 유형별 고찰 ①―

궁중무용을 문헌을 통해 살펴보면 신라新羅, 고려高麗, 조선조朝鮮朝에 이르기까지 2000여 년의 기나긴 왕궁사王宮史 속에서 많은 종류가 발생되었던 사실을 엿 볼 수 있다. 이 중에는 춤의 명칭만 기록되어 있을 뿐 그 내용에 대해서는 전혀 언급되어 있지 않은 것이 상당수이다.

그러나 신라에서부터 고려, 조선조까지 세 시대에 걸쳐 생성·발전되면서 기록으로 남아 전승된 무용도 46종이나 된다. 이것들은 『고려사高麗史』 악지樂志, 『악학궤범樂學軌範』, 『정재무도홀기呈才舞圖笏記』 등에 춤의 내용이 상세히 수록되어 있어서 옛 모습을 찾아 재현 할 수 있을 뿐 아니라 우리나라의 궁중무용을 연구하는데 있어서 귀중한 자료가 된다.

이들 46종의 무용의 내용을 유형별로 나누어 살펴보면
① 전설, 설화 속에서 자연적으로 발생하여 궁중으로 유입되어 궁중무 형식으로 발전된 것
② 우리나라에서 발생되어 창작된 것
③ 외국으로부터 유입되어 궁중무 형식으로 발전된 것
④ 의식무儀式舞
⑤ 가면무假面舞

⑥ 창사를 부르지 않는 것 등이다.

다음은 춤을 유형별로 한 가지씩 제시하여 발생된 시대와 역사적인 사실과 춤의 내용 그리고 전승 과정과 현재의 상황을 설명한다.

먼저 전설·설화 속에서 발생된 무용을 살펴보고자 한다.

처용무處容舞

이 춤은 신라 시대에 발생된 것으로『삼국유사三國遺史』처용랑處容郎 망해사조望海寺條에 보면 신라新羅 헌강왕憲康王(875~886) 때 동해변東海邊 울주蔚州에서 발생된 것으로 나와 있다. 그리고 그 내용을 보면 이 춤의 발생과 아울러서 여러가지 설화가 발생된 것도 보여주고 있다.

① 용의 설화 : 용의 변작으로 동해변 개운포開雲浦에 구름과 안개가 끼게 한 것과[雲霧冥瞌] 왕의 명령이 내리자[爲龍創佛寺近境] 구름과 안개가 흩어진 것.

② 음악과 춤 : 용왕이 일곱 아들[七子]을 거느리고 왕 앞에 나타나[龍喜乃率七子現於駕前] 왕의 덕을 칭송하며 춤과 악을 아뢰었다는 것에서[讚德獻舞奏樂] 춤과 음악이 생긴 것.

③ 시가의 발생 : 처용이 두 사람의 동침하는 것을 보고도 노래 부르며 춤을 추면서 물러간 것에서[乃唱歌舞而退] 시가가 생긴 것.

④ 역신을 막는 풍습 : 역신이 공의 형용을 그린 그림을 붙인 문에 들어가지 않는다는[見畫公之形容不入其門] 것에서 역신을 막는 풍속이 생긴 것.

⑤ 불사 창건 : 망해사望海寺를 창건한 것을 불사를 고무선양 한 것[東鬱勝址置寺曰望海寺].

⑥ 처용의 명칭 : 용왕의 아들 하나가 처용이란 이름을 갖게 된 것을 지적할 수 있다[其一子隨駕入京輔佐王政名曰處容].

이와 같이 많은 설화를 파생시키고 발생된 처용무는 맨 처음에는 한 사람이 검은 도포를 입고 사모를 쓰고 춘 것으로 『용재총화慵齊叢話』에 있다[初使一人黑布紗帽而舞].

그리고 고려 초에는 국가적인 행사인 팔관회八關會와 연등회燃燈會에서 산대채붕山臺綵棚의 가무백희歌舞百戱 중에 함께 연희한 것을 목은집牧隱集(三十二)에서 볼 수 있다[處容彩袖逐風廻]. 이뿐만 아니라 『고려사高麗史』악지樂志를 필수로 여러 문헌에서 이 춤이 여말麗末까지 계속된 것을 보여주고 있다.

신라 40여 년과 고려 470년간의 맥락을 이어온 처용무는 조선조朝鮮朝로 들어와서는 태조太祖(1392~1398) 때와 태종太宗(1401~1418)년대에는 산붕결채山棚結綵하고 잡희雜戱 백희百戱가 설행되었으며 특히 벽사진경僻邪進慶하는 나희儺戱까지도 행해 졌었는데 이 중에는 처용무가 가세했을 가능성이 있다고 볼 수도 있다.

그 후 『시용향악보時用鄕樂譜』(1469~1490)에서 나례가儺禮歌와 잡처용雜處容의 시가가 기재되어 있는데 이것은 백희百戱나, 나희儺戱에서 처용무를 추는 무용수가 불러 쓴 것이 아닌가 싶다. 그리고 그의 가사 내용으로 미루어 보아 한 사람이 추던 처용무가 쌍처용무로 까지[中門 안에, 서계신 雙處容아바] 발전 되어서 태종대왕太宗大王 앞에서[太宗大王, 殿座를 호시란디] 잡처용가雜處容歌를 부르며 춤추지 않았나 하는 추측이 들게 한다.

이렇게 전해진 처용무는 세종世宗, 세조世祖, 양대를 거치면서 더욱 발전하여 성종成宗대에는 오방처용무五方處容舞로 크게 발전 되었고 또 학무鶴舞 연화대무蓮花臺舞와 합설해서 궁중나례宮中儺禮에서 연희 하면서 일대창무극一大唱舞劇으로 구성되어 추어지기에 이르렀다『樂學軌範』, 成宗 24年). 성종成宗(1470~1494) 이후 유교사상儒敎思想이 팽창되고 불교가 점차 배제되면서부터 이 춤은 차츰 궁중에서 연희가 소외되고 불교의 성분을 띤 노래들은 삭제되기도 했다『大東韻府群玉』卷八, 『慵齊叢話』卷一).

이렇게 궁중에서 소외당하고 중지되어 단절 위기에 있는 처용무가 이와는 달리 민간에는 전파되며 연희된 흔적들이 담락연도濂樂宴圖(1724~ ?) 단원檀園 김홍도金弘道의 평안감사도平安監司圖(1760~1816)의 그림으로 보이고 있는 것은 궁중무용이 궁정宮廷에서만 연행된 것이 아니라 민간에서도 설행했다는 사실을 역력히 보이는 것이다.

그 후 처용무는 궁중에서는 중단되었다가 영조英祖 때부터 다시 등장(『進宴儀軌』, 1744년)하여 순조純祖(『進爵儀軌』, 1828년;『進饌儀軌』, 1829년), 헌종憲宗(『進饌儀軌』, 1848년)대를 거쳐 각종 궁중향연에서 연희하며 조선조 말 1900년 초까지 전했다.

이상 『진연의궤』,『진작의궤』,『진찬의궤』 등에 나타나 있는 바로는 무원의 수와 원무元舞 5인에 있어서는 변동이 없으나 다만 협무挾舞는 시기에 따라 증감이 있었음을 보여 준다. 그리고 무용수의 성분도 남자 또는 여자로 되어 있다.

이 처용무는 1910년 한일합방 되며 국가기관의 모든 제도와 기구가 변혁되면서 궁중악宮中樂과 무용을 관장하던 장악원掌樂院에서도 관기제도官妓制度를 폐지하고 관기官妓들을 해산 시켰다. 그 후에 궁중에는 무용을 담당할 여기가 없게 되었고 또 춤을 출 기회도 없어졌다. 그러니까 1910년에서 1922년까지 10여 년간은 궁중에서 정재呈才를 연희하지 않았다. 이때가 궁중무용이 역사상 가장 소멸의 위험에 놓였던 시기이다.

그런데 1923년 봄에 순종황제純宗皇帝의 50주년 탄신을 경축하는 축하연주회가 거행하게 되었는데 이 행사를 담당 집행하는 관서는 이왕직아악부李王職雅樂部였고 이 공연 종목은 음악과 무용으로 결정되었다. 그래서 아악부에서는 1922년 제2회 아악생을 모집하여 입소한 학생과 제1기생 중에서 선발하여 궁중무宮中舞를 학습하기 시작하여 10여 년의 단절되었던 처용무와 궁중정재宮中呈才가 재생되어 현재까지 전승되게 한 전기가 된 것이다. 이 춤의 지도는 당시 아악사雅樂師 김영제金甯濟, 함화진咸和鎭, 아악수장雅樂手長 이수경李壽卿 세 선생이 『악학궤범樂學軌範』 권5 시용향악정재도의時用鄕樂呈才圖儀에 실려 있는 홀기笏記에 준하여 재현한 것이다.

그리고 이 춤의 의상과 가면 등은 『악학궤범』에 기록되어 있는 그대로를 고증해서 새로이 제작한 것이다. 의상의 제작은 낙선재樂善齋에 있는 내인內人이 만든 것이고 가면假面은 이왕가李王家 미술 공장에서 만들어진 것이다. 즉 현존한 처용무에 가면·의상·무용도구 등과 안무는 1923년에 만들어진 것이다.

『악학궤범』에 기재되어 있는 것으로는 반주로 쓰이는 음악이 다양하고 복잡하며 여러 번 변화되게 되어 있다. 그러나 이것을 그대로 사용하지 못하고 수제천壽齊天, 향당교주鄕唐交奏, 삼현영산회상, 세령산, 가락덜이, 삼현도드리와 염불도드리, 도드리 등으로 연주한다. 또 춤 중에서 부르는 노래는 가사가 많기도 할 뿐 아니라 전부가 장시이다. 그래서 거의 다 삭제하고 전반부에는 가곡歌曲(一名 萬年長歡之曲) 중 언락言樂과 후반부에서는 우편羽編으로 두 차례만 부른다. 이 춤은 그 뒤 아악부와 창덕궁昌德宮을 중심으로 기회가 있을 때마다 연희하였다. 그리고 아악부에서는 1945년 해방 직전까지 20여 년 동안을 아악생들에게 학습시켜 이 춤을 전승케 했다. 이런 경로로 전해진 처용무는 8·15해방 후 구왕궁아악부를 걸쳐 1951년 국립국악원으로 이어져서 정상적인 궤도에 오르게 되었다. 이와 같이 역사적인 사실이 뚜렷하고 전통성이 분명하며 우수한 예술성과 지니고 있는 특징이 평가 인정되어 1971년 중요무형문화재로 지정 받게 되었다.

이 기능의 보유자로는 김천흥金千興, 봉해룡奉海龍, 김기수金琪洙, 김태섭金泰燮, 김용金龍이다. 문화재로 지정된 후 그동안 장학전수생을 길러 10여명의 이수자까지 배출하였고 국가적인 차원에서 보호 육성하니까 이 춤은 영원히 보존하게 될 것이 확실히 된다.

현재 중요무형문화재로 지정되어 있는 처용무의 순서를 간단히 설명하면 이렇다.

(박) 음악 수제천壽齊天을 연주한다.

무원 5인이 5색의(靑東, 紅南, 黃中央, 黑北, 白西) 의상을 입고 청, 홍, 황, 흑, 백의 순으로 1열로 상수(객석에서 오른편)에서 등장하여 오른팔

왼팔을 차례로 어깨위로 뿌려내려 허리를 짚으며 지정된 위치에 와서 정면을 향한다.

박 치면 음악이 그치고, 언락言樂 1장 신라성대소성대新羅聖代昭盛代 2장 천하태평라후덕天下太平羅候德 3장 처용處容아바 이시인생以是人生애 상불어相不語ᄒ시란디 4장 이시인생以是人生애 5장 상불어相不語ᄒ시란디 삼재팔난三災八難이 일시소멸一時消滅 ᄒ샷다 부른다.

(박) 음악 향당교주鄕唐交奏를 연주한다.

○ 1열무 정면을 향해 두 손을 내리며 몸을 숙이며 허리를 구부리고 허리 펴며 두 손을 높이 들어 내리며 양 허리를 짚는다.

○ 청과 홍, 흑과 백은 상대하여 몸을 구부렸다 펴고 황은 왼편으로 향하고 구부렸다 편다.

○ 청, 홍, 황, 백 다시 정면으로 향한다.

○ 청과 홍, 흑과 백은 등 편으로 향하여 몸을 구부렸다가 펴고 황은 오른편으로 향하고 구부렸다 편다.

○ 정면으로 향한다.

○ 1열무 두 팔을 앞으로 뿌려 옆으로 들어내려 허리 짚으며 두 번 앞으로 나가 선다.

○ 황은 중앙에 서 있고 청과 백은 앞으로 가고 흑과 황은 뒤로 물러나서 사각형四角形으로 선다.

청과 백, 홍과 흑은 상대하고 황은 정면을 향한다.

※ 이상 수제천과 향당교주(10박을 한 장단으로 한다)에는 5박 1보로 딛는다.

(박) 음악 잔영산을 연주한다.

무 5인 오른발을 앞으로 디디며 오른손을 오른 편으로 뿌려 내렸다가 다시 들어 몸을 뒤로 젖히며 얼굴 앞으로 내려 오른 편으로 뿌려다가 다시 들어 허리 짚으며 오른발 모아 딛는다.

○ 왼발을 앞으로 디디며 왼손을 왼편으로 뿌려 내렸다가 들어 몸을 위로 젖히며 얼굴 앞으로 내려 왼편으로 뿌렸다가 들어 허리 짚으며

왼발 모아 딛는다.
○ 오른발을 앞으로 디디며 두 손을 앞으로 뿌리며 몸을 구부리고 허리를 펴고 일어나며 두 손을 높이 들어 오른발을 들어 모아 디디며 두 손을 허리 짚는다.
○ 두 손을 앞에 모아서 옆으로 들어 앞으로 뿌리며 오른발 앞에 딛고 몸을 구부리고 허리를 펴고 일어나면서 두 손을 높이 들며 오른발 들고 두 손 허리 짚으며 오른발 모아 딛는다.
(박) 청과 백, 홍과 흑 각각 돌아 상배相背하고 황은 정면 향한다.
※ 다음은 앞에서 상대하고 한 가락을 반복한다.
○ 두 손을 위로 뿌리고 옆으로 내려 뒤에 여미고 옆으로 들어 오른손 오른편 어깨 위에 제쳐들고 왼손을 가슴 앞에 들고 다시 위로 뿌리고 옆으로 내려 뒤에 여미고 옆으로 들어 왼손 왼편 어깨 위에 제쳐들고 바른손 가슴 앞에 든다.
○ 두 손 위로 뿌려 뒤로 여미고 다시 들어 합장하며 앞으로 내린다.
○ 4각형 그대로 이 가락을 반복하며 왼편으로 회무하여 먼저 위치에 와서 전면으로 향한다(황은 중앙에서 왼편으로 돌며한다).
○ 청과 백은 후퇴하고 홍과 흑은 전진하여 一열무 된다(황은 중앙에서 한다).
○ 앞에 가락으로 흑은 앞으로 나가고 홍은 위로 물러 나가고 황, 백, 홍은 제 자리에서 하며 오방무가 된다.
※ 이상 회무 할 때는 10박 4보로 딛는다.
※ 음악은 임불도드리로 변한다.
※ 도드리는 6박 2보로 딛는다.
○ 두 손을 위로 뿌려 내려 뒤로 내려 옆으로 들어 앞으로 여며 내리며 흑, 청, 백은 가운데 황을 향한다.
○ 황과 흑이 상대해서 들어가며 바른손을 바른편으로 세워 들었다 앞에 내리고 왼손을 왼편으로 세워 들었다 앞에 내린다.
※ 청, 홍, 백은 두 손 허리에 짚고 서있다.

○ 황과 흑 상대해 들어가며 바른손을 바른편으로 세워들고 가슴 앞으로 내리어 왼손 바른손 펴들고 바른손 위로 구부려 든다.
○ 황과 흑 바른팔을 뿌려 내리며 각각 왼편으로 돌아 등 편으로 향한다.
○ 황과 흑 앞으로 나가서 먼저 위치로 가며 왼손을 위로 구부려 든다.
○ 황, 흑 왼팔을 뿌려 뒤로 내리며 흑은 가운데로 향하고 황은 바른편으로 돌아 청과 상대한다.
○ 황이 청, 홍, 백과의 상대무는 흑과의 상대무와 같다.
○ 황과 흑이 또 상대해 들어가며 두 손을 벌려 위로 뿌려 왼손 뒤 오른손 앞으로 내리고 다시 벌려 위로 뿌려 왼손 앞 오른손 뒤에 내렸다 앞으로 온다(청, 홍, 백은 두 손 허리 짚고 서있다).
○ 황과 흑 들어가며 오른손을 오른편으로 뿌리고 앞으로 오고 왼손을 왼편으로 뿌리고 앞으로 여민다.
○ 두 손을 오른편으로 모아 뿌리고 앞으로 와서 왼편으로 뿌리고 앞으로 오며 황과 흑이 후퇴한다.
○ 두 손을 모아 앞으로 뿌리고 옆으로 들어 앞으로 모아 내리는데 황은 청을 향한다.
○ 황이 청, 홍, 백과 상대무는 흑과의 상대무와 같다. 단 황이 청과 상대 할 때도 흑도 같이 한다. 홍과 백도 이와 같다.
○ 앞에 가락을 반복하며 흑, 백, 홍, 청 순으로 원형 되며 오른편으로 일주一周하여 먼저 위치에 와서 정면으로 향한다.
○ 같은 가락으로 흑은 후퇴하고 홍과 황은 전진하고 백과 청은 서서히 하며 1열무 된다.
○ 1열무 앞에 가락을 반복하여 후퇴한다.
(박) 음악 그치며 1열무 두 손을 허리 짚고 창사한다.

　　우편羽編 1장 산하천리국山河千里國에 2장 가기울총총佳氣鬱蔥蔥ᄒ샷다 3장 김전구중金殿九重에 명일월明日月ᄒ시니 군신천재群臣千載에 회운용會雲龍이샷다 4장 희희서속熙熙庶俗은 5장 춘대상春臺上이

서늘 제제군생濟濟群生은 수감중壽域中이샷다.
(박) 음악 도드리로 변한다.
　　　두 손을 오른편 어깨 위에 얹었다가 앞으로 뿌리고 앞으로 내려서
　　　왼편 어깨 위에 얹으며 앞으로 간다.
○ 왼편에서 두 손을 앞으로 뿌리어 앞으로 내리고 오른편 어깨 위에 얹
　　으며 전진한다.
○ 앞에 가락을 반복하며 4보 후퇴한다.
○ 앞에 가락을 3박 간에 한번씩 하면서 앞 2번 전진한다. 2번 후퇴한다.
○ 앞에 가락으로 청, 홍, 황, 흑, 백 순으로 무대를 돌아 상수上手 편으
　　로 한 사람씩 퇴장한다.

　끝으로 현존한 처용무에서 느껴지는 것은 무용수의 몸의 자세와 태도가 정대하고 당당하여 위엄이 풍기고 걸음걸이는 꿋꿋하고 활발하여 쾌활한 남자의 기상이 도도하다. 그리고 팔 동작에서는 활기와 호탕한 기운이 넘쳐흐른다. 너울대는 한삼이 공중에서 표출되어 공간에 형성되는 모습은 청정淸淨하고 간결한 느낌이 든다.
　그러니까 엄격하고 존엄한 궁궐에서의 나례儺禮는 민중 사회에서 행하는 복을 빌고 액을 예방하는 행사의 양상과는 달라서 엄숙하고 경건한 분위기 속에서 설행되었기 때문에 음악이나 노래가 품위와 높은 격조가 있듯이 무용에 있어서도 이렇게 정중한 중에도 활력이 있고 쾌활하며 또 단조롭고 평범한 것 같은데도 높은 격조와 엄격한 질도 속에서 다양한 형식으로 또한 질서 있게 연행된 것으로 춤사위는 여타 궁중무용과는 많이 차이점이 있고 특히 얼굴[假面] 동작에 있어서는 민속 탈놀이와 달라서 가면을 움직여서 표현하는 것은 찾아 볼 수가 없다.

『무용한국』, 1984년 춘하호

선유락·무애무·사선무·검무

-궁중무용의 유형별 고찰 ②-

선유락船遊樂

선유락은 신라 때부터 있었던 것이라고 전해지고 있다.[1]

그러나 그 후 이것을 정확하게 뒷받침 할만한 문헌은 발견하지 못했고, 이것에 대하여 가람 이병기李秉岐 선생은 고려초高麗初에 열린 팔관회八關會에서 정백희呈百戱하고 앞에서 노래하고 춤출 때 그 사선악부四仙樂部의 용龍, 봉鳳, 상象, 마馬, 차선車船이 있는데 이 모두가 신라 때 있었던 것으로 배 밑에 바퀴를 달아 자유롭게 움직이게 한 차선車船이 선유락일 것이라고 설명했다.[2]

물론 이 해설은 춤의 전모를 파헤친 것은 아니라 할지라도 선유락과의 유사성을 지적 제시한 것으로 선유락의 근원을 추구한 해석으로 추측된다. 그리고 당시에 차선車船은 용·봉·상·마 등과 같이 가장假裝과 장식용

---

1) 『進饌儀軌』 己丑(1829).
   設彩船諸妓分立爲行船樣曳纜船而舞世傳目新羅時有之.
2) 『高麗史』 卷69 32章 志卷32 禮11 太祖元年十一月 (中略) 每歲仲冬大設八關會 (中略) 呈百戱歌舞於前其四仙樂部龍鳳象馬車船皆新羅故事.

으로 등장하였을 뿐 무용으로서의 면모는 갖추지 못했을 것으로 짐작된다.

이렇게 연원을 찾아 본 선유락은 조선 중기 정조에 이어 조선 후기 순조 純祖 때 궁중연향에서 연희하였는데[3] 춤의 윤곽을 자세하게 기술하고 있다. 살펴보면, 채선彩船을 설치하고 여러 무인이 행선行船하려는 자세로 서서 닻줄을 당기고 배를 돌리며 춤춘다[4]고 되어있고, 춤의 진행은 무 2인이 배에 올라 돛의 앞과 뒤에 서고, 또 2인은 꿩털을 꽂은 붉은 갓을 쓰고 천익天翼을 입고 칼·활·화살을 차고 배 앞쪽에 벌려 서서 호령할 집사執事가 되고, 무 4인은 배의 좌·우 가장자리에 나누어 서서 각각 뱃줄을 잡고 내무內舞가 되고 26인은 둥글게 서서 외무外舞가 되며 집사執事의 호령을 듣고 배가 움직이는데 무인 전원이 어부사漁父詞를 부르며 춤춘다[5]고 되어있다.

이렇게 시작된 선유락은 순조純祖 이후 조선말 고종高宗년대까지 내려오는 동안 여러 차례 진연에서 추면서 점차 정리되어 무원의 증가 등 변화가 있었던 것을 엿볼 수 있다.[6] 또 현재 전해지는『정재무도홀기呈才舞圖笏記』에는 크게 발전되어 높은 차원의 무용으로 정립된 상태였다.[7]

홀기를 간단히 풀이하면, 악사樂師가 채선彩船을 궁전宮殿 중앙에 놓고 나간다. 어린 무원 2인이 배에 올라와 좌우편에서 등 쪽을 향해서 앉는다. 내무內舞 10인이 뱃줄을 잡고, 외무外舞 32인도 뱃줄 잡고 왼편으로 차례로 돌아 내외무가 2중원이 된다. 집사 2인이 앞쪽으로 나와 중앙에서 북향北向하고 면복俛伏하고 두 손 높이 들고 "초취初吹허오"하고 뒤로 물러 나와 남쪽을 향하여 "나수螺手ー"하면 나수가 "네ー"하고 대답한다. 집사가 "초

---

3) 혜경궁 홍씨 회갑연,『進饌儀軌』己丑(1829) 呈才樂章.
4) 設彩船諸妓分立爲行船樣曳纜船而舞世傳目新羅時有之.
5) 兩童妓登船分立於帆前帆後女妓二人戴朱立押羽着天翼佩劍弓矢列立於船前作號令執事舞妓四人分立於船邊左右各執船索作內舞二十六人環立作外舞聽令行船並唱漁夫詞而舞.
6)『進饌儀軌』戊申(1848) 卷三 工伶;『進饌儀軌』辛丑(1901) 卷一 呈才樂章.
7)『呈才舞圖笏記』(『한국음악총서』4, 국립국악원 간행).

취初吹하라"하면 남쪽에 서있는 취고수吹鼓手 중에서 나각수螺角手가 나각螺角을 세 번 "뚜-뚜-뚜-" 분다. 집사 2인 먼저와 같이 2차, 3차한다. 집사 2인 다시 앞으로 나가 먼저와 같이 "명금이하鳴金二下허오-"하고 뒤로 물러나와 남쪽을 향하여 "징수鉦手-"하면 징수가 "네-"하고 대답한다. 집사가 "명금이하鳴金二下허라-"하면 징수鉦手가 징을 두 번 "뎅- 뎅-" 친다.

박을 치면 취고수吹鼓手 취타吹打곡을 연주한다.

집사 2인 다시 앞으로 나가 먼저와 같이 "행선行船허오-"하면(음악이 끝난다) 뒤로 물러나와 남쪽을 향하여 "순령수巡令手-"하면 무인전원舞人全員이 "네-"하고 대답한다. 또 집사가 "행선行船허라-"하면 무인전원舞人全員은 "네-"하고 대답하고 뱃줄을 당기어 배를 돌리면서 어부사漁父詞를 부르며 춤춘다.

집사가 다시 앞으로 나가(꿇어앉아) 먼저와 같이 "명금삼하鳴金三下하오-"하고 뒤로 물러나와 남향하여 "징수鉦手-"하면 징수는 "네-"하고 대답하고 집사가 "명금삼하鳴金三下허라-"하면 징수는 명금삼하鳴金三下한다. "뎅-뎅-뎅-" 음악이 그치고 춤도 끝난다.

그러므로 1829년 순조대純祖代와 80년 후인 고종대高宗代의 선유락이 많은 차이점이 생긴 것을 두 기록을 통해서 밝혀 보았다.

무애무 無㝵舞

무애무[8]는 『삼국유사三國遺史』에 보면 신라시대新羅時代의 고승高僧인 원효대사元曉大師가 요석공주瑤石公主와 결혼하여 파계破戒한 후 속인俗人의 복색으로 바꾸어 입고 스스로 이름을 소성거사小性居士라 하고 우연히 광대

---

8) 『三國遺史』卷四 元曉不羈條 참조.

들이 큰 표주박을 놀리며 춤추는 것을 보게 되었는데 그 형상이 진기했다.

그 모양과 같이 도구를 만들어 화엄경華嚴經9)의 일체무애인一切無㝵人 일도출생사一道出生死 중에서 무애無㝵10) 두자를 따서 이름을 무애無㝵라 하고 노래를 지어 세상에 퍼뜨렸다.

또 이것을 가지고 여러 부락과 마을에서 노래하고 춤추며 교화하고 읊으며 돌아다녔기 때문에 가난하고 무지몽매한 무리들까지 모두 불타佛陀를 알아 부르게 되고 누구나 염불念佛을 할 줄 알았으니 원효의 덕화가 크다고 하였다.

그리고 파한집破閑集(1659)에도 역시 원효와 결부되어 원효대성元曉大聖이 백정들이 살고, 술집이 들어서 있는 시중잡배들 속에 섞여 지냈다. 한번은 목이 굽은 조롱박을 어루만지고 희롱하며 시장에서 노래하고 춤추었는데 이름을 무애無㝵라 했다. 그 후 이런 일을 좋아하는 자가 금방울을 위에 달고 채색 비단을 밑에 늘이어 꾸미고 무애를 치면서 전진·후퇴하는 것이 모두 음절에 맞추었다. 여기에다 부처의 경經11)과 이를 해석한 논論도 부처의 공덕을 찬양한 노래를 읊으면서 이것을 무애가無㝵歌라고 하였다. 그래서 심지어 밭가는 노인까지 전파되어 알고 연희하게 되었다12)고 하고 이 글 말미에는 무애無㝵에 대한 설명을 한 후 팔 동작과 발을 움직이는 것까지도 불교에서의 교리와 결부시켜 강조했는데 이러하다.

요사이 산에 사는 사람이 관휴貫休13)가 지은 불경佛經을 외우면서 양쪽 소매를 휘두르는 것은 단2장斷二章14)이라 하고 세 번 발을 드는 것은 월3

---

9) 華嚴經 大方廣佛華嚴經의··略··釋迦如來가 成道후 法界平等의 眞理를 證悟한 부처의 萬行萬德을 칭송한 경.
10) 無㝵는 곧 無碍로 장애가 없다는 뜻으로 사람의 生死가 곧 열반(涅槃)임.
11) 經論 부처가 친히 한 말을 적은 經과 이를 해석한 論.
12) 『破閑集』卷三 李仁老의 詩話集 참조.
13) 貫體 五代 前蜀의 중 俗姓 姜氏 時畵의 能畵를 姜體云 西嶽集 禪月集.
14) 斷二障 理障과 事障.
   ① 理障은 眞理에 對한 無知로 正見을 장애하는 번뇌.
   ② 事障은 깨달음을 장애하는 번뇌.

계越三界15)라 하여 두 팔과 발이 움직이는 여기에 모든 진리가 있다고 하였다.

이상 기록에서 무애무無㝵舞는 신라 때 원효대사元曉大師가 무애를 가지고 춤추고 노래 부르며 불교를 선포한 데서 시작되어 그 후 더욱 불교와의 깊은 연인을 맺고 전승, 발전되어 온 것을 짐작 할 수 있다.

그 후 고려 때로 들어와서는『고려사高麗史』악지樂志 속악俗樂조에 크게 발전되어 정돈된 형태로 기록되어 있는데 무원舞員과 악사, 무인의 의상에 대한 것, 무대舞隊의 등장 방법과 춤추는 인원의 수효, 춤의 순서, 부르는 노래, 반주음악의 절차, 춤동작의 설명 등이 소상하게 밝혀져 있다. 그리고 동서同書 악기樂器난에는 무애無㝵에는 장식裝飾한 것이 있다는 것을 시사示唆해서 앞에 파한집破閑集에서 열거한 것과 맥을 같이 하고 있다. 무애무無㝵舞는 이렇게 궁중으로 유입되어 속악무俗樂舞로 정착된 것을 알 수 있다.

또 주해註解에서 무애무는 서역西域에서 시작된 춤으로 거의 가사歌詞가 불가佛家의 말이 많이 쓰여져 있고, 또 방언方言이 섞여 있어서 기록하기 어려워 겨우 율동과 박자만 남겨 두어 당시 사용하던 음악으로 갖추어 둔다고 했다.16)

그래서 불교의 발상지發祥地인 서역西域과 춤에서 쓰이는 가사歌詞가 불가佛家에서 통용되는 말이라는 점을 감안할 때 이 춤은 불교佛敎와의 깊은 유대를 맺고 있었다는 것을 더욱 느끼게 한다.

조선조朝鮮朝에 들어와서는 사찰寺刹17)과 궁중에서 출연하였을 뿐만 아니라 벌써 그 이전부터 성행했던 것으로 세종世宗 16년 때 와서는 거의 부

---

15) 越三界 三千世界略 過去・現在・未來・欲界・色界・無色界.
16)『高麗史樂志』俗樂 참조.
17)『世宗實錄』(16年 4月)
  楊州檜岩寺
  僧覺圓信賢作無㝵之戱
  婦女等稱布施鮮衣與之
  16年 8月

르는 가사歌詞가 불가佛家의 말을 많이 사용했기 때문에 너무 허황한 것으로 아무리 전대前代에서 번성했다고 하지만 역시 속이는 것이므로 이후부터는 모든 궁정음악에서 무애무는 없애라는 내용으로 기술되어 있다.[18] 그러므로 해서 궁중에서 출연이 중단되었던 무애무는 385년 후인 순조純祖 29년에 진찬에서 다시 출연하였으며[19] 그 후에도 궁중의 각종 연향宴饗[20]에서 연희하며 90여 년을 내려오는 동안에 더욱 발전되었다. 현재 보존되어 있는『정재무도홀기呈才舞圖笏記』에 보면[21] 원무元舞(無㝵) 2인이 앞에 있고 협무 10인은 뒤에서 가로 한 줄로 서있다. 음악이 연주되면 악사樂師가 호로葫蘆(無㝵)를 들고 들어와 전중殿中에 놓고 무 2인이 나가면 음악이 끝난다. 무애 거두창사擧頭唱詞를 부르고 창사가 끝나면 2인이 무릎을 꿇고 앉아 무애를 얼른 다음 집고 일어나서 무애를 놀리며 2인이 상대相對하고 돌아서 등쪽으로 향한다. 다시 북쪽을 향하면 음악이 끝나고 2인이 또 창사를 부른다. 창사가 끝나면 무애 2인과 협무 10인이 앞으로 나가고 음악이 끝난다. 무애 2인과 협무 10인 창사를 부른다. 창사가 끝나면 협무 10인은 오른쪽, 왼쪽으로 돌며 진행하여(무애 2인은 앞으로 간다) 후편으로 가서 5인씩 가로 2열이 된다. 2열무 춤추고 무애 2인 서로 상대하고 돌아서 동쪽으로 향해서 서며 협무 10인은 앞으로 가서 동서東西로 5인씩 세로 두 줄로 갈라서 선다. 두 줄이 상대하고 돌아 등 쪽으로 향하고 무애 2인은 가운데서 춘다. 동서東西로 갈라선 협무 10인은 무애 2인을 가운데 두고 돌며 진행하여 처음 등장할 때와 같이 무애 2인은 앞에 서고 협무 10인은 우측에 가로 한 줄로 선다. 전원이 앞으로 나가서 두 손 여미고 뒤로 물러나서 춤을 끝낸다.

---

18) 無㝵呈才其歌詞 專用佛家之語史爲誕妄況年前唱戱亦欺之今伎凡諸賜樂乞罷無㝵呈才.
19)『進饌儀軌』己丑(1829).
20)『進饌儀軌』辛丑(1901).
21)『呈才舞圖笏記』한국 음악학자료 총서 국립국악원
    모든 無㝵(碍)인(人)은 한결같이 생사를 벗어난다.

앞에서 세 번 부른 창사는 우리의 성악곡 가운데 정가正歌에 속하는 가곡歌曲(一名 萬年長歡之曲) 중에서 편곡(編)으로 부른다.

사선무四仙舞

사선무四仙舞는 신라시대新羅時代의 화랑花郞인 사선四仙[22] 즉 영랑永郞, 술랑述郞, 안상安祥, 남석행南石行 등 네 사람의 행적에 초점을 두고 신라 때부터 시작된 것으로 전하기도 한다.[23]

그러나 신라를 지내고 고려高麗를 거쳐 조선조朝鮮朝 후기까지 내려오는 동안에도 사선무에 대한 기록은 아직 발견되지 않고 있다. 그런데 조선후기 순조純祖 때 궁정에서 처음 연희하면서 순조純祖의 아들 효명세자孝明世子의 예제睿製[24] 라고 명시되어 있다. 그러기 때문에 사선무四仙舞는 순조純祖 때 발생된 것으로 추측된다.[25]

당시에 기록을 보면 무원 2인이 두 손에 연꽃을 들고 앞에서 1대가 되고 뒤에는 4인이 그대로 서서 북향北向[26]하고 춤춘다고 하였다.[27] 그리고 이 춤에서 부르는 노래의 가사歌詞는 한문漢文과 국문國文으로 섞이어서 기재하지 않았다고 설명했다.[28]

그 후 사선무는 궁중에서 연희되며 더욱 발전되어 1900년대까지 전했

---

22) 新羅時有永郞 述郞 安祥 南石行 俱邀遊山水 號爲四仙 金剛有舞仙臺 俗傳四人 醉舞於此.
23) 『進饌儀軌』 己丑(1829) 呈才樂章.
24) 王이 지은 것은 親製라 하고 世子가 지은 것은 睿製한다.
25) 四仙舞 此以下唱詞 睿製而 眞顔相雜故不載.
26) 北向
  南向은 宮闕正殿에 王은 北쪽에 앉게 되므로 南쪽에서 춤을 추는 舞姬는 王이 앉은 쪽을 向하는 것이다. 이 말은 궁중무용분야에서만 通用된다.
27) 舞童二人 各執蓮花 一技在前作一隊 四人在後作二隊 並北向舞而.
28) 四仙舞 此以下唱詞 睿製而 眞顔相雜故不載.

다. 이 춤의 발전된 양상을 현재 전해있는『정재무도홀기呈才舞圖笏記』[29]에서 살펴보면 무 2인이 두 손에 연꽃을 한 가지씩 들고 앞에서 1대一隊가 되고 뒤에는 네 사람이 서있다. 연꽃 든 2인이 나가 상배相背, 상대相對하고 그 자리에 서있다. 원무 4인이 앞으로 나가 음악이 끝나면 가곡歌曲(一名 萬年長歡之曲) 중에서 편編으로 부르고 이어서 중강사中腔司를 부른다.

동무東舞, 서무西舞가 상대하고 돌아서 상배相背한다. 남南과 북北이 상대相對하고 역시 상배相背한 후 4인이 선회旋回하여 가로 한 줄로 선다. 후대後隊 2인은 앞으로 가고 전대前隊는 뒤로 물러가서 4각형으로 선다. 왼편으로 360° 돌고 오른편으로 360° 돌아 앞으로 향하고 두 손을 앞에 여며 내리며 무릎을 구부린다. 두 손을 옆으로 펴며 동편, 서편 상향相向한다. 양대兩隊가 앞으로 가서 위치를 바꾸고 다시 돌아서 제자리로 와서 4인 선회旋回하여 가로 한 줄 되어 춤추며 먼저와 같이 4각형 되어 왼손 뿌리고 360° 돌고 오른손 뿌리고 360° 돌아 앞으로 향하고 대수擡袖하고 두 손 내려 앞에 여미고(연꽃 2인은 앞으로 향한다) 연꽃 2인 원무 4인 뒤로 물러나와 먼저 위치에서 춤 끝낸다.

검무劍舞

우리나라 검무의 발생은 정확히 밝힐 수 없다. 그러나 기록을 통해 살펴보면 신라新羅 시대로 서기 660년 이후로 추정케 된다.

첫째,『동경잡기東京雜記』풍속조風俗條에는 무검지희舞劍之戲는 신라 소년 황창랑黃倡郎이 7세의 어린 소년으로 백제百濟에 들어가 시중市中에서 칼춤을 잘 추어 백제왕궁百濟王宮에 불려 들어가 왕 앞에서 칼춤을 추다가 왕을 찔러 죽이고 백제 사람에게 잡혀 죽으니 신라 사람들이 이것을

---

[29]『呈才舞圖笏記』, 韓國音樂學資料叢書④ 57 國立國樂院 참조.

슬퍼해서 그의 형용의 가면을 만들어 쓰고 칼춤을 춘 것이 지금까지 전해졌다고 했다.30)

둘째, 같은 『동경잡기』 관창조官昌條에는 동자童子가 가면을 쓰고 추었다고 하고 신라 때 15, 6세에 황창이 이 춤을 잘 추었다고 하였다.31) 같은 기록에서 황창黃昌과 관창으로 수록되어 있고 또 나이에 있어서는 7세와 15세로 차이가 있으며 다만 유사한 것은 가면을 쓰고 춘 점이다.

셋째, 『교방가요敎坊歌謠』에는 황창무는 8세에 황창이 신라를 위하여 꾀를 내어 백제에 들어가 시중市中에서 검무를 잘 추었다. 이 소문이 백제왕에게 알려져 왕궁에 불려 들어가 왕 앞에서 춤을 추다가 왕을 찔러 죽였다고 하고 황창을 관창이라고 하기도 하였다. 황창과 관창은 동일인으로 되어 있다.32)

이상 세 기록에서 검무의 발생된 시대를 신라시대로 짐작할 수 있다. 그러나 인물에 있어서는 분명치 않고 황창과 관창으로 혼동되어 있다. 이것에 대해 고려말高麗末에서 조선초朝鮮初의 학자인 이첨李詹(1765~1789)33)과 이유원李裕元(1814~1888)34)의 시詩에서 황창黃昌이라 한 것은 관창官昌이 잘못 전해진 것이라고 명시되어 있다. 그런데 이 양설에 대하여 김종직金宗直(1432~1492)은 『동도악부東都樂部』에서 억설로 믿을 수 없는 것이라고 반박하였다.35) 그러나 『증보문헌비고增補文獻備考』에는 이것을 상고해 보면 사적史的으로 전한 것이 없고 또 이를 뒷받침할 자료도 없다 하고 혹은 창

---

30) 『東京雜記』 風俗條.
　　舞劍之戲 黃倡郞 新羅人也 諺傳年七歲 入百濟市中舞劍 倡郞因刺王 國人殺文 羅人哀文 像基容爲假面作舞劍文狀 至今傳文.
31) 『東京雜記』 官昌條.
　　李詹(1345~1405) 弁日(乙田冬1385) 客干鷄林府尹裵公 設鄕樂之勞文 有價面童子 舞遊庭 問之云羅代 有黃昌者 年可十五, 六歲 善此舞.
32) 鄭顯奭 著, 『敎坊歌謠』.
　　黃昌舞 八歲兒爲新羅王 謀往 百濟市劍舞 百濟王召入令舞 黃昌撼王 或云官昌.
33) 李詹 黃昌此必官昌也 傳者誤耳.
34) 李裕元 詩(1814~1888), 官昌訛誤 黃倡郞.
35) 金宗直(1431~1492), 『東都樂部』, 亦臆說不可信.

랑昌郎이 아니라고 한 것은 곧 관창이 잘못된 것이라 했다.36)

신라新羅 태종대왕太宗大王(660) 때 왕이 친히 라당연합군羅唐聯合軍을 모아 백제百濟를 공격할 때 어린 관창이 그의 부친 품일品日 장군의 휘하 부장으로 출전하여 적진에 들어가 싸우다가 적장 계백장군에게 사로잡혀 죽었다는 기록이 있다.37) 그러니까 황창黃昌이 관창官昌으로 확인이 되었고 또 관창이 전사한 때가 660년경이니까 우리나라 검무는 그 후 신라 사람들이 그의 영혼을 위로하기 위해 가면을 만들어 쓰고 춘데서 시작되었다고 볼 수 있고 또 당시에 마을 제사와 대동굿에서는 무당에 의해 관창의 원혼을 위로하고 넋을 풀어주는 거리가 설정되어 있었을 것으로 생각해 볼 수 있다. 이와 같은 예는 현재 우리 무속 사회에서는 흔히 볼 수 있는 실례이기도 하다. 그래서 확실하고 정확한 년대는 밝힐 수 없으나 민중 속에서 발생되어 무당과도 유대를 가지고 다듬어지고 닦여지면서 성장되어 전해진 춤이라고 할 수 있다.

이렇게 연원을 둔 검무는 신라 천여 년을 지나 려말麗末까지 가면을 쓰고 춘 사실이 기록에 있고 또 처용무處容舞와도 같이 출연한 때도 있다.38)

그 후 조선초로 들어와서는 국초부터 많은 시가詩歌와 음악과 무용이 시작되어 궁중에서 연희된 사실을 역대왕조실록歷代王朝實錄과 『악학궤범樂學軌範』에서 궁중향연의 내용을 기록한 각종 의궤 등에서 볼 수 있다.

그러나 검무가 들어 있지 않은 것을 미루어 생각하면 궁중으로 유입되지 않은 시기였다고 여겨진다.

그 후 숙종조肅宗朝(1637~1672) 때에는 여아女兒가 추었다고 김만중金萬重

---

36) 『增補文獻備考』卷之 106, 樂考 5b.
  考文史傳絶無左驗或云非昌郎乃官昌之訛也.
37) 『三國史記』官昌條.
  官昌新羅將軍品日文子(中略)太宗大王 唐顯慶5年(66日) 庚申王出師 興將軍 侵百濟以爲 官昌爲副將 官昌突-賊 陣疾鬪階伯擒斬首(下略).
38) 『增補文獻備考』黃昌郎舞條. 卷之 106, 樂考 5b.
  後世作假面以像之與處容舞並陳考之….

이 검무를 보고 지은 시詩가 전해 있고39) 다음은 혜원惠園 신윤복申潤福의 작품 민화(1758)에서 검무의 그림이 보이고 있어서 검무의 연맥을 알 수 있게 한다.40)

그 후 순조純祖(1828) 때부터 본격적으로 궁중잔치에서 추기 시작한 검무는 첨수무尖袖舞, 공막무公莫舞로 분리되어 공연되기도 하며 그 후 계속해서 역대왕궁歷代王宮 연향宴饗에서 출연하여 조선말朝鮮末까지 전해 졌다.

경술(1910) 국치 후 민간으로 전락되며 각 지방에 분포되었던 검무는 거의 소멸되어 없어졌고 지금은 진주의 검무가 궁중계통의 원류를 충실하게 이어 내려온 것이 확증되어 1967년에 중요무형문화재 제12호로 지정되어 보존 전승되고 있다.

이 춤의 자세한 내용은 1967년 무형문화재 지정 자료 조사서에 수록되어 있고 검무 칼의 제도는 순조純祖 이후 여러 의궤와 민속화民俗畵며 1901년도 『진찬의궤進饌儀軌』까지도 칼이 자루에 박혀 있는 것을 사용하였다.

그러나 근자의 검무 칼은 목이 구부러지고 돌리기가 편하게 되어 있는데 이와 같이 개량된 시기에 대해서는 아직까지 자료를 발견하지 못해 밝히지 못한다.

『무용한국』, 1984년 추동호

---

39) 肅宗朝 金萬重 西浦集 卷二.
　　觀黃昌舞 七言詩 翠眉女兒黃昌舞.
40) 『進饌儀軌』戊子(1828) 卷首 呈才樂章.

무고·동동(아박무)·향발무·학무

―궁중무용의 유형별 고찰 ③―

 두 차례에 걸친 앞글에서 신라시대의 전설 설화 속에서 발생된 무용 5종의 성장과정을 규명했다. 이 무용들의 전승과정을 다시 정리해 보면 비록 기원을 신라 때로 볼 수 있으나 완전한 무용으로 정립된 시기는 시대적으로 차이점이 있는 것을 엿볼 수 있으니 위의 각종 기록에서 보인바와 같이 무애무無㝵舞는 고려조高麗朝, 처용무處容舞는 조선조朝鮮朝 초기, 검무劒舞와 사선무四仙舞는 조선조 후기에 비로소 면모를 갖추었음을 알 수 있다. 다음은 고려 때에 우리나라에서 발생되고 창작된 무용들을 열거하려고 하는데 발생과 유래에 따른 설화가 있는 것은 후기에서 밝혀 보려고 한다.

무고舞鼓

 이 춤의 유래는 『고려사』 악지 속악조에 보면 고려 때 문신文臣 이혼李混(1252~1312)이 영해寧海지방으로 귀양 갔다가 해상에 떠있는 뗏목으로 북을 만들어 쳐서 소리가 굉장했다 했고, 그 춤의 변태와 형상은 한 쌍의 나비가 펄렁펄렁 나르며 꽃을 감도는 것 같고 두 마리 용이 용맹스럽게 여의

주如意珠를 다루는 것 같다고 했다. 그리고 당시 악부樂部에서는 가장 기묘奇妙한 것이라 했다.

이상『고려사』악지 속악조俗樂條의 내용으로 보아 무고는 고려 때 이혼李混에 의해 시초된 것으로 인정할 수 있다. 그러나 뗏목으로 만든 북에서 얼마나 큰소리가 났으며 나무토막의 북을 놓고 어떻게 나비가 쌍쌍이 꽃을 돌며 날고 두 마리 용이 여의주如意珠를 어르며 다투는 모양의 춤으로까지 발전되었을 것으로 비약해서 기록화한 것으로 생각된다. 다만 이혼李混의 귀양과 뗏목[浮査]으로 북을 만들었다는 설화로 발단된 무고가 그 후 고려에서 연희되어 계속되면서 차츰 발전되어 조선조 초기『고려사』가 편찬될 당시에는『고려사』악지 속악조 내용과 같은 무용으로 발전된 상태였기 때문에 이것을 옮겨 기술한 것이 아닌가 하는 의심이 들기도 한다.

이 무고는 『고려사』 악지에 실린 바와 같이 무원舞員은 2인이요 창사唱詞는 정읍사井邑詞를 노래했고 반주악은 향악鄕樂으로 비교적 정돈된 무용이었음을 엿볼 수 있었다. 이것이 조선조 성종成宗 때에는 더욱 발전되어 무원이 8인으로 증가되어 8인 전원이 북채를 들고 추었고, 의상은 청·홍·백·흑의 4색으로 입었다. 그리고 춤추며 부르는 정읍사井邑詞의 가사歌詞도 보이고 있다.

그 뒤 조선후기 순조純祖대에는 원무元舞가 4인으로 축소되었으나 전혀 볼 수 없던 협무挾舞가 18인이 등장하여 매우 화려하게 펼쳐져 각종 연향에서 출연한 흔적이 있다. 그리고『정재무도홀기呈才舞圖笏記』에는 원무 4인에 협무가 8인이 들어 있고 한문으로 된 창사를 불렀다. 헌종憲宗 때부터는 원무, 협무가 4인씩으로 변했고 협무는 양손에 꽃을 한 가지씩 들고 추었다. 그리고 고종 24년(1902)대까지 궁중에서 연희했으며 1910년 후에는 여령女伶 출신의 기녀妓女계에서 유행했었으나 1940년대 소멸되어 없어졌고 이 무고의 영향을 받은 것으로 볼 수 있는 승전무勝戰舞가 경상남도 통영統營에 전승해 있어서 중요무형문화재重要無形文化財 제21호로 지정되어 보존 전승되고 있다.

궁중계통의 무고가 이왕직아악부李王職雅樂部를 통해 해방 후 국립국악원으로 이어져서 현재 국립국악원에 보존되어 있다.

이 춤의 진행은 필자가 1922년도 이왕직아악부李王職雅樂部에서 김영제金甯濟(아악사), 함화진咸和鎭(아악사), 이수경李壽卿(아악사) 세 선생님께 배운 것을 그대로 기록으로 옮긴다.

먼저 큰북을 네 기둥으로 된 북틀 위에 얹어놓고 휘장으로 둘러 맨 것을 무대 한가운데 설치하고 북채를 북 좌우에 한 쌍씩 갈라놓고 삼지화三枝花는 북채 뒤편에 한 쌍씩 갈라놓는다. 집박악사와 반주악사가 뒤편에 정돈하면 무 8인 등장하여 2열 횡대로 정면을 향해 선다. 원무 4인은 전열, 협무는 후열이다.

(박) 음악 삼현 도드리를 연주하고 무8인 고개 숙여 인사한다.

(박) 무 8인 두 팔을 옆으로 펴들고 앞으로 나가서 북보다 앞에 선다.

(박) 무 8인 두 손 내려 앞에 여미고 무릎을 구부리고 앉아 엎드려서 원무는 북채를, 협무는 꽃을 얼른 다음 원무는 두 손 한삼을 걷고 북채를 집고 협무는 꽃을 집는다.

(박) 무 8인 일어나면, 박을 세 번 치면 음악 그치고 원무 4인은 두 손을 모아 얼굴 앞에 들고 협무는 염수하고 서 있는데 꽃이 아래로 처 드린다.

(박) 원무 전원 창사唱詞를 부른다.

(박) 음악 삼현도드리가 연주되고 원무와 협무 두 손 옆으로 펴든다.

(박) 원부는 후퇴하고 협무는 전진하여 자리 바꾸어 선다.

(박) 무 8인 두 손 내려 앞에 여민다.

(박) 세 번 치면 음악 그치고, 협무 4인 두 손을 모아 얼굴 앞에 든다.

(박) 협무 전원 창사唱詞를 부른다.

(박) 음악 삼현도드리 연주한다. 원무와 협무 두 손 옆으로 펴든다.

(박) 협무는 후퇴하고 원무는 전진하여 자리 바꾸어 서고

(박) 2열로 후퇴하여 북 보다는 뒤편에 서면

(박) 원무1은 북의 앞쪽(前面), 2는 서쪽(右側), 3은 남쪽(後面), 4는 동쪽(左側)으로 진행하여 가운데 있는 북을 향해 서고 협무 4인도 네 귀퉁이로 나누어서 북을 향해 선다(북을 가운데 두고 큰 원형무가 됨).

(박) 원무는 북 앞으로 들어가고 협무는 서서 어깨춤 춘다.

(박) 무 8인 두 손 내려 앞에 여민다. 원무는 두 손 북채로 북 밑모서리를 치고 옆으로 들며, 협무는 앞·뒤로 무릎 구부린다.

(박) 원무 두 손을 옆으로 들어 북 위에 북채를 모아 높이 들고 좌·우로 어르다가

(박) 두 손을 앞으로 내렸다가 앞으로 들어서 오른쪽 북채를 높이 들어 북을 치고 다시 오른손 북채를 앞에서 머리 위로 높이 들어내려 펴들며 좌로 130° 돌고 협무는 두 손을 옆으로 펴들며 좌로 130° 돌아 우측으로 향한다. 원무는 북틀을 좌측에 두고 협무는 앞을 향하고 진행하여 각각 자리를 바꾼다. 북쪽무는 서쪽, 동쪽무는 북쪽, 서쪽무는 남쪽으로 간다. 협무도 자리 바꾸어 선다.

(박) 무 8인 북을 향해 선다.

(박) 원무는 북 앞으로 들어가고 협무는 서서 어깨춤 춘다.

(박) 무 8인 두 손 내려 앞에 여민다.
음악 빠른 도드리로 변하고 원무는 두 손 북채로 북 밑모서리를 치고 옆으로 들고 협무는 앞·뒤로 무릎을 구부린다.

(박) 원무 4인 두 손을 옆으로 들어 북 위에 북채를 모아 높이 들고 좌우로 어르다가 두 손을 앞으로 내리었다가 앞으로 다시 높이 들어 북을 칠 준비를 한다.

(박) 음악이 타령으로 변하고 원무는 두 손 북채로 북을 치고 왼손은 펴들고 오른손은 앞에서 들어 머리 위로 돌리어 펴들며 좌로 130° 돌고 협무는 두 손을 옆으로 펴들며 좌로 130° 돌아 우측으로 향한다. 원무는 북틀을 좌측에 두고 협무는 앞을 향하고 진행하여 각각 자리 바꾼다. 이런 형식으로 동서남북東西南北 4방위로 한 후 돌아서

먼저와 같이 2열 횡대로 선다.
(박) 무 8인 좌로 돌아 앞을 향한다.
(박) 무 8인 전진한다.
(박) 무 8인 두 손 내려 앞에 여미고
(박) 두 손 옆으로 들어 펴들고 후퇴하여
(박) 두 손 내려 앞에 여미고 고개 숙여 인사하고 춤 끝낸다.

동동動動(牙拍舞)

동동動動은 고려高麗 때 발생된 것으로 작자는 분명치 않다. 그러나『고려사高麗史』악지樂志에 무용의 순서와 내용이 소상하게 기재되어 있는 것을 참고하면 매우 정돈되고 발달된 상태로 이 춤도 조선 초『고려사』를 편찬할 시기에 실상을 기술한 느낌이 든다. 그리고 말미 부기附記난에는 사용하는 노래의 가사歌詞가 송축하는 말이 많이 들어 있고, 신선의 말을 모방해 지은 것으로 가사가 이속俚俗되어 기술하지 않았다고 했다. 그런데 이 글 중에 가사가 저속해서 싣지 않았다 한 것은 이 춤 뿐 만 아니라 간혹 다른 춤에서도 볼 수 있는 것으로 내용을 추구해 보면 순 한문으로 된 시문詩文이 아니오 우리의 말과 국문으로 창작된 가사를 노래할 때는 비이卑俚, 이어俚語, 방언方言, 이언俚諺이니 하고 기재하지 않았다고 설명하고 가사를 싣지 않기도 했다. 그러므로 이 춤이 처음 발생되었을 당시에는 우리말로 된 1년 12월을 읊은 동동사動動詞를 부르며 향악鄕樂이 연주한 것을 알 수 있다.

그 뒤 성종成宗대에는 동동이란 이름이 없고 아박무牙拍舞로『악학궤범樂學軌範』에 실려 있다. 무원 2인이 아박을 들고 정월正月에서 12월까지 열두 달에 해당한 창사를 불렀는데 창사를 부른 다음에는 춤이 진행되었다. 이렇게 두 가지 이름이 생기게 된 것은 무인이 동동사動動詞를 부른 것과 또 아박牙拍을 들고 추는데서 기인한 것으로 생각된다.

그 후 순조純祖대에는 부르는 창사唱詞가 동동사動動詞를 노래하지 않고 세자世子가 지은 칠언사구七言四句의 순한문 시詩로 바꾸어 부르게 되었다. 그리고 순조純祖 무자戊子(1828), 기축己丑(1829)년에는 각종 진연에서 여러 차례 연희하였는데 무원舞員에 증감이 있었고 원무元舞와 협무로 구분되기도 했다. 헌종憲宗 무신戊申(1848)과 조선말 고종高宗 정해丁亥(1887), 신축辛丑(1901), 임인壬寅(1902)년까지 궁중에서 연희했다.

동동사動動詞를 불러서 동동, 아박牙拍을 들고 추었기 때문에 아박무牙拍舞로 이름한 이 무용은 목판木板 6개를 위쪽에 두 개의 구멍을 뚫고 끈으로 잡아맨 박拍이라는 악기를 들고 쳐서 소리를 내면서 추는 춤으로 목판木板끼리 부딪쳐서 생겨나는 음색이 특이하며 더욱 장고와 박 소리의 강약이 조화를 이룬다. 그리고 중국 송宋나라 때 악무樂舞의 아박牙拍이란 이름이 있는데 우리나라에서 그 이름을 향악정재鄕樂呈才로 인용했다고 했다.

이 춤의 진행을 『정재무도홀기呈才舞圖笏記』를 풀이해 설명한다.

무 4인이 염수하고 들어와 무대 뒤쪽에 2열로 앞을 향하고 서있고 악사는 뒤편에 1열로 앉아 있다.

(박) 음악을 연주하면 악사 2인이 아박牙拍 2개를 들고 좌우 쪽에서 들어와 무대 중앙에 4각형으로 나누어 놓고 좌우로 퇴장한다.

(박) 무 4인이 염수하고 앞으로 나가 아박 앞에 선다.

(박) 무 4인 무릎을 구부리고 앉아서 엎드려 아박을 어르고 오른손으로 아박을 집어 들고 일어선다.

(박) 3차, 음악이 그친다. 두 손 모아 얼굴 앞에 든다.

(박) 무 4인이 창사唱詞한다. 끝난다.

(박) 음악을 연주한다. 무 4인 두 팔을 옆으로 펴들고 전진 후퇴한다.

(박) 아박을 세 번 친다.

(박) 좌우 무가 상대해 서서 아박을 세 번 친다.

(박) 좌우 무가 돌아 등으로 향하여 아박을 세 번 친다.

(박) 무 4인 전면으로 향하여 아박을 한번 친다.

(박) 한 팔을 들고 한 팔은 쳐들어 아래로 내리며 안으로 들고 아박을 한 번 친다. 오른팔을 높이 들어 내리어 오른 다리에다 아박을 한 번 친다.

(박) 두 손으로 박을 잡고 왼편 다리 위에서 아박을 친다.

(박) 무 4인 두 손을 펴들고 앞으로 나가 두 손 내려 앞에 여미고 무릎 구부리고 앉아 아박을 먼저 자리에 놓는다.

(박) 일어나서 염수하고 후퇴하여

(박) 고개 숙여 인사하고 악사가 좌우에서 들어와 아박을 집어 들고 좌우로 나가면 박三차치면 음악 그치고 춤 끝낸다.

향발무響鈸舞

이 춤은 고려高麗 때부터 시작된 것으로 전하고 있다. 그러나 이 사실을 반증할 자료는 아직 찾아볼 수 없다. 이 춤은 향발響鈸이라는 작은 제금을 매듭 끈으로 매어 술을 아래로 늘어뜨리고 좌우수左右手 장지長指와 모지母指에 끼고 마주 쳐서 소리를 내며 추는 것으로 은은히 들려오는 향발의 여운은 청각의 신진대사를 일으켜주고 춤의 아름다움은 시각을 황홀하게 하여 시각과 청각 두 측면에서 재평가할 수 있는 춤이다. 이 춤의 상태를 『악학궤범樂學軌範』을 통해 상고하면 내용이 매우 충실하고 짜임새 있게 정돈되어 무용으로서의 면모를 갖추고 있는 것을 엿볼 수 있다.

그렇기 때문에 이 춤이 선초鮮初에 들어와서 활동한 사실은 분명치 않으나 성종成宗 이전부터 활발히 연희되어 『악학궤범』에 실린 형태로까지 발전된 것으로 생각이 가게 한다. 그리고 『악학궤범』에는 무원이 8인으로 되었는데 인원수에 대해서는 주석註釋에 2인에서 4인, 6인, 10인, 12인으로 증감할 수도 있다고 하였다. 그 후 순조純祖 무자戊子(1828)와 기축己丑(1829),

헌종憲宗 무신戊申(1848) 진연에도 등장하였으며 조선말 고종高宗 정해丁亥(1887), 신축辛丑(1901), 임인壬寅(1902)에도 궁정에서 춘 기록이 전해있다.

이 춤의 순서를 『악학궤범樂學軌範』 권5 시용향악정재도의時用鄕樂呈才圖儀에 있는 것을 풀이해 보면 무원 8인이 향발響鈸이라는 소형의 제금을 좌우 손 모지母指와 장지長指에 끼고 두 손을 앞에 여미고 횡대 1열로 들어와 전면을 향하고 서있다.

(박) 음악 보허자步虛子를 연주하면 무 8인은 전진하여 중간 지점에 선다.
(박) 3차 음악이 그치고
(박) 전원 두 손을 모아 얼굴 앞에 들고 창사唱詞를 부르고 끝난다,
(박) 음악이 연주되면 무 8인 두 손을 벌려 펴들고 좌우 4인 2인씩(左1은 左2, 左3은 左4 右1은 右2, 右3은 右4) 팔을 끼고 전진한다.
(박) 팔을 반대로 바꾸어 끼면서 전진한다(左2는 左3, 左4는 右4, 右3은 右2, 右1 左1은 짝이 없다).
(박) 다시 반대로 팔을 바꾸어 끼면서 전진한다.
(박) 무 8인 무릎을 구부리고 앉으며 좌우무 4인 각각 두 손을 들어 내슬內膝 위에 놓는다(左1 左3 右4 右2는 좌측 무릎, 左2 左4 右3 右1은 우측 무릎).
(박) 두 손을 들어 반대 무릎 위에 놓는다.
(박) 두 손을 앞에 여미며 일어선다.
(박) 두 손 펴서 얼굴 앞에 모아든다.
(박) 무 8인 무릎을 구부리고 앉으며 두 손을 높이 들어 좌측으로 돌리어 내려 앞에 여미고 엎드려 절한다.
(박) 일어서서 전원 두 손 향발을 1차 친다. 좌우무 4인 외수外手(左1 左3, 右4 右2는 右手, 左2 左4, 右1 右3은 左手)를 들고 향발을 3차 친다.
(박) 무 8인 각각 반대 손으로 바꾸어 들고(左1 左3, 右4 右2는 左手), (右2 左4, 右 1, 右3은 右手) 향발 3차 친다.
(박) 가락을 중복한다.
(박) 두 팔 펴들고 좌편에서는 左1 左2, 우편에서는 右1 右2 순으로 한

사람씩 차례로 전진하며 좌우 그대로 4인씩 나누어(左1 左2 左3 左4, 右1 右2 右3 右4) 순으로 선다.

(박) 좌우대 상대해 서고
(박) 좌우대 향발을 치며 상대해 전진하여 자리 바꾼다(左1은 右1 앞으로 가고 右1은 左1 左2 사이로 간다. 다른 대열은 이에 준한다).
(박) 좌우대 자리 교환하여 돌아 상대한다.
(박) 앞의 진행과 같이 진행하여 먼저 위치에 온다.
(박) 左1 左2 右1 右2는 후퇴하고 左3 左4 右3 右4는 전진하여 횡대 1열무 된다.
(박) 1열무 향발을 3차 치면서 전진한다.
(박) 1열무 후퇴하면서 향발 3차 친다.
(박) 1열무 전진하면서 향발 3차 친다.
(박) 두 손 내려 앞에 염수하면서 무릎 구부리며 앉고
(박) 다시 일어서서 두 팔을 펴 얼굴 앞에 모아들고 무릎 구부리며 앉고 두 손을 높이 들어 돌려 내리어 염수하고 엎드려 절하고
(박) 일어나서 두 팔을 펴서 다시 얼굴 앞에 모아들고 후퇴한다.
(박) 3차 고개 숙여 인사하고 춤 끝낸다.

학무 鶴舞

이 춤은 고려高麗 때 시작되었다고 전하고 있으나 이를 뒷받침할 자료는 거의 보이지 않는다. 춤에 대한 절차가 『악학궤범樂學軌範』에 자세하게 기술되어 있고 더욱 궁중에서 연례적으로 실행하는 궁중나례宮中儺禮에서 출현한 사실을 참작한다면 선초부터 궁중에서 성행하다가 성종成宗대는 궤범軌範에 기술된 양상으로 발전된 것으로 생각해 볼 수 있다.

그 후 역대歷代 궁중宮中 진연進宴에서 사용한 『정재무도홀기呈才舞圖笏

記』와 고종高宗 정해丁亥(1887)와 신축辛丑(1901), 임인壬寅(1902)년까지 궁중에서 연희했었다. 그리고 궁궐뿐만 아니라 민간에서도 출연한 기록으로는 단원檀園의 평안감사환영도平安監司歡迎圖와 『교방가요教坊歌謠』에 도록화圖錄化되어 있다. 그리고 『교방가요』에는 연화대무蓮花臺舞와 합연合演된 것으로 학 두 마리가 춤을 추다가 연꽃을 쪼면 꽃 속에 숨어있던 선동仙童이 나와 학을 타고 춤을 추었다고 되어 있다. 그러나 비록 이런 기록들이 있다고 하더라도 민간과는 전혀 관계가 없는 순전한 궁정계통의 연화대무와 협연한 것과 또 무원들의 성분이 관기官妓와 여령女伶들이라는 점을 감안하면 순수한 민간계통의 무용이 아니라 궁중계열의 무용이라는 것이 심증이 된다.

이 춤은 무원 2인이 청색 황색(혹은 백색)의 학 모양에 탈을 쓰고 학의 행동과 동작을 표현하는 것이 특이한 점이다. 이 춤은 중요무형문화재 제40호로 지정되어 보존, 전승되고 있다. 이 춤의 진행과 절차를 『정재무도홀기呈才舞圖笏記』를 통해 풀이한다.

무대 뒤쪽에 지당판池塘板을 설치하고 그 위에 연통蓮筒을 동東, 서西로 갈라놓고 그 속에 무인 두 사람이 들어가 있다.

(박) 음악이 연주된다(鄉唐交奏).
(박) 동·서편에서 청학·황학이 날아 들어와서 지당판 앞에서 동·서편에 나누어서 전향前向해 선다.
(박) 몸을 흔들고 입부리를 마주치고
(박) 앞으로 두 걸음 나가서 고개를 돌려 서로 본다.
(박) 앞으로 두 걸음 나가서 고개를 돌려 반대쪽을 본다.
※ 이상 두 가락을 되풀이한다.
(박) 안쪽으로 180° 돌아 지당판을 향해 두 걸음 들어가서 두 학이 먼저와 같이 고개를 돌려 서로 본다.
(박) 앞으로 두 걸음 들어가서 고개를 돌려 반대쪽을 본다.
(박) 한 걸음 들어가서 머리를 숙여 땅을 쪼고 고개를 들어 입부리를 마주

친다. 입부리로 땅을 좌우로 쓸고 고개를 들어 입부리를 마주친다.
(박) 앞으로 두 걸음 들어가서 고개를 돌려 서로 보고
(박) 앞으로 두 걸음 들어가서 고개를 돌려 반대쪽을 본다.
(박) 안쪽으로 180° 돌아 전면을 향하고 두 걸음 나가서 고개를 돌려 서로 보고
(박) 앞으로 두 걸음 나가서 고개를 돌려 반대쪽을 본다.
(박) 앞으로 두 걸음 나가서 고개를 돌려 서로 본다.
(박) 안쪽으로 180° 돌아 지당판을 향해 두 걸음 나가서 고개를 돌려 서로 본다.
(박) 두 걸음 나가서 고개를 돌려 반대쪽을 본다.
(박) 안쪽 발을 들어 딛고 연통의 안쪽을 보고 바깥쪽 발을 들었다 딛고 연통의 바깥쪽을 본다.
(박) 안쪽으로 180° 돌아 전면을 향해 두 걸음 나가서 고개를 돌려 서로 본다.
(박) 두 걸음 나가서 고개를 돌려 반대쪽을 본다.
(박) 안쪽으로 180° 돌아 지당판을 향해 두 걸음 들어가서 고개를 돌려 서로 본다.
(박) 두 걸음 앞으로 나가서 고개를 돌려 반대로 본다.
(박) 안쪽 발을 들었다 딛고 연통의 안쪽을 본다. 바깥쪽 발을 들었다 딛고 연통의 바깥쪽을 본다. 안쪽 발을 들었다가 딛고 구부리고 연통의 남쪽을 본다.
(박) 어르다가 연통을 쪼면 꽃봉오리가 벌어지면서 무인이 나오면 학이 놀라면서 날아서 좌·우편으로 퇴장하면 박 세 번 치고 춤 끝낸다.

참고문헌

『高麗史樂志』俗樂

『樂學軌範』券之五 時用鄕樂呈才圖儀

『進爵儀軌』戊子(1828) 純祖時

『進饌儀軌』己丑(1829) 純祖時

『進饌儀軌』戊申(1848) 憲宗時

『進饌儀軌』丁亥(1887) 高宗時

『進饌儀軌』辛丑(1901) 高宗時

『進宴儀軌』壬寅(1902) 高宗時

『무용한국』, 1985년 춘하호

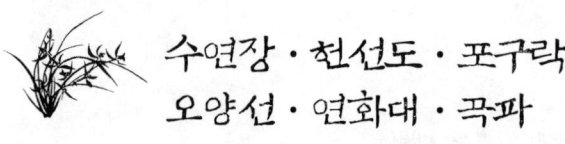

수연장·헌선도·포구락 오양선·연화대·곡파

—궁중무용의 유형별 고찰 ④—

이번에는 조선조 시대 우리나라에서 발생된 무용들을 열거하기에 앞서 고려시대의 외국으로부터 수입된 당악계통의 무용들을 고찰하려고 한다.

궁중무용 분야의 변천과 큰 발전을 가져오게 한 것이 고려 때 중국 송나라에서 무용들이 들어온 것이다. 비록 이것들이 들어온 경로와 춤으로써의 상태와 형성이 어떠했느냐 하는 점은 소상치 않다. 그러나 이 춤들이 고려를 지나 조선조로 전해졌으며, 뿐만 아니라 그 후 조선조로 들어와서는 큰 영향을 받아 당악무의 형식으로 춤이 많이 창작되었음을 볼 수 있고 이것이 전승·연희되어 이 분야의 한 유형을 형성하게 된 것을 알 수 있다.

『고려사』 악지 당악조에 있는 것을 보면 헌선도獻仙桃, 수연장壽延長, 포구락抛毬樂, 오양선五羊仙, 석노교惜奴嬌(曲破), 연화대蓮花臺 등 6종이다.

이상 6종의 무용들의 발상지인 중국에서의 생성 발전에 대한 내용은 다음 기회로 마루고 여기에서는 우리나라 문헌에 수록되어 있는 것에다 초점을 두고 추구해서 무용을 한 가지씩 규명하려고 한다.

수연장 壽延長

이 춤도 『고려사』 악지 당악조에 연희 순서가 기록되어 있어서 춤의 양상을 용이하게 짐작할 수 있다. 그리고 중국에서의 기원과 고려에 유입된 사실은 분명치 않다. 다만 순조純祖 기축己丑(1828) 때 『진작의궤進爵儀軌』 주기註記에 여러 설이 지적되어 있으나 이것도 신빙성이 희박한 것으로 한갓 명칭의 유사성을 추적한 것으로 여겨진다.

조선 성종成宗대 『악학궤범』 시용당악정재도의에도 재록되어 있는데 내용이 간결하게 정리되었으며 『고려사』 악지와 큰 차이가 없다. 그러나 원무 16인이 8인으로 축소되어 있고 의물儀物은 죽간자 2인만 들어있다. 그 후 순조純祖 무자戊子 기축己丑을 거쳐 고종高宗말 신축辛丑(1901)년대 까지 궁중에서 추었으며 1910년 이후 중단되었다가 1923년에 다시 재연되어 비원秘苑 인정전仁政殿에서 연희하기도 했다.

이 춤의 순서는 1922년도 필자가 이왕직아악부 아악생 시절에 학습한 것을 기록한다.

좌우 양편에 죽간자가 갈라 서 있고 그 뒤에 무원 8인이 앞에 염수하고 4인씩 2대 횡렬로 등장해 있다.

(박) 음악 보허자를 연주하면 죽간자 2인과 원무 8인 고개를 숙여 인사한다.
(박) 죽간자 2인 전진하여 앞에 나가 선다.
(박) 3차, 음악 그친다.
(박) 죽간자 2인 구호口號를 부른다. 끝난다.
(박) 음악 향당교주를 연주하면 죽간자 2인 조금 후퇴하여 좌우로 갈라 서서 상대해 선다.
(박) 좌우무 8인 두 팔을 옆으로 펴들고 앞으로 나가 선다.
(박) 무 8인 두 손을 내려 앞에 염수한다.
(박) 3차, 좌대 4인은 우수, 우대 4인은 좌수를 얼굴 앞에 든다.

(박) 창사를 부른다. 끝난다.

(박) 무 8인 얼굴 앞에 든 손을 앞으로 내리며 반대편 손을 얼굴 앞에 들고 창사를 부른다. 끝난다.

(박) 음악 삼현 도드리를 연주하면 무 8인 두 팔을 옆으로 펴들고 조금 후퇴한다.

(박) 좌대무 4인은 서편, 우대무 4인은 동편을 향하고 진행하는데 좌대는 좌 1·2·3·4 순으로, 우대는 우 1·2·3·4 순으로 원을 그리며 전진하여 중앙에서 한사람씩 교체하여 반대쪽으로 원을 그리며 진행하여, 다시 교체하고 전진하여 좌우 양대로 좌 1·2·3·4, 우 1·2·3·4 순으로 종렬로 선다.

(박) 좌대 4인은 서쪽으로 90° 돌아서고, 우대 4인은 동쪽으로 180° 돌아 선다. 우대무 4인은 무 4·3·2·1 순으로 서쪽으로 원을 그리며 진행하고, 좌대무 4인은 동쪽으로 원을 그리며 진행하여 동쪽은 좌 1·2, 서쪽은 우 1·2, 남쪽은 좌 3·4, 북쪽(前面)은 우 3·4가 4방형으로 선다.

(박) 무 8인 각각 돌아 전향한다.

(박) 무 8인 각각 돌아 안쪽으로 본다.

(박) 무 8인 두 손을 내려 앞에 염수한다.

(박) 무 8인 두 팔을 펴들며 남과 북, 동과 서가 상대한다.

(박) 무 8인 각각 180° 돌아 동서남북이 상배한다.

(박) 무 8인 각각 180° 돌아 상대한다.

(박) 동무와 서무, 남무와 북무가 전진하여 자리를 바꾸어 상배해 선다.

(박) 무 8인 각각 180° 돌아 상대한다.

(박) 동무와 서무, 남무와 북무가 전진하여 먼저 위치로 온다.

(박) 무 8인 각각 돌아 전향한다.

(박) 무 8인 두 손을 높이 들어 올려 뿌려 내릴 준비를 한다.

(박) 음악 빠른 도드리를 연주하면 무 8인 두 손을 뿌려 뒤로 여미고, 좌

　　　　우로 돌며 뒤편으로 가서 처음 등장한 때와 같이 2열 횡대로 선다.
(박) 음악 타령으로 변하면 무 8인 이수고저하며 전대는 앞으로 나가 전
　　　대·후대로 된다.
(박) 전대 이수고저하며 180° 돌아 남쪽인 후대를 향한다.
(박) 전대·후대가 진행하여 자리를 바꾼다.
(박) 후대와 전대 각각 180° 돌아 상대한다.
(박) 전대와 후대 진행하여 먼저 위치로 온다.
(박) 후대 180° 돌아 전향한다.
(박) 전대는 후퇴하고 후대는 전진하여 합대하여 전진한다.
(박) 전후대 8인 두 손을 내려 앞에 염수한다.
(박) 3차, 음악 그치고 좌대 4인 우수, 우대 4인은 좌수를 얼굴 앞에 든다.
(박) 무 8인 창사를 부른다. 끝난다.
(박) 음악 보허자를 연주하면 죽간자 2인 앞으로 나가 전향해 선다.
(박) 3차, 음악 그치고 죽간자 2인 창사를 부른다. 끝난다.
(박) 음악 보허자를 연주하면 죽간자 2인 조금 후퇴해 선다.
(박) 음악 타령을 연주하면 무 8인 두 팔을 옆으로 펴들고 전진하여 선다.
(박) 무 8인 두 손을 내려 앞에 염수한다.
(박) 무 8인 두 팔을 옆으로 펴들고 죽간자 2인과 후퇴하여 두 손 내려
　　　앞에 염수하고 고개 숙여 인사한다.
(박) 3차, 음악 그치고 춤 끝난다.

헌선도 獻仙桃

　이 춤도 『고려사』 악지 당악조에 실려 있는 것으로 내용이 왕모王母가 천상天上에서 내려와 왕王에게 천도天桃를 드리는 형식으로 왕王의 장수를 기원하는 뜻의 노래를 부르며 추는 것이다. 춤의 진행 절차도 세밀하게 수

록되어 있고 등장하는 무원과 의물儀物 노래의 가사 등이 고루 갖추어져 있다. 그런데 다른 당악무에 비하면 원무元舞 3인에, 의물인儀物人이 23인이 되는 것이 특이한 점이다.

고려 의종毅宗 때 연희한 흔적이 있고 조선조에서는 『악학궤범』에 성종成宗 때를 전후해서 전승 연희한 사실을 뒷받침하고 있다. 그리고 순조純祖 때 『진찬의궤』 주기註記에는 송宋나라 때 가사歌詞에 선녀궁仙呂宮이 있었는데 왕모도王母挑라고 했다고 하고 고려高麗에서 이것을 모방해서 헌선도獻仙桃를 지었다고 되어있다. 순조純祖대에서 헌종憲宗대를 거쳐 조선말 고종高宗년대까지 춤의 진행에 큰 변화가 없이 전해 내려왔으며 순조純祖 이후부터는 의물儀物에 죽간자 2인만 등장하고 여타 의물은 제외되어 있다.

『궁중정재홀기宮中呈才笏記』를 준거해서 헌선도獻仙桃의 순서를 기술한다. 이 춤은 탁자卓子를 무대 앞 중앙에 놓고 죽간자 뒤쪽에 2인이 좌우로 갈라서고 그 뒤에 선모仙母와 좌우에 협무 1인씩 염수하고 등장해 서있다.

(박) 음악 보허자를 연주하면 죽간자와 선모와 협무 고개 숙여 인사한다.
(박) 죽간자 2인 앞으로 나가 탁자 뒤에 선다.
※ 선모와 협무는 서있다.
(박) 죽간자 2인 창사를 부른다. 끝난다.
(박) 음악 보허자를 연주한다.
(박) 죽간자 2인 뒤로 물러나서 좌우로 갈라서며 서로 상대한다.
(박) 선모와 협무 2인 두 팔을 옆으로 펴들고 전진한다.
(박) 두 팔 내려 앞에 염수한다.
(박) 협무 2인은 서 있고 선모 앞으로 나가 탁자 앞에 선다. 무원 선도반仙桃盤을 두 손으로 받쳐들고 동쪽에서 등장하여 선모의 우측에 무릎을 꿇고 앉아서 선도반을 선모에게 주고 일어나 뒤로 물러나 퇴장한다.
(박) 3차, 음악이 그친다.
(박) 선모 선도반을 두 손으로 받쳐들고 창사를 부른다. 끝난다.
(박) 음악 세령산을 연주하면 선모 무릎을 구부리며 선도반을 탁자 위에

놓고 앉아 엎드렸다가 일어나 선다.
(박) 선모 두 팔을 옆으로 펴들고 후퇴하여 먼저 자리로 와서 두 손을 내려 앞에 염수한다.
(박) 3차, 음악이 그치고 선모와 좌협무는 우수를, 우협무는 좌수를 얼굴 앞에 구부려 든다.
(박) 창사를 부른다. 끝난다.
(박) 음악 도드리를 연주하면 선모와 협무 2인 좌우로 돌며 뒤쪽으로 내려와서 전향한다.
(박) 선모는 서서 추고, 협무 2인은 전진하고, 후퇴하여 선모와 1열로 서서 전향한다.
(박) 3차, 음악 그치고, 좌협무는 우수, 우협무는 좌수를 얼굴 앞에 든다.
(박) 협무 2인 창사를 부른다. 끝난다.
(박) 선모 염수하고 앞으로 나가서고 협무 2인은 손을 내려 앞에 염수한다.
(박) 3차, 음악 그치고, 선모 우수를 얼굴 앞에 든다.
(박) 선모 창사를 부른다. 끝난다.
(박) 음악 타령 곡을 연주한다.
(박) 선모 우수를 내려 염수하고, 후퇴하여 협무와 1열로 선다.
(박) 죽간자 2인 앞으로 나가 전향하여 선다.
(박) 3차, 죽간자 2인 창사를 부른다. 끝난다.
(박) 음악 타령 곡을 연주한다.
(박) 죽간자 후퇴하여 선다.
(박) 선모와 협무 2인 두 팔을 옆으로 펴들고 전진하여 죽간자 뒤편에 선다.
(박) 선모와 협무 2인 두 손을 내려 앞에 염수한다.
(박) 선모와 협무 2인 두 팔을 옆으로 펴든다.
(박) 죽간자 2인, 선모, 협무 2인 후퇴하여 먼저 위치에 와서 두 손 내려 앞에 염수하며 고개 숙여 인사한다.
(박) 3차, 음악 그치고 춤 끝난다.

포구락抛毬樂

포구락抛毬樂은 고려 문종文宗(1073) 때 여령女伶, 초영楚英 등 13인이 처음 팔관회八關會에서 실현한 것으로 문종(1073) 이전에 고려에 유입되었음을 『고려사』 악지 용속악조用俗樂條에서 밝혀주고 있다. 그러나 춤의 연희 절차節次에 대한 설명은 전혀 없다. 그리고 동지同志 당악조唐樂條에는 이 춤의 진행 형식을 간략하게 기술해 놓아 포구락의 윤곽과 형태를 파악할 수 있다.

다음 조선조로 내려와서는 『악학궤범樂學軌範』 시용당악정재도의時用唐樂呈才圖儀에는 춤의 진행절차가 자세하게 수록되어 있고 여러 의물儀物의 등장과 무인舞人의 수도 16인으로 증가되어 먼저 『고려사』 악지의 것보다는 크게 발전되고 형태가 다양하며 정리된 상태였다. 그 뒤 순조純祖대에서 고종高宗 말까지 70여 년동안 궁중연향에서 연희된 것이 역대 『진찬의궤』, 『진작의궤』, 『진연의궤』 등에서 밝혀 주고 있다. 그리고 이상 여러 차례 출연에서 무원의 수는 변동이 나타나서 증감이 있었으며 두 틀의 포구문抛毬門을 놓고 무원이 증가하여 화려하게 펼쳐졌던 때도 있었다. 조선 후기로 들어와서는 죽간자만 등장해 있고 다른 의물들은 들어있지 않다.

포구문을 중앙에 두고 무원이 좌우편에 양대로 갈라서서 문 상부에 뚫린 풍류안風流眼이라는 구멍에 차례로 채구彩毬를 던져 넣어 승부를 가리는 춤으로 채구가 구멍에 들어가면 상으로 꽃을 받고, 만약 들어가지 못하면 벌로 뺨에다 먹칠을 해주는 것으로 마치 농구와 흡사한 춤이다.

춤의 순서는 『정재무도홀기呈才舞圖笏記』에 본거를 두고 필자가 1922년도 이왕직아악부 아악생 시절에 배운 것을 토대로 기록한다.

먼저 포구문을 무대 중앙에 설치하고 무원이 좌·우편에 종열 양대로 나누어서 뒤편에 등장해 있다. 무원은 두 손을 앞에 염수하고 있고 봉화와 봉필은 채구彩毬를 한 개씩 들고 있다. 좌대는 죽간자·봉화·좌1대무·좌2대무·좌3대무로 우대는 죽간자·봉필·우1대무·우2대무·우3대무 순으로 선다.

(박) 음악 향당교주를 연주하면 무 10인 고개 숙여 인사한다.
(박) 죽간자 2인과 봉화·봉필 전진하여 죽간자는 앞으로 나가서고, 봉화·봉필은 양편에 갈라 상대해서 선다.
※ 원무 3대는 염수하고 서있다.
(박) 3차, 음악이 그친다.
(박) 죽간자 2인 창사를 부른다. 끝난다.
(박) 향당교주가 연주되며, 죽간자 2인 조금 물러나며 뒷걸음으로 양편으로 갈라서서 봉화·봉필 앞쪽 옆에 서면서 상대한다.
(박) 음악 삼현도드리로 변하고, 3대 6인 전원이 서서 두 팔을 옆으로 펴들고 전진하여 포구문보다 앞으로 나와 좌·우에 선다.
(박) 3대 6인 후퇴하여 먼저 위치에 간다.
※ 이때 봉화·봉필은 채구를 포구문 앞 좌·우측에 놓고 먼저 위치로 가서 선다.
(박) 좌·우 1대 2인 전진하고 2대·3대 4인은 두 손을 앞에 내려 염수한다.
(박) 1대 2인 두 손을 내려 앞으로 여미며 무릎을 꿇고 앉는다. 두 손을 어깨위로 들었다 내리며 좌·우편으로 채구를 어르고, 두 손으로 얼른 다음, 오른쪽 한삼을 걷고 채구를 오른손으로 집고 일어난다.
(박) 3차, 음악 그치고 무 2인 두 손을 얼굴 앞에 모아든다.
(박) 창사를 부른다. 끝난다.
(박) 음악 삼현도드리가 연주되고 1대 2인 두 팔을 옆으로 펴들고, 후퇴하고 다시 전진하여 포구문 앞으로 가서 좌우가 상대해 선다. 포구문을 가운데 두고 후퇴하고 상대하고 들어가서 2인이 각각 우측으로 180° 돌아 포구문을 좌측에 끼고 후퇴하고 전진하여 다시 문 앞에서 상대한다. 반대측으로 180° 돌아 먼저와 같이 반복하고 포구문을 향하고 양편으로 갈라서서 두 손 내려 앞에 염수한다.
※ 오른손 한삼을 걷어 위로 올린다. 오른손과 왼손을 벌려 뿌려 펴들고 얼르고 아래로 내려 앞으로 들어 얼굴 가슴 앞으로 내리며, 왼손은 머리

위에 대고, 오른손을 우측으로 뿌려 앞으로 들어 얼굴 앞으로 내려 위로 제치며 포구문의 풍류안으로 시선을 향한다. 풍류안을 향하여 채구를 든 오른손을 오른쪽 어깨 위에 제쳐들고 몸을 앞·뒤로 얼른다.

(박) 좌 1대인 풍류안을 향해 채구를 던진다. 채구가 풍류안으로 들어가면, 두 손을 염수하며 무릎을 꿇고 앉으면 뒤에 서 있는 2·3대도 같이 앉는다. 그러면 봉화인이 꽃 한 송이를 갖다 주면 일어나서 두 팔을 펴들면 2·3대도 같이 펴들고 전진·후퇴하며 춤춘다.

※ 우대무는 풍류안을 향해 채구를 든 손을 엎었다 제쳤다 하며 어르고 있다.

(박) 우대무 풍류안을 향해 진행하고 채구를 던져 풍류안으로 들어가면 좌대무와 똑같고, 만약 들어가지 못하면 두 손 내려 앞에 염수하고 서 있으면 봉필인이 오른편 뺨에 먹칠을 하고 제자리로 간다. 우무는 염수하고 후퇴하여 2대무 앞에서 좌편으로 돌아 3대무 뒤로 가서 선다.

(박) 음악 빠른 도드리를 연주하고 좌1대무 두 팔 펴들고 후퇴하여 2대무 앞에서 두 손 내려 앞에 염수하고 우로 돌아 3대무 뒤로 간다.

※ 이때 봉필과 봉화인, 채구를 집어 포구문 앞 좌·우 쪽에 놓는다.

(박) 음악 타령곡이 연주되고 2대무 2인 두 팔 펴들고 전진 1대무와 똑같이 진행하는데 부르는 창사의 가사가 다르다. 다음 3대의 진행도 2대무와 같으며 창사의 가사만 다를 뿐이다.

만약 채구가 풍류안에 들어가지 못하고 아래로 내려올 때 무원이 우수로 받게 되면 다시 먼저와 같이 문을 향하고 전진·후퇴하고 얼르다가 채구를 또 풍류안에 던진다. 그러나 역시 들어가지 못하고 떨어져 내려올 때 또 손으로 잡게 되면 춤은 추지 않고 채구를 다시 풍류안으로 던진다. 그래도 들어가지 못하면 두 손을 염수하고 서 있으면 봉필이 오른뺨에 먹칠을 해준다. 만일 채구가 풍류안에 걸려서 떨어지지 않을 때는 무상무벌無賞無罰로 꽃도 주지 않고,

먹칠도 하지 않고, 염수하고 걸어서 자기 자리로 가서 선다. 마지막 우3대무가 먼저 위치에 와서 선다.

(박) 음악 보허자를 연주하고, 죽간자 2인 앞을 향하고 전진한다.

(박) 3차, 음악 그친다.

(박) 죽간자 2인 창사를 부른다. 끝난다.

(박) 음악 보허자를 연주하며, 죽간자 2인 후퇴해 선다.

(박) 음악 타령 곡을 연주한다.

봉화·봉필 전진하여 죽간자 뒤로 가서 전향해 서고, 원무 3대 6인 두 팔을 옆으로 펴들고 전진하여 죽간자 뒤에 선다.

(박) 3대 6인 두 손을 내려 앞에 염수한다.

(박) 6인 두 손을 옆으로 펴들고 죽간자 외 전원 후퇴하여 먼저 위치에 와서 고개 숙여 인사한다.

(박) 3차 치면, 음악 그치고 춤 끝난다.

오양선五羊仙

이 춤도『고려사』악지 당악조에『정재홀기모才笏記』가 기록되어 있다. 이 춤의 기원에 대해서는 당唐에 이군옥李群玉의 창포간시菖浦澗時의 5인 신선神仙이 다섯 양羊을 타고 내려왔다 했고, 여기에서 오양선五羊仙이란 춤 이름이 생겼다 했다. 또 같은 시詩 주註에 인용된『태평환우기太平寰宇記』의 고고高固가 초상楚相으로 있을 때 오선五仙이 오색양五色羊을 타고 한줄기에서 여섯 이삭이 돋은 수수[육수기(六穗秬)]를 가지고 나타난 것을 두고 그곳을 오양성五羊城이라고 불렀다는 것이 제시되어 있다. 우선 이런 고사故事를 종합해서 오양선五羊仙의 유래를 가설정하여 두면서 이 춤은 이름 그대로 여섯 마리의 양羊을 타고 내려온 신선神仙이 군왕君王을 송축 頌祝하는 뜻에 노래를 부르고 춤춘다. 그 후 조선조 성종成宗 때 궤범軌範

당악정재도의唐樂呈才圖儀에서 이 춤의 무의舞儀를 볼 수 있는데『고려사』악지보다 큰 변동이 없고 노래 가사에서 수정된 곳이 있는 것을 발견할 수 있다. 조선후기 순조純祖 때 기축己丑(1829)『진찬의궤進饌儀軌』에 연희한 사실이 명시되어 있으며 다른 기록에서는 보이지 않는 것으로 연희한 실적이 많지는 않았던 것으로 추측이 간다. 오양선을『궁중정재홀기宮中呈才笏記』에 근거를 두고 순서를 풀이한다. 이 춤의 순서는『정재홀기才笏記』기준으로 기록화 한다.

죽간자 2인 좌우로 갈라 서 있고 선모와 좌우 협무 4인 염수하고 횡렬로 등장해 있다.

- (박) 음악 보허자를 연주하면 죽간자와 선모와 좌우 협무는 고개 숙여 인사한다.
- (박) 죽간자 2인 앞으로 걸어 나가 선다.
- (박) 3차, 음악 그친다.
- (박) 죽간자 2인 창사를 부른다. 끝난다.
- (박) 음악 보허자를 연주하면 죽간자 2인 뒤로 물러나 좌우로 갈라선다.
- (박) 음악 잔영산을 연주한다. 선모와 좌우 협무 4인 두 팔을 옆으로 펴들고 전진하여 선다.
- (박) 두 손 내려 앞에 염수한다.
- (박) 선모 조금 앞으로 나간다.
- (박) 3차, 음악 그치고 선모 우수를 얼굴 앞에 든다.
- (박) 창사를 부른다. 끝난다.
- (박) 음악 잔영산을 연주하면 선모 두 손을 옆으로 펴들고 후퇴하여 협무와 일렬로 서며 두 손 내려 앞에 염수한다.
- (박) 3차, 음악 그치고 선모는 우수, 좌측 협무는 우수, 우측 협무는 좌수를 얼굴 앞에 들고 창사를 부른다.
- (박) 선모와 좌우 협무 각각 반대편 손으로 바꾸어 들고 창사를 부른다. 끝난다.

(박) 음악 삼현 도드리를 연주한다.
(박) 선모와 좌우 협무 4인 서서 두 팔을 옆으로 펴들고 좌 1, 우 1은 앞으로 나가고 좌 2, 우 2는 후퇴하여 4방형이 되고 선모는 중앙에 있다.
(박) 선모, 협무 4인 각각 좌로 돌고 우로 돈다.
(박) 한 손씩 뿌리고 360° 돌아 안을 향한다.
(박) 두 손을 내려 앞에 염수한다.
(박) 협무 4인 두 손을 옆으로 들며 180° 돌아 등으로 향한다. 선모는 서서 춘다.
(박) 두 손을 위로 뿌려 우수는 우견 위에 구부려 들고 좌수는 펴든다. 반대로 한다.
(박) 두 손을 위로 뿌려 우수 가슴 앞에 구부려 들고 좌수 펴들며 180° 안으로 향한다. 선모와 협무 4인 앞의 가락을 좌편, 우편으로 중복하면서 상대하고 춤추다가 두 손을 어깨위로 높이 들어 내릴 준비를 한다.
(박) 음악이 빠른 도드리를 연주하고, 선모와 협무 4인 두 손을 뿌려 뒤에 여미고, 선모는 제 위치에서 우로 좌로 돌고, 좌 1, 좌 2는 우로 360° 돌아가는데 좌1은 후퇴하고 좌 2는 앞으로 나가며, 우 1, 우 2는 좌로 360°씩 돌아가는데 우 1은 후퇴하고 우 2는 앞으로 나가며 진행하여 선모와 좌우 협무 1열 2무 된다.
(박) 1렬무 조금 후퇴한다.
(박) 음악 타령으로 변하면 선모와 좌 2, 우 2 협무는 염수하고 좌 1, 우 1 협무는 두 팔을 옆으로 펴들며 앞으로 나간다. 앞으로 나간 좌 1 우로, 우 1 안(좌 1은 좌편, 우 1은 우편)으로 돌아 상대하고 어깨춤 추고 왼쪽(좌무는 우편, 우무는 좌편)으로 돌아 전향한다.
(박) 좌 1무, 우 1무 2인 후퇴하여 먼저 위치로 와서 두 손 내려 앞에 염수한다.
(박) 좌 2무, 우 2무 두 팔을 옆으로 들며 앞으로 나간다. 좌 2무, 우 2무

안으로 돌아 상대하고 어깨춤 추고 왼쪽으로 돌아 전향한다.

(박) 좌 2무, 우 2무 2인 후퇴하여 먼저 위치로 와서 두 손 내려 앞에 염수한다.

(박) 선모는 앞으로 나가며 두 팔을 옆으로 펴들고 협무 4인은 서서 두 팔을 옆으로 펴든다. 선모는 좌로 180° 돌아 협무와 상대하고 춤춘다.

(박) 선모는 우로 180° 돌아 전향하고, 협무 4인은 앞으로 나가 선모와 1열로 되어 전진하여 선다.

(박) 3차, 음악이 그치면 선모와 좌협무 2인은 우수, 우협무 2인은 좌수를 얼굴 앞에 들고 창사를 부른다. 끝난다.

(박) 음악 보허자를 연주한다.

(박) 죽간자 2인 앞으로 나가 선다.

(박) 3차, 음악이 그친다.

(박) 죽간자 2인 창사를 부른다. 끝난다.

(박) 음악 보허자를 연주한다.

(박) 죽간자 2인 후퇴하여 선다.

(박) 음악 타령을 연주하면 선모와 협무 4인 염수하고 앞으로 나가 선다.

(박) 3차, 음악 그치고 선모 두 손을 얼굴 앞에 모아든다.

(박) 선모 창사를 부른다. 끝난다.

(박) 음악 타령을 연주하고 선모 두 손을 앞으로 내려 염수하며 후퇴하여 1열무 된다.

(박) 선모와 협무 4인 두 팔을 옆으로 펴들고 전진하여 선다.

(박) 두 손 내려 앞으로 염수한다.

(박) 선모와 협무 두 팔 펴들고 후퇴하고 내려 앞으로 염수하고 고개 숙여 인사한다.

(박) 3차 치면, 음악 그치고 춤 끝난다.

연화대 蓮花臺

이 춤도『고려사高麗史』악지樂志 당악唐樂조에 연희의 순차가 소상하게 실려 있어서 춤의 내용을 쉽게 알 수 있다. 무원은 죽간자 2인의 원무가 2인이 등장한다. 그런데 원주原註에 연화대는 원래 척발위拓跋魏에서 기원起源한 것으로 두 명의 여동이 고운 의상에 모자를 쓰고 모자에는 쇠방울을 달아 흔들리면 소리가 나게 하고 두 연꽃 속에 감추어 있다가 꽃이 터진 후에 나와서 춤을 춘 것으로 전해 내려온 지 오래되었다고 하였다.

이 연화대蓮花臺의 유래에 대하여 차주환車柱環 교수는 연화대는 대곡大曲 자지무柘枝舞의 1부로 본래는 서역西域의 석국石國에서 들어온 것이 당唐, 송宋을 거쳐 다시 고려로 전해진 것이라 하였다. 그 후 조선朝鮮 세종世宗대를 거쳐 성종成宗대로 내려와서 발전되고, 매우 정돈된 형태로『악학궤범』시용당악정재도설時用唐樂呈才圖說에 기재되어 있다. 그리고 무원舞員의 수도 원무元舞가 4인으로 증가되었는데 이것은 궁중宮中 나례儺禮에서 처용무處容舞, 학무鶴舞와 합설해서 추어지면서 더욱 발전되었을 것으로 짐작된다.

앞의 두 기록에서 차이점은 꽃 속에서 여동이 출연하는 대목으로『고려사』악지 원주에서는 꽃봉오리가 벌어지면 여동이 나오는 것이고, 궤범軌範에서는 학鶴이 꽃을 쪼으면 꽃송이가 벌어지면서 여동이 나오게 되는 것이다. 이 춤은 순조純祖이후 1900여 년 고종高宗 말까지 큰 변화가 없이 궁중연향에 추어온 것이 분명하다. 그리고 처용무處容舞·학鶴·연화대蓮花臺가 합설해서 연희한 진행 절차에 대한 자료는 아직껏 발견되지 않아 알 수가 없고 홀기가 1종씩 독립되어 있으며 다만 순조純祖, 무자戊子(1828) 기축己丑(1829) 양대『진작의궤』,『진찬의궤』정재도呈才圖에 처용무處容舞의 원무元舞 5인의 협무挾舞가 4인 혹은 5인이 들어 있을 뿐이다.

다음은 이 춤의 절차를『정재무도홀기呈才舞圖笏記』를 풀이해 기록한다.

연화관 2개를 무대 앞쪽 좌우에 설치하고 뒤쪽에는 좌우 죽간자를 선두로 해서 그 뒤에 원무 1인과 협무 1인씩 4인이 양대로 나누어 좌우에 염수하고 등장해 있다. 그리고 홀기에는 후면에 전대 7인, 중대7인, 후대 7인씩 횡렬 3대의 엽무葉舞가 들어 있다. 그러나 이 엽무에 춤에 대한 것은 혹배或背, 혹면或面, 도약跳躍의 춤을 추었다고 했을 뿐 더 자세한 언급이 없기 때문에 이 설명에서 제외했다

(박) 음악이 보허자를 연주한다. 죽간자 2인 전진하여 연화관 앞에 선다.

(박) 3차, 음악이 그친다.

(박) 죽간자 2인 창사를 부른다. 끝난다.

(박) 음악 보허자를 연주한다. 죽간자 2인 후퇴하여 좌우 옆에 갈라선다.

(박) 음악 도드리를 연주한다. 전대와 후대 두 팔을 옆으로 펴들고 전진하여 연화관 앞에 선다.

(박) 3차, 음악 그치고 전대무 2인은 외수外手(좌무는 우수, 우무는 좌수)를 얼굴 앞에 들고 후대 2인은 두 손 앞에 내려 염수한다.

(박) 전대 2인 창사를 부른다. 끝난다.

(박) 음악 타령을 연주하고, 전후대무 4인 두 팔을 옆으로 펴들고 후퇴하고 전진하여 연화관 앞에 선다. 후대 2인은 두 손을 내려 앞에 염수한다.

(박) 전대 2인 두 손을 앞으로 여미고 앉아서 연화관을 집어 들고 일어나서 두 손으로 받쳐들어 머리 위에 얹으면서 돌아 상대해 선다.

(박) 음악 삼현도드리로 변하면 악사가 좌편에서 등장하여 좌무左舞에 관끈을 매주고 돌아서 우무右舞의 관끈을 매주고 우측으로 퇴장한다.

(박) 음악 타령을 연주하면 전대·후대 4인 두 팔을 옆으로 펴들며 90° 돌아 전향하여 뒤로 조금 물러선다.

(박) 좌우대 상대하고, 춤추며 자리를 교환하고 다시 제 위치로 오고, 1대와 2대도 상대하고, 상배하며 춤추고 먼저 위치에 와서 먼저 형태로 전향하여 뒤로 물러나와 서서 두 손 내려 앞에 염수한다.

(박) 죽간자 2인 앞으로 걸어 나가 선다.

(박) 3차, 음악 그친다.

(박) 죽간자 2인 창사를 부른다. 끝난다.

(박) 음악 타령을 연주하면 죽간자 2인 후퇴하여 원무 전대 2인 앞에 선다.

(박) 무인 전원 고개 숙여 인사한다.

(박) 3차 치면, 음악 그치고 춤 끝난다.

곡파曲破

이 춤은 『고려사』 악지 당악조에 보이는데 석노교惜奴嬌라 하고, 곡파曲破로 주기註記되어 있다. 그러나 다른 당악무와는 달리 춤의 절차에 대해서는 전혀 언급되어 있지 않고 다만 노래의 가사만 기록되어 있어서 당시 무용의 실기적인 모습과 상태는 파악할 수 없다. 그리고 그 후 전승과정과 연희에 대한 사실을 밝힐 수 있는 자료는 아직도 발견되지 않고 있다.[1]

그러나 조선조 초기에 이 춤이 실연한 사실을 실증하는 기록이 있으니, 『세종실록世宗實錄』 권29에 보면 봉이鳳伊 종가終加 두 노기老妓가 세종대왕 앞에서 곡파曲破를 추고 비단과 곡식 등을 상으로 받았으며 이 춤은 오랫동안 연희하지 않았던 것으로, 알고 있는 사람이 없었는데 두 사람이 그 순서를 잊지 않고 알고 있었기 때문에 특별히 상을 준다고 되어 있다.[2]

그러므로 해서 이 춤이 조선 초기에도 전해 있던 것으로 잠시 중단되었다가 세종 때 다시 재연하게 된 것을 설명해 주고 있고 이름도 곡파曲破로 불리게 된 것을 알 수 있다.

그 뒤 60년이 지난 성종成宗대에 편찬된 『악학궤범樂學軌範』 권4 시용당

---

1) 『高麗史樂志』 唐樂.
2) 『世宗實錄』 二十九 曲破의 參考文獻.
   癸丑上御㡿次觀曲破呈才賜老妓鳳伊綵絹二匹米五石終加綵絹二匹米十石豆五石比樂不用已久無有記之者二妓不忘其節故特賞之.

악정재도의時用唐樂呈才圖儀에 곡파曲破의 무보舞譜가 자세하게 실려 있어서 춤의 내용과 진행과정을 짐작할 수 있고 또 석노교惜奴嬌가 곡파로 변천되어 전해진 것의 확증을 갖게 한다.3)

궤범에 실려 있던 곡파의 내용은 죽간자竹竿子 2인과 좌左·우右 무 2인이 추는 것으로 의물儀物은 들어 있지 않고 당악계통 무용 중에서 가장 빈약하고 단조로운 상태의 춤이다. 그러나 이와는 반대로 반주악의 변화가 많고 음악이 그칠 때가 잦은 것이 이색적이다. 그리고 무 2인이 부르는 창사의 가사는 『고려사』 악지보다는 축소되어 있고, 죽간자竹竿子의 선구호先口號와 후구호後口號의 가사는 포구락抛毬樂 죽간자의 창사를 옮겨 놓았다.

이렇게 궤범에 기록되어 있을 뿐 연행에 대한 흔적은 역대왕조의 『진연의궤進宴儀軌』나 『정재홀기呈才笏記』에는 기재되어 있지 않은 점을 추측하면 그 후에는 궁중연향에서 실연이 흔치 않았던 것으로 생각된다.

다음은 이 춤의 순서를 『악학궤범』 권4 시용당악정재도의時用唐樂呈才圖儀에 기록되어 있는 것을 풀이해 설명했다.

(박) 음악 회팔선會八仙을 연주한다.
(박) 무 2인 염수하고 죽간자를 선두로 양편에서 등장하여, 중앙에서 동·서로 나누어 전향하고 전진하고 동서무 2인은 후면에 동서로 갈라서며 전향하고 있다. 죽간자 전면에 나와 선다.
(박) 3차, 음악 그친다.
(박) 죽간자 창사를 부른다. 끝난다.
(박) 음악 세령산을 연주하면 죽간자 2인 후퇴하여 동서로 갈라선다.
(박) 동서무 2인 두 팔을 펴들고 앞으로 조금 나가서 서로 상대하고 돌아 등 쪽으로 향하고 또 돌아 전향하여 후퇴하여 먼저 자리로 와서 두 손 내려 앞에 염수한다.
(박) 3차, 음악 그치고 무 2인 외수(東舞는 右手, 西舞는 左手)를 얼굴 앞에

---

3) 『樂學軌範』 卷四 時用唐樂呈才圖儀.

든다.
(박) 동서무 창사를 부른다. 끝난다.
(박) 동서무 손을 얼굴 앞에 바꾸어 들고 창사를 부른다. 끝난다.
(박) 음악 도드리를 연주하면 무 2인이 들었던 손을 앞으로 내리어 두 팔을 옆으로 들며 앞으로 나가 먼저와 같이 상대相對하고 상배相背하고 전향前向하고 후퇴하여 먼저 위치에 온다.
(박) 음악 타령을 연주하면 무 2인 전진하여 동서가 상대하고 들어가서 교대하며 추고 다시 제자리로 와서 전향하고 후퇴하여 먼저 위치로 온다.
(박) 음악 타령을 연주하면 무 2인 전진하고 다시 후퇴하여 먼저 자리로 온다.
(박) 음악 빠른 타령으로 변하면 무 2인 먼저와 같이 전진하고 후퇴하여 먼저 위치로 온다.
(박) 음악 더 빠른 타령으로 변하면 무 2인 먼저와 같이 전진, 후퇴한다.
(박) 음악 느린 타령을 연주하면 무 2인 먼저와 같이 전진, 후퇴한다.
(박) 음악 느린 타령을 연주하면 무 2인이 전진, 후퇴한다.
(박) 음악 느린 타령을 연주하면 무 2인이 전진, 후퇴한다.
(박) 음악 회팔선會八仙을 연주하면 죽간자 2인 앞으로 나가서 전향하고 선다.
(박) 3차, 음악이 그치고 죽간자 창사를 부른다. 끝난다.
(박) 음악 회팔선會八仙을 연주하면 죽간자 조금 후퇴해 선다.
(박) 음악 타령을 연주한다. 무 2인이 두 팔을 옆으로 펴들고 전진하여 죽간자 뒤에 선다.
(박) 무 2인이 두 손 내려 앞에 염수한다.
(박) 무 2인 두 팔 옆으로 든다.
(박) 전원 후퇴하여 두 손 내려 앞에 염수하고 고개 숙여 인사한다.
(박) 3차 치면, 음악 그치고 춤 끝난다.

※ 위 무보에서 반주로 연주한 음악은 필자가 1980년대 재현발표회에서 사용된 악곡임을 밝혀둔다.

『무용한국』, 1986년 춘하호

성택·수명명

—궁중무용의 유형별 고찰 ⑤—

앞글(연재 제4회)에서는 조선조 시대의 정재呈才 중 고려 때부터 전하는 당악정재唐樂呈才를 소개한 바 있다.

조선조로 내려와서는 앞에서 열거한 당악무唐樂舞 5종이 『고려사高麗史』 악지樂志의 내용 그대로 『악학궤범樂學軌範』 권3에 전재되어 있을 뿐만 아니라, 동 궤범 권4 시용당악정재도의時用唐樂呈才圖儀 난에는 이 춤들의 내용이 충실하고 발전된 양상으로 자세하게 기재되어 있고, 더욱이 창사唱詞들이 많이 변경되었음을 찾아볼 수 있다. 그래서 이 춤들은 조선조 초기에도 궁중에서 활발하게 연행되었음을 알 수 있게 한다.

이번에는 조선 초에 새로이 창작되었거나 그 외 재연된 당악계통의 정재를 살펴보려고 한다.

『악학궤범樂學軌範』 권4 시용당악정재도의時用唐樂呈才圖儀에 수록되어 전하는 순서에 따르면, 금척金尺(夢金尺), 수보록受寶籙, 근천정覲天庭, 수명명受明命, 하황은荷皇恩, 하성명賀聖明, 성택聖澤 등 조선 초기에 창제된 7종과 그 외 고려시대로부터 유전流傳했지만, 이미 앞에서 언급한 바 있는 곡파曲破와 『고려사』 악지에는 보이지 않고 『악학궤범』에만 그 춤의 절차가 편성되어 전해지고 있는 육화대六花隊 2종이다.

우선 필자는 조선 초기에 당악무 형식으로 새로 창작되어 『악학궤범』 권4 시용당악정재도의에 수록되어 있는 춤들의 내용을 도설圖說과 함께 하나하나 설명해보려고 한다.

성택聖澤

이 춤은 조선조 초기에 창작된 당악정재唐樂呈才의 하나로, 성택聖澤의 내용은 치어致語에도 나오듯이 명나라에서 보낸 사신使臣을 위로하는 것으로서 이렇듯 주로 사신 위연慰宴에 상연되던 정재呈才였다.

성택聖澤 정재의呈才儀는 『세종실록世宗實錄』 권40. 세종 10년 5월 정축조丁丑條에 소상히 전하는 바, 동同 10년(1428) 5월에 예조禮曹에서 정재呈才 성택聖澤을 제진製進하였는데, 그 무작과정舞作過程이나 악장樂章이 조선 성종成宗(1493)대 『악학궤범樂學軌範』 권4 시용당악정재도의時用唐樂呈才圖儀에 전하는 성택聖澤의 무보舞譜와 일치한다.

다만 다른 점이 있다면,

① 작선雀扇·정절旌節 한 쌍씩 없다.

② 선모仙母(『악학궤범』)가 왕모王母(『세종실록』)로 되었다.

③ 창사唱詞 다음에 반주음악이 헌천수獻天壽가 아니라 황하청黃河淸(『세종실록』)이 연주된다.

④ 네 귀퉁이의 기妓의 대무對舞 다음에 돌며 추는 춤(循環而舞)이 더 있다.

⑤ 춤 끝에 위의威儀 14인(작선 1쌍과 정절 2쌍 생략)도 성택사聖澤詞를 합창한다는 점이 다를 뿐이다.

다음은 정재呈才 의물儀物 중에서 각 정재의 상징象徵 같은 것으로 족자簇子가 있음을 볼 수 있다.

족자는 선초鮮初에 창제創製된 몽금척夢金尺·수보록受寶籙·근천정覲天庭·수명명受明命·하황은荷皇恩·하성명賀聖明·성택聖澤·정재呈才에서만 소용所用되는 것으로서, 상기上記 정재呈才들과 같이 신제新製된 것이다.

족자簇子란 길이가 2척尺 6촌寸 3분分인 생초生綃의 상하上下에다가 홍紅·백白의 무늬 있는 비단으로 넓게 단緞을 대고 유소流蘇와 결자結子로써 화려하게 장식하였으며, 생초生綃의 상부上部에 횡橫으로 정재명칭呈才名稱을 쓰고 그 아래에 종縱으로 사詞를 기록紀錄한 것이다(『樂學軌範』卷8, 唐樂呈才儀物圖說 簇子 條).

성종조成宗祖에는 죽간자竹竿子가 있는 당악정재唐樂呈才에서만 소용所用되었는데, 순조 28년에 신제新製된 정재呈才로 죽간자竹竿子가 없는 만수무萬壽舞에서도 소용所用되고 있다.

다음은 이 춤의 순서를 『악학궤범樂學軌範』에 본거를 두고 간단한 진행도進行圖와 함께 설명한다.

조선조 말기의 『정재홀기呈才笏記』에는 전하지 않는다.

〈聖澤 初入排列圖 1〉

前面(北向)

引人仗				引人仗
旌 節	竹	簇子	竹	旌 節
龍 扇	右		左	龍 扇
旌 節	舞(右一)		舞(左一)	旌 節
鳳 扇	舞(右二)		舞(左二)	鳳 扇
旌 節		仙母		旌 節
雀 扇	舞(右三)		舞(左三)	雀 扇
旌 節	舞(右四)		舞(左四)	旌 節
尾 扇	盖	盖	盖	尾 扇

등장도登場圖(初入排列圖)와 같이 의물儀物 9인(인인장引人仗), 정절旌節, 용선龍扇, 정절旌節, 봉선鳳扇, 정절旌節, 작선雀扇, 정절旌節, 미선尾扇)이 좌

우 양편에 늘어서고 후면後面에는 개盖가 일렬로 선다. 무대 앞쪽에는 족자簇子를 중앙에 두고 죽간자竹竿子가 좌우로 갈라서고, 양편 죽간자 뒤에는 협무挾舞가 4인씩 종렬로 서며 그 한가운데 지점에 선모가 선다. 선모와 협무 8인은 두 손 앞에 염수하고 등장해 서있다.

(박) 음악 천년만세千年萬歲를 연주하면 무인舞人 전원 고개 숙여 인사한다.
(박) 족자와 좌우 죽간자 가지런히 줄을 짓고 전진하여 조금 앞으로 나와 선다.
(박) 3차 치면 음악 그친다(이때 선모와 협무는 염수하고 서있다).
(박) 족자 1인과 죽간자 2인이 다음과 같이 구호口號를 한다.

상성지화 담피요황(上聖之化 覃被要荒: 임금님의 덕화가 먼 지방에서까지 널리 입히니)
… 이하 생략.

구호 끝나면
(박) 음악 천년만세를 연주한다. 족자 1인은 그대로 서 있고, 죽간자 2인은 조금 후퇴하여 각기 내측으로 90° 돌아 상대해 선다. 이때 좌우 의물을 든 18인 내측으로 돌아 상대한다.
(박) 선모와 협무 8인 염수하고 전진하여 족자 옆에 선다.
(박) 선모와 협무 8인 두 팔을 앞으로 모아들어 높이 벌려 들었다가 옆으로 내려 다시 염수 한다.
(박) 선모는 두 팔을 옆으로 펴들고 앞으로 나가고 협무 8인은 후퇴해 선다.
(박) 3차 치면 음악 그친다.
(박) 선모 두 손을 모아 얼굴 앞에 들고 치어致語를 부른다.

성택위조정사신야(聖澤慰朝廷使臣也: 성택은 조정의 사신을 위로하는 것이요)
… 이하 생략.

치어가 끝나면
(박) 음악 빠른 도드리 연주한다.
(박) 선모 두 팔을 펴들고 후퇴하여 먼저 위치로 와서 두 팔 내려 앞에 염수하고, 협무 좌우대 8인은 안으로 돌아 상대한다.
(박) 3차 치면 음악 그친다.
(박) 선모와 좌우 협무 서서 성택사聖澤詞를 수악절, 즉 보허자 곡에 맞추어 부르며 무릎을 앞뒤로 굴신한다.

오황성택 흡우만방(於皇聖澤 洽于萬方 : 아 황제의 은택이 만방에 흡족하도다.)
… 이하 생략.

끝나면
(박) 음악 삼현도드리 연주한다.
   좌대는 우수, 우대는 좌수를 들며 몸을 밖으로 돌아 전향前向한다. 선모는 우수 옆으로 펴든다. 좌대는 우수를 어깨 위에 높이 들고 좌수를 가슴 앞에 들고, 우대는 좌수를 어깨 위에 높이 들고 우수를 가슴 앞에 든다.
   선모는 좌대와 같다.
   좌대는 우수를 옆으로 들어 우견右肩 위에 구부려 들고, 선모와 우대는 좌수를 옆으로 들어 좌견左肩 위에 구부려 든다.
(박) 음악 빠른 도드리로 변한다. 선모와 협무 8인 두 팔을 뿌려 내려 뒤에 여민다(1각). 선모는 중앙에서 좌편, 우편으로 돌아가고 좌대는 좌1을 선두로 좌2, 좌3, 좌4가 좌편 앞으로 가고, 두 대는 우1을 선두로 우2, 우3, 우4가 우편 앞으로 가는데 선모를 중앙에 두고 우대는 안으로 좌대는 밖으로 원형圓形을 만들면서 진행해서 사방사우四方四隅 상팔괘상八卦로 선다.
   팔괘무八卦舞되어 전향前向한다.

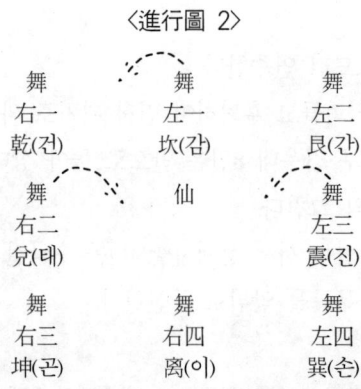

〈進行圖 2〉

(박) 우수 옆으로 내리고 좌수 앞에 내린다.
(박) 음악 타령 곡으로 변한다.
　　이수고저以袖高低하며 좌1 감坎, 우2 태兌, 좌3 진震은 〈進行圖 2〉의 점선과 같이 내향內向하고, 선모, 간艮, 손巽, 곤坤, 건乾, 이離는 앞으로 향하고 있다.
(박) 선모는 이수고저하며 좌측으로 돌아 전향前向하고, 좌1, 좌3, 우4, 우2는 전진하고 후퇴한다.
※ 좌2, 좌4, 우1, 우3은 서서 이수고저 한다.

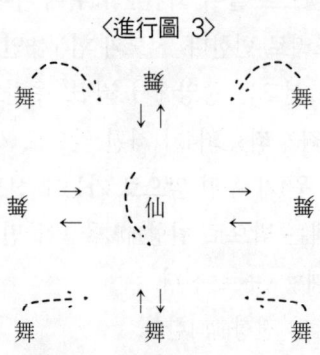

〈進行圖 3〉

(박) 이수고저하며 우측으로 180° 돌아 전향하고 좌2, 좌4, 우1, 우4는 돌아 내향하여 전진 후퇴한다.

※ 좌1, 좌3, 우2, 우4는 서서 이수고저 한다.

<진행도 4>

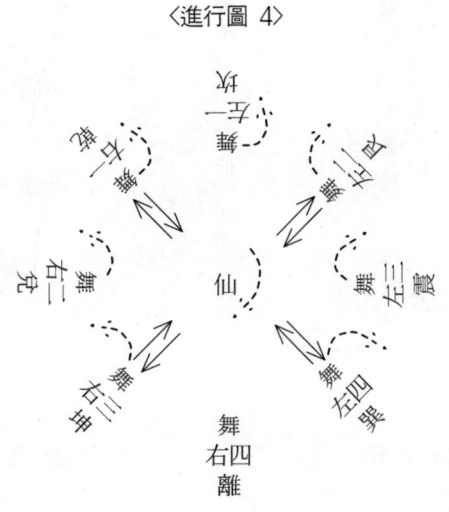

(박) 선모, 협무 8인 두 팔 펴 옆으로 내려 앞에 염수한다.
(박) 선모와 협무 8인 두 팔 옆으로 들어 펴든다.
  선모와 우4 이離는 서서 어깨춤 추고 좌1, 2, 3, 4 우1, 2, 3은 돌아 전향한다.
(박) 선모와 협무 8인 두 팔 옆으로 내려 앞에 염수한다.
(박) 선모와 협무 8인 두 팔 옆으로 펴들어 높이 든다.
(박) 타령을 연주하면 우수 앞, 좌수 뒤로 내린다.
  두 팔을 옆으로 들어 두 어깨 위에 구부렸다 다시 옆으로 내리는 가락을 중복하며 <進行圖 5>의 점선과 같이 둥근 형태를 이루며 돌아, 처음 형태로 2열무 되면 우무 4인인 우1 건乾, 우2 태兌, 우3 곤坤, 우4 이離가 좌측으로 180° 돌아 전향한다. 선모는 중앙에서 같은

제2부 궁중무용의 유형별 고찰 489

가락으로 전진 후퇴한다.

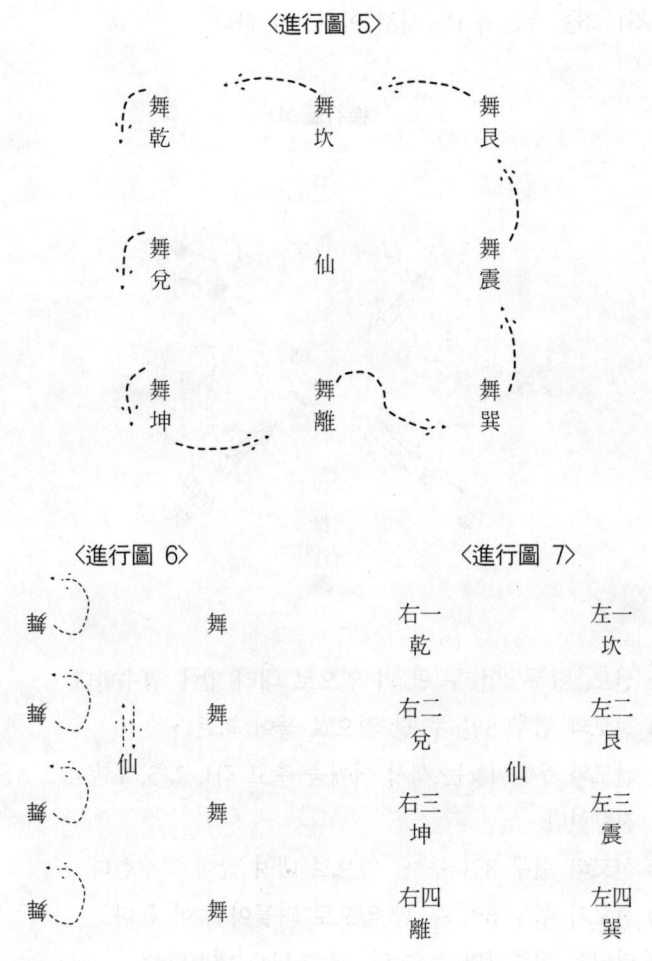

(박) 선모와 협무 8인 앞에 염수한다.
(박) 음악 천년만세千年萬歲를 연주하면 죽간자 2인 전진하여 족자簇子 좌우 쪽에 선다.

선모와 협무 8인은 두 손 여미고 서있는다.
(박) 3차 치면 음악 그친다.
(박) 죽간자 2인 다음과 같이 구호口號를 한다.
　　　덕흡생성(德洽生成 : 덕이 생성하는데 흡족하여)… 이하 생략
　　　구호 그친다.
(박) 음악 천년만세 연주하면 족자와 죽간자 2인 후퇴한다.
(박) 선모와 협무 8인 염수하고 전진한다.
(박) 두 팔을 모아 앞으로 들어서 벌려 뿌렸다가 옆으로 내려 앞에 염수한다.
(박) 제자리에 서서 두 팔을 옆으로 펴들고 후퇴한다.
　　　이때 좌우 의물인(奉威儀 18인) 외측外側으로 돌아 전향前向한다.
(박) 두 팔 여며 내려 염수한다.
(박) 3차 치면 음악 그치고 전원全員 고개 숙여 인사한다.

※ 이 무보舞譜는 1981년도에 『악학궤범樂學軌範』 권4 시용당악정재도의時用唐樂呈才圖儀의 홀기笏記를 준거해 풀이한 것이다.

수명명受明命

　이 춤도 조선조 초기에 창작된 당악정재唐樂呈才로서, 수명명受明命은 태종太宗이 명나라 황제로부터 왕의 인준을 받았다는 내용이다.
　수명명受明命은 태종太宗 2년(1402) 6월에 하륜河崙이 지은 악장樂章으로 태종의 성덕과 사적을 칭송하여 근천정覲天庭과 함께 그 악장樂章이 관현에 올려져 이것이 무악화舞樂化된 것이다.
　연희 순서가 『악학궤범樂學軌範』 권4 시용당악정재도의時用唐樂呈才圖儀에 기록되어 있어서 춤의 양상을 용이하게 짐작할 수 있으나 조선조 말기의 『정재홀기呈才笏記』에는 전하지 않는다.

등장도登場圖(初入排列圖)와 같이 봉위의奉威儀 18인이 좌우 양편에 갈라 서고, 후면後面에는 개盖 3인이 일렬로 선다. 무대 앞 족자簇子를 중앙에 두고 죽간자竹竿子가 좌우로 갈라서고, 좌우 죽간자 뒤로 협무가 4인씩 종렬로 서며 그 한가운데 선모가 선다.

〈受明命 初入排列圖 1〉

前面(北向)

引人仗				引人仗
旌節	竹	簇	竹	旌節
龍扇	右	子	左	龍扇
旌節	舞(右一)		舞(左一)	旌節
鳳扇	舞(右二)	仙母	舞(左二)	鳳扇
旌節	舞(右三)		舞(左三)	旌節
雀扇	舞(右四)		舞(左四)	雀扇
旌節				旌節
尾扇	盖	盖	盖	尾扇

선모와 협무 8인 두 손을 앞으로 염수하고 등장해 서있는다.

(박) 음악 청성잦은한잎(會八仙)을 연주하면 무원舞員 전원 고개 숙여 인사한다.

(박) 죽간자 2인과 족자 1인 나란히 전진하여 조금 앞으로 나와 선다.

(박) 3차 치면 음악 그친다.

(이때 선모와 협무 8인 염수하고 서있다.)

(박) 죽간자 2인과 족자 1인, 다음과 같이 구호口號를 한다.

익익소심(翼翼小心 : 항상 조심하고 삼가는 마음)… 이하 생략

구호 끝나면

(박) 앞의 음악 회팔선會八仙을 연주한다. 족자 1인은 그대로 서 있고, 죽간자 2인 후퇴하여 각기 내측으로 90° 돌아 상대해 선다.
좌우 의물 18인도 내측으로 돌아 상대해 선다.
(박) 선모와 협무 8인 두 팔을 옆으로 들어 펴들고 전진하여 족자 좌우쪽에 선다.
(박) 두 팔 여며 내려 앞에 염수한다.
(박) 음악 잔령산을 연주한다.
춤사위는 우수를 들어 어깨 위에 구부려 들고 다시 내리는 것으로 팔을 바꾸어가며 한다.
(박) 좌측무左側舞는 좌측으로 45° 정도 돌아서고, 우측무右側舞는 우측으로 45° 정도 돌아선다.
(박) 앞의 가락을 중복하면 〈進行圖 2-1〉, 〈進行圖 2-2〉와 같이 좌측무는 내곽으로, 우측무는 외곽으로 전진하는데 도형圖型으로 진행하여 처음 등장한 형태로 서고, 선모는 중앙에서 좌측, 우측으로 돌아 전향前向해 선다.
(박) 도드리로 연주한다.
선모와 협무 8인 두 팔 옆으로 내려 앞에 염수한다.
(박) 선모 전진하여 족자 뒤에 선다.
(박) 3차 치면 음악 그치고 선모 우수右袖를 얼굴 앞에 든다.
(박) 선모 다음과 같이 치어致語를 부른다.

태종사대이례(太宗事大以禮 : 태종이 예로서 사대하자)… 이하 생략.
치어가 끝나면
(박) 음악 도드리 연주한다.
선모 우수右袖 앞으로 내렸다가 옆으로 들어 펴든다.
선모 후퇴하여 먼저 자리로 온다.
(박) 3차 치면 음악 그치고 선모 내려 앞에 염수한다.

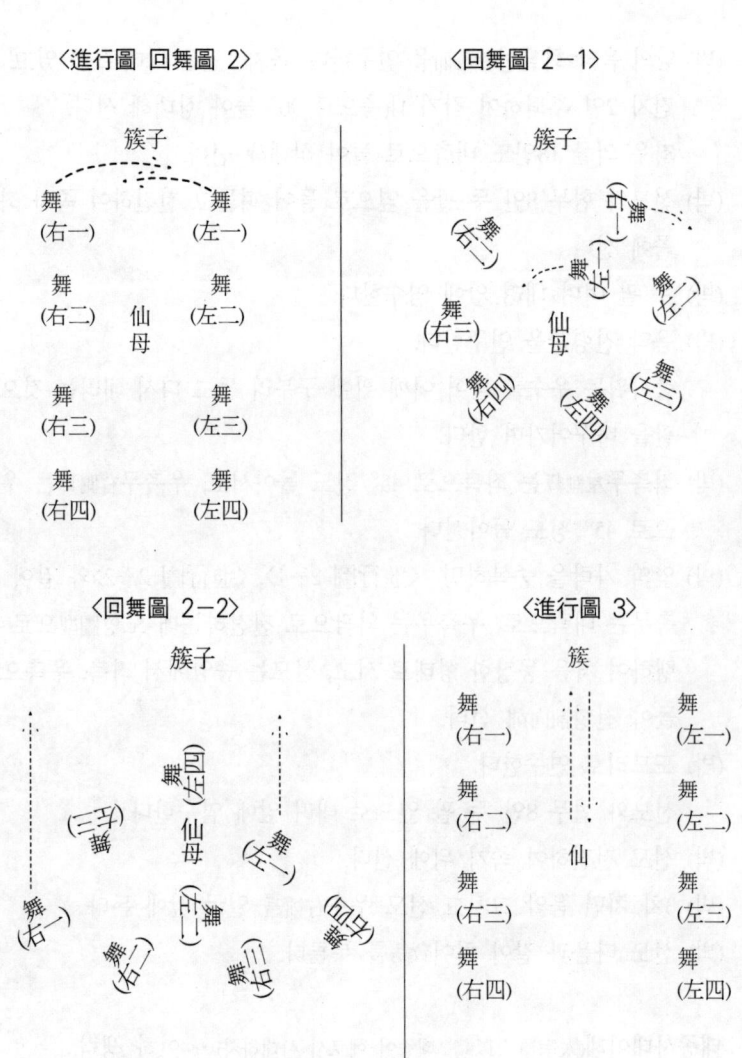

(박) 선모와 좌우 협무 8인 앞뒤로 무릎 굴신하며 수명명사受明命詞를 수 악절隨樂節 창사로(步虛子 曲) 다음과 같이 부른다.

미미아왕 덕명경지(亹亹我王 德明敬止 : 부지런하신 우리 임금 덕을 밝혀 공경에 머무시고)… 이하 생략.

(박) 3차 치면 악樂과 창唱 끝난다.
(박) 음악 타령을 연주한다.
  좌우 협무는 두 팔을 옆으로 펴들며 안쪽으로 돌아 상대하고, 선모는 두 팔 옆으로 펴든다.
  선모는 서서 어깨춤 추고 좌우 협무는 외측으로 돌아 전향한다.
(박) 두 손 내려 염수한다.
(박) 선모는 두 팔을 옆으로 들고 좌우 협무 8인은 내측內側 팔을 들며 내측으로 상대한다.
(박) 선모는 앞으로 나오며 좌수 내리고 좌우 협무 8인은 외측外側 팔을 들며 상대해 들어간다.
 • 선모는 후퇴하며 우수 펴들고 좌수 내린다.
  협무 8인은 후퇴한다.
 • 선모는 좌수 펴들며 어깨춤 추다가 4拍에 우수를 어깨 위에 제쳐 든다. 좌우 협무는 외측으로 돌아 상배相背하는데 4拍에 두 팔 옆으로 내린다.
 • 선모는 좌우수를 앞뒤로 뿌리며 후퇴하고 좌우 협무는 우수를 우견右肩 위에 높이 들고 좌수는 가슴 앞에 들며 후퇴하여 2열列이 등으로 접근한다.
 • 선모는 좌우수 앞뒤로 뿌리며 전진한다. 좌우무는 우수 내리어 앞에 들고 좌수 좌견左肩위에 든다.
 • 선모는 좌우수 옆으로 들어 4拍에 어깨 위에 높이 든다.
  좌우무는 내측으로 돌아 전향前向하면서 좌측은 우수를 높이 들고 우측은 좌수를 높이 든다.
(박) 음악 빠른 타령으로 변한다.

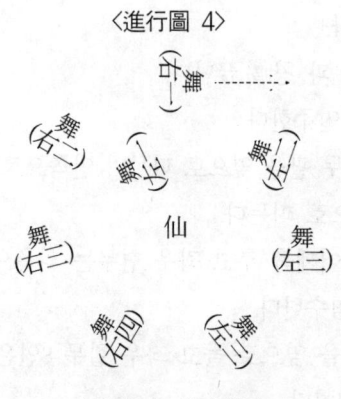

〈回舞圖 2-1〉과 동일

선모와 좌우무 8인 천천히 우수 앞으로 내려 들고 좌수는 좌견 위에 들며 전진하는데, 좌협무는 왼손편(內側)으로 돌아 안에서 돌아가고, 우협무는 오른손편(內側)으로 돌아 외곽에서 원형圓型을 만들며 진행하여 10각刻까지 맨 처음 형태로 된다.

선모는 좌로 돌고 우로 돌아 전향前向한다.

(박) 선모와 협무 8인 두 팔 옆으로 내린다.

　　옆에 내린 팔 앞으로 모아 염수한다.

(박) 음악 청성잦은한잎 연주한다.

　　죽간자 2인 전진하여 족자簇子 옆에 선다.

　　선모와 좌우 협무는 염수하고 있다.

(박) 3차 치면 음악 그친다.

(박) 죽간자 2인 다음과 같이 구호口號를 한다.

지아초복 실시무강지휴(知我初服 實施無疆之休 : 내 처음으로 왕위를 이었으니 이 실로 끝없는 복이로다)… 이하 생략

구호 끝나면

(박) 음악 청성잦은한잎을 연주하면 죽간자 2인과 족자 1인 후퇴한다.

(박) 음악 타령을 연주한다.
    선모와 협무 8인 두 팔 옆으로 들어 펴든다.
 · 선모와 협무 8인 전진한다.
(박) 두 팔 내려 앞에 염수한다.
(박) 두 팔 옆으로 펴들고, 좌우 의물무儀物舞(18인) 외측外側으로 돌아 전향前向한다.

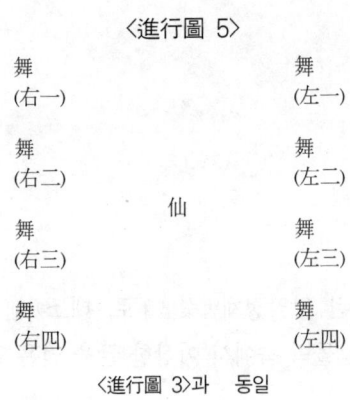

〈進行圖 3〉과 동일

(박) 족자, 죽간자 2인, 선모와 협무 8인 후퇴하여 두 팔 내려 앞에 염수한다.
(박) 3차 치면 음악 그치고 무인舞人 전원全員 고개 숙여 인사한다.

※ 이 무보舞譜는 1982년도에『악학궤범樂學軌範』권4 시용당악정재도의時用唐樂呈才圖儀 홀기笏記를 풀이한 것이다

『무용한국』, 1989년 춘하호

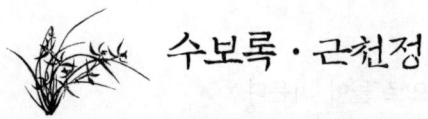

수보록 · 근천정
-궁중무용의 유형별 고찰 ⑥-

수보록受寶錄

조선 초기에 창작된 당악정재唐樂呈才로, 태조太祖가 아직 잠저潛邸에 있을 때 지리산智異山 돌벽 속에서 이상한 글을 얻은 일을 내용으로 한 무악舞樂이다.

태조太祖 2년(1393) 7월 정도전鄭道傳이 몽금척夢金尺과 함께 수보록受寶錄의 악장樂章을 제진製進하였고(『太祖實錄』권4, 2년 7월 己巳條), 이어 10월에 몽금척·수보록의 악장樂章을 진상進上하기 위한 악樂을 제진製進하게(『太祖實錄』권4, 2년 10월 己巳條) 되어, 양兩 정재呈才가 창제創制되어 임금을 위한 잔치에 연희되었다.

『악학궤범樂學軌範』 권2 세종조회례연의世宗朝會禮宴儀, 수보록受寶錄에 보면 수보록은 몽금척과 함께 태조太祖 2년에 정도전이 지어 바친 가사를 고취악에 붙인 것이라 기록되어 있다.

조선조 성종成宗 때 『악학궤범樂學軌範』 권4 시용당악정재도의時用唐樂呈才圖儀에서 이 춤의 무의舞儀를 볼 수 있으며, 이 춤 또한 조선 말기의 『정재홀기呈才笏記』에는 전하지 않는다.

※ 무원 등장해 있는 형태
(박) 음악 청성잦은한잎(會八仙)을 연주하면 무원 전원 고개 숙여 인사한다.
(박) 족자와 죽간자 2인 전진하여 앞에 나와 선다.
    (이때 寶籙과 地仙 2인은 앞에 염수하고 서있다.)
(박) 3차 치면 음악 그친다.
(박) 족자, 죽간자 2인 다음과 같이 구호口號를 한다.

수황천지부서(受皇天之符瑞 : 하늘이 내린 부록의 상서를 받아)
… 이하 생략.
구호 끝나면

〈受寶籙 初入排列圖 1〉
前面(北向)

		竹 (右)	簇 子	竹 (左)		
雀扇 右七	旌節 右四	引人仗 右一		引人仗 左一	旌節 左四	雀扇 左七
旌節 右八	鳳扇 右五	旌節 右二	寶 籙	旌節 左二	鳳扇 左五	旌節 左八
尾扇 右九	旌節 右六	龍扇 右三		龍扇 左三	旌節 左六	尾扇 左九
	地 仙				地 仙	

(박) 음악 청성잦은한잎을 연주한다.
    족자는 서있고, 죽간자 2인은 후퇴하여 맨 뒤로 가서 지선地仙과 횡일렬橫一列로 선다.
(박) 보록무寶籙舞를 보록寶籙을 두 손으로 받쳐들고 전진하여 족자簇子 뒤에 가서 무릎을 구부리고 앉는다.

동쪽에서 승지承旨가 등장하여 보록무寶籙舞 앞에 서면, 보록무 보록을 전해 주고 엎드렸다가 천천히 일어선다.
(박) 3차 치면 음악 그치고, 보록무寶籙舞 우수右袖를 얼굴 앞에 든다.
(박) 보록무 다음과 같이 치어致語를 부른다.

수보록 득이서아(受寶籙 得異書也 : 보록을 받은 것은 異書를 얻은 것입니다)
… 이하 생략.
치어 끝나면
(박) 음악 잔영산을 연주한다.
　　보록무寶籙舞 우수右袖 앞으로 내렸다가 두 팔을 옆으로 들어 펴들고 후퇴하여, 지선무地仙舞 가운데 지점에 서서 횡일렬橫一列로 선다.
(박) 보록무寶籙舞 두 팔 내려 앞에 염수한다.
(박) 3차 치면 음악 그친다.
(박) 음악 도드리를 연주한다.
(박) 의물무儀物舞(奉威儀) 6대 18인, 보록사寶籙詞를 창사로 부르는데 좌측에서 90° 돌아서고 우측으로 90° 돌아 정면正面으로 향하고, 우측으로 90° 돌아서고 좌측으로 돌아 정면으로 향하면서 다음과 같이 부른다.

피고의산 석여천제(彼高矣山 石與天齊 : 저 높다란 산이여 석벽이 하늘과 가지런 하도다)
… 이하 생략.
(박) 음악은 장고杖鼓만 도드리 장단을 치고 의물儀物 18인은 보록사寶籙詞를 부르며 진행하는데, 좌대左隊는 인인장(좌1)을 선두로 해서 정절(좌2), 용선(좌3), 정절(좌4), 봉선(좌5), 정절(좌6), 작선(좌7), 정절(좌8), 미선(좌9) 순순으로 좌수 쪽으로 돌아 전진하여 원형을 그리며 내곽에서 돌아가고, 우대右隊는 인인장(우1)을 선두로 해서 좌대와 같은

순順으로 우수 쪽으로 돌아 전진하는데 외관에서 원형円型을 그리면서 돌아간다.

※ 족자는 전면前面에 지선 2인, 보록 1인, 죽간자 2인은 후면後面에 서 있다.

창사唱詞를 계속 부르면서 좌대左隊·우대右隊 겹원되어 진행하며 좌1·좌2·좌3·우1·우2·우3, 좌4·좌5·좌6·우4·우5·우6, 좌7·좌8·좌9·우7·우8·우9 순順으로 전진하여 먼저 형태로 선다.

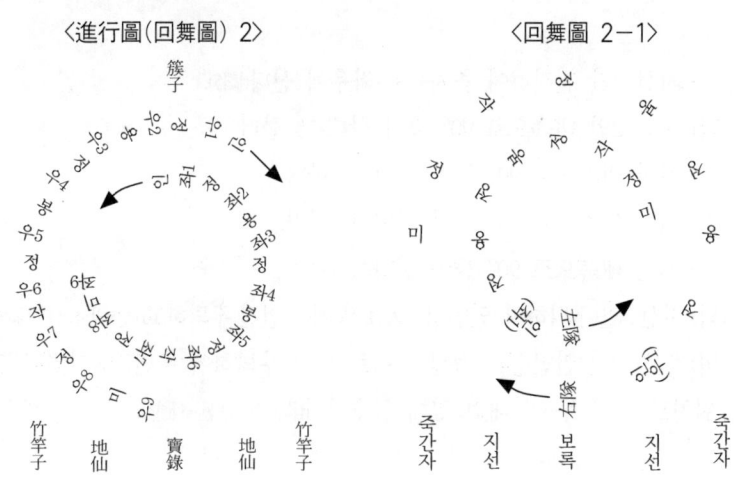

(박) 3차 치면 창사 그친다.
(박) 음악 금전악金殿樂으로 변한다.
　지선地仙 2인 두 팔 옆으로 펴들고 전진하여(용선龍扇과 정절旌節 사이로) 인인장引人仗 앞에 선다(圖 3의 점선→圖 4).
(박) 지선地仙 2인 안쪽으로 90° 돌아 상대相對한다.
(박) 지선 2인 외측으로 90° 돌아 전향前向한다.
　· 지선 2인 외측으로 90° 돌아 상배相背한다.
　· 지선 2인 내측으로 90° 돌아 전향前向한다.

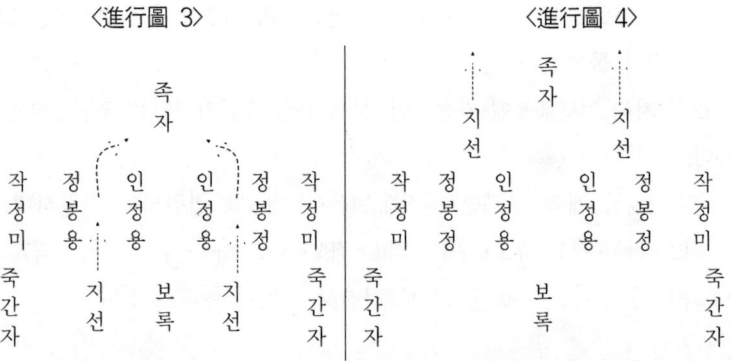

- 지선 2인 전진하여 족자簇子 좌우에 선다(圖5).
(박) 지선 2인 내측으로 90° 돌아 상대相對한다.
- 지선 외측으로 90° 돌아 전향前向한다.
- 지선 외측으로 90° 돌아 상배相背한다.
- 지선 내측으로 90° 돌아 전향前向한다.
(박) 지선 2인 후퇴하여, 인인장引人仗 앞에서 전진 후퇴하고(圖5의 점선→圖6)
(박) 지선 2인 인인장과 정절 사이로 해서 후퇴하여 후면後面이었던 먼저 위치로 와서 두 팔 내려 앞에 염수한다(圖6의 점선→圖3).

(박) 음악 도드리 연주한다.
　　죽간자 2인 전진하여 족자 좌우편에 선다.
(박) 3차 치면 음악 그친다.
(박) 죽간자 2인 다음과 같이 구호(口號)를 한다.
주구곡이고성(奏九曲而告成 : 구곡을 연주하여 이루어짐을 고하고)
… 이하 생략.
구호 끝나면
(박) 음악 도드리 연주한다.
　　족자・죽간자 2인, 후퇴하여 의물무儀物舞 앞에 선다.
(박) 의물 6대隊의 18인・보록 1인・지선 2인・족자 1인・죽간자 2인 후퇴하여 뒤에 내려와 선다.
(박) 3차 치면 음악 그치고 고개 숙여 인사한다.

※ 이 무보舞譜는 1981년도『악학궤범樂學軌範』권4 시용당악정재도의時用唐樂呈才圖儀의 홀기笏記를 준거해 풀이한 것이다.

근천정觀天庭

조선 초기에 창작된 당악정재唐樂呈才의 하나로 근천정觀天庭은 태종太宗이 명나라에 가서 그 황제의 오해를 풀어 온 것을 백성이 기뻐한다는 내용의 춤이다.

태종太宗 2년(1402) 6월에 하륜河崙이 수명명受明命과 함께 지어 올린 악장樂章을 관현管絃에 올려 연향악宴享樂으로 쓰고, 이를 무악화舞樂化한 것이다. 그리고『세종실록世宗實錄』권57, 세종 14년(1432) 9월, 갑술조甲戌條 기록에 의하면 수보록受寶籙・근천정觀天庭・수명명受明命은 헌가軒架에서 연주하는 악곡樂曲이며, 하황은荷皇恩은 등가登歌에서 연주하는 악곡樂曲으로서 정재呈才가 아닌 순수純粹한 악곡樂曲의 형태形態로 되어 있다.

<觀天庭 初入排列圖 1>

前面(北向)

引人仗 旋節 龍扇 旋節 鳳扇 旋節 雀扇 旋節 尾扇	竹 右	簇子	竹 左	引人仗 旋節 龍扇 旋節 鳳扇 旋節 雀扇 旋節 尾扇
	挾 右 (綠)	仙母 (紅)	挾 左 (藍)	
	盖	盖	盖	

이로써 이미 전대前代에 정재呈才로 제진製進되었던 것일지라도 시의時議에 의하여 변경變更될 수 있다고 생각할 수 있다.[1)]

그 뒤 성종成宗대에 편찬된『악학궤범樂學軌範』권4 시용당악정재도의時用唐樂呈才圖儀에 근천정觀天庭의 무보舞譜가 자세히 수록되어 있어서 춤의 내용과 진행과정을 짐작할 수 있으며 조선 말기의『정재홀기呈才笏記』에는 전하지 않는다.

무원 등장해 있는 형태로 선모仙母와 좌우 협무挾舞 2인 두 손 앞에 염수하고 서있다.

(박) 음악 여민락 5장章을 연주한다. 무원舞員 전원 고개 숙여 인사한다.

(박) 족자와 죽간자 2인 전진하여 앞에 나와 선다.

(박) 3차 치면 음악 그친다.

(박) 족자와 죽간자 2인, 다음과 같이 구호口號를 한다.

---

1) 한옥희 논문, 8쪽.

이근천정 승제권지우악(利覲天庭 承帝眷之優渥 : 대국에 조근하여 황제의 두터운 은혜 입었고)

··· 이하 생략.

구호 끝나면

(박) 음악 여민락 5장을 연주한다.

　　죽간자 2인 후퇴하여 선다. 이때 좌우 의물무 18인 내측으로 90° 돌아 상대相對해 선다.

(박) 선모와 협무 2인 염수하고 전진한다.

(박) 두 팔을 옆으로 벌려 들어 머리 뒤에서 모아 앞으로 내리어 염수한다.

(박) 선모와 좌우 협무 조금 후퇴한다.

(박) 선모만 조금 후퇴한다.

(박) 3차 치면 음악 그친다.

(박) 선모 우수右袖를 얼굴 앞에 들고 다음과 같이 치어致語를 부른다.

태종 이잠저 입근천정(太宗 以潛邸 入覲天庭 : 태종이 잠저에 계실 때 대국에 들어가 조근하여)

··· 이하 생략.

치어 끝나면

(박) 음악 도드리를 연주한다.

　　선모 우수를 내려 염수한다.

　　선모 전진하여 좌우 협무와 일렬一列된다.

(박) 음악 금전악金殿樂을 연주한다. 선모와 좌우 협무 두 팔을 옆으로 들어 펴든다. 후퇴하고 전진하고, 전진하고 후퇴하여 두 팔 내려 앞에 염수한다.

(박) 선모와 좌우 협무, 앞뒤로 무릎을 굴신하여 근천정사覲天庭詞를 보허자步虛子에 맞추어 창唱한다.

진진왕자 덕음공창(振振王子 德音孔彰 : 거룩한 왕자여 덕음이 매우 빛나시니)
… 이하 생략.
(박) 3차 치면 노래 끝난다.
(박) 음악 타령을 연주한다.
　　선모와 좌협무左挾舞 두 팔을 옆으로 들어 어깨 위에 구부려들고 다시 옆으로 내리어 좌수 앞, 우수 뒤 내리며 전진하고 우협무右挾舞는 서서 한다. 위의 가락을 중복하면서 전진하는데 우수 앞, 좌수 뒤에 내린다. 우협무右挾舞는 서서 한다.
(박) 선모와 좌협무 어깨춤 추며 내측으로 90° 돌아 상대相對하고, 우협무右挾舞는 서서 한다.
(박) 선모와 좌우 협무 두 팔 옆으로 들어 머리 위에서 모아 앞으로 내리어 염수한다. 앞으로 무릎 구부리고 펴고, 뒤로 몸을 젖히며 무릎 구부리고 편다.
(박) 선모와 좌협무 두 팔을 옆으로 펴들며 상대相對해서 들어간다. 우협무右挾舞는 무릎 굴신을 앞뒤로 한다.
　　선모와 좌협무 상대하고 어깨춤 춘다.
(박) 선모와 좌협무 각각 좌측으로 90° 돌아 등을 향한다.
(박) 선모와 좌협무 두 팔 펴들고 전진하여 먼저 위치에 온다. 우협무는 서서 앞뒤로 무릎을 굴신한다.
(박) 선모와 좌협무 내측으로 90° 돌아 전향前向한다. 우협무는 서서 앞뒤로 무릎 굴신한다.
(박) 좌협무는 후퇴하고 우협무는 전진하며 두 팔을 옆으로 들어 어깨 위에 구부리고 다시 내리어 좌수는 앞, 우수는 뒤에 내리며 자리를 바꾸기 시작한다.
　　앞 가락과 같이 하며 전진 후퇴하여 좌협무는 먼저 위치 우협무는 선모와 일렬一列로 서는데 좌수를 앞에 우수를 뒤에 내린다. 선모는 서서 협무와 같은 가락을 한다.

(박) 우협무와 선모 어깨춤 추며 내측으로 90° 돌아 상대하고 좌협무左挾
舞는 서서 어깨춤 춘다.

(박) 우협무와 선모 두 팔을 옆으로 들어 펴들며 상대相對해 들어간다.
좌협무는 앞뒤로 무릎 굴신한다.
우협무와 선모 어깨춤 춘다. 좌협무는 앞과 같다.

(박) 우협무와 선모 각각 좌측으로 90° 돌아 상배相背한다. 좌협무는 앞
과 같다.

(박) 우협무와 선모 두 팔을 펴들고 전진하여 먼저 위치에 온다.

(박) 우협무와 선모 내측으로 90° 돌아 전향前向한다.

(박) 선모는 후퇴하고 좌협무는 전진하고 우협무는 서서 두 팔을 옆으로
들어 어깨 위에 구부렸다가 내려 우수를 앞 좌수를 뒤에 내린다.
앞의 가락을 중복하면서 진행하여 삼각형三角形으로 서는 좌수를
앞 우수를 뒤에 내린다.

(박) 선모와 협무 2인 두 팔 옆으로 들었다가 앞에 염수하며 좌협무, 우
협무는 내측으로 돌아 내향內向한다.
선모와 협무 2인 좌우수左右手 앞뒤로 뿌려 돌리며 전진하여 삼각
형三角形이 모였다 후퇴한다.

(박) 두 팔 옆으로 펴들며 각각 좌수 쪽으로 돌아 외향外向한다.

(박) 선모와 협무 2인 이수고저以袖高低하며 후퇴하여 안으로 모였다 다
시 전진하여 벌어진다.

(박) 선모와 협무 2인 앞의 가락하며 협무는 내측으로 돌고, 선모는 좌수
左手 쪽으로 돌아 전향前向한다.

(박) 앞의 가락을 하며 선모는 전진하고 좌우 협무는 후퇴하여 일렬一列
로 된다. 일렬一列된 3인 전진하여 두 팔 내려 앞에 염수한다. 이때
선모는 조금 앞으로 나가며 염수한다.

(박) 음악은 잔영산을 연주한다.

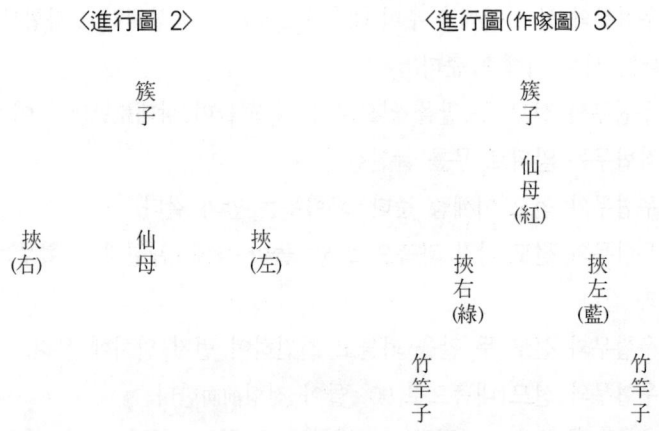

　　죽간자 2인 전진하여 앞으로 나가 족자簇子와 일렬一列로 선다.
(박) 3차 치면 음악 그친다.
(박) 죽간자 2인 다음과 같이 구호口號를 한다.

덕유선정(德維善政 : 그 덕으로 옳은 정사를 베푸사)
… 이하 생략.
구호 끝나면
(박) 음악 여민락 5장章을 연주한다.
(박) 죽간자 2인과 족자簇子 후퇴하여 선다.
(박) 선모 후퇴하여 협무와 일렬一列된다.
(박) 선모와 좌우 협무 두 팔을 옆으로 펴들고 전진한다. 두 팔 내려 염수한다.
(박) 선모와 협무 2인 두 팔 옆으로 펴 들며 후퇴한다.
이때 좌우 의물인(奉威儀 18人) 외측外側으로 돌아 전향前向한다.
(박) 죽간자 외 전원全員 고개 숙여 인사한다.
(박) 3차 치면 음악 그친다.

※ 이 무보舞譜는 1982년도에 『악학궤범樂學軌範』 권4 시용당악정재도의時用唐樂呈才圖儀의 홀기笏記를 풀이한 것이다.

『무용한국』, 1989년 추동호

하황은 · 하성명

―궁중무용의 유형별 고찰 ⑦―

하황은荷皇恩

이 춤은 조선 초기에 창제된 당악정재 중의 하나로서, 하황은荷皇恩은 세종世宗이 명나라 황제에게 왕의 인준을 받아, 온 백성이 기뻐한다는 내용이다.

『세종실록世宗實錄』 권3에 의하면, 세종世宗 원년(1419) 정월에 변계량卞季良에게 악장을 지어 올리게 하여 사신연使臣宴에 쓰기로 하던 무악舞樂의 하나였다.

이 하황은荷皇恩 정재呈才는 『악학궤범樂學軌範』 권4 시용당악정재도의時用唐樂呈才圖儀에 무보舞譜가 기록되어 있으며, 또 이 춤은 조선조 말기까지 전해져 『정재홀기呈才笏記』에서도 춤의 진행절차가 큰 변화 없이 수록되어 있음을 볼 수 있겠으나, 의물儀物에 죽간자竹竿子 2인과 족자簇子만 등장하고 여타 의물儀物(21인)은 제외되어 있다.

그 외 조선조 말기에는 정재呈才의 반주악伴奏樂으로 향당교주鄕唐交奏 등 새로운 악곡樂曲이 등장했고 구호口號는 『악학궤범』과 동일하나, 치어致語를 치사致詞라 칭하고 내용 또한 새로 지어 부른 노래였으며, 『악학궤범』의 하황은사荷皇恩詞 역시『정재홀기』의 창사 내용과 달랐다.
　순조純祖 기축년己丑年『진찬의궤進饌儀軌』를 보면 죽간자의 위치가 족자籨子 좌우에 위치하고 있어『악학궤범樂學軌範』의 작대도作隊圖에서처럼 후면後面 좌우左右에 서지 않았음도 찾아 볼 수 있다.
　이 춤의 순서는『정재홀기呈才笏記』를 기준으로 기록화 한다.

<荷皇恩 初入排列圖 1>
前面(北向)

引人仗	竹	籨	竹	引人仗
旌 節	(右)	子	(左)	旌 節
龍 扇	挾		挾	龍 扇
旌 節	右一		左一	旌 節
鳳 扇	挾	仙	挾	鳳 扇
旌 節	右二	母	左二	旌 節
雀 扇	挾		挾	雀 扇
旌 節	右三		左三	旌 節
尾 扇	盖	盖	盖	尾 扇

『악학궤범』권4 시용당악정재도의

　무원舞員 등장해 있는 형태로 선모仙母와 좌우 협무挾舞 6인은 두 손 앞에 염수하고 서있다.
　(박) 음악 여민락 4장章을 연주한다.
　　　무원 전원全員 고개 숙여 인사한다.
　(박) 족자籨子와 죽간자竹竿子 2인 전진하여 앞으로 나와 선다.
　(박) 3차 치면 음악 그친다.
　(박) 족자와 죽간자 2인. 다음과 같이 구호口號를 한다.

　　특하천자지은(特荷天子之恩 : 특별히 천자의 은총을 입사와)… 이하 생략
　구호 끝나면

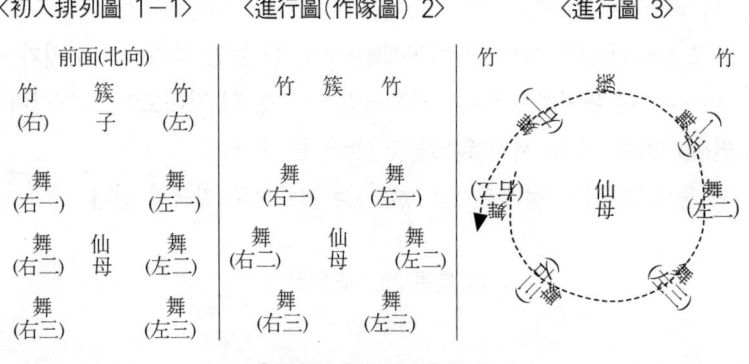

『정재무도홀기呈才舞圖笏記』

(박) 음악 여민락 6장章을 연주한다.
   죽자는 서있고 죽간자 2인 후퇴하여 상대相對해 선다.
   (이때 좌우 의물인(奉威儀 18인)은 내측으로 90° 돌아 상대해 선다)
(박) 선모仙母와 좌우 협무挾舞 6인 두 팔 옆으로 들어 펴들고 전진하여 죽자簇子뒤 좌우에 선다.
(박) 선모와 협무 6인 두 팔 내려 앞에 염수한다.
(박) 3차 치면 음악 그치고 선모 우수右手를 얼굴 앞에 든다.
(박) 선모 다음과 같은 치사致詞를 부른다.

국조개창 수황명우조선國朝開創 受皇命于朝鮮… 이하 생략
치사致詞 끝나면
(박) 음악 향당교주를 연주한다. 선모 우수를 내려 염수한다. 협무 6인은 염수하고 서있다.
(박) 선모와 좌우 협무 6인 앞뒤로 무릎을 굴신하며 보허자步虛子 곡曲에 맞추어 다음과 같이 노래를 부른다.

수명조선혜 정도한양受命朝鮮兮 定都漢陽… 이하 생략

끝나면
(박) 3차 치면, 수악절隨樂節 창唱과 음악 그친다.
(박) 음악 타령을 연주한다. 선모와 협무 6인 두 팔을 옆으로 들어 펴든다.
(박) 좌우 제2대第二隊 외측外側발을 옆으로 디디며 진행한다.
좌우 1대一隊와 좌우 3대三隊는 어깨춤을 춘다(圖2).
(박) 선모는 어깨춤을 추며 우1右一을 향하고, 좌1과 우1은 내측으로 돌아 내향內向하다.
좌우 제2대와 제3대는 두 팔을 내려 앞에 염수한다.
(박) 선모와 우1(北舞)과 상대相對하고 전진 후퇴한다. 좌1(北舞)은 어깨춤 춘다.
좌2, 3대隊와 우2, 3대隊 4인은 염수하고 서있다.
(박) 선모와 좌1(北舞)과 상대相對하고 전진 후퇴한다. 우1은 어깨춤 추고, 좌2, 3대隊 우2, 3대隊는 앞과 같다.
(박) 선모와 좌2(東舞)와 상대相對해 전진 후퇴한다. 이때 북무北舞인 우1, 좌1은 두 팔을 내려 앞에 염수하고 앞뒤로 무릎 굴신하고, 우2, 우3, 좌3은 염수하고 서있다.
(박) 선모와 좌3(南舞)과 상대相對해 전진 후퇴한다. 좌2는 어깨춤 추고 좌1, 우1은 염수하고 앞뒤로 무릎 굴신하고, 우3, 우2는 염수하고 서있다.
(박) 선모와 우3(南舞)이 상대相對해 전진하고 후퇴한다.
이때 좌2와 좌3은 두 팔 내려 앞에 염수하고 우2는 염수하고 서있다. 우1, 좌1은 앞과 같다.
(박) 선모와 우2(西舞)가 상대南舞해 전진하고 후퇴한다.
우1, 좌1(北二舞) 좌2(東舞) 좌3(南舞)는 무릎 굴신한다.
우3은(南舞) 서서 어깨춤 춘다.
(박) 선모와 좌우 협무 6인 두 팔을 옆으로 들어 펴든다.
(박) 음악 빠른 타령을 연주한다. 선모와 좌우 협무 6인 우수右手쪽으로 돌

(박) 아 회선回旋 할 방향으로 향한다, 족자簇子는 좌수 쪽으로 돌아선다.
(박) 족자簇子를 선두로 해서 좌1, 좌2, 좌3, 우3, 우2, 우1 순順으로 원형
型을 형성하며 진행하여 족자簇子가 남남쪽 무대 뒤쪽에(선모는 중앙
中央에서 좌측 우측으로 돌아간다) 왔을 때(圖3).
(박) 족자는 무대 중앙으로 전진하여 앞으로 나가고, 좌1, 좌2, 좌3 순서
으로 나가 일렬一列로 서고, 우3, 우2, 우1은 무대 뒤쪽으로 와서 일
렬一列로 선다.
(박) 족자 먼저 위치에 서고 우대右隊 3인 좌수左手쪽으로 돌아 전향前向
하여 처음 등장한 형태로 선다.
(박) 선모와 좌우 협무 두 팔 내려 앞에 염수한다.
(박) 음악 향당교주鄕唐交奏를 연주한다.
죽간자 2인 전진하여 족자와 일렬一列로 선다.
(박) 3차 치면 음악 그친다.
(박) 죽간자 2인, 다음과 같이 구호口號를 한다.

식연이오式燕以娛… 이하 생략
끝나면
(박) 음악 여민락與民樂 6장章을 연주한다.
죽간자 2인과 족자 1인 후퇴하여 선다.
(박) 선모와 좌우 협무 6인, 두 팔 옆으로 들어 펴들고 전진하여 앞으로
나가 선다.
(박) 선모와 좌우 협무 6인, 두 팔 내려 앞에 염수한다.
(박) 선모와 좌우 협무 6인, 두 팔 옆으로 들어 펴들고 후퇴하여 먼저 위
치에 온다(이때 의물인奉威儀 18인) 외측으로 돌아 전향前向한다).
(박) 선모와 협무 6인 두 팔 내려 앞에 염수한다.
(박) 3차 치면 음악 그치고, 무원舞員 전원全員 고개 숙여 인사한다.

※ 이 무보舞譜는 1981년도에 『정재무도홀기呈才舞圖笏記』에 기록記錄된 것을 준거해 풀이한 것이다.

단 조선조 말기末期, 『정재무도홀기』에는 축소되었던 좌우 의물인(儀物人 21人)을, 이번 재현발표회에선 『악학궤범樂學軌範』 권4 시용당악정재도의時用唐樂呈才圖儀의 도설을 기준했음을 밝혀둔다.

하성명賀聖明

이 춤도 조선 초기의 당악정재唐樂呈才의 하나로 세종초世宗初에 창작되었으며, 그 내용은 명明나라 황제가 등극한 이래 여러 상서祥瑞가 나타나 우리나라 사람들이 기뻐한다는 것이다.

『세종실록世宗實錄』 권6(34쪽), 세종世宗 원년(1419년) 12월에 변계량卞季良이 상교上敎에 의하면 하성명가賀聖明歌 3장章을 지어 올린 것이다.

주로 사신使臣의 연악宴樂으로 연주·사용되었고 『악학궤범樂學軌範』에 가사 3편이 전한다.

하성명賀聖明은 세종世宗 원년 12월 제진製進한 뒤로, 이를 무악화舞樂化 한 것으로 조선 성종成宗대 『악학궤범』 권4 시용당악정재도의時用唐樂呈才圖儀에서 이 춤의 무의舞儀를 볼 수 있으며, 조선 말기末期의 『정재홀기呈才笏記』에는 전하지 않는다.

무원舞員 등장해 있는 형태로 원무元舞 12인 염수하고 서있다.
(박) 음악 향당교주鄕唐交奏 1장章을 연주한다. 전무원全舞員 고개 숙여 인사한다.
(박) 족자簇子 1인과 죽간자竹竿子 2인 전진하여 앞에 나가 선다.
(박) 3차 치면 음악 그친다.
(박) 죽간자 2인 다음과 같이 구호口號를 한다.

제2부 궁중무용의 유형별 고찰 515

성신어통 협기방류(聖神御統 叶氣旁流 : 성스러운 황제께서 천하를 다스리니 화한 기운이 두루 흐릅니다)… 이하 생략

구호 끝나면
(박) 음악 향당교주鄕唐交奏를 연주하면 족자簇子는 서 있고, 죽간자竹竿子 2인은 후퇴하여 지정指定된 위치位置로 가서 상대해 선다. 이때 좌우 의물인儀物人 내측으로 90° 돌아 상대相對해 선다.
(박) 음악 타령 곡을 연주한다.
원무元舞 12인 두 팔을 옆으로 들어 펴든 다음 전진하여 족자 뒤에 선다.
(박) 원무元舞 12인 두 팔 내려 앞에 염수한다.
(박) 원무 12인 두 팔 옆으로 들어 어깨 위에 구부려들고 다시 내려 좌수左手 앞, 우수右手 뒤로 감으며 후퇴하여 먼저 자리로 온다.
(박) 두 팔 내려 앞에 염수한다.
(박) 음악 해령解슈을 연주하면 족자인簇子人 전진하여 선다.
(박) 3차 치면 음악 그친다.
(박) 족자 1인 다음과 같이 치어致語를 부른다.

하성명가서응야(賀聖明歌瑞膺也 : 하성명은 서응을 노래한 것입니다)… 이하 생략
치어致語가 끝나면
(박) 음악 해령解슈을 연주하고 족자인簇子人 조금 후퇴하여 먼저 자리로 온다.
(박) 음악 헌천수獻天壽를 느리게 연주하면 원무元舞 12인 두 팔 옆으로 들어 펴들고 좌대左隊 1은 우측으로 전진하고 우대右隊 1은 좌측으로 전진하는데 좌대左隊는 좌1, 2, 3, 4, 5, 6 우대는 우1, 2, 3, 4, 5, 6 순順으로 진행하여 좌측 일렬, 우측 일렬로 서서 좌우 2열무(左右二列舞)가 된다(圖 2).

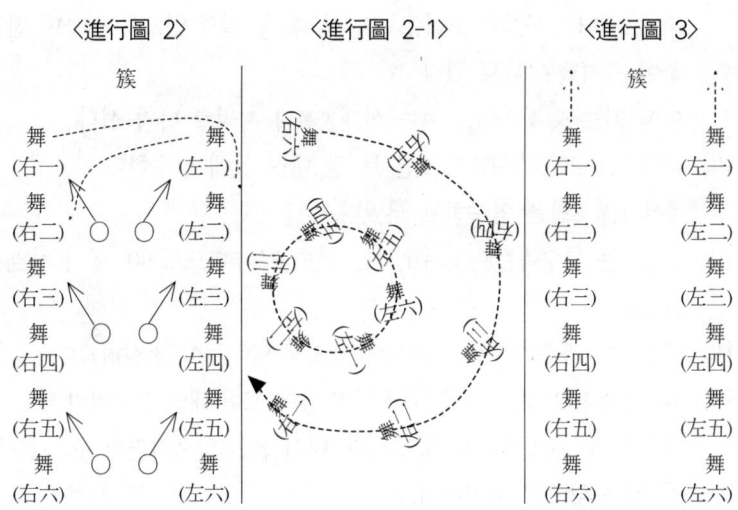

(박) 좌우대左右隊 12인 두 팔 내려 앞에 염수한다.
(박) 빠른 도드리를 연주한다.
　　좌대左隊는 좌수左手 쪽으로 돌아가며 전진하고 우대右隊는 우수右

手 쪽으로 돌아가며 전진하는데, 좌대는 내곽으로 우대右隊는 외곽 쪽에 원형圓型을 그리며 진행하여 좌우대左右隊 2열무二列舞로 된다. 두 팔 펴들고 한다(圖2-1, 圖3).

(박) 무무無舞 12인 두 팔 내려 앞에 염수한다.

(박) 3차 치면 음악 그친다.

(박) 무무無舞 12인 하성명사賀聖明詞를 보허자步虛子 곡(曲:樂節)에 맞추어 다음과 같이 부르며 앞뒤로 무릎을 굴신한다.

유제지덕 소격우천(惟帝之德 昭格于天:황제의 덕이 밝게 하늘에 미치사)… 이하 생략

끝나면

(박) 음악 타령 곡을 연주한다.

좌대左隊 1, 2무무舞와 우대右隊 1, 2무무舞, 두 팔을 옆으로 펴들며 전진하여 족자簇子 뒤로 간다.

이때 좌左 3, 4 우右 3, 4는 선대先隊의 자리로 나가 선다.

(박) 좌대左隊 2인, 우대右隊 2인 두 팔 내려 앞에 염수한다.

후대後隊 8인은 염수하고 서있다.

(박) 좌1, 2는 우수측右手側, 우1, 2는 좌수측左手側으로 90° 돌아 상배相背한다.

(박) 좌1, 2는 좌수측, 우1, 2는 우수측으로 90° 돌아 전향前向한다.

(박) 좌1, 2 우1, 2. 4인 두 팔 높이 들어 앞에 모아 내려 염수하며 앉는다. 앞으로 두 손을 뿌리며 엎드린다. 다시 몸을 일으키면서 두 손을 모아 가슴 앞으로 옮겨온다.

두 손을 모아 염수하고 천천히 일어선다.

(박) 위 4인 두 팔을 옆으로 펴들며 후퇴하여 좌左 6, 우右 6 뒤로 가서 선다.

좌대左隊 3, 4와 우대右隊 3, 4는 서서 두 팔을 옆으로 펴들며 전진하여 족자簇子 뒤에 선다.

이때 후대後隊(좌5, 6 우5, 6) 4인은 염수하고 선대先隊가 서있던 자리로 나가 선다.

선대先隊와 후대後隊가 교체 할 때는 후퇴하는 사람은 외곽으로 진행하고 전진하는 사람은 가운데로 진행한다.

족자簇子 뒤에 전진한 좌우대 4인은 먼저 좌1, 2와 우1, 2대隊의 진행과 동일同一하고 좌우 4인도 전대前隊인 좌대 3, 4와 우대 3, 4의 진행이 동일한데 종대終隊인 좌3, 4와 우3, 4가 두 팔 옆으로 펴들려 할 때, 뒤에 염수하고 서 있는 좌우대 1, 2, 3, 4. 8인도 두 팔을 펴들며 전진하여 좌대 4,우대 4 뒤로 가서 좌우대左右隊 2열二列로 된다.

(박) 좌우대 12인, 두 팔 내려 앞에 염수한다.
(박) 음악 빠른 타령 곡을 연주하며 좌우대 12인 두 팔 옆으로 들며 우열무右列舞는 우수右手측, 좌열무左列舞는 좌수左手측으로 돌아 전진하며 진행하여 처음 등장한 형태로 선다.
(박) 무舞 12인 두 팔 내려 앞에 염수한다.
(박) 음악 향당교주鄕唐交奏를 연주하면 죽간자竹竿子 2인 전진하여 족자簇子와 일렬一列로 선다.
(박) 3차 치면 음악 그친다.
(박) 죽간자 2인 다음과 같이 구호口號를 한다.

재가재무(載歌載舞 : 노래하고 춤을 추오니)… 이하 생략
구호 끝나면
(박) 음악 향당교주鄕唐交奏를 연주하면 족자簇子와 죽간자竹竿子 2인 후퇴하여 선다.
(박) 음악 타령곡을 연주하면 좌우무左右舞 12인 두 팔을 옆으로 펴들며 전진하여 족자簇子 뒤에 선다.
(박) 무舞 12인 두 팔 내려 앞에 염수한다.
(박) 무舞 12인 두 팔 옆으로 펴들며 후퇴한다.

이때 좌우左右 의물무의物舞 외측으로 돌아 전향前向한다.
(박) 원무元舞 12인 두 팔 내려 앞에 염수한다.
(박) 3차 치면 전주 무인舞人 고개 숙여 인사한다.

※ 이 무보舞譜는 1980년도에 『악학궤범樂學軌範』 권4 시용당악정재도의時用唐樂呈才圖儀 홀기笏記를 준거해 풀이한 것이다.

『무용한국』, 1990년 봄호

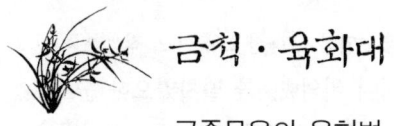

금척·육화대

―궁중무용의 유형별 고찰 ⑧―

금척金尺

이 춤은 이성계李成桂가 태조太祖가 되기 전 집에 있을 때 꿈에 신인이 금척金尺을 주었는데 이것이 앞날에 조선국을 창건할 길조가 미리 보인 것이라는 내용의 창사를 죽간자와 족자簇子가 부르면서 건국을 축하하고 군왕의 만수를 기원하며, 국가의 융성을 찬양하는 뜻으로 펼쳐지는 웅장하고 화려한 춤이다.

춤에서 부르는 모든 창사唱詞는 이태조李太祖 2년(1393) 정도전, 왕강王康, 정사주 등이 지어 왕에게 올린 것으로 여기에 따른 음악도 창작된 것을 짐작할 수 있고, 세종(1418~1450) 때 춤으로 창제된 것 같다.

몽금척夢金尺이 춤으로 완전히 정립된 것은 성종(1469~1494) 시대로『악학궤범樂學軌範』권4에 춤의 내용이 자세하게 기록되어 있어서 이를 확인하고 있다. 그 후 순조(1800~1834)를 거쳐 조선말 1900년 초까지 궁중잔치에서 연행하며 전해 내려온 춤이다.

이렇게 오랜 세월을 전래하는 동안 춤의 변형된 모습을 찾아볼 수 있으니『악학궤범』홀기笏記에는 원무元舞 12인과 죽간자竹竿子 2, 족자簇子 1, 금척金尺 1, 황개黃盖 1 외 의물儀物 22종(인인장 2, 용선 2, 봉선 2, 작선 2, 미선 2, 개 4, 정절 8)이 벌려서 매우 화려 장엄하여 위의威儀를 떨치었으나 순조純祖 (1829) 이후에는 의물儀物들은 들어있지 않고 무원이 감축되어 조선말까지 계속되어 왔는데, 부르는 창사의 가사는 전혀 변하지 않았고 춤의 진행이 약간 다르게 나타나 있으며 반주악의 이름이 변경된 것을 찾아볼 수 있다.

다음은 국립국악원에 전해있는 『정재무도홀기呈才舞圖笏記』를 준거해 1987년 재현한 무보를 아래에 적는다.

무대에 족자와 좌우 죽간자가 나란히 한 줄로 서있는다.

初入排列圖(樂學軌範笏記)

引人仗		竹簇竹			引人仗
旋節		右子左			旋節
龍扇	舞右一		舞左一		龍扇
旋節	舞右二		舞左二		旋節
鳳扇	舞右三	金尺	舞左三		鳳扇
旋節	舞右四		舞左四		旋節
雀扇	舞右五	黃盖	舞左五		雀扇
旋節	右六		左六		旋節
尾扇	盖	盖	盖	盖	尾扇

(박) 음악 보허자 1장을 연주한다. 족자와 죽간자 2인 전진하고, 좌대(上手), 우대(下手)는 염수하고 중앙에는 금척, 황개무가 등장하여 초입배열도初入排列圖와 같이 선다.

(박) 음악 삼현도드리 연주하고 좌우대

初入排列圖(呈才舞圖笏記)

```
竹              簇       竹
右              子       左
舞                       舞
舞                       舞
舞              金尺      舞
舞                       舞
舞              黃盖      舞
舞                       舞
```

(박) 음악 향당교주鄕唐交奏를 연주한다.
　　족자는 서 있고 죽간자는 뒷걸음으로 좌우로 갈라선다.
(박) 3차 치면 음악 그친다.
(박) 족자, 죽간자 2인 다음의 가사를 창사唱詞로 부른다.

봉정부지영이奉貞符之靈異… 이하생략.
구호 끝나면,
무 전원 두 팔을 옆으로 펴든다. 앞으로 나가서 작대도作隊圖와 같이 선다.
금척, 황개무도 같이 진행한다.

作隊圖(呈才笏記)

竹右			(족자)		竹左	
舞 右五	舞 右三	舞 右一	金 尺	舞 左一	舞 左三	舞 左五
舞 右六	舞 右四	舞 右二	黃 盖	舞 左二	舞 左四	舞 左六

(박) 박 치면 좌우대무 두 손 염수한다.
(박) 금척, 황개인 전진해 선다.
(박) 3차 치면 음악 그친다.

금척인金尺人 다음의 치어致語를 부른다.

몽금척수명지상야夢金尺受命之祥也… 이하 생략.
치어致語 끝나면,
(박) 음악 향당교주 연주한다.
　　　금척·황개인 후퇴해 선다.
(박) 좌우대 무원 염수하고 무릎을 구부리며 몸을 앞뒤로 움직이며 아래의 수악절창사隨樂節唱詞를 보허자步虛子의 반주로 부른다.

(창사) 유황감지공명혜惟皇鑑之孔明兮
　　　길몽협우금척吉夢協于金尺
　　　청자모의혜清者耄矣兮
　　　직기당예유덕언시적直其戇繄有德焉是適
(박) 3차 치면 음악 그친다.
(박) 음악 삼현도드리 연주한다.
　　　좌우 죽간자, 족자 옆으로 나가 전면 향하고 선다. 원무 12인은 두 팔 옆으로 펴들고 아래의 창사를 부르며,
(박) 원무 12인 4보 전진한다.
(박) 원무 12인 4보 후퇴한다.

(창사) 제용도오심혜帝用度吾心兮
　　　비균제우가국俾均齊于家國
　　　정재궐부혜貞哉厥符兮
　　　수명지상受命之祥
　　　전자급손혜傳子及孫兮
　　　미우천억彌于千億
창사 끝나면,

(박) 오른편 죽간자를 선두로 해 족자, 금척, 황개, 왼편 죽간자, 좌대 6인(좌1, 2, 3, 4, 5, 6), 우대 6인(우1에서 6까지)이 차례로 전진하여 회무도回舞圖와 같이 왼쪽으로 진행하는데, 아래의 창사를 부르며 진행한다.

〈회무도回舞圖〉

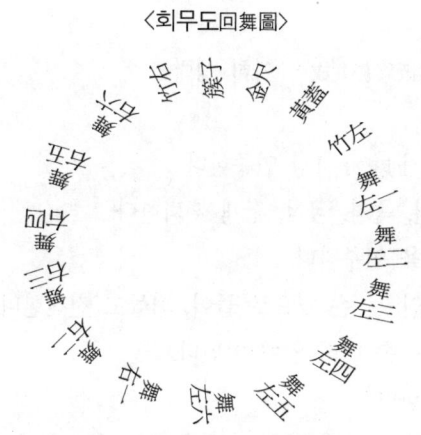

(창사) 성인유작聖人有作　　만물개도萬物皆覩
　　　영서빈분靈瑞繽紛　　제복필지諸福畢至
　　　장언부족長言不足　　식가차무式歌且舞
　　　오악어륜於樂於倫　　군왕만수君王萬壽

창사 끝나고,

(박) 박을 치면, 무대 뒤편 중앙위치에서 우 죽간자는 왼쪽으로 돌아 전면(북향)을 향하고 좌측 앞으로 전진 한다.

　족자, 황개는 중앙에서 전진하고 좌 죽간자는 우측 앞으로 전진 한다. 우 죽간자 뒤에는 우무 6인이 두 손을 옆으로 들어 펴들며 1, 2, 3, 4, 5, 6 순으로 따르고, 좌 죽간자 뒤에는 좌무 6인이 두 손을 옆으로 펴들며 1, 2, 3, 4, 5, 6 순으로 따르면 초입배열도初入排列圖와 같이 선다.

(박) 좌우무 12인 두 손 내려 앞에 여민다.

(박) 음악 보허자 1장 연주한다.
　　　좌우 죽간자 2인 조금 앞에 나간다.
(박) 3차 치면 음악 그친다.
(박) 죽간자 2인 다음의 가사를 창사唱詞로 부른다.

악기주어구성樂旣奏於九成… 이하 생략.
창사 끝나면,
(박) 음악 보허자步虛子 1장 연주한다.
　　　죽간자 2인, 족자, 금척, 황개 후퇴한다.
(박) 음악 타령을 연주한다.
　　　좌우무 12인 두 손 옆으로 들어, 펴들고 전진한다.
(박) 무 12인 두 손 내려 앞에 여민다.
(박) 전원 후퇴한다.
(박) 좌우무 12인 두 손을 옆으로 들어 앞으로 모아 내리며 고개 숙여 인사하고, 죽간자 2인, 금척, 족자, 황개인도 고개 숙인다.
(박) 3차 치면 춤 끝난다.

육화대六花隊

이 춤은 원무 6인이 손에 꽃을 들고 궁궐宮闕의 풍경과 봄철의 꽃을 찬미하는 내용의 노래를 부르며 추는 춤이다.
　다른 궁중무용과 다른 점은 죽간자와 중무中舞(中心舞)가 화답하는 내용의 창사를 주고받고, 또 원무 6인은 차례로 1인씩 창사를 부르고 춤을 추기도 한다.
　춤의 연원은 확실하게 밝힐 수 없으나 다만 『악학궤범樂學軌範』 권4 「정재도의呈才圖儀」에 있는 내용을 참고하면 세종世宗(1418~1450)대를 전후해

발생되어 성종成宗(1469~1494) 때까지 내려오는 동안 발전되어 훌륭한 무용으로 정돈된 것 같다.

『악학궤범』에는 의물儀物인 인인장, 용선, 봉선, 작선, 미선, 정절, 개 등이 등장했다. 그러나 그 후 역대 궁중잔치에서 연희한 흔적을 찾아볼 수 없고 조선말(1901) 궁중진연에서 추었고, 또『정재무도홀기呈才舞圖笏記』에는 원무들의 창사를 더욱 발전시켜 후반부에는 여창가곡女唱歌曲 중 롱弄, 계락界樂, 편編에다 붙여 부르게 했다.

그리고 의상의 색조도 궤범에는 홍색과 남색을 입었었는데, 이때는 원무 6인의 의상 색상이 각각 달라 옥색, 초록, 자주, 진홍, 양남, 분홍 등 6색으로 화려하고 현란하게 입은 것으로 홀기에 나와 있다.

반주된 음악은 창사하는 대목이 많은 관계로 여러 차례 중지했다가 다시 연주되었는데『악학궤범』에는 등장과 퇴장에 천년만세千年萬歲(인자)를 사용했고 그 외에는 천년만세로 연주하였으며 중간에 최자催子(令), 중강中腔(令) 등이 들어 있었다.『정재홀기呈才笏記』에는 천년만세千年萬歲(보허자령)와 향당교주鄕唐交奏로 일관되어 악곡과 장단을 정확하게 파악할 수 없다. 또 한 가지 조선후기에 와서는 여창가곡이 첨가되어 여기에 따른 반주악도 가세된 것을 알 수 있다.

아래의 무보는 1985년도에 이 춤을 재현할 때 시간의 제약성과 무대적인 여건 때문에 부득이 창사부분과 가곡 노래부분을 감축시켰음을 밝혀 놓는다. 춤의 순서는 두 기록의 큰 차이는 없으나 무도홀기에는 가곡노래가 들어 있어서 새로운 장을 보여 주었다. 이 무보는『정재무도홀기呈才舞圖笏記』를 준거해 풀이한 것이다.

무인 전원 초입배열도初入排列圖와 같이 서 있는데 중무와 원무 6인 두 손 앞에 염수한다.

(박) 박치면 음악 보허자步虛子를 연주한다.

    죽간자 2인이 전진하여 앞에 선다.

(박) 3차 치면 음악 그친다.

(박) 죽간자 2인 문화심사問花心詞를 창사로 부른다.

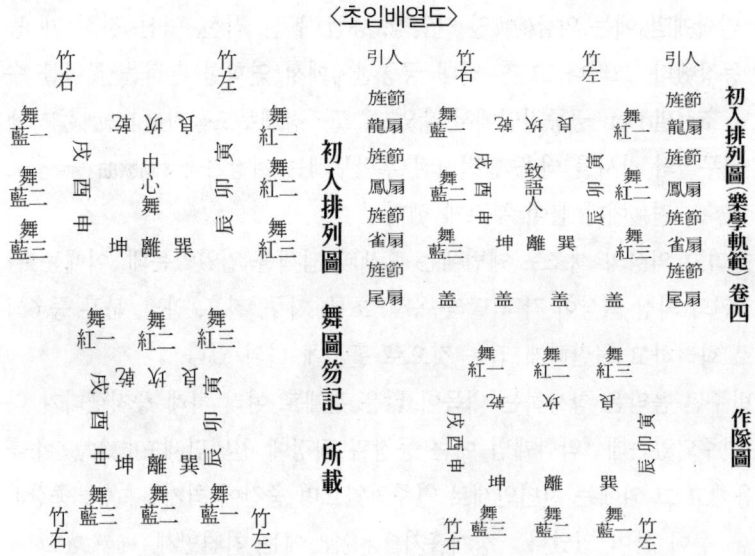

(창사) 신화재수新花在手
　　　　정작약지춘광逞綽約之春光…(이하생략)
(박) 음악 보허자步虛子 1장을 연주한다.
　　　죽간자 2인 후퇴하여 뒤로 선다.
　　　중무(치어인) 염수하고 앞으로 나가 선다.
(박) 3차 치면 음악 그친다.
　　　중무中舞 우수右袖를 얼굴 앞에 든다.
(박) 박 치면

(창사) 화심답사花心答詞
　　　　고참미품顧慚微品
　　　　원조진환願助陳歡…(이하생략)을 창사로 부른다.

(박) 음악 삼현도드리 연주한다.

　　중무 우수를 아래로 내려 염수하고, 무릎을 구부리며 앉아 엎드린다.

(박) 중무 일어선다.

(박) 음악 타령 곡을 연주한다.

(박) 중무中舞와 동1무 두 손을 옆으로 들어 펴든다.

(박) 중무는 후퇴해 먼저 위치에 서고 동1무는 전진하여 선다.

(박) 3차 치면 음악 그친다.

　　중무는 앞에 염수한다.

　　동1무는 두 손으로 꽃을 받들어 얼굴 앞에 들고 홍두제1념시紅頭第一念詩,

　　절득은근색정신折得慇懃色正新…(이하생략)을 창사로 부른다.

(박) 박치면 음악 타령 곡을 연주한다.

　　동1무와 서1무 두 손을 옆으로 들어 펴든다(서西1은 좌수에 꽃을 들었다).

(박) 동1무는 후퇴해 먼저 위치에 서고 서1무는 전진해 동1무 자리에 선다.

(박) 3차 치면 동1무 두 손 내려 앞에 염수한다.

　　서1무는 꽃을 받들어 얼굴 앞에 든다.

(박) 서1무는 남두제1념시籃頭第一念詩,

염행암소금색신艶杏暗燒錦色新… (이하생략)을 창사로 부른다.

(※ 참고/『정재무도홀기』: 염행암소, 『악학궤범』: 염행소암)

(박) 음악 타령 곡을 연주한다.

　　서1무와 동2무 두 손을 옆으로 들어 펴든다.

(박) 서1무는 후퇴해 먼저 위치에 서고 동2무 전진해 동1무 섰던 위치로 가서 선다.

　・동2, 서2, 동3, 서3무의 진행형식은 동1, 서1무와 같고 다만 부르는 창사의 가사歌詞가 다를 뿐이다.

동2. 제2념시 海棠花發錦江新…(이하 생략)
서2. 제2념시 玉容棯貯對佳新…(이하 생략)
동3. 제3념시 金刀初剪露痕新…(이하 생략)
서3. 제3념시 小桃破萼錦鮮新…(이하 생략)
서3무 먼저 위치에 와서 선다.

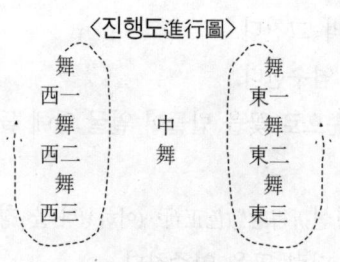

(박) 치면 서3무 두 손 내려 앞에 염수한다.
(박) 중무와 원무 6인 두 손 옆으로 들어 펴든다.
(박) 동무東舞 3인은 좌로 돌고 서무西舞 3인은 우로 돌아 각각 원형을 만들고 전진해 다시 동서東西 양대로 초입배열도와 같이 선다. 중무中舞는 전진 후퇴한다.
(박) 중무와 동서무 6인 두 손 내려 앞에 염수한다.
(박) 동1무 두 팔을 옆으로 들어 펴들며 전진하여 선다.
· 중무와 동2, 동3, 서1, 서2, 서3무는 서 있는다.
(박) 3차 치면 음악 그친다.
　　동1무 두 손을 얼굴 앞에 모아든다.
(박) 동1무 1념가念歌를 가곡 농弄에 얹어 부른다.

(가사) 절득은근折得慇懃 ᄒᆞ여스니 비치 정정히 시롭도다…(이하생략)
(박) 3차 치면 음악 그친다.
(박) 타령을 연주한다.

(박) 동1무와 서1무 두 손을 옆으로 들어 펴든다.
(박) 동1무는 후퇴해 먼저 위치로 가고 서1무는 앞에 나와 선다.
(박) 3차 치면 동1무와 서1무 두 손을 내려 앞에 염수 한다.
　　　서1무 두 손을 얼굴 앞에 모아든다.
(박) 서1무 1념가念歌를 가곡 계락界樂에 얹어 부른다.

(가사) 염행艶杏이 암소暗燒ᄒ여 금색錦色과 시롭도다…(이하생략)
(박) 3차 치면 음악 그친다.
(박) 음악 타령을 연주한다.
이하 동2무와 서2무, 동3무와 서3무의 진행은 먼저 동1무와 서1무와 일치하나 다만 부르는 노래를 가곡 편編에 얹어 부르는 것이 다르다.
4인이 부르는 노래의 가사는 아래와 같다.

　　　동2무 2념가 海棠花 피여고야 錦江이 시로우니…(이하생략)
　　　서2무 2념가 玉容이 淡貯ᄒ여 佳新홈을 對ᄒ도다…(이하생략)
　　　동3무 3념가 金刀로 初剪ᄒ니 露痕이 시롭도다…(이하생략)
　　　서3무 3념가 小桃가 破萼ᄒ니 비단갓치 鮮新허다…(이하생략)

(박) 음악 타령을 연주한다.
　　　중무와 동서무 6인 두 손 옆으로 들어 펴든다.
(박) 중무와 동서무 전진 후퇴한다.
(박) 동1무 좌로 90° 돌아 서쪽을 향해 전진하고, 동2무·동3무는 그 뒤를 따른다. 서1무는 180° 돌아 남쪽(후면)을 향해 전진하고, 서2무·서3무는 그 뒤를 따른다. 이렇게 진행해서 작대도와 같이 선다. 중무는 중앙에서 좌우로 돈다.

작대도作隊圖

東一　　東二　　東三
乾　　　坎　　　艮

中舞

西三　　西二　　西一
坤　　　離　　　巽

(박) 음악 빠른 타령을 연주한다.
　　 작대무 되어 전원 두 손 내려 앞에 염수한다.
(박) 중무는 서서 팔수무八手舞하고 동2무는 좌편으로 후퇴하고 서2무는 우편으로 전진해 위치를 바꾸어 서며 팔수무 한다.
　　 전후대 4인은 서서 어깨춤 춘다.
(박) 음악 느린 타령을 연주한다.
　　 전대 3인(동1, 서2, 동3) 두 팔을 옆으로 들어 펴들며 서2는 우로, 동3과 동1은 좌로 돌아 서2와 동3은 상대하고 동1은 배무背舞하고 어깨춤 춘다.
　　 중무와 후대 3인 염수하고 서서 어깨춤 춘다.
(박) 전대 3인 두 손 내려 앞에 염수하며 돌아 전향한다.
(박) 전대 후대 두 팔을 옆으로 펴들며 전대 3인은 후퇴하고 후대 3인은 전진해 위치를 바꾸어 선다.

환대도換隊圖

西三　　東二　　西一

中舞

東一　　西二　　東三

(박) 전후대 6인 두 손 내려 앞에 염수한다.
(박) 전대 3인 두 팔을 옆으로 들어 펴들며 동2는 우로, 서1은 좌로 돌아 동2와 서1은 상대하고 동1은 좌로 돌아 배무背舞하고 어깨춤 춘다. 중무와 후대 3인 염수하고 서서 어깨춤 춘다.
(박) 전대 3인 두 손 내려 앞에 염수하며 돌아 전향한다.
(박) 빠른 타령을 연주한다.
전대 동2와 후대 서2가 두 팔 옆으로 들며 동2는 후퇴하고 서2는 전진해 본래 위치로 가서 두 팔을 앞에 내린다.
(박) 중무와 전후대 되어 전진 후퇴한다.
(박) 음악 천년만세千年萬歲를 연주한다.
중무와 원무 6인 두 손 옆으로 들어 펴들며 전대 3인, 후대 3인은 좌측으로 돌아 회무回舞할 방향으로 선다.
(박) 회무도回舞圖와 같이 진행해 초입배열무도初入排列舞圖와 같이 선다.

〈회무도回舞圖〉

(박) 중무와 원무 6인 두 손 내려 앞에 염수한다.
(박) 음악 삼현도드리 연주한다.
(박) 죽간자 2인 전진해 선다.
(박) 3차 치면 음악 그치고 죽간자 2인 눈록교홍嫩綠嬌紅…(이하생략)을 창사로 부른다.

(박) 음악 삼현도드리 연주한다.
(박) 죽간자 2인 후퇴한다.
(박) 음악 타령 곡을 연주한다.
　　중무와 동서 6인 두 손을 옆으로 들어 펴든다.
(박) 전원 후퇴하여 선다.
(박) 중무와 동서 6인 두 손 내려 앞에 염수한다.
(박) 3차 치면 전원 고개 숙여 인사하고 음악 그친다.

『무용한국』, 1990년 여름호

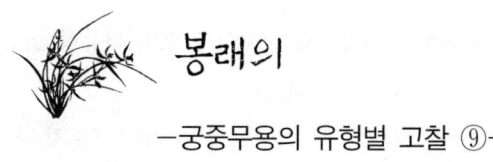

봉래의

―궁중무용의 유형별 고찰 ⑨―

이상 8회까지 조선 초기에 당악무 형식으로 새로이 창작 또는 재연된 당악계통의 정재를 춤 내용 및 도표와 함께 살펴보았다.

다음은 조선 초기에 창작된 향악계통의 정재를 살펴보려고 한다.

봉래의鳳來儀

이 춤은 성종成宗(1493) 때 간행된『악학궤범樂學軌範』시용향악정재도의 時用鄉樂呈才圖儀에 춤의 내용이 상세하게 기록되어 있어서 궁중무로 완성된 것은 성종 때라고 말할 수 있다.

춤에서 부르는 용비어천가龍飛御天歌는 거슬러 올라가서 세종世宗(1445) 때 권제權題, 정인지鄭麟趾, 안지安止 등이 지은 이조李朝의 창업을 찬양하고 국가의 평안과 국운의 번영을 기구하는 내용의 시가詩歌이다. 이것에 대해『세종실록世宗實錄』권 제140에는 봉래의鳳來儀, 여민락與民樂이란 이름 아래 한시漢詩로 된 용비어천가龍飛御天歌 여러 장章이 작곡作曲되어 80각刻의 악보樂譜로 기록되어 있고 또 치화평보致和平譜는 상上(769각), 중中(747각), 하상下

上(286각), 하중下中(294각), 하하下下(297각) 5장으로 나누어 있으며 취풍향보취豊享譜는 상上(212각), 하下(224각)로 구분되어 있다.

그리고 앞뒤에서 죽간자竹竿子가 왕래할 때 연주한 전인자前引子(12각)와 후인자後引子(12각)의 곡보曲譜가 실려 있고 이 외에도『악학궤범』이나『정재홀기呈才笏記』에는 들어있지 않은 많은 가사歌詞가 악보樂譜로 동재해 있어서 이 방대한 시가詩歌의 성악聲樂을 겸한 대악장大樂章임을 과시하고 있다.

앞으로 이 곡들이 기록으로만 보존되어 있지 말고 연구 검토해서 음악예술로의 가치평가가 내려졌으면 하는 마음 간절하다.

이렇게 봉래의鳳來儀에서 부르는 용비어천가는 음악과 성가聲歌로 창작되어 발전된 것을『세종실록世宗實錄』악보조樂譜條에서 확인해 주고 있다. 그렇기 때문에 이 봉래의는 세종世宗 이후 가악歌樂으로 전승傳承되다가 성종成宗 때에 비로소 무용으로 완성 정립된 것이라 할 수 있다.

봉래의가 향악정재鄕樂呈才 범주에 들어 있으면서도『악학궤범』도의圖儀에는 당악무唐樂舞 형식形式에만 들어있는 인인장引人仗 등 9종의 의물儀物이 좌우편으로 가담해 있을 뿐만 아니라 월금, 당비파, 향비파, 향피리, 대금, 장고 등이 나열羅列되서 연주까지 한 것으로 나타나고 있어서 궁중무용 중에서 특이한 형식으로 연희됐던 것을 느끼게 한다.

그 후 이 춤이 궁중연향에 출연한 기록이 보이지 않고 1901년(高宗 光武 5年) 비원秘苑 함녕전咸寧殿에서 연희한 것이『진찬의궤進饌儀軌』에, 1902년 (高宗 光武 6년)엔『진연의궤進宴儀軌』에 수록되어 있어서 봉래의가 조선말까지 전해 있었던 것을 알 수 있다.

아래의 무보舞譜는 1927년경 아악부 시절 내가 김영제金甯濟, 함화진咸和鎭, 이수경李壽卿 세 분 선생에게 학습한 것을 토대로 해서 무대와 시간성을 염두에 두고 1981년 재현한 무보舞譜이다.

※『정재무도홀기』와 같이 무원이 등장해 선다.

⟨樂學軌範의 初入排列圖⟩

引人仗			竹(우)				竹(좌)			引人仗	
旌節	月琴								月琴	旌節	
龍扇	唐琵琶								唐琵琶	龍扇	
旌節	鄕琵琶		舞右一	舞右三	舞左三	舞左一			鄕琵琶	旌節	
鳳扇	鄕觱篥								鄕觱篥	鳳扇	
旌節			舞右二	舞右四	舞左四	舞左二				旌節	
雀扇	大笒								大笒	雀扇	
尾扇	杖鼓		盖	盖	盖	盖			杖鼓	尾扇	

(박) 음악 보허자步虛子(長春不老之曲) 1장을 연주한다.

　　무원 전원 고개 숙여 인사한다.

(박) 원무 8인은 염수하고 서있고 죽간자 2인은 전진하여 앞에 나온다.

(박) 3차 치면 음악 그치고 죽간자 선다.

(박) 죽간자 2인 염아조종(念我祖宗…이하생략)을 창사로 부른다.

(박) 음악 풍경지곡豊慶之曲을 연주한다(鄕唐交奏).

　　원무 8인은 두 손 옆으로 들어 펴들고 죽간자 2인은 돌아 상대하고 뒤로 조금 물러선다.

(박) 원무 8인 앞으로 나가선다.

(박) 3차 치면 음악 그친다.

　　원무 8인 두 손 얼굴 앞에 모아들고 해동장海東章을 창사로 부른다.

　　해동육룡비海東六龍飛

막비천소부莫非天所扶…(이하생략)

(박) 음악 삼현三絃 도드리를 연주한다.

원무 8인 두 손 옆으로 펴든다

(박) 후퇴하고 우측 죽간자 좌측으로 180° 돌아서고 좌측 죽간자는 앞으로 간다.

(박) 우측 죽간자를 선두로 해 좌측 죽간자 동1, 동2, 동3, 동4, 서1, 서2, 서3, 서4 순으로 전진한다(右旋回舞).

(박) 음악 그치고 원형을 만들면 원무 8인 적인장狄人章, 야인장野人章, 천세장千世章을 창사로 부른다.

　적인장(狄人章)
　　적인여처(狄人與處) 적인우침(狄人于侵)
　　기산지천(岐山之遷) 실유천심(實有天心)
　야인장(野人章)
　　야인여처(野人與處) 야인불례(野人不禮)
　　덕원지사(德源之徙) 실시천계(實是天啓)
　천세장(千世章)
　　천세묵정(千世默定) 한수양(漢水陽)
　　누인개국(累仁開國) 복년무강(卜年無疆)

〈致和平舞圖(以地圖右隊回舞)〉

```
              舞     舞
              左一   左二
        舞              舞
        右一             左三
        舞              舞
        右二             左四
              舞     舞
              右三   右四
```

죽간자 2인이 무대 뒤쪽에 왔을 때
(박) 창사를 그치고 원무 1대(東1, 西2)씩 두 손을 들어 펴들며 좌측, 우측 죽간자 앞쪽을 향하고 전진하며 좌무 4인과 우무 4인 죽간자를 따라 전진해서 취풍형무작대도醉豊亨舞作隊圖와 같이 두 줄로 갈라선다.

〈취풍형무작대도(醉豊亨舞作隊圖)〉

舞　　舞
舞　　舞
舞　　舞
舞　　舞

(박) 원무 8인 두 손 앞에 염수하고 죽간자는 좌우 갈라 상대해 선다.
(박) 3차 치면 음악 그친다.
(박) 원무 8인이 근심장根心章과 원원장源遠章인 뿔희 깁흔 남근 바람의 아니휘고…(이하생략)를 가곡 농弄에 맞추어 부른다.
(박) 3차 치면 음악 그친다.
(박) 음악 삼현도드리咸寧之曲를 연주한다.
원무 8인은 두 손 옆으로 들어 펴든다.
(박) 서대西隊 4인 전진하고 동대東隊 4인 후퇴해 그림과 같이 선다.

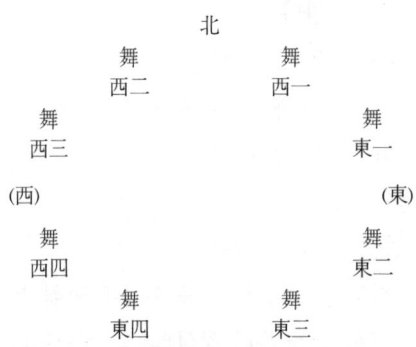

제 2부 궁중무용의 유형별 고찰

(박) 사방무四方舞 되어 두 손 내려 염수한다.
(박) 사방무四方舞 두 손을 옆으로 들어 펴든다.
(박) 동·서·북 무 6인(서1·서2·서3·서4는 우측, 동1·동2는 좌측)은 돌아서 상대하고 남쪽 2인은 서있는다
(박) 남과 북, 동과 서 상대하고 전진해 위치를 바꾼다.
(박) 각각 돌아서서 상대한다.
(박) 남과 북, 동과 서가 상대하고 전진해 먼저 위치로 온다.
(박) 동·서·남·북 무 8인 돌아 전면前面으로 향한다.
(박) 3차 치면 음악 그친다.
  무 8인 두 손 얼굴 앞에 모아둔다.
(박) 주국장周國章을 가곡歌曲 계락界樂에 맞춰 부른다.
  가사歌詞 : 주국태왕周國太王이 빈곡의 거居 샤 제업帝業을 여라시고, 우리 시조始祖 경흥慶興의 거居 샤 왕업王業을 여라시다.
(박) 3차 치면 그친다.
(박) 음악 삼현도드리를 연주한다.
  무 8인 두 손 옆으로 들어 펴든다.
(박) 동·서·북 6인 돌아 상대한다.
(박) 8인 두 손 앞에 염수한다.
(박) 8인 두 손 옆으로 들어 펴든다.
(박) 8인 돌아 상배相背한다.
(박) 8인 대수擡袖하며 돌아 상대한다.
(박) 8인 이수고저以袖高低하고 동·서·북 6인은 돌아 전향한다.
(박) 8인 두 손 내려 앞에 염수한다.
(박) 3차 치면 음악 그친다.
  8인 두 손 얼굴 앞에 모아든다.
(박) 원무 8인은 적조장赤鳥章을 가곡 편編에 맞춰 부른다.
  가사歌詞 : 블근시 글을 무러 침실寢室의 펴안즈니 성자혁명聖子革命

의 제우帝祐롤 뵈오오니 비옴이 가치를 무러가즈의 언즈니 성손聖
孫이 장흥將興의 가상嘉祥이 몬져 뵈시거다.
(박) 3차 치면 음악 그친다.
(박) 음악 타령 곡을 연주한다.
(박) 8인 두 손 내려서 좌수左手 앞, 우수右手 위에 든다.
8인 이수고저以袖高低하며 회무回舞할 방향으로 돈다.
(박) 그림과 같이 원형으로 돌며 진행한다.

```
          西二    西一
     西三            東一
     西四            東二
          東四    東三
```

(박) 회무回舞하여 무대 후면後面에 이르면 동2는 동1, 동3은 동4를 따르
   고 서3은 서4, 서2는 서1을 따라 진행하며 초입도와 같이 선다.
(박) 전대前隊 4인(동1, 동3, 서4, 서3)은 전진하고 후대後隊 4인(동2, 동4, 서2,
   서1)은 후퇴한다.
(박) 전대前隊 4인 돌아 후대後隊와 상대한다.
(박) 전대前隊·후대後隊 위치 바꾼다.
(박) 전후대前後隊 돌아 상대한다.
(박) 전후대前後隊 먼저 위치로 간다.
(박) 후대後隊 돌아 전향하고, 전대前隊는 전향하고 춘다.
(박) 전대前隊는 후퇴하고, 후대後隊는 전진해 초입도와 같이 선다.
(박) 전후대前後隊 8인 전진한다.
(박) 두 손 앞에 염수하고 선다.

(박) 죽간자竹竿子 2인 돌아 전향한다.

(박) 3차 치면 음악 그친다.

(박) 죽간자 2인 만성환심萬姓歡心 영하승평永賀昇平…(이하생략)을 구호口號로 부른다.

(박) 음악 타령 곡을 연주한다.
무 8인 두 손을 옆으로 들어 펴든다.

(박) 앞으로 나간다.

(박) 무 8인 두 손을 앞에 염수한다.

(박) 무 8인 염수하고 죽간자竹竿子와 무 8인 후퇴하며,

(박) 3차 치면 전원 고개 숙여 인사하고 끝난다.

『무용한국』, 1990년 가을·겨울호

문덕곡
―궁중무용의 유형별 고찰 ⑩―

문덕곡文德曲

이 춤은 조선 초 이태조李太祖에게 새로이 지어 올린 악장樂章 가사歌詞인 문덕곡의 개언로장開言路章, 보공신장保功臣章, 정경계장正經界章, 정례악장定禮樂章 4시가詩歌를 무원들이 차례로 부르며 추는 것으로 무용적인 표현이나 형태, 격식 등이 거의 없이 악장가사樂章歌詞를 영창詠唱하는 것에만 치중해 진행한 춤이라 할 수 있다.

이 가사는 태조 2년(1393)에 정도전鄭道傳, 왕강王康, 정사주 등이 몽금척夢金尺, 수보록受寶籙과 함께 창작한 것으로 『태조실록太祖實錄』 권4(태조 2년 10월 기해년)에 보면 가사의 내용이, 언로言路를 열어 놓고 공신功臣을 보호하며 경제계를 바로잡고 다음에는 예의와 음악을 바르게 해야 한다고 기록되어 있다.

이런 연유 때문에 건국 초 태조께서 국가의 이념과 국시國是의 목표를 먼저 시가詩歌로 창작케 하여 나라의 기강을 세우고 번영을 도모하려는 굳은 의지가 들어있는 것이라고 볼 수 있다. 그리고 또 한 가지는 현세에서 온 인류가 이구동성으로 부르짖고 갈망하고 있는 민주주의의 사상과 정신이 600년 전 일국一國의 통치권자인 국왕이 주창해 실천하려고 했다는 사실은 참으로 놀라운 사실이 아닐 수 없다고 하겠다.

문덕곡文德曲이 처음 창작 당시에 음악으로 작곡된 여부는 확실히 알 수 없으나 『태조실록太祖實錄』 권8에 궁궐야연에서 태조의 명을 따라 정도전鄭道傳이 가인歌人이 부르는 문덕곡 노래에 맞춰 왕 앞에서 춤을 추었다고 보이고 있어서 우선 가악歌樂으로 작곡된 것을 느낄 수 있게 한다.

그 후 문덕곡이 무용으로 완성된 것은 성종成宗(1493) 때로 간행된 『악학궤범』 권5 시용향악정재도의時用鄕樂呈才圖儀에 기재되어 있어서 춤의 모든 내용을 자세하게 알 수 있다. 그 이후는 연희한 적이 없는 것으로 보아 연향에서 출연하지 않은 것이 분명하고 더욱이 『정재무도홀기呈才舞圖笏記』에도 수록되어 있지 않다.

아래의 무보舞譜는 1985년 『악학궤범』 정재도의呈才圖儀의 홀기를 준거해 재현할 때 작성된 것이다. 『정재무도홀기呈才舞圖笏記』에는 전하지 않는다.

(박) 음악 해령解令을 연주한다.
　　　무 1인 앞에 염수斂手하고 상수上手에서 등장하여 무대 중앙에 선다.
(박) 두 손을 얼굴 앞에 들며 오른쪽으로 돌아 북향한다.
(박) 무 1인 전진하여 앞에 나온다.
(박) 무 1인 치어致語를 한다.
　　　문덕곡文德曲 미문덕야美文德也…(이하생략)
(박) 음악 해령을 연주한다.
(박) 무 1인 두 손을 내리며 앉아 양 옆으로 놓고 고개를 숙여 엎드렸다가 일어선다.
(박) 음악 세령산細靈山을 연주한다.
(박) 무 1인 앞에 여민 두 손을 펴들어 위에서 뿌린 후 어깨높이로 펴들

고 후퇴(後退)한다.
(박) 3차 치면 음악 그친다.
　　　무 1인 두 손 얼굴 앞에 모아든다
(박) 개언로장(開言路章)을 가곡(歌曲)의 평롱(平弄)으로 노래한다.

　　　법궁(法宮)이 유엄심구중(有嚴深九重) 호시니
　　　일일만기분기총(一日萬機紛基叢) 호샷다.
　　　군왕(君王)이 요득민정통(要得民情通) 호샤
　　　대개언로달사총(大開言路達四聰) 호시다.
　　　개언로군불견(開言路君不見)가 아후지덕(我后之德)이 여순동(與舜同) 호샷다.
　　　아으 아후지덕(我后之德)이 여순동(與舜同) 호샷다.

(박) 3차 치면 노래와 음악 그친다.
(박) 음악 세령산을 연주한다.
(박) 무 1인은 두 손 밑으로 내렸다가 옆으로 펴들고 후퇴(後退)한다.
　　　이때 제2대(隊) 4인(右1, 右2, 左1, 左2)은 두 손을 옆으로 들어 펴들며 좌우 양편에서 등장한다.
(박) 제2대 4인은 각기 90° 돌아 전향(前向)하고, 후퇴한 무 1인은 어깨춤 춘 후 염수해 내린다.
(박) 3차 치면 음악 그치고 제2대 4인 두 손을 얼굴 앞에 모아든다.
(박) 제2대 무 4인은 보공신장(保功臣章)을 가곡(歌曲)중의 계락(界樂)으로 노래한다.

　　　성인수명승비룡(聖人受命乘飛龍) 호시니
　　　다사(多士)] 경기여운종(競起如雲從) 호샷다.
　　　빙모효력(騁謀效力)이 성궐공(成厥功) 호시니
　　　서이산하(誓以山河)로 보시종(保始終) 호샷다.

보공신군불견(保功臣君不見)가
아후지덕(我后之德)이 수무궁(垂無窮) ᄒᆞ샷다.

(박) 3차 치면 노래와 음악 그친다.
(박) 음악 세령산細靈山을 연주한다.
(박) 2대 4대 두 손을 내리며 앉아 양 옆으로 놓고 고개를 숙여 엎드렸다가 일어선다.
(박) 음악 도드리 연주한다. 무 1인과 2대 4인무 두 손 옆으로 펴든다. 이때 3대隊 4인은 두 손 옆으로 펴들며 양편에서 등장한다. 선모와 제2대 4인은 두 팔 펴든 상태로 후퇴하고, 제3대 4인도 두 팔 펴들고 전진하여 진행도와 같이 선다.

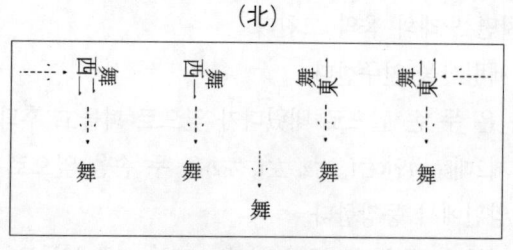

※ 선모 1인은 2대열隊列 보다 뒤에 선다.
(박) 3대 4인은 염수해 내리면서 각기 90° 돌아 전향하고, 선모와 2대 4인은 제자리에서 염수해 내린다.

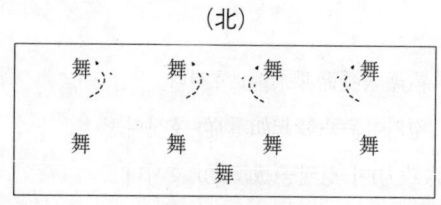

(박) 3차 치면 음악 그치고 3대 4인 두 손 모아 얼굴 앞에 든다.
(박) 3대 4인 정경계장正經界章을 가곡歌曲 중 편編으로 창창한다.

경계괴의(經界壞矣)라 구불수(久不修)ᄒ야
강병약삭상포휴(强並弱削相包休)커늘 아후(我后) ㅣ 정지(正之)ᄒ샤 기보주
(期甫周)ᄒ니
창품(倉稟)이 극부(克富)코 민식휴(民息休)ᄒ두다.
정경계군불견정(經界君不見)가
증재악개형천추(蒸哉樂愷亨千秋)ᄒ샷다.

(박) 3차 치면 노래와 반주악 그친다.
(박) 음악 도드리 연주한다.
　　3대 4인 두 손을 내리며 앉아 양 옆으로 놓고 고개를 숙여 엎드렸다
　　가 일어선다.
(박) 음악 타령곡打令曲을 연주한다.
　　3대 4인 제자리에서 두 손 옆으로 펴든다.
　　이때 4대隊 4인은 두 손 옆으로 펴들며 양편에서 진행도進行圖의 점
　　선点線과 같이 등장한다.

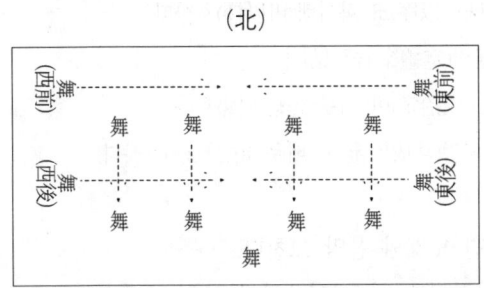

3대 4인은 진행도의 점선과 같이 후퇴하고, 4대 4인도 두 팔 펴든 상태로 전진하여 아래의 그림과 같이 선다.

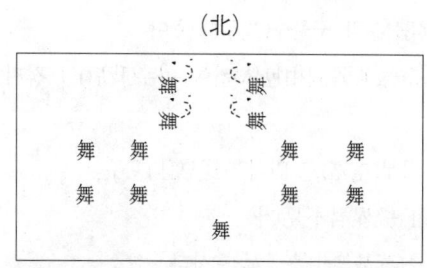

(박) 후퇴한 3대 4인은 제자리에서 염수하여 내리고 가만히 서있는다.
　　 4대 4인은 각기 90° 돌아 전향前向한다. 수법手法은 3대 4인의 동작과 동일하다.
(박) 3차 치면 음악 그치고, 4대 4인 두 손을 얼굴 앞에 모아든다.
(박) 4대 4인 정례악장定禮樂章을 가곡歌曲 중 편編으로 창唱한다.

　　　위정지요(爲政之要)] 재예악(在禮樂) 하니
　　　근자규문(近自閨門)이오 달방국(達邦國) 하니라
　　　아후(我后)] 정지(定之) 하사 수전칙(垂典則) 하시니
　　　질연이서(秩然以序)코 화이택(和以擇) 하샷다.
　　　정례악군불견(定禮樂君不見)가
　　　공성치정(功成治定)이 배무극(配無極) 하샷다.
　　　아으 공성치정(功成治定)이 배무극(配無極) 하샷다.

(박) 3차 치면 노래와 음악 그친다.
(박) 음악 타령곡打令曲을 연주한다.
　　　4대 4인 두 손을 내리며 앉아 양 옆으로 놓고 고개를 숙여 엎드렸다

가 일어선다.
(박) 치면 전원全員 두 손을 옆으로 펴든다.
(박) 선모는 진행도의 점선点線과 같이 전진하고, 나머지 4대의 동전東前·동후東後, 3대의 동2·서1, 2대의 동2·서1은 좌左로 90° 돌고 4대의 서전西前·서후西後, 3대의 서2·동1, 2대의 서2·동1은 우右로 돌아 상대相對한다(제자리에서).

(北)

```
           (西前)④舞    舞④(東前)
           (西後)④舞    舞④(東後)
(西二)③舞  舞③(西一)  (東一)③舞  舞③(東二)
(西二)②舞  舞②(西一)  (東一)②舞  舞②(東二)
                      舞
```

(박) 선모는 두 팔 펴들고 계속 전진하고, 사각형四角型으로 구성構成된 3팀의 동서무東西舞는 두 팔 펴든 상태로 상대(相對)해서 들어간다. ·진행도와 같이 서서 전원 제자리에서 어깨춤을 춘다.

(北)

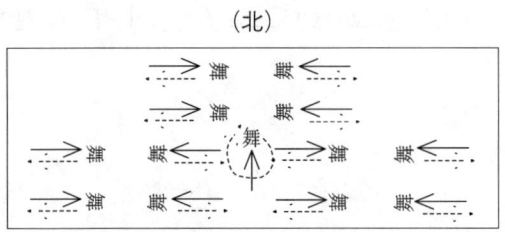

(박) 동향東向한 무원(4대 서의 前·後와 3대의 서2·동1, 2대의 서2·동1)은 좌수左手만 옆으로 내리면서 후퇴하고, 서향西向한 무원(4대 동의 前·後와 3대의 서1·동2, 2대의 서1·동2)은 우수右手만 옆으로 내리면서 후퇴한다. 선모는 두 팔 펴들고 우右로 360° 돌아선다.
- 3팀의 동서무東西舞는 계속 후퇴하고, 선모는 두 팔 펴든 상태로 좌左로 360° 돌아선다.

(박) 전원 각기 90° 돌아 전향하면서 내렸던 팔을 펴올리고, 선모先母는 제자리에서 어깨춤을 춘다.

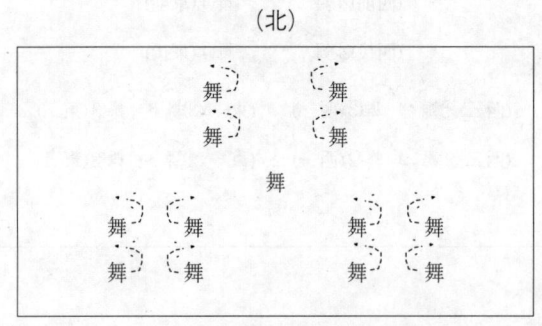

(박) 전원 두 손 펴든 상태에서 그대로 얼굴 앞에 모아 들었다가 내리며 오른손을 오른 어깨 위에 제쳐 뿌려들고 왼손은 왼편 허리 뒤로 뻗쳐든다(제자리에서).
- 기본 4동작(손을 앞뒤로 뿌린다)으로 진행도의 점선과 같이 전진·후퇴한다.

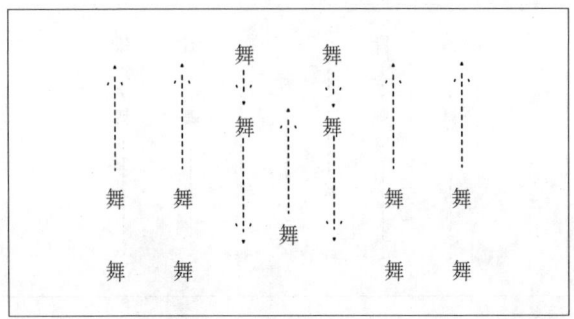

(박) 진행도와 같이 서서 전원全員 우右로 360° 돌아 전향, 다시 좌左로 360° 돌아 전향한다.

이때 양손은 옆으로 펴들었다가 다시 내려 기본 2동작(앞뒤로 감아준다)으로 감아준다(1刻1回씩).

(北)

(西二)舞	(西一)舞		舞(東一)	舞(東二)
		舞		
(西二)舞	(西一)舞		舞(東一)	舞(東二)
		(西前)舞	舞(東前)	
		(西後)舞	舞(東後)	

· 전원 제자리에서 두 손 옆으로 펴든다(무작).
(박) 전원 두 팔 펴든 상태로 전진한다.
(박) 전원 두 팔 펴든 상태로 전행도의 점선과 같이 전진 또는 후퇴하여 선다.

(北)

```
       舞  舞        舞  舞
            舞
       舞  舞        舞  舞


            舞  舞
            舞  舞
```

(박) 전원 두 팔 펴든 상태에서 무릎 굽신하며(2回) 왼쪽으로 360° 돌아 전향前向한다.
(박) 전원 제자리에서 서서 천천히 두 손을 얼굴 앞에 모아든다.
(박) 전원 두 손을 앞으로 내리면서 고개 숙여 인사한다.
   박 3차 치면 춤이 끝난다.

(北)

```
             舞  舞
             舞  舞
               舞
       舞  舞       舞  舞
       舞  舞       舞  舞
```

『무용한국』, 1991년 봄호

춘앵전

―궁중무용의 유형별 고찰 ⑪―

춘앵전春鶯囀

춘앵전은 조선조 순조純祖 때 창작된 궁중정재宮中呈才의 하나이다.

우선 춘앵전 명칭의 유래부터 찾아보면 A.D. 7세기경 당나라 고종이 어느 봄날 새벽에 꾀꼬리 우는 소리에 감명 받아 악사 백명달에게 꾀꼬리의 울음소리를 묘사하게 하여 춘앵전이란 곡을 짓게 하였다는데서 생긴 이름이다.

우리나라에서는 그 명칭을 옮겨 춤을 만든 것으로 1828년 순조의 아들 효명세자孝明世子가 순조의 명을 받아 왕정을 대리로 섭정攝政할 때 세자의 모친인 순원숙황후純元肅皇后의 보령 40을 경축하기 위하여 세자가 예제睿製한 것으로 기록되어 있다.

이렇게 창제된 춘앵전은 그 뒤 궁중향연에서 연희되면서 지금까지 160여 년 동안 전승되어 온 뚜렷한 전통성과 비교적 정확한 역사성을 지니고 있는 춤이다.

전술한 바와 같이 중국 문헌에서는 당 고종(650~683) 때 시작된 것으로 수록되어 있고, 일본에서도 평안시대(774~1185)에 성행되었다는 기록이 보인다. 그러나 이 춤이 우리나라에 들어왔다는 증거가 될 만한 자료는 찾아

볼 수 없다, 다시 말해 우리나라 춘앵전은 그 이름만이 중국이나 일본과 같을 뿐, 춤의 내용이나 형식, 음악 등은 전혀 다른 특이한 것이다.

우리의 궁중무용의 전성기는 순조 때로 많은 무용들이 창제되어 꽃을 피웠는데 이 중에 춘앵전春鶯囀과 무산향舞山香만이 독무獨舞로써 쌍벽을 이루고 있다.

춘앵전은 춤의 동작이 전아 유연하고 단정 고매한 매우 정적情的인 춤으로 특히 화문석花紋席의 좁은 공간 위에서만 느린 사위로 살포시 추어야 하는 것이 여성적이다. 이에 반하여 무산향舞山香은 대모반玳瑁盤 위에서 추는 장중하면서도 활발한 무태로써 이루어졌기 때문에 보다 남성적인 느낌을 주어 춘앵전과 대조를 이룬다.

춘앵전은 여령과 무동이 추기도 했으나 역시 여령의 춤이 보다 우아, 미려했음은 복식에서도 잘 나타나고 있다.

춘앵전의 복식을 여령과 무동으로 나누어 살펴보면, 여령의 경우 상의는 봄날 꾀꼬리를 상징하여 황색앵삼(黃鶯衫)에 붉은 치마(紅綃裳)를 입고 붉은 띠(紅鍛金鏤繡帶)를 매고 양쪽 어깨에는 초록 띠(草綠霞帔)를 걸어 앞뒤로 내려 오색이 찬란한 화관花冠을 머리에 얹고 초록혜草綠鞋를 신는다. 오색한삼五色汗衫을 손목에 끼고 한삼을 움직여 공간에 미적양상을 형성하는 것이다(이것은 현재와도 거의 같으나 상의를 앵삼이라고도 이르고 신 대신 버선을 신는 점이 다르다).

무동舞童의 상의는 백질흑선천수의白質黑縇穿袖衣에 녹사괘자綠紗掛子, 하의는 옥색질흑선상玉色質黑縇裳, 대는 오사대烏紗帶, 관은 아견모砑絹帽, 신은 호화胡靴, 그리고 한삼은 홍한삼紅汗衫이었다.

이렇듯 여령정재의 복식도 초록하피草綠霞帔나 홍금수구紅金繡韝 등 다른 정재에서 사용하지 않는 복식을 더함으로써 춘앵전만이 지닌 독특한 아름다움을 나타내며 독무로서의 개인적 미의 과시와 복식으로서의 화려함을 겸비했다고 볼 수 있다. 그리고 이 춤도 다른 궁중무와 다를 것이 없이 이 춤 서두에 창사唱詞로써 즉, 춤의 내용을 노래로 먼저 부른 다음 본격적인 춤이 펼쳐지게 되는 것이다. 춘앵전이 정재 가운데서도 가장 으뜸이요, 가작이라는 것은 바로 이 창사에서도 여실히 드러나고 있다.

  고을사 월하보에(娉娉月下步)
  깁소매 바람이라(羅袖舞風輕)
  꽃앞에 섯는 태도(最愛花前態)
  님의 정을 맞어세라(君王任多情)

  춘앵전의 사위 또한 모두 곱고 아름답지만 그 중에서도 절정은 화전태花前態로 곱게 웃는 이른바 미롱媚弄이 이 춤의 백미白眉를 이룬다.
  이밖에도 회란廻鸞, 회두回頭, 탑탑고塔塔高, 연귀소燕歸巢 등 독특한 춤사위의 명칭을 가져 분명하고 아름답게 묘사된 점이 이채롭다.
  춘앵전에 사용되는 장단부호를 표기하면 아래와 같다.

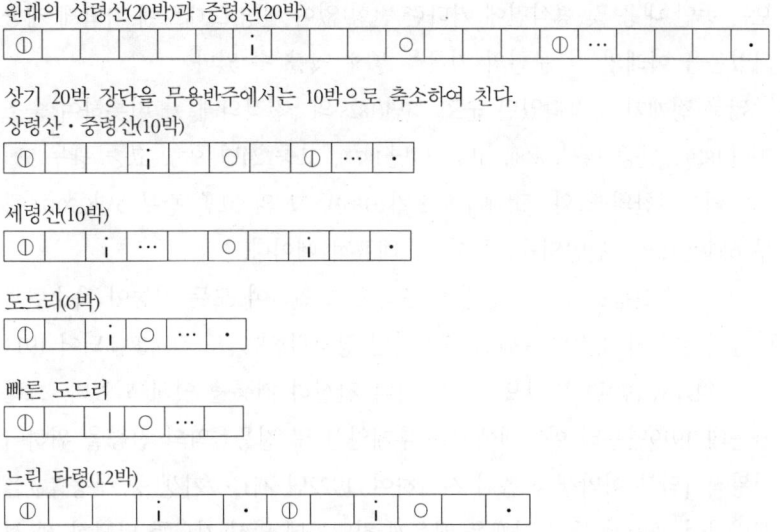

  상기 장단은 주자에 따라 장단 가락의 기교를 첨삭 표현하기도 한다.

춘앵전의 반주음악은 평조회상平調會相을 사용하는데 영산회상 전곡全曲이 연주되는 것이 아니고 상령산·중령산·세령산·염불 도드리·빠른 도드리·타령 곡 등을 춤에 맞추어 적절히 배분해서 연주한다. 특히 상령산과 중령산은 1장단을 20박으로 삼는 것이 원칙이다. 그러나 20박을 1장단으로 치는 장고에는 춤 출 수가 없기 때문에 춘앵전을 반주할 때는 반드시 박자와 음악을 축소하여 10박으로 연주하게 된다. 춘앵전을 원칙대로 춘다면 20분 내외로 소요되나 현재는 시간제한에 따라 10분 이내로 축소하여 추기도 한다.

이상과 같이 춘앵전에 대한 유래와 특징, 복식, 창사, 반주음악에 대하여 간단한 설명을 했다.
다음은 춘앵전의 전승과정을 살펴보기로 하자.
춘앵전이 명기된 문헌 중 순조 때 사용하던 『진작의궤進爵儀軌』(1828)로 보아 이때부터 궁중향연에서 시연始演되어, 각종 연향에서 연희되어 내려오는 동안 내용 및 형식면에 커다란 변형 없이 원형 그대로에 가깝게 계승되었음을 아래의 각 문헌의 기록을 통해 엿볼 수 있다.

많은 정재가 창작되었던 순조 28년(1828)의 『진작의궤』를 비롯하여 순조 29년(1829), 헌종 14년(1848), 고종 14년(1877), 고종 24년(1887), 고종 광무 5년(1901)의 『진찬의궤』와 『정재무도홀기』(1893), 그 외 고종 광무 5년(1901), 광무 6년(1902)의 『진연의궤』 등이 그 대표적 예이다.

그 뒤 조선왕조가 한일합방韓日合邦으로 인하여 모든 기능이 축소됨과 아울러 궁중의 악樂과 무舞를 관장하던 장악원掌樂院도 긴축緊縮되어 1911년 아악대雅樂隊란 명칭으로 개칭하여 간신히 전통을 잇게 되었다. 그런 가운데 1919년부터 아악대에서는 후계양성 및 전통음악의 전승을 위하여 이왕직아악부 아악생을 뽑기 시작하여, 1922년 제1·2기생 중 무동舞童을 선발하여 춘앵전 등의 정재를 배우게 하였는데 당시 지도를 담당한 세 선생이 김영제, 함화진, 이수경으로 1923년 3월 25일 창덕궁 인정전에서 거

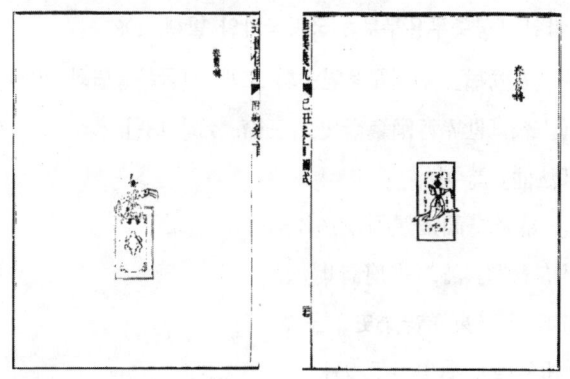

『정재무도홀기』(1893)에서 춘앵전 원문 홀기

(왼쪽) 순조 무자년 『진작의궤』(1828)에서 춘앵전 정재도(무동)
(오른쪽) 순조 기축년 『진찬의궤』(1829)에서 춘앵전 정재도(여령)

행될 순종황제純宗皇帝 50주년 탄신기념 경축진연에 참가하기 위한 것이었으며 이는 그 당시 단절되다시피 한 궁중정재(무동정재로서)를 오늘날까지 재현케 하는 계기가 되었다.

춤사위의 명칭은 다분히 상징적·문학적인 용어를 가져오고 있음을 부언하기 위해 여기서는 춘앵전 원문을 참고로 첨부하였으며 마지막으로 이 원고를 기술함에 있어 춘앵전의 예술적 가치나 역사적 배경, 관계되는 문헌 및 그 내용에 관한 상세한 설명은 피하고 다만 춘앵전의 이해를 돕고자 간단하게 중국과 일본의 기록들도 참고문헌에 명시하였다.

〈참고문헌〉

『敎坊記』(中國).

『樂苑』.

『進爵儀軌』, 戊子, 1828.

『進饌儀軌』, 己丑, 1829.

『宮中呈才舞圖笏記』, 高宗 30年 癸巳, 1893.

국립국악원, 「궁중무용무보」, 국립국악원 발행, 1987.

金千興, 「春鶯囀」, 전국무용연수회 교재, 한국무용협회, 1979.

石井 漠 著, 『世界舞踊藝術史』, 三節, 소화 18년.

元稹, 「法曲」 詩 中.

張英 등 纂修, 『淵鑑類函』, 1641~1911.

張祜, 「春鶯囀」 詩, 『樂府詩集』.

田邊尙雄 著, 『東洋音樂史』, 三章.

日本 『和名抄』, 承平 4年 934.

何志浩 著, 『中國舞蹈史』, 1970, 226쪽.

『무용한국』, 1991년 여름호

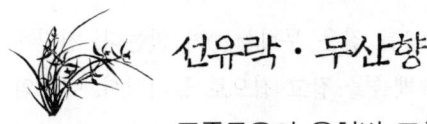

선유락 · 무산향
—궁중무용의 유형별 고찰 ⑫—

선유락船遊樂

선유락船遊樂은 신라新羅시대부터 있었던 춤이라고 궁중잔치를 기록한 『진찬의궤』, 『진연의궤』 등에 수록되어 있다. 그러나 춤의 내용에 대해서는 일체 언급되어 있지 않기 때문에 확실한 것을 알 수 없다.

그 후 이 춤은 고종高宗 말 1901년대까지 여러 차례 추어온 화려하고 아름다운 특징 있는 군무의 하나이다.

이 춤의 특징은 춤의 진행進行이 집사執事의 호령에 따라 연행되고, 무원舞員은 어부사漁父詞를 노래하며 춤을 추는 것이다.

반주악은 대취타大吹打(萬波停息之曲)와 삼현三絃도드리, 빠른도드리, 타령, 빠른타령 등으로 연주된다.

사용하는 악기는 태평소太平簫, 나발[喇叭], 나각螺角, 징[鉦], 자바라啫哖羅, 용고龍鼓이며, 삼현육각三絃六角에는 피리, 저, 해금, 장구, 북으로 편성된다.

선유락船遊樂의 절차를 간단히 살펴보면 다음과 같다.

이 춤은 무대중앙에 황금빛 쌍용을 그린 큰 돛을 단 채선彩船을 놓고 선중선船中 앞뒤에는 돛[帆]과 치[닻:碇]를 잡은 무희(童妓)가 앉는다. 찬란한 배를 중심으로 무희(內舞와 外舞)가 뱃줄을 잡고 겹으로 둘러서서, 어부의 생활감정을 읊은 어부사漁父詞(李賢輔, 1467~1553 作)를 부르면서 줄을 잡아 배를 끌어당기며 좌우로 회무하며 추는 것이다.

선유락은 채선을 전중殿中에 놓고 시작했던 것이 현재는 무용수들이 끌어 나오는 형식이 되었고, 창사 어부사漁父詞 12장章 중 1장章의 첫 소절만 부르는 것 등, 이러한 변화는 무대로 옮겨지면서 무대광협舞臺廣挾과 시간 제약에 따라 오는 상황임을 볼 수 있다.

이 글에서는 선유락의 전반적인 고찰 및 상세한 무보舞譜는 피하고 다만 집사 호령만을 간략히 옮겨본다.

내內·외무外舞가 채선을 끌고 들어와 무대중앙에 놓는다.

무대 양옆에서 집사執事 2인이 나와서 관객에게 허리 굽혀 절한 후, "초취初吹하오"하고,

나수를 향해 "나수螺手" 부르면,

나수 "예"하고 대답한다.

집사 "초취하라"하면,

나수 나각螺角을 세 번 뿌뿌뿌 분다.

이어서 집사가 관객에게 허리 굽혀 절을 한 후 "명금이하鳴金二下하오"하고,

징수를 향해 "징수鉦手" 부르면,

징수 "예"하고 대답한다.

집사 "명금이하하라"하면,

징수 징을 두 번 뎅뎅 울린다.

집사 다시 관객에게 절한 후 "행선行船하오"하고,

무원을 향해 "순령수巡令手" 부르면,

무원 전원이 "예"하고 대답한다.

집박악사가 박을 치면 무원들은 뱃줄을 잡고 어부사를 부르면서 배 주위

를 돌며 춤을 춘다(무용수들이 전곡을 다 부르는 것은 아니지만 어부사를 소개한다).

    설빈어옹(雪鬢漁翁)이
    주포간(住浦間)ᄒᆞ야
    자언거수승거산(自言居水勝居山)을
    빈쯰여라 빈쯰여라

    조조재락만조래(早潮纔落晩潮來)라
    지국총(至菊叢) 지국총(至菊叢)
    어사와(於思臥)ᄒᆞ니
    의선어부일견고(倚船漁父一肩高)라

    청고엽상양풍기(青菰葉上涼風起)ᄒᆞ고
    홍료화변백노한(紅蓼花邊白鷺閒閒)을
    돗다러라 돗다러라
    동정호리가귀풍(洞庭湖裏駕歸風)을
    지국총(至菊叢) 지국총(至菊叢)
    어사와(於思臥)ᄒᆞ니
    범급전산홀후산(帆急前山忽後山)을

  뱃줄을 놓고 내·외무가 상대, 상배하고 또는 팀을 지어 춤을 추고 다시 줄을 잡고 배를 좌우로 돌아가며 춘다. 춤이 끝날 무렵 다시 집사가 다시 관객을 향해 허리 굽혀 절한 후 "명금삼하鳴金三下하오"하고,
    징수를 향해 "징수, 명금삼하하라"하면,
    징수, 징을 세 번 치면 춤을 끝낸다.

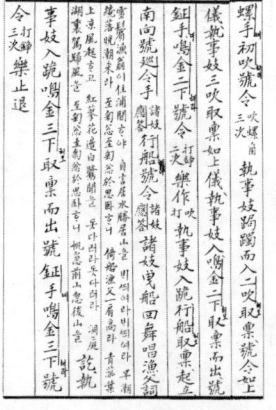
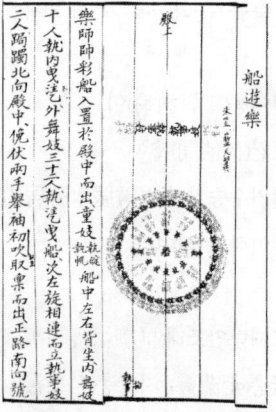

『정재무도홀기』에서 선유락 원문 홀기

순조 기축년『진찬의궤』선유락 정재도

〈참고자료〉

- 헌종 14년 무신년(1848)『진찬의궤』선유락 정재도
- 고종 5년 무진년(1868)『진찬의궤』선유락 정재도
- 고종 14년 정축년(1877)『진찬의궤』선유락 정재도
- 고종 24년 정해년(1887)『진찬의궤』선유락 정재도
- 고종 신축년(1901) 광무 5년『진찬의궤』선유락 정재도
- 고종 신축년(1901) 광무 5년『진연의궤』선유락 정재도

562 심소 김천흥 선생님의 우리춤 이야기

무산향 舞山香

이 춤은 궁중무용의 전성기인 조선조 순조純祖 때 효명세자孝明世子 추존익종追尊翼宗이 창제한 것으로 대모반玳瑁盤 위에서 추는 독무獨舞이다. 같은 시대에 발생한 춘앵전春鶯囀이 6자 길이의 화문석花紋席 위에서만 춘다면, 무산향無山香은 침상寢床 모양과 같은 대모반 위에서만 추는 것으로서 장중하면서도 활발한 무대로써의 느낌을 주어 춘앵전과 대조를 이룬다.

순조 무자년戊子年(1828)『진작의궤』에 처음으로 무동舞童이 췄던 기록이 보이는데, 이때 무동복식舞童服飾을 보면 아광모訝光帽를 쓰고, 남사내공藍紗內拱·홍라천수의紅羅穿袖衣·금가자金訶子·백질흑선상白質黑縇裳·녹라쾌자綠羅掛子를 입고, 녹사한삼綠紗汗衫을 매고, 학정야대鶴頂也帶를 띠고 능파리凌波履를 신는다.

대모반의 제도는 침상寢床과 같고, 깊이 7척, 넓이 4척6촌5푼, 높이는 발[足臺]까지 합하여 1척3촌이다. 사방에는 태평화太平花를 그려 붉은 칠을 하고, 위에는 난간을 설치하여 격판隔板에 운각雲角을 조각하고 채색한다. 반盤안은 대모玳帽 무늬[紋]의 채색을 한다(순조 무자『진작의궤』附編, 卷首, 圖式).

무산향의 무보舞譜는 고종高宗 계사년癸巳年(1893)『궁중정재무도홀기』에 수록되어 있는데 춤에 의녀醫女 난희蘭喜가 담당했음을 볼 수 있다. 순조 무자戊子『진작의궤』와『국연정재창사초록』에 의하여, 익종이 지었다는 칠언한시七言漢詩의 창사唱詞가 전하는데, 소개하면 다음과 같다.

중중편득군왕소(衆中偏得君王笑)
최환향라착수의(催換香羅窄袖衣)
유향신가앵전수(遊響新歌鶯囀樹)
의풍경무불운비(倚風輕舞拂雲飛)

무산향의 반주음악은 향당교주·세령산·도드리·빠른 도드리·타령·빠른타령·타령 순順이며, 춤의 진행은『정재무도홀기』에 준거하되 이 글에서는 상세한 설명 풀이를 생략하고 원문原文만을 기재하여 본다.

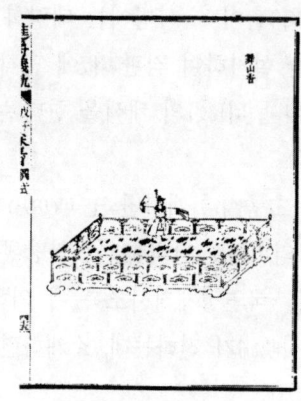

『정재무도홀기』(1893)에서 무산향 원문 홀기

순조 무자년『진작의궤』(1828)에서
무산향 정재도

『무용한국』, 1991년 가을호

경풍도 · 고구려무 · 만수무

―궁중무용의 유형별 고찰 ⑬―

경풍도慶豐圖

이 춤은 순조純祖 때 효명세자孝明世子가 창제한 것으로 나라의 융성과 풍년을 구가하는 뜻의 노래를 부르며 추는 것이다.

춤의 진행은 악사樂師가 무인에게 탁자卓子를 들려들고 무대에 들어가 내려놓고 물러나간다. 선모仙母 1인이 경풍도慶豐圖를 받쳐 들고 앞으로 나가서면 음악이 끝난다. 그러면 선모 창사를 부르고, 음악이 연주되면 선모 탁자 위에 경풍도를 놓는다. 엎드려 절하고 일어나 두 팔 들고 조금 뒤로 물러나오면 음악이 끝난다.

협무挾舞 5인이 가곡歌曲 중의 편編으로 창唱하고 음악이 변하면 선모仙母가 두 팔 펴들고, 후대後隊 5인도 두 팔 펴들며 앞으로 나가 선다. 선모와 후대 5인은

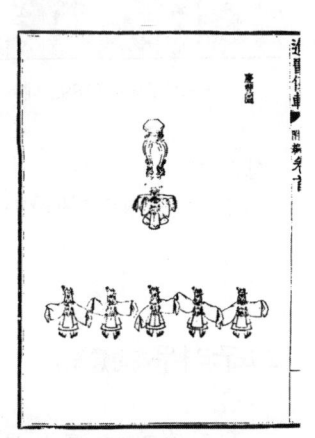

순조 무자 『진작의궤』에서 경풍도 정재도

각각 상대相對하고 진퇴進退하며 추고, 선모는 중앙에서 춤추고 5인무는 회선回旋하여 처음 대열로 와서 선다. 무 6인은 앞으로 나가서 두 손을 앞에 여미고 뒤로 물러나와 춤을 끝낸다.

『진작의궤進爵儀軌』에는 중국 송나라 때 태종太宗이 지은 크고 작은 음곡 중에 남려궁男呂宮 11곡의 열 번째인 경년풍慶年豊이란 곡이 있었고, 명明나라 때에는 악장樂章의 천명유덕지무天命有德之舞가 있었는데, 그 중 여섯 번째의 경풍년지곡慶豊年之曲이 있었다고 하였다.

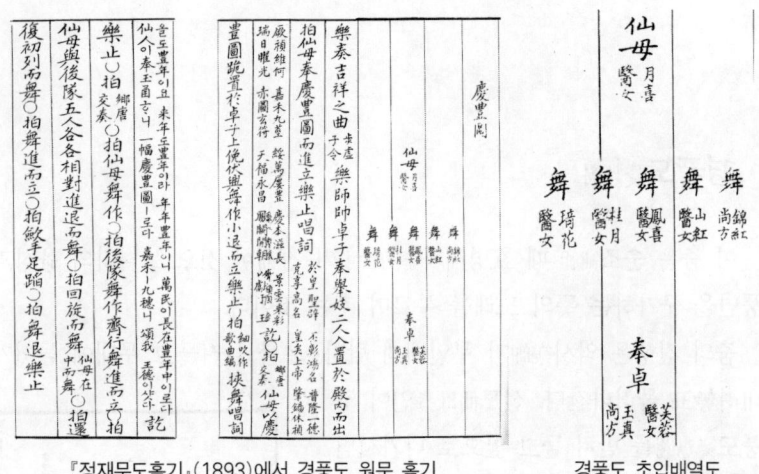

『정재무도홀기』(1893)에서 경풍도 원문 홀기   경풍도 초입배열도

<참고자료>
· 고종 신축년 광무 5년(1901) 『진연의궤』 경풍도 정재도

고구려무高句麗舞

이 춤은 순조純祖 때 발생한 것으로『진작의궤進爵儀軌』에 실려 있다. 무원이 부르는 창사唱詞의 가사歌詞는 앞에서 언급한 바 있는 고구려高

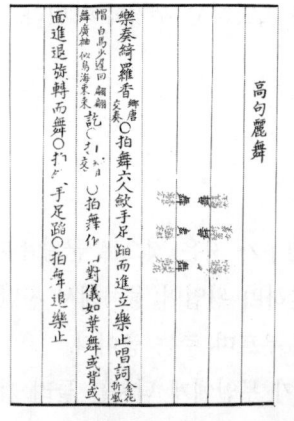 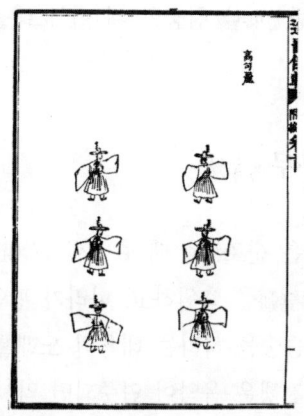

(왼쪽)『정재무도홀기』(1893)에서 고구려무 원문 홀기
(오른쪽) 순조 무자『진작의궤』에서 고구려무 정재도

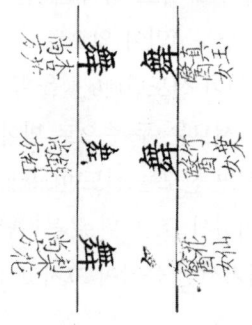

『정재무도홀기』(1893)에서 고구려무
초입배열도

句麗 때의 이태백李太白이 읊은 시문詩文을 그대로 전재 사용하였다.

그리고 무원도 6명으로 되어 있다. 그러나 한 가지 집고 넘어가야 할 것은 당대唐代와 조선 순조純祖와의 긴 연륜의 차이는 고구려 때 춤이 전승되었다고 할 수 없고, 이 사실을 밝혀 줄 만한 자료도 찾아 볼 수가 없다.

춤의 진행은 음악 연주되면 무 6인이 염수하고 앞으로 나가고 음악이 끝나면 전원 창사를 부른다. 다시 음악이 연주되면 무 6인이 두 팔 펴들고 상대相對 상배相背하고 전진후퇴前進後退하며 돌아서 처음 자리로 와 대열로 서서 두 손 염수斂手하고 뒤로 물러나 춤을 끝낸다.

『진작의궤進爵儀軌』의 도서집성圖書集成을 전재하면서 수隋나라 양제煬

帝가 요동遼東을 침공할 때 이 노래를 지었다고 부기되어 있다.

만수무萬壽舞

이 춤은 순조純祖 때 효명세자孝明世子가 지은 것으로 군왕君王의 만수무강萬壽無疆을 축원하고, 나라가 평안하며 왕업이 융성해서 천만년 대까지 계계승승을 하라는 내용의 노래를 부르며 추는 춤이다.

춤의 진행은 음악이 연주되면 악사가 무인에게 탁자를 들려 가지고 무대로 등장하여 가운데 놓고 퇴장한다.

족자簇子 1인이 앞으로 나가서면 음악이 그치고 창사唱詞를 부른다.

음악이 연주되면 선모仙母 1인과 좌우 협무 4인이 앞으로 나가서 두 손 내려 염수하고 선모는 조금 나가서면 무1인이 선도반仙桃盤을 두 손으로 받쳐 들고 동쪽에서 들어와 선모에게 준다. 선모는 두 손으로 받아들고 음악이 그치면 창사唱詞를 부른다. 음악이 변하면 선모는 선도반仙桃盤을 탁자위에 놓고 무릎을 꿇고 엎드려 절하고 일어나서 조금 뒤로 물러난다.

좌우 협무 4인이 두 팔 펴들고 조금 나가서면 음악이 그치고 선모 1인이 창사唱詞를 가곡 중의 편編을 부른다.

음악이 연주되면 좌우 협무 4인이 두 팔 펴들고 조금 후퇴하여 상대 상배相對 相背하는데, 선모는 가운데서 춘다. 두 손을 뿌리고 각각 돌아서 한 줄이 되며 자리를 바꾸어 선다. 선모와 좌우 협무가 상대相對하고 두 손을 뿌려서 돌아 한 줄로 선다. 선모와 좌우 협무는 진퇴進退하고 후대後隊는 앞으로, 전대前隊는 물러나 상대相對하고, 먼저 자리로 온다.

후대는 앞으로 향하고 조금 물러나서 두 손 염수하고 뒤로 물러난다. 그 다음에 족자도 족도로 뒤로 가면서 춤을 끝낸다.

『정재무도홀기』(1893)에서 만수무 원문 홀기

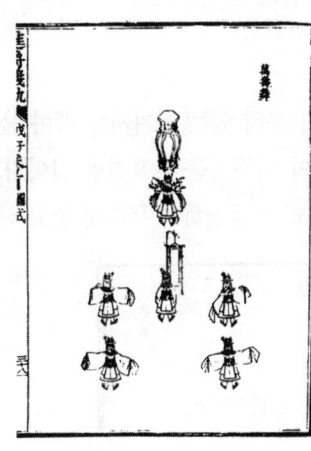

순조 무자년 『진작의궤』에서 (1828) 만수무 정재도

〈참고자료〉

· 고종 신축년 광무 5년 『진연의궤』(1901)에서 만수무 정재도 참고

『무용한국』, 1991년 겨울호

심향춘·초무·첨수무·가인전목단

— 궁중무용의 유형별 고찰 ⑭ —

심향춘沈香春

이 춤은 순조純祖 때 발생된 것으로 화병에 꽂혀 있는 꽃가지를 뽑아 들고 교태를 부리면서 추는 춤으로 미인과 꽃의 아름다움을 표현한 것이다. 춤의 진행은 악사가 화병을 든 무인을 거느리고 등장하여 무대에 놓고 퇴

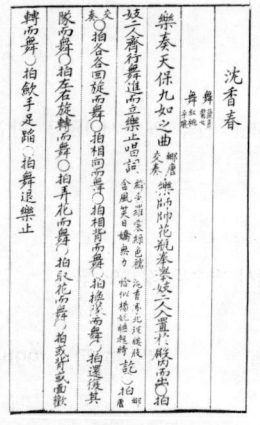

『정재무도홀기』(1893)에서
심향춘 원문 홀기

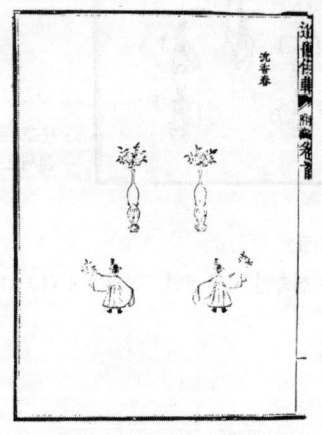

순조 무자년『진작의궤』(1828)
심향춘 정재도

장한다. 무 2인이 한 줄로 서서 앞으로 나가서면 음악이 그치고 창사唱詞를 부른다. 다시 음악이 연주되면 각각 회선回旋하여 서로 상대相對한 후 자리를 바꾸고, 다시 제자리에 온다. 좌우로 돌고 꽃 앞에서 오른손으로 꽃을 잡고 어른다. 꽃을 들고 서로 보며 돌아서 등으로 향해 돌아가며 먼저 자리로 온다. 앞으로 나가 두 손 앞에 여미며 뒤로 물러 나와 춤을 끝낸다.

초무初舞

이 춤은 숙종肅宗 때 기록으로 보이며 조선말 고종高宗 광무 5년대까지 궁중에서 추었다. 무원 2인이 추는 것으로 궁중무용 중에서는 가장 간단하고 내용이 빈약한 춤이다. 춤의 진행과정도 허술하지만 동작에 있어서도 미약하기 이를 데 없다. 더욱이 춤의 정신과 사상을 시문이나 창사를 통해서 전달하고 발표하였는데, 이것마저도 결여缺如되어 창사唱詞를 부르지 않았다.

순조 기축년 『진찬의궤』 권3 도식 외진찬정재도外進饌呈才圖를 보면 처음에는 원무元舞 2인에 협무挾舞 20인이 추었는데, 고종高宗 때에는 4인이

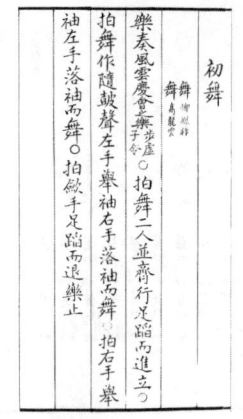

『정재무도홀기』에서 초무 원문 홀기

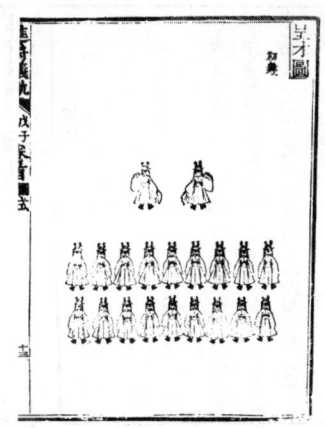

순조 무자년 『진작의궤』(1828)에서 초무 정재도

추기도 하였다.

  춤의 진행은 음악이 연주되면 무원 2인이 한 줄로 서서 앞으로 나가 두 팔을 들었다가 북 박자에 좌수左手를 들고 우수右手를 내리고, 다시 우수를 들고 좌수를 내린다. 두 손 앞에 여미고 뒤로 물러 나와 춤을 끝낸다.

첨수무尖袖舞

  이 춤은 조선조 영·정조에 이어 순조純祖(1828) 때 무동舞童이 추었는데 처음에는 원무 2인이 두 손에 칼을 들고 춤추며 뒤에 협무 18인은 손에 든 것이 없이 빈손을 놀리면서 추는 것으로 이를 엽무라고도 한다. 그런데 다음 해인 순조 기축己丑년 궁중연향에서 여령과 무동舞童이 첨수무尖袖舞를 추었는데, 손에 칼을 들지 않고 색 한삼汗衫을 매고 추었던 것으로 되어있다. 그리고 50여 년 후인 고종高宗 24년에도 이와 똑같은 내용으로 기록되어 있는 것을 볼 수 있다. 첨수무는 순조純祖 때에는 검무를 추는데 협무의

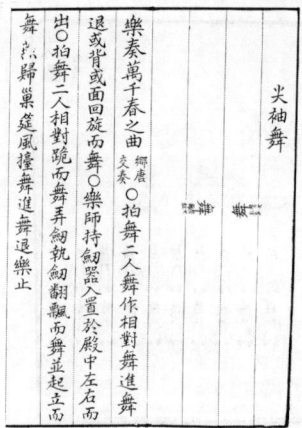

『정재무도홀기』에서 첨수무 원문 홀기

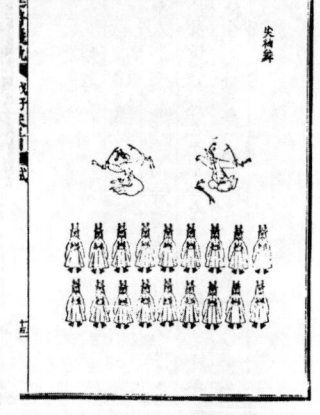

순조 무자년 『진작의궤』에서(1828)
첨수무 정재도(무동)

순조 기축년 『진찬의궤』에서 (1829)   순조 기축년 『진찬의궤』에서 (1829)
첨수무 정재도(무동)   첨수무 정재도(여령)

구실을 하기도 하고, 또 독립된 무용으로도 구성되었던 것이 고종高宗 24대까지 전해지던 것으로 짐작된다. 그러나 한삼을 매고 춘 첨수무에 관한 자료가 발견되지 않아 그 내용을 파악할 수 없는 것이 아쉬운 점이다.

그 후 이 춤은 『정재무도홀기呈才舞圖笏記』의 내용이 검무와 유사하고 다만 무원에 있어서 2인으로 축소되어 있을 뿐이다. 그렇기 때문에 순조純祖 기축己丑 이후 조선말까지도 첨수무尖袖舞가 두 가지 형태로 있었던 것으로 풀이된다.

춤의 진행은 음악을 연주하면 무2인이 두 팔을 옆으로 들어 펴들고 상대相對하며 들어가고, 뒤로 물러나와 돌아서 등 쪽으로 서기도 하고 혹은 서로 보기도 하며 회선回旋하기도 한다. 악사 2인이 칼을 들고 양쪽에서 등장하여 가운데 놓고 좌우로 퇴장하면 무 2인은 상대하고 무릎 꿇고 앉아서 칼을 어른 후, 오른손 왼손 차례로 칼을 들고 번득이며 춤추면서 함께 일어나 연풍대筵風臺 가락으로 한 줄이 되어 전진前進하고 뒤로 물러나서 춤을 끝낸다.

가인전목단 佳人剪牧丹

이 춤은 순조純祖 때 효명세자孝明世子가 지은 것으로 모란꽃을 꽂은 화준반花樽盤을 가운데 놓고 무인이 춤을 추며 꽃을 한 가지씩 뽑아 들고 전진후퇴前進後退하며, 주위를 돌아가며 추는 화려하고 아름다운 춤이다.

헌종憲宗대를 거쳐 고종高宗 광무 5년(1901), 광무 6년(1902)까지 계속되었고, 무원은 4인, 8인, 12인, 18인으로 변동이 있기도 했다.

춤의 진행은 음악이 연주되면 악사가 화준을 갖고 등장하여 무대 가운데 놓고 나온다. 무 12인은 6인씩 좌우로 갈라서서 앞으로 나가 선다. 화준을 가운데 두고 좌대左隊는 왼편으로 돌아 외곽外廓에서 돌아가고, 우대右隊는 오른편으로 돌아 내측內側에서 돌아 먼저 등장하는 자리로 간다. 앞으로 다가서면 음악이 끝나고, 전원 창사唱詞를 부른다. 음악이 연주되면 좌우무 두 팔을 펴 올려 들고 꽃을 가운데 두고 원형으로 꽃을 향하여 서며, 돌아서 외향外向하고 각각 상대相對하고, 전원이 돌아 꽃을 보며 춤춘다. 앞으로 들어가 우수右手로 꽃을 어르며 뽑아들고 돌며 춤춘다. 뒤로 물러나와 서로 대면對面도 하고, 돌아서서 등으로 향하기도 하며 한 팔씩 뿌려 내리고 돌기도

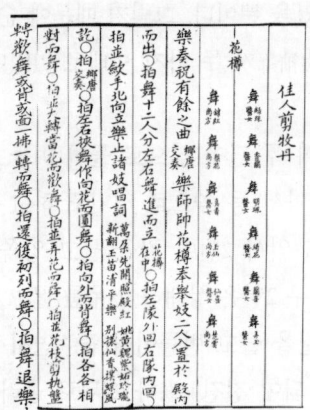

『정재무도홀기』의 가인전목단 원문 홀기

순조 기축년 『진찬의궤』(1829)에서 가인전목단 정재도

한다. 다시 맨 먼저 대열의 자리로 와서 후퇴하며 춤을 끝낸다.

〈참고자료〉
· 헌종 무신년『진찬의궤』(1848)에서 가인전목단 정재도(여령)
· 고종 광무 5년 신축년『진연의궤』(1901)에서 가인전목단 정재도(무동)

『무용한국』, 1992년 봄호

헌천화 · 박접무
― 궁중무용의 유형별 고찰 ⑮ ―

헌천화獻天花

이 춤은 순조純祖 때 창제된 향악정재鄕樂呈才로 효명세자孝明世子가 지은 것으로 나와 있다. 선녀가 천화天花를 군왕에게 드리고 국가의 안태와 융성을 비는 축복의 노래를 부르면서 송하하는 내용으로, 당악정재唐樂呈才의 헌선도獻仙桃와 비슷한 춤에 속한다.

선모 1인, 협무挾舞 2인, 집당기執幢妓 2인 모두 5인으로 구성되었으며, 선모와 협무의 창사唱詞는 순조 무자戊子 때 효명세자의 예제睿製로 되어있다.

탁자卓子 위에 헌천화병獻天花甁을 올려놓고 추는 춤으로 집당執幢이라는 도구가 들어있는 것이 특이하다.

조선조朝鮮朝 후기 왕궁연향王宮宴饗에서 사용한 『정재무도홀기呈才舞圖笏記』와 고종高宗 5년 『진작의궤進爵儀軌』에서 보듯 순조純祖 이후에도 이 춤이 계속 추어져 왔던 것을 알 수 있다.

춤의 순서는 음악이 연주되면 악사가 무 2인에게 탁자卓子를 들리고 등장하여 무대 앞쪽에 놓고 퇴장한다.

집당무執幢舞 2인이 앞으로 나가서면 화병을 든 선모仙母가 앞으로 나가고, 좌우左右 협무挾舞 2인도 앞으로 나가서면 음악이 그치고, 선모와 좌우 협무 2인이 창사唱詞를 부른다.

　　상운요금전(祥雲繞金殿) : 상서로운 구름은 금전에 휘감아 돌고
　　천화봉옥병(天花奉玉瓶) : 천상의 꽃을 옥병에 담아 바치니
　　취화문선악(翠華聞仙樂) : 푸른 꽃으로 선악(신선음악)을 듣는구나.
　　관패회여성(冠佩會如星) : 관에 드리운 패옥은 별과 같구나.

　음악이 변하면 선모가 앞으로 나가 화병花瓶을 탁자卓子 위에 놓고 두 팔을 옆으로 펴들며 조금 후퇴한다. 음악이 변하면 선모와 좌우 협무가 상대相對하고, 돌아서 상배相背하고 회선回旋해 뒤로 나란히 한 줄로 서서 전진·후퇴한다. 좌우로 돌면서 앞으로 향해 나가 서서 두 손 내려 앞에 염수한다.
　선모와 좌우 협무 2인이 후퇴하고, 집당 2인도 후퇴하면 춤이 끝난다.
　이 춤은 1974년 4월 국립국악원 주최로 열린 춘계정기발표회 때 필자에 의해 재현 안무되었다.

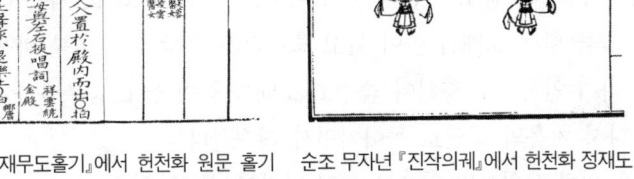

『정재무도홀기』에서 헌천화 원문 홀기　　순조 무자년『진작의궤』에서 헌천화 정재도

박접무 撲蝶舞

이 춤은 순조純祖 때 효명세자孝明世子의 예제睿製, 호랑나비가 쌍쌍이 날아와 봄날의 정경을 음미한다는 뜻의 창사唱詞를 부르며 추는 향악정재鄕樂呈才로 6명이 함녕지곡咸寧之曲 외 두 곡조의 반주에 의하여 춤춘다.

순조純祖 무자戊子(1828) 『진작의궤進爵儀軌』 권수券首 도식圖式에 의하면 이 춤의 무복舞服에는 호랑나비 모양을 수놓은 점이 특이하다.

그 창사唱詞는 순조 무자戊子 『진작의궤』에 예제睿製로 되어있다.

춤의 진행은 음악이 연주되고 무 6인이 앞으로 나가서면 음악이 그치고, 전원이 창사唱詞한다.

채접쌍쌍탐춘광(彩蝶雙雙探春光) : 호랑나비 쌍쌍이 봄빛을 갈구하며
화불금시박(花拂金翅撲) : 금날개로 꽃 사이를 넘나들고
격주렴미인(隔珠簾美人) : 구슬발 넘어 미인
일반화작삭(一般花灼鑠) : 만화에 환하게 빛나네.

음악이 다시 연주되면 각각 돌아, 상배相背하고 돌아 상대相對하고, 남南, 북北으로 2대二隊 되어 서로 마주 향해 선다. 두 손을 뿌려 내리면서 회선回旋하여 한 줄로 서고, 두 팔 펴들고 전진·후퇴한다.

좌우 1대 2인이 앞으로 나가서고, 차례로 좌우2대, 좌우3대도 그 뒤를 따라 나가 선다, 서로 동서東西로 향해 춤추고, 다시 상배한다. 박을 치면 남·북쪽으로 나뉘어 밖을 향하고 등을 보이며 춤춘다. 두 손을 뿌려 내리고 각각 돌아 한 줄로 나란히 서서 이수고저以袖高低하고, 처음 대열로 선다. 안쪽을 향해 소매를 높이 들고 춤추다가 각각 그 대隊를 바꾸면서 춤춘다. 다시 안쪽으로 향하여 춤추고 소매를 높이 들고 춤추다가(제자리에서 대수) 다시 처음의 대열로 돌아가면서 대수한다.

처음 위치로 왔으면 앞으로 향해 나가서, 두 손 앞에 여미고 뒤로 물러

나와(염수한 상태로) 춤을 끝낸다.

  이 춤은 1981년 심무회心舞會 주최로 열린 필자의 궁중무용발표회 때 문예회관 대극장에서 재현된 바 있다.

『궁중정재무도홀기』 박접무 원문 홀기

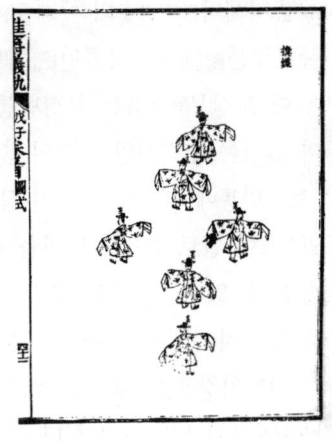

순조 무자년 『진작의궤』에서 박접무 정재도

『무용한국』, 1992년 여름호

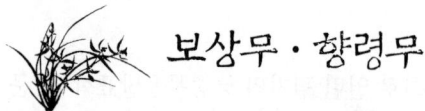

보상무·향령무

— 궁중무용의 유형별 고찰 ⑯ —

보상무寶相舞

이 춤은 순조純祖 때 창작된 향악정재鄕樂呈才의 하나이다. 창사唱詞는 순조 무자년戊子年(1828) 효명세자孝明世子의 예제睿製로 되어있다. 고려 때 유입된 포구락抛毬樂은 포구문抛毬門의 풍류안風流眼에다 채구彩毬를 던져 넣으며 추는 춤이지만, 이 보상무寶相舞는 보상반통寶相盤桶에 채구를 던져 넣어 승부를 겨루며 즐기는 오락적인 형식의 춤이다.

이 춤 역시 채구를 보상반통에 제대로 넣으면 봉화奉花가 상으로 꽃을 주고, 넣지 못하면 봉필奉筆이 벌로 뺨에다 먹칠을 해주는 등 포구락을 모방한 유희무遊戱舞라고 할 수 있다. 이 춤은 순조 무자년戊子年 이후 헌종憲宗대를 지나 고종高宗 말까지 전승되는 동안에 무원舞員의 증감이 있었고, 『진작의궤進爵儀軌』권3 악장조樂章條에는 한漢나라 때에는 반무盤舞, 진晉나라 때에는 배반무杯盤舞가 있었다고 한다.

춤의 진행進行은 음악이 연주되면 봉화奉花·봉필奉筆 그리고 무무 6인이 좌·우편으로 갈라져서 앞으로 나가서 반통盤桶 앞에 서면 음악이 끝나고 무인 전원이 다음과 같은 창사唱詞를 부른다.

취막화연요서일(翠幕華筵耀瑞日)
기라천대호신장(綺羅千隊好新粧)

다시 음악이 연주되면 무원 전원은 뒤로 물러나가 서고 이때 봉화·봉필이 채구를 들고 앞으로 와서 반통 앞 좌우에 놓고 먼저 위치에 와서 내향한다. 좌·우 제1대가 앞으로 나가고 제2대, 제3대는 두 손 내려 앞에 여미고 선다. 제1대가 무릎을 꿇고 앉아서 채구를 어르다가 집어 들고 일어나면 음악이 그치고 창사唱詞를 부른다.

오운루각문선악(五雲樓閣聞仙樂)
백보난간불예상(百寶欄干拂霓裳)

음악이 연주되면 제1대 무 2인이 두 팔을 펴들고 상대하고 앞으로 나갔다가 뒤로 물러나와 한삼汗衫을 걷고 오른손으로 채구를 들고, 왼손은 왼편 허리에 집어주고 즐겁게 반盤 가운데에서 희롱한다. 이렇게 반통盤桶을 향해 어르다가 좌대左隊가 먼저 채구를 던져 통에 들어가면 좌대전원左隊全員이 앉고 봉화가 꽃을 들고 들어와 머리에 꽂아주고 나간다(기록에는 머리에 꽃을 꽂아준다 했지만 여기서는 꽃을 건네준다). 만약 들어가지 않았을 때는 염수하고 그대로 서 있으면 봉필이 붓을 들고 들어와 우대右隊는 왼쪽 볼에, 좌대左隊는 오른쪽 볼에 먹물을 찍어 준다. 제1대 2인이 뒤로 물러나와 각각 자기편 3대 뒤에 선다. 다음 제2대가 위의 1대가 했던 것과 같이 하고 음악이 그치면 다음과 같은 창사唱詞를 한다.

금장초개채수색(錦帳初開彩袖色)
옥렴차권수구향(玉簾且捲繡毬香)

음악이 연주되면 역시 제2대는 위의 1대의 방법과 동일하게 해준다.

보상무 초입배열도   『궁중정재무도홀기』에서 보상무 원문 홀기

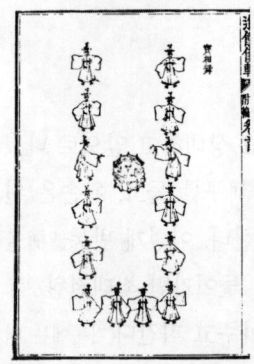 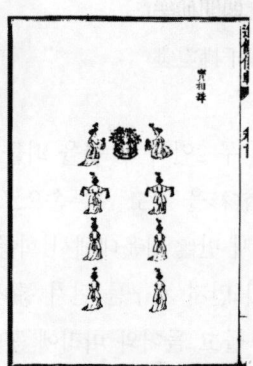 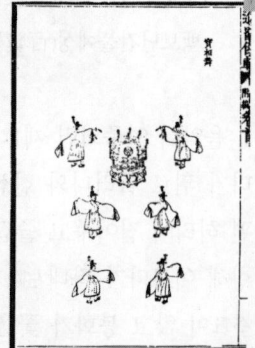

(왼쪽부터) 1. 순조 기축『진찬의궤』의 보상무 정재도(무동) 2. 순조 기축『진찬의궤』의 보상무 정재도(여령) 3. 순자 무자『진작의궤』의 보상무 정재도(무동)

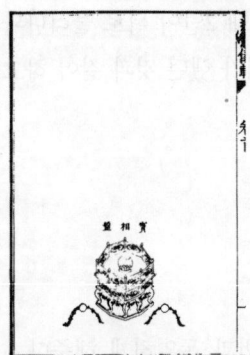

순조 기축『진찬의궤』권수도식 보상반과 채구

다음 제3대도 제1대와 꼭 같은데, 창사唱詞의 가사歌詞 내용이 다르다.

    화간소고막최곡(花間簫鼓莫催曲)
    지공화신낙무장(只恐花身落舞場)

음악이 연주되면 춤의 절차가 제1대와 동일하다. 이렇게 3대까지 끝내면, 무 6인이 두 팔을 펴들고 앞으로 나가 두 손을 내려 앞에 여미고, 다시 옆으로 펴들고 전원 후퇴하여 염수(두 손을 내려 앞에 여미며)하며 춤을 끝낸다.

향령무響鈴舞

이 춤은 순조純祖 무자戊子(1828) 때 시작된 것으로 방울 여러 개를 한데 묶어 한 손에 하나씩을 들고 흔들어서 소리를 내며 추는 춤으로, 방울이 울려 소리가 나기 때문에 향령響鈴이라 하였다고 한다.

무원 6인이 2인씩 일대가 되어 3대가 품자品字형으로 서서 가곡歌曲 중의 계락界樂 곡에 맞추어 세 번 반복해서 부르는데 〈무두사務頭詞·중박사中拍詞·미후사尾後詞〉 가사만은 3가지가 다른 것이다.

무용적인 면에 있어서는 변화가 없고, 동작이 간단한 춤으로 순조純祖 이후 헌종憲宗대와 고종高宗 말까지 전해 왔다.

춤의 순서는 음악이 계락界樂, 대여음大餘音을 연주하면 무 6인이 두 손에 향령響鈴을 하나씩 쥐고 염수斂手하고 품자品字형으로 서서 앞으로 나가서 앞과 뒤로 무릎을 구부리면(尺腰 4차) 음악이 그친다.

무 6인이 좌우 두 손을 아래로 내려 떨어뜨리고 장고 장단에 맞추어 향령을 울려 치면서 가곡歌曲 중 무두사務頭詞를 계락界樂에 맞추어 부른다.

    옥전요궁주관현(玉殿瑤宮奏管絃)

열신선(列神仙)
봉삼린대타향연(鳳衫麟帶拖香烟)
무편편(舞翩翩)
유원종금(惟願從今)
군왕수(君王壽)
영제천(永齊天)
춘풍담탕백화전(春風澹蕩百花前)
만년년(萬年年)

음악이 연주되면, 동편으로 90° 돌아서서 3장章과 4장에 맞추어 부르며, 앞장과 같이 두 손으로 장단을 집는다. 서편으로 180° 돌아서서 5장에 맞추어 부른다. 동편으로 돌아 앞으로 향하고 두 팔을 가슴 앞에 구부려들고 두 손을 얼굴 앞에 모아 읍형揖形으로 들고 손으로 장단을 치며 중박사中拍詞를 계락界樂 1·2장章에 맞추어 부른다.

화난요지창수병(花暖瑤池敞繡屛)
향문난취하청명(迴聞鸞吹下靑冥)
비경시무신번곡(飛瓊試舞新翻曲)
연리쌍환백자령(連理雙環百子鈴)

이어 계락界樂을 부르면서 오른팔은 가슴 앞에 구부려들고 왼팔은 옆으로 내려뜨리고 방울을 흔들면서 장단을 친다.
왼팔을 들어서 가슴 앞에 구부려들고 오른팔은 옆으로 내려뜨리고 장단을 치며 계락界樂 5장에 맞추어 부른다. 오른팔을 가슴 앞에 구부려들고 왼팔은 수평水平을 지은 자세로 펴들고 '좌정수左모手' 장단을 치며 미후사尾後詞를 계락界樂 1·2장章에 맞추어 부른다.
왼팔은 가슴 앞에 구부려들고 오른팔은 어깨와 수평으로 펴들고 '우정

수右모手' 장단을 치며 계락界樂 3·4장章에 맞추어 부른다. 두 팔을 어깨와 같이 수평으로 펴들고 '좌우수정수 : 합정수' 장단을 치며 계락界樂 5장에 맞추어 부른다.

자수금령부절최(紫袖金鈴赴節催)
회풍취설금연개(回風吹雪錦筵開)
상수채봉승운지(翔隨彩鳳乘雲至)
변학신오가해래(抃學神鼇駕海來)
박리훤아정북극(拍裡萱芽呈北極)
곡중난엽장남해(曲中蘭葉長南陔)
청궁갱작반의무(靑宮更作斑衣舞)
세세친경만세배(歲歲親擎萬歲杯)

두 손 내려 앞에 여미고 음악 계락界樂 대여음大餘音을 연주하면, 염수斂手하고 후퇴하여 춤을 끝낸다.

이 춤은 보상무와 같이 1920년대부터 1930년대까지도 필자의 스승이었던 이수경李壽卿 선생에 의하여 재연·전수되었다.

『정재무도홀기』에서 향령무 원문 홀기

향령무 초입배열도   순자 무자『진작의궤』에서 향령무 정재도

『무용한국』, 1992년 가을·겨울호

첩승무
―궁중무용의 유형별 고찰 ⑰―

첩승무疊勝舞

첩승무는 조선 말기인 순조純祖 28년에 효명세자孝明世子가 창제한 향악정재鄕樂呈才의 하나이다.

이 춤의 무원舞員은 전전 1인, 후後 1인, 좌左 2인, 우右 2인 모두 6인으로 춤보다 창사唱詞 중심으로 제일첩第一疊 창사唱詞에서 제십첩第十疊 창사唱詞에 이르기까지 모두 10회의 창사를 부르면서 형태를 바꾸어 가며 추는 것이 이 춤의 특이한 점이다.

칠언시七言詩로 된 이 창사는 순조 28년, 즉 무자戊子(1828)년 『진작의궤進爵儀軌』 부편附編에 보이며, 효명세자 익종의 예제睿製로 되어있다.

이 춤은 순조 무자년 『진작의궤』 부편 권수卷首 도식圖式의 정재도呈才圖를 보면 무동舞童 6인이 추었던 것을 알 수 있고, 무동복식舞童服飾은 춘광호春光好라는 정재呈才와 동일한 복색으로, 아광모砑光帽를 쓰고, 홍라포紅羅抱·백질흑선중단의白質黑縇中單衣·남질흑선상藍質黑縇裳에 주전대珠鈿帶를 띠고, 흑화黑靴를 신는다.

순조 이후 전승된 과정에 대한 것은 확실치 않으나 역대 왕궁진연에서 사용한『정재무도홀기呈才舞圖笏記』와 고종高宗 광무 5년(1901) 신축辛丑년 때『진연의궤進宴儀軌』권수卷首 도식圖式의「내진연정재도內進宴呈才圖」에서 여령女伶 6인이 추었다는 것을 참고하면 조선 말까지 전래된 것을 알 수 있다. 이때의 여령복식女伶服飾은 정재에 있어서의 여령복식과 동일한 것으로 화관花冠을 쓰고, 초록단의草綠丹衣·황초단삼黃綃單衫·이남색상 표홍초상裏藍色裳表紅綃裳에 홍단금루수대紅緞金鏤繡帶를 띠고, 오채한삼五彩汗衫을 매고, 초록혜草綠鞋를 신는다.

이때의 신축년『진연의궤』는 1901년 7월 27일 고종황제의 만오순지경년滿五旬之慶年을 송축頌祝하기 위하여 베푼 진연進宴에 관한 기록을 수록한 책이다. 그리고 이 춤의 무보舞譜는 고종 30년 계사년癸巳年(1893)의『궁중각정재무도홀기宮中各呈才舞圖笏記』에 전한다. 무도홀기를 근거로 이 춤은 1981년 심무회心舞會 주최로 김천홍 궁중무용발표회 때 필자의 재현안무로 문예회관 대극장에서 심무회원들에 의해 재연된 바 있으며, 그 뒤 1983년 국립국악원 주최로 국립국악원 무용단들이 공연하여 그 뒤 오늘날까지 계속 추어지고 있다.

춤이 진행되어지는 내용은 다음과 같다.
• 무무 6인이 초입배열도初入排列圖에서처럼 앞에 1인, 뒤에 1인 그리고 그 중심 좌우로 좌 2인, 우 2인이 서있는다.
• 음악이 향당교주를 연주하면 무 6인이 춤추며 앞으로 나가 선다(기록에는 태평춘지곡(太平春之曲)으로 나왔다).
• 음악이 그치고, 전원 제1첩第一疊 창사唱詞를 부른다.

취루춘일권주렴(翠樓春日捲珠簾)
자연쌍비근화첩(紫鳶雙飛近畵籤)

박을 치면 음악이 연주된다(도드리장단).

• 음악이 연주되면 조금 후퇴하였다가 돌아 상향相向하고, 다시 돌아 상배相背한다. 박을 치면 음악이 연주된다(빠른 도드리장단).
• 무 6인이 회선回旋했다가 다시 초입배열도初入排列圖로 와서 북향北向하여 서면 음악이 그치고, 제2첩第二疊 창사唱詞를 부른다.

  조란작삭백화광(雕欄灼爍百花光)
  화원춘심십이향(畵院春深十二香)

박을 치면 음악이 연주된다(타령장단). 무 6인이 두 대隊, 즉 전대前隊 3인과 후대後隊 3인으로 나뉘어 선다. 그 상태에서 좌우左右로 돌며(旋轉) 춤추고, 남북 양대로 나뉘어 서서 상배相背하기도 하고, 후대後隊가 앞으로 북향하여 서면 음악이 그치고 제3첩第三疊 창사唱詞를 부른다.

  춘근소양전리인(春近昭陽殿裡人)
  선군풍동호경신(仙裙風動好輕身)

박을 치면 앞의 음악을 연주한다. 남북이 상대하여 춤추다가 다시 동서로 나누어 서서 상향하고 돌아서서 상배하고 진행해서 자리(隊)를 바꾸고 다시 먼저 자리로 되돌아가서 앞으로 향하면 음악이 그치고 제4첩第四疊 창사唱詞를 부른다.

  옥루춘월정지지(玉樓春月正遲遲)
  벽수첨전화영이(碧繡籤前花影移)

박을 치면 앞의 음악을 연주한다. 전원 이수고저(번수(飜袖))하고, 한 줄로 서서 전진후퇴하고 팔수무八手舞하면 음악이 그치고 제5첩第五疊 창사唱詞를 부른다.

옥초화전축가대(玉礎花轉築歌臺)
　　대모반중연무래(玳瑁盤中軟舞來)

　박을 치면 앞의 음악이 연주되고 좌우무左右舞 제1대만 앞으로 나가서면 음악이 그치고 무 2인이 제6첩第六疊 창사唱詞를 부른다.

　　춘광선도백화루(春光先到百花樓)
　　궁녀쌍쌍농채구(宮女雙雙弄彩毬)

　박을 치면 앞의 음악이 연주되고, 좌우무左右舞 제2대가 앞으로 나가서 제1대 뒤에 서면 음악이 그치고 무 2인이 제7첩第七疊 창사唱詞를 부른다.

　　조일동동흥경지(朝日瞳瞳興慶池)
　　이원제자주신사(梨園弟子奏新詞)

　박을 치면 앞의 음악이 연주되고 좌우무左右舞 제3대가 앞으로 나가서 제2대 뒤에 서면 음악이 그치고 무 2인이 제8첩창사第八疊唱詞를 부른다.

　　제자부중주신악(弟子部中奏新樂)
　　심향정상반권박(沈香整上半捲箔)

　박을 치면 앞의 음악이 연주된다. 전원 두 팔을 들고 북쪽을 향하여 춤추다가 두 손 내려 앞에 여민다(염수(歛手)).
　박을 치면 빙글빙글 돌면서 춤춘다(회선(回旋)할 때 음악 빠른 타령으로 연주해 보았다). 회선해서 앞으로 향하면 음악 그치고 전원이 제9첩第九疊 창사唱詞를 부른다.

비자춘유임옥당(妃子春游臨玉塘)

　　이원신주여기향(梨園新奏麗箕香)

　박을 치면 음악이 연주된다(타령장단). 전원 한 줄로 서서 전진후퇴前進後退하고 맨 처음 대열의 자리로 되돌아가서 선다.

　무 6인이 앞으로 전진하여 나가서 음악이 그치면 제10첩第十疊 창사唱詞를 부른다.

　　갈고성최어원화(鞨鼓聲催御苑花)

　　자의궁녀안비파(紫衣宮女按琵琶)

　박을 치면 음악 향당교주鄕唐交奏를 연주한다(도드리장단).

　무 6인 춤추면서 물러서면 음악이 그치고 춤이 끝난다.

『궁중정재무도홀기』에서 첩승무 원문 홀기

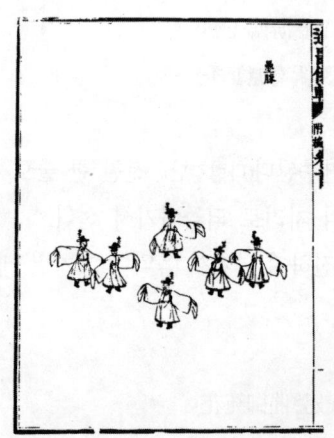

순조 무자년 『진작의궤』에서 첩승무 정재도

〈참고자료〉
· 고종 신축년 광무 5년 『진연의궤』(1901) 권1악장에서 첩승무 창사
· 고종 신축년 광무 5년 『진연의궤』(1901)에서 첩승무 정재도

『무용한국』, 1993년 여름·가을호

최화무

― 궁중무용의 유형별 고찰 ⑱ ―

최화무催花舞

이 춤은 조선 순조純祖 때 효명세자孝明世子가 창제創製한 것으로서 당악정재唐樂呈才의 양식을 도입한 춤이라 하겠다.

봄의 풍경을 묘사한 것으로 피어나는 꽃들의 아름다움을 찬양하는 내용의 노래를 부르며 추는 이 춤은, 순조 28년(무자년, 1828)『진작의궤進爵儀軌』의 기록에 의하면 무동정재舞童呈才로서 처음엔 죽간자 없이 무 6인이 춘 향악정재鄕樂呈才이다. 그러나 이어 순조 29년(기축년, 1829)『진찬의궤進饌儀軌』에서는 당악정재唐樂呈才의 양식을 도입하여 무원舞員은 죽간자竹竿子 2인, 중무中舞 1인, 협무挾舞 4인으로 모두 7인으로 구성되어 있음을 기록에서 본다.

1828년 6월에 있은 진작進爵 때 진상進上된 악장樂章이 예조禮曹에서 마련한 악장樂章이라면 1829년 6월에 실행된 진찬進饌 때는 익종翼宗 예제睿製의 악장樂章을 불렀으며 위에서도 언급했듯이 인원人員이나 양식·구성이 전혀 달랐음을 각 의궤儀軌의 도식圖式을 통해서도 알 수 있다. 그 뒤 1892년(고종 29년)『진찬의궤』와 1901년(광무 5년)『진찬의궤』에서는 최화무催

花舞가 여령정재女伶呈才로 추어져 왔었고, 이렇게 조선朝鮮 말까지 전해진 사실이 1893년『정재무도홀기呈才舞圖笏記』와 고종高宗 연대『진작의궤進爵儀軌』에서도 증명하고 있다.

다음은 순조 29년 이후의 인원구성으로 계속 전해 내려온 최화무催花舞의 내용을 고종高宗 30년(계사년)『정재무도홀기呈才舞圖笏記』에 기록된 무보舞譜에 준거하여 간단히 살펴보면 아래와 같다.

음악이 청평악지곡清平樂之曲 보허자령步虛子令을 연주하면 죽간자竹竿子 2인이 앞으로 나가 선다.
음악이 그치고, 죽간자 2인은 구호口號를 부른다.

  궁앵교성(宮鶯嬌聲)
  농상도지춘(弄上都之春)
  갈고신강(羯鼓新腔)
  최신원지화(崔宸苑之花)
  감진향계(敢進香階)
  행예정재(幸預呈才)

구호가 끝나면 음악 향당교주鄕唐交奏로 바뀌면서 중무中舞와 그 뒤로 나란히 일렬횡대로 선 좌우左右 협무挾舞가 춤추며 나가 선다.
음악이 끝나면 중무中舞가 치어致語를 부른다.

  죽지조미(竹枝調美)
  농옥소이전성(弄玉簫而轉聲)
  도엽정다(桃葉情多)
  첩화박이최강(疊花拍而催腔)
  차주이원지아악(且奏梨園之雅樂)

의유경림지곡연(宜遊瓊林之曲宴)
　　내가내무(來歌來舞)
　　이오군왕(以娛君王)

　중무 치어致語가 끝나면 향당교주에 맞추어 중무는 두 팔을 펴들고 조금 물러 나온다.
　좌우 협무는 상대相對하여 들어가고, 물러나고 한다. 중무는 가운데 있고, 좌우 협무는 네 귀퉁이로 가서 4각형이 되고, 중무와 협무 각각 1인씩 상대相對해서 추고, 돌아서 상배相背한다.
　협무가 다시 북향北向하여 조금 나가서면 음악이 그치고, 협무는 창사唱詞를 부른다.

　　춘광차막거(春光且莫去)
　　유여취인간(留與醉人看)

　음악이 연주되면 중무와 좌우 협무는 두 팔을 펴들며 춤을 춘다. 중무와 좌우 협무가 소매를 떨어뜨려 내리면서 빙글빙글 회전하여 한 줄로 선다.
　중무와 협무 전원은 두 팔을 펴들고, 5방무五方舞로 서서 북향北向하여 춤추면, 음악이 그치고 협무는 창사唱詞를 부른다.

　　청효모란방(淸曉牧丹芳)
　　사점금강춘(乍點錦江春)
　　홍렴의금예(紅簾疑金蕊)
　　영인생가지(永認笙歌地)

　창사 끝나고 음악이 연주되면, 무 5인은 두 팔을 펴들고 뒤로 조금 물러났다, 조금 앞으로 나가서 두 손을 뿌려 내리고 돌아(회선(回旋)) 내려와서 나란히 한 줄로 선다. 두 팔을 펴며 앞으로 나아갔다가 뒤로 물러나면서 잠시 발을 떼면서 춤추다가 음악이 그치면 협무挾舞는 창사唱詞를 부른다.

  감인심위물서(感人心爲物瑞)
  대상옥차시(戴上玉釵時)
  난만연화리(爛慢烟花裡)
  형여범화이(逈與凡花異)

 음악이 연주되면 두 팔을 펴들고 뒤로 조금 물러나면서 춤추다가 중무中舞는 대隊에서 앞으로 나가고, 다시 중무와 협무는 서로 보며 춘다.
 중무와 협무 한 손씩 뿌려 내리고 돌면서 한 줄로 선 후, 좌우左右로 360°씩 돌고 두 팔을 펴들며 잦은걸음으로 나갔다가 물러나면서 춤춘다.
 중무가 대隊를 벗어나 뒤로 빠지면서 오른쪽으로 돌며, 두 팔을 펴들고 조금 앞으로 나가서면 음악이 그치고 협무는 창사唱詞를 부른다(육화대六花隊) 동쪽 이념시(二念時)와 같다).

  금도초전노흔신(金刀初剪露痕新) : 가위로 꽃가지 막 자르매 이슬 흔적 새롭고
  경첩나황밀철균(輕疊羅黃密綴均) : 가볍게 포개진 꽃송이 노오란 비단과 같
    나이다
  벽옥지두개편도(碧玉枝頭開遍到) : 벽옥 같은 가지에 가득히 피었으니
  요요편칭상도춘(裊嬈偏稱上都春) : 고운 자태 경도(京都)의 봄을 독차지 했
    나이다

 음악이 연주되면 중무는 조금 앞으로 나가고 협무는 조금 물러선다.
 중무와 좌우 협무가 차례로 오른쪽으로 회무回舞하여 돌고 난 후, 먼저 자리로 와서 북향 즉 앞쪽을 향한다.
 다시 맨 처음 들어와 섰던 대열로 가면서 춤춘다. 조금 뒤로 물러나 다

시 앞으로 나가서면 음악이 그치고, 죽간자竹竿子 2인은 구호口號를 부른다(육화대(六花隊)의 후구호(後口號)를 본 따 지은 것이다).

  교홍눈록(嬌紅嫩綠) : 붉고 푸른 아름다운 자태
  경연연어려경(競娟姸於麗景) : 고운 경치를 경쟁하옵고
  청가묘무(淸歌妙舞) : 맑은 노래 아치있는 춤
  헌미자어화연(獻媚姿於華筵) : 빛난 자리에서 아름다운 자태 보입니다
  아악기성(雅樂旣成) : 우아한 음악 끝나려 하오매
  배사이퇴(拜辭以退) : 절하고 물러나려 합니다

음악이 연주되면 죽간자竹竿子 2인은 뒤로 물러나와 서고, 중무中舞는 조금 앞으로 나가 선다.
음악이 그치고, 중무가 치어致語를 부른다.

  행재성세(幸在盛世)
  용첨화연(庸瞻華筵)
  석상지가단곡종(席上之歌壇曲終)
  응행운이배회(凝行雲而徘徊)
  화간지소고성최(花間之簫鼓聲催)
  지회설지장표(知回雪之將飄)
  미감자전(未敢自專)
  복후신지(伏侯宸旨)

중무 치어가 끝나고 음악이 연주되면, 중무는 조금 뒤로 물러나고, 중무와 협무 모두 두 팔을 펴들고 앞으로 조금 나가서, 두 손 내려 앞에 여미고 뒤로 물러나면 음악 그치면서 춤이 끝난다.
1828년 무동정재로서의 최화무催花舞의 복식服飾은 무자년『진작의궤』

부편 공령工伶에 보면 연경당演慶堂 진작進爵시 아광모砑光帽·홍라포紅羅袍·백질흑선중단의白質黑宣中單衣·남질흑선상藍質黑縇裳·주전대珠鈿帶·흑화黑靴로 춘광호春光好와 첩승무疊勝舞의 무동정재 복식과 동일하다고 했다.

1829년의 복식은 기축년『진찬의궤』부편 공령工伶에 보면 자경전 진찬進饌 때의 무동복식은 무애무無㝵舞·가인전목단佳人剪牧丹·장생보연지무長生寶宴之舞 무동복식과 동일한 것으로 각건角巾을 쓰고 홍포紅袍·백질흑선중단의白質黑縇中單衣·남야대藍也帶·흑화黑靴를 신는다고 기록되어 있다.

1902년 여령정재女伶呈才로서의 복식服飾은 녹초단삼綠綃單衫·이남색상표홍초상藍色裳表紅綃裳·홍단금루수대紅緞金鏤繡帶·화관花冠·초록혜草綠鞋·오색한삼五色汗衫이다(고종 광무 6년(1902), 임인, 『진연의궤』).

궁중정재인 최화무는 1980년대 초에 국립국악원 사업으로 필자에 의해 재현再現되었다.

"1981년 10월 국립국악원 제2회 전통무용발표회에서 처음 각광을 받은 정재에 들고 있다"고 예술원회원이신 성경린 선생은 국악원 발행으로 된 『궁중무용무보』제5집에서 밝히고 있다.

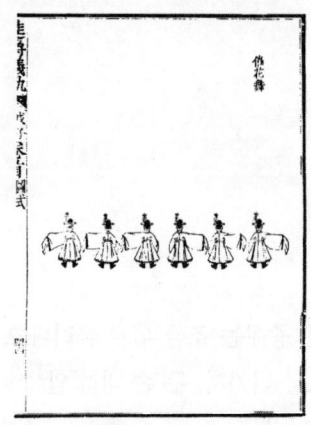
순조 무자년『진작의궤』에서 최화무 정재도

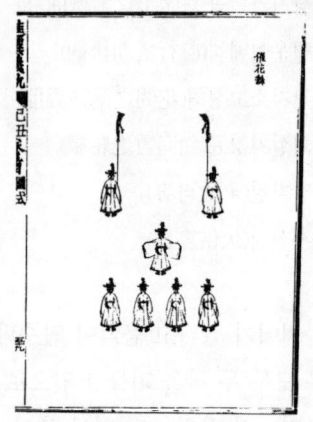
순조 기축년『진찬의궤』부편, 권수도식에서 최화무 정재도

『궁중정재무도홀기』에서
최화무 원문 홀기

『무용한국』, 1993년 겨울호

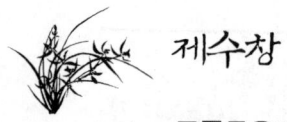

제수창

— 궁중무용의 유형별 고찰 ⑲ —

제수창帝壽昌

이 춤은 조선 순조純祖 29년에 효명세자孝明世子가 창제創製한 것으로서 당악정재唐樂呈才의 양식을 도입한 춤으로 최화무催花舞·장생보연지무長生寶宴之舞·연백복지무演百福之舞와 함께 창작된 정재 중 하나이다.

송宋나라 때 기성절基聖節에서 연주한 악곡 중 제수창지악帝壽昌之樂이 있었다고 한다[圖書集成宋基聖節排當樂次奉來鍾第二盞笛起帝壽昌慢](고종 광무 6년(1902)『進宴儀軌』등).

이 이름을 빌어 정재를 만든 것 같다고 보는데, 국악대사전에는 순조 28년(1828) 자경전慈慶殿 진작進爵 때 아박정재牙拍呈才에 연주되던 정읍만기井邑慢機에 임시로 지어 부른 곡명이 제수창지곡帝壽昌之曲이라 했다.

제수창은 순조 29년(己丑年, 1829)에 설행設行한 외연外進宴에서 무동정재舞童呈才로 처음 추어졌음을『진찬의궤』의 기록으로 알 수 있는데 무원舞員의 편성은 죽간자竹竿子 2인, 족자簇子 1인, 중무中舞 1인(여령정재 경우에는 仙母라 칭한다), 전대前隊 4인, 후대後隊 4인, 황개黃蓋 1인으로 모두 13인으로 구성되어 있다.

진찬 때의 초입배열도에서처럼 죽간자 2인이 족자를 든 1인을 가운데로 하여 좌우로 벌려 서고 그 뒤에 4인의 무원이 중무를 한 가운데로 하여 사방으로 서며 다시 중무 뒤에 황개를 든 1인이 서고 맨 뒷줄에 4인의 무원이 둘씩 나란히 서서 정재의 거의가 모두 그렇듯이 이 춤도 군왕君王의 성명을 칭송하여 추는 상서로운 내용의 춤인 것이다.

1829년 진찬 때 익종翼宗의 예제睿製로 된 악장樂章은 위에서도 언급했지만 나라의 융성과 군왕의 만수무강, 백성의 평안을 선양구가宣揚謳歌하는 뜻의 창사를 부르며 추었다.

그 뒤 각 의궤儀軌의 도식圖式을 통해서도 알 수 있듯이 최화무催花舞와는 달리 제수창은 인원人員이나 구성 양식이 동일한 상태로 전해 오다가 1892년(고종 29년)『진찬의궤』에서는 무동정재·여령정재로 추어져 왔었고, 고종 계사癸巳(1893)년『정재무도홀기』에 무보기록이 되었으며, 황제탄신 50년을 경축한 1901년 고종 광무 5년(신축년)의『진연의궤進宴儀軌』와 1902년 광무 6년(임인년)『진연의궤』등에서 무동·여령정재로서 조선말까지 전해온 것을 기록을 통해 여실히 보이고 있다.

그 뒤 제수창은 국립국악원 정재재현 작업으로 1981년 5월 18~19일, 전통무용발표회 때 필자에 의해『정재홀기』를 준거로 하여 재현되었다.

제수창의 복식服飾은 일반적인 무동과 여령복식으로 각 의궤의 도식에 보인다. 가장 가까운 시기의 복색으로 1902년 고종 광무 6년(임인년) 권3 공령工伶에 보면, 여령복식으로는 화관을 쓰고, 녹초단삼綠綃單衫·이남색상표홍초상裏藍色裳表紅綃裳·홍단금루수대紅緞金鏤繡帶·오색한삼五色汗衫·초록혜草綠鞋를 신는다. 황초단삼이 녹초단삼으로 색깔만 바뀌어졌을 뿐 기본적인 정재여령복식과 다를 바 없다.

무동복식은 화화복두畵花幞頭를 쓰고 홍주의紅紬衣에 오정대烏鞓帶를 두르고, 흑화黑靴를 신는다(기축년, 1829,『진찬의궤』).

제수창은 국립국악원 발행으로 된『궁중무용무보』제4집에 수록되어 있는데『정재무도홀기』에 의하여 이흥구가 무보를 만들어 1989년 12월 20

일 발행하기도 했다.

예술원회원이신 성경린 선생은 무보집에서 "제수창은 당악정재 양식을 도입한 것으로 춤이 외적(外的) 구성에서가 아닌 내적(內的) 구성에 보다 중점을 두고 춤다운 춤, 즉 민족적 정서를 되살림으로써 우리의 고유한 예술성을 형상화하고자 한 것으로 보인다."고 밝히기도 했다.

다음은 제수창帝壽昌의 춤이 진행되어지는 내용內容을 고종高宗 30년(계사년, 1893) 『정재무도홀기呈才舞圖笏記』에 기록된 무보舞譜에 준거하여 간단히 살펴보면 아래와 같다.

음악이 축천보지곡祝天保之曲(보허자령)을 연주한다(보허자).

박을 치면, 족자簇子 1인과 죽간자竹竿子 2인이 나란히 한 줄로 서서 족도하며 앞으로 나가서면 음악이 그치고 죽간자 2인이 구호口號를 한다.

    제덕협화(帝德協和)
    방욕하청지상(方欲河淸之祥)
    성수무강(聖壽無疆)
    보절산두지송(普切山斗之頌)
    감모신안(敢冒宸顔)
    용진구호(庸陣口號)

끝나고 박을 치면, 음악이 향당교주鄕唐交奏를 연주한다(세령산).

좌우左右 제1대가 두 팔을 펴들고 앞으로 나가 족자簇子 좌우편에 서서 두 손 내려 앞에 여민다.

박을 치면 좌우 제2대가 춤추며 앞으로 나가 전대(前隊 즉 제1대) 뒤에 선다.

선모와 후대後隊 4인이 춤추며 나가서면(黃蓋를 든 1인이 선모의 뒤를 따른다) 음악이 그치고 선모仙母는 치어致語를 부른다.

    제수창하성명야(帝壽昌賀聖明也)

홍유아전하(洪惟我殿下)
덕요환표(德耀環表)
여천지통물(如天之統物)
여지지재물(如地之載物)
내지어수역춘대(乃至於壽域春臺)
금고옥촉(金膏玉燭)
이만수무강(以萬壽無疆)
가지송도야(歌之頌禱也)

　박 치고 음악이 향당교주를 연주하면(타령), 선모와 좌우 협무가 각각 상대相對하여 추고, 다시 돌아 각각 상배相背하며 춤추다가 음악이 그치면 전대前隊 4인이 아래와 같은 창사唱詞를 부른다.

유방록지무강혜(惟邦錄之無疆兮)
경백세이면면(慶百世而綿綿)
전자급손혜(傳子及孫兮)
미우억천(彌于億千)
창성덕지공명혜(彰聖德之孔明兮)
통만물이상천(統萬物而象天)
제응수이창혜(帝膺壽以昌兮)
경복원전(景福圓全)
비연길상혜(婢延吉祥兮)
기진여천(其臻如川)
신배계수혜(臣拜稽首兮)
오군만년(吾君萬年)

　창사가 끝나고 박을 치면 음악이 향당교주를 아뢴다(타령).

이어 후대後隊와 협무가 각각 그 대隊를 바꾸면서 춤춘다.

박 치면 선모와 후대가 각각 상대하여 추고, 각각 상배相背하며 춤추다가 음악이 그치면·각대各隊 전원이 아래와 같은 창사를 부른다.

천자만년혜(天子萬年兮)
개이소명(介爾昭明)
소명유융혜(昭明有融兮)
환해영청(環海永淸)
가악길경혜(嘉樂吉慶兮)
송등산성(頌騰山聲)
자손천억혜(子孫千億兮)
경복태평(景福太平)

끝나고 박을 치면 음악이 향당교주를 연주한다(타령).
이어서 협무와 후대는 동東과 서西로 나누어져서 서로 향하며 춤추고, 다시 선모와 협무가 상대하며 춤춘다.

박 치면, 선모와 후대後隊가 상대하여 춤춘다.

박 치면, 선모는 가운데서 춤추고, 협무와 후대後隊가 빙빙 돌면서[回旋] 다시 처음 대열의 위치에 서면, 음악이 그치고(빠른 타령), 죽간자竹竿子 2인이 구호口號를 한다.

주구곡이고성(奏九曲而告成)
축천세이유영(祝千歲而有永)
행치승평지회(幸値昇平之會)
용신환경지곤(用伸懽慶之悃)
배사화연(拜辭華筵)
식연예처(式宴譽處)

구호가 끝나고 박을 치면, 음악이 향당교주를 연주한다.

죽간자竹竿子 2인과 족자簇子 1인, 황개黃蓋 1인이 족도하며 뒤로 물러선다.

박 치면 선모와 협무·후대 전원이 춤추며 앞으로 나아가, 두 손 내려 앞에 여민다(도드리장단).

전원이 춤추며 뒤로 물러나면, 음악 그치고 춤을 끝낸다.

고종 30년 계사 『궁중각정재무도홀기』(1893)에서 제수창 원문 홀기

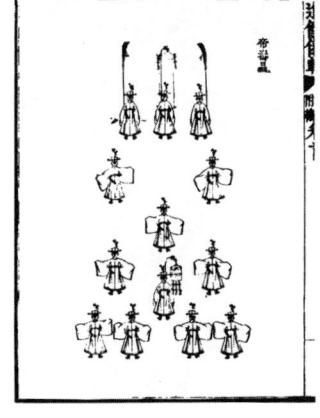

(왼쪽) 『정재무도홀기』(1893)에서 제수창의 초입배열도
(오른쪽) 순조 기축년 『진찬의궤』(1829) 부편 권수 도식에서 제수창 정재도(무동)

〈참고자료〉
· 임진년 고종 29년 『진찬의궤』(1892) 권수도식에서 제수창 정재도 (여령), (무동)
· 신축년 광무 5년 『진연의궤』(1901) 권수도식에서 제수창 정재도 (여령), (무동)
· 임인년 광무 6년 『진연의궤』(1902) 권수도식에서 제수창 정재도 (여령), (무동)

『무용한국』, 1994년 봄호

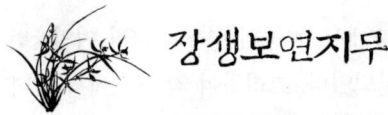

장생보연지무

―궁중무용의 유형별 고찰 ⑳―

장생보연지무 長生寶宴之舞

이 춤은 이조 순조純祖 기축년(1829) 때 효명세자孝明世子의 예제睿製로 창작되어진 궁중정재로서 군왕의 성수무강聖壽無疆과 은택을 하례하고, 나라와 백성이 평안하기를 기원한다는 뜻의 노래를 부르며 추는 것이다.

이 춤 역시 연백복지무·최화무·제수창과 같이 죽간자와 구호를 도입하는 등 당악정재의 양식을 모방하고 있으며 다른 어느 궁중정재보다 다양한 형태와 구성의 변화가 많고 춤사위 또한 여러가지로 구사한다.

춤의 형태가 아홉 번 씩이나 변하며 펼쳐지는 것이 특징인데, 제일변第一變에서 제구변第九變까지 즉 일변상대무一變相對舞, 이변수수무二變垂手舞, 삼변상배무三變相背舞, 사변산작화무四變散作花舞, 오변수수무五變垂手舞, 육변오방무六變五方舞, 칠변염수무七變斂手舞, 팔변사선무八變四仙舞, 구변염수무九變斂手舞로 아홉 번 변하는 진형陣型과 다양한 동작의 변화로 다른 정재가 지니지 못한 우수성을 지니고 있다.

장생보연지무의 역사적 배경을 잠깐 기록을 통하여 살펴본다.

『순조실록』권30, 29년 2월, 무진戊辰·을유조乙酉條에 보면 순조 29년

(1829) 2월에 실행된 진찬進饌의 내연內宴에서, 익종의 령令에 따라 여악女樂을 쓰게 되어, 여령정재女伶呈才가 부활되었다. 그리하여 각 도道에서 기녀妓女를 뽑아 올리게 하기도 했다.

위에서도 언급했듯이 장생보연지무는 익종翼宗이 지은 악장樂章과 더불어 창제創製된 정재呈才로, 순조 29년 진찬에서 익종의 신제악장新製樂章으로 대치하여 정진呈進하였다.

순조 기축(1829)년, 6월에 설행設行된 진찬에서는 외연外宴만 있었기 때문에 무동정재舞童呈才만 거행擧行되었는데, 하령下令에 의하여 연백복지무·제수창·최화무·장생보연지무·가인전목단·보상반(보상무와 동일 정재인데 時議에 따라 명칭이 달라진다)·무고·아박·향발·사선무·무애무 등의 11개 정재가 정진呈進되었다(순조 기축년『진찬의궤』附編·儀註 조).

그 후 헌종 14년(1848) 3월의 진찬에서는 내연內宴만 설행하였기 때문에 여악女樂만 거행擧行되었다. 이에 대비하여 그 외의 모든 정재는 각 도道에서 뽑아온 여령女伶에게 교습케 하였는데 이때도 역시 하령下令에 의하여 마련된 정재로서 장춘보연지무(당시 왕의 下敎에 쫓아서 장생보연지무의 생(生)자(字)를 춘(春)자(字)로 고쳤다)를 비롯하여 몽금척·하황은·헌선도·향발·아박·향령·보상무·가인전목단·무고·춘앵전·포구락·선유락·관동무·처용무·검기무 등이 정진呈進되었다.

이렇게 보듯이 궁중정재의 절정기요, 또한 정재의 구성상으로 일대 혁신기革新期라 할 수 있는 순조 28년, 29년 때의 각종 정재가 의궤 및 홀기로 기록·전승된 결과 헌종憲宗 무신년戊申年(1848) 때와 철종哲宗·고종高宗 말까지 아무런 변화도 없이 그대로 유지되어 전해왔다.

춤의 상세한 무보는 1893년『궁중정재무도홀기宮中呈才舞圖笏記』에 기록이 되어있어 진형陣型의 변화와 구체적인 동작을 알 수 있으며, 창사唱詞의 내용에 줄거리를 담고 있어 춤의 주제를 구체적으로 확인·파악할 수 있다.

춤의 구성원으로는 죽간자竹竿子 2인과 선모仙母 1인·좌우左右 협무挾

舞 4인이다.

순조 기축년(1829)의 『진찬의궤』에는 이 춤에 대하여 여기女妓 2인이 죽간자를 받들고 좌우로 나뉘어 서고, 한 사람은 앞에, 한 사람은 가운데, 한 사람은 뒤에, 한 사람은 왼쪽에, 한 사람은 오른쪽에 있으면서 서로 변하면서 춤을 춘다고 했다.

(女妓二人奉竹竿子左右分立, 一人在前, 一人在中, 一人在後, 一人在左, 一人在右相變而舞)

순조 기축년 때 무동舞童 역시 인원이 변함 없었음을 알 수 있는데 『진찬의궤』 부편附編 악장樂章 조에 수록된 내용을 보면 아래와 같다.

舞童二人奉竹竿子分立於前四人分二隊四方立一人在其中相變而舞

헌종 무신년(1848)『진찬의궤』권1 악장樂章의 내용도 참고로 옮겨본다.

長春寶宴之舞
己丑睿製長生寶宴之舞今番進饌因下敎生字改以春字
圖書集成宋基聖節排當樂次第五盞笙獨吹小石角長生寶宴樂
女妓二人奉竹竿子左右分立一人在前一人在中一人在後一人在左一人在右相變而舞

상기上記에서 보듯 춤의 구성원에 있어서는 변모없이 그대로 유지되어 왔음을 알 수 있겠다. 단지 춤의 명칭이 중간에 바뀌었다가 나중에 다시 환원되었음을 알 수 있는데 즉 순조 기축년(1829)에는 장생보연지무長生寶宴之舞라 했던 것이 헌종 무신년(1848) 당시 왕의 하교에 쫓아서 장춘보연지무長春寶宴之舞라고 고쳐졌다가 고종 정축년(고종 14년, 1877)에 다시 장생보연지무長生寶宴之舞라 칭했다. 그리고 창사唱詞에 있어서는 『국연정재창사

초록國讄呈才唱詞抄錄』에 의하면 순조 기축己丑(1829)년 예제睿製라 하였고, 고종 24년 정해丁亥(1887)년에 개제改製로 되어 있다.

또 보허자步盧子 가락에 맞추어 노래 부르는 수악절창사隨樂節唱詞는 오늘날까지 전하여 불려지고 있는데 전단前段인 '천문해일선홍…' 가사는 보허자 1장에 맞추어 부르고, 후단後段인 '구중춘색반도연…' 가사는 보허자 2장에 맞추어 부른다.

1927년의 무의舞儀에는 전단의 '미미류'는 '세세류細細柳'로 바뀌었고, 후단의 '노채의'는 '구여송九如頌'으로 바뀌어졌음을 볼 수 있었다(국립국악원 소장).

장생보연지무의 반주음악에 대해서는 춤의 내용에 언급되므로 이 글에서는 생략하기로 한다. 다음은 장생보연지무의 복식服飾에 대해서 순조 기축년 중심으로만 살펴본다.

순조 기축년(1829) 『진찬의궤』 부편附編 공령工伶 조에 보면, 무동복식舞童服飾으로는 무애무·최화무·가인전목단 복식과 같음을 볼 수 있는데 각건角巾을 쓰고 홍포紅袍에 백질흑선중단의白質黑線中單衣를 입고 남야대藍也帶를 띠고 흑화黑靴를 신고 추었음을 기록을 통해 볼 수 있다.

동년同年 『진찬의궤』 권3卷三 공령工伶 조條의 여령복식으로는 각무정재 여령과 같이 화관花冠을 쓰고 초록단의草綠丹衣에 황초단삼黃綃單衫을, 그리고 이남색상표홍초상裏藍色裳表紅綃裳을 입는다. 홍단금루수대紅緞金鏤繡帶를 가슴에 띠우고 오채한삼五彩汗衫을 들며 초록혜草綠鞋를 신는다. 죽간자竹竿子를 든 2인도 동일하게 입는다.

다음은 『정재무도홀기呈才舞圖笏記』에 나타난 무보舞譜를 근거로 장생보연지무 춤의 진행을 간략히 풀이하여 본다.

초입배열도와 같이 죽간자 2인이 앞으로 나뉘어 서고, 그 뒷줄로 무 5인이 일렬로 나란히 서있는다.

음악이 보허자를(기록엔 八千春秋之曲) 연주하면 죽간자竹竿子 2인이 앞으로 나가서고 음악이 그치면 다음과 같은 구호口號를 부른다.

여일서장(麗日舒長)
개성연어보전(開盛宴於寶殿)
상운총룡(祥雲葱龍)
장균악어동정(張勻樂於彤庭)
감모신안(敢冒宸顔)
근진구호(謹陳口號)

장생보연지무의 초입배열도

음악이 연주되면(향당교주), 죽간자 2인이 조금 뒤로 물러나 상대하여 선다. 선모와 좌우 협무 4인이 두 팔을 펴들고 앞으로 나가 두 손 내려 여미고, 선모만 조금 앞으로 나가서면 음악이 그치고 선모가 치어致語를 부른다.

흠유아(欽惟我) 성상일덕(聖上一德)
극향천심(克享天心) 경록무강(景綠無彊)
승평지악(昇平之樂) 축화지연(祝華之宴)
이장생불로지수(以長生不老之壽)
가지이송아(歌之而頌也)

음악이 연주되면 선모仙母 두 팔 펴들고 뒤로 물러나서 협무와 한 줄로 서게 되면 음악이 그친다. 박拍 치면 선모와 좌우 협무 4인은 염수하고 앞뒤로 무릎을 구부리며 수악절隨樂節 창사唱詞 전단前段을 보허자 1장에 맞춰 부른다.

전단前段 :

천문해일선홍(天門海日先紅)

강사옥부(絳紗玉斧) 서기이융(瑞氣怡融)

승천가(承天嘉) 주천악(奏天樂)

금봉은아일총총(金鳳銀鵝一叢叢)

양란채(揚蘭茝) 무회파(舞廻波)

미미류(靡靡柳) 담담풍(澹澹風)

계속해서 후단後段을 보허자 2장에 맞춰 부른다.

후단後段 :

구중춘색반도연(九重春色蟠挑宴)

나삼엽엽무일편(蘿衫葉葉舞一遍)

재배진삼원(再拜陳三願)

일원(一願) 성수무강(聖壽無彊)

이원(二願) 조야청안(朝野淸晏)

삼원(三願) 균천악(勻天樂)

노채의(老菜衣) 세세년년(歲歲年年)

차배헌(此盃獻)

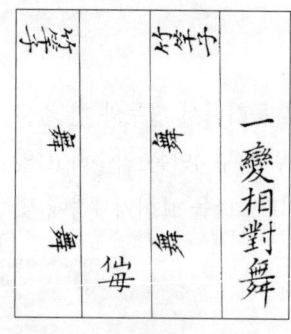

일변상대무(一變相對舞)

음악이 연주되면 선모와 좌우 협무 4인이 북쪽을 향하여 춤춘다.

선모는 족도하고 좌우 협무는 조금 앞으로 나가 족도하다가 일변상대무—變相對舞를 한다. 즉 선모는 서서 무릎을 앞뒤로 구부리고 좌우 협무 중 동1, 서1은 앞으로 가고 동2, 서2도 뒤로 따라가서 4각무 되며 동서무가 상대相對한다.

박을 치면 선모가 앞으로 조금 나가 가운데 서서 2변수수무二變垂手舞를 한다. 선모와 무 4인은 두 손 내려 앞에 여미고 앞으로 뒤로 무릎 구부린다. 두 팔을 펴들고 돌아서 상배하여 3변상배무三變相背舞된다. 무 5인은 두 팔 내려 앞에 여미고 앞뒤로 무릎 구부린다. 선모는 손을 여미고 족도하여 조금 물러난다. 박을 치면 선모와 협무 4인은 두 팔을 펴들고, 선모는 앞으로 나가고 협무 동1, 서1은 왼편으로 약간 돌아서고, 동2, 서2는 오른편으로 약간 돌아 4변산작화무四變散作花舞 된다.

선모가 족도하며 대隊에서 조금 앞으로 나가 소매를 펴고, 좌우로 잠깐 몸을 돌리다가 선모와 협무 4인 이수고저以袖高低 하며 앞뒤로 무릎 구부린다.

한 손 높이 세워들고 한 손 내리며 앞뒤로 무릎 구부린다. 왼쪽으로 돌 때는 왼쪽 소매를 잠깐 여미고 오른쪽 소매를 들면서 몸을 돌리고, 오른쪽으로 돌 때는 오른쪽 소매를 잠깐 여미고 왼쪽 소매를 들면서 몸을 돌리며 이수고저以袖高低 하고 좌우 손을 뿌려 뒤에 여미면, 음악이 빠른 도드리로 변한다.

오른편으로 세 번 돌아가며 뒤로 물러나가 5변수수무五變垂手舞하며 한 줄로 서서 앞으로 향하고, 선모는 조금 뒤로 떨어져

2변수수무(二變垂手舞)

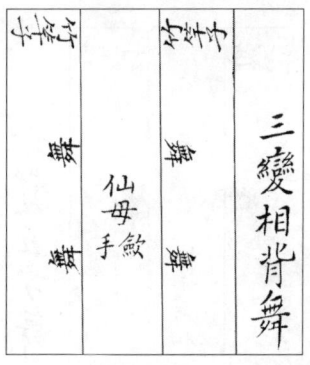

3변상배무(三變相背舞)

4변산작화무(四變散作花舞)

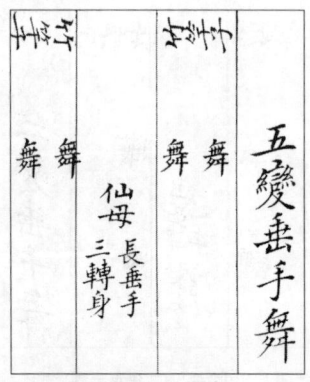

오변수수무(五變垂手舞)

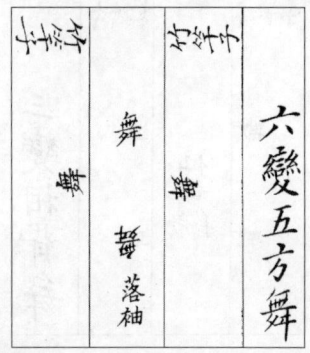

6변오방무(六變五方舞)

7변염수무(七變斂手舞)

서서 선모와 협무 4인 왼편으로 세 번 돌며 두 팔 들었다가 두 손 앞에 여민다.

음악 타령으로 변한다.

선모와 좌우 협무 4인 두 팔을 펴들고 동1은 동쪽, 동2는 남쪽, 서1인 서쪽, 서2는 북쪽으로 6변오방무六變五方舞가 된다.

선모와 좌우 협무는 돌아서 상배相背하고 두 손 내려 앞에 여미고 이수고저한다 (이때의 이수고저는 시선이 특이한데, 시선을 왼쪽으로 약간 봐주면서 오른 소매는 들고 왼쪽 소매는 활 모양과 같이 하며, 시선을 오른쪽으로 약간 봐줄 때는 왼 소매는 들고 오른쪽 소매는 활 모양과 같이 한다).

마지막 박자에 양팔 머리 위로 뿌려 얹는다.

음악이 빠른 타령으로 변한다. 선모와 좌우 협무 4인이 좌우 팔을 뿌려 내린 뒤에 염수하고 오른편으로 세 번 돌며 뒤편으로 내려와 한 줄로 서서 7변염수무七變斂手舞되어 앞으로 향하고 좌우로 한 번씩 돌다가 손을 여미며 족도한다.

음악이 느린 타령으로 변한다.

선모와 협무 4인은 이수고저하며 사각형이 되어 8변사선무八變四仙舞가 된다.

앞에 무 2인이 돌아 후대와 상향相向하고, 전대前隊와 후대後隊가 자리를 바꾸어 9변염수무九變斂手舞가 되며, 두 손 내려 앞에 여미고 선모는 뒤로 조금 물러난다.

무 5인은 이수고저하며 후대 2인은 돌아 앞으로 향한다.

이수고저하며 자리 바꾸어 먼저 자리로 와서 중무는 중앙에서 돌고 협무 4인은 왼편으로 빙글빙글 돌아 초입배열도인 한 줄로 나란히 서서 두 손 내려 앞에 여민다.

박을 치면 죽간자竹竿子 2인이 족도하며 조금 나가 북향하여 선다. 음악이 그치면 죽간자 2인이 다음과 같이 구호를 한다.

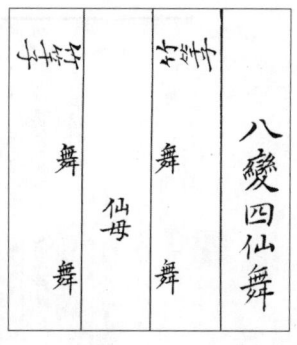

8변사선무(八變四仙舞)

  기석수연(綺席繡筵)
  이정천반지무(已呈千般之舞)
  옥관주현(玉管朱絃)
  기주구성지곡(旣奏九成之曲)
  재배계전(再拜階前)
  상장호거(相將好去)

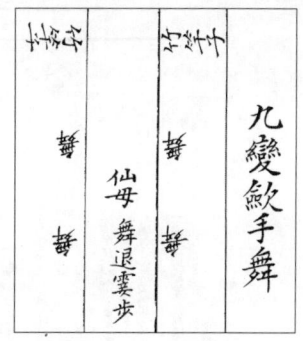

9변염수무(九變斂手舞)

박 치면 장생보연지악長生寶宴之樂이 연주되고 죽간자 2인이 족도하면서 물러나 선다. 박 치면 선모와 좌우 협무가 두 팔을 펴들고 앞으로 나가섰다가 두 손 내려 앞에 여민다. 전원 춤추면서 물러나면 악지樂止하고 춤을 끝낸다.

長生寶宴之舞

竹竿子 舞上
竹竿子 磬七

樂奏八千春秋之曲
竹竿子二人足蹈而進立樂止口號

麗日乍長 韶光敷腴 敞雲霞之麗席 羅綺紈之寶筵
蘭苕紛芳 廣颺慶抃 獻眉壽以稱觴 譜陳欞之口號
訖拍 鄉唐交奏○拍仙母與左右挾四舞進足蹈小進而立
樂奏○拍竹竿子二人足蹈小退高呼

正致語
蕤賓惟我 聖上儀奉上元 見天心以景運重熙 奉萬寿之无疆 歌欺不之遇也 訖拍交奏○拍

小退相對而立
○拍仙母與左右挾四人飲手足蹈隨樂節

唱詞前段
天門海日光先吐 舜韶初奏虞絃撫 蘭殿鈞韶一闋終 揚淸歌奉天樂
九重春色醉桃觴 金鳳銀鸛一薰煌 嶺南枝北陳三獻 聖壽年年此日獻
灩灩朝霞淸景早 長林葉葉廣陰袤 鳳鞾柳襪灑蹈裏 慶壽无彊

仙母舞小退而立樂止○拍下令○拍仙母與左右挾四人飲手足蹈隨樂節
○拍仙母與左右挾四足蹈北向而舞

一變相對舞
○拍仙母足蹈左右挾小進足蹈○拍相對
舞左右人使左挾左挾右側立

二變垂手舞

○拍仙母小進足蹈垂手舞

三變相背舞

○拍左右挾飲手足蹈
○拍仙母飲手足蹈小退
○拍相背舞

四變散作花舞

○拍左右挾散作花舞
節次袖舞○拍高低索陣
旋舞開扇右挾左挾拂盡右轉
○拍仙母足蹈小進四仙舞蹈高低索陣春挾左挾右挾拂盡左轉

五變垂手舞 回立向

○拍各挾回入向垂手舞○拍仙母足蹈小
退自花舞入北向時後一面各轉進作
仙毋長垂手三轉身
內行前雙左轉進作外行

六變五方舞 相背

○拍仙母與左右挾回立北向飲手足蹈
左顧右袖豎左袖如弓
右顧左袖擧右袖如弓

七變飲手舞

○拍仙母與右挾回飲手足蹈
仙母盒天舞

八變回仙舞

○拍左右挾四仙舞
仙母 自仙舞回旋則後一雙便中
舞 時挾舞前後雙小展開
足蹈而進前後互操作飲手舞

九變飲手舞

○拍左右挾足蹈回立○拍回向小進北向立
舞 仙母舞退盡步
仙母 ○拍竹竿子二人足蹈小進盧呼

訖
仙母與左右挾足蹈小進盧立

『궁중정재무도홀기』에서 장생보연지무 원문 홀기

 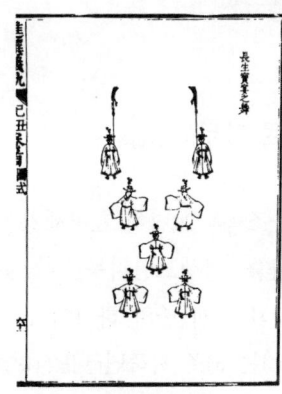

순조 기축년『진찬의궤』(1829) 권수 도식에서 장생보연지무 정재도 (여령), (무동)

〈참고자료〉

· 헌종 14년 무신년『진찬의궤』(1848) 권수 도식에서 장생보연지무 정재도 (여령)
· 고종 14년 정축년『진찬의궤』(1877) 권수 도식에서 장생보연지무 정재도 (여령)
· 고종 24년 정해년『진찬의궤』(1877) 권수 도식에서 장생보연지무 정재도 (여령)
· 고종 29년 임진년『진찬의궤』(1892) 권수 도식에서 장생보연지무 정재도 (여령), (무동)
· 고종 광무 5년 신축년『진연의궤』(1901) 권수 도식에서 장생보연지무 정재도(여령), (무동)
· 고종 광무 5년 신축년『진찬의궤』(1901) 권수 도식에서 장생보연지무 정재도 (여령)
· 고종 광무 6년 임인년『진연의궤』(1902) 권수 도식에서 장생보연지무 정재도(여령), (무동)

『무용한국』, 1994년 여름·가을호

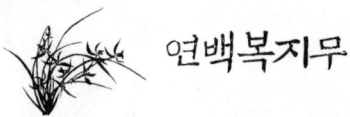

연백복지무

―궁중무용의 유형별 고찰 ㉑―

연백복지무演百福之舞

조선 순조純祖 29년에 효명세자孝明世子가 창제한 춤으로 제수창帝壽昌, 최화무催花舞, 장생보연지무長生寶宴之舞와 함께 당악정재의 양식을 도입하여 창작된 정재 중의 하나이다.

창사唱詞는 순조 기축년己丑年(1829)에 예제睿製되었고, 고종 24년 정해년 丁亥年(1887)에 개제改製 되었음을 그 당시의 『진찬의궤』 기록에 볼 수 있다. 내용은 효명세자가 부왕父王인 순조純祖의 덕화의 융성함과 복록의 무강함을 기리는 내용으로 이루어져 있다.

춤 인원은 죽간자 2명, 선모 1명, 협무 4명으로 구성되며, 개장開場과 수장收場은 보허자령步虛子令을 쓰고 중간음악은 모두 향당교주로 일관한다.

죽간자 구호口號, 선모 치어致語 외에 수악절창사隨樂節唱詞 전단前段인 천휴계아사天休啓我詞와 후단後段인 태평연월사太平烟月詞는 보허자에 맞추어 부르며, 그 외에도 성수무강사聖壽舞疆詞, 해동금일사海東今日詞, 응천장지사應天長之詞, 파자사破字詞 등 노래가 많은 편이다.

춤은 사우무四隅舞, 오방무五方舞, 회선무回旋舞, 부렬무復列舞, 대수무擡

袖舞, 번수무繙袖舞 등의 순서로 춤춘다.

이 춤의 기록은 순조 기축년己丑年(1829) 『진찬의궤』에서 처음 보이는데 무동정재舞童呈才로서 추어졌다가 그 이후 궁중에서 연희, 전승되어 고종 29년 임진년壬辰年(1892) 『진찬의궤』와 고종 광무 5년 신축년辛丑年(1901) 『진연의궤』, 그리고 고종 광무 6년 임인년壬寅年(1902) 『진연의궤』 등 각 의궤 기록을 통하여 무동정재와 여령정재로서 추어 전하여졌음을 볼 수 있다. 그 후 연백복지무는 1982년 4월 7일 국립국악원 주최, 전통무용발표회에서 김천홍의 재현안무로 국립극장 대극장에 올려진 이후 현재까지 전승되고 있다.

다음은 고종 30년(계사년, 1893) 『정재무도홀기呈才舞圖笏記』에 기록된 무보舞譜에 준거하여 간단히 살펴보면 다음과 같다.

음악이 만억천춘지곡萬億千春之曲 보허자령을 연주하면, 죽간자竹竿子 2인이 앞으로 나가선다. 음악이 그치고 죽간자 2인은 구호口號를 부른다.

  주재대라천상(住在大羅天上)
  내조 성인궁중(來朝 聖人宮中)
  연무강백복지상(演無疆百福之祥)
  정태평만세지무(呈太平萬歲之舞)
  감모미채(敢冒眉彩)
  용진구호(庸陳口號)

구호가 끝나면 다시 보허자령이 연주되며 죽간자 2인은 물러나 서고, 선모와 좌우 협무는 나란히 줄지어 나가서 염수한다.

선모만 조금 나가서고 음악이 그치면 선모가 치어致語를 부른다.

  흠유아(欽惟我)
  성상덕화융성(聖上德化隆盛)

복록무강(福祿無疆)
향화봉지삼축(享華封之三祝)
제천보지구여(躋天保之九如)
자당경회(玆當慶會)
재진축하(載陳祝嘏)
이백복장연지곡(以百福長演之曲)
가지이송야(歌之而頌也)

선모 치어가 끝나면 음악이 향당교주鄕唐交奏로 바뀌고, 선모가 두 팔을 펴들고 뒤로 조금 물러나와 협무 4인과 한 줄로 서면 음악이 그친다.
다시 보허자령이 연주되면, 선모와 좌우 협무가 두 손을 여미고 서서 앞과 뒤로 족도하며, 악절을 따라 다음과 같은 수악절 창사 전단前段을 보허자 1장에 맞추어 부른다.

천휴계아동방(天休啓我東方)
인풍화일(仁風和日)
보조영장(寶祚靈長)
조금문배옥당(租金門拜玉堂)
백합향연구하상(百合香烟九霞觴)
난명화(鸞鳴和) 봉귀창(鳳歸昌)
어천세(於天歲) 낙미앙(樂未央)

끝나면 후단後段을 보허자 2장에 맞추어 부른다.

태평연월조원전(太平烟月朝元殿)
양행가무나곡연(兩行歌舞羅曲嚥)
재배진삼원(再拜陳三願)

    일원(一願) 구령학수(龜齡鶴壽)
    이원(二願) 성휘해윤(星揮海潤)
    삼원(三願) 강구요격양가(康衢邀擊壤歌)
    군생노소동환변(群生老少同驩抃)

끝나면 음악이 그친다. 향당교주가 연주되면 선모는 가운데에 있고 협무는 네 귀퉁이로 나누어서 춤춘다. 선모와 협무가 각각 상대相對하고 상배相背하며, 북쪽을 향해 춤추고, 음악이 그치면 성수무강사聖壽無疆詞를 부른다.

    고현북두중성추(高懸北斗衆星樞)
    평대남산진국유(平對南山鎭國維)
    성수무강역여차(聖壽無疆亦如此)
    선도만타복천지(仙桃萬朶復千枝)

향당교주가 연주되면 모두 두 팔을 펴들고 앞으로 나가고, 다시 뒤로 물러났다가 소매를 뿌리고 즐겁게 돌며 한 줄로 선다. 모두 두 팔을 펴들고 오방五方으로 갈라서서 춤추며, 선모는 북쪽 협무와 함께 팔수무八手舞를 춘다. 다음 선모가 차례로 동쪽 협무와 남쪽, 서쪽 협무의 순으로 각각 팔수무를 추고 난 뒤, 모두 좌우로 한번씩 춤추며 돌면 음악이 그친다.
    선모와 좌우 협무가 함께 해동금일사海東今日詞를 부른다.

    해동금일태평천(海東今日太平天)
    서일상운요수연(瑞日祥雲耀繡筵)
    요지반도왕모헌(瑤地攀桃王母獻)
    경춘불로팔천년(慶春不老八千年)

향당교주가 연주되면 오른쪽 죽간자가 선도先導하여 다음에는 북쪽 협무, 선모, 왼쪽 죽간자, 동쪽 협무, 남쪽 협무, 서쪽 협무가 차례로 왼쪽으로 빙글빙글 돌아 춤추면서 다음과 같은 응천장지사應天長之詞를 부른다.

성인응록혜(聖人膺祿兮)
천장지구(天長地久)
보령미고혜(寶齡彌高兮)
일덕미소(一德彌邵)
예금기혜(翳金芝兮) 음공개(蔭孔盖)
종랑풍혜(從瑯風兮) 강경도(降瓊島)
남광휘혜(監光輝兮)
옥지계수(玉遲稽首)
헌정상혜(獻禎祥兮)
화연무도(華筵舞蹈)
오음분혜(五音紛兮)
번회알운소혜(繁會遏雲霄兮)
표묘(標渺)

다시 처음 대열로 돌아가면, 음악이 그치고 좌우 협무가 반주 없이 파자사破子祠를 부른다.

보쟁교방중강곡(寶箏嬌放中腔曲)
금슬고장입파현(錦瑟高張入破絃)
성화청평무일사(聖化淸平無一事)
연년세세사금년(年年歲歲似今年)

향당교주가 연주되면, 모두 두 팔을 펴들고 앞으로 나갔다가 물러나고,

팔수무를 추며 네 모퉁이로 나누어서, 한번씩 뿌리며 한번 돈다.
 몸과 허리를 악절에 맞추어 앞으로 숙였다 뒤로 젖히며(隨身腰合節而舞) 춤추고, 전대前隊와 후대後隊가 각각 그 대열를 바꾼다. 대수擡袖와 번수飜袖를 한 뒤, 빙글빙글 돌면서 다시 처음 대열로 돌아가서 뒤로 조금 물러난다. 죽간자 2인이 족도하여 나가서면 음악이 그치고, 구호口號를 한다.

    아주기결(雅奏旣闋)
    선려언선(仙侶言旋)
    재배계전(再拜階前)
    상장호거(相將好去)

 보허자령이 연주되면, 죽간자 2인은 물러나 선다. 선모가 손을 여미고 족도하여 조금 나가서면 음악이 그치고 치어致語를 한다.

    구여송등(九如頌騰)
    경태평지유상(慶太平之有象)
    삼산노반(三山路返)
    지후기지무궁(指後期之無窮)

 다시 보허자령이 연주되면 선모는 두 팔을 펴들고 뒤로 조금 물러난다. 모두 춤추며 나가서 손을 여미고 족도하고 뒤로 물러나면 음악이 그친다.
 연백복지무의 무동복식은 순조 29년(己丑, 1829)의 『진찬의궤進饌儀軌』 기록에 의하면 명정전明政殿 진찬시 무동舞童 원무元舞는 각건角巾을 쓰고 홍포紅袍와 백질흑선중단의白質黑縇中單衣에 남야대藍也帶를 띠고, 흑화黑靴를 신는다. 선모仙母와 죽간자竹竿子는 복두幞頭를 쓰고, 남포藍袍와 백질흑선중단의白質黑縇中單衣에 홍야대紅也帶 띠를 두르고 흑화黑靴를 신는다.
 그 뒤의 연백복지무 여령복식은 정재에 있어서의 기본 복식과 동일한 것으로 화관花冠을 쓰고, 초록단의草綠丹衣에 황초단삼黃綃單衫을 입고 치마에 홍단금루수대紅緞金縷繡帶를 띠고 오채한삼五彩汗衫을 매고, 초록혜草綠鞋를 신는다.

『정재무도홀기』에서 연백복지무 원문 홀기

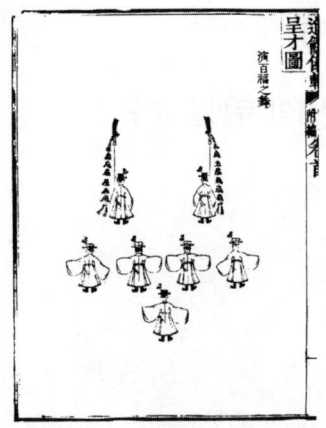

순조 기축년 『진찬의궤』(1829) 부편
권수 도식에서 연백복지무 정재도(무동)

〈참고자료〉

· 고종 29년 임진년 『진찬의궤』(1892) 부편 권수 도식에서 연백복지무 정재도 (여령), (무동)
· 고종 광무 5년 신축년 『진연의궤』(1901) 권수 도식에서 연백복지무 정재도 (여령), (무동)
· 고종 광무 6년 임인년 『진연의궤』(1902) 권수 도식에서 연백복지무 정재도 (여령), (무동)

『무용한국』, 1994년 겨울호

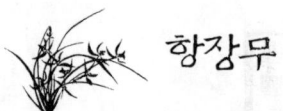

항장무

-궁중무용의 유형별 고찰 ㉒-

항장무項莊舞

항장무는 기원전 춘추전국시대春秋戰國時代에 한漢나라의 패공沛公과 초楚나라의 항우項羽가 싸움터에서 있었던 사건을 무용극화 한 것이다. 항장項莊이 춤을 춘 데서 이름 붙여진 이 항장무는 내용이 칼춤 등의 무용과 대사, 동작표현 등으로 구성되어진 대무용극大舞踊劇이라 할 수 있다.

고종 임신년壬申年(1872) 정현석의 『교방가요敎坊歌謠』와 1893년 『궁중정재무도홀기宮中呈才舞圖笏記』 기록에 항장무의 도식圖式과 절차가 보인다. 평안남도 선천宣川 지방의 이 무극舞劇은 고종 계유년癸酉年(1873)에 처음 궁중으로 유입되어 연희되어졌다. 『정재무도홀기呈才舞圖笏記』를 보면 무원舞員 전원이 선천출신의 여기女妓들로 구성되어져 있으며, 그 후 조선말이 계에서는 선천의 항장무가 유명했다는 말이 전해지고 있다.

춤의 내용은 중국의 진말秦末에 나라가 어지러워지자 항우項羽와 유방劉邦(沛公)이 관중關中에 먼저 들어가려고 다투다가 유방이 먼저 들어감으로 항우가 노하여 군사를 홍문鴻門에 머무르게 하고 다음날 아침에 유방을 치려했으나 항우의 계부 항백項伯은 유방의 부하인 장량張良과 사이가 좋았던 관계로 이 계략을 말해주자 유방은 그 다음날 홍문에 나아가 사과하였다. 그때 항우의 신臣 범증范增은 항장項莊으로 하여금 검무를 추게 하였다가 유방을 죽이려 하였으나, 유방의 부하 번쾌樊噲로 인하여 위기를 면하게 되었다. 이렇게 장량의 지혜와 번쾌의 용기로 인해서 항우의 계략이 실패로 돌아갔고 한漢의 패공은 무사했다.

이것을 초楚, 한漢 시대에 홍문연鴻門宴의 잔치라 하고, 이 홍문연의 이야기를 무극화舞劇化한 것이 항장무이다. 음악은 대취타大吹打가 반드시 연주되는데 이것은 궁중정재에서 특이한 점이다.

춤의 절차는 고종 계사년癸巳年(1893) 『궁중정재무도홀기宮中呈才舞圖笏記』에 기록되어 있는 내용을 간단히 살펴보면 다음과 같다.

항우(項羽)가 먼저 들어가 서쪽을 향하여 앉는다. 그 오른쪽에는 범증(范增), 왼쪽에는 우미인(虞美人)이 앉는다. 중군 제장(中軍諸將)이 나누어 선다.
〈진평(陳平), 항장(項莊), 항백(項伯)〉
외집사 : (호령한다) "순령수(巡令手)"
제　기 : (응답) "네이"
외집사 : "전배(前排) 들이와라"
제　기 : "네이"
외집사 : "순령수"
제　기 : "네이"
외집사 : "좌우에 훤화(喧嘩) 금해라"
제　기 : "네이"
외집사 : "순령수"
제　기 : "네이"
외집사 : "소개문(小開門) 취타 잡아라"
제　기 : "네이"
내집사(內執事) 꿇어앉아 "소취타(小吹打)허오"하고 나가면

외집사 : "징수(鉦手)네 명금이하(鳴金二下)해라"
(징 두 번 친 다음) 취타를 연주한다.
내집사가 꿇어앉아 "명금삼하(鳴金三下) 취타 지止(그치게)허오"하고 나가면
외집사 : "징수네, 명금삼하(鳴金三下)해라"
하면 (징 세 번 치고) 음악이 그친다.
진 평 : "중영(中營) 소집사(所執事)네"
내집사 : "네이"
진 평(陳平) : "중군(中軍) 군례(軍禮) 해라"하면 중군이 군례 한다.
진 평 : "기패관(旗牌官) 군례(軍禮) 행하라"하면 기패관이 군례 한다.
외집사 : "순령수(巡令手)"
제 기 : "네이"
외집사 : "삼반(三班) 고두(叩頭) 해라"
제 기 : "네이"
순령수가 머리를 조아리고 군뢰(軍牢)·취고수(吹鼓手)가 머리를 조아린다.
순령수가 두 쌍의 청령기(靑令旗)를 가지고 들어가 꿇어앉아 "고두하오"한다.
외집사 : "일어서라"
나 졸(羅卒) : "아악"

군뢰(軍牢)가 두 쌍의 주장(朱杖)을 가지고 들어가 꿇어앉아 "고두하오"한다.
외집사 : "일어서라"
군 뢰 : "아악"
취고수(吹鼓手)가 나발을 가지고 들어가 꿇어앉아 "고두하오"한다.
외집사 : "일어서라"
취고수 : "아악"
진 평 : "중영(中營) 소집사(所執事)네, 중군(中軍)은 아뢰어라"
중군(中軍)이 진평(陳平)을 가리키면서 "방승단포(放陞壇砲) 호령하오"하면
진 평 : "그래라"

하면 중군(中軍)이 또 "그래라"한다.

내집사가 꿇어앉아 "승단포(陞壇砲) 호령(號令)하오"하고 나가면

외집사 : "포수(砲手)네, 방포 삼성(放砲三聲)해라"

하고 호령하면 북 세 번 친다.

외집사 : "순령수"

제　기 : "네이"

외집사 : "대개문(大開門) 취타 잡어라"

제　기 : "네이"

내집사(內執事)가 꿇어앉아 "대취타허오"하고 나오면,

외집사 : "징수(鉦手)네, 명금이하(鳴金二下)해라."하고 호령하면 음악이 대취타를 연주한다. 내집사가 꿇어앉아 "명금삼하(鳴金三下) 취타 지(止)허오"하고 나가면

외집사 : "징수(鉦手)네, 명금삼하해라."하면 (징 세 번 치고) 음악이 그친다.

진　평 : "중영 소집사(中營小執事)네"

(내집사) : "네이"

진　평 : "중군(中軍)은 아뢰어라."

중군이 진평(陳平)을 가리키면서 "승기(乘旗) 하오"하면,

진　평 : "그래라"하면 중군이 또 "그래라"한다.

내집사가 꿇어앉아 "승기(乘旗) 호령허오"하고 나가면,

외집사 : "포수(砲手)네, 방포일성(放砲一聲)해라."하고 호령하면, 북 한 번 친다.

외집사 : "나고수(鑼鼓手)네, 뇌고(擂鼓)·명라(鳴鑼) 각 삼통(三通)해라"

하고 호령하면, 내집사가 꿇어앉아 명금일하(鳴金一下) 할 것을 품하면 징을 치고, 그치면 나아간다.

외집사 : "징수네, 명금일하(鳴金一下)해라"하고 호령하면,

내집사 : "교자(校子) 대령하라"한다.

항우(項羽)가 교자(校子)에 앉는다.

내집사가 꿇어앉아 "제(諸) 장관(將官) 군례(軍禮)하라"하고 나오면

외집사 : "순령수"

제 기 : "네이"

내집사 : "제 장관 군례 들여라"

하고 호령하면,

제 기 : "네이"

여러 장관(將官)이 들어가 항우(項羽) 앞에서 군례를 하고 나가 나란히 줄지어서면 음악을 연주한다.

장량(張良)이 먼저 들어가 항우 앞에서 절하고 동쪽을 향하여 서고, 패공(沛公)이 들어가 읍(揖)하면 항우가 이에 읍(揖)으로써 답한 뒤에 음악이 그친다.

패공(沛公:劉邦) : "저는 장군과 더불어 진(秦)을 공략(攻略)하여 남북에서 싸웠습니다. 뜻밖에 관(關:函谷關) 안으로 먼저 들어오게 되었는데, 지금 보건데 장군이 소인(小人)의 말을 믿고 들으시니 장군과 틈이 생기게 됨은 어찌 애석한 일이 아니겠습니까!"

항우(項羽) : "이는 그대의 좌사마(左司馬) 조무상(曺無傷)이 말한 것이오 그렇지 않다면 내가 어찌하여 그렇게 했겠소? 지난 일을 논하지 말고 오늘은 한바탕 마시는 것이 어떻겠소?"

곧 술상(패공 앞에 한 상, 항우 앞에 한 상)이 마련되고, 음악을 연주하면 우미인(虞美人)이 먼저 항우에게 세 잔을 올리고, 진평(陳平)이 나중에 패공에게 세 잔을 올린다.

범증(范增)은 이때 옥결(玉玦)을 세 번 들어 암시했으나 항우는 끝내 못 들은 척 한다. 범증은 장막 밖으로 나와 항장에게 "네가 장막 안으로 들어가 검무를 청하여 패공을 쳐 죽여라"하고 이른다. 항장이 바로 장막 안으로 들어가 무릎을 꿇고 청한다.

"군중(軍中)에 즐길 만한 것이 없으니 청컨대 검무를 하야지이다."
항우 : "좋다"는 말 대신 등채만 든다.
항장이 춤을 추며 패공을 죽이려 하자 장량(將良)이 급히 세 번이나 장막 밖으로 나와 항백(項伯)에게 "군중(軍中)이 위급하니 네가 들어가 마주 춤추어 패공을 막아서라"하매, 항백이 곧 장막으로 들어가 무릎 꿇고 청하기를 "대무(對舞)하여 지이다"라고 한다.

항우 : "좋다"는 말 대신 등채만 든다.
항백이 춤을 추자, 장량이 또 밖으로 나와 번쾌(樊噲)에게 일러 말한다.
"항장이 칼을 빼들고 춤을 추는 것은 그 뜻이 늘 패공에게 있는 것이다."

번쾌가 칼을 차고 방패를 두르고 군중으로 돌입(突入)하면 음악이 그친다.
항우를 보고 말한다.
"패공께서 먼저 강한 진(秦)나라를 쳐부수고 함양(咸陽:秦의 首都)으로 들어왔으나, 부녀들을 손댄 바가 없고, 재물을 취한 바가 없으며 부고(府庫)를 봉(封)하고, 관문(關門)을 열어 장군을 기다렸습니다. 공의 높음이 이와 같을진대 작위(爵位)에 봉(封)하는 상은 주지 못할망정 소인의 말을 새겨듣고 공 있는 사람을 죽이려 하시다니, 이는 망한 진나라의 연속일 따름이오니 생각건대 장군께서는 그렇게 받아들이지 마옵소서."
항우 : "장사로다! 이 사람에게 술을 주어라."
곧 말 술을 주니 번쾌는 그것을 마셔 버렸다.
항우 : "또 마실 수 있느냐?"
번쾌 : "제가 죽는 것조차도 피하지 않겠거늘 말술을 어찌 사양하리요."

번쾌가 패공을 돌아보자 패공이 뜻을 알아차리고 바로 나와 군영(軍營)으로 돌아가면 음악을 연주한다. 번쾌가 춤을 추며 나오면 음악이 그친다.
항우가 좌우를 돌아보고

"패공은 어디 있느냐?"
진평 : "측간에 갔습니다."
항우 : "네가 나가 함께 오도록 해라."
진평이 장막 밖으로 나와 장량에게 물었다.
"패공께서 어디 계시오. 패왕(항우)께서 뵙고자 합니다."

장량은 즉시 진평과 더불어 장막 안으로 들어가 항우를 보고 사배(四拜)한 뒤, "패공께서 과다한 술을 이기지 못하여 인사말도 올리지 못하고 돌아가셨으나 신(臣)으로 하여금 백벽白璧(흰 옥구슬) 한 쌍을 대왕(즉 항우)께 바치고, 옥두玉斗(옥으로 만든 술그릇) 한 쌍은 대장군(즉 범증)께 바치라 하였나이다."
항우가 그대로 받자 범증은 옥두를 땅 위에 팽개치면서 말했다.
"철부지 같으니라고! 더불어 대사(大事)를 논의하지 못하겠다. 항우의 천지(天地)가 도리어 패공의 천지가 될 것이다."
(이 말이 끝나면) 음악이 연주된다.
두 기녀가 검무를 추고, 춤이 끝나면 음악이 그친다.

내집사 꿇어 앉아 "낙기(落旗) 호령하오"하면,
외집사 : "나고수(鑼鼓手)네, 뇌고(擂鼓)·명라(鳴鑼) 각 삼통(三通)해라"
하고 호령하면, 뒤이어 외집사 꿇어앉아
"명금일하(鳴金一下) 해라"하고 나가
"징수(鉦手)네, 명금일하 해라"
"순령수(巡令手)"하고 부르면
제기 : "네이"하고 응답하고,
외집사가 "전배(前排) 물리쳐라"하면
제 기(諸妓) : "네이"하고 응답한다.

이상으로써 잔치를 끝낸다.

『궁중정재무도홀기』에 수록된 항장무 원문 홀기

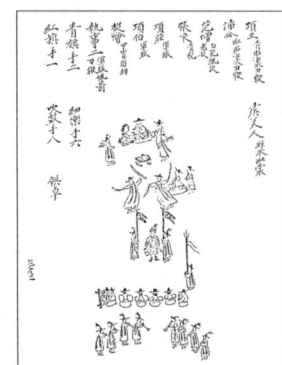

고종 임신년(1872) 『교방가요』에 수록된 항장무

『무용한국』, 1995년 봄호

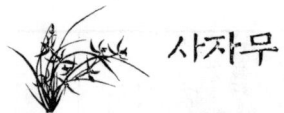

사자무

−궁중무용의 유형별 고찰 ㉓−

사자무獅子舞

사자춤의 근원은 신라오기新羅五伎의 하나인 산예狻猊무에서 찾을 수 있다. 신라오기는 신라말 『삼국유사三國遺事』에 실린 최치원崔致遠(857~893)의 향악잡영鄕樂雜詠 오수五首에 전하는 다섯 가지 기악伎樂으로 금환金丸, 월전月顚, 대면大面, 속독束毒, 산예狻猊 등을 일컬으며 이 중 산예는 사자무에 대하여 읊은 시詩이다.[1]

사자무는 인도印度 특유의 동물을 표현한 의장무擬裝舞로서 서역西域과 동방東方에 널리 알려진 유명한 무악舞樂이며 인도・중국을 거쳐 지금은 우리나라와 일본에까지 전승되고 있다.[2]

우리나라에는 본래 사자가 없었다고 하나 이미 『삼국사기三國史記』에

---

1) 『삼국사기』 권 32, 「악지(樂志)」 참고.
2) 『삼국사기』 「악지(樂志)」에 다음과 같은 노래가 전하여 오는데, 이로써 산예의 내용을 짐작할 수 있다. "遠涉流沙萬里來 毛衣破盡着塵矣 搖頭掉尾馴仁德 雄氣寧同百獸才." 김재철(金在喆)의 다음과 같은 번역시가 있다. "서역에서 유사 건너 만리 길을 오느라고/털이 모두 떨어지고 먼지까지 묻었구나./머리를 흔들면서 꼬리마저 휘두르니/온갖 짐승 어른되는 네가 바로 사자런가."『삼국사기』 권 32, 「악지」.

신라 지증왕智證王 13년(512)에 이사부異斯夫 장군이 우산국于山國(오늘날의 울릉도)을 정복하는데 목우사자木偶獅子로 속이고 위협하였다는 기록이 있다.

또한 신라 진흥왕眞興王(540~575) 때에 우륵于勒의 12곡 중에 사자기獅子伎가 보이니 그때에 이미 향악으로서의 사자기가 있었음을 알 수 있으며 이보다 앞서 백제인 미마지味摩之가 612년에 일본에 전했다는 가면묵희假面默戲인 기악伎樂에도 사자기獅子伎가 나온다(예: 옛 풍속화 등에서 보이는 사자희 장면).

심소 김천홍 무악생활 70주년 기념공연 때의 사자무(1992년 9월 29일)

그 후 고종 31년(1894) 이원제거梨園提擧 윤용구尹用求의 『국연정재창사초록國讌呈才唱詞抄錄』에 의하면 사자무는 조선조 고종 24년(정해년, 1887)에 평안남도 성천成川 지방의 잡극이었던 사자무가 궁중에 유입되어 한말韓末까지 연희되어진 향악정재로 기록되고 있다. 고종 30년 계사癸巳(1893)년의 『정재무도홀기』에 사자무의 무보舞譜가 실려 있다.

궁중에 유입된 이 춤은 18세기경에 그려진 단원檀園 김홍도의 평안감사환영도平安監司歡迎圖에 다른 여러 궁중무와 함께 그려져 있고『정재무도홀기』에도 수록되어 있는 것으로 보아 궁중에서도 활발히 연희되어졌으며 또 지방 여령女伶들에게도 전파된 것을 입증하고 있다.

삼국시대 이래로부터 있어왔고 잡귀를 쫓는다는 주술적呪術的인 민간신앙으로서 전승되어 오고 있던 사자춤은 현재도 북청北靑 사자놀음을 비롯하여 봉산鳳山탈춤, 강령탈춤, 수영야류水營野遊, 은율탈춤, 하회河回 별신가면극別神假面劇, 통영오광대統營五廣大 등에 한 과장으로 연출되고 있다.

이처럼 현존된 여러 지방의 탈놀이에서 행해지며 대중 속에 성장, 발달되어 온 사자춤은 두 사람이 사자모양의 탈을 쓰고 사자의 행동을 표출하는 쾌활하고 발랄한 춤이다.

탈놀이 중의 사자춤은 마부馬夫가 있어서 사자와 같이 춤을 추는데 반해 궁중의 사자무는 마부 없이 춤을 추며, 연극적인 요소가 없는 점은 북청지방의 사자놀이와 다른 점이기도 하다.

춤의 진행은 음악이 영산회상靈山會相의 만방영지곡萬方寧之曲을 연주하면 청靑사자, 황黃사자 두 마리가 음악에 맞추어 몸을 흔들면서 앞으로 나가[搖身足蹈], 동東, 서西 양편으로 갈라서서 앞으로 향하여 엎드린다. 머리를 들기도 하고, 입으로 땅을 쪼고[啄地], 눈을 돌리고[矐目], 펄쩍 뛰어 일어나서 장단에 맞추어서 꼬리를 휘두르고[揮尾], 걸어 다니며 좌우를 돌아본다. 또 장단에 맞추어 입을 열고 이齒를 마주치고[開口鼓齒], 전진 후퇴하고 돌며 즐겁게 춤추며 뒤로 물러나면 음악이 그친다.

그 뒤 사자무는 1972년 6월 23~24일 구 명동 국립극장에서 김천흥 무악생활 50주년 기념 제5회 발표회 때와 1975년 11월 5일 부산 시민회관에서 제6회 발표회 때 이미 김천흥 안무로 발표된 바 있었다. 그러나 1992년 9월 29일 국립국악원 국악당에서 열린 심소 김천흥 무악 생활 70주년 기념 공연에서는『정재무도홀기』에 준거하여 동작 및 사자탈 제작에 있어 문헌에 가깝도록 재연발표된 바 입이 벌려졌다 오므려졌다 하면서 치아가 부딪치기도 하며 또 눈, 귀, 눈썹 등이 꿈쩍이며 움직일 수 있도록 해 보았다.

이어 국립국악원에서는 김천흥 안무를 토대로 하여 1995년 3월 24일 이흥구의 안무로 재연 보완하여 무대에 올려진 바 있다.

참고로 『정재무도홀기呈才舞圖笏記』에 준거하여 심소 김천흥의 안무로 1992년 9월 공연을 위하여 재현하고자 작성된 '사자무의 무보舞譜'를 초고된 내용 그대로 옮겨본다(공연 때는 동작의 순서를 타령 중간부분에서 약간 엇바꾼 것 정도의 차이가 있을 뿐이다). 기록에는 음악이 만방영지곡(영산회상)을 아뢴다고 했으나 유장한 음악 장단을 이번 '심소 무악생활 70주년 기념' 무대에서는 좌고와 장구 장단만 울려 등장하게 해 보았다.

『정재무도홀기』의 사자무 원문 홀기

○ 음악 쿵 쿵 쿵…쿵쿵쿵쿵…청靑사자(上手), 황黃사자(下手)에서 잦은 쿵쿵쿵쿵에 얼굴을 약하게 앞뒤로 흔들며 1박拍 1보步로 〈圖 1〉의 점선과 같이 등장해 무대를 1주周해 후면後面 지정한 위치에 와서 각각 안쪽으로 돌아 〈圖 2〉 앞을 향한다〈圖 3〉.

○ 안쪽으로 돌아갈 때 음악 강하게 표현하고 사자동작도 강하고, 꼬리도 흔든다. 발은 실제처럼 엇 딛어준다(예 : 앞사자가 오른발 딛으면 뒷사자는 왼발을 딛어 준다).

○ 음악 약해지며 청·황사자 천천히 엎드린다. 음악 잠시 쉬고 사자 몸을 좌우로 2, 3차 움직인다.

등장도 〈圖 1〉　　　　〈圖 2〉　　　　〈圖 3〉

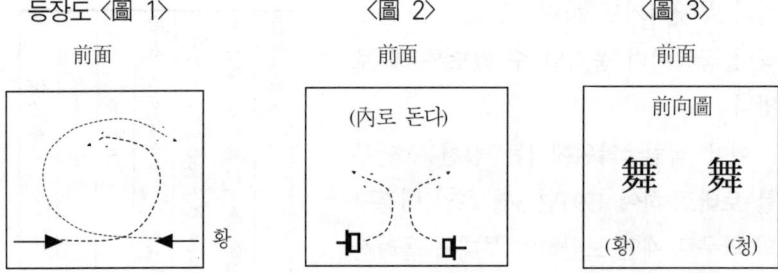

① 장구장단으로 도드리를 연주한다(주로 궁편으로). 사자 얼굴을 들어 각각 내측으로 돌려 엉덩이를 입으로 긁는다. 꼬리도 흔든다. 이때 반주를 1박에 쿵으로 쳐주면서 2, 3, 4박에 몸을 돌려 5, 6박에 긁고 꼬리 흔든다.
② 사자 얼굴이 다시 정면으로 와서 엎드린다(반주는 1박에 쿵, 6박에 딱으로 쳐준다).
③ 사자 반대로 얼굴을 들어 각각 외측으로 돌려 엉덩이를 입으로 긁는다. 꼬리도 흔든다.
④ 사자 얼굴이 다시 정면으로 와서 엎드린다. 6박에 1, 2차 등허리 요동해준다. 북향하여 거수(반주는 1박에 쿵, 6박에 딱하고 쳐준다).
⑤ 사자 정면을 향하고(1박에서 3박까지) 천천히 들어 조금 높이 들면서(4박) 입을 벌려 하품하고는 5, 6박에 입을 다물어 준다.
⑥ 사자 좌우로 약간씩 돌려보고 몸을 꿈틀하면서 흔든 후 엎드린다.
여기서 참고로 초고된 상기上記 내용의 무보와 실제 92년 공연 때에는 약간의 동작 차이가 있었기에 옮겨 본다.
① 내향하며 꼬리 흔든다(前 ①과 동일).
② 외향하며 꼬리 흔든다(前 ②, ③과 동일).
③ 북향하여 거수한다(前 ④와 동일).
④ 입 벌려 하품한다(前 ⑤와 동일).
⑤ 3박 1회로 각각 내향, 외향한다(추가).
⑥ 천천히 북향하여 왔다가 몸 흔들며 엎드려준다(前 ⑥과 동일).

○ 음악 도드리를 연주해 준다.
1각 : 사자 얼굴을 우측으로 1박 1회씩 약하게 흔들며 우측으로 비스듬
     히 들고 6박에 얼굴 뒤로 젖힌다.
2각 : 좌측으로 얼굴 1박 1회씩 약하게 흔들며 좌측으로 비스듬히 들고
     6박에 얼굴 뒤로 젖힌다.
3각 : 얼굴을 1박 1회 흔들며 우측으로 들어 3박에 뒤로 젖히고, 반대로
     얼굴을 1박 1회 흔들며 좌측으로 들어 6박에 뒤로 젖히면서 슬슬
     일어선다.
3각-1 : 얼굴을 1박 1회씩 우측, 좌측, 우측, 좌측으로 갸우뚱하고 5박에
       앞으로 숙이고 6박에 뒤로 젖힌다(92년 공연 때에는 생략했음).
4각 : 얼굴 들고 3박 1보로 전진하며 얼굴은 들고 몸만 크게 굴신한다.
5각 : 사자 1박 1보로 전진한다.

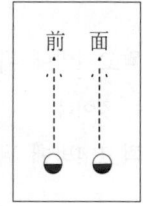 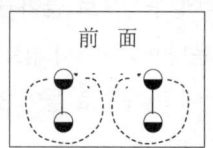

6~7각 : 얼굴을 1박 1회 앞뒤로 움직이며 각각 외측으로 점선과 같이
       360° 2장단 간에 돌아 정면보고 6박에 얼굴 젖힌다.
8각 : 두 사자 옆으로 1박 1회로 뛰어 걸으며(모듬발로) 점선과 같이 모여
     6박에 얼굴 젖힌다.
9각 : 사자 옆으로 1박 1회로 뛰어 걸으며(모
     듬발로) 점선과 같이 벌어져 6박에 얼
     굴 젖힌다.
10각 : 1박 1회로 얼굴 움직이며 크게 뛰면

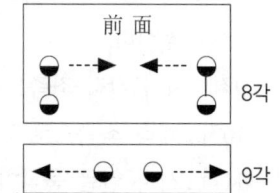

서 각각 내측으로 점선과 같이 90° 돌아 상대相對하며 3박에 얼굴 젖히고, 얼굴 좌, 우측으로 가며 1박 1회씩 움직이고 6박에 젖힌 다(크게 움직인다).

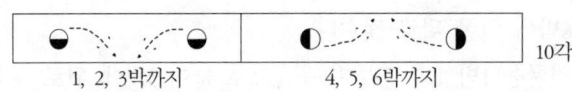
1, 2, 3박까지   4, 5, 6박까지   10각

11각 : 얼굴 1박 1회로 움직이며 서로 상대하여 1박 1보로 전진한다.
12각 : 마주보고 천천히 앉아 엎드리면서 꼬리 흔들어 준다.
13각 : 엎드려서 3박에 꿈틀, 5박에 꿈틀거리며 꼬리도 움직여준다.

○ 음악 타령을 연주한다.

1각 : 사자 엎드린 상태로 얼굴을 1박 1회로 약하게 흔들어주며 음악을 듣고만 있는 듯 하고 있는다.
2각 : 얼굴 1박에 우측으로 들어 3박에 땅 찍고 4박에 뒤로 젖히며 원래 위치로 온다(머리를 들어 입으로 땅을 쪼는 것이다).
3각 : 얼굴 1박에 좌측으로 들어 3박에 땅 찍고 4박에 뒤로 젖히며 원래 위치로 온다.
4각 : 얼굴 좌우로 얼른다.
5각 : 앞에서 1박 1회 좌우로 땅 찍는다(탁지啄地).
6각 : 1박에 땅 찍고 3, 4박에 좌우로 몸을 흔든다.
7각 : 얼굴 약하게 흔들고 꼬리를 크게 흔들면서 일어선다.
8각 : 사자 각각 우측으로 점선과 같이 따라가며 얼굴 움직이고 4박에 젖힌다.
9각 : 사자 각각 좌측으로 점선과 같이 따라간다.
10각 : 계속 좌측으로 간다. 마지막 4박에 얼굴을 젖힌다.
11각 : 사자 얼굴 움직이며 우측으로 가서 상대하며 4박에 얼굴 젖힌다.

12각 : 좌우 사자 점선대로 들어가 상대해 선다(1
　　　박 1보).
13각 : 두 사자 1박 1회로 어깨춤 춘다.
14~17각 : 두 사자 1박 1보로 점선과 같이 각각
　　　외향으로 둥글게 돌아가면서 진행해 후면
　　　에서 만난 다음 앞으로 나온다.
18각 : 1박에 뛰어 우편으로 앉으며 얼굴 숙이고
　　　2박에 일어나며 얼굴 들어 젖힌다. 3, 4박
　　　엔 얼굴 좌우로 움직인다.
19각 : 반대로 1박에 뛰어 좌편으로 앉으며 얼굴
　　　숙이고, 2박에 일어나며 얼굴 들어 젖힌
　　　다. 3, 4박에 얼굴 좌우로 움직인다.
20각 : 1박 1회로 움직이며 서서히 앉아 엎드린다.
21각 : 사자 엎드려 두 눈알을 굴리며 서로 내향
　　　하여 본 다음 꼬리를 흔든다(관목(瞱目)).
22각 : 눈알을 굴리며 반대로 외향한 다음 꼬리
　　　를 흔든다.
23각 : 북향하면서 눈을 감았다, 떴다 하고 눈썹
　　　도 움직인다(번첩(飜睫)).
24각 : 일어선다.
25각 : 사자 몸과 꼬리 움직이며 1박 1보법으로
　　　후퇴한다(휘미(揮尾)).
26각 : 사자 1박 1보로 점선과 같이 각각 비껴 사
　　　선 방향으로 전진해 선다.
27각 : 사자 제자리에서 고개를 들어 각기 내측으
　　　로 돌리고(내향) 눈알을 굴린다(고시좌우(顧視
　　　左右)).

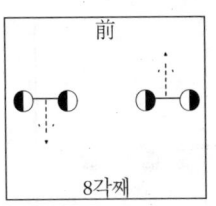
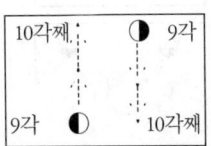
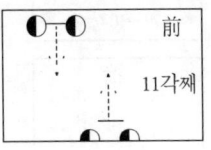
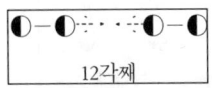
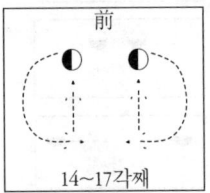
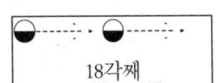
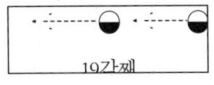
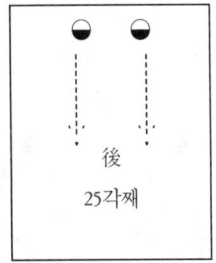

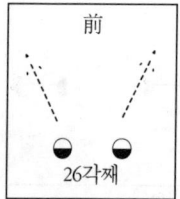
26각째

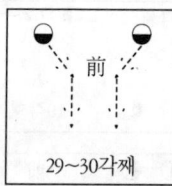
29~30각째

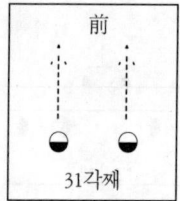
31각째

32각째

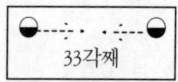
33각째

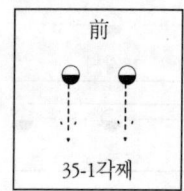
35-1각째

28각 : 반대편으로 한다. 마지막 박에 꼬리를 흔든다.

29각 : 입을 벌렸다, 오므렸다 하며 이를 부딪치는 소리를 내면서 후퇴한다. 꼬리도 흔든다(개구고치(開口鼓齒)).

30각 : 점선과 같이 계속 후퇴하면서 같은 동작을 해준다.

31각 : 개구고치하며 점선처럼 앞으로 나온다.

32각 : 좌우 사자 점선처럼 각각 외측으로 모듬 뛰는 발로 갈라선다. 크게 뛴 후 3, 4박에 얼러준다.

33각 : 좌우 사자 반대인 내측으로 각각 모듬 뛰는 발로 다시 모인다. 크게 뛴 후 3, 4박에 얼러준다.

34각 : 사자 2박 1회로 크게 움직인다(어깨춤).

35각 : 사자 1박 1회로 좌우로 움직인다.

35-1각 : 1박 1보로 후퇴하면서 꼬리 흔든다.(92년 공연 때는 추가했음)

36~40각 : 두 사자가 즐겁게 끼고 돌면서, 꼬리도 좌우로 또는 빙그르르 돌려주면서 돌아 퇴장하면 음악 끝난다(1박 1보법)(선전환무이퇴(旋轉懽舞而退)).

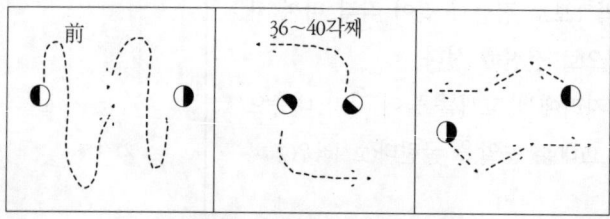

※ 92년 공연 때는 타령 36~40각이 상기上記 기록과 같은 동작을 하되, 추가되는 점이 있다면 퇴장 시에, 퇴장(1)에서 처럼 곧장 나가지 않고, 퇴장(2)의 점선과 같이 각각 우측으로 모듬 뛰는 발로 크게 뛰고는 좌우로 얼러주고, 다시 반대로 한 후 1박 1보로 퇴장하였다. 퇴장 시에는 무대 광협에 따라 장단수의 증감이 있을 수 있다.

『무용한국』, 1995년 여름호

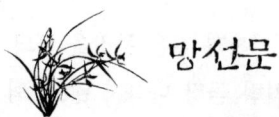

망선문

-궁중무용의 유형별 고찰 ㉔-

망선문望仙門

이 춤은 조선 순조 무자년(1828) 때 창작된 향악정재로서『진작의궤』권수 도식(呈才圖)을 보면 무동정재舞童呈才로서 처음 추어졌다. 동년『진작의궤』부편附編 정재악장呈才樂章 조에는 연경당演慶堂 진작시進爵時 예제睿製의 창사와 망선문에 대한 짧은 기록이 보이는데 그 내용은 오른쪽과 같다.

여기에서 주목할 점은 상기上記에서처럼 창사 가사가 기록에는 보이지만 실제 망선문에 대한 연대미상인『무동각정재홀기』에는 창사가 누락되었음을 알 수 있으며 정재를 담당했던 무동들의 명단 역시 전원 교체가 있었음을 볼 수 있다.

이 춤의 인원구성은 봉작선奉雀扇 4인과 집당무執幢舞 2인으로, 순조 무자년戊子年(1828)『진작

순조 무자년『진작의궤』(1828) 부편 정재악장에 기록된 망선문 창사

의궤』에 보면 연경당 진작시 정재 각 차비되었던 무동들의 명단이 기록되어 있다.

춤의 내용을 간단히 살펴보면,

음악이 채운가학지곡彩雲駕鶴之曲인 향당교주를 아뢰면 작선을 받든 봉작선 4인이 나란히 일렬로 서서 조금 나가 선다. 이어 집당 2인이 춤추며 나가서고, 작선은 문門을 짓는다. 좌우로 만들어진 문을 집당이 출입하며 상향, 상배 그리고 각각 1인씩 좌선, 우선으로 돌아나가면 작문作門에 들어가서 놀다가, 다시 상향, 상배, 회선하여 들어서면 문을 또 짓고 혹은 상배, 혹은 상면하여 돌아준다. 되돌아 나가면 다시 문을 지으며 춤을 춘다. 박치면 염수족도하고, 춤추면서 물러나오면 봉작선 4인이 족도하면서 물러나고 음악이 그친다.

이해를 돕고자 연대年代 미상 未詳인 『무동각정재무도홀기』에 기록된 망선문에 대한 원문내용을 참고로 실어본다.

망선문의 무동복식은 순조 무자년(1828)『진작의궤』의 공령工伶조에 보면 연경당 진작시, 봉작선 무동舞童은 주취금관을 머리에 쓰고 화금포·백질흑선중단의·남질흑선상에 자사대를 띠고 그 위에 백우호령과 백우엄요에 보대를 하고 무우리를 신는다. 집당 무동은 주취금관을 쓰고 자라포·백질흑선중단의·남질흑선상에 남사대를 띠고, 백우호령·

무동 명단

연대미상의『무동각정재무도홀기』에서 망선문 원문홀기

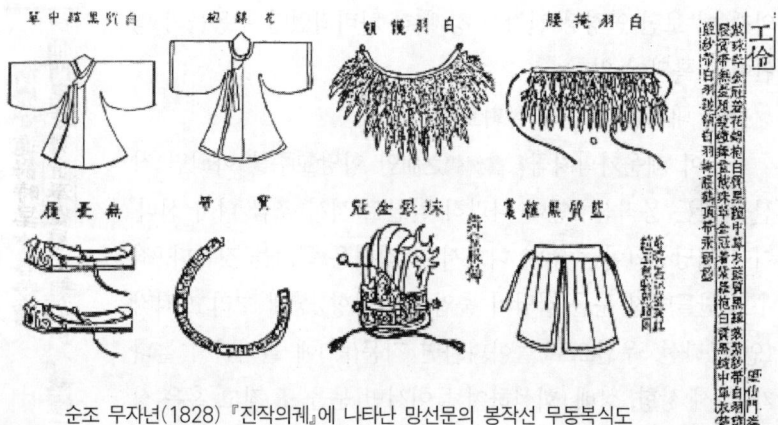

순조 무자년(1828)『진작의궤』에 나타난 망선문의 봉작선 무동복식도

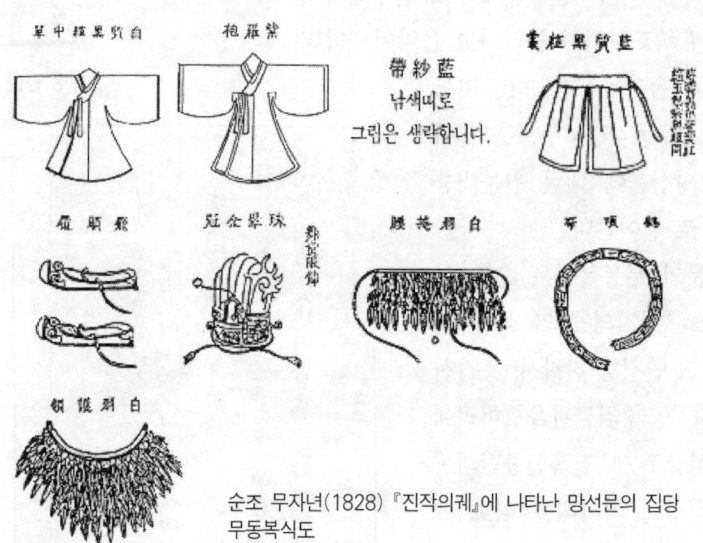

순조 무자년(1828)『진작의궤』에 나타난 망선문의 집당 무동복식도

백우엄요에 학정대를 띠고 비두리를 신는다.

  1994년 국립국악원 전통무용발표회에서는 처음으로 이흥구 씨의 재현 안무로 망선문이 여령정재로써 연희되었던 바, 무동복식으로서의 의상제작은 생략하고, 단지 소품제작만 하여 무대에 올린 바 있다.

순조 무자년『진작의궤』의 공령
工伶조에 나타난 복식과 동의궤 권
수와 부편도식에 보이는 무동복식
도와 소품인 공작선과 당幢의 도圖
를 참고로 실어본다.

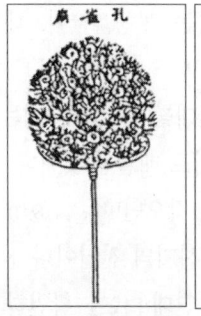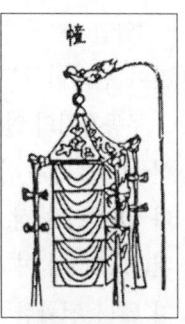

순조 무자년(1828)『진작의궤』에 나타난
망선문에 쓰이는 소품인 공작선과 집당도식

그 동안 필자에 의해 40여 종의
정재재현작업이 활발했던 1980년
대까지만 해도 무보舞譜가 발견되
지 않아 망선문을 비롯하여 공막
무公莫舞, 관동무關東舞, 광수무廣袖
舞, 영지무影池舞, 춘광호春光好, 춘
대옥촉春臺玉燭, 연화무蓮花舞 등 8
종은 재연이 불가능 하리라 생각해
왔었다.

다행히 한국정신문화원 장서각
藏書閣에 소장所藏되어 있는『정재
무도홀기』에 의하여 상기上記 8종
목 중 관동무를 제외한 7종의 무보
舞譜가 발견되면서 처음으로 알려
지게 된 것은 1993년도쯤으로 얼마
안 되었다. 특히 귀중한 연구 자료

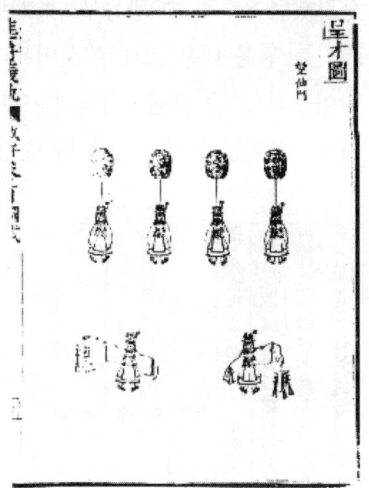

순조 무자년(1828)『진작의궤』도식에 나타
난 망선문 정재도

임에 틀림없는 도서번호 2-2883의『무동각정재무도홀기』는 연대와 용도가
정확하지 않지만, 그 가치는 유일하다는 것으로도 충분하겠기에 한국정신
문화연구원의 김영운金英云 씨의 글을 옮겨본다.

도서번호 2-2883의『무동각정재무도홀기』는 대비大妃 등을 위한 진찬이
나 진연의 외연에 쓰인 홀기로 추정된다. 이를 외진연이나 외진찬으로 보는
것은 그것이 무동에 의한 정재를 기록한 것이기 때문이다.

"외연外宴에서는 무동舞童이, 내연內宴에서는 여령女伶이 정재를 추는 것이 관례이다."1)

무동홀기의 연대를 추정하는 데는 "도서번호 2-2883의 무동홀기가 앞으로, 신축년 홀기가 뒤로 배열된 것이다. 따라서 무동홀기는 신축년辛丑年(1901) 보다 10여 년 이상, 갑오년甲午年(1894) 보다는 수년 앞서는 시기의 것으로 추정된다. 그러나 이 시기의 진연이나 진찬을 기록한 의궤 등의 관련문헌이 전하지 않아 정확한 연대年代를 확인하기는 어렵다."2)고 밝히고 있다.

이상 망선문에 대한 설명을 간단히 끝내고 다음은 재연이 불가능하리라 생각했던 8종목 중 관동무關東舞(무보가 발견되지 않았음)를 제외한 7종목의 홀기를 원문 내용 그대로 실어본다(연대미상, 『무동정재무도홀기』에 기록).

아울러 고종 31년·갑오년甲午年(1894) 외진연 시時 『무동각정재무도홀기』에 기록된 공막무公莫舞와 춘광호春光好의 기록도 덧붙여 본다.

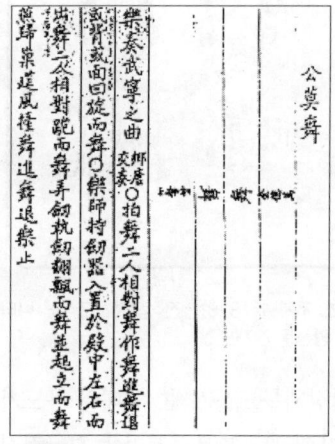

고종 31년 갑오년(1894) 『무동각정재무도홀기』에 기록된 공막무

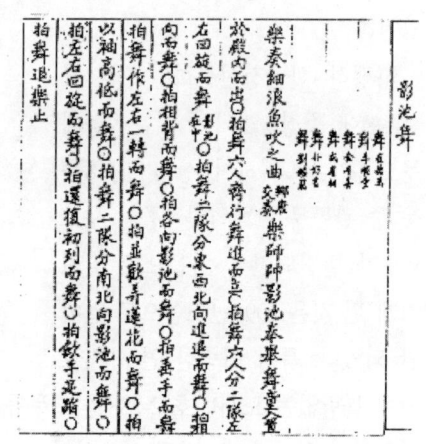

연대미상의 『무동각정재무도홀기』에 기록된 영지무

---

1) 김영운, 『정재무도홀기』 해제(解題)(『한국학자료총서 Ⅰ』, 한국정신문화연구원, 1994. 5.30), 17쪽.
2) 위의 책, 20쪽.

연대미상의 『무동각정재무도홀기』에 기록된 춘광호

고종 31년 갑오년(1894) 외진연시 『무동각정재무도홀기』에 기록된 춘광호(창사 있음)

연대미상의 『무동각정재무도홀기』에 기록된 광수무

연대미상의 『무동각정재무도홀기』에 기록된 춘대옥촉

연대미상의 『무동각정재무도홀기』에 기록된 연화무

    마지막으로 각 의궤의 도식圖式에 나타난 7종목의 정재도圖才圖를 실으면서 그동안의 연재를 끝마치려 한다.

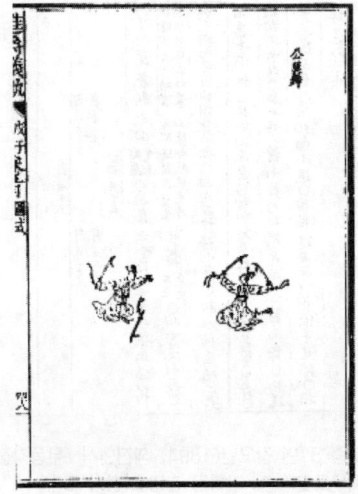

순조 무자년 『진작의궤』(1828)에서 공막무 정재도(무동)

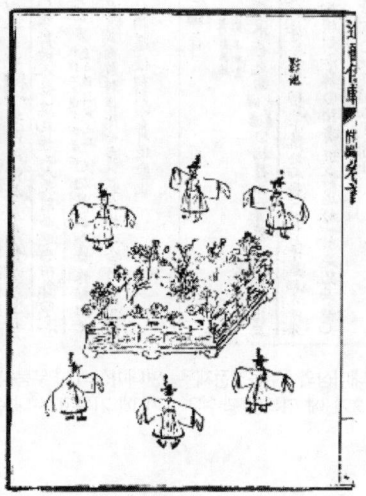

헌종 무신년 동 14년 『진찬의궤』(1848)에서 관동무 정재도(여령)

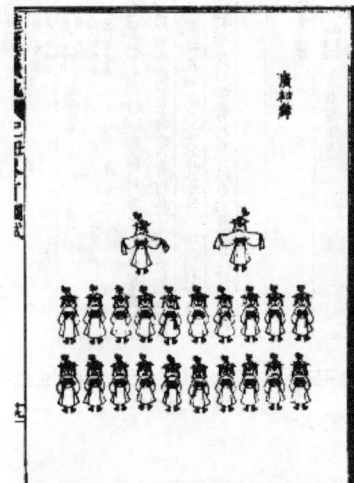

순조 기축년 『진찬의궤』(1829)에서 광수무 정재도(무동)

순조 무자년 『진작의궤』(1828)에서 영지무 정재도(무동)

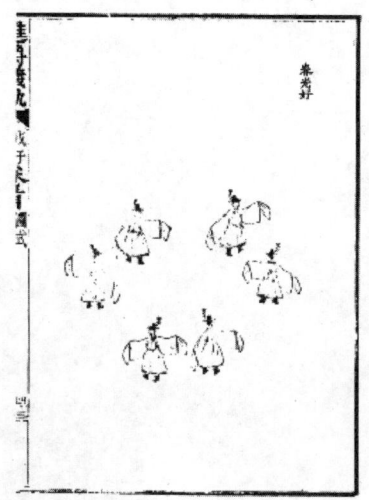
순조 무자년 『진작의궤』(1828)에서 춘광호 정재도(무동)

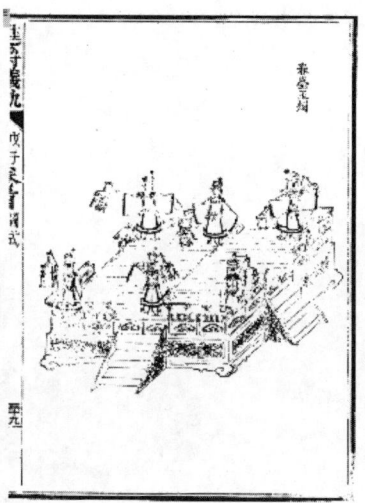
순조 무자년 『진작의궤』(1828)에서 춘대옥촉 정재도(무동)

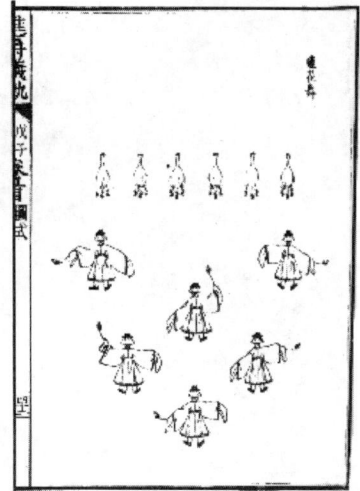
순조 무자년 『진작의궤』(1828)에서 연화무 정재도(무동)

『무용한국』, 1995년 가을·겨울호

부록

김천흥 선생의 예술활동을 돌아보며
心韶 金千興 先生 年譜略
心韶 金千興의 家系
논저목록

 # 김천흥 선생의 예술활동을 돌아보며
―현대 한국춤사의 이면을 찾아서―

김영희(우리춤 연구가)

글을 시작하며

　김천흥 선생님이 백수百壽를 바라보시면서도 여러가지 활동을 하시는 것을 보면 참으로 놀랍다. 공연에 직접 출연하실 뿐 아니라 평생의 예술이었던 춤과 음악의 녹음, 녹화도 후학들을 위해 마다하지 않으시고, 여러 사업의 자문이나 면담 등에도 생생하고 건강한 의식으로 응해주신다. 그러나 이왕직아악부에서 15세에 무동으로 춤을 추신 이래 80년이 넘도록 펼쳐낸 선생님의 예술 활동들을 돌아보면 그 다양함과 왕성함에 더욱 놀라지 않을 수 없다. 김천흥 선생님은 '이왕직아악부 아악생 양성소'에서 궁중아악과 궁중무의 첫걸음을 딛고, 아악부원으로 활동하는 중에 한성준에게 민속춤인 〈승무〉를 배웠다. 1940년대에는 '조선예술협회'의 조선악부의 일원으로 전국을 공연하며 민속악무과 민속악인들을 접하기 시작하여, 해방 후에는 그 후 후신인 '대한국악원'에서 춤을 담당하고 가르치셨다. 전쟁 후에는 '한국가면극연구회'의 일원으로 전국의 탈춤과 작법, 인형극 등을 두루 익히셨고, 1960년을 전후한 초기의 무형문화재 조사 사업에 문화재위원으로 활동하며 '무형문화재조사보고서' 약 15편을 집필

하셨다. 그리고 이러한 배움과 경험들을 토대로 '김천흥고전무용연구소'를 통해 후진을 가르치며, 1960년대에는 무용극들과 소품들을 창작하고 발표하셨다. 결국 이러한 경력과 활동들이 인정되어 〈종묘제례악〉(해금과 일무, 1968)과 〈처용무〉(무용과 가면제작, 1971)의 기능보유자로 지정되기에 이르렀다. 또 수많은 해외공연과 교육활동을 하셨고, 1980년대에는 정재 재현 작업으로 궁중무의 보존과 계승을 위한 기틀을 만드셨다. 마치 강물이 산들과 들판을 굽이굽이 돌아 흐르다가 큰 바다에 이르듯이 김천흥 선생은 각 시기별로 굽이굽이 역사와 예술을 겪어내며 전통춤이라는 커다란 바다를 이루신 것이다.

그러니 김천흥 선생님의 전통춤은 단순히 이루어진 것이 아니며, 간단히 지켜진 것도 아니었다. 선생이 마지막 무동으로서 춤추었다는 사실에 춤사적 의미가 부각되어 있지만, 오히려 그 춤사적 사건을 잊지 않고, 또 잃지 않고 지켜낸 이후의 활동들이 오늘의 김천흥 선생을 우리춤계에 우뚝 서시게 했다고 생각된다. 특히 전쟁 이후 1950년대에, 1960년대에, 1970년대에, 그리고 1980년대에 굵직한 예술적 성과들을 내셨고, 이 성과들은 현재의 한국춤계에 닿아있다. 그러나 그 성과들이 별로 알려져 있지 않으며, 현대 한국춤사에서 어떤 역할을 했는지도 올바르게 평가되고 있지 않다고 보여진다. 이 글에서 김천흥 선생의 예술활동이 어떤 춤사적 의의를 갖는지 짚어보고자 한다.

전통춤의 무대화 작업

1) 김천흥고전무용연구소의 소품들

김천흥 선생님이 해방 후 '대한국악원'에서 춤을 가르치고, 전쟁 후 부산에서 공연도 하셨지만, 본격적으로 춤 활동을 시작한 것은 서울 환도 후였다. 1955년 '김천흥고전무용연구소'를 개소하고, 1956년 '김천흥한국무용발표회'[1]를 시작으로 1975년 광복 30주년 기념 제6회 '김천흥 전통무용대공연'[2]까지 여러 소품들과 무용극들을 발표하였다.

소품들을 살펴보면 궁중무는 〈검무〉(1956),[3] 〈무고〉(1956), 〈가인전목단〉(1957), 〈장생보연지무〉(1956), 〈향발무〉(1959), 〈춘앵전〉(1961), 〈포구락〉(1969), 〈무산향〉(1969), 〈헌천화〉(1969)가 있었고, 궁중무를 변형한 춤으로 〈대고무〉(1956), 〈채구희彩球戱〉(1956), 〈모란만정牧丹滿庭〉(1956), 〈궁녀도宮女圖〉(1956), 〈선도희仙桃戱〉(1969), 〈농구희弄球戱〉(1969)를 들 수 있다. 민속춤으로 〈승무〉(1956), 〈살풀이〉(1960), 〈바라춤〉(1956), 〈농악무〉(1956)가 있었다. 창작춤도 발표했는데 〈습작〉(1956), 〈어부일기〉(1956), 〈효도〉(1956), 〈보검무〉(1956) 혹은 〈화랑무〉(1959), 〈즉흥무〉(1956), 〈가면무〉(1956), 〈마을소녀〉(1956), 〈오월의 처녀〉(1956) 혹은 〈단오의 처녀〉(1960), 〈허수아비〉(1956) 혹은 〈참새와 허수아비〉(1960), 〈목동〉(1956) 혹은 〈농촌풍경〉(1962), 〈풍속〉(1956) 혹은 〈연〉(1961), 〈환희〉(1958)[4], 〈달맞이〉(1959), 〈초립동〉(1959), 〈부채춤〉(1959), 〈널뛰기〉(1959), 〈인형과 남매〉(1959), 〈촛불〉(1959), 〈귀의〉(1960), 〈장고춤〉(1960), 〈산조〉(1960), 〈봄맞이〉(1961), 〈무궁화동산〉(1961), 〈구름〉(1969)이 있었다.

참으로 흥미롭고 의미 있는 작품들이다. 김천흥 선생의 소품들에는 우선 궁중무 계통의 춤과 궁중무를 변형한 춤들이 많다. 이는 어린 시절 궁중무로부터 춤을 시작했기 때문이며, 궁중무가 김천흥 선생의 춤의 바탕이기 때문일 것이다. 궁중무 계통의 소품들은 당시의 다른 무용가들에게

---

1) '김천흥한국무용발표회' 주최 김천흥무용연구소후원회/ 후원 국악진흥회 한국무용예술인협회/ 일시 : 1956년 7월 3, 4일/ 장소 : 시립극장.
2) '광복 30주년 기념 김천흥 전통무용 대공연' 주최 김천흥전통무용연구소, 부산민속기예연구회/ 후원 한국문예진흥원/ 일시 1975년 11월 5일/ 장소 부산시민회관. 프로그램 1부 〈가인전목단〉, 〈탈춤〉(봉산 8먹중 춤에서), 〈사자무〉(봉산탈춤 중에서), 〈살푸리〉, 〈향발무〉, 〈노장과 소무〉(양주산대놀이 중에서), 〈보상무〉 2부 〈승무〉, 〈바라춤〉, 〈노장과 소무〉(봉산탈춤 중에서), 〈춘앵전〉, 〈학춤〉, 〈연화대무〉, 〈처용무〉
3) ( )안 년도는 초연연도이고, 2회 이상 공연된 춤만 언급하였다.
4) 29회 국악감상회(1958).

는 볼 수 없는 —다른 무용가들의 작품으로 〈화관무〉 혹은 〈검무〉가 있을 뿐이다.— 작품들로 궁중무에서 소재를 얻어 창작된 춤이다. 〈가인전목단〉이 〈모란만정〉으로, 〈헌선도〉가 〈선도회〉로, 〈포구락〉이 〈채구희〉나 〈농구희〉로 자유롭게 창작될 수 있었던 것은 궁중무 각각에 대한 충분한 이해를 바탕으로 했기 때문일 것이다.

민속춤 또한 빼놓을 수 없다. 한성준에게 배운 〈승무〉를 직접 혹은 제자에게 가르쳐 무대에 올렸고, 1950년대 초반에 작법 전반을 배워 소품으로 혹은 무용극에서 〈나비춤〉, 〈바라춤〉, 〈법고〉로 작품화하였다. 탈춤 또한 '한국가면극연구회'의 활동을 통해 두루 섭렵하며 무대에 올렸다. 그리고 창작춤들도 발표하였는데 당시의 다른 무용가들의 작품 제목과 유사한 작품 제목들이 보인다. 신무용이 주류를 이루던 당시에 학생들을 지도하는 과정에서 창작된 작품들이 많았을 것이다.

그런데 김천흥 선생이 창작한 작품 제목과 작품 설명을 들여다보고 있으면, 김천흥 선생의 창작춤들이 당시에 유행하던 최승희, 조택원이 양식화했던 신무용과 같았을지 의문이 든다. 다시 말해 5, 60년대의 신무용이 모두가 일색—色이었는지, 즉 전통춤을 기반으로 추었던 무용가들의 신무용 경로가 존재하지 않았는지 의문이 든다는 것이다. 실제로 김천흥 선생이 배웠던 한성준 문하의 한영숙, 강선영 선생도 이 시기에 창작춤들을 발표했었다. 강선영 선생은 2회 무용극 발표(1955)부터 계속 창작춤들을 발표하면서 4회 발표회(원각사, 1959)에서 〈춤의 기본〉, 〈황진이〉, 〈즉흥무〉, 〈무궁화〉, 〈황창무〉, 〈오작교의 전설〉을 선보였고, 한영숙 선생은 첫 발표회(국립극장, 1966)에서 창작으로 〈금삼의 피〉, 〈전쟁과 여인〉, 〈해탈〉을 발표하였다. 또 다른 문하이지만 이매방 선생의 같은 시기 프로그램에 〈장고춤〉, 〈장검무〉, 〈화랑도〉, 〈꽃신 짚신〉, 〈박쥐춤〉 등이 있었다. 이 분들은 40년대, 50년대에 전통춤을 추면서도 창극이나 여성국극에서 극중에 필요한 춤들을 안무하고 출연했었다. 즉 전통춤이 일제강점기에 한성준에 의해 무대화가 주도되었고, 이미 많은 전통춤들이 무대에서 추어지는 상황에서

'전통춤의 새로운 경향'이 진행되었으리라 생각된다. 이는 최승희, 조택원의 신무용과는 다른 춤맛이었을 것이다.

이런 점에서 김천흥 선생이 1950, 1960년대에 창작한 작품들은 매우 흥미롭다. 일제강점기부터 진행된 전통춤의 무대화 경로를 살펴보는데 있어서, 또한 반세기를 풍미했던 신무용의 양식을 근현대춤사 속에서 규명하는데 있어서 김천흥 선생의 창작품들을 다시 보고 싶다.

2) 무용극 〈처용랑〉과 〈만파식적〉

김천흥 선생은 소품 외에 여러 편의 무용극도 발표하셨다. 〈처용랑〉(1959), 〈춘향전〉(1960), 〈콩쥐팥쥐〉(1962), 〈흥보전〉(1963), 〈봉산탈춤〉(1963), 〈꼭두각시〉(1964), 〈만파식적〉(1969)을 발표하셨는데, 그 중 자타가 김천흥 선생의 대표작으로 꼽는 것은 〈처용랑〉5)과 〈만파식적〉6)이다.

한국무용극은 1970년대에 국립무용단에 의해 본격적으로 전개되었지만, 전쟁 후 여러 무용가들에 의해 무용극들이 이미 시도되었었다. 〈아리랑〉(김해랑 안무, 1950), 〈토끼전〉(박성옥 안무, 3막, 1953), 〈농부와 선녀〉(강선영 안무, 1955), 〈우리 마을의 이야기〉(김백봉 안무, 4막, 1956), 〈깨어진 청자기〉(김진걸 안무, 3막, 1959), 〈고향〉(김백봉 안무, 1막 2장, 1959), 〈물레방아 도는 마을〉(김윤학 안무, 1막 2장, 1959), 〈애곡哀曲의 탑〉(권려성 안무, 1막, 1959), 〈평강공주와 바보온달〉(이연실 안무, 1966)이 그러한데, 작품화된 무용극들의 소재는 민간설화나 농촌 생활에 관한 것이었다.

그러나 김천흥 선생의 〈처용랑〉(3막 5장)은 『삼국유사』에 실린 「처용설화」와 일제강점기까지 추어졌던 〈처용무〉를 근거로 역사적 무게감이 실린 무용

---

5) '제2회 김천흥 한국무용발표회 處容郞(3막 5장)' 장소 시공관/ 일시 1959년 12월 6~7일 주야 4회/ 주최 대한민속예술원/ 후원 한국무용협회 동아일보사.

6) '김천흥회갑기념공연 萬波息笛' 구성안무 김천흥/ 작곡 김기수/ 미술 최연호/ 음악 국립국악원/ 장소 국립극장/ 일시 1969년 12월 6~7일/ 주최 한국무용지도자협회/ 후원 문화공보부.

극이라고 할 수 있다. 또 무용극 중에 추어진 무애무, 용의 춤, 처용 처의 춤, 역신과 처용 처의 춤, 처용의 춤, 역신들의 춤, 나비춤, 바라춤, 타주는 새롭게 창작되고 소개된 춤들이다. 역사적인 소재를 궁중무나 작법 등의 구체적 근거를 갖고 만들었다는 점에서 당시의 무용극들과 차별화되었던 것이다. 그리고 〈처용랑〉은 무용극에 맞게 새로 작곡한 무용음악으로 국악반주를 했다는 점에서, 또 막간 없이 이어진 최초의 무용극이라는 점에서 무용극의 새로운 면모를 세웠었다. 조동화 선생의 평에서 〈처용랑〉의 무대를 상상해 볼 수 있다.

> 문헌적인 깊이에서 새로움을 찾아내려고든 김천홍 씨의 무극 〈처용랑〉(전 3막5장)은 이 해 마지막을 장식하기에 손색이 없는 무용공연이었다. … 말하자면 아직껏 이렇다할 기교의 연역(演繹)이 없이 그저 관념만이 앞서있는 요즘 우리 춤에서 이렇게 역사의 처음으로 돌아가 그 기본적인 것을 주시한다는 일은 의의 있는 일이기 때문이다. … 이날 처용랑으로 분한 김씨의 머리에 쓴 관이며 얼굴은 어쩌면 비현실적인 처용가면의 그 그림 그것을 인상시켰다. 물론 이것은 문헌적인 고증에 충실하였던 것도 있겠지만 씨의 완숙한 춤이 우리춤의 본질적인 '흥'과 '멋'을 그대로 나타낼 수 있어서일 것이다. 특히 이날 주목할만한 것은 막이 올라서 끝날 때까지 하나의 주제를 가진 음악(김기수 곡)이 연속된 것이다. 더구나 교향악단의 그것과 마찬가지로 객석 앞 '오케스트라 복스'에서 지휘연주(해경악회)하여 충분한 효과를 나타낸 것은 이것이 언제나 무대 뒤에서 하나의 효과로서 만들던 이 종류의 음악을 이런 형식을 빌리는 것은 춤을 보다 호화롭게 하는 일이었다.[7]

위 공연평에서 "말하자면 아직껏 이렇다할 기교의 연역演繹이 없이 그저 관념만이 앞서있는 요즘 우리춤에서 이렇게 역사의 처음으로 돌아가 그 기본적인 것을 주시한다는 일은 의의 있는 일이기 때문이다."라고 한

---

7)『조선일보』 1959.12.9.

대목이 1950년대 춤계가 〈처용랑〉의 예술적 의의를 평가한 내용일 것이다.

10년 후 발표한 〈만파식적〉에서도 김천홍 선생은 같은 방식으로 무용극에 접근하였다. 〈만파식적〉의 창작 동기에 대해 "이미 다 알려져 있는 사실로 대금大쪽(저)은 특이하고 독특한 음색을 지닌 악기로 이런 훌륭한 악기 발생에 얽힌 설화 또한 기이하고 상서롭다. 나라의 평안을 지키고 백성의 고난을 막고 액과 화를 해소시켜 태평성대를 희구하는 정신이 들어 있는 내용이어서 더욱 뜻이 있고 가치가 있는 소재라고 생각한다. 또 이에 대한 기록이 사서史書에 나와 있어 여기에다 빙거를 두고 무용극으로 펼쳐본다는 것이 나의 야심 찬 목적이었다."8)라고 했다. 역사적으로 가치가 있는 설화나 기록 중에서 예술적으로 접속이 가능한 소재 -〈처용랑〉에서는 처용무, 〈만파식적〉에서는 대금- 를 포함하고 있는 설화나 기록을 택해 무용극화했던 것이다. 이는 김천홍 선생이 무용극에 접근하는 방식이었다고 생각된다.

〈만파식적〉은 신라시대에 나라를 구한 대금에 관한 설화를 무용극화한 것으로, 5막 21장에 40명이 출연하는 당시로서는 큰 무대였다. 그리고 궁중무와 민속춤을 자유로이 구사할 수 있었던 김천홍 선생은 전통춤 전반을 모티브로 하여 줄거리에 맞게 다양한 춤들을 창작했던 것이다. 이러한 접근방식으로 김천홍 선생은 무용극의 독특한 스타일을 만들었고, 그런 점이 높이 평가되어 '예술원상'을 수상하게 되었다.

그러므로 김천홍 선생의 〈처용랑〉과 〈만파식적〉은 한국무용극의 발전 과정을 연구하는데 있어서 국립무용단의 무용극 이전의 무용극으로서, 또한 신무용의 기법이 아닌 전통춤의 기법으로 창작된 무용극으로서 새롭게 조명되어야 한다고 본다. 강이문 선생은 김천홍 선생의 50년대, 60년대 활동에 대해 다음과 같이 평가하였다.

이 해9) 주목거리는 무용극 처용랑(3막 5장)을 연목으로 한 12월의 김천홍무

---

8) 김천홍, 『심소김천홍무악70년』(민속원, 1995), 395쪽.
9) 1959년을 말함.

용발표회였다. 이 공연에서 새삼 느끼는 것은 우리춤의 철학적 생성원리를 바탕으로 현대화한다는 말과 우리춤을 현대무용적 수법에 적응시킨다는 말과는 근원적으로 의미를 달리 한다는 점이다. 왕왕 선인들이 그러했듯이, 예컨대 최승희적 사고의 오류는 후자에 속하는 바 우리춤의 생성원리와는 상관없는 기교의 부분적 습득으로 자기 나름의 미학 위에 재편성한 것임은 더 말할 것도 없거니와 이러한 경향이나 사고의 작업은 국무의 현대화와는 멀리 상거(相距)하여 연맥(緣脈)되는 것이 아니었다. 설혹 그것이 그 곁에서 성과한다 하더라도 그것은 어디까지나 그렇게 한 A의 무용이요 B의 무용으로서 존재가치가 인정될 뿐, 결국 민족무용의 정도적 생성으로 직결되는 것은 아니었다. … 이러한 점 우리춤의 애환의 원천은 기교나 형식 그 자체에 있는 것이 아니라 그 너머에 있는 것으로 그것은 곧 우리춤의 원리가 몸에 배여 넘쳐 흐를 때 비로소 민족무용으로서의 진미(眞美)가 발산되는 것이다. 이러한 점에서 우선 그 원리 소재의 문전인 기교에 따른 형식을 찾는 작업을 선도한 사람이 곧 한성준(韓成俊)이요, 그 후 이 작업의 지난(至難)함에서 오랜 세월 무위하게 흘려보낸 (실은 그 문하에서 그의 이념을 계승할 수 있는 이가 나타나지 않고 그 피상(皮相)을 계승함으로써 본도 아닌 최승희 무용의 권세에 파묻혀 온 시간) 후 만신창이가 된 오늘에야 가리늦게나마 한성준 이념을 이어 받아 국무중흥을 기하려고 나선 이가 김천흥이라고 할 수 있다. 이러한 의미에서 김천흥 무용발표회는 정도 민족무용의 전통 수립과 이의 계승자로서의 책무적인 작업 발전이라는 점에서 국무의 발전사적 획기점으로 기록될 수 있을 것이다.[10]

즉 김천흥 선생의 예술활동은 전통춤의 호흡과 기법으로 새로운 춤을 만들고자 했던 것이다. 한국근현대춤사의 측면에서 보았을 때 김천흥 선생의 작품활동들은 해방 후 근대화과정에서 전통춤이 어떻게 전개, 발전되었는지를 밝히는 중요한 열쇠라고 생각한다.

---

10) 강이문, 「한국신무용사연구」(1967), 『한국무용문화와 전통』(현대미학사, 2001), 257~258쪽에서 재인용.

이런 측면에서 김천흥고전무용연구소 주최로 심무회 회원들이 대거 참여했던 '5회 무용발표회 겸 무악50주년 기념공연'[11]은 김천흥 선생의 춤세계를 집대성한 공연이었다. 1부에서는 〈춘앵무〉, 〈살풀이〉, 〈탈춤〉(봉산탈춤의 먹중과장 중에서), 〈처용랑의 춤〉(무용극 '처용랑' 중에서), 〈사자춤〉(봉산탈춤 사자과장 중에서), 〈노장과 소무〉(양주별산대놀이 중에서), 〈바라춤〉을, 2부에서는 〈승무〉, 〈가인전목단〉, 〈신기의 춤〉(무용극 '만파식적' 중에서), 〈노장과 소무〉(봉산탈춤 중에서), 〈학무〉, 〈처용무〉를 추었다. 이 춤들은 김천흥 선생이 무동으로 춤 인생을 시작한 이래 50년 동안 자신의 춤의 바탕이 된 전통춤들과 전통춤을 기반으로 하여 창작한 춤들이다. 이러한 전통춤의 무대화 작업은 일제 강점기에 전국의 모든 민속춤들과 주변의 인물들의 모습을 전형화함으로써 전통춤을 무대화하고자 했던 한성준의 활동에 맥이 닿아있다고 할 수 있다. 물론 한성준이 살았던 일제강점기와 김천흥 선생의 창작 시기였던 1950, 60년대가 시대적으로 다르고, 전통춤이 처한 환경도 다르므로 그 예술적 양상도 다르겠지만, 김천흥 선생은 자신의 춤인생에서 만난 전통춤들을 올곧게 자신의 춤의 뿌리로 삼았고, 그 춤들을 무대화시킨 것이다. 더욱이 이 공연이 주목되는 것은 신무용이 대세였던 당시에 전통춤을 당당히 올렸다는 점이다.

한국가면극연구회 활동과 무형문화재 조사보고서

1) 〈꼭두각시〉, 〈봉산탈춤〉, 〈양주산대놀이〉의 무대화

김천흥 선생은 1950, 1960년대에는 '민속무의 대가'로 알려졌을 정도로[12] 민속춤에 깊은 애착을 갖고 민속춤과 관련한 많은 활동을 했었다.

---

11) 1972년 6월 23~24일, 국립극장.
12) 「민속무의 척도」,(『조선일보』 1956.7.10); 「가면무의 정수 "탈춤" 김천흥」,(『동아일보』

그 계기는 1940년대부터 민속악계, 민속춤계에서 활동하기 시작하면서부터였고, 구체적으로는 '한국가면극보존회'[13]의 활동을 통해서였다. '한국가면극보존회'는 전통예술의 보존을 위해 1958년에 창립되었고, 김천홍 선생은 상임위원으로서 〈봉산탈춤〉, 〈북청사자놀음〉, 〈양주별산대놀이〉 등의 놀이의 대사수록과 정리, 가면 및 의상, 도구의 제작, 탈의 원형 제작, 실기강습회에 적극적으로 참여하였다. 이때부터 탈춤의 무대화, 민속예술의 무용극화를 시도하여 의욕적으로 민속춤들을 무대에 올리기 시작했다.

우선 황해도 지역에서 추어지던 〈봉산탈춤〉을 자신의 1963년의 3회 무용발표회에서 〈봉산탈춤〉[14]이란 제목 하에 공연하였다. 사실 전통탈춤 〈봉산탈춤〉이 아직 잘 알려지지 않은 시기였고,[15] 탈춤의 한 대목도 아니고 전 과장을 무대에 올린다는 것은 매우 실험적인 기획이었다. 이는 공연에 앞서 '옛 것을 찾아서 민족의 얼을 되살려 보려는 의욕의 소치'라고 했듯이 전통춤을 현재화하고자했던 김천홍 선생의 신념이 있었기 때문이었다. 학생들에게 전 과장을 가르쳐 출연시켰고, 선생은 노장춤을 직접 추셨다.

1959.11.21).
13) 1958년에 창립된 '한국가면극보존' 이전에 '산대극보존회'가 1년간 활동했었다. 참가 회원들은 임석재, 유치진, 양재연, 이두현, 이주환, 이보라, 이혜구, 성경린, 김진옥, 이근성, 김성대, 최만린, 최현, 김천홍 등이었다. 1958년 8월 28일 국립국악원 일소당에서 개최된 창립총회에서 임석재 선생이 회장으로 선출되었고, 상임위원으로 유치진, 성경린, 이보라, 이두현, 이혜구, 김천홍이 피임되었다. 아세아재단의 사업보조금으로 봉산탈춤, 북청사자놀음, 양주별산대놀이에 대한 연구를 시작하였는데, 놀이의 대사수록과 정리, 가면 및 의상, 도구의 제작, 탈의 원형 제작, 실기강습회를 하였다(『심소 김천홍 무악 칠십년』, 290~291쪽 참조). 그 후 '한국가면극보존회'는 1969년 3월 2일에 사단법인 '한국가면극연구회'로 바뀌었다. 조직은 이사장 이두현, 상임이사 김천홍, 이사 성경린, 양재연, 이혜구, 장사훈, 최만린, 감사 김성대, 김혜경, 총무 김재권, 사업 김기수, 연구 유민영으로 구성되었다.(〈봉산탈춤〉 팸플릿, 1969년 6월 19일, 창경원 야외극장, 주최 한국가면극연구회/ 후원 문화공보부문화재관리국)
14) '제3회 김천홍무용발표회'에서 발표되었다. 안무지도 김천홍, 1963년 1월 4~6일, 장소 국립극장, 후원 한국국악협회 한국일보사.
15) 〈봉산탈춤〉은 1961년 2회 전국민속경연대회에서 대통령상을 받았고, 1967년에 중요 무형문화재 17호로 지정되었다.

마당에서 추어지던 탈춤을 극장 무대로 옮겼을 때 발생하는 여러가지 예술적 문제에 대해 아직 검증되지 않았던 당시에 이러한 무대는 과감한 시도였다.

1964년에 발표한 무용극 〈꼭두각시〉16)도 중요무형문화재 3호인 〈남사당놀이〉 중에 마지막 놀이인 인형극 〈꼭두각시〉를 무용극으로 창작한 것이다. 이 무용극 역시 민속예술을 되살려 우리춤의 자산으로 승화시키고자 했던 작업으로, 김천흥 선생의 전통예술에 대한 폭넓은 이해와 관심이 아니라면 이러한 시도는 없었을 것이다. 등장인물인 박첨지, 홍동지, 최영노, 돌머리집 등을 추었던 어린 무용가들은 이런 춤들을 배우며 전통예술의 참 모습과 그 즐거움과 멋스러움을 경험했을 것이다. 또 그것의 무대화 과정을 지켜보았을 것이다. 현재 무용학원이나 대학에서 교육되는 전통춤들은 전통예술의 총체적인 시각에서 가르치고 있지 않다. 전통춤의 파편적 교육으로는 우리춤에 대한 상상력은 키워지지 않는다.

그리고 국립극장이 '전통예술의 근대무대화작업'의 첫 번째 사업으로 기획한 가면무극 〈산대놀이〉17)에서 김천흥 선생은 안무를 맡고, 노장으로 출연하였다.

그 외에도 동아일보사 주최 '명인 명창대회'에 〈탈춤〉으로 매년 출연하였고, 국립극장이 기획한 한국탈춤 연속공연18)에서 〈봉산탈춤〉, 〈양주별산대놀이〉, 〈강령탈춤〉, 〈송파산대놀이〉, 〈꼭두각시〉, 〈북청사자놀음〉의 고증을 맡기도 하였다. 춤계의 주류가 신무용에 있었고, 전통춤의 맥은 기방춤 중심으로 기울어져 있던 시기에 김천흥 선생은 민속춤을 직접 배우

---

16) '제3회 김천흥 문하생 아동무용발표회'에서 발표되었다. 안무지도 김천흥, 미술 홍종인, 조명 정철, 음악 이충선, 김은삼, 성금연, 박정숙, 일시 1964년 11월 14~15일, 장소 드라마쎈타 주최 김천흥고전무용연구소.
17) '고전가면무극 산대놀이'라는 공연이었다. 편극연출 김경옥, 안무 김천흥, 미술 최만린, 정창섭, 조명 이영, 조연출 김기수, 반주 국립국악원, 1968년 4월 3~6일, 국립극장. 이 공연에서 노장에 김천흥, 옴에 송범, 취발이에 김기수, 왜장녀에 최희선, 눔끔제기에 정재만 등이 출연하였다.
18) 국립극장 소극장, 1974.5.7~11.

고 가르쳐 무대화시켰다.

2) 무형문화재 조사보고서

김천홍 선생은 '한국가면극연구회'의 활동과 더불어 1962년부터 1977년까지 문화재위원으로 활동하셨다. 1962년 문화재보호법이 제정 공표되면서 중요무형문화재의 조사발굴과 보호가 시작되었는데, 궁중무와 민속춤을 아울러 전통춤 전반을 파악하고 있었던 김천홍 선생이 춤분야의 조사를 맡았던 것이다. <오광대놀이(통영, 고성)>의 무형문화재 조사보고서(1964년)를 시작으로, <봉산탈춤>(이두현 공저, 1965), <종묘일무>(1966년), <진주검무>(1966년), <호남농악>(1967년), <통영승전무>(1967년), <승무>(1968년), <식당작법>(홍윤식 공저, 1968년), <한국무용의 기본 무보>(1969년), <처용무>(1969년), <학무>(1969년), <한장군韓將軍 놀이>(1970년), <연화대무>(1970년), <답교놀이>(1971년), <줄타기>(정화영 공저, 1975년)의 무형문화재 조사보고서가 김천홍 선생에 의해 작성되었다. 그 외에 <정선아리랑>의 무보채록(정선군 발행, 1974년), '살풀이와 중국건무(수건춤)의 비교 연구'(『무용 한국』 통권 8호, 1976), 『한국민속 종합조사보고서-전남편 1』의 '민속예술'(음악 및 무용)(문화재관리국, 1977), 『한국의 민속예술 1집』 민속무용편 <진주검무> <승전무>, 민속놀이편 <답교놀이>(문예진흥원, 1978), '한장군 놀이 전승 실태조사'(1991)까지 집필하였다.

이와 같이 김천홍 선생은 무형문화재가 관리되기 시작한 1960년대에 궁중무, 기방무 계통의 전통춤에 대한 보고서를 작성했으며, 작법이나 농악, 줄타기의 보고서도 작성하였다. 이것이 가능했던 것은 일제강점기부터 전통예술의 중심에서 활동하셨기 때문이었다. 이 조사보고서들은 원형이 크게 훼손되지 않은 1960년대에 작성되었다는 점에서 전통춤 연구를 위한 중요한 기록들이라고 생각된다.

그리고 정재 재현 작업

정재 재현작업이야말로 김천흥 선생이 아니라면 불가능한 작업이었다. 궁중무는 일제강점기에 이왕직아악부의 무동을 통해 10여 종만이 추어졌었고, 한편으로는 기생들에 의해 민간화되었었다. 전쟁 후에는 이왕직아악부를 계승한 '국립국악원'이 행사나 공연에서 소규모로 추었고, 김천흥, 김보남 선생이 드물게 궁중무를 가르쳤었다. 그러니 궁중무는 일반 뿐만이 아니라 춤계에도 잘 알려지지 않았었다. 그러나 어린 시절 조선의 마지막 황제인 순종 앞에서 추었던 궁중무를 60년의 세월을 뛰어넘어 다시 추신 것이다.

기억을 더듬고, 기록들을 뒤지며 1980년 6월에 국립국악원의 '전통무용 발표회'라는 제목으로 〈오양선〉, 〈춘앵전〉, 〈승전무〉, 〈몽금척〉, 〈처용무〉, 〈향발무〉, 〈하성명〉을 재현하였고,[19] 1980년대 중반까지 무보가 발견되지 않은 정재를 제외하고 30여 종의 정재를 재현했다. 당시에는 공식적으로 무용단이 없어서[20] 부족한 인원은 심무회 회원과 국악고등학교 학생들의

---

19) 1980.6.16 〈몽금척〉, 〈오양선〉, 〈처용무〉, 〈춘앵전〉, 〈향발무〉, 〈하성명〉
    1981.5.18~19 〈가인전목단〉, 〈몽금척〉, 〈무애무〉, 〈사선무〉, 〈하황은〉, 〈제수창〉, 〈오양선〉, 〈처용무〉, 〈춘앵전〉, 〈하성명〉
    1981.10.27 〈성택〉, 〈최화무〉, 〈헌선도〉, 〈수보록〉, 〈문덕곡〉, 〈육화대〉
    1982.4.15 〈수명명〉, 〈곡파〉, 〈향령무〉, 〈연백복지무〉, 〈침향춘〉, 〈아박무〉
    1982.10.13 〈근천정〉, 〈박접무〉, 〈초무〉, 〈승전무〉, 〈만수무〉, 〈고구려무〉, 〈장생보연지무〉
    1983.6.15 〈학연화대처용무합설〉, 〈헌천화〉, 〈오양선〉, 〈무산향〉, 〈봉래의〉, 〈첨승무〉
    1983.11.25 〈수연장〉, 〈사선무〉, 〈경풍도〉, 〈봉래의〉, 〈첨수무〉, 〈선유락〉
    1984.3.16 〈처용무〉, 〈무애무〉, 〈선유락〉, 〈무고〉
    1984.10.19 〈성택〉, 〈춘앵전〉, 〈제수창〉, 〈박접무〉, 〈처용무〉
    1985.4.26 〈문덕곡〉, 〈침향춘〉, 〈연백복지무〉, 〈만수무〉, 〈고구려무〉, 〈육화대〉
    1986.6.26 〈포구락〉, 〈하황은〉, 〈무고〉, 〈학연화대처용무합설〉
    1986.12.10 〈성택〉, 〈사선무〉, 〈향발무〉, 〈살풀이〉, 〈승무〉
    1987.6.12 〈학연화대처용무합설〉, 〈몽금척〉, 〈무고〉, 〈작법〉
20) 1978년 이전까지 10명 미만의 연주원이 궁중무를 추었었다. 1978년에 정규단원 외에

찬조로 발표하였다. 1992년의 '심소김천흥무악생활 70주년 기념공연'[21]에서는 〈사자무〉도 재현하였다. 더불어 궁중무 재현작업의 성과를 1984년부터 1995년까지 『무용한국』에 '궁중무의 유형별 고찰 ①~㉔'이라는 제목으로 연재하였다.

김천홍 선생의 정재 재현 작업으로 궁중무의 전체 모습이 드러나면서 궁중무의 위상이 새롭게 자리매김 되기 시작했다. 사실 궁중무는 일제강점이 시작되며 왕조의 몰락과 함께 잊혀지기 시작해서 해방과 전쟁 기간에는 거의 추어지지 않았었다. 60년대에 한국학부흥과 함께 많은 민속춤들이 발굴되던 때에도 궁중무는 제외되어 있었다. 민속춤 발굴이 절정이었던 70년대가 지나고, 80년대에 이르러서야 궁중무가 재현된 것이다. 거슬러 올라가면 이왕직아악부의 맥을 이은 것이고, 더 거슬러 올라가면 조선조의 장악원이 펼쳤던 궁중 정재의 전통을 계승한 것이었다. 정재는 궁중무로서 지배계급의 정치이념을 표현한 춤이다. 궁중무는 시대적 변화를 반영했으며, 꾸준히 민간의 춤과 교류했다. 더욱이 이 춤들이 문헌으로 남아있어서 민속춤들과 함께 우리춤의 아름다움과 정신을, 나아가서는 우리 전통예술의 고유한 미의식을 탐구할 수 있게 되었다.

그러므로 정재 재현작업은 20세기 한국현대춤사에서 매우 중요한 예술사적 사건으로 평가되어야 한다. 만약 김천홍 선생이 무동으로 춤추었다는 사실 자체에 그쳤다면, 단지 일제강점기의 무동으로 근대춤사에 남았을 것이다. 그러나 김천홍 선생은 과거의 사실에 머물지 않고, 이를 후대에 남긴 것이다. 현재 활발하게 전개되는 정재연구나 재현작업, 그리고 '국립국악원 무용단'의 제2의 도약은 모두 김천홍 선생님의 1980년대 정재 재현작업의 성과를 바탕으로 한 것이라 할 수 있다.

무용 무급연주원 21명을 뽑아 기본적인 인원을 갖추었고, 1985년에 무용단원 50명을 건의해서 45명으로 인정되어, 남자단원까지 포함하여 현재 수준의 무용단이 확보된 것은 1986년이었다.
21) 김천홍무악동문회 주최 '심소김천홍무악생활 70주년기념공연', 국악원 소극장, 9월 29~30일.

글을 맺으며—현대 한국춤사의 이면을 찾아서

　필자는 이 글을 준비하는 중에 김천흥 선생의 구술을 받는 '구술채록사업'(한국예술종합학교 한국예술연구소 주관)에 참여하는 행운을 얻었다. 김천흥 선생은 마지막 구술에서 당신의 예술인생을 회고하며 다음의 말씀을 해주셨다. "그러니까 그 80년이 얼마나 정말 우리 전통예술에, 전통 궁중음악과 궁중무용에 아주 중요헌 시기였었느냐. 그것을 또 다 잘 이용을 해 가지고, 그렇게 순조롭게 이렇게 자라가지고. … 그래서 오늘에 참 남아가지구, 세계 인류의 예술로 당당히 동등하게 걸어댕기고, 살아 있단 말이죠. 그러면 우리 예술, 우리와 우리 민족과 세계 민족과 똑같이 갈 수 있다 이거에요. 그런 이치에 있는 것이 얼마나 내가 기맥힌, 난 아무것도 모르지만, 두고두고 생각하면서 나는 그런 걸로 생각이 됐단 말이야. … 그래서 이렇게 발전이 되구, 앞으론 더더군다나 탄탄대로로 이게 됐어. 나 뭐 더 그 이상의 정말 참 정말 나 이 평생 호강하고 살았다구. 고생해두."[22] 김천흥 선생은 당신의 삶이 고단했어도 우리의 전통예술을 세계의 예술로 당당히 키워낸 것에 큰 자부심을 가지시며 당신의 일생이 행복했노라고 말씀하셨다.

　춤 활동 뿐 아니라 '대악회大樂會'(1973), '정농악회正農樂會'(1976), '무형문화재예술단無形文化財藝術團'(1983), '양금연구회洋琴研究會'(1989)를 결성하고 운영하신 일이나, 서울대학의 국악과와 이화여대 무용학과에 장학금을 기탁한 일, 하와이대학에 김천흥 선생의 소장 자료를 기증한 일들은 전통예술의 계승과 발전의 기원하는 원로로서의 간절함에서 비롯되었고, 후학들을 아끼고 배려하는 정성에서 비롯되었을 것이다. 이제 남은 일은 후학들의 몫이다. 김천흥 선생은 다음과 같이 당부하셨다.

---

22) 『한국근현대예술인증언채록—김천흥편』(문예진흥원, 2004).

난 나 대로의 걸어간 예술행적이 있어. 머리가 있구, 분명히. 아 글쎄 탈춤이고 안한 탈춤 없이 하구 그랬는데. 어? 그런데 뭐 이 사람들은 〈춘앵전〉이나 하나. 허다못해 지정으로 된 이매방 〈춘앵전〉, 〈살풀이〉, 아니 〈살풀이〉, 〈승무〉는 해도 어? 없다 그런 얘기야. … 무용이 일생을 해야 하는 예술일진댄, 그렇게 메말라가지고 참 이매방 씨 것도 연구를 하고, 누구 것도 연구를 해서, 그 중에서 하나하나를 집어내. 그래야쟎어, 그래야 공부 되쟎어. 그래야 자기 작품이 나오고 그러지 않아. 뭘 해. 유파만 찾는데. … 자기 나름대로 그림 새로운 면을 만들어 내란 말이야. 왜 나를 하라는 게 꼭 아니야. 그러니까 지금 사람들이 아니라, 자기 역량, 자기의 예술세계를 분명히 정립을 해야 한다 난 그런 얘기야.23)

위의 말씀에서 김천흥 선생의 예술가적 의식이 아직도 생생하게 살아있음을 알 수 있다. 과거의 춤에 머물지 말고, 이 시대의 춤에 대해, 이 시대의 예술에 대해 자신의 분명한 입장을 가져야 한다는 것이다. 또 춤이 평생을 해야 하는 일이므로 편협하지 않게 늘 부지런히 공부해야 한다는 것이다. 한성준에게 〈승무〉를 배우며 그랬듯이, '한국가면극연구회'를 통해 탈춤을 배우며 그랬듯이, 〈처용랑〉과 〈만파식적〉을 창작하며 그랬듯이, 정재를 재현하며 그랬듯이, 김천흥 선생은 매 순간 한국근현대춤사가 필요로 했던 역할들을 최선을 다해 해내신 것이다. 그러므로 후학들은 근현대 한국춤사의 중요한 현장들에서 김천흥 선생을 만나게 될 것이다.

김천흥 선생의 예술활동과 성과들은 '현대 한국춤'의 자산으로 새롭게 평가되어야 한다. 선생은 일제강점기에 춤춘 조선의 마지막 '무동'으로서보다는 전쟁 이후에 활동한 '현대 한국춤의 무용가'로 재조명되어야 한다. 이러한 활동성과들은 미래에 펼쳐질 한국의 모든 춤의 자산이 될 것이다. 이 글을 마치고 나니 김천흥 선생의 예술활동이 다시 궁금해지기 시작했다.

---

23) 위의 책.

 心韶 金千興 先生 年譜略

자료정리 / 하루미

1909.2.9	서울특별시 남대문 양동이묵골에서 부친 김재희金在熙 씨와 모친 정성녀鄭姓女 씨 사이의 5형제(萬龍, 千龍, 千興, 敎旭, ○○) 중 3男으로 출생(4男, 5男은 유아시 사망)
1916	서울 정동보통학교 입학
1920~1920.3	동同교 졸업(4년제)
1920.4~1922.6	균명학당에서 한문·산수·습자·주산·부기 등 수학 修學
1922.7.7	이왕직李王職 아악부원雅樂部員 양성소養成所 제2기생으로 입소
1923.3.25	순종황제 5순旬 탄신 경축 진연進宴 때 당시 이왕직李王職 아악대雅樂隊의 무동舞童으로 정재呈才 출연(창덕궁 인정전 정전)
1926.3.3	이왕직 아악부원 양성소 제5학년 졸업(해금전공 및 아쟁·양금 겸공)
1926.4	이왕직아악부 아악수보雅樂手補 피명被命
1927.1~1932.5	이왕직아악부 아악수雅樂手 피임被任

1930.7	영친왕 내외분의 환국還國 근친 환영시 정재呈才〈무고舞鼓〉,〈봉래의鳳來儀〉등 무동舞童으로 출연
1931.6.29	조선총독부조사 조선궁중무용기능영화〈조선무악朝鮮舞樂〉(봉래의, 보상무, 포구락, 무고 등) 무동으로 연희(비원 희정당(대조전))
1931.8.19(음)	밀양박朴씨 영석의 장녀 준주俊珠(1912년 2월 12일생)와 아현동에서 결혼
1932.6~1940.6	이왕직아악부 아악수장雅樂手長 역임
1932.9.3	장남 정운正雲 출생(서울특별시 서계동 204번지)
1932.10~1940년대	아악 이습회肄習會 개최, 동同 이습회 참석(俗韶堂)
1934.9.22	차남 정완正完 출생
1936.9.27	장녀 정순貞淳 출생
1937	아악부 외부공개공연(국제연맹 리-튼 卿)
1937년경	한성준韓成俊 조선음악무용연구소에서 민속무용 사사師事
1939.7.20	차녀 정원貞媛 출생(서울특별시 성동구 상왕십리동 349번지)
1940	조선음악협회 주최 산업전사 위문 전국각지 순회공연 (해금 연주)
1940.4~1942.5	이화여자전문학교 음악과 강사(거문고, 가야금, 양금, 단소 등 한국 고전음악 담당)
1940.11.9	황기皇紀 2600년 기념공연, 아악부 부민관(現 세종문화회관 별관) (소화 15년)
1943.2.23	3남 정민正敏 출생(서울특별시 성동구 신당동 162-7)
1943.6~1945.8	조선음악가협회 내 조선악부 회원(무용 및 경리사무 담당)
1945.10~1947.12	대한국악원 이사 겸 무용부장 역임(조선음악협회가 대한국악원으로 개칭)
1945.11.30	3녀 정선貞善 출생

1946.1.17	3녀 정선 사망
1947.8.7	4녀 정옥貞玉 출생
1948.1~1951.4	구왕궁아악부舊王宮雅樂部 아악사 촉탁 역임
1950.1	고전예술원 무용담당
1950.12.7	4녀 정옥 사망
1951.4.10	국립국악원 예술사 피명被命(임시수도 부산)
1951.9	부산 문화무용연구원 개소
1951	〈무용기본동작 도보圖譜〉작성 및 사진촬영
1951.11.14~19	독립기념 제2회 개천예술제 의식주악 및 아악연주회 해금·아쟁 담당(진주)
1952.12	제1회 김천홍 문하생 무용 발표회(부산 문화극장)
1953.3.28	미국공보원 협찬 국악연주회 합악 〈수연장지곡壽延長之曲〉 외 연주(부산 이화대학 강당)
1953.6	제2회 김천홍 문하생 무용 발표회(부산대학 강당)
1953.8	환도還都로 부산 문화무용연구원 폐소
1953.10.31	제2회 동포애 발양發揚 종합예술제 아악 〈영산회상靈山會相〉 연주(중앙극장)
1954	한국무용예술인협회 조직(회장 金海郎) 발족 회원(남대문 소재 한국문화단체 총연합회내)
1954.6~1983	이화여자대학교 문리대 체육학과·무용과, 동同 대학원 한국무용 강사
1954.9.14	5녀 정실貞實 출생(서울특별시 종로구 계동 133번지)
1954.11~1958.10	서울 중앙여자고등학교 강사
1954.11.1	「민족무용의 현재와 장래」 집필
1954.12.~1978	김천홍 고전무용연구소 개소(종로구 낙원동)
1955.1	국립국악원 국악사 피임被任
1955.4.~	국립국악원 부설 국악사 양성소 교사 역임(악과)

1955.6.20	이화여대 주최, 제1회 전국여자중·고등학교 학생무용 콩쿨대회 심사위원
1955.11.12 ~1961.3.4	국립국악원·국악진흥회 주최, 제7회 국악감상회 이후 아악연주 및 정재呈才〈장생보연지무長生寶宴之舞〉등 무용 27종목 지도 안무(국립국악원 일소당)
1956.2.7	「예도藝道 30년」인터뷰(서울신문)
1956.4.3 ~1977.2.28	국악사 양성소 강사, 담당과목 기악과(해금), 전임강사 역임
1956.6	국악사 사임 촉탁
1956.7.3~4	제1회 김천흥 한국무용발표회〈대고무大鼓舞〉〈채구희彩毬戲〉〈검무劍舞〉〈모란만정牧丹滿庭〉등 구성 안무 (시립극장)
1956.7.9	한국무용예술인협회 고전분과장 위촉
1956.8.8	한국문화단체 총연합회 주최, 광복11주년 기념 및 정부통령 취임 축하 '합동무용예술제전' 참가(시립극장)
1957.7.2 ~1958.12.31	제1회 KBS방송국 국악 연구생 지도 수료식
1957.12.20~21	국악사양성소 주최 제1회 국악생 연주회 정재呈才〈처용무〉지도(국악원 연주실)
1958.1.15	「민족무용을 위한 바른 태도」집필(예술시보)
1958.1	「한국무용기본해설」집필(무용예술)
1958.1.18~23	전남일보 주최·문교부 후원 건국10주년 무용교육 강습회 '한국무용' 해설 및 실기 지도(전남 수창국민학교)
1958.2	한국무용 예술인협회 부회장 선임
1958	「고전무용법」집필(『국악계』창간호)
1958.8	한국가면극 보존회 상임위원
1958.8.13~20	정부수립10주년 기념 제1회 전국민속예술경연대회 심

	사위원(서울 장충단 육군체육관)
1958.10	이화여자대학교, 중앙여고 사임
1959.1.29~30	민속예술부흥운동 제1회 작품발표 〈강강술래〉 지도(시공관)
1959.1	국립국악원 부설 국악사양성소 강사 촉탁
1959.2	한국민속예술원 민속무용 분과위원장
1959.2.9	국악진흥회 주최, 제4회 '국악상' 수상(무용실기상)
1959	「무용은 행동에서 안다」 집필(월간 여성잡지, 잡지명 미상)
1959.4	한국가면극보존회 이사
1959.4.26	한국무용협회 결성 준비위원회 준비위원·정회원으로 추대(한국무용예술인협회와 한국무용가협회가 한국문화단체 총연합회관 회의실서 결성대회 개최 후 한국무용협회로 발족)
1959.5.2	'한국 전통음악과 무용' 연주(창덕궁 낙선재)
1959	월간 국악계사 편집고문
1959.7.1	「고전무용법」과 「나의 제언」 집필(『국악계』 제2호)
1959	한국무용협회 사무국장
1959.11.21~22	동아일보사 주최 제1회 신인무용발표회 〈탈춤〉 찬조 출연(시공관)
1959.12.6~7	제2회 김천흥 한국무용발표회 창작무용극 〈처용랑〉 안무지도 및 출연(시공관)
1960.5.27~30	김천흥 문하생 무용발표회, 음악 해경악회(원각사)
1960.9	서울대학교 음악대학 국악과 강사 촉탁(기악 해금 담당)
1960.10.22~24	제3회 김천흥 문하생 고전무용극 발표회 〈춘향전〉 등 안무(원각사)
1960.11.21	제9회 '서울특별시 문화상'(연극부문에 무용극 〈처용랑〉으로) 수상(서울대학교 강당)
1961.1~1976	문교부 문화재 보존위원회 제3분과 문화재위원 겸 예

	총 이사 역임(1961년 10월부터 문화공보부로 관장 전환됨)
1961.2	한국문화단체 총연합회 최고 심의위원
1961.4.1~	국악사 양성소 전문 강사 촉탁
1961.5.16~	KBS 국악연구회 정재呈才 지도(남산방송국)
1961.7.5	국립국악원 촉탁
1961.8	서울중앙방송국 국악연구회 강사(기악 실기 및 무용 담당)
1961.8.15	공보부 주최, 혁명 100일 축전 및 광복 제16주년 기념 국악대제전 아악 연주(대한극장)
1961.9~1982	공보부 주최, 중추절 경축 9·28 수복기념, 제2회 전국 민속예술 경연대회(서울 덕수궁)부터 1982년 10월 현재 문공부 주최 제23회 동同 대회(전라남도 광주) 심사위원
1961.10.5	UN군 및 외교관을 위한 연주 집박執拍(경복궁 경회루)
1961.10.8~9	김천흥 무용연구소 아동무용 발표회 개최 및 무용 안무(삼일당)
1961.11~1964.2	한국 국악협회 이사 및 고문 역임
1961.12.22	한국의 밤 〈송구여〉 〈처용무〉 출연(시민회관)
1961~1963.3	경희대학교 체육과 강사
1962.1.6	국립국악원 연주실 개관기념 연주회(국악원 연주실)
1962.1.24	국립국악원 연주실과 악기 진열실 개관 기념공연 출연 및 안무. 〈무고〉 〈포구락〉 안무 및 연주
1962.4.11	동아일보사 주최, 명창·명인대회 〈탈춤〉 출연(시민회관)
1962.4.25~26	김천흥 무용연구소 제2회 아동무용발표회 개최 및 무용지도 안무(국민회당 : 前 국회의사당, 現 세종문화회관 별관)
1962.10.6~1968	서울특별시 문화위원회 위원 위촉(서울특별시장)
1962.10.8	미국 목관 5중주단을 위한 특별연주 집박執拍
1962.10.26	KBS 신입 국악 연구생을 위한 국악 특별 연주 집박執拍
1962.11.15~16	독립기념 제13회 개천예술제 국악 연주회(진주극장)

1963.1.4~6	김천흥 무용발표회 무용극 〈흥보전〉과 가면극 〈봉산탈춤〉 안무 및 출연(국립극장)
1963.1.28	UN군 장병을 위한 특별 연주 집박執拍
1963.2.6~3.30	일본 동경 화이스트 프로덕션 초청, '한국민요 연구회' 재일동포 위문 순회공연(동경 등 23개 도시)
1963.3.26	UN군 장병을 위한 특별 연주 집박執拍
1963.3.30	사단법인 선린후생회 감사장 수상
1963.4.27~8.19	하와이 교포 할라함(배한라) 씨 초청, 한국무용 지도차 도미渡美
1963.7.27	할라함 한국무용발표회 지도안무 및 특별 찬조출연 (Hawaii Honolulu. Farrington 고등학교 강당)
1963.11.14~15	예술원 주최, 아악 연주회 안무 및 지도. 〈검무〉〈춘앵전〉〈가면무(처용가)〉〈가인전목단〉(YWCA 회관)
1964.1.15~4.30	미국 아세아재단 동서문화협회 초청 '삼천리 가무단' 미국 30개주 순회공연차 도미渡美(뉴욕 링컨센터 등)
1964.2	한국국악협회 제3대 부이사장 피선被選
1964.6.3	동아일보사 주최, 제3회 명창·명인대회 〈탈춤〉(봉산탈춤 중) 출연 (시민회관)
1964.10.20	「오광대(통영·고성)놀이」 집필(『무형문화재 조사보고서』 제5호)
1964.11.14~15	제3회 김천흥 문하생 아동무용 발표회 무용극 〈꼭두각시〉 등 안무(드라마센터)
1965.4.30	마래馬來 라만 수상 환영 국악 감상회(경무대)
1965.7	서울 예술고등학교 무용과 궁중무 특강
1965.9	동아일보 주최 제4회 명창·명인대회 〈탈춤〉 출연(시민회관)
1965.10	강릉 성황신제 가면극 지도(강원도, 출연: 춘천여자고등학교)
1965.10.12~12	김천흥 고전무용연구소 주최, 일본인 요시가와[吉川 仁]

	씨 초청, 한국무용 이론 및 실기 지도
1965.12	『중요무형문화재 조사보고서』 제12호 「봉산탈춤」 공동집필(조사자: 김천흥, 이두현)
1965.12.30	「오광대 놀이」 집필(『문화재』 창간호 제1권 제1호)
1966.2	제5대 한국 국악협회 부이사장 피선被選
1966.5.16~17	재단법인 5·16민족상 주최, 5·16혁명 및 민족상 기념 대예술제전 '민족의 찬가' 제1부 고요한 아침의 나라 중 〈향령무響鈴舞〉와 〈화관무花冠舞〉 안무(장충체육관)
1966	「종묘일무宗廟佾舞」 집필(『무형문화재 조사보고서』 제29호)
1966.7.4	제5회 명창·명인대회, 탈춤 공연, 동아일보사 주최(시민회관)
1966.8.3	대한교육연합회 주최 WCOTP(세계교육자대회) 제15차 서울총회 문화제 '아리랑의 밤' 진행 및 정재呈才 〈쌍포구락〉, 〈춘앵전〉 무용지도 및 〈향령무響鈴舞〉 지휘와 〈산대山臺놀이〉 안무 등
1966.8.15	광복 21주년 경축 '국악의 밤' 아악 연주 및 〈쌍포구락〉 등 지도(국립극장)
1966.8	「진주검무」 집필(『무형문화재 조사보고서』 제18호)
1966.9.30~10.15	재일거류민단 초청·국립국악원 일본 순회공연 아악 연주 및 무용 안무 지도(동경 등 10개 지역)
1966.10.31	미국 존슨대통령부처 환영 '민속예술의 밤' 아악 연주 (시민회관)
1966	한국교육무용 총연합회 제2 부회장 겸 이사 역임
1967.1	『한국무용』 집필(국립국악원 발행·동계 특별 국악강습교재)
1967.1.9~9.21	중등 음악교사 특별 강습회 무용해설. 강습내용 : 국악개론(성경린) 외
1967.1.16	경제기획원 주최 '국제 친선 민속예술의 밤'〈수제천〉

	연주(시민회관)
1967.3.3	서독 뤼브케 대통령 부처 환영 '민속예술의 밤' 아악 연주(시민회관)
1967.3.17	국립국악원 아악 연주회 〈보허자〉〈중광지곡〉〈낙양춘〉〈표정만방지곡〉 출연(국립극장)
1967.4	이화여자대학교 무용과・동同 대학원 강사
1967.4.3	타놈 수상 환영 연주회 아악 연주(Walker Hill)
1967.4.7	홀트 호주 수상 환영 연주회 아악 연주(Walker Hill)
1967	「호남농악」 집필(무형문화재 조사보고서 제33호)
1967.4.22~26	팔도민요 봄맞이 공연 중 정재呈才 〈포구락〉 지도(국립극장)
1967.7.1	제6대 대통령 취임 경축 예술제 아악연주(시민회관)
1967.8.22	육군 본부 구군악대 창설 시범연주
1967.9.20~10.1	중화中華국악회・공맹孔孟학회 공동 초청, 자유중국 대만 친선방문 아악 연주(아쟁 담당) 및 무용 지도(臺北 등)
1967.10.28~30	공보부・한국예총 주최, 제8회 전국 민속예술경연대회 심사위원(부산 공설운동장)
1967.12.2	중요 무형문화재 기록영화 촬영 연주(드라마센터)
1967.12	「통영 승전무」 집필(『무형문화재 조사보고서』 제36호)
1968	한국민요연구회 부회장
1968.1.9~23	제1회 전국 중・고등 음악교사 국악강습회
1968.4.3~6	국립극장 주최 고전가면무극 〈산대山臺놀이〉 안무 및 노장老丈 역 출연(국립극장 : 구 명동예술극장)
1968.5.18	에치오피아국國 하일레・셀라시에 황제 환영 연주회 '민속예술의 밤' 국악 연주(시민회관)
1968.6.15	「산대山臺놀이」(대본) 집필(이화여대 무용학회지 『무용』 제3호)
1968	「승무」 집필(『무형문화재 조사보고서』 제44호)

1968.8.13	광복23주년・정부수립 20주년 기념 '국악의 밤' 아악 연주(국립극장)
1968.9.9	한국국악협회 자문위원
1968.10.25	문화공보부 '문화재 보존 공로상' 수상(문공장관・국립극장)
1968.10.25	제5회 중요 무형문화재 발표회 특별 찬조〈종묘제례악〉출연
1968.12	「식당작법食堂作法」 공동집필(『무형문화재 조사보고서』 제46호, 조사자 : 김천흥, 홍윤식)
1968.12.23	중요 무형문화재 제1호〈종묘제례악〉기능보유자로 지정(해금・일무)
1969.1.8~18	문교부 주최 국악원 주관 전국 중・고등 음악교사를 위한 동계국악 교육 강습
1969	한국무용지도자협회 회장
1969.3.2	한국가면극연구회 상임이사 피선被選(한국가면극보존회가 사단법인 등록을 위한 발기 총회시 한국가면극연구회(이사장 : 이두현)로 개칭)
1969.3.15	「한국무용의 기본 무보舞譜」 집필(『무형문화재 조사보고서』 제41호)
1969.3.16~17	한국민요연구회 주최 '한국민요연구회 창립공연'〈답교놀이와 민요가족〉중〈답교놀이〉안무(국립극장)
1969.3.26	심소 김천흥 환갑還甲 축연(정릉 신흥사 내 신흥각)
1969.4.30	말레이시아 나시루인 국왕폐하 내외분을 위한 '민속예술의 밤' 환영 '민속예술제' 아악 연주(시민회관)
1969.4.30	한국 국악협회 월례 강좌 '민족예술의 지역적 연구(전남)' 강연
1969.6.29	국민 표준오락선정 심의위원 위촉(문화공보부 장관)

1969.9.6	UNESCO 파리 국제음악회의 사무총장 보노프 씨 환영 연주
1969.9.13	한국가면극연구회 주최, 중요무형문화재 발표공연 〈양주별산대놀이〉 등 무용 원형 고증(드라마센터)
1969.9.22~10.1	중요무형문화재 실기 강습회 궁중무용 지도(한국가면극연구회)
1969.9.26~29	제14회 국립국극단 추석맞이 공연 창극 〈심청가〉 안무(국립극장)
1969.10.9	서울신문사 주최, 제2회 서울신문 '한국문화대상' 수상(국악부문 무용상·서울신문사 강당)
1969.10.20	문화공보부 주최, 제6회 중요 무형문화재 발표 공연 〈승전무〉〈승무〉 해설 집필(국립극장)
1969.10.28	Niger 공화국 Diori Hamani 대통령 환영 '민속예술제' 아악 연주(시민회관)
1969.11.11	문화공보부 주최, 제1회 대한민국 문화예술상 무용 부문 심사위원장
1969	「처용무」 집필(『무형문화재 조사보고서』 제60호)
1969.12	「학무」 집필(『무형문화재 조사보고서』 제64호)
1969.12.6~7	김천흥 회갑기념 제4회 무용발표회 무용극 〈만파식적〉 제5막(문공부 창작지원 작품) 안무 및 출연(국립극장)
1970	한국국악협회 상임고문 겸 무용분과 위원장
1970	서울예술고등학교 강사
1970.2	중국음악가 양재평, 장본립 양교수의 초청연주
1970.4.10	Asia Development Dark 회원 초청 '민속향연' 아악 연주(시민회관)
1970.6.29	P.E.N총회 회원 환영 '민속음악제' 아악연주(시민회관)
1970.7.17	제15회 대한민국 예술원상 수상(서울대학교 강당)

1970.8.4	한국 국악협회 주최, 예술원상 수상 기념 축하연(예총회관 화랑)
1970.8	「한장군韓將軍놀이」 집필(『무형문화재 조사보고서』 제70호)
1970.8	「연화대무蓮花臺舞」 집필(『무형문화재 조사보고서』 제71호)
1970.8.14~15	8·15광복 25주년 경축국악제 '역사 반만년' 안무(시민회관)
1970.8.24	박상환朴湘桓 옹 중요무형문화재 제2호 〈양주산대〉 연희생활 60주년 기념 공연 총지휘(국립극장)
1970.8.~9	국립국악원 파월장병 위문 공연단 무용·안무 지도(월남 십자성 부대 외)
1970.9.15~20	국립 창극단 제15회 공연 〈춘향가〉(20마당) 안무(국립극장)
1970.9.28	엘살바도르 산체스 대통령부처 환영 '민속예술의 밤' 아악 연주(시민회관)
1970.11.15	KBS TV 〈처용무〉 방송 연주
1970.12.2	주간경향 『마이 리빙』 김천흥 씨(고전무용가) 기사 보도
1971.~1976	문화공보부 문화재 위원회 제2분과 문화재 위원으로 재위촉
1971.1.25	스와지랜드 수상 각하를 위한 '민속예술의 밤' 아악 연주(워커힐)
1971.2.8	중요무형문화재 제39호 〈처용무〉 보유자로 지정(무용 및 가면제작)
1971.4.12	국립국악원 개원 20주년 기념 국악연주회(국립극장)
1971.4.19~20	국립극장 주관, 인간문화재 합동 특별공연 〈민속놀이〉 무고·바라춤 안무 및 〈봉산탈춤〉 출연(국립극장: 구 명동예술극장)
1971.5	「궁중무」 집필(월간 『무용』 Vol.3. 5, 6월)
1971.5.23	「처용무」 집필(독서신문)

1971.7.10	한국 가면극 연구회 주최, 중요 무형문화재 발표 공연 〈강령탈춤〉 총지휘(국립극장)
1971.7.12	한국 가면극연구회 주최, 중요 무형문화재 발표공연 〈봉산탈춤〉 총지휘(국립극장)
1971.8.13	김정연金正淵 저著, 『한국무용 도감』 서문 기고
1971.8.16	국립극장 주최 무용 예술 특별 강좌 '무용론' 강연
1971.10.19	제8회 중요무형문화재 발표 공연 〈학무〉〈처용무〉 해설 및 〈처용무〉 출연(국립극장)
1971~1982	문화재관리국 주최 중요 무형문화재 전수생 평가 발표회 심사위원
1971.11	「답교놀이」 집필(『무형문화재 조사보고서』 제84호)
1971.11~12	아동무용 발표회 궁중무 지도
1971	그랜드 레코드사 제작음반 〈소남韶南가곡선집〉 '우조초수대엽羽調初數大葉' 등 녹음 연주(해금담당)
1971.12	심소 김천흥 선생 제자들로 구성된 '심무회心舞會' 결성
1972.1~7	국악사 양성소 교사(악과)
1972.2.10	전남일보 20주년 기념·전남일보·전일방송 주최 '국악상' 수상(무용상)
1972.6.14~15	동아일보사·한국 가면극 연구회 주최, 단오절 발표 공연 〈강령탈춤〉 고증(국립극장)
1972.6.23~24	김천흥 고전무용소 주최, 김천흥 무악생활 50주년 기념공연(제5회 무용발표회) 안무 및 〈춘앵전〉 등 출연(국립극장 : 구 명동예술극장)
1972	한국음악선집 제1집 〈수제천〉 등 음반 녹음 연주(지구레코드공사)
1972.7~8	아동무용연구회 〈무고무舞鼓舞〉 지도

1972.7	국립국악고등학교 정원령定員令 공포에 따라 국립국악원 부설 국악사 양성소 교사 사임
1972.9~1975.9	국립국악원 연구원 역임
1972.9.27~11.23	미국 동양예술협회 초청, 미국, 캐나다 국악순회연주 (아쟁 담당)
1972.11~12	아동무용연구회 궁중무 지도
1972.12.22	민요잔치 공개방송 무용 지도(청운 양로원)
1973	한국국악선집 제2집 〈동동動動〉 등 음반녹음 연주(지구 레코드공사)
1973	TBC와 KBS TV 등 다수 녹화 방송
1973.2	보태평·정대업 L.P 녹음 연주(장충녹음실)
1973.3	한국국악협회 부이사장
1973.3.14	제54회 3·1절 기념 신춘국악연주회 무용지도(국립극장)
1973.4~93.1	대악회 이사장 피임被任 및 역임
1973.4.7~8	한국가면극연구회 주최, 황해도 민속예술보존회 주관, 고故 오인관吳仁寬 옹 추모 공연 〈강령탈춤〉 단독 공연 고증(국립극장)
1973.4.27~5.30	문화영화 〈한국의 전통음악〉 녹음연주 및 정재呈才 지도(한국영화제작소 촬영)
1973.5.12~13	송성희 제5회 무용발표회 제1부 〈포구락〉〈학·연화대무〉〈무고〉〈왕모대무〉〈선유락〉 등 안무 및 연출 (음악 : 국립국악원/이화여자대학교 대강당)
1973.5.13	새 교육(체육과 무용)에 따른 제2회 아동무용 시범 발표회 〈무고무〉 지도(홍익대학교 운동장)
1973.5.24	보존단체인 사단법인 '대악회大樂會' 창설(설립 목적 : 국악 연구 및 종묘제례악·대취타·처용무·대금정악·거문고 산조·가야금 산조 및 병창·승무·서도소리·가곡·학무·경

	기민요·태평무 등의 전수. 12개 지정단체 및 13개 종목)
1973.5~1994	〈종묘제례악〉 연주 및 종묘대제 참가
1973.5.25	빌리 그레함 목사 환영 국악 연주 무용 지도(비원 가정당)
1973.6.23	〈탑돌이〉 안무 지도 및 녹화
1973.7~8	아동무용 연구회 〈향발무響鈸舞〉 안무 지도
1973.7.19~21	영천·경주·월성·울산군 시민을 위한 국립국악원 국악대공연단 무용 안무 지도
1973.8.29~12.16	프랑스 파리 동양예술조사위원회 초청, 국립국악원 아악 연주단 일행으로 구라파 순회공연
1973.10	제54회 전국체육대회 개최, 체전 전야예술제 부산시립무용단 창단대공연 〈수연장壽延長〉〈향발무響鈸舞〉 등 객원 안무
1973.10.20	문공부 주관, 대한민국 예술원·한국문화예술진흥원·한국예술문화단체 총연합회 주최 10월 20일 문화의 날 기념 해외공연으로 부재중, 대한민국 국민훈장 '모란장' 수상(중앙 국립극장)
1974.1.26	미국 국무차관보 및 해외공보처장 부인단을 위한 연주 및 무용지도(국립극장 소극장)
1974.2.1	정선군郡 발행, 『정선 아리랑』 무보舞譜 채록(부록 : 강원도 아리랑·한오백년)
1974.3.1	국립극장 소극장 개관기념 공연, 3·1절 경축 '아악의 밤' 연주 및 정재 지도
1974.3.5	국립극장 소극장 개관기념 공연 '민속예술의 향연' 제2부 〈송파산대놀이〉 중 취발이 마당에 노장老丈 역 출연(국립극장 소극장)
1974.3.26	이집트 대사 및 상무관 등 일행을 위한 연주(국립극장

	소극장)
1974.4.12~17	제6회 국립국악원 주최, 국악전시회에 필요한 고증 및 자료제공(국립 중앙공보관)
1974.5.6~1977	한국문화예술진흥원 무용 부문 심의 위원
1974.5.6~7	경남 밀양 아랑제 집전위원회 주최 국악협회 밀양지부 주관. 제17회 '밀양 아랑제' 무용지도(남천강변)
1974.5.7~11	한국탈춤 연속공연(봉산·양주별산대·강령·송파산대·꼭두각시·북청사자놀음) 고증(국립극장 소극장)
1974.6.16~17	한국 가면극연구회 주최, 인간문화재 이근성李根成옹 봉산탈춤 연희생활 60주년기념, '단오절' 중요 무형문화재 발표 공연 〈강령·봉산탈춤〉 고증 및 인사말 기고(예술극장 : 구 국립극장)
1974.6.20	대한무용학회 회장 피선
1974	민요연구회 회장
1974.6.22~23	이애주 춤판 〈춘앵전〉 〈학무〉 지도 및 특별 출연(국립극장 소극장)
1974.6.27~9.3	미국 하와이대학교 음악대학 초청, 하기 강습회 초빙 강사, 강연과 공연 지도차 도미渡美
1974.7.26~27	제1차 하와이대학교 음악대학 연구생 평가발표회(거문고·가야금·양금·무용 등) 지도 (케네디 센터)
1974.8	김천흥 선생 하와이대학교 음악대학 특별초청공연 중 〈살풀이〉 〈춘앵전〉 〈봉산탈춤〉 출연(하와이대학교 제작 Video)
1974.8.14	제2차 음악무용 평가발표회(교사·학생 합작공연) 출연 (Hawaii)
1974.9.14	송파산대놀이보존회 주최·중요무형문화재 제3회 송파산대놀이 발표회 고증(국립극장 소극장)

1974.9.21	조지연 고전무용학원 주최, 김수자 제1회 한국무용 발표회 무용 안무 및 격려사 기고(중앙 국립극장 소극장)
1974.9.25	국립국악원 월례강좌 '하와이대학 특별초청 하계강습 귀국보고' 강연
1974.10.5~6	정승희 무용발표회 〈춘앵전〉 지도(명동예술극장)
1974.10.13~14	제4회 우륵문화제 기념 충주 국악 연주회 무용 지도
1974.12.7	사단법인 대악회 · 국립국악원 공동 주최, 제1회 중요무형문화재 발표회(국립극장 소극장)
1974.12	'바람직한 우리춤의 미래상에 대하여' 이두현 · 박용구 씨와 대담(한국문화예술진흥원)
1974.12.21	김매자 무용발표회 〈대고무〉 안무 · 지도(부산 시민회관)
1974.12	한국문화예술진흥원 · 무용용어 통일 심의위원회 위원
1974	한국음악선집 제3집 〈경풍년〉 등 음반녹음 연주(지구레코드 공사 제작)
1975.1.5	「한국무용의 연혁(개설)」 집필(대세계백과사전 제16권 예능편) 태극출판사
1975.1.25	일본 TV제작 〈동아세아편〉 방송연주(KBS TV)
1975	「가면무용 · 전통무용」 집필(서울예술원 발행, 『한국예술개관』)
1975.3.9	영화음악 녹음 연주(국립영화제작소 B스튜디오)
1975.4.23	사단법인 대악회, 제2회 중요무형문화재 발표 공연 인사말 기고
1975.5.9~12	국제문화협회 주최, 제53회 어린이날 기념, 제7회 아세아 국제예술대회 심사위원
1975.5.10~11	대한 불교 조계종 총무원 주최, 불기佛紀 2519년 부처님 오신날 '봉축 예술 대제전' 전야제 무용지도(장충

	체육관)
1975.5.31	토요민속예술제 〈봉산탈춤〉 중 노장과장 지도(국립극장 소극장)
1975.6	중요무형문화재 상설공연(매주 금·토요일) 고증 (무형문화재 전수회관)
1975.6.10~7.10	목포·인천 등 지방순회공연 아악 연주 및 무용 지도
1975.7.5	가봉 공화국 엘 하지 오마르 봉고 대통령 각하 내외분을 위한 민속공연 〈수제천〉 연주(중앙청 중앙홀)
1975.8.7	한국무용협회 주최, 제2회 전국 무용연수회에서 '남녀 무용기법의 조화성의 연구' 특정기법에 대한 개발 연구지도 강의 및 집필(한성여자대학 체육관)
1975.8.18~19	문공부·예총 주최, 광복 30주년 기념 국악제 '민족의 향연' 아악 연주(국립극장)
1975.9.27~28	이청자 무용발표회 〈사선무四仙舞〉〈수연장壽延長〉 안무 및 격려사 기고(명동 예술극장)
1975.10 ~1977.12.31	국립국악원 연주원 역임
1975.10	국립국악원 벨지움 공연단 무용 지도
1975.10.20	서울음악제 전야제 국악 연주회
1975.10.21~27	일본 문화청·NHK 공동초청 '아세아 민족 예능제' 아악 연주 및 무용 안무·출연(NHK Hall)
1975.10	일본 TV제작 세계 민족음악 대계·동아세아편 한국 (1) : 국악원 일본 공연(일본 NHK) 시時 한국(2) : 국립무용단 외(KBS 제공) 무고·안무 지도 및 표정만방지곡 해금 연주와 탈춤(노장老丈 역) 출연
1975.11.5	광복 30주년 기념 제6회 김천흥 전통무용 대공연 구성 안무 및 출연, 〈가인전목단〉〈보상무〉〈사자무〉〈

	연화대무〉〈처용무〉〈춘앵전〉〈학무〉〈향발무〉(부산시민회관)
1975.11	「줄타기」(표제 승도(繩渡)) 공동집필(『무형문화재 조사보고서』 제118호, 조사자 : 김천흥, 정화영)
1975.12.17	국립국악원 송년음악 연주회〈보태평·정대업〉출연 (국립극장 소극장)
1975	한국음악선집 제4집〈경록무강지곡景錄無疆之曲〉등 음반 녹음 연주(서울 지구레코드공사 제작)
1976.2.26~27	문공부·문화재 관리국 주최, 제5회 중요무형문화재 전수장학생 예능발표공연〈처용무〉지도
1976.4.12~13	국립국악원 개원 25주년 기념 전통음악 연주회〈수제천〉〈보태평〉등 연주(국립극장 소극장)
1976.4.26	주한 외국인을 위한 특별 국악연주회〈처용무〉〈가인전목단〉등 지도(국립극장 대극장)
1976.4.30	대악회 주최, 제3회 중요무형문화재 발표회〈처용무〉등 지도 및 인사말 기고(국립극장 소극장)
1976.5.7	시민 위안의 밤〈바라무〉안무(시민회관 별관)
1976.5.8~9	사단법인 대한노인회 충남지부 주관, 대전시민 위안 국악대공연 무용 지도(충무체육관)
1976.5.15	문화영화〈종묘제례악〉〈처용무〉음악녹음 연주 (UNESCO 한국위원회 제작)
1976.6	「살풀이와 중국건무(수건춤)의 비교 연구」집필(『무용한국』통권 제8호)
1976.6.21~8.23	미국 독립200주년 기념 축하사절로 미국 순회공연(필라델피아 등 11개 주요 도시)
1976.8.6	한국 국악협회 명예회장 추대
1976	전통예술 부문「무용」집필(1976년도판(版) 『문예연감』)

1976.9.7	해외공보관 주최, 추석제 주한 외국인을 위한 연주 농악, 강강술래 등 안무(경회루)
1976.9.8	제1회 대한민국 음악제 개막연주회 아악 연주 및 민속무용 등 지도(국립극장)
1976.9.10~13	춘천문화원 주최, 8·15광복 제31주년 기념 아악연주 및 탈춤 출연(춘천시립문화관·원주)
1976.9.15	한국과학기술처(KIST) 설립 10주년 기념 파견연주 무용지도
1976.9.25~26	아리랑제 위원회 주최, 제1회 정선 아리랑제 무용지도
1976.10.10~13	한국음악협회 주최, 제8회 서울음악제 전야제 및 관현악의 밤(국립극장)
1976.10.17	문공부·문화재관리국 기록음반〈한국의 음악〉"종묘제례악" 전곡全曲 녹음 연주(40매 1조)
1976.10.20	서독 쾰른 방송국(WDR) 동양음악 자료〈서일화瑞日和〉등 녹음 연주
1976.10.30	중국연구소 주최, 제1차 국제동양의학 학술대회 기념 국악연주회 무용 지도(국립극장)
1976.11.4~7	국립영화제작소 국악영화제작 영화촬영〈한국의 국악〉'무고舞鼓' 등 지도(국립극장)
1976.11.9	한국국제문화협회 주최, 쌀쯔브르그 천주교 대표단을 위한 연주회 무용 지도(세종호텔 내 금강홀)
1976.11.10	한국국악협회 좌담회 '국악 진흥을 위한 방향 모색' 참석(예총회의실)
1976.11.13	대한무용학회 총회 및 학술세미나 '21세기를 향한 한국의 무용' 주제 발표(이화여대 중강당)
1976.11	홍콩[香港] 시정청市政廳 초청 제1회 '아세아 예술제'

	연주단 무용 지도(홍콩)
1976.11.27~28	부산지방공연(한국민속예술단 초청·부산 시민회관)
1976.11.30~12.1	아일랜드 브라운 제작음반 〈보태평·정대업〉 및 〈문묘·등헌악〉 7궁宮 녹음 연주
1976.12	「궁중 무용의 계승자들」 집필(『춤』 12월호)
1976.12.20	한국무용협회 주최, 신무용 50주년 기념 대공연에서 제4회 '무용 공로상' 수상 및 수상자 대표로 인사말 (국립극장)
1976.12.24	KBS TV 송년 특집 녹화방송 무용 지도
1976.12.28	국립중앙박물관 주최, 〈송년 처용무의 밤〉 공연(중앙박물관 중앙홀)
1976	한국음악선집 제5집 〈태평춘지곡〉〈황하청〉 등 음반 녹음 연주(서울 지구레코드공사 제작)
1976.12	정농악회 창립 및 회장 선임
1976.12~1998.1	정농악회 회장 역임
1977.1	MBC TV 설날특집 〈무대인생 반세기 선후배 큰잔치〉 출연
1977.1	「궁중무 그 주역들」 집필(『춤』 1월호)
1977.2	「신무용 이전의 사람들」 집필(『춤』 2월호)
1977.2	봉산탈춤 미국순회 공연단 〈검무〉 지도
1977.2.28	국립국악고등학교 강사 사임
1977.3	「한성준 옹을 생각하며」 집필(『춤』 3월호)
1977.3.13	제44회 KBS 일요 촬영회 궁중무 사진 촬영 고증(여주 神勒寺)
1977.3.23	'겨레춤 봉산탈춤'에 대한 학술 발표(YMCA 강당)
1977.3.23	서울 YMCA주최, 수요강좌 개최 '겨레춤-봉산탈춤'에 관한 강의 발표 (서울 YMCA 4층)

1977.4.1	「과거 중국의 무용 교육제도에 관한 소고小考」 집필 (『무용한국』 통권 제10권 2호)
1977.4.2	KBS TV〈처용무의 후계자〉 방송 연주
1977.4.1~26	KBS·TBC TV 방송 녹화〈헌천화〉〈가인전목단〉 등 안무 지도(5여 회 녹화)
1977.4.11~16	심무회 주최, 궁중무용 강습회 정재 해설 및 실기 지도 (종로구 장사동 종로 세운상가 4층 강의실)
1977.4.13	국립국악원 춘계 정기발표회〈수연장〉〈헌천화〉〈사선무〉 등 재현 안무(국립극장 소극장)
1977.5	「궁중무의 계보系譜 (1)」 집필(『춤』 5월호)
1977.5.5	국립국악원 지방 공연단(수원·광주·전주·순천·마산) 무용 지도
1977.5.19	홍익대 학도호국단 주관, 홍익제전 '전통예술의 향연' 무용 지도(홍익대학교 대강당)
1977.5.24	정농악회 주최, 창립기념공연 정악합주의 밤,〈영산회상〉 연주 및 취지문 기고(국립극장 소극장)
1977.6	「궁중무의 계보系譜 (2)」 집필(『춤』 6월호)
1977.7.18	국립무용단 영국공연 시연회 '영국 엘리자베스 여왕 즉위 25주년 축하 특별 프로그램'〈영원한 등불〉 공동 안무(김기수 작곡·문공부사촉 작품·국립극장), 구주歐洲 순회 민속예술단의 시연회〈봉산탈춤〉 안무
1977.8.12	유럽순방 민속예술단 고별 공연(국립극장)
1977	김매자 편저, 『한국무용사』 지도 및 머리말 기고
1977.8.20~21	단군정신 선양회宣揚會 주최, 대전·전주 지방공연 및 무용 지도, 단군정신 선양제宣揚祭 연주(대전·진주)
1977.8.31	세계 법관총회 연주 무용 지도
1977.9.6	대악회 주최 제4회 중요무형문화재 발표회 인사말

	기고(국립극장 소극장)
1977.9.17	중화민국 66년, 이윤자 무용발표회 〈춘앵전〉 등 지도 (대만 예술관)
1977.9.21	국립국악원 추계 정기연주회, 본령(태평춘지곡), 해령 (서일화지곡), 다스름, 경풍년 연주
1977.9.30	추석 성묘단 환영공연 무용안무
1977.10.1~3	'정선 아리랑제' 무용 지도(정선)
1977.10.4	단군정신 선양회 주최, 국악 공연(시민회관 별관)
1977.10.9	문공부 주최, 제2회 대한민국음악제 '전폐희문' 연주 (해금 담당, 국립극장)
1977.10.14~17	홍콩[香港] 시정청 초청, 제2회 '아세아 예술절' 참가 출연 및 무용 지도(Hong Kong 대회당극원)
1977.10.20~22	국립국악원 지방 공연단(공주·부여·대전) 무용 지도
1977.10.25	요르단 왕자 환영공연
1977.10.28~11.2	일본 금려회 초청, 제2회 '동아세아의 금琴 발표회' 단장 겸 해금 독주(일본 동경 야마하 Hall)
1977.11.10	아세아 국회의원 연맹, 제13차 총회 대표를 위한 〈수제천〉 등 특별공연
1977.11.12	충남일보사 주최, 충남일보 창간 27주년 기념, 독자 위안 및 연정燕亭 임윤수林允洙 선생 국악운동 40주년기념, 대전 국악대공연 무용 〈춘앵전〉〈검무〉〈포구락〉〈작법〉〈승무〉〈탈춤〉(심소)〈살풀이〉지도 및 아악연주(대전 충무체육관)
1977.11.20	제1회 대한민국 작곡상 심사
1977.11.30	전남일보·전일방송 주최, 광주 공연(무등극장)
1977.12.27~29	속초문화원 주최, 불우이웃 돕기 속초·양양지방 국악공연 및 무용지도(속초 대원극장 등)

1977.12.30	김성진·김태섭 선생 정년퇴직기념회 참석(국립극장 그릴)
1977	한국음악선집 제6집 〈영산회상〉〈보허자〉 등 음반녹음 연주(서울 지구레코드공사)
1977.12.30	민속예술편 「음악 및 무용」 집필(한국민속 종합조사 보고서 『전남편1』 문화재관리국)
1978	이화여자대학교 교육대학원 석사학위 논문심사(논제 : 조선 궁중정재 복식과 의물에 대한 연구, 김은이)
1978.1	국립국악원 연구원 피명被命
1978.2.14	'전통무용 재창조의 방법과 문제점에 대해서' 좌담, 무용한국사 회의실(『무용한국』 춘하호, 28~33쪽)
1978.2.28	KBS TV 방송녹화 〈일무〉 등 지도
1978.3.23	대한민국 예술원 회원 피선
1978.3.31	청주문화방송·청주시 주최, 초청 대공연 〈수제천〉 집박, 〈봉산탈춤〉 출연 및 〈검무〉〈사선무〉〈포구락〉〈승무〉〈시나위〉 및 〈살풀이〉〈바라춤〉 지도(청주시민관)
1978.4.13	정농악회 주최, 전통가곡 연주회 남창가곡 우조 출연, 양금·해금 연주(국립극장 소극장)
1978.4.14~16	세종문화회관 개관기념 예술제 참가 및 무용 지도
1978.4.22	세종문화회관 개관기념 연주회 헌당 국악공연 출연 (세종문화회관 대강당)
1978.4.23	세종문화회관 개관기념 아악(향·당악) 출연(세종문화회관 소강당)
1978.4.27	〈영산회상〉 정농악회 연주(세종문화회관)
1978.5.24	'전통가곡 연주회' 정농악회 연주(서울대학교 관악캠퍼스)
1978	가을 〈남창가곡계면조男唱歌曲界面調〉 정농악회 연주
1978.5.8~9	세종문화회관 개관기념 예술제 〈가인전목단〉 지도

1978.5	죽헌 김기수金琪洙 선생 송수頌壽 기념 창작곡집 『대악大樂』 축하사 기고
1978.6.14~18	예총 부산지부 초청, 부산·인천지방 공연(부산 시민회관)
1978.8.14	KBS TV 교육방송 〈파란 마음 하얀 마음〉 녹화 〈검무〉 〈살풀이〉 해설(KBS A스튜디오 녹화 촬영)
1978.8.15	KBS TV 8·15 특집방송 〈무고〉 지도
1978.8.31	KBS TV교육방송 〈파란 마음 하얀 마음〉 녹화 시 〈산대놀이〉 해설(KBS A스튜디오 녹화 촬영)
1978.9	한국음악선집 음반 녹음(해금 연주)
1978.9.4	제3회 대한민국음악제 개막 공연 국악 연주 및 〈쌍무고雙舞鼓〉 〈일무佾舞〉 등 지도
1978.9.10	세종기념 사업회 주관 영화 〈세종대왕〉 촬영 중 정재무 구성 안무 및 지도(경복궁)
1978.9.15	문화공보부·해외공보관 주최, 대한민국 추석제 무용 지도
1978.9.20	춘천시립문화관 주최 8·15광복 33주년 경축 기념행사 국악공연 무용 지도
1978.9.21	KBS TV 교육방송 〈파란 마음 하얀 마음〉 녹화시 〈방아타령〉과 〈양산도〉(10월 6일 방영) 〈풍년가〉 〈흥타령〉 〈베틀가〉 해설
1978.10.10~27	홍콩[香港] 시정청 초청, 제3회 '아세아 예술절' 참가, 국악기 전시회 및 공연(양금 등 담당/ Hong Kong)
1978.10.11	서울신문사 「한국미의 재발견」 '춤' 연재사진 보도를 위한 정재 자문 및 전통무용 사진 촬영을 위한 연주집박(경회루)
1978.11.25	민속무용편 「진주검무」(184~192쪽), 「승전무」(192~198

	쪽)와 민속놀이편 「답교놀이」(405~411쪽) 집필(한국문화예술진흥원 발행, 『한국의 민속예술』 제1집)
1978.12	「가장 잊혀지지 않는 무대」 집필(월간 『국립극장』)
1978	한국음악선집 제7집 〈평조회상〉 등 음반녹음 연주(서울 지구레코드공사 제작)
1978.12.28~30	문화공보부 주최, 제9대 박정희 대통령 각하 취임 경축 공연 〈궁중공놀이〉 안무·지도(세종문화회관 대강당)
1979.1.13	문화영화 〈전승〉 김천흥과 그의 예술, 전수과정 소개 '인간 문화재 김천흥' 편 무용 촬영, 국립영화제작소 촬영(장충동 국립국악원 외)
1979.2.7	KBS TV 〈문화춘추〉 방송 연주
1979.3	서울예술전문대학 무용과 강사 위촉
1979	한양대학 국악과 강사
1979.3.3	인남순 무용발표회 〈항장무극〉 조언 및 격려사 기고 (세종문화회관 소강당)
1979.3.10	문화영화 〈김천흥〉 편 '탈춤' 촬영(비원)
1979.3.16~17	김매자 무용발표회 〈헌선도獻仙桃〉 안무 지도
1979.3.26~29	연세대학교 실험국악예배공연 무용 지도(연세대학교)
1979.3.31	「나의 걸어온 길」 집필(『예술원』 제22호)
1979.4.5	KBS TV 〈무용에의 초대〉 방송 연주
1979.4.9	국립국악원 전통음악 연주회 〈전통음악의 밤〉 〈여민락與民樂〉 연주(국립극장 소극장)
1979.4.21	세네갈 공화국 내한을 위한 시연회 참관
1979.4.24	세네갈 공화국 레오뽈 세다르 생고르 대통령 부처 내한 환영공연 아악 연주 및 〈쌍포구락〉 안무 지도 (세종문화회관 대강당)
1979.4.25	베를린 예술제 자문위원 내한 위한 무용 지도(국악고

	등학교 강당)
1979.5	미국 아세아협회 초청 국보전 개막공연 국악연주단 무용 안무 지도(샌프란시스코)
1979.5.30	주한 독일문화원 주최, 궁중무용 공연 감독 지도 및 정재 해설(주한 독일문화원)
1979.6	복전福田 내한 공연
1979.6.4	정농악회 주최, 〈정악합주의 밤〉〈평조회상平調會相〉(도드리·평조회상) 연주 및 취지문 기고(양금 담당·세종문화회관 소강당)
1979.6.29	송화영 제1회 무용 발표회 〈승무, 학무, 향발響鈸의 여운〉 안무 지도 및 격려사 기고(국립극장 소극장)
1979.6.30	미국 카터 대통령부처 내한환영공연 〈쌍무고〉 안무 지도(비원)
1979.8.1~5	한국무용협회 주관, 제6회 전국무용연수회, 한국무용협회 강습교재「춘앵전」집필 및 실기지도(대구여자중학교 강당)
1979.8	영국 더름 동양음악제 준비위원회 초청, 제2회 동양음악제 구주歐洲공연단 〈무산향舞山香〉 안무
1979.8.16	MBC TV 〈전통의 향기〉 녹화방송시 한국의 전통무용 〈진주검무晉州劍舞〉 주제 발표 해설(8.26 방영)
1979.9	한성대학 무용과 강사 위촉
1979.9	「한번 발을 들여놓은 이상」 집필(『샘터』 9월호)
1979.9.8	UN 국제청년 '한국 민속의 밤' 무용지도
1979.9.14	국악원 무용단 무급 신규채용단원 전형심사
1979.9.25	대한민국 음악제 방한訪韓 인사를 위한 특별 연주 무용 지도
1979.9.19, 26	대악회 주관, 국악원·한국국제문화협회 주최, 중요

	무형문화재(음악·무용) 상설극장 〈무고〉 등 지도(국립극장 소극장)
1979.10.11	제6차 아세아 작곡가연맹대회 및 음악제 '한국 전통 음악의 밤' 〈포구락〉 〈처용무〉 지도(국립극장 대극장).
1979.10.12~1982	심무회 정재 지도
1979.10.15~21	대악회 주관, 무형문화재보호협회·한국방송공사 주최, 제10회 중요 무형문화재 발표 공연 〈종묘제례악〉 (10.15) 〈처용무〉(10.16) 출연(국립극장 소극장)
1979.10.24~12.19	대악회 주관, 중요무형문화재 상설극장 무용(승전무·학무·사선무·포구락·처용무 등) 지도 (국립극장 소극장)
1979.11.1~12.20	미국 아세아협회 초청 국립국악원 미주지역 순회 공연단 무용 안무지도
1979.11.29	정농악회 주최, '전통가곡 연주회' 〈남창가곡〉 중 계면조 11곡 해금·양금 연주(세종문화회관 소강당)
1979	한국음악선집 제8집 〈여민락〉 1장~7장 음반녹음 연주 (지구레코드공사 제작)
1979~1986	한양대학교 국악과 강사
1980	서울예술전문대학 무용과 강사 취임
1980	이화여자대학교 교육대학원 체육교육 전공, 석사학위 논문 심사(논제 : 수연장에 관한 비교 연구 문헌을 중심으로, 최은희)
1980.3.10	국립국악원 주최, 전통음악 연주회 〈여민락〉 전곡 집박 지휘(국립극장 소극장)
1980.3.15	송화영 제2회 무용발표회 〈향발무〉 〈승무〉 안무 지도.
1980.3.25	문묘제례 연주(성균관 대성전)
1980.3.28	전통음악 연주회 〈종묘제례악〉(보태평·정대업) 중 〈정대업〉 집박 지휘(국립극장 소극장)

1980.3.29	예총 충북지부 주최, '한국 전통음악의 밤' 무용 지도 (충북문화예술회관)
1980.4	국악원 전통음악 지방연주단 무용 지도(청주, 안동, 대구, 진해, 마산, 진주)
1980.4.17	정농악회 주최, '관악합주의 밤' 〈취타吹打-별우조타령(別羽調打令)(만파정식지곡)〉〈관악管樂영산회상〉 등 해금 연주(세종문화회관 소강당)
1980.4.25	대악회 주관, 중요무형문화재 상설극장 〈검무〉〈포구락〉 지도
1980.5.10	재일무용가 최숙희 제1회 무용발표회 격려사 기고 (일본)
1980.5.30	「축사의식으로서의 처용무」 집필(『민속공보』제5권 제5호)
1980.6.16	국립국악원 주최, '전통무용발표회' 〈오양선五羊仙〉, 〈몽금척夢金尺〉, 〈향발무響鈸舞〉, 〈하성명賀聖命〉 등 정재 재현 안무 및 집박 지휘(국립극장 소극장)
1980.7.28~8.2	서울예술전문대학 주최, 전국 중·고 교육자를 위한 하계 예술아카데미에서 '궁중무의 무대구성의 고찰' 강연(서울예술전문대학 무용과 강의실)
1980.9.6	제5회 대한민국음악제 개막제 국악연주회 아악연주 (국립극장 대극장) (전 문공부 운영이 금년부터 문예진흥원 주관으로 이관)
1980.9	국악원 구라파 해외 공연단 무용 지도
1980.10.9~12	대악회 주관, 무형문화재 보호협회 주최, 제11회 중요무형문화재 발표공연(무대 종목) 〈종묘제례악〉 연주 (10.10) (세종문화회관 별관)
1980.10.17	KBS 일요 촬영회, '춘앵전, 무고, 승무' 사진 촬영 고증(경복궁)

1980.10.30~11.3	제21회 전국민속예술경연대회 심사
1980.11.중순	정농악회 주최, 전통가곡 남녀창, 관악영산회상
1980.12.15	『정악거문고보』 발간(대악회 발행)
1980.12.20	국립국악원 월례강좌 '궁중무도사를 통한 춘앵전 고찰' 강연(국악원 연습실)
1980.12.22	1980년도 송년연주회 정재 〈몽금척〉 집박 지휘(국립극장 소극장)
1980.12.29	한국음악연구소 정기연주회 정재 지도(원도시 건축연구소 회의실)
1981.1.10	무용개관 「정재呈才」 집필(『문예연표』·한국문화예술진흥원)
1981.1.20	한국문화예술진흥원 출판, 『춤사위』(정병호 著)에 '일무, 처용무' 등 정재무呈才舞의 술어와 동작무보動作舞譜 해설 고증
1981.1.30	『한국문화예술진흥원 연표』 발간 자문
1981.2.23	문공부 자문위원 위촉(중앙국립극장 운영분과 위원)
1981.3~1986	추계예술대학 국악과 강사
1981.3.3	제12대 전두환 대통령 각하 취임 경축예술제 〈만파정식지곡〉 연주 및 궁중무 〈가인전목단〉 지도(세종문화회관 대강당)
1981.3~	이화여자대학교 무용과(실기) 및 동同 대학원(한국무용이론) 강사
1981.5	공연윤리위원회 위원 위촉
1981.5.3	종묘제례 연주 집박(종묘)
1981.5.18~19	국립국악원 주최, '전통무용 발표회' 〈하황은荷皇恩〉〈제수창帝壽昌〉〈무애무無㝵舞〉 등 10종목 재현 안무(국립극장 대극장)

1981.5.20~21	KBS 교육방송 〈나의 생애〉 녹화, 실기 지도(승무·살풀이·처용무 등) 및 출연(학춤, 탈춤·만파식적 중 대의춤)
1981.5.27	정농악회 주최, '가사발표회'(백구사·춘면곡·상사별곡·죽지사·황계사·수양산가 등) 해금 연주(세종문화회관 소강당)
1981.5.30	춘앵전·처용무·살풀이·승무·학춤에 대한 해설 및 성경린·이홍구 씨와 좌담 방송(KBS 녹화)
1981.5.31	KBS 교육방송 〈나의 회고록: 춤사위 70년 김천흥〉 방영(50분간)
1981.6.3	전통무용연구회 주최, 공간사 후원, 전통무용 교양강좌 '궁중무용에 대하여' 강의
1981.6.7	「근세 국악계의 거성 하규일河圭一 선생」 관계기사 인터뷰(한국일보)
1981.6.12	김인숙 무용발표회 격려사 기고(국립극장 소극장)
1981.6.16~22	국립극단 공연 100회 기념작 〈세종대왕〉 안무(국립극장 대극장)
1981.6.29	공간사 주최, 제5회 '공간 전통예술의 밤' 정재 〈무산향舞山香〉〈아박무牙拍舞〉〈근천정覲天庭〉 등 재현 안무 (공간사랑)
1981	1974년 미국 Hawaii Honolulu에서 녹화 촬영된 Video Tape(춘앵전·살풀이·탈춤 수록) 및 종묘 일무 Slide 등 한국문화예술진흥원 자료관에 기증
1981	이화여자대학교 대학원 석사학위논문 심사(손정희, 「헌선도에 대한 고찰: 문헌을 중심으로」 / 이윤자, 「봉산탈춤의 노장춤 연구」)
1981.8.13	대한민국 예술원(예술 4분과) 원로회원에 피임被任(종신회원)

1981.8.17	중앙대학교『중앙예술』제8집 취재를 위한 〈처용무〉 대담(1981.12.23 발행)
1981.8.21	제5공화국 출범 경축예술전 제1회 대한민국국악제, 정농악회 〈영산회상(줄풍류)〉 연주(문예회관 소극장)
1981.8.25	제1회 대한민국국악제 '아악의 밤' 〈처용무〉 출연 (문예회관 대극장)
1981.9	무보법舞譜法 학자 Judy Van Zile의 「Labanotation에 의한 궁중 정재 연구」에 관해 정재 〈춘앵전〉 〈처용무〉 등 자문
1981.9.6	추계문묘제례 연주(성균관 대성전)
1981.9.11	'한국춤의 정신은 무엇인가' 채희완 씨와 대담(공간사 회의실).
1981.9.19	결혼 50주년 기념 금혼식 개최(Korea House)
1981.10.22~24	문공부·문예진흥원·한국 예총 공동 주최, 제22회 전국 민속예술 경연대회 심사(인천시 공설운동장)
1981.10.23~28	제12회 중요무형문화재 공연(무대 종목) 〈종묘제례악〉 연주(10/23 문예회관)
1981.10.27	국립국악원 주최, '궁중무용 발표회' 〈성택聖澤〉 〈최화무催花舞〉 〈육화대六花隊〉 〈헌선도獻仙桃〉 〈수보록受寶籙〉 〈문덕곡文德曲〉 재현 안무(국립극장 대극장)
1981.11.7~8	국립국악원 주최, 제1회 전국국악경연대회(기악·성악·무용) 심사
1981.11.9	심소 김천흥 무용생활 60년 기념 심무회 주최, '궁중무용 발표회'(撲蝶舞·鳳來義·高句麗舞·寶相舞·疊勝舞·蓮花臺舞·舞山香·萬壽舞·壽延長·慶豊圖) 재현 안무(문예회관 대극장)
1981.11.27	정농악회·한국국제문화협회 주최, '남·녀창 가곡

	발표회' 연주(세종문화회관 소강당)
1981.12	우리춤〈학무〉보도를 위한 사진 촬영 및 자문(『월간조선』 12월호)
1981.12.23	국립국악원 월례 강좌 '수건춤에 대하여' 강연
1982.1~	월간『조선』 궁중무용 연재 자문
1982.1.21	아동무용연구회 창립 10주년 기념행사 격려사 기고 (운현극장(舊 TBC 공개홀))
1982.2.1	KBS 라디오〈나의 자서전〉방송
1982.2.17	정농악회 주최,〈영산회상〉음반녹음 연주
1982.3	『공간』 3월호「한국의 정재무」고증
1982.3~	청주대학·서울예술전문대학·이화여자대학교 무용과 강사
1982.3~	추계예술대학·한양대학교 국악과 강사(해금 담당)
1982.3	정농악회〈영산회상〉전곡 9곡 수록 LP음반 4매 출반 (성음사 제작)
1982.4.7	국립국악원 주최, '전통무용 발표회'(受明命·曲破·響鈴舞·演百福之舞·沈香春·牙拍舞) 재현 안무(국립극장 대극장)
1982.4.25	미국 부시 부통령 방한 환영 특별연주 무용지도(신라호텔).
1982.4.30~6.13	미국 아세아협회 초청, 미국 순회공연단 무용 안무지도.
1982.5.29	제1회 대악회 주최, 중요무형문화재 이수자 발표회 인사말 기고(서울 무형문화재 전수회관)
1982.6.1	국립무용단 '한국 신무용 60년 재현 무대' 정재〈춘앵전〉자문
1982.6.3~4	서울시립무용단 제12회 정기공연, '한국 명무전名舞

	展'〈춘앵전〉 출연(세종문화회관 대강당)
1982.6	'한국 명무전' 프로그램 소책자 '수 천년의 전통을 한 몸에' 유정숙(서울시립무용단) 글
1982.6.9~15	『무용한국』 통권 제15권 13호, 82년 추동호(창간 15주년 특집호) 16쪽 화보 시립무용단 제12회 정기공연 한국명무전〈춘앵전〉(김천홍 씨 '예술원 회원') 사진 보도
1982.7.5~9	해외공연예술단체 심사위원 위촉
1982.7.5	「예술인의 아내 국악인 김천홍 씨 부인 박준주 여사」 (매일경제신문, 홍승희 기자)
1982.7.10	해금 독주 등 음반녹음 연주(서울 성음사 제작)
1982.7.21	재일무용가 최숙희 제2회 무용발표회 격려사 기고
1982.8.13~9.12	한·미 수교 100주년 기념 및 8·15 경축, 재미 거류민단 초청, 심무회 미국순회공연 무용단 인솔 및 무용안무 출연(달라스, 오크라호마, 하와이 등)
1982.8.25	Classical and Folk Dance of Korea(Mikimley Auditorium)
1982.8.31~9.3	하와이대학교 음악대학, 초빙강사로 한국무용 워크숍 및 강연
1982	Korean Dance Lecture Demonstration(Korean Studies Auditorium)
1982.9	이화여자대학교 대학원 강사(한국무용 이론)
1982.10.13	국립국악원 주최, '전통무용 발표회'〈근천정覲天庭〉〈초무初舞〉〈장생보연지무長生寶宴之舞〉 재현,〈박접무〉,〈승전무〉,〈만수무〉,〈고구려무〉,〈진주검무〉 등 안무 (국립극장 대극장)
1982.10.26~28	제23회 전국민속예술경연대회 심사위원(전남 광주시)
1982.11.10	정농악회 주최, 전통음악 연주회(독주·병주의 밤) '해금독주/단소·해금병주/양금·피리병주/세악' 연주 (세종문화회관 소강당)

1982.11.15	『정악양금보』 발간(대악회 발행)
1982.11.18~19	1982년도 제6기 박물관 특설강좌 강사 위촉, '한국의 무용' 강의(박물관대학)
1982.11.21	한국전통무예武藝협회 주최, 문화방송·한 사상연구소 후원, 제2회 대한민국 전통무예제 '예술대상' 수상(세종문화회관 소강당)
1982.11.27	대악회 외 주최, 중요 무형문화재 전수회관 신축 1주년기념 합동공연 인사말 기고(무형문화재 전수회관 마당), 문공부·문화재관리국·한국 문화재보호협회 후원
1982	한국 청소년연맹 자문위원
1982.12.19	KBS TV 교육방송 〈궁중무용에 대하여〉 대담방송, 김천흥, 성경린, 정병호 참석(12월 29일 오후6:30~8:00 방영)
1983.3	무형문화재 예술단 창단, 단장으로 피선
1983.3~1993.1	무형문화재 예술단 단장 역임
1983.3~	추계예술대학 무용과, 한양대학교 국악과 강사
1983.3.11	「나의 내조 무용가 김천흥 씨 부인, 박준주 여사」 보도
1983.3.24~25	무형문화재 예술단 창단 공연 인사말 기고(무형문화재 전수회관)
1983..3~1989.12	무형문화재 예술단 월례상설공연
1983.4.10	'안녕하십니까' 김진찬 편찬위원과 대담 '궁중무 외길 60년 김천흥 옹 : 몸 아닌 마음으로 춤을 춥니다' 보도 (서울신문)
1983.4~1989	청소년 대상 하계 문화강좌(무형문화재 예술단 주최)
1983.5.27~28	무형문화재예술단 주최, 제3회 무형문화재예술단 상설공연 개최(무형문화재 전수회관)
1983.6.7	국립국악원 주최, '전통무용 발표회' 재현 안무, 〈학〉

	〈연화대〉〈처용무〉 합설(재현), 〈헌천화〉〈오양선〉〈첨승무〉, 〈무산향〉〈봉래의〉(재현) (국립극장 대극장)
1983.6.21~25	Korean Dance Academy 주최(대회장 오화진), 아시아 무용 세미나 '동양 무용의 원류 탐구' 자문위원
1983.9.15	국립예술강좌 '전통무용 궁중무용의 이해' 강연 및 video 상영(문예대극장)
1983.10.10	전국체전 기념, 인천 '제물포 예술제' 박접무 안무(인천시민회관)
1983.10.17	중앙 국립극장 무용부문 종신단원으로 위촉(중앙 국립극장장)
1983.10.21~23	제24회 전국민속예술경연대회 심사(경북 안동)
1983.11.23	정농악회 주최, 전통음악 독주·병주의 밤 개최(세종문화회관 소강당)
1983.11.25	국립국악원 주최, '전통무용 발표회' 재현 안무 〈수연장〉〈사선무〉〈경풍도〉〈봉래의〉〈첨수무〉(재현), 〈선유락〉(재현) (국립극장 대극장)
1983.11.26	무형문화재 전수회관 개관 2주년 기념 및 무형문화재 예술단 제9회 공연(무형문화재 전수회관)
1983.12.5	『정악 구음 피리보』 발간사 기고(사단법인 대악회 발행 : 김태섭·정재국 엮음)
1983.12.29	한국국악협회 제정, 제2회 '한국 국악 대상' 수상(문예진흥원 강당)
1984.2	명지대학교 대학원 체육학과 체육학 전공 석사학위 논문심사(유선봉, 「지방 정재의 전승」), 이화여자대학교 대학원 석사학위 논문 심사(이명실, 「진도 씻김굿의 巫舞 연구」 / 오승희, 「호남 우도농악에 관한 고찰(법고춤을 중심으로)」)
1984.3	추계예술대학 국악과·한양대학교 국악과 강사

1984.3.16	국립국악원 주최, '전통무용 발표회' 재현 안무 및 집박 지휘, 〈처용무〉〈무고〉〈선유락〉〈무애무〉(그 외 〈승전무〉, 〈봉산탈춤〉) (국립극장 대극장)
1984.3.23~24	무형문화재예술단 창단 1주년 기념공연 인사말 기고 (무형문화재 전수회관)
1984.4.9~10	국립국악원・한국방송공사 주최, 문화공보부 후원, 제1회 '신춘국악 대공연' 〈학〉〈연화대〉〈처용무〉 합설 안무 및 집박 지휘(세종문화회관 대강당), 궁중무용의 대명사 '김천흥' 정병호 글 프로그램에 실림
1984	『무용한국』,「궁중무용의 유형별 고찰」집필
1984.6.10	'이매방 50주년 기념 무용발표회' 〈춘앵전〉 특별 찬조 출연(문예회관 대극장)
1984.7.10	MBC TV 〈건강 365일〉 출연
1984.7.28	무형문화재예술단 주최, 제17회 무형문화재 상설공연 (무형문화재 전수회관)
1984.8.22	대악회 주최, 제1회 전수장학생 발표회(삼성동 무형문화재 전수회관 강당)
1984.9.29	무형문화재예술단 주최, 제19회 무형문화재예술단 상설공연 주관(무형문화재 전수회관)
1984.10.1~10.31	MBC 라디오 문화방송, 궁중무용 외길 60년 '집념' 김천흥 옹 일대기 극화(카세트 테이프 No.1~No.14까지로 테이프 7개 개인소장), 차범석 극본, 정수현 연출(06:05~ 방송)
1984.10.13	정농악회 공연
1984.10.19	국립국악원 주최, '전통무용 발표회' 〈성택〉〈춘앵전〉〈진주검무〉〈제수창〉〈박접무〉〈처용무〉(국립극장 소극장)

1984.11.3~8	문화공보부, 문화재관리국 주관, 한국문화재보호협회 주최, 제15회 중요무형문화재 발표공연 '인간문화재 대전大典 가무歌舞' 〈종묘제례악〉(보태평의 희문·기명·귀인, 정대업의 소무·독경·탁정) 지휘(3일), 〈처용무〉지도(4일) (문예회관 대극장)
1984.11.7	정농악회 주최, 정기공연 전통음악 독주의 밤 참관(세종문화회관 소강당)
1984.11.12	''84 무용예술 큰잔치' '전통무용의 밤' 집박 및 안무 (국립극장 대극장)
1984.11.13	'한국무용의 밤' 무용평
1984.11.14	'민속무용의 밤' 명무 무용평, '전통무용의 밤' 안무, 국립박물관 예술 강좌 '궁중무용' 강연(국립극장 대극장)
1984.11.24	무형문화재 예술단 주최, 무형문화재 전수회관 개관 3주년기념 공연(구 전수회관 포함 11주년) (무형문화재 전수회관)
1984.11.24	국제문화예술협회·대한 민속문화 사업회 주최, 부산특별 공연 '한국 명무전' 〈춘앵전〉 출연(부산시민회관 대강당)
1984.11.24	'엄옥자 무용 발표회' 무용평
1984.12	''84 무용예술 큰잔치' 무용평 기고(『전통문화』)
1984.8~1989.12	대악회 주최, '중요 무형문화재 전수생 발표회'
1984~1989.12	대악회 주최, 국악 실기 강습회 매월 1회
1985.1.19	국립국악원 전속 무용단원 전형 시험 심사(국악원 무용단실)
1985.2.22~27	서울 골든포토 국제문화예술협회 한국위원회 주최 '임성규 전통무용 사진전' 김천흥의 춘앵전(미도파 화랑(명동))

1985	이화여자대학교 대학원 석사학위 논문심사(이애현, 「평안도 다리굿의 춤 연구」/ 박은영, 「춘앵전에 관한 연구」/ 김명숙, 「봉산탈춤과 양주별산대놀이 비교 분석(기본 춤사위를 중심으로)」/ 민경숙, 「경기농악의 춤사위에 관한 연구(법고춤과 무동춤을 중심으로)」)
1985.3	서울대학교 음악대학 국악과 강사
1985.3.23~24	무형문화재예술단 창단 2주년 기념 공연 인사말 기고 (서울 놀이마당)
1985.4	심무회 지도, 예술원 원고 집필
1985.4.26	국립국악원 주최, '전통무용 발표회' 안무, 〈문덕곡文德曲〉〈심향춘沈香春〉〈연백복지무演百福之舞〉〈만수무萬壽舞〉〈고구려무高句麗舞〉〈육화대六花隊〉(국립극장 소극장)
1985	MBC TV 차인태 〈아침 쌀롱〉 출연
1985.7	『전통문화』 무용평 기고
1985.7.28	한·일 친선 제3회 '여명' 그룹 발표회(7/28 일본 대판, 11/17 동경) 격려사 기고
1985.8.21	대악회 주최, 제2회 전수 장학생 발표회(무형문화재 전수회관 강당)
1985.9	국악고 30년 기념 대공연, 〈선유락〉 지도
1985.9.4	"85 무용예술 큰잔치' '전통무용의 밤'〈하황은荷皇恩〉〈장생보연지무長生寶宴之舞〉〈검무劍舞〉〈곡파曲破〉〈승전무勝戰舞〉〈무산향舞山香〉〈가인전목단佳人剪牧丹〉 집박 및 「전통무용에 대하여」 집필(국립극장 대극장)
1985.10.23	아시아 무용협회 한국본부 부설 한국전통무용단 창단 기념, '한국 전통무용 공연' 축사 기고(국립극장 소극장)

1985.11.1	정농악회 주최, '전통음악의 밤' 〈황하청〉(일명 보허자) 양금 연주(세종문화회관 소강당)
1985.11.27	김은이의 춤공연 축사 기고(부산 시민회관 대강당)
1985.11.29~30	무형문화재예술단 주최, 무형문화재 전수회관 개관 4주년(구 전수회관 포함 12주년) 기념 공연 인사말 기고(무형문화재 전수회관)
1985.12.5	일본 동경 TV 출국 공연, 정재·창작 초대·무용 발표회(우인 전통무용단, 지희영 무용단) 격려사 기고 (문예회관 대극장)
1985	KBS 일요 방담, 박동진과 대담 녹화방송(국립소극장)
1985.12.22, 29	KBS 교육방송 제3TV 국악교실 춘앵전, 해금연주, 학춤, 양금연주, 아쟁연주, 승무, 살풀이, 수제천 등 2회 녹화방영
1985.12.23	KBS 신년특집 FM 명인전 넷째 날 공연 '해금의 밤' 연주, 〈중광지곡〉〈유초신지곡〉 중 상령산·중령산, 〈송구여지곡〉〈천년만세〉(산울림 소극장)
1986.1	『음악동아』, 「명인명창을 찾아」(22) 가무 60년의 거목, 해금 명인 김천홍」(글 : 김명곤 기자, 사진 : 김수남)
1986.1.2	국립국악원 주최, 전통음악과 무용 공연 지도, 수제천, 진주검무, 산조, 처용무, 흥보가, 승전무, 경서도 민요, 사물과 시나위(국립극장 대극장)
1986.1.4	KBS FM 명인전(해금)의 밤, 연주 녹화 방송(오후 11:00~0:30 방송)
1986.2.10	청소년 문화생활지도를 위한 공연예술잔치 '전통음악과 무용' 지도(국립극장 대극장)
1986.2.15	국립극장 주최, 인간문화재와의 만남 〈명무〉〈춘앵전〉 출연

1986.3	한양대 국악과, 추계 예술대 국악과, 서울대 국악과 강사
1986.3.20~22	국립국악원 주최, '86아시아경기대회' 축하 '신춘국악대제전' 〈선유락〉 안무 및 「궁중무용의 대명사 김천흥에 대하여」(정병호 글)
1986.3.22~23	무형문화재 예술단 주최, 무형문화재 예술단 창단 3주년 기념 공연 인사말 기고(서울놀이마당)
1986.4.23	국립국악원 주최, '전통음악 연주회' 〈수제천〉 집박 (국립극장 소극장)
1986.5.24	무형문화재 예술단 주최, 제39회 무형문화재 예술단 상설공연(무형문화재 전수회관)
1986.6.11~12	문화방송·전주시 주최, 전주대사습놀이 보존회 주관, 풍남제, 제12회 전주대사습놀이 전국대회 심사 (전주)
1986.6.25~26	'전통·창작 무용 발표회' 재현 안무, 제1부 : 〈포구락〉 〈하황은〉 〈무고〉 〈학·연화대·처용무〉 합설(국립극장 대극장)
1986.9	숙명여자대학교 무용과 출강(승무, 가인전목단 지도)
1986.9.9~10	서울시·한국문화예술진흥원 주최, 한국무용협회 주관, 제10회 아시아 경기대회 문화예술 축전 '무용제' 〈학·연화대·처용무〉 합설 안무
1986.10.17	국립국악원 주최, 평화봉사단을 위한 '한국의 전통음악과 무용' 안무(신라호텔 루비홀)
1986.11.4	정농악회 주최, '전통음악의 밤' 1부 : 군악, 취타, 길군악, 길타령, 별우조타령, 군악, 2부 : 대취타(국립극장 소극장)
1986.11.13	대악회 주최, 제3회 전수생 발표회 인사말 기고(국립

극장 소극장)

1986.11.29	무형문화재 전수회관 개관 5주년(구 전수회관 포함 13주년) 기념 공연 인사말 기고(무형문화재 전수회관)
1986.12.3~4	제4회 조흥동 창작무용공연 격려사 기고(국립극장 대극장)
1986.12.10	국립국악원 '정기 무용 발표회' 〈성택聖澤〉〈사선무四仙舞〉〈향발무響鈸舞〉 재현 안무(국립극장 대극장)
1986.12.26	박은영의 춤공연 격려사 기고(국립극장 소극장)
1987.2	이화여자대학교 대학원 석사학위 논문심사(논제: 한성준론, 정혜란)
1987.3	숙명여자대학교 무용과 출강(3학년 〈춘앵전〉, 4학년 〈무산향〉 지도)
1987.3.29~31	국립국악원 주최, 제4회 신춘국악대제전, 아악 〈보허자〉 안무 및 '궁중무용의 대명사'(정병호 글) 프로그램에 실림
1987.4.4~5	무형문화재 예술단 창단 4주년 기념공연(서울놀이마당)
1987.4.12	정농악회 주최, 창립 10주년 기념 연주회 〈영산회상〉 양금 연주(국립극장 소극장)
1987.4.23	문화공보부, 문화재관리국 주최, 한국문화재보호협회 주관, 제18회 중요무형문화재 발표공연 인간문화재대전, 무대종목 〈처용무〉 반주(한국의 집 민속극장)
1987.4.24	아시아 무용협회 한국본부 주최, 한국전통무용단 제2회 정기공연 '한국전통무용공연' 축사 기고(중앙국립극장 소극장)
1987.5.29~31	대악회 주최, 중요무형문화재 제1회 지방 순회 공연
1987	「나의 예술 나의 인생 6」 보도(『객석』)
1987.6.12	국립국악원 주최, '전통무용 발표회' 재현 안무, 〈

	학·연화대·처용무 합설, 〈몽금척〉 〈무고〉 그 외 작법 (국립극장 대극장)
1987.6.21	김진선의 춤공연 격려사 기고(인천 시민회관)
1987.6.27	무형문화재예술단 주최, 제52회 무형문화재예술단 상설공연 참관(무형문화재 전수회관)
1987.6.30	동아일보사 발행 『명인·명창』 '가무 60년의 거목' 종묘제례악 김천흥(114~122쪽, 김명곤 기자)
1987.9.1	중앙국립극장·KBS 주최, '무용예술 큰잔치' 전통무용의 밤(무고, 무애무, 향발무, 학·연화대·처용무 합설, 포구락, 승전무) 안무 지도 및 「전통무용에 관하여」 기고(국립극장 대극장)
1987.10.17	국립국악원·한·미 연합군 사령부 주최, 제2회 '한·미 친선 국악 대제전' 〈학·연화대·처용무〉 합설 안무 (국립극장 대극장)
1987.11.1	채정희 한국전통무용발표회 축사 기고(남도 예술회관)
1987.11.11	국립국악원 주최, 궁중 무복舞服 재현 발표회 자문(국립극장 소극장)
1987.11.25~26	대악회 주최, 제4회 '전수생 발표회' 인사말 기고(국립극장 소극장)
1987	대악회 주최, 제2회 '중요무형문화재 이수자 발표회' 12종목
1988.1.20	서울시립무용단 주최, 처용무 심포지움 원고 집필 및 강연 (서울시립무용단 연습실)
1988.2.16	국립국악원 신축청사 개관기념 대공연, 개막연주 '전통음악과 무용' 〈승전무〉 집박(국립국악원 소극장)
1988.3	숙명여대, 경희대 무용과 출강(〈무산향〉 〈춘앵전〉)
1988.3.11	국립국악원 신축 청사 개관기념 공연 (88.2.16~3.16)

	'한국 명무의 밤' 〈학무〉(김천흥, 이흥구 출연) (국립국악원 소극장)
1988.3.12	국립국악원 신축청사 개관기념공연, '정재의 밤' 〈처용무〉〈오양선〉〈춘앵전〉〈가인전목단〉〈향발무〉〈하황은〉 집박(국립국악원 소극장)
1988.3.19	㈜예음·월간『객석』주최, 정농악회 공연, 〈영산회상(별곡)〉 양금 연주(예음홀)
1988.3.27	80세 기념 잔치(삼정호텔)
1988~1989	청소년 대상 동계 문화강좌(무형문화재 예술단 주최)
1988.4.13	문화공보부 문화재관리국 주최, 한국문화재보호협회 주관, 제19회 중요 무형문화재 발표공연 '인간문화재 대전' 무대종목(春季) 〈처용무〉 반주(중요무형문화재 전수회관)
1988.4.21~22	서울시립무용단 세종문화회관 개관 10주년 기념, '백결—벼락아 아느뇨' 격려사 기고(세종문화회관 소강당)
1988.5.28	무형문화재 예술단 주최, 창단 5주년 기념공연(서울놀이마당), 무형문화재 예술단 제62회 상설공연
1988.7.5	국립국악원 주최, '전통무용 발표회' 〈무애무〉〈헌천화〉〈장생보연지무〉〈헌선도〉〈사선무〉〈수명명〉 재현 안무(지도 : 이흥구) (국립국악원 소극장)
1988.8.1	KBS 2TV 〈건강하게 삽시다〉 아침 6:40~45분 녹화 방영
1988.8.28	최숙희 여명 그룹(재일교포) 제자들 춘앵전 등 지도
1988.9.5	'KBS 국악제' 〈춘앵전〉 출연(80세) (국립국악원 국악당 : 현 우면당)
1988.9.14	'성화 봉성제' 별초무, 안산, 녹화 방영
1988.9.16	AFKN 심소 선생 양금 연주 녹화 방영(07:30~08:00)

1988.9.18	문화공보부 주최, 국립국악원, 전주이씨 종약원 주관, 88서울올림픽 예술제 '종묘악의 밤' 해금연주(종묘 정전)
1988.9.22~23	아시아 무용협회 주최, 88 서울 올림픽 기념 '국제 전통 무용제' 축사 기고(중앙 국립극장 소극장)
1988.9.28	무용한국사「궁중무용의 유형별 고찰」원고 142매 집필
1988.9.23,27	종묘제례악 집사 출연(예술의 전당)
1988.10.1,5	종묘제례악 집사 출연(예술의 전당)
1988.10.6	첫 번째 전통춤판, 춤마루 축하기념공연 인사말 기고 및 '김천흥의 밤' 춘앵전, 살풀이, 해금독주 출연(춤마루 극장, 대표 이청자)
1988.10.29~30	서울특별시 주최, 무형문화재예술단 주관, 서울 놀이마당 개관 4주년기념 공연 진행(서울 놀이마당)
1988.11.23	대악회 주최, 제5회 전수생 발표 공연 인사말 기고(무형문화재 전수회관)
1988.11.25	국립국악원 주최, 제99회 무형문화재 정기공연 '김영숙 종묘 일무 발표회' 격려사 기고(국립국악원 소극장)
1988.11.26	무형문화재예술단 주최, 무형문화재 전수회관 개관 15주년 기념공연(신관 이전 7주년) 인사말 기고(무형문화재 전수회관)
1988.12.2	정농악회 주최, '전통음악의 밤' 〈여민락〉〈도드리〉 참관(국립국악원 소극장)
1988.12.8	국립국악원 12월 '전통무용 정기 발표회' 1920년대 이왕직아악부에서 추어졌던 무용들을 재현 구성, 〈가인전목단〉〈만수무〉〈수연장〉〈포구락〉〈무고〉〈봉래의〉(이흥구 지도)

1988	『정악 해금보』 발간, 『정악 양금보』 재판
1988.12.31	「80년대부터 르네상스 시대」(글 : 박성희(한국경제 문화부 기자)), 『예총 30년사』 198~199쪽(발행 : 한국예술문화단체 총연합회)
1989.2.25	무형문화재예술단 주최, 제66회 무형문화재예술단 상설공연 개최, 판소리 춘향가, 승무, 가야금병창, 강령탈춤(무형문화재 전수회관)
1989.3.24	국립국악원 주최, 무형문화재 정기공연 '제100회 기념-풍류의 밤' 〈계면두거·계락·편·가즌회상〉 김천흥 해금 연주회(국립국악원 소극장)
1989.3.25	무형문화재예술단 주최, 제67회 상설공연 참관, 선소리산타령, 가야금산조, 경기민요, 북청사자놀음(무형문화재 전수회관)
1989.4	사단법인 한국국악협회 안산시 지회 결성, 안산가무단 창단 준비위원장, '지회 창립과 가무단의 발족에 즈음하여' 인사말 기고.
1989.5.5~6	'우리춤 우리 맥 명무전' 〈춘앵전〉 공연(동숭 아트센터 대극장)
1989.5.8~10	동아국악무용콩쿨 예선 심사
1989.5.9	전주 전북대학교, 대한민국 예술원 주최, 〈춘앵전〉 특강(1~16쪽)
1989.6.3	이대 콩쿨 심사
1989.6.23	국립국악원 주최, 제105회 무형문화재 정기 공연 '박은영 한국무용 발표회' 축사 기고(국립국악원 소극장)
1989.6.24	무형문화재예술단 주최, 제70회 무형문화재예술단 상설공연 인사말 기고(무형문화재 전수회관)
1989.8	승무 VTR 촬영, 제106회 무형문화재 정기공연 촬영

1989.8	문화재관리국, 『무형문화재』「무용-처용무, 학무」 집필
1989	양금연구회 결성(회장 김천흥)
1989.9.5	김천흥 '정악 양금 발표회' 〈중광지곡〉 〈유초신지곡〉 〈도드리〉 〈취타〉 〈천년만세〉(국립국악원 소극장)
1989.10.15	제11회 대한민국무용제 전통무용 〈춘앵전〉 출연
1989.10.28	무형문화재예술단 주최, 제73회 무형문화재예술단 상설공연(매월 4째주 토요일 오후3시) (무형문화재 전수회관)
1989.11.5~6	국악·무용 경연대회 심사위원(국립국악원)
1989.11.16	'양경숙 해금 발표회' 축사 기고
1989.11.21	이화여자대학교 대학원 석사학위 논문심사(논제: 처용무의 미의식의 연구, 김미경/ 논제: 춘앵전 비교 연구- 한·일 춘앵전을 중심으로, 전광자)
1989.11.21	국립국악원 주최, 제112회 무형문화재 정기공연
1989.11.21	'김진선 무용발표회' 격려사 기고(국립국악원 소극장)
1989.11.22	광주대학 특강
1989.11.25	무형문화재 전수회관 개관 16주년(신관 이전 8주년) 기념 공연 인사말 기고(무형문화재 전수회관)
1989.12.5	정농악회 주최, 전통음악의 밤(평조회상, 함녕지곡, 가곡, 종묘제례악) 개최 (국립국악원 소극장)
1989.12.6~7	대악회 주최, 제6회 전수생 발표회 인사말 기고(국립국악원 소극장)
1990	「작품 처용랑을 통한 김천흥 선생의 예술세계」 최경란 논문(『창무회』 제8호 창무회지)
1990.1.23	KBS 본관 1:30 〈문화 쌀롱〉 라디오 방송 녹화
1990.1.26	KBS 라디오 서울 〈문화 쌀롱〉 정농악회 방송(23:05~23:40)

1990.2.2,9,16,23	KBS 라디오 이야기 사랑방 (1) 아쟁편 (2) 양금편 (3) 해금편 (4) 단소편
1990.2.8	기독교 방송국 방송 녹화. 해금, 양금, 단소 녹화 방송, 2시(KY 방송국)
1990.2.10	무형문화재 예술단 회의(전수회관)
1990.2~1993.2	「김천흥의 춤인생」 집필, 문일지 정리(『춤』 2월호부터 연재 게재)
1990.2.23	춤마루 극장 주최, 문예진흥원 후원, '춤마루' 소극장 전통춤 공연, 무형문화재 예술단 공연, 춘앵전 : 김천흥, 승무 : 정재만, 봉산탈춤 : 이수자, 민요, 가야금 산조(춤마루 소극장)
1990.2.26	국립국악원 주최, 문화부 신설 기념, 국악 문화 가족과 함께 하는 국악 대공연, 전통음악 연주회(아악 취태평지곡) 해금 연주
1990.3.7~8	국립국악원 주최, '궁중무용 발표회' 〈수연장〉 〈춘앵전〉 〈학·연화대무〉 〈진주검무〉 〈장생보연지무〉 재현안무
1990.3	「김천흥의 춤인생 (2)」(『춤』 3월호)
1990.3.18	KBS TV 제6 공개홀 〈탈춤의 예술세계〉 처용무 방영 (17:10)
1990.3.21~28	정농악회, 일본 동경 센다이, 요코하마, 아세아 예술제
1990.4.20	KBS 1TV 〈춘앵전〉 녹화(16:00)
1990.4.27	국립국악원 주최, 제115회 무형문화재 정기 공연 '김진흥 무용 발표회' 축사 기고(국립국악원 소극장)
1990.5.24	이화여자대학교 대학원 석사학위 논문심사
1990.5.25	국악 춘추, 제2회 신록新綠. KBS 1TV 방송 녹화(22:45).

1990.6.1	KBS 1TV 〈춘앵전〉 방영(23:00)
1990.6.10	한국전통무용단 창단 5주년 기념 특별공연 인사말 기고(중앙 국립극장 소극장)
1990.6.16	문화재관리국 문화재연구소 촬영, 경기지역의 〈승무〉 〈살풀이〉, 심소·이흥구 사진 촬영 및 대담
1990.6.18	정농악회 정기 공연
1990.6.27	『무용한국』 6월호, 「궁중무용의 유형별 고찰(8)」 〈금척〉 〈육화대〉 원고 집필
1990.8	『무용한국』, 「궁중무용의 유형별 고찰(9)」 〈봉래의〉 〈문덕곡〉 원고 집필
1990.8.18	제3회 전국 대학생 마당놀이 경연대회 심사(서울 놀이마당)
1990.8.25	문화재관리국 문화재연구소 주최, 〈승무〉 〈살풀이〉 관련인터뷰(조사자 : 김정녀)
1990.8	진주 '개천예술제' 기념사 기고
1990.9.2~3	이매방 '북의 춤 북소리Ⅲ 발표회' 〈춘앵전〉 특별 출연(호암 아트홀)
1990.9.28	KBS 무용제전 본선 심사
1990.11	진주개천예술제 40주년 시상식 참가
1990.11.19	무형문화재예술단 주최, 중요무형문화재 예술단 창단 7주년 90년도 하반기(79회) 공연(국립국악원 소극장)
1990.11.19	방배동 경남 APT로 이사
1990.12.5	정농악회 '표정 만방지곡 합주(해금) 공연'(국립국악원 소극장)
1990.12.6	대악회 주최, 제7회 전수생 발표회 인사말 기고(국립국악원 소극장)
1990.12.7	전병택 선생이 지은 시를 시조창에 맞춰 녹음

1990.12.8	반월·안산 문화재단 문학상 시상식에 건강문제로 직접 못 가시고 녹음 테이프 보냄
1990.12.9	'한영숙 1주년 추모 공연' 김소희, 김천흥(춘앵전) 출연 (국립극장 대극장)
1990.12.15	국립국악원 신단원 채용 시험 심사
1990.12.21	대구 시립관현악단 무용단 자체 오디션 심사
1990.12.22	국립국악원 자체 오디션 심사
1991.1.15	미주 예총 주최, 한국일보, KTE, 월간 코메리칸 후원, 가주 자동차 협찬, '우리춤 한마당' 〈춘앵전〉 특별 출연(L.A.)
1991.1.18	KBS TV 〈문화 쌀롱〉 방영
1991.1.20	L.A. 공연, 예음홀 공연에 대하여 KBS 라디오 서울 〈문화 쌀롱〉 방송 (11:05~12:00)
1991.1.24~29	L.A. 공연, 〈춘앵전〉(L.A. 윌셔이벨 극장)
1991.2.8~11	여명 15주년 기념 공연, 최숙희 공연 축사 기고(일본)
1991.2.16	KBS 1라디오 〈언제나 청춘〉 방송(16:05부터 15~20분 미만, 김진아 리포터)
1991.2.20	광주 시립국악원 단원 전형 심사
1991.2.25	KBS 2라디오 〈연예가 산책〉 방송 예음홀 공연, 박재희 리포터(17:30~18:00)
1991.2.28	예음문화재단 주최, "심소 김천흥 선생의 음악과 춤" '심소 김천흥 선생의 무용의 밤 공연과 대담' 1. 춘앵전(長) : 김천흥 2. 무산향 : 이흥구 3. 검무 : 하루미, 윤영옥(예음홀)
1991.3.5~6	KBS 1TV 〈문화가 산책〉 방영(22:40~)
1991.3.13	라디오 평화방송 녹음 〈예술가 김천흥〉 해금독주 'Portrait of a Performing Artist', RAS(Royal Asiatic Society) 주

	최, 하와이 대학 주디 반 자일 교수 강연으로 공연 및 대담. 1. 해금 독주 2. 살풀이 3. 양금 독주(대우문화재단 빌딩 18층 홀, 세미나실)
1991.3.17	라디오 평화방송 〈나의 이력서〉 방송(PBC FM 105.3MHZ, 19:10~20:00)
1991.3.19	예음문화재단 주최, '김천흥 양금 독주 및 대담' 1. 양금 독주(중광지곡, 상령산, 중령산) 2. 양금 합주(별곡 임재심, 이지영, 홍선숙, 김미숙) (예음홀)
1991.3.21	KBS 〈문화가 산책〉(한소영 기자)
1991.4.8	국악원 개원 40주년 기념 발간집 「나의 형 김천룡」 원고 집필
1991.4.11	『무용 한국』「궁중무용의 유형별 고찰」〈춘앵전〉 원고 집필
1991.4.13	무형문화재예술단 창단 8주년 기념공연, 91년도 상반기(80회) 공연 주관(어린이대공원 야외 음악당)
1991.4.16	광주시립국악원 단원 채용 심사
1991.4.22	KBS FM 〈흥겨운 한마당〉 방송 녹화(채치성 PD)
1991.4.23	KBS TV 본관 172회 〈문화가 산책〉 녹화 및 방영(22:40~23:15) (현정주 PD, 박동규 MC)
1991.4.23	KBS FM 〈흥겨운 한마당〉 라디오 방송(16:00~17:00)
1991.4.25	예음문화재단 주최, '김천흥 해금 독주 및 대담' 평조 영산회상 전곡 공연(예음홀)
1991.5.27~6.4	MBC TV 〈우리 시대의 명인〉 김천흥 선생 편, 〈춘앵전〉 촬영 및 녹화
1991.5.31	이대 대학원 논문심사
1991.6.3~5	'송화영 화문석 춤판' 교방춤 발표회 격려사 기고 (국립국악원 소극장)

1991.6.7	제1회 '원필녀 무용발표회' 격려사 기고(국립국악원 소극장)
1991.6.8	'최은희 춤' 격려사 기고(부산 문화회관 대극장)
1991.6.15~17	〈한장군 놀이〉 전승 실태 조사
1991.6.18	MBC TV 〈우리 시대의 명인〉 비원 대조전 촬영, 무산향 인터뷰, 해금산조(허튼타령), 양금 독주, 장생보연지무 중무中舞 등
1991.6.27	MBC TV 〈우리 시대의 명인〉(김상균 연출) '궁중무악의 거목 김천흥'(23:00) 방영 및 신문 보도 시사
1991.6.27~28	동국예술기획, 명무·명창 한마당 '명인전Ⅱ' 〈춘앵전〉 공연(국립극장 소극장)
1991.7.8~19	국립국악원 문화학교 전문인 강좌(해금강습 지도)
1991.7.14	KBS TV 9시 뉴스 문화란 예술단(판소리) 인터뷰 방영
1991.8.12	문화인 예술인 「궁중음악 맥 이어 70년…」, 「만년 무동」 기사 보도(한국일보)
1991.9.9,16	안산 문화인물 「음악과 춤의 거장 김천흥 옹」 기사 보도(안산신문)
1991.9.27	국립국악원 주최, 제128회 무형문화재 정기공연 '김선애 무용발표회' 축사 기고(국립국악원 소극장)
1991.9.28	"91시민문화축제·거리축제 개막' 참가, '한민족 5천년' 3시간으로 구성
1991.9.29	심소 선생님 회혼례식(국립국악원 소극장)
1991.10.4~5	KBS 주최, KBS 홀 개관기념 공연 '한국 명무전' 10.4: 〈처용무〉 집박, 10.5 : 〈춘앵전〉 출연(KBS 홀)
1991.10.18	'대한민국무용제' 국립국악원 초청 공연, 〈쌍 가인전 목단〉 〈학·연화대·처용무〉 합설 진행
1991.10.21	KBS 국악경연대회 무용 심사

1991.11.8	무형문화재예술단 창단 8주년 기념공연 91년도 하반기(제81회) 발표 공연(문예회관 대극장)
1991.11.11	대구시립국악관현악단 무용단 연습 지도(이명실 안무자)
1991.11.14	〈언제나 청춘〉 방송, KBS 제2라디오(AM 639), 〈원로와의 만남〉(이철성PD, 사성빈 리포터)
1991.11.18	대악회 주최, 제8회 전수생 발표회 인사말 기고(국립국악원 소극장)
1991.11.26	CBS 〈문화 현장을 가다〉 방송 대악회 주최, 장학생 발표에 관한 인터뷰
1991.12.4~5	박은하의 설장고와 즉흥무 공연 축사 기고(예음홀)
1991.12.13	정농악회 주최, 전통음악의 밤, 별곡(가즌회상) 참관(국립국악원 소극장)
1991.12.14	제5회 '별망성 예술제' 국악 명인무대 〈춘앵전〉 출연 (올림픽기념 국민생활관, 고잔동 소재)
1991.12.18	코리아 헤럴드 인터뷰 및 〈처용무〉 사진 촬영
1992.1.15	〈일무〉(이흥구), 〈처용무〉(홍웅기) 촬영(국악원 가야금실 203호) KBS 교육TV 방송 〈전통문화를 찾아서〉 촬영 및 인터뷰(92.1.23 방영, 안태금PD)
1992.1.29	'92 춤의 해, '무용인의 밤 전야제' 축하공연 〈춘앵전〉 출연(문예회관 대극장)
1992.2.11	국립국악중·고등학교 신축교사 준공식 축하공연, 세악 합주 영산회상 중 하현도드리·양금 연주(국악중·고교 신축 교사)
1992.2.20	'현대' 〈처용무〉 촬영
1992.2.26	'옹고집 인생' 〈처용무〉 사진촬영
1992.3.8	故 국악선열 추모, 국악기금 마련을 위한 '범 국악인 자선 대공연' 〈춘앵전〉 출연(세종문화회관 대강당)

1992.3.24	SBS 〈쟈니윤 이야기쇼〉 녹화, 28일 9시55분 방영(이태원 비바백화점 10층 콘서트홀, 이기진 PD)
1992.3.25	「新경기인시대」 ⑪ 안산시 성포동 사람들 '예술인 마을' (경기일보)
1992.4.3	'92 춤의 해, '원로 무용가의 공연' 〈춘앵전〉 출연(문예회관 대극장)
1992.4.9	『무용한국』 창간 25주년 기념 대공연, 〈춘앵전〉 출연 (세종문화회관 대강당)
1992.4.12	중요무형문화재 예술단 창단 9주년 기념 공연, 92년도 상반기(제82회) 공연 주관 및 인사말 기고, 〈선소리산타령〉 〈봉산탈춤〉 〈경기민요〉 〈승무〉 〈가야금병창〉 〈배뱅이굿〉 〈은율탈춤〉 〈남사당놀이〉(어린이대공원 야외 음악당)
1992.4	RBS 『철도 방송』 4월호, 「옹고집 인생 춤사위에 어우러진 70년 세월, 만년 무동」(글: 조강숙, 사진: 송원영)
1992.4.30	KBS 제1 라디오(AM 711) 〈건강 365일〉 방송(오장환 PD, 조미혜 리포터)
1992.5.10	KBS 무형문화재 기록보존 문화사업, 〈종묘제례악〉 보유자 촬영(종묘)
1992.5.22	'92 춤의 해, 부산 '전통춤 5인전' 축사 기고(문예회관 대극장)
1992.5.31	임이조 창작무용 〈출出〉 축사 기고(문예회관 대극장)
1992.6	고려대학교 교육대학원 체육교육전공 석사학위 논문 고증 및 자문(논제: 한국의 궁중정재에 관한 연구, 이순임)
1992.6.12	박숙자 제1회 한국무용 발표회 축사 기고(국립국악원 소극장)
1992.6.25~11.5	KBS 영상기록 민족문화 라이브러리 김천흥 편 촬영

(주평문 PD)

6.25(목) 기본, 살풀이, 승무 음악 녹음(국립국악원 소극장)

6.26(금) 기본, 살풀이, 승무 촬영(민속촌 팔각정)

6.27(토) 새벽운동, 잠들기 전 운동, 국립국악원 사범실 출근(방배동 자택) 및 발표회 연습 및 무용 지도(검무, 춘앵전 등) (국악원 연습실)

6.29(월) 심소댁에서 출발, 기본, 〈살풀이〉〈승무〉 촬영(음악반주 포함) (민속촌 팔각정) 〈영산회상〉〈수제천〉〈염양춘〉〈여민락〉 해금 연주(국악원 연습실)

6.30(화) 〈춘앵전〉〈무산향〉 음악 녹음(국립국악원 소극장) 회고록 작업 인터뷰(이홍구, 문일지, 윤찬구 참가) (국악원 204호실)

7.1(수) 등산 활동(도봉산) 및 문예회관과 『춤』지사 들러 심소 앨범 촬영

7.2(목) 〈천년만세〉 등 양금·아쟁 연주(국악원 연습실) 가정생활, 친지들과 회식 촬영(방배동 자택)

7.5(일) 청소년 국악 강좌(해금 강습)

1992.9.27	예푸리 주최, 열화당 협찬, '92 한국 명무전 춤과 그 사람 〈춘앵전〉(세종문화회관, 2회 공연)
1992.9.27	불교방송 FM 101.9MHz '라디오 객석의 문화가 산책' 방송(심인순 리포터, 이정명 PD)
1992.9.29~30	김천흥 무악동문회 주최, 심소 김천흥 선생 무악생활 70주년 기념공연
	9.29 : 무용의 밤(〈춘앵전〉〈살풀이〉〈승무〉 출연)
	9.30 : 음악의 밤(양금, 해금 연주) (국악원 소극장)
1992.10.4	〈문화가 산책〉 KBS 영상사업단(문화부허가 년월일 : 1991.12.12, 제작일 : 1992.10.4)

1992.10.4	국립국악원 국악경연대회 심사
1992.10.13	KBS TV 〈우리춤 우리가락〉 녹화(30분 프로, 국악 춘추, 최공섭 연출) 춘앵전, 해금 독주, 별곡(양금 연주)
1992.10.14	영국 BBC 방송국과 인터뷰(뉴욕 타임즈 손지애 기자와 같이 참가)
1992.10.16	'한영숙의 달 기념대공연' 축사 기고(교육문화회관)
1992.10.18~20	중요무형문화재 기능 보유자 발표 공연 참가(국악원 소극장)
1992.10.20	'92 문화의 날 기념잔치. 문화부·한국문화예술진흥원 주최, 경축공연 〈김천흥-춘앵전〉(문예회관 대극장)
1992.10.31	KBS 제일영상 춤의 해 다큐멘터리 인터뷰 및 회상장면 외 〈춘앵전〉 촬영 녹화(경복궁)
1992.10.31	창무예술원 개관 공연, 원로 무용가의 밤 〈춘앵전〉 공연 및 축사(창무 예술원)
1992.11.2	인천시립무용단 신규단원 채용시험 심사위원
1992.11.3	KBS 전국국악경연대회 심사위원(무용부문)
1992.11.4~5	KBS 영상기록 〈민족문화 라이브러리 김천흥 편〉 촬영 -〈춘앵전〉〈무산향〉〈처용무〉(長) 비원(주평문 PD)
1992.11.8	무형문화재예술단 주최, 92년도 하반기(83회) 중요무형문화재 예술단 정기공연 인사말 기고(문예회관 대극장)
1992.11.12	정농악회 공연 인사말 기고
1992.11.13	'92 춤의 해 '한민족 춤제전' 한국 명무 〈춘앵전〉 출연(문예회관 대극장)
1992.11.14	단국대학교 대학원 석사학위논문 심사 윤찬구, 이승윤
1992.11.16	국악원 신규단원 채용 심사

1992.11.20	『국악학논총』(세신문화사), 관제 성경린 선생 8순기념 논문집 축사 기고
1992.11.23	대악회 주최, 제9회 전수생 발표회 인사말 기고(국립국악원 소극장)
1992.11.25	대한항공『길』인터뷰(옥수현 기자)
1992.11	11·12월『길』나의 일 나의 길/ 국악명인 김천흥(60~65쪽)「침묵같은 떨림 만근의 울림」(글: 옥수현, 사진: 이갑철)
1992.12.1	국악원 단원 오디션 심사
1992.12.2	KBS FM 명인전 정농악회 출연
1992.12.3	대한항공『길』사진 촬영(춘앵전, 살풀이, 승무, 해금 독주, 처용무: 이갑철 사진)
1992.12.15~16	동국기획 주최, 한국명무전(〈춘앵전〉, 〈무산향〉) (호암 아트홀)
1992.12.19	KBS 국악대상 '특별 공로상' 수상(KBS 별관 공개홀)
1993.1	대악회 이사장(1973.4~1993.1), 무형문화재 예술단장(1983.3~1993.1) 사임
1993.2	『춤』, 「김천흥의 춤인생」집필, '정농악회' 발족과 그 후의 시련, 『춤』2월호(1990.2~1993.2까지 연재 게재, 문일지 정리)
1993.2.5~2.15	심소 김천흥 무악생활 70주년 기념 미주지역 해외 공연
1993.2.9	① 미주 한인방송 ② 한국 라디오방송 ③ 한국일보 신문사 인터뷰 ④ KTE 미주美洲 한인방송 TV 녹화(기본, 춘앵전)
1993.2.11	한국예총 LA지부 주최, 문화회관 건립기금 마련을 위한 공연(LA 한국문화원)

	미주 예총 초청 LA 공연(한국문화원), 제2회 Art Festival 김천흥 기념공연
1993.2.13	미주 동아일보사 초청 DALLAS 공연, 한국무용의 밤 김천흥 공연 참가(DALLAS Irving Art Center)
1993.2.16	LA '한영숙의 날' 추모공연 추모사 낭독 및 참관(LA 한국문화원)
1993.2	중앙대학교 교육대학원 무용교육전공 석사학위 논문 고증 및 자문(논제 : 심소 김천흥의 춤 연구, 박준규)
1993.4.14	무용한국사 창간 26주년 기념 공연 〈살풀이〉 출연(세종문화회관 대강당)
1993.5.15	김천흥의 공연 〈춘앵전〉 〈살풀이〉 출연(국립박물관)
1993.5.19	영남대학교 대학원생 〈무산향〉 강의 및 실기강습(영남대학교)
1993.5	『한국화보』 5월호에 표지(40~45쪽, 종묘제례악) (사진 : 변희석, 글 : 진현옥)
1993.6.2,9,16	원로국악인 기법 녹음, 〈김천흥의 가곡〉(국립국악원 회의실 녹음, 14:00~15:00)
1993.6.4,25,29	원로국악인 기법 녹화, 〈김천흥의 양금정악〉 〈중광 上, 中, 細/ 가락, 상현, 하현, 염불/ 타령〉(국립국악원 소극장 녹화, 13:30~14:30)
1993.6.6	서초구 방배동 1015 임광 APT 3동 603호로 이사
1993.6.21	원로국악인 기법 녹화, 〈김천흥의 무용전반〉(국립국악원 소극장 녹화, 10:00~17:00)
1993.7.1	일본 'News Hanul' 일본초初공연, 한국 인간국보 김천흥 선생의 한국무용 공연 시사
1993.7.5	원로국악인 기법 녹화, 2차 김천흥 기록보존 영화 촬영(김천흥의 무용 전반에 관한 녹화 : 〈춘앵전〉(長·中·短)과

	연습과정, 승무 등) (국립국악원 소극장)
1993.7.6	국립국악원 무용단 전형 심사위원
1993.7.12	원로국악인 기법 녹화, 3차 김천흥 기록보존 영화 촬영(〈처용무〉, 〈검무〉, 〈승무〉(長)) (국립국악원 소극장)
1993.7	창무예술원 심소心韶 연보략年譜略 '한국 600년사 김매자 글'에 필요한 내용 송달(1961년 5월 16일 이후 중심으로)
1993.8.19~8.21	대전 EXPO 참석
1993.9.14	부인 박준주 여사(82세) 저혈압으로 사망(5일장 한남동 순천향병원 영안실)
1993.9.17	일본『동양경제일보』정보란欄에 김천흥 한국고전전통무용 공연 시사 보도
1993.10.1	일본『동양경제일보』사회란欄에 「이번 가을에 즐거움이. 한국의 문화 예능, 처음으로 일본에 온다」시사
1993.10.9	안산 별망성 예술제 개회식
1993.10.9	특별 토요문화 강좌 '궁중아악과 기악, 가무에 대하여' 강연 및 실기(〈춘앵전〉, 〈검무〉)와 슬라이드(〈종묘제례악〉 〈보태평〉 〈수제천〉 〈만년상환지곡〉 등) (덕수궁 궁중유물 전시관) (토요문화강좌 자료집, 141~160쪽. 내용기재. 1993.12)
1993.10.15	일본『自治勞東京』「인간국보 김천흥 씨가 來日」시사
1993.10.19	일본『사회신보』문화면에 한국 인간국보 김천흥 씨가 일본에서 처음으로 한국 고전무용 공연 시사
1993.10.22~30	㈜영상ハヌル 주최, 한국문화원 후원, 동경 학습원(學習院) 대학 초청 세미나 및 궁중 정재 공연(동경)「김천흥 한국고전 전통무용」초청 공연차 인터뷰, NHK 방송 녹화 영상 및 공연 출연(草月ホール)

1993.10.23	일본 학습원學習院 동서문화연구소 주최, '아세아 도작 민稻作民의 민속예능' 강연회 참석, 〈일무〉〈춘앵전〉 출연
1993.10.29	영상하늘 주최, 한국문화원 후원, 김천흥 한국 고전 전통무용 공연(동경 청산 초월극장)
1993.11.2	대악회 주최, 제10회 전수생 발표회 11종목(37명 출연)
1993.11.5	일본『동양경제일보』제2사회면에「85세의 아름다운 무용」한국 인간국보 김천흥 씨 공연 시사
1993.11.9	일본『사회신보』문화면에 국보 김천흥 선생님 기사 보도
1993.11.21	제3회 한국 민속음악제 '김진선의 전통춤' 격려사 기고
1993.11.23,24	정농악회 전통음악 연주회 집박(광주 전북예술회관, 이리 원불교 중앙총부 기념관)
1993.11.26	국립국악원 주최, 국악실내악 연주회 정농악회 〈별곡〉 연주 참석(국립국악원 소극장)
1993.11.25,26	동국예술기획 주최, '명인전' 10번째 무대 축사 기고 (연강홀)
1993.11.26	예술원 회의 참석
1993.12.9	미주 예총 LA지부장 이병임 씨로부터 '기념패' 수여 (국악원 대연습실)
1993.12.10	광주 예술원 심포지움 '궁중무용에 대하여' 강연(광주) 대한민국예술원·광주문화원 주최, 예술(연극·무용) 강연회 '궁중무용에 대하여' 강연(광주예술고등학교)
1993.12.11	문화재관리국 주최, 대악회 주관, 중요무형문화재 공연(제2대 이사장 이흥구, 노원 구민회관)
1993.12.20	KBS 국악경연대회 국악대제전에 무용심사

1993.12.20~21	사단법인 대악회 창립 20주년 기념, 무형문화재 무대 종목 대제전에 〈종묘제례악〉 집박 지휘(국립국악원 소극장)
1994.1.1	일본『News Hanul』4쪽「精神性の高揚と緊張 金千興 舞踊公演を觀て」(萱沼紀子 글)
	일본『News Hanul』3쪽「日記 ずーむいん」(영화감독 前田憲二 글)
1994.1	『객석』1월호,「한국예술의 원로를 찾아서-국악인 김천흥」(자유기고가 김명렬)
1994.2.3	심소 선생 영상 작업 〈처용무〉〈학무〉 촬영
1994.2.7	방송신문사 편집부『평생교육 저널』문화인물란「궁중음악 맥 잇는데 바쳐온 70년 인간문화재 1호, 39호 김천흥 옹」(글 : 서오복 기자)
1994.2.25	'94 국악의 해 기념 제11회 신춘국악대제전, 전통음악과 창작음악, 세악 합주 〈천년만세〉 양금 연주(국립국악원 소극장)
1994.4.23	'94 궁중유물전시관 특별 토요문화강좌 '궁중문화의 올바른 이해를 위한 교양 강좌' 〈일무〉(궁중유물전시관 지역문화학교)
1994.4.27	인천종합문화예술회관 개관기념공연 '명무전' 〈춘앵전〉 출연(인천종합문화예술회관 대공연장)
1994.5.28	무용한국 창간 27주년 기념공연 〈춘앵전〉 출연(예술의 전당 오페라 극장 2회 공연)
1994.5,6월	『한솔』잡지 악기와 삶「심소 김천흥 옹과 해금」기사 (글 : 이현정/사진 : 권순평),「우리의 악기 그 멋과 얼」(한솔 5·6월호)
1994.6.10	한국국악협회 안산지회 주최, '94국악의 해 경축 축

	하공연, '94국악의 해에 즈음하여(사단법인 한국 국악협회 안산지회 지회장으로) 인사말 (안산 올림픽기념 공연장)
1994.6.22	'김온경의 춤 4代展' 축사 기고(부산문화회관 중강당)
1994.6.24	국립국악원 제160회 무형문화재 정기공연 윤문숙 해금 독주회 격려사 기고(국립국악원 소극장)
1994.6	장월중선(본명: 장순애) 고희 축하공연 축사 기고
1994.9.8	국악경연대회 무용 심사
1994.9.9~10	원필녀 창작춤 발표회 축사(중앙국립극장 소극장)
1994.9	「궁중무용의 유형별 고찰〈장생보연지무〉집필」(『무용한국』여름·가을호)
1994.9.24~25	제6회 전국청소년탈춤 경연대회 심사위원(한국민속촌)
1994.10.11	양길순 무용발표회 축사 기고
1994.10.14	벽사 한영숙 선생 5주기 추모공연 해금 독주(추모연주) (문예회관 대극장)
1994.10.20	국립국악고등학교 개교 39돌 기념 첫 번째 우리춤 공연 축사 기고(서울 교육문화회관)
1994.10.21	국립국악원 제164회 무형문화재 정기공연, 변종혁 해금독주회 격려사 기고(국립국악원 소극장)
1994.10.23	'94청소년을 위한 어울마당 '이순림의 춤세계' 격려사 기고(성남 시민회관 대극장)
1994.11.7	정농악회 전통음악연주회 인사말 기고 및〈수제천〉집박〈별곡〉양금 연주(광주 문화예술회관 소극장)
1994.11.17~23	동경 강의
1994.11.25	대악회 주최, 중요무형문화재지정 30주년 기념 국악대제전〈종묘제례악〉집사 출연(서초구민회관)
1994.12.2~3	최현 춤 작품전 '개천 예술제 홍안의 미소년 춤' 기고 (중앙 국립극장 대극장)

1995.1.8~5.7	하와이대학교 연극무용과 초청 객원교수로 한국전통무용 강의 및 실기
1995.1.28	고 배한라 선생 1주기 추모공연 영문, 〈살풀이〉 출연 및 추모사(Mamiya Theatre, Hawaii) 'Korean Dance in Hawaii : A Trubute to Halla-Pai Huhm- 1st Memorial Performance'
1995.4.28	하와이 대학 한국학 연구소 심소 김천흥 선생 '한국전통무용' 강연 — 박찬응(통역), 김정원(통역), 주디 반자일(질의) (하와이대학 한국학센터)
1995.5.4	한라함 재단(이사장 서대숙) · 한라함 스튜디오(원장 메리 조) · 하와이대학교 무용학과로부터 감사패 수여 (케네디 극장)
1995.5.10	하와이 중앙일보 기재 '김천흥 옹에 감사패 증정'이라는 기사 보도 한라함 재단 · 하와이대학교 주관 (케네디 극장)
1995.5.25	불교방송 〈옛가락 우리노래 김천흥편〉 방송(김학주 PD).
1995.7.1	제1회 관람객을 위한 격조 높은 '궁중문화 큰잔치' '정은혜의 궁중무용' 격려사 기고(덕수궁 중화전 앞)
1995.7.8	문화체육부 · 국립민속박물관 주최, '관람객을 위한 우리민속 한마당' 제33회 정기공연 : '김천흥의 춤세계' 참관(국립민속박물관 1층 강당)
1995.7 · 8월	『무용예술』 7 · 8월호, 106~107쪽, 「김천흥 씨 하와이대학 한국무용 강의」(글 : 최해리)
1995.8.27	〈흥겨운 한마당〉 KBS 라디오 FM 93.1 방송(5:00~6:00 방송)
1995.9.5	KBS 제2TV(CH7) 〈건강하게 삽시다〉 녹화(9.10 06:00 방영)

1995.9.14	동국대학교 특별 강의
1995.10.16	한국국악협회 안산지회 주최, 제9회 별망성예술제 전국 경서도창, 경서도 민요경창대회, 제3회 축사 기고 (안산 올림픽기념회관)
1995.10.30	『국악신문』 제29호 「이야기 보따리」 중요문화재 제1호, 김천흥 선생 연재 기사 보도①
1995.11.6	정농악회 주최, 전통음악연주회 인사말 기고(마산 올림픽생활기념관)
1995.11.14	『국악신문』 제30호 「이야기 보따리」 중요문화재 제1호, 김천흥 선생 연재 기사 보도②
1995.11.17	해금 연구회 주최(회장: 강사준), '95 해금연주회 격려사 기고(국립국악원 소극장)
1995.11.28	『국악신문』 제31호 「이야기 보따리」 중요문화재 제1호, 김천흥 선생 연재 기사 보도③
1995.11.25~26	사단법인 한국전통예술진흥회, SBS 서울방송 주최, 제3회 서울전통공연예술경연대회 지도고문 및 심사위원 (국립국악고등학교 우륵당)
1995.12.12	『국악신문』 제32호 「듣고 싶었던 얘기」 중요 무형문화재 제1호, 김천흥 선생 연재 기사 보도④
1995.12.13	경향신문, 한국무용사 산증인 김천흥 씨 회고록 「무악 칠십년」 펴내(글: 한혜진 기자)
1995.12.13	서울신문, 국악계 원로 김천흥 옹 회고록 출간, 내일 출판기념회
1995.12.14	심소무악동문회 주최, 『심소 김천흥 무악 70년』(민속원 발행) 회고록 출판기념회(국립국악원)
1995.12.14	세계일보 인터뷰, 「무악인생 70년 출간 김천흥 옹」(김성회 기자)

1995.12.14	한국경제신문,『무악 70년』출판기념회 시사
1995.12.14	심소무악동문회 주최,『심소 김천흥 무악 70년』회고록 출판기념회, 민속원 발행(국립국악원)
1995.12.15	문화일보, '인터뷰' 회고록『무악 70년』낸 국악원로 김천흥 옹(구정은 기자)
1995.12.15	조선일보,『김천흥 무악 70년』출판기념회(박성희 기자)
1995.12.15	동아일보, '원로 국악인 김천흥 씨 회고록 출판회'(김순덕 기자)
1995.12.15	한국일보 심소 김천흥 회고록『무악 70년』출판 기념회(김희원 기자)
1995.12.19	스포츠서울, 국악계 원로 김천흥 옹 회고록 출간(윤선영 기자)
1995.12.20	경향신문, 서울무형문화재 초청 간담회(김화균 기자)
1996.1.6	서울신문,「이 세기의 인물탐구(89)」국악인 김천흥(이세기문화국장)
1996.1월호	Seoul Companion Vol.9 Human Cultural Asset(Kim Chun Heung) 심소 김천흥 선생 한국의 춤과 음악에 바친 70년(류현미 기자)
1996.1.23	『국악신문』,「듣고 싶었던 얘기」제33호 중요 무형문화재 제1호 김천흥 선생⑤
1996.1.23	『국악신문』, 제33호. 심소 김천흥 선생『심소 김천흥 무악 70년』출판 기념회 시사
1996.2.6	『국악신문』, 원로국악인 국악협회 수습대책준비위원회 구성
1996.2.6	『국악신문』,「듣고 싶었던 얘기」제34호 중요 무형문화재 제1호 김천흥 선생⑥
1996.2.27	『국악신문』,「듣고 싶었던 얘기」제35호 중요 무형문

	화재 제1호 김천홍 선생 마지막회⑦
1996	서울대학교 국악과에 5천만원 장학금으로 기증
1996.3.12	국립국악원 제180회 무형문화재 정기공연, 최창덕 무용발표회 축사 기고(국립국악원 소극장)
1996.3.30	심소 미수기념(생신) (방배동 그린 웨딩 뷔페)
1996.4.2	『국악신문』, '문체부 국악계 원로 초청 간담회' 시사 (국악신문)
1996.4.2	『국악신문』제37호, 김천홍 5천만원 서울대학교 국악과에 희사 보도
1996.4.20	한국미래춤학회 주최, 제5회 월례연구발표회 '주제: 우리춤의 선구자를 말한다'—한성준 편 증언(문예진흥원 강당, 오전10시)
1996.5.3	사단법인 한국공연예술원 창립(이사장:김천홍, 원장:양혜숙)
1996.5.7	조선일보사, 심소 인명록 보냄(사진 생략)
1996.5.14	동아일보, 5천만원 서울대에 쾌척(글:조항인 기자)
1996.6.4	국립국악원 주최, 제184회 무형문화재 정기공연, '최은희의 홀춤' 축사 기고(국악원 소극장)
1996.6.13	국립중앙박물관 초청공연, 해금(김천홍) 가야금(박성연) 중주 (국립중앙박물관)
1996.6.22	국립민속박물관 주최, 우리민속한마당 '심숙경의 전통춤' 축사 기고
1996.6.29	KBS TV〈우리 가락 온 누리에〉허완석 PD, 이민정
1996.8.10	'우리민속 한마당' 김천홍의 춤세계(국립민속박물관 주최)
1996.8.27	국립국악원 제186회 무형문화재 정기공연 '정명숙의 춤' 축사 기고(국악원 소극장)

1996~	사단법인 한국공연예술원 이사장 겸 무용 강의 및 실기강사
1996.9.17	이흥구 궁중무용발표회 격려사 기고(호암 아트홀)
1996.10.2,7	'96 성남시 청소년을 위한 어울 한마당 'PURI' 국내 실내악 그룹 초청 공연 및 전통춤, '이순임 공연' 축사 기고(성남시민회관 대극장, 분당 주택전시관 공연장)
1996.10.26	국립국악원 예악당 대극장 개관기념공연 '초청 명인의 가락' 〈영산회상〉 중 하현도드리 · 군악 양금 연주 (예악당)
1996.10.29	대악회 주최, 중요무형문화재 국악대제전 〈종묘제례악〉 집사 공연(국립국악원 소극장)
1996.11.6	김현경(둘째 아들 김정완 씨의 차녀) 씨 득녀
1996.11.7	부산대학교 예술대학 무용과 · 국악과 주최, '나의 춤, 나의 삶' 연사로 강의(부산대학교 인덕관)
1996.11.9	아시아나 항공 기내지 내용(영산회상 해금 연주 및 살풀이 사진촬영 - 촬영 : 이장희) (국악원 105호실)
1996.11.12	『코리아나』심소 공연 사진(〈춘앵전〉〈살풀이〉 해금 사진) 송달
1996.11.14	서울대 공연 참관(조카 김정수 씨 딸 공연)
1996.11.15~16	정농악회 초청 연주, 심소 양금 공연(대전 공연)
1996.11.22	사단법인 한국평생교육복지 진흥회, 원로찬하 제20회 월남장月南章 증정식 월남月南 이상재 '월남장 수상' (남도학숙 강당)
1996.11.22	문화재 소위원회 김응서 확정, 이애주
1996.12.3	국립국악원 제190회 무형문화재 정기공연 '송미숙의 춤' 축사 기고(국립국악원 우면당)
1996.12.12	주간조선(12월) 「여든 일곱의 '처용'」 보도, 66~68쪽

1996.12.15	'인간문화재 엄옥자 교수 춤 대공연' 격려사 기고(부산문화회관 대강당)
1996	『한국음악사학보』 제17집, 서평 「무형문화재의 공연예술에 대한 문헌화 작업의 결실」(김희숙, 『경북지방의 무용 연구』 경산: 영남대학교 출판부, 1996, 184쪽)에 대하여 집필(261~263쪽)
1997.1.	창무회 20주년 기념공연 축사 기고
1997.2.11	안산 국악 관현악단 전형 심사위원
1997.2.12	송파구청 주최, 〈춘앵전〉 공연(송파구청)
1997.2.18	불교방송 인터뷰 (연구동 3층)
1997.3~	서울대학교 사범대학 체육과 강사 (〈장생보연지무〉〈일무〉)
	한양대학교 무용과 특강 (〈처용무〉, 〈검무〉)
	한국종합예술학교 무용원 특별강사 (〈춘앵전〉)
	사단법인 한국공연예술원 이사장
	용인대학교 대학원 해금, 아쟁 강사
1997.3.19	'제6회 박은영의 춤' 격려사 기고 (국립국악원 우면당)
1997.3.27	국립국악원 전통음악연주회, 구례향제 줄풍류 현악 영산회상 중 별곡/ 도드리, 천년만세/ 본영산, 중영산 양금연주 (국립국악원 예악당)
1997.3.29~4.20	하와이 방문(생신次)
1997.4.22	동국예술기획, "'97 한국의 명무명인전'〈춘앵전〉공연(연강홀)
1997.4.22	CH37 문화예술TV A&C 코오롱 인터뷰 및 촬영(연강홀) 6월 방영(조연출: 황현영)
1997.4.29	국립국악원 주최, 제197회 중요무형문화재 공연 '정혜란의 춤' 축사 기고 (국립국악원 우면당)

1997.5.23	심포지움 " '97 한국의 춤 세계의 춤·1945년 이전을 중심으로"에서 '1945년 이전의 한국무용의 현황'에 대하여 발표, 대한무용학회 주최, 한국문화예술진흥원 후원 (문예회관 대극장)
1997.5.27	국립국악원 주최, 제200회 중요무형문화재 무대종목 공연 '최희선 춤판' 축사 기고 (국립국악원 우면당)
1997.5.27	SBS TV 서울방송(CH6) 심소 선생님 인터뷰 및 기본지도 촬영 (국악원 연습실 외)
1997.5.30	남원 국립민속국악원 개관 기념식 참석
1997.6.10	국립국악원 제201회 중요무형문화재 무대종목 공연 '김영숙과 정재연구회' 축사 기고(국립국악원 우면당)
1997.6.16	K-TV(CH14) 〈춘앵전〉 촬영 녹화(과천 서울대공원에서 정재 연구회와)
1997.6.16	예술원 회원 선출 회의에 참석
1997.6.20	중앙국립박물관에서 '전통무용에 대하여' 강의
1997.6.21	한국공연예술원 주최, 공연무대 예술에 대한 심포지움 참관
1997.6.21	월간 『신토불이』 건강 책자에 표지와 내용 기사 (1997.5.23 인터뷰 사진촬영 / 김영만 편집부)
1997.7.4	국립영상제작소 K-TV 방영(CH14) '우리 가락 우리춤' (제23회) 김천흥①(국악사랑방)
1997.7.11	국립영상제작소 K-TV 방영 '우리 가락 우리춤'(제24회) 김천흥②(국악사랑방) (케이블 TV 서민원 PD와 한정혜 구성작가)
1997.8.9	국립민속박물관 주최, 관람객을 위한 우리민속한마당 제78회 '김천흥의 춤' 특별해설(국립민속박물관 1층 강당)

1997.11.	심소 김천흥 선생과 정재연구회, 〈춘앵전〉〈살풀이〉 출연 (국립국악원 우면당)
1997.11.18	방일영 문화재단 주최, 제4회 방일영 국악상 수상(코리아나 호텔 22층. 글로리아 홀)
1997.11.20	이화여자대학교 무용과 주최, 감사패 증정
1997.12.5	정농악회 20주년 기념 및 심소 제4회 방일영 국악상 수상 기념공연
1997.12.12	KBS 위성1TV 〈한국의 명인〉 김천흥편 방영(작가 : 정현경/ PD : 권정주)
1998	정농악회 회장 역임(1976.12~1998.1)
1998.1	정농악회 초대회장 사임
1998.1.30~2.15	하와이대학교 음악대학교 초청, '정농악회' 하와이 공연
1998.3~	서울대학교 체육과 출강
	서울예술전문대학 무용과 출강
	상명대학 무용과 출강
1998.9~12	단국대학교 대학원 국악과 출강
	한국예술종합학교 무용원 실기과 출강
1998.2.12	MBC 다큐스페셜 〈한국의 무용—우리춤가락, 홍과 장단〉
	MBC 다큐스페셜 〈잃어버린 언어, 한국춤〉 출연(MBC 교양제작국 한홍석 PD, 정재환 조연출)
1998.3.3	국립국악원 주최, 제215회 중요무형문화재 무대종목 공연 '박은영 한국무용발표회' 축사 기고(국립국악원 우면당)
1998.3.14	'청소년을 위한 우리춤 우리마당' 궁중무용의 세계 〈춘앵전〉 출연(대전광역시 평송청소년 수련원, 15:00)

1998.4~2004 現	한국공연예술원 명예이사장
1998.4.19	한국전통문화연구회 주최, '고궁에서 함께 하는 한국전통문화예술제' 축사 기고 및 춤 해설(덕수궁 중화전 앞)
1998.5.19	국립국악원 주최, 화요상설 제225회 중요무형문화재 무대종목공연 '홍웅기의 춤판' 축사 기고(국립국악원 우면당)
1998.6.30	심소 스승이신 김영제·함화진 선생 흉상 건립 제막식 (국립국악원 흉상공원, 11:00) 흉상건립비 및 서울대 국악과·이화여대 무용과에 제3차로 각각 1,000만원씩 장학기금 기증(각 8,000만원씩 모두 1억 6,000만원을 학교에 기증)
1998.8.26	'98 창무국제예술제 개막식 축사 기고
1998.9	KBS 1FM 국악무대
1998.9.2	9월의 문화인물 지정 기념, 한성준 춤·소리연구회 주최, '98 한성준 춤·소리기념 예술제 한성준 탄생 124주년 기념, 한성준 춤·소리 학술연구발표. '주제발표 1-한성준 선생의 생애' : 김천흥 발표, 오용록 토론, 송방송 진행(홍주문화회관 16:00)
1998.9.27	한성준 춤비(碑) 제막식 축시 발표(홍주문화회관, 15:00, 김석진(문화관광부 예술진흥과장) 진행)
1998.9.25	'오은령의 춤' 축사 기고(국립국악원 우면당)
1998.10.1	국립국악원 주최, '98인간문화재 제전 '아름다운 예인의 모습, 혼이 깃든 춤과 소리' 첫째날 〈종묘제례악〉 집사 출연(국립국악원 예악당)
1998.10.14	제25회 사단법인 '대악회' 정기공연, 중요무형문화재 대제전 〈종묘제례악〉 집사 출연(국립국악원 예악당)

1998.11.19	조선일보사 주최, 제5회 방일영 국악상 수상자 관제 성경린 축사 기고(코리아나 호텔 7층 글로리아 홀, 오후5시)
1998.12.4	정재연구회 주최, '심소 김천흥 선생과 정재연구회' 〈종묘제례악〉 집사, 〈살풀이〉 출연(국립국악원 예악당), 후원 : 한국문화예술진흥원
1998.12.16	정농악회·심소춤연구회·해금연구회·서울악회 주최, 국립국악원·국립국악고등학교 동창회 후원, '심소 김천흥 선생 구순九旬 축하공연'(윤미용(국립국악중·고등학교장) 사회, 국립국악원 우면당)
1998.12	〈공연예술인 다큐멘터리 심소 김천흥 편〉 촬영(8/27~12월) 영상 녹화 및 제작, 문화예술TV A&C코오롱, 한국영상자료원 기획(제작 권의정 PD)
1999.1.14	주간조선 기사보도 「원로 국악인 김천흥 옹, "우리 음악? 안 가르치니 모르지"」(글 : 이호인 자유기고가)
1999.1.26~28	부산시립무용단 강의 및 실기 〈춘앵전〉, 〈처용무〉 지도
1999.1.29	국제신문 「부산 찾은 김천흥 옹」 기사보도(이은정 기자)
1999.2.4	마산 MBC 창사 30주년 기념 특집 다큐멘터리 촬영 출연 협조, 〈천년의 노래〉 제1부 : 가곡의 원류를 찾아서, 제2부 : 끝나지 않는 노래
1999.3	월간 『객석』 창간 15주년 기념 메시지 기고(월간 『객석』 3월호)
1999.3	한국예술종합학교 무용원 출강
1999.3~4	국립무용단 〈춘앵전〉 지도
1999.3.30	국립국악원 주최, 화요상설 제251회 중요무형문화재 무대종목 공연 '심소 김천흥 선생 양금 발표회' 출연

	(국립국악원 우면당)
1999.4.13	동국예술기획 주최, 열일곱번째 '한국의 명무명인전' 동국기획 제10주년 기념 〈춘앵전〉 출연(호암아트홀)
1999.4.14~15	국립국악원 주최, 〈종묘제례악〉 공연 자문
1999.5.8~6.7	〈TV명인전〉 촬영
	5/8 새벽운동, 출근 촬영
	5/9 도봉산 등산 촬영
	5/10 KBS 2TV 해금독주, 양금독주(예악당에서) 촬영 외, 예악당 객석과 무용단 대연습실과 출입문에서 인터뷰
	5/10 마산 MBC '김천흥 편' 2/4일 녹화된 것을 오전11시 방영
	5/13 '궁중무보촬영' 時 객석에서 촬영
	5/15 양금보 정리작업 촬영(원로사범실에서) 처용무 전수 교육 장면 촬영(국악원 연주단 대연습실)
	5/19~26 심소 김천흥 선생 해외공연차 촬영(시카고, LA)
1999.5.11	국립국악원 화요상설, 제257회 무형문화재 무대종목 공연 '박숙자 전통무용발표회' 축사 기고(국립국악원 우면당)
1999.5.19~26	한국전통문화연구원 주최, 세계로 도약하는 한국문화예술 5000년
	Ⅰ. 한국교육진흥기금을 위한 전통문화예술제(5/20 8시, Auditorium, Northeastern Illinois Univ.)
	Ⅱ. 스코키 문화축제(5/22 3시, Oakton Park)
	Ⅲ. 로스앤젤레스, 한국전통무용 워크샵(5/24 6:30, Korean Cultural Center)

1999.6.7	KBS 2TV, 인디컴 제작, 임수진 연출 〈TV 명인전〉 '부제 : 77년의 외길-궁중무용가 김천흥' 방영(오후 11시 55분)
1999.7.19	중요무형문화재 제39호 〈처용무〉 이수평가 발표. 심사: 김천흥, 성경린, 윤미용, 박일훈, 김용(국립국악원 무용단 연습실)
1999.9.9	호텔 매거진 『house』 편집장 이명신 씨와 인터뷰
1999.9.9	김명숙 무용단 늘휘 창단공연, 김명숙의 전통춤(전통의 맥찾기Ⅱ-일무와 산조춤의 만남) 축사 기고 (국립국악원 예악당)
1999.9.20	중요무형문화재 제39호 처용무 이수증 수여식(삼성동 무형문화재 전수회관 강당)
1999.9.23	'모스크바 1086 한민족학교 전통무용발표회' 대한민국 국립국악원 재외동포 문화학교. 전통무용(춘앵전, 승무), 국악(사물놀이) ''99 모스크바 국악문화학교 수강생 무용발표회에 부쳐' 축사 기고 (지도파견강사 : 김진환, 모스크바 1086 한민족학교 강당)
1999.9.28	국립국악원 화요상설 제274회 무형문화재 무대종목 공연 '박준규의 춤(전통편)' 축사 기고 (국립국악원 우면당)
1999.10.15	중요무형문화재 제1호 〈종묘제례악〉 일무 이수 발표 참관
1999.10.20	'장홍심 무용발표회' 축사 기고
1999.10.20	문화의 날 행사 '돌아보며 내다보며' 여는 무대, 〈춘앵전〉 출연(문예회관 앞 야외무대, 오후 6:10경)
1999.11.12	방일영 국악상 수상자 오복녀 시상식 참관(코리아나 호

	텔 7층 글로리아홀 5시)
1999.11.20	사단법인 한국공연예술원 주최, '탈춤의 현대화를 위한 경연대회 토론회' 이사장 인사말 기고(한국문화예술진흥원, 2시~7시)
1999.11.23	국립국악원 화요상설 제282회 중요무형문화재 무대종목 공연, '그 화사한 춤의 마음 — 정은혜의 우리춤' 축사 기고(국립국악원 우면당)
1999.11.25	아리랑 TV 녹화 〈무산향〉 〈춘앵전〉 〈일무〉(희문, 귀인) 및 인터뷰
1999.11.25~26	국립국악원 주최, '99 국립국악원 정재 제전 '궁중의 한나절 정취를 찾아서 : 선과 색이 빚어내는 정재의 미학', 고증·재현 안무 및 축사 기고
1999.12.18	〈종묘제례악〉 일무 이수자 이수증 수여식(국립국악원 정악단 대연습실)
1999.12.19~23	한국정악원 단원 태국 방콕에서 공연
2000.1.3	아리랑 TV ch50 〈심소 김천흥 편〉 녹화 방영
2000.3	한국예술종합학교 무용원 예술전문사 과정 출강
2000.3.4	국립민속박물관 주최, 관람객을 위한 '우리민속한마당' 제140회 공연 '김천흥의 춤·예술' 〈살풀이〉 출연(국립민속박물관 강당)
2000.4.2	MBC TV 〈아름다운 인생 — 장수를 잡아라 : 심소 김천흥 선생 편〉 방영(오전 6:30)
2000.4.7	창무예술원·포스트 극장 주최, '내일을 여는 춤 2000' 우리춤 뿌리찾기 축하공연 전통춤 〈춘앵전〉 출연(포스트 극장)
2000.4.19	SBS TV 8시뉴스 2분간 보도(김수현 기자)
2000.5	한국문화예술진흥원 250호 발간기념호 『문화예술』 5

	월호, 「원로예술인에게 듣는다」(김천흥/이애주 대담)
2000.5.8	양금연구회(회장 김천흥) 주최, 한국문화예술진흥원 후원, '제3회 양금연주회' 다스름, 가락덜이, 상현도드리 출연 및 인사말 기고 (전주 덕진예술회관)
2000.5.16	동국기획 주최, 열여덟번째, 제11주년 기념, '2000한국명무명인전' 〈춘앵전〉 출연(호암 아트홀)
2000.5.17	'김경희 양금발표회' 축사 기고(국립국악원 우면당)
2000.5.17	국립국악원 주최, 국악경연대회 대통령상 수상기념, '송화영 춤' 공연 축사 기고
2000.6.2	우리춤연구회 주최, '류별로 본 우리춤' 축하의 글 기고(김운선 외 4인 출연, 국립국악원 예악당)
2000.6.21	국립국악원 주최, 6월의 문화인물 : '하규일의 달' 기념 공연, '정가(正歌), 그 곱고 바른 노래' 1부 : 회고사 '정재에도 애정을 보이신 琴下 하규일 선생' 발표
2000.6.23	사단법인 한국무용예술진흥회 주최, 사단법인 한국무용예술진흥회 상설공연 '홍웅기 전통춤판' 축사 기고 (국립국악원 예악당)
2000.7.20	KBS TV 다큐멘터리 신윤복의 〈검무도〉에 대한 인터뷰 및 〈검기무〉 지도 녹화촬영/ 문형렬 PD(국립국악원 소연습실)
2000.7	한성대학교 예술대학원 무용학과 이론전공 석사학위 논문 고증 및 자문(김진환, 「춘앵전 연구」)
2000.8.19~20	하와이 할라함(Halla Pai Huhm) 선생 추모공연 참관 및 할라함 한국무용연구소 개소 50주년 기념 무용발표회 축사 및 기금 전달(Hawaii/ St. Louis High School, Mamiya Theater)
2000.10.2	한국예술종합학교 무용원 이론과 주최, '궁중정재문

	헌 실기 고증:〈처용무〉〈항장무〉' 문헌실기 고증(한국예술종합학교 크누아홀)
2000.10.10	제20회 대한민국 국악제 Focus 2000 : 우리시대 최고의 명인 '김천흥' 정악포커스. 최종민 씨와 대담 중 정악해설, 심소 영상, 〈춘앵전〉 춤사위 실연
2000.10.21~22	한국가면극연구회 주최 제12회 전국청소년탈춤경연대회 심사위원(한국민속촌)
2000.11.15	2000년 11월 문화인물 김창하 선생 선정기념, '조선왕조 궁중연회' 격려사 기고(문예회관 대극장)
2000.11.17	KBS 2TV 전통체험 〈뿌리깊은 나무-김천흥의 처용무 편〉 방영(0:20 방송)
2000.11.27	창무예술원·정재연구회 주최 '만수무강 하옵소서' 공연 자문 및 축사 기고(국립국악원 예악당)
2000.12.3	KBS 1TV 〈국악한마당〉 심소 해금독주 및 인터뷰와 춘앵전 영상, 명무 명인전 등 방영(11시 방송)
2000.12.17	KBS 1TV 〈대화, 세기를 넘어서-중요무형문화재 김천흥 선생 편〉 방영 아침 7시~ (김세건 연출, 길환영PD, 박영주)
2001	세계무용연맹 한국본부(회장 김혜식) 명예고문
2001	창무예술원(이사장 김매자) 이사회 고문
2001	국립국악원 발행, 『국악소식』 통권 54호 봄호, 국립국악원 개원 50주년기념 축사기고
2001.3	한국예술종합학교 무용원 예술전문사 과정 출강
2001.4.11~15	국립국악원 개원 50주년 기념, 궁중연례악 〈왕조의 꿈·태평서곡〉 공연 자문
2001.5.18	창무예술원·정동극장 주최, '내일을 여는 춤 2001' -우리춤 어제와 오늘의 대화, 전통춤 '춘앵전' 출연

	(정동극장)
2001.8.3	박성연 가야금 독주회 격려사 기고 및 '양금제주'-정상지곡 특별출연(서울무형문화재 전수회관)
2001.8.28	창무예술원·세종문화회관 주최, '창무국제예술제-미래를 향한 아시아의 열정' 축하공연 해금 독주(세종문화회관 소극장).
2001.9.26, 28	'能-히텐후타와노' 출연(첫째날:〈춘앵전〉 셋째날:즉흥 굿거리춤) (일본 도쿄 제쁏(Tokyo Zepp) 극장)
2001.10.2	박성연 『정악 양금보』(2002년 발간 예정) 축사 송달
2001.10.5	양금연구회(회장 김천흥) 주최, '제4회 양금발표회' 인사말 기고
2001.10.14	박은영 궁중무용발표회 축사 기고(덕수궁 함녕전)
2001.10.18~19	국립국악원 주최, 정재제전 '정재, 들여다보기' 고증·재현 안무 및 창사 채보(국립국악원 예악당)
2001.10.20	2001 문화의 날 기념식 '찾아가는 예술 함께하는 문화' 참관 및 '금관문화훈장'(문화관광부 주최) 서훈 (문예회관 대극장)
2001.11.17	한국무용기록학회(회장 신상미) 창립 총회 축사 기고(이화여대 SK텔레콤관)
2001.11	한국무용기록학회 고문
2002.	이화여자대학교 대학원 석사학위 논문 고증 및 자문 (안수연, 「김천흥의 춤 활동을 통한 사적 고찰」)
2002.2.23~24	동국예술기획 주최, 스물 여섯 번째 한국명무명인전 축사 기고(한전 아츠풀센터)
2002.3.7	한국예술종합학교 무용원 이론과 출강
2002.3.20	(사회복지법인) 한국중앙복지개발원 주최, 복지기금조성 및 복지단체 초청공연 3人3色 음악회 춘화풍경春

부록 747

	花風景 〈도드리〉 양금 특별출연(국립국악원 우면당)
2002.3.22	SBS TV 〈모닝와이드〉 방영, 3人3色 음악회 특별출연 관련 국립국악원 우면당 실황
2002.4.25	심운회心雲會(회장 김희경) 궁중정재발표회 격려사 기고(대백 예술극장 대백프라자 11층)
2002.5.6	NHK TV 종묘제례악 인터뷰 (11:00~12:00 원로사범실에서, 민영치 통역)
2002.5.7	국립문화재연구소 예술민속연구실 '국립문화재연구소' 소장자료시리즈 16, 김천흥 해금독주 (CD. I ~ IV)(개인소장)
2002.5.29	김진경 가야금 두 번째 연주회 '藝家의 소리' 별곡別曲 : 양금 출연(국립국악원 우면당)
2002.6.7~11	국립국악원, 조선일보사 주최, 전통예술축제 궁중연례악 〈왕조의 꿈 · 태평서곡〉 공연자문(국립국악원 예악당)
2002.6.27	세종문화회관, 한국전통문화연구원 주최, '조선황조 궁중연회' 고증(세종문화회관 대강당)
2002.7.5	일본 NHK TV 2リアの音 국악 · 청춘 グラフ行イ, NEP21 オルタスツセハン
2002.8.3~6	한국예술종합학교 무용원 부설 세계민족무용연구소와 일본 요코하마시 예술문화재단의 공동주최, 한국문화원 후원, '한일고전예능제 2002' 궁중무용 〈춘앵전〉 출연(8/4 요코하마 能樂堂)
2002.8.21	한국예술종합학교 세계민족무용연구소 주최 '한일고전예능제 2002' 〈춘앵전〉 출연 및 프로그램(11쪽) 무용인생 80년 기록(국립국악원 우면당)
2002.9.12	KBS TV 〈종묘제례악〉 인터뷰(국립국악원 원로사범실)
2002.9.17	'백년세월' 무색한 현역 국악인, 무악인생 80주년 기

	념공연-인간문화재 김천홍 옹(경향신문 보도, 유인화 글, 권호욱 사진)
2002.9.19	국악방송(FM 99.1) 〈우면골 상사디야〉 생방송 초대코너 '우면골 초대석-김천홍 편'/ PD 이상철 부장(국립국악원 국악박물관내 국악방송 스튜디오)
2002.9.20	『만년장환지곡 남·여창 양금악보집』 김천홍 감수, 박성연 채보(서울: 민속원 출판): '대한민국학술원 우수도서 지정(음악편 2004년 9월)'
2002.9.25	심소 김천홍 선생 무악인생 80주년 기념공연 〈영상회상 중 하현도드리, 염불, 타령, 군악〉 양금 연주 및 〈춘앵전〉 출연(국립국악원 예악당)
	『정재무도홀기呈才舞圖笏記 창사보唱詞譜』 출판기념회(장소: 국립국악원) (김천홍 著, 서울: 민속원 발행): '한국문화예술진흥원 우수도서 지정'
2002.10~	한국예술종합학교 무용원 부설 세계민족무용연구소 주관 심소 김천홍 선생의 궁중무용 창사 구음 녹음 계획
2002.11.6	양금연구회 고문 제5회 양금연주회, 양금연구회 양연섭 회장 (국립국악원 우면당)
2002.12.7	궁중무용의 산 증인 김천홍 선생님 인터뷰(국립국악원 원로사범실, 무용평론가 송종건 인터뷰)
2003.1.28	'김천홍 컬렉션 UH에 개관'-궁중무악의 산 역사 영구보관(The Korea Daily of Hawaii 하와이판, 이재선 기자 글)
2003.1.29	김천홍 컬렉션 개관식 (하와이대학교 한국학센타)
2003.1.31	심소 '김천홍 옹 컬렉션' 29일부터 UH한국학쎈터 도서관서 영구 보관(The Korea Times, 한국일보 김현조 기자 글)
2003.2.1	'김천홍 컬렉션 개관 UH 한국학쎈터에…'(The Korea

	Daily of Hawaii 하와이판, 이재선 기자 글)
2003.2.1	전국한인뉴스 '국악자료 2천여점 하와이대학에 기증 -심소 김천흥 옹'(하와이 한국일보)
2003.3.2	한국전통문화회 주최, 한국전통문화연구원 주관 예맥 2003, 제1회 한국전통예술의 맥을 찾아서 '처용무 보유자'로서의 인사소개(문예진흥원 예술극장 대극장)
2003.3.27~28	서울대학교 국악과와 이화여자대학교 무용과에 제4차로 각각 2,000만원씩 장학금 기증(각 1억원씩 모두 2억을 학교에 기증)
2003.3.30	『정재무도홀기呈才舞圖笏記 창사보唱詞譜』 II 발간(서울 : 민속원 발행)
2003.4.27	박은영 궁중무용발표회 축사기고 (덕수궁 함녕전)
2003.5.6	국립국악원 화요상설, 제395회 무형문화재 무대종목 공연 '이순림의 춤'(춤인생 30주년 공연) 축사기고 (국립국악원 우면당)
2003.5.12	『세계의 문화예술』 국악인을 통해 보는 우리음악문화(1) '무욕無慾·정열情熱·자유自由'의 예술인藝術人 김천흥金千興 (서인화 글, 국립민속국악원 학예연구사)
2003.5.28~6.1	국립국악원 주최, 2003 국립국악원 공연문화 원형탐구 시리즈 Ⅳ, 숙종조 기로연 〈여민동락〉-공경과 나눔 공연자문 (정재 재구성안무지도 : 하루미 / 국립국악원 예악당)
2003.5.28	무용교과독립추진위원회 고문 '무용교과독립을 위한 제2차 심포지움 무용교육 현장보고' 결의문 낭독 (세종문화회관 4층 컨벤션센타)
2003.6	김천흥 개인소장인 '김천흥의 다큐멘타리 VIDEO TAPE' 등 56여 종을 CD 제작 작업 (비매품, 한국문화예

	술진흥원 자료기증) (제작자 : 김천홍 · 김정완 / 서울 : 천승요 제작 작업, 2003.6)
2003.6	한국문화예술진흥원 '김천홍의 다큐멘타리 VIDEO TAPE' 등 CD 동시 작업 (제작 : 한국문화예술진흥원)
2003.6	한국문화예술진흥원 주관 : 김천홍 / 양금 녹음연주 박성연 / 가야금 녹음연주
2003.6.27	한국문화예술진흥원 원장으로부터 감사패 수여 (오전 11시, 한국문화예술진흥원 원장실)
2003 전반기	중앙대학교 예술대학 무용학과 반달의 「김천홍의 무용연구─〈춘앵전〉을 중심으로─」 전반기 학사학위 논문 인터뷰
2003.7.10	고 박동진 선생 국악인장 장례위원회 고문 영결식 참석
2003.8.25	계간季刊『Beseto』무용舞踊 삼국문화정보지 VOL.86(문화관광부 선정, 우수잡지)「한국춤의 살아있는 역사─김천홍」30~33쪽 (Theme Interview, 최경국, 최찬호 인터뷰)
2003.10.13~12.17	채성희의 소리 찾기〈가제 : 한국전통음악 구음전집 Ⅱ〉'김천홍의 피리 구음' 녹음 그 외 김천홍/ 양금연주 녹음, 채성희/ 가야금연주 녹음(J&J 스튜디오 녹음실)
2003.10.14	국립국악원 주최, 국립국악원 화요상설 기획공연─'예인의 향기 Ⅱ' 중요무형문화재 제39호 처용무보존회〈처용무〉공연 지도 (국립국악원 예악당)
2003.10.23	이 시대 최고의 국악 명인들 예술세계 한자리서 엿본다─중요무형문화재 전수회관서─시사 (중앙일보 / 이장직 기자 글)

2003.10.26	김정녀의 〈전통춤, 그 향기에 붙여…〉 축사 기고(국립극장)
2003.10.31	한국문화재보호재단 주최, 문화재청·한국문화예술진흥원 후원 2003 대를 잇는 예술혼-명인의 후예들 '김천흥, 성경린의 영산회상' (하현도드리~군악), 양금 연주 출연 (사회 오용록, 서울 중요무형문화재 전수회관)
2002.12~2004	한국종합예술학교 무용원 부설 세계민족무용연구소 주관, 〈심소 김천흥 선생의 궁중무용 창사〉 구음 녹음 (궁중무용 전체 50여 종목, 허영일 제작 기획)
2003.12.5	A.P I.T.I 주관, 한국공연예술원(회장 양혜숙) '아·태 공연예술제' 참관(한국언론문화재단 20층 국제회의실 3시~5시)
2003.12	서평『정재무도홀기 창사보』(2002.9.25 민속원 발행)『한국음악사학보』제34호에 이진원 글 게재
2003.12	『방일영 국악상 10년』출간-역대 수상자 10명의 예혼 재조명 시사-전통무용, 악樂, 가歌에 두루 능통한 김천흥 (방일영 문화재단 제12월호)
2004	한국예술문화정보시스템 자료협조 송달 안혜영
2004.1.1	표지이야기「한 세기가 압축된 춤추는 예술혼 김천흥」(무용월간지『몸』2004년 1월호 통권 110호 / 문경덕 기자, 주디 반 자일(Judy Van Zile) 하와이대 연극무용과 교수 글)
2004.2.9	한국문화예술진흥원 주최, 한국예술종합학교 부설 한국예술연구소 주관, '한국 근현대 예술사 증언채록 사업' 1차년도 구술자 위촉
2004.2.29	김정애의 춤 〈앗시리아〉 공연 축사 기고, 김진환 무용예술원 '용오름' 주관 (한국의 집)

2004.3~	한국예술종합학교 무용원 이론과 출강, 무용원 예술전문사 과정 출강
2004.3.20~5	문예진흥원 주최, '한국 근현대사 증언 채록사업' 인터뷰(원로예술인들의 예술 활동을 비디오와 오디오로 채록하여 채록내용과 오디오, 비디오 테잎을 소장하고, 소장된 자료들을 향후의 연구자들이 연구 자료로 활용할 수 있게 하는 사업 / 김영희 채록 작업)
2004.4.3	문화재청, KBS 국악한마당 주관 (곽윤일 PD) 문화재청, KBS 국악한마당이 함께 제작하는 무형문화재 관련 홍보 비디오 관련된 촬영 〈가제 : 맥을 잇는 사람들〉 촬영 1. 양금 합주—타령(김천홍, 전명선, 조유회, 정지영) 2. 해금 독주(김천홍) 3. 〈처용무〉 전수자들 연습지도 (14시~21시 국립국악원 무용단실)
2004.4.20	가제 : 『사진으로 보는 인간문화재 심소 김천홍의 예술세계』 1차 원고 및 사진 송달 (서문당 발행 예정)
2004.4.25	한국전통문화연구원 주최, 조선왕조궁중연회, 대왕대비전의 진풍정의 축사 기고(창경궁 명정전)
2004.5	한국비파협회 고문(회장 한은영)
2004.5.6	제203회 국립국악원 목요상설 임응희의 춤 〈꽃은 피어 웃고 있고!〉 축사 기고(국립국악원 우면당)
2004.6.17	한은영 비파독주회 축사 기고(국립국악원 우면당)
2004.7.7	KBS 문화탐구 〈스승과 제자〉 인터뷰 —웃음줄 울음줄 미래를 보다(해금 : 강사준과 강은일 2004. 7. 29 방송, 민족영상 제작, 박종훈 PD 연출)
2004.8	한국공연예술원 명예이사장(회장 양혜숙)
2004.8.20	문화재청 기록영화 〈승전무〉와 〈검무〉에 관한 인터뷰 및 사진과 비디오 촬영

2004.9	무용예술박물관(천승요)에 정재 56종목 해설 작성 및 송달
2004.9.1	국민대학교 박사과정 수료한 백재화의 논문 논제 『한국춤에 대한 예능 보유자들의 형이상학적 인식』에 대한 인터뷰, 서면으로 송달
2004.9.3	서울대학교 한국민족연구소, 이왕직아악부에 관한 인터뷰 내용 등 발표(서울대학교 박물관)
2004.9.3	국립국악원 초청 <왕조의 꿈, 태평서곡> 공연 자문(덕양어울림누리극장)
2004.10.21	경향일보 창간 58주년 특별기획 <나의 생生, 나의 예藝> 원로예술인들 '최후의 증언' 3, 95세의 춤꾼 김천흥(글: 김영희)
2004.10.5~15	대한민국예술원 주관, 심소 김천흥에 관련된 책자·프로그램·액자·사진 등 전시(예술원 미술관)
2004.12.15~16	2004 국립국악원 정재제전 <정재, 궁중무용의 원류를 찾아서> 재현안무 및 창사채록(예악당)
2004.12.17	처용무보존회 주최, <제1회 처용무보존회 심포지움: 처용무 원형 찾아가기>, '처용무 개요' 발표(국립국악원 우면당)
2004.12.23	신재정아단(대표: 채성희) 창단연주회 <여민락과 도드리> 전장 출연(집박: 심소 김천흥, 거문고 구음: 관재 성경린) 및 축사 기고(국립국악원 우면당)
2004.12.27	2004년 중요무형문화재 제39호 '처용무 이수평가' 심사(국립국악원 무용단연습실)
2005.2	심소 글 모음『심소 김천흥 선생님의 우리춤 이야기』단행본 출간(서울: 민속원 발행)

# 心韶 金千興의 家系

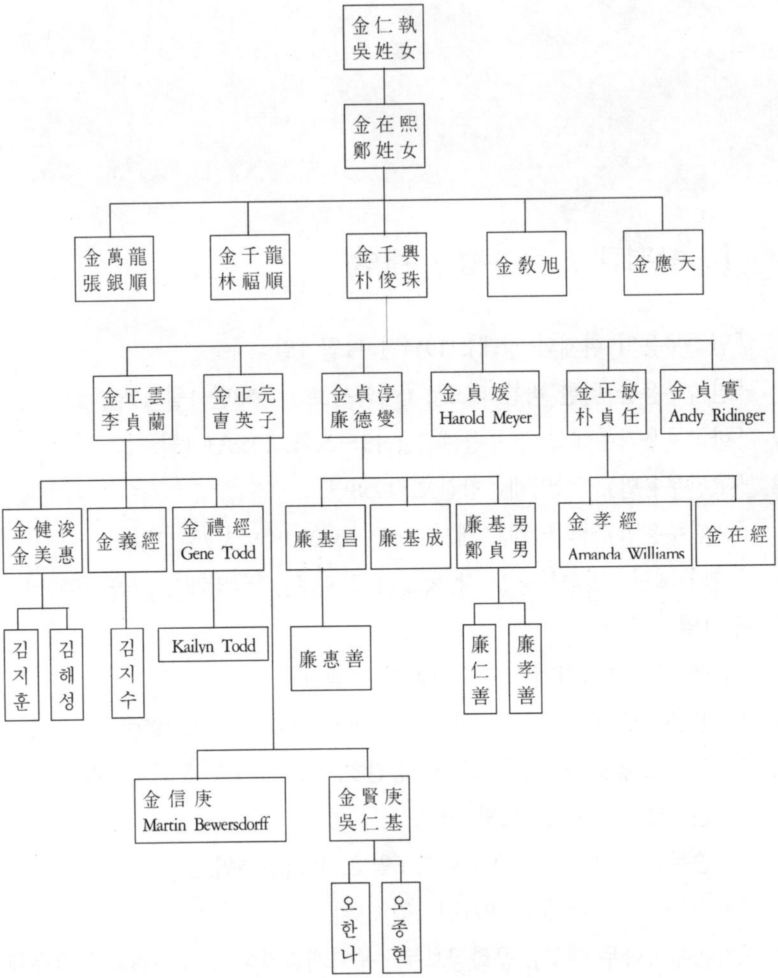

```
               金仁執
               吳姓女
                 │
               金在熙
               鄭姓女
     ┌────┬────┬───┴──┬────┐
   金萬龍  金千龍  金千興  金敎旭  金應天
   張銀順  林福順  朴俊珠
        ┌───┬──┴┬─────┬──────┐
      金正雲 金正完 金貞淳 金貞媛  金正敏    金貞實
      李貞蘭 曺英子 廉德燮 Harold  朴貞任    Andy Ridinger
                         Meyer
    ┌──┐   ┌──┐  ┌──┬──┐   ┌──┐
  金健浚 金義經 金禮經 廉基昌 廉基成 廉基男  金孝經        金在經
  金美惠      Gene Todd          鄭貞男  Amanda Williams
  ┌──┐  │    │      │      ┌──┐
  김 김  김   Kailyn   廉惠善  廉  廉
  지 해  지   Todd            仁  孝
  훈 성  수                   善  善
              ┌──────┬──────┐
            金信庚        金賢庚
            Martin        吳仁基
            Bewersdorff
                          ┌──┐
                          오  오
                          한  종
                          나  현
```

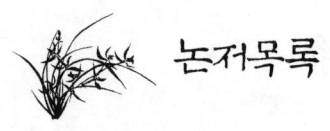
논저목록

I. 단편글 / 무용평 / 대담

「민족무용의 현재와 장래」, 1954년 11월 1일.

「민족무용을 위한 바른 태도」, 『예술시보』, 1958년 1월 15일.

「한국무용기본해설」, 『무용예술』, 18~24쪽, 1958년 1월.

「고전무용법」, 『국악계』 창간호, 1958년.

「고전무용법」, 『국악계』, 제2호, 37~43쪽, 1959년 7월 1일.

「나의 제언-민속무용을 각 학교의 정과로」, 『국악계』, 28쪽, 1959년 7월 1일.

「앙케이트」, 『국악계』, 34쪽, 1959년 7월 1일.

「무용은 행동에서 안다」, 월간 여성잡지, 160~163쪽, 1959년.

「특집-오광대 놀이」, 『문화재』 창간호, 112~115쪽, 문화재관리국 발행 제1권 제1호. 1965년 12월 30일.

「궁중무」, 월간 『무용』 Vol.3, 5, 6월호, 1971년 5월.

「처용무」, 『독서신문』, 1971년 5월 23일.

「처용무・학무 해설」, 문화공보부・문화재관리국 주최, 제8회 중요무형문화재 발표공연, 1971년 10월 19일.

「바람직한 우리춤의 미래상에 대하여」, 이두현·박용구와의 대담,『무용』제1집, 19~30쪽, 진흥원 회의실, 한국문화예술진흥원 발행, 1974년 12월.

「한국무용의 연혁」(개설),『대세계백과사전』제16권 예능편, 태극출판사 발행, 1975년 1월 5일.

「국악진흥을 위한 방향모색」, 한국국악협회 주최, 좌담회, 예총회의실, 1976년 11월 10일.

「일세기를 향한 한국의 무용」,『문예연감』, 691쪽 참조, 한국무용학회 주최, 쎄미나 발표 및 총회, 내용 : 김천흥, 유근석, 이진순 발표, 이대 중강당, 1976년.

「궁중무용의 계승자들」,『춤』12월호, 1976년 12월.

「신무용 50주년 기념 대공연에서 제4회 '무용공로상' 수상 인사말」, 한국무용협회 주최, 1976년 12월 20일.

「궁중무 그 주역들」,『춤』1월호, 1977년 1월.

「신무용 이전의 사람들」,『춤』2월호, 1977년 2월.

「한성준 옹을 생각하며」,『춤』3월호, 1977년 3월.

「궁중무의 계보 I」,『춤』5월호, 1977년 5월.

「궁중무의 계보 II」,『춤』6월호, 1977년 6월.

「전통무용 재창조의 방법과 문제점에 대해서」좌담,『무용한국』춘하호, 28~33쪽, 무용한국사 회의실, 1978년 2월 14일.

「가장 잊혀지지 않는 무대」, 월간『국립극장』, 1978년 12월.

「나의 걸어온 길」,『예술원』제22호, 1979년 3월 31일.

「한번 발을 들여놓은 이상」,『샘터』9월호, 1979년 9월.

「축사의식으로서의 처용무」,『민속공보』제5권 제5호, 1980년 5월 30일.

「전통무용 재창조 방법과 문제점」, 서울예전 한국연극연구원주최, 제1회 전국 중·고등학교 음악교사 국악 강습교재, 여름 예술강습회 1980

년 7월 29일.

「무용개관-정재」,『문예연표』, 한국문화예술진흥원, 1981년 1월 30일.

「한국춤의 정신은 무엇인가」, 흥이 발효해서 멋이 돼-채희완 과의 대담,『춤』11월호, 공간사 회의실, 1981년 9월 11일.

〈나의 자서전〉, KBS 라디오 방송, 1982년 2월 1일.

『무용한국』통권 제15권 13호, 1983년 추동호, 창간 15주년 특집호, 16화보, 1982년 6월 9일~15일.

「전통무용에 관하여」, '84무용예술 큰잔치-전통무용의 밤, 국립극장 대극장, 1984년 11월 12일.

「'한국무용의 밤' 무용평」,『전통문화』, 1984년 11월 13일.

「'민속무용의 밤-명무' 무용평」,『전통문화』, 1984년 11월 14일.

「'엄옥자 무용발표회' 무용평」,『전통문화』, 1984년 11월 24일.

「성과에 비해 못 자란 준비」, '84 무용예술 큰잔치' 무용평,『전통문화』, 164~165쪽, 1984년 12월.

「지방색채가 두드러진 춤과 노래」, 무용평,『전통문화』, 96~98쪽 1985년 7월.

「전통무용에 대하여」, '85 무용예술 큰잔치-전통무용의 밤, 국립극장 대극장, 1985년 9월 4일.

「나의 예술 나의 인생」,『객석』, 1987년.

「곰삭아 우러나는 몸짓으로」,『무용협회지』1989년 3월호.

「개천예술제가 우리나라 민속무용에 끼친 힘」,『40주년 진주 개천예술제 기념 출판집』, 267~270쪽, 1990년.

나의 이력서, 라디오 평화방송 PBS FM, 1991년 3월 17일.

「나의 형 김천룡」,『국악40년사』, 60~64쪽, 1991년 4월 8일.

「창작작업도 중요하지만 무형문화재 등…전승시키는 것도 중요해」,『무용한국』-스페셜인터뷰 1993년 봄호.

「이야기보따리」, 1~7회,『국악신문』1995년 10월 30일~1996년 2월 27일.

「나의 무악 70년」,『관세』칼럼, 한국관세연구소 발행, 1996년 8월호.
「무형문화재의 공연예술에 대한 문헌화 작업의 결실」서평,『한국음악사학회 학보』제17집, 261~263쪽, 1996년.
「국악을 민족의 학문으로 정립한 성경린 선생」, 제5회 방일영국악상 수상자 관재 성경린, 코리아나 호텔 7층 글로리아홀, 1998년 11월 19일.
「11월 문화인물 김창하가 남긴 것」김영숙·김영희·최해리와의 좌담,『몸』'특집좌담', 2000년 1·2월호.
「원로예술인에게 듣는다」, 이애주와의 대담,『문화예술』5월호, 2000년 5월.
「정재에도 애정을 보이신 금하琴下 하규일 선생」회고사, 국립국악원 주최 하규일의 달 기념공연, 2000년 6월 21일.
「국립국악원의 초창기」,『건원 1400년 개원 50년 국립국악원사』, 2001년 12월 22일.
「국립국악원 개원 50년 <국립국악원사> 축사, 2001년 12월 22일.
「무용인생 80년 기록」, 한국예술종합학교 세계민족무용연구소 주최 한일고전예능제 2002 프로그램, 2002년 8월 21일.
「춤추는 예술혼에 압축된 한 세기」,『몸』'표지이야기', 2004년 1월.

II. 중편 글 / 강연 / 보고서 / 논문

「무용기본동작」도보 작성 및 사진촬영, 1951년.
「한국무용 해설」, 무용교육강습회, 전남 수창초등학교, 1958년 1월 18~23일.
「오광대(통영·고성)놀이」,『무형문화재 조사보고서』제5호, 1964년 10월 20일.
「궁중무용 특강」, 서울예술고등학교, 1965년 7월 원고자료 미발견.
「종묘일무」,『무형문화재 조사보고서』제29호, 1966년.
「진주검무」,『무형문화재 조사보고서』제18호, 1966년 8월.
「국악개론-한국무용」, 국립국악원 발행, 성경린 공저, 동계 중등음악교사 특별국악강습회 교재(무용개설-1. 궁중무 2. 민속무 3. 가면무), 1967년 1월.
「호남농악」,『무형문화재 조사보고서』제33호, 1967년.
「통영승전무」,『무형문화재 조사보고서』제36호, 1967년 12월.
「산대놀이」대본, 이화여대 무용학회지『무용』제3호, 1968년 6월 15일.
「승무」,『무형문화재 조사보고서』제44호, 1968년.
「식당작법」,『무형문화재 조사보고서』제46호, 홍윤식 공저, 1968년 12월.
「한국무용의 기본 무보舞譜」,『무형문화재 조사보고서』제41호, 1969년 3월 15일.
「민족예술의 지역적 연구-전남」, 한국국악협회 월례 강좌, 1969년 4월 30일.
「승전무·승무 해설」, 문화공보부 주최 제6회 중요무형문화재 발표 공연, 1969년 10월 20일.
「처용무」,『무형문화재 조사보고서』제60호, 1969년.
「학무」,『무형문화재 조사보고서』제64호, 1969년 12월.
「한장군韓將軍 놀이」,『무형문화재 조사보고서』제70호, 1970년 8월.
「연화대무蓮花臺舞」,『무형문화재 조사보고서』제71호, 1970년 8월.
「무용론」, 국립극장 주최 무용예술 특별 강좌, 1971년 8월 16일.
「답교놀이」,『무형문화재 조사보고서』제84호, 1971년 11월.
「하와이대학 특별초청 하계강습 귀국 보고」, 국립국악원 월례강좌, 1974년 9월 25일.
「가면무용·전통무용(진주검무·승선무)」,『한국예술개관』, 서울예술원 발행, 1975년.
「남녀 무용기법의 조화성의 연구」-특정 기법에 대한 개발 연구지도 강의, 한국문화예술진흥원 주최, 한국무용협회 주관 제2회 전국무용연수회 교재, 21~49쪽, 1975년 8월 7일.
「줄타기」표제 승도繩渡,『무형문화재 조사보고서』제118호, 정화영 공저, 문화재관리국 제작발행, 1975년 11월.
「살풀이와 중국건무(수건춤)의 비교연구」,『무용한국』통권 제8호, 1976

년 6월.

「전통예술 무용 부문 – 학무, 처용무, 승무, 진주검무」, 『문예연감』, 1976년.

「21세기를 향한 한국의 무용」, 대한무용학회 총회 및 학술세미나 주제발표, 이화여대 중강당, 1976년 11월 13일.

「(과거 중국의)무용 교육제도에 관한 소고小考」, 『무용한국』 제10권 2호, 1977년 4월 1일.

「민속예술편(음악과 무용)」, 『한국민속 종합조사보고서 – 전남편』 1, 문화공보부, 문화재관리국, 형설문화사 발행, 575~581쪽, 1977년 12월 30일.

「민속무용편 – 진주검무」 184~192쪽, 「승전무」 192~198쪽, 「민속놀이편 – 답교놀이」 405~411쪽, 『한국의 민속예술』 제1집, 한국문화예술진흥원 발행, 1978년 11월 25일.

「춘앵전」, 한국무용협회 주관 제6회 전국무용연수회, 대구여자중학교 강당, 1979년 8월 1~5일.

「궁중무의 무대구성의 고찰」 강연, 서울예술전문대학 주최, 전국 중·고 교육자를 위한 하계 예술아카데미, 서울예술전문대학 무용과 강의실, 1980년 7월 28일~8월 2일.

「궁중무도사를 통한 춘앵전 고찰」 강연, 국립국악원 월례강좌, 국악원 연습실, 1980년 12월 20일.

「무용개관 – 정재呈才」, 『문예연표』, 한국문화예술진흥원, 1981년 1월 30일.

「궁중무용에 대하여」, 전통무용 교양강좌, 전통무용연구회 주최, 공간사 후원, 1981년 6월 3일.

「수건춤에 대하여」 강연, 국립국악원 월례강좌, 1981년 12월 23일.

「무용」, 『서울 六白年史』 제4권, 서울특별시 발간, 1981년 12월 31일

「전통무용 궁중무용의 이해」, 국립예술강좌, 문예대강당, 1983년 9월 15일.

「처용연구」, 처용무 심포지엄 강연, 시립무용단 주최, 서울 시립무용단 연습실, 1988년 1월 20일.

「한국전통무용사韓國傳統舞踊史」, 『韓國國樂全史』, 사단법인 한국국

악협회 발간, 1988년 10월.

「춘앵전 특강」, 1~16쪽, 대한민국 예술원 주최, 전주 전북대학교, 1989년 5월 9일.

「처용무·학무」, 『무형문화재 무용』, 문화재관리국, 1989년 8월.

「한장군 놀이 전승 실태조사」, 1991년 6월 15일~17일.

「궁중무용」, 국립국악원 제출, 1992년 2월 29일.

「궁중아악과 기악, 가무에 대하여」, 국립민속박물관 주최, 특별 토요문화 강좌 자료집, 141~160쪽, 1993년 10월 9일.

「궁중무용에 대하여」, 광주 예술원 심포지움, 1993년 12월 10일/ 10월 9일 집필.

「궁중 문화의 올바른 이해를 위한 교양 강좌-팔일무」, '94 궁중유물전시관 특별 토요문화강좌, 궁중유물전시관 지역문화학교, 1994년 4월 23일.

「우리춤의 선구자를 말한다-한성준 편」 증언, 한국미래춤학회 주최 제5회 월례연구발표회, 문예진흥원 강당, 1996년 4월 20일.

「1945년 이전의 한국무용의 현황 발표」, 대한무용학회 주최 '97 한국의 춤 세계의 춤, 문예회관 대극장, 1997년 5월 23일.

「전통무용에 대하여」, 중앙국립박물관, 1997년 6월 20일.

「특별해설-김천흥의 춤」, 국립민속박물관 주최 제78회 관람객을 위한 우리민속한마당, 1997년 8월 9일.

「춤 해설」, 한국전통문화연구회 주최 고궁에서 함께 하는 한국전통문화예술제, 덕수궁 중화전 앞, 1998년 4월 19일.

「한성준 선생의 생애」, 한성준 탄생 124주년 기념 한성준 춤·소리 학술연구발표, 홍주문화회관, 1998년 9월 2일.

「심소 김천흥 선생 무악인생 80주년 기념공연 프로그램」 책자, 2002년 9월 25일.

「처용무 개요」, 처용무보존회 주최, 제1회 처용무보존회심포지움 : 처용무 원형 찾아가기, 국립국악원 우면당, 2004년 12월 17일.

III. 연재글

〈궁중무용 외길 60년 집념 김천흥 옹 일대기 극화〉, MBC 라디오 문화방송, 차범석 극본, 정수현 연출, 1984년 10월 1~31일.
「궁중무용의 유형별 고찰」제1회(처용무), 『무용한국』, 1984년 춘하호.
「궁중무용의 유형별 고찰」제2회(선유락, 무애무, 사선무, 검무), 『무용한국』, 1984년 추동호.
「궁중무용의 유형별 고찰」제3회(무고, 동동, 향발무, 학무), 『무용한국』, 1985년 춘하호.
「궁중무용의 유형별 고찰」제4회(수연장, 헌선도, 포구락, 오양선, 연화대, 곡파), 『무용한국』, 1986년 춘하호.
「궁중무용의 유형별 고찰」제5회(성택, 수명명), 『무용한국』, 1989년 춘하호.
「궁중무용의 유형별 고찰」제6회(수보록, 근천정), 『무용한국』, 1989년 추동호
「김천흥의 춤 인생」, 『춤』지, 1990년 2월~1993년 2월, 김천흥 글, 문일지 정리.
「궁중무용의 유형별 고찰」제7회(하황은, 하성명), 『무용한국』, 1990년 봄호.
「궁중무용의 유형별 고찰」제8회(금척, 육화대), 『무용한국』, 1990년 여름호.
「궁중무용의 유형별 고찰」제9회(봉래의), 『무용한국』, 1990년 가을·겨울호.
「궁중무용의 유형별 고찰」제10회(문덕곡), 『무용한국』, 1991년 봄호.
「궁중무용의 유형별 고찰」제11회(춘앵전), 『무용한국』, 1991년 여름호.
「궁중무용의 유형별 고찰」제12회(선유락, 무산향), 『무용한국』, 1991년 가을호.
「궁중무용의 유형별 고찰」제13회(경풍도, 고구려무, 만수무), 『무용한국』, 1991년 겨울호.
「궁중무용의 유형별 고찰」제14회(심향춘, 초무, 첨수무, 가인전목단), 『무용한국』, 1992년 봄호.
「궁중무용의 유형별 고찰」제15회(헌천화, 박접무), 『무용한국』, 1992년 여름호
「궁중무용의 유형별 고찰」제16회(보상무, 향령무), 『무용한국』, 1992년 가

을・겨울호.

「궁중무용의 유형별 고찰」 제17회(첩승무), 『무용한국』, 1993년 여름・가을호.
「궁중무용의 유형별 고찰」 제18회(최화무), 『무용한국』, 1993년 겨울호.
「궁중무용의 유형별 고찰」 제19회(제수창), 『무용한국』, 1994년 봄호.
「궁중무용의 유형별 고찰」 제20회(장생보연지무), 『무용한국』, 1994년 여름・가을호.
「궁중무용의 유형별 고찰」 제21회(연백복지무), 『무용한국』, 1994년 겨울호.
「궁중무용의 유형별 고찰」 제22회(항장무), 『무용한국』, 1995년 봄호.
「궁중무용의 유형별 고찰」 제23회(사자무), 『무용한국』, 1995년 여름호.
「궁중무용의 유형별 고찰」 제24회(망선문, 공막무, 관동무, 광수무, 영지무, 춘광호, 춘대옥촉, 연화무), 『무용한국』, 1995년 가을・겨울호.
「이야기보따리-중요무형문화재 제1호 김천홍 선생」 ①, 『국악신문』 제29호, 1995년 10월 30일.
「이야기보따리-김천홍 선생」 ②, 『국악신문』 제30호, 1995년 11월 14일.
「이야기보따리-김천홍 선생」 ③, 『국악신문』 제31호, 1995년 11월 28일.
「듣고 싶었던 얘기-김천홍 선생」 ④, 『국악신문』 제32호, 1995년 12월 12일.
「듣고 싶었던 얘기-김천홍 선생」 ⑤, 『국악신문』 제33호, 1996년 1월 23일.
「듣고 싶었던 얘기-김천홍 선생」 ⑥, 『국악신문』 제34호, 1996년 2월 6일.
「듣고 싶었던 얘기-김천홍 선생」 ⑦, 『국악신문』 제35호, 1996년 2월 27일.

Ⅳ. 단행본

『한국무용의 기본 무보』, 문화공보부・문화재관리국 발행, 1969년 3월 15일.
『정선아리랑(악보, 무보)』, 정선군 발행, 1974년 2월 1일.
『정악양금보』, 대악회 발간, 1982년 11월 15일.
『정악해금보』 발간, 『정악양금보』 재판, 1988년.

『심소 김천홍 무악 70년』, 민속원 발행, 1995년 12월 14일.
『정재무도홀기呈才舞圖笏記 창사보唱詞譜』, 민속원 발행, 2002년 9월 25일.
『정재무도홀기呈才舞圖笏記 창사보唱詞譜』 Ⅱ, 민속원 발행, 2003년 3월 30일.

심소心韶 김천흥金千興

이왕직아악부원 양성소 졸업(해금 전공, 양금·아쟁 겸공)
이왕직아악부 아악수보·아악수·아악수장 역임, 국립국악원 예술사·연주원·연구원·자문위원·사범·원로단원 역임
중요무형문화재 제1호〈종묘제례악〉기능보유자, 중요무형문화재 제39호〈처용무〉예능보유자
현재 국립국악원 원로사범 및 대한민국예술원 회원

〈상훈〉
서울시 문화상, 대한민국 예술원상, 국민훈장 모란장, 제4회 방일영 국악상, 대한민국 금관문화훈장 외 다수 수상

〈주요저서〉
『한국무용의 기본무보』(1969), 『정악양금보』(대악회, 1982), 『정악해금보』(1988), 『심소 김천흥 무악 칠십년』(서울 : 민속원, 1995), 『정재무도홀기 창사보』(서울 : 민속원, 2002), 『정재무도홀기 창사보Ⅱ』(서울 : 민속원, 2003), 『중요무형문화재 조사보고서-종묘일무』(1966) 외 14편 집필

심소 김천흥 선생님의 우리춤 이야기

2005년 2월 28일 초판1쇄 발행
2006년 9월 30일 초판2쇄 발행

지은이 　김천흥
엮은이 　하루미·최숙희·최해리
만든이 　홍기원
만든곳 　민속원
　　　　서울 금천구 시흥5동 220-33 한광빌딩 B-1호
　　　　제18-1호
　　　　02) 805-3320, 806-3320 (Tel)
　　　　02) 802-3346 (Fax)
　　　　minsok1@chollian.net

ⓒ 김천흥, 2005
값 38,000원

ISBN　89-5638-218-2　93680

※ 이 책의 제작비 일부로 2004년도 서울시문화재단의 기금을 받았습니다.
※ 저자와의 협의하에 인지를 생략합니다.
※ 잘못된 책은 바꾸어드립니다.